삼국통일의 정치학

구대열

저자 구대열(具汏列)

1945년생

1968: 서울대학교 문리대 영문과 졸업(사학과 부전공)

1968-1973: 한국일보사 기자

1973-1980: 유학, London School of Economics and Political Science Ph.D(외교사)

1981-1983: 외교안보 연구원 교수

1983-현재: 이화여자대학교 사회과학대 정치외교학과 교수

저서: *Korea under Colonialism—The March First Movement and Anglo-Japanese Relations*(Seoul: Royal Asiatic Society, 1985);『제국주의와 언론: 배설·대한매일신보 및 한·영·일 관계』(서울: 이화여대 출판부, 1986);『한국 국제관계사 연구 1, 2』(서울: 역사비평사, 1995)

이 저서는 2010년도 정부재원(교육과학기술부 학술연구조성사업비)으로 한국연구재단의 지원을 받아 연구되었음(KRF-2007-812-B00013).

ⓒ 2010 구대열

삼국통일의 정치학

저자 / 구대열
발행처 / 까치글방
발행인 / 박종만
주소 / 서울시 종로구 행촌동 27-5
전화 / 02·735·8998, 736·7768
팩시밀리 / 02·723·4591
홈페이지 / www.kachibooks.co.kr
전자우편 / kachisa@unitel.co.kr
등록번호 / 1-528
등록일 / 1977. 8. 5
초판 1쇄 발행일 / 2010. 12. 11

값 / 뒤표지에 쓰여 있음

ISBN 978-89-7291-491-4   93910

지금이라는 시간과 지나간 시간은
아마도 모두 다가올 시간에 있을 것이고,
다가올 시간은 지나간 시간에 있을 것이다.
모든 시간이 영원히 존재한다면
모든 시간은 되찾을 수 없을 것이다.
있었던 것 같은 것은 하나의 추상이며
다만 상상의 세계에서
끊임없는 가능성으로 남는 것.
있었던 것 같은 것과 있었던 것은
하나의 끝을 가리키는데, 그것은 항상 지금이다.
—「네 개의 4중주」(T. S. 엘리엇, 1888-1965)

Time present and time past
Are both perhaps present in time future,
And time future contained in time past.
If all time is eternally present
All time is unredeemable.
What might have been is an abstraction
Remaining a perpetual possibility
Only in a world of speculation.
What might have been and what has been
Point to one end, which is always present.
—*Four Quartets* (T. S. Eliot, 1888-1965)

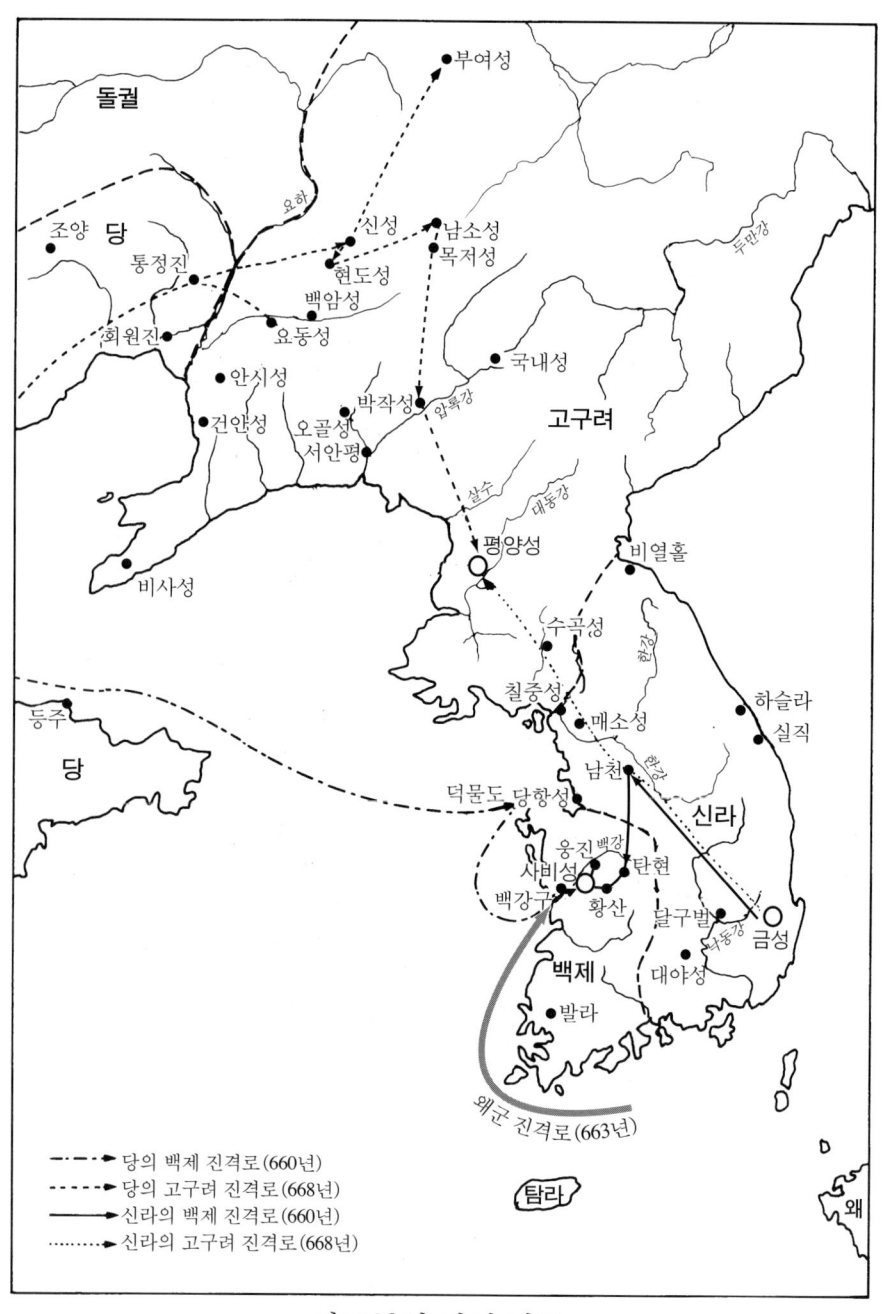

삼국통일 전쟁 지도

이 지도는 『한국민족문화대백과사전』 제11권 "삼국통일", 『아틀라스 한국사』(사계절 출판사) pp. 50-51, 『브리태니커 백과사전』 제11권 "삼국통일" 항목의 지도를 참고하여 만들었다.

차례

일러두기 / 10
감사의 말, 헌시에 관하여 / 11

제1부 이론적 문제

서론 : 무엇을 어떻게 연구할 것인가 17
    1. 문제점의 제기 17
    2. 어떻게 연구할 것인가 21
    3. 무엇을 연구할 것인가 36

제1장 조공체제와 국제정치 48
    1. 전근대 한국의 대외관계 연구와 조공체제 48
    2. 국제법과 규범성 그리고 권력 51
    3. 국제기구로서의 조공제도 56
    4. 조공제도와 중국의 외교-안보정책 61
    5. 조공"제도"의 그림자 70
    6. "역사 공동체"의 문제 77

제2장 정체성과 국제정치 81
    1. 국제정치에서의 정체성 문제 81
    2. 한국인의 정체성 86
    3. 국가 정체성과 외교정책 92

제2부 삼국시대 전기

제3장 한국적 정체성의 맹아 107
    1. 서론 107
    2. 중국의 한국 인식 110
    3. 한국인의 한국 인식 116
    4. 광개토대왕 비문과 관련된 문제들 120

제4장 중국과의 관계유형의 형성 132
    1. 최초의 접촉과 관계유형의 탄생 132
    2. 고구려 초기 중국과의 접촉 139

3. 초기 접촉과 심리적 반응 147

제5장 삼국 간의 교류와 정체성 151
   1. 삼국 간의 교류와 그 문제점 151
   2. 고구려-부여 간의 정통성 경쟁과 국제정치적 문제 153
   3. 광개토대왕-장수왕의 남진정책과 관련 문제들 162
   4. 신라의 초기 왜와 백제와의 관계 168
   5. 백제의 초기 대외관계 172
   6. 언어 소통과 정체성 175

제3부 조공과 동맹외교의 실상
제6장 백제의 타산외교 183
   1. 동맹과 조공의 국제정치학 183
   2. 초기 대외관계의 능동적 운용 190
   3. 중국 왕조들과의 관계 192
   4. 나-제동맹 평가 199
   5. 대중국 외교의 문제점 206

제7장 고구려의 자주외교(I)—장수왕 221
   1. 서론 : 전쟁론 221
   2. 광개토대왕의 대외원정의 재평가 224
   3. 고구려와 관련된 국제정치적 문제들 231
   4. 북위-연-남송과 고구려 238
   5. 북위-유연-북제와 고구려 249
   6. 평양 천도와 남방 경략 255
   7. "외교군주"로서의 장수왕 257

제8장 고구려의 자주외교(II)—수와 당과의 전쟁 262
   1. 장수왕 이후 고구려와 중국의 관계 262
   2. 수-당과 고구려 : 안보 문제의 주관적 인식 265
   3. 고구려와 수와 당, 그리고 "새로운 힘" 신라의 등장 275
   4. 여-수전쟁과 여-당전쟁 279
   5. 평양 천도와 안보 문제 292

제9장 신라의 순응외교 296
   1. 신라의 성장 296

2. 중국과의 교류 확대와 삼국 관계　303

　　3. 김춘추의 일본 외교　318

제4부 삼국통일의 국제정치
제10장 통일전쟁과 국제정치　327

　　1. 백제 원정에 대한 신라와 당의 평가　327

　　2. 신라와 당의 전략과 백제의 대응　332

　　3. "복수" : 악순환의 시작　343

　　4. 소모전과 고구려의 종말　346

　　5. 여–당전쟁과 신라　353

　　6. 고구려 멸망에 관한 종합 평가　358

　　7. 평양 천도와 국가 성격의 변화　359

　　8. 고구려 멸망과 국제정치적 문제들　368

제11장 백제와 고구려 부흥운동의 국제정치　380

　　1. 백제 부흥운동의 의미　380

　　2. 부흥운동의 전략적 문제들　385

　　3. 백강구 전투　393

　　4. 고구려 부흥운동의 시말　406

제12장 신라의 대당전쟁　410

　　1. 통일전쟁 후의 당의 삼국정책　410

　　2. 당의 초기 점령정책 : 신라–백제 맹약문　413

　　3. 신라의 백제 평정정책　421

　　4. 나–당전쟁의 시작　423

　　5. 설인귀–문무왕의 서신 교환과 의미　426

　　6. 당의 공세와 신라의 대응　435

　　7. 나–당전쟁과 국제정치　446

결론 : 국제정치학으로 본 삼국시대　453

후기 : 역사학과 국제정치학　475

참고 문헌　487

인명 색인　499

일러두기

1. 이 책에서는 구체적인 왕조를 말할 경우 고구려, 조선으로 쓰지만 "중국"과 대비할 때는 "한국"으로 표기한다. 또 "한민족"에 대비해서 중국 민족은 "한족"(漢族)으로 표기한다.
2. 고전에 대한 각주는 학계의 일반적인 관행에 따른다. 각주는 인용의 정확성을 기하고 쉽게 찾아볼 수 있어야 하기 때문에 이 연구에서 선정한 책의 쪽수를 명기할 것이다. 본문 중에 xx왕 xx년 등이 언급되었을 경우에는 각주에는 xx왕 xx년 xx월 등은 포기하지 않는다. 번역은 이 연구에서 선정한 번역본에 의존하지만 일반 독자들이 읽기 쉽도록 필요에 따라 수정한다. 역자의 양해를 바란다. 다른 번역을 인용할 경우 이를 명기한다(참고 문헌의 첫 부분 참조).
3. 이 책의 기본 자료인 『삼국사기』는 이강래 역(1998), 2권(서울: 한길사)을 기본 텍스트로 하며, 다른 역본들을 참조한다. 『삼국유사』는 김원중(2002) 역(서울: 을유문화사)을 기본 텍스트로, 북한 리상호(1999) 역본(서울: 까치)을 참조한다.
4. 각주에서 『삼국사기』는 명기하지 않고, 「신라 본기」, 「고구려 본기」, 「열전」으로 시작한다.
5. 『삼국사기』에 나오는 옛 지명의 정확한 위치는 학계의 견해가 통일되지 않은 경우가 많으나, 본문의 이해를 위해서 필요하므로 정구복 외 역주(1996), 『삼국사기』, 5권 (성남 : 한국정신문화 연구원)을 기준으로 첨부한다.
6. 사마천의 『사기』는 『사기』로 명기하며 그 외 『논어』 등 고전들은 저자를 명기하지 않는다.
7. 이 연구에 사용된 서양 고전 혹은 그 한국어/영어 번역본은 저자가 사용한 판본을 기준으로 한다(참고 문헌의 첫 부분 참조).
9. 영어로 된 일차자료(외교문서)도 간혹 언급되는데 일반 관행에 따라서 발신자 to 수신자, 날짜, 문서작성 기관의 약자 (대부분이 외무부)/문서분류번호/문서철 순으로 명기하며, 책으로 발간된 문서는 소속기관/문서분류번호/문서철을 책이름으로 대신한다.
10. 본문에서 인용된 외국 문서의 약자는 다음과 같다.
    DBFP : Documents on British Foreign Policy (영국 외무성 간행 영국 외교문서집)
    FO : Foreign Office (영국 외무성)
    FRUS : Foreign Relations of the United States (미국 국무성 간행 미국 외교문서)
    『日文』:『日本 外交文書』(일본 외무성)

감사의 말

"서론" 첫 머리에서 인용한 한국인에 대한 중국 공사 하여장(何如璋)의 모멸적 언사를 처음 읽은 것은 27년 전인 1983년 후반기이다. 이후 중국인들이 한국인을 어떻게 이토록 얕잡아보게 되었는가, 그렇다면 그 근원을 어디에서 찾을 것인가라는 문제는 외교사/국제정치사를 전공하는 저자의 화두가 되어왔다. 그러나 다음과 같은 사정 때문에 곧 바로 이 연구에 착수할 수 없었다. 첫째, 저자의 주 관심분야는 시기적으로 개항 이후의 한국의 대외관계였기 때문에 고대사로 넘어갈 여유가 없었고, 둘째, 삼국시대 국제 관계사를 통해서 한국인의 국제정치적 행위의 근원을 찾는 문제는 동서양의 역사 등 다방면에 걸친 연구가 축적되어야 하기 때문에 한번 "더듬어보는" 수박 겉핥기와 같은 연구로 끝날 것 같은 두려움을 떨쳐버릴 수 없었기 때문이다. 셋째, 이 연구는 한문을 읽을 수 있는 능력을 요구하는 것이어서 항상 "한문 공부를 좀 더하고 시작하자"는 생각으로 미뤄두었다. 넷째, 저자가 속해 있는 국제정치(사) 학계에서 한국 고대사에 관해서 학문적 대화를 나눌 수 인력이 극히 제한되어 있기 때문에 혼자 힘으로는 이 작업에 착수할 용기가 나지 않았다.

이와 같은 상황이 지속되는 가운데 나는 2000년대 초반 서울대학교 외교학과 하영선 교수가 이끄는 한국의 국제관계사에 관한 연구회에 참여하기 시작했다. 이 모임은 개항 이후의 시대, 서양의 팽창에 따른 동아시아의 반응과 변화, 문명의 "전파(傳播)"에 관련된 문제들을 주로 다루었다. 근대만이 아니라 전 시대에 걸쳐 한국인의 의식세계와 그 변화에 관련된 여러 문제들이 자연히 부각되었다. 이 모임에 참여하면서 이 주제를 다루어보자는 생각을 가지게 되었다. 이제 학자로서 연구를 할 수 있는 시간이, 비록 "정년"이 형식적이라고 할지라도, 끝나가고 있다는 느낌도 이 연구를 서두르게 된 또다른 이유이다. 하영선 교수와 "전파" 모임에 참여해온 서울대학교 외교학과 최정운, 신욱희, 전재성, 강상배 교수, 기타큐슈 대학교 김봉진 교수, 연세대학교 손열 교수, 방송통신대학 강상규 교수, 한국학 중앙연구원 김석근 교수, 그리고 이 모임만이 아니라 이화여자대학교 정치외교학과에서 저자와 같이 근무한 양승태 교수 등 여러 교수들과 그리고 이 모임에서 발표해주신 여러 학자들에게 감사의 말을 전한다.

동양사 분야에서는 고려대학교 사학과 박원호 명예교수와 서울대 동양사학과 구범진 교수의 도움을 받았다. 두 분의 성의 있고 명쾌한 대답은 이 책의 수준을 높이는 데에 큰 도움이 되었다. 초고 단계에서 두 분은 원고를 읽고 책의 구성문제에서부터 한문의 정확한 번역과 역사적 사건의 해석 등 여러 부분에서 많은 문제점들을 지적하고 개선 방안들을 제시했다.

이 책은 전남대학교 이강래 교수가 번역한 『삼국사기』를 텍스트로 사용하고 있다. 이 교수는 초고를 기꺼이 읽고 저자가 간과한 오류들과 국사학계의 성과를 충분히 반영하지 못한 부분들에 대해서 많이 충고해주었다.

까치글방의 박종만 사장은 40여 년의 출판 경험을 바탕으로 "편집자" 역할을 하여 이 책의 수준을 높이는 데에 크게 기여했다.

모든 분들에게 깊은 감사를 표한다.

이 연구의 착수를 가능하게 해준 학술진흥재단에도 감사의 말을 전한다.

오랜 친구인 Ng Ting-fun(伍廷訓)의 쾌차도 빈다. 나는 별로 긍정적이지 못한 인간관을 가지고 있다. "사람을 사랑했으되 성실 있기 힘듦을 보고가노라"라는 이양하 교수의 묘비명처럼. 그런데 Ting-fun은 "그렇지 않은 인간도 있다"는 믿음을 준 유학시절의 친구이다. 홍콩 출신으로는 드물게 (국제)정치학을 공부한 탓인지 귀국 후에는 홍콩의 정치정세를 비관하면서 스스로를 『한비자(韓非子)』에 나오는 고분(孤憤)이라고 이름 짓고 "lonely and angry man"이라고 부른다. 빨리 옛날로 돌아가서 즐거워하는 모습을 보고 싶다.

마지막으로 가족들에게 감사의 마음을 전한다. 평생을 노심초사하여 지내시다가 이제야 평안한 마음으로 생을 즐기고 계시는 어머니에게 감사한다. 평생 동안 별로 중요하지도 않고 읽힐 것 같지 않은 글을 쓴다고 집에 박혀 있는 나의 존재의 무거움을 참아주며 살아온 아내에게도 감사한다. 지금까지 그랬던 것처럼 내가 스스로 마무리하도록 적절한 시점까지 기다려주지 않았다면 이 책은 나오지 못했을 것이다. 그리고 딸 하원이와 태성이 내외, 이제는 중학교 2학년으로 의젓해진 손녀 혜진이, 그리고 주말마다 나를 끌고 나가 휴식을 가지게 해준 손자 동진이도 고마웠다.

2010년 5월
청담동 옥탑 방에서

---

* 헌시는 T. S. 엘리엇의 「네 개의 4중주」 첫 부분이다. 유학시절 미국 출신인 엘리엇이 영면한 이스트 콕커를 찾아 이 시의 인용부분에 이어 나오는 장면들을 본 적이 있다. 둘째 연은 장미원으로 이어지는 복도를 묘사하고 셋째 연에서는 지빠귓과의 작은 새(thrust)들이 지저귀며 잽싸게 장미덩굴 사이로 비행하는 장면 그대로였다. 헌시에서 예시하는 영원성과 현재성, 그리고 그 현재성의 실체가 정말 존재했던 그대로인지, 우리가 실체라고 믿는 것인지, 그러나 이 모든 것이 오늘이라는 현재 속에서 어떤 형태로든 구현된다는 의식은 역사적 인과성이자 또한 역사가들이 찾고자 하지만 정확히 규명할 수 없는 역사연구의 숙명이 아닌가 하는 생각이 들어 감히 인용했다.

제 1 부
이론적 문제

서론 : 무엇을 어떻게 연구할 것인가

1. 문제점의 제기

하여장(何如璋) 중국 공사는 한국인들은 어린애 같다고 설명했다. 거친 방법은 소용이 없으나 친절하게 달래면서 그러나 힘을 쓰지는 않지만 [쓸 수도 있다는 점을] 적절히 내비치면 쉽게 따른다.

발신; 케네디, 수신: 그랜빌, 에도, 1880.11.22.[1)]

위의 인용문은 일본의 에도(東京, 江戶) 주재 최초의 중국 공사 하여장이 영국 대리공사 J. G. 케네디에게 한 말이다. 케네디의 보고를 받은 그랜빌은 당시 영국 자유당 내각의 외무장관이었다. 1880년 11월은 조선이 서양 열강들과 수교하기 6개월 전이며 중국 신강 지방에서 러시아의 남진정책으로 중국과 러시아 간에 군사적 충돌 위기가 고조됨에 따라 동아시아에 이해가 깊은 열강들이 한반도 문제에도 관심을 보일 때이다. 중국과 영국은 한반도를 향한 러시아의 남진을 저지하기 위한 방안으로 조선이 서양 열강들과 수교하도록 협의하고 있었다. 그런데 중국 공사라는 외교관이 서양 외교관을 상대로 어떻게 "한국인들은 힘을 은근히 내비치면서 달래면 쉽게 따르는 어린애

---

1) FO/405, Correspondence respecting the Russo-Chinese Treaty(Kuldja Territory), 1881, p. 3. 원문은 다음과 같다. His Excellency explained to me that the Coreans were like children; that rough measures were of no use against them, but that they were easily influenced and led by kindly and conciliatory treatment, supported by a judicious display of force kept in reserve.

같다"고까지 말할 수 있었을까?

　19세기 후반 조선의 개항과 관련된 문제들이 대두되었을 때, 중국은 조선에 대한 종주권을 주장하면서도 조선 문제에 대해서는 책임을 회피하는 이중적인 태도를 보인다. 그러나 1882년 조선이 미국, 영국, 독일 등과 수교하자 중국은 "정교금령(政敎禁令)의 자주", 즉 "내정과 외교는 자주"라는 전통적 중국-한국 관계에서 벗어나서 노골적으로 조선에 간섭하기 시작한다. 선교사로 한국에 와서 후일 주한 미국 공사가 되는 호러스 앨런도 한국인들이 중국의 지배에 별다른 저항 없이 순종하는 것을 보고 "중국은 쇠막대기로 한국인들을 다스렸고 한국인들은 그들을 때리는 손에 키스한다"라고 쓰고 있다.2) 한국인의 이러한 행위는 근대 한국 외교사를 연구하면서 필연적으로 부딪치게 되는 의문이며 이는 "한국인의 대외적 행위는 어떤 역사적 영향 아래 형성되고 어떤 변화과정을 겪는가"라는 문제의식으로 발전하게 된다.

　이 질문에 대한 일반적 해석은 조선시대의 지식인들이 주자학에 탐닉한 결과 중화주의에 매몰되었기 때문이라는 것이다. 중국의 주변지역에 있는 국가와 민족들은 중국의 거대한 군사력과 "선진문물"에 압도당하여 (각국이 처한 상황에 따라서) 군사적 굴복이라는 "사대"와 문화적 숭배인 "중화"라는 태도를 취한다.3) 한국은 중국에 대해서 사대와 중화를 모두 보이며, 특히 조-일전쟁 때 명나라의 "재조지은(再造之恩)"을 받았다는 인식이 만연하면서 굴종적 자세는 강화되었다는 것이다.4) 이와 같은 해석은 일면 타당성을 가진다. 최근의 한 연구서는 조선시대의 지식인들의 태도를 다음과 같이 비판하고 있다.

　　조선시대 백두산 기행문을 남긴 마지막 사람은 이중하(李重夏)이다.……

---

2) Harrington, Fred H.(1944), *God, Mammon and the Japanese—Dr. Horace N. Allen and Korean-American Relations, 1884-1905*(Madison, Wisconsin: University of Wisconsin Press), p. 243. "자신을 때리는 막대기에 키스하다"는 표현은 초월적 신이나 주인에 대한 노예의 복종을 의미한다.
3) 이에 대한 설명은 박충석(1982), 『한국정치 사상사』(서울: 삼영사), 48-66쪽.
4) 최영성(1995), 『한국유학 사상사』(서울: 아세아 문화사), 3권, 11-38쪽; 한명기(1999), 『임진왜란과 한중관계』(서울: 역사비평사), 67-74쪽.

백두산 꼭대기에서 그는 "기자의 옛 나라가 조그마하게 펼쳐 있고"라고 노래했다.……[1885년] 중국 관리들과 국경을 다툰 다음……영토를 개척함에는 이목(李牧) 같은 사람이 없고, 근원을 찾는 데는 예로부터 장건(張騫)을 말했다."……이목은 중국 전국시대 조나라 장수로서 조나라의 영토를 크게 개척한 장군이다. 장건은 한나라 장수로서 흉노를 정벌하여 서역을 중국에 포함시켰다. 응당 이 대목이라면 오늘날의 한국인들은 여진을 정벌하고 육진을 개척한 고려의 윤관(尹瓘)이나 조선의 김종서(金宗瑞)를 떠올려야 한다. 그러나 이중하는 엉뚱하게도 2,000년 전 중국의 장수들을 시재로 삼았다. 소중화론자인 그에게 중국의 고대사는 그 자체로 조선사였다.[5)]

맞는 말이다. 그러나 이중하를 "소중화론자"라고 낙인찍은 것은 정확한 평가가 아니다. 서글픈 현상이지만, 이 시대의 지식인들이 이목이나 장건은 알아도 윤관이나 김종서에 대해서는 잘 몰랐다고 단정해도 무방할 것이다. 이중하만이 아니라 당대 조선의 지식인들에게는 "중국의 고대사 그 자체가 조선사였다"는 것이 더 정확한 표현일 것이다.

서양 학자들도 근대 이전의 한-중 관계를 중화주의라는 관점에서 접근하는 경향이 강하다. 중국의 세계 질서관(The Chinese world order)에 대한 초기의 대표적인 한 연구서는 비한족계(非漢族系) 국가들 중 한국은 중국적 질서관을 "진심으로" 받아들인 유일한 사례라고 평가한다.[6)] 그리고 한-중 관계를 조-청전쟁(1637) 이후 청과 조선이 맺은 조약에 따른 것이라는 단순한 법적, 제도적 해석이나, 현대 국제정치 이론의 구성주의 이론으로 이 시대의 조선과 중국의 관계를 설명하려는 시도도 있다. 조공관계는 조선이 이 제도를 통해서 국제환경을 변화시킬 수 있는 자율적 능력을 가지고 "적극적으로 참여하여" 동아시아 지역의 평화정착에 기여했다는 것이 요지이다. 정치학과

---

5) 이영훈, 「왜 다시 해방 전후사인가」, 박지향 외(2006), 『해방 전후사의 재인식』(서울: 책세상) 1권, 27-28쪽.
6) "The Chinese Perception of World Order, Past and Present", by Benjamin I. Schwartz in Fairbank, John King ed.(1968), *The Chinese World Order*(Cambridge: Harvard University Press), p. 276.

국제정치학 이론들을 역사적 사건의 해석에 적용하려는 시도는 바람직하지만, "조공"과 같은 국제"제도"의 이념적, 역사적 배경이나 실질적 운용방법, 또 천 년 이상 지속된 한-중 관계의 특성 등 총체적 의미에서의 "역사성"에 대한 깊이 있는 인식과 신중한 접근이 필요할 것이다.

한국인들의 사대주의적 태도를 주자학적 이념과 연결시키는 주장도 정확하지 못한 것이다. 중국적 질서관은 국가 간의 평등성을 부인하고 계서적이며, 그 기초는 유교이다. 유교를 통치이념으로 한 조선이 중국에 복속하며 중국 황제의 승인을 국내정치에 이용한 것은 부인할 수 없는 사실이다. 그러나 한국인들은 주자학이 도입되기 훨씬 이전부터, 한국의 역사가 기록되기 시작한 삼국시대 이전부터 중국의 역사에 더 익숙했으며 이를 자랑스럽게 인용해왔다. 삼국이 중국의 북위(北魏), 남송(南宋), 당(唐) 등의 여러 왕조를 상대로 취한 태도는 조선시대 중국에 취한 조선의 태도와 차이가 없다. 『삼국사기(三國史記)』를 일별하면 쉽게 알 수 있는 사실이다. 김부식(金富軾)은, 물론 고려시대를 두고 한 말이지만, "오늘날의 학사들과 대부들이 5경(經)이나 제자(諸子)의 서책과 진, 한 시대 이래의 역대 중국 사서에는 간혹 넓게 통달해 자세히 말하는 이가 있지만, 우리나라의 일에 이르러서는 갑자기 망연해져서 그 시말을 알지 못하니 매우 한탄할 일이다"라고 쓰고 있다.[7]

일본에 대해서는 문무왕(文武王) 10년(670) 일본이 새로운 국호 "일본"을 알려준 이후부터 "왜(倭)" 대신 "일본"으로 명기한다.[8] 그러나 양측의 관계 악화를 암시하는 시기에는 "가짜 왕자를 '왜국'에 볼모로 보내다"(애장왕[哀莊王] 3년[802])와 같이 왜라는 과거의 호칭도 나온다. 주변국을 좋지 않은 의미를 가진 국명으로 호칭하는 것은 중국의 우월적 태도가 빚은 하나의 부산물이다. 선비(鮮卑), 흉노(匈奴), 토번(土蕃), 왜(倭) 등이 이에 속한다.[9] 고구려(高句麗)의 "구"도 좋은 의미가 아니다. 한국과 일본의 관계가 우호,

---

7) 『삼국사기』, 「진삼국사기표(進三國史記表)」, 60쪽.
8) 효소왕 7년(698), 성덕왕 2년(702), 경덕왕 원년(742), 12년(746), 애장왕 7년(806), 9년(808), 헌강왕 4년(878), 8년(882) 등.
9) 중국이 분열되었을 시기에는, 서로를 "오적(吳賊)", "오구(吳寇)", "위로(魏虜)" 등 경멸적 호칭으로 부른 때도 있었다.

선린이라기보다는 일방적인 침략과 약탈, 파괴로 얼룩진 탓에 일본을 비하, 경멸하는 태도로 기울어진 것은 당연할지도 모른다. 그러나 일본에 대한 한국인들의 태도는 침략과 파괴의 역사만을 반영하는 것이 아니다. 침탈의 역사는 한-중 관계에서 더 많이 존재한다. 그럼에도 불구하고 경멸적인 태도가 일본에 대해서 강하게 나타나는 것은 한국인들의 이중적인 잣대라고 할 것이다. 일본이 한반도를 지배하던 1919년에도 일본인을 "왜놈"으로 비하했다는 기록이 남아 있다.10) 그 근원이 어디에 있는가? 삼국시대 혹은 고려시대의 한-일 관계에서 형성된 것인가, 혹은 중국이 사용한 호칭인 왜를 그대로 받아들이면서 부정적 인식이 형성된 것인가, 아니면 조-일전쟁과 그후 통신사를 파견하던 시대에 구체화된 것인가 등의 문제도 앞으로 검토해야 할 것이지만, 이 연구의 범위에서는 벗어난다.

2. 어떻게 연구할 것인가

이 연구는 한국인의 국제정치적 행위를 우리의 역사에서, 그러나 인류 보편사적인 시각에서, 그리고 국제정치학적 전문성을 바탕으로 하여 찾으려는 것이다. 역사적으로 한반도와 그 이북의 만주(중국의 동북 삼성)라는 지역에 거주하면서 중국, 일본, 몽고, 돌궐 등으로 형성된 국제정치적 환경과 부딪치며 살아가던 집단을 "한국인, 한민족"이라고 부르자. 이들은 어떤 과정과 경험을 통해서 스스로 "한국인"이라고 부를 수 있는 사회의식과 정치의식을 가지게 되며 또 대외관계에서 "한국인"만이 가지는 구체적인 행위유형을 보인다. 당연히 이 연구는 "한국인"의 특성을 가진, 혹은 가지고 있다고 믿는 "특수한" 인간집단이 존재한다는 전제에서 출발한다.

그러나 이들은 전 세계 모든 인간들에게서 발견되는 특성인 인간성을 공유하는 인간집단이기도 하다. 인간은 좋으면 웃고 싫으면 짜증내고, 생존 본능에 충실하며 이를 위해서 이기적으로 행동하며, 다른 인간을 죽일 수도 있고,

---

10) 강덕상 편(1965-1967), 『現代史 資料』, 朝鮮(東京: みすず 書房) 25권, 403, 412, 421쪽.

감정적이면서도 때로는 합리적으로 판단하며, 사회를 조직하며, 이를 위해서 규범을 만들고 이에 복종하지 않으면 제재를 가한다. 따라서 인간성은 그 자체만으로는 명쾌하게 규정하기 힘든 것이다. 인간은 자연환경과 사회환경이라는 테두리에서 사회를 영위하면서 관습, 전통, 전승, 제도 등을 만들어가며 또 이들 요소의 영향을 받으면서 구체적인 인간성을 가지게 된다. 인간성은 곧 "역사적 현상"이다. 따라서 인간성은 국가마다 다르게, 같은 국가에서도 시차를 두고 다르게 표출된다. 사회도 개인들의 태도에 의해서 그 성격이 형성되고 전개된다.[11]

그러나 인간의 행위가 가지는 의미는 누구나 이해할 수 있도록 항상 드러나 있는 것이 아니다. 유럽 정신의 기원인 고대 그리스의 호메로스를 연구한 브루노 스넬은 유럽적 정신의 "발견"이란 콜럼버스가 아메리카 대륙을 "발견했다"고 말하는 것과 다르다는 점을 지적한다. 아메리카 대륙은 이미 존재했던 것을 콜럼버스가 "발견한" 것이라면 호메로스에게서 발견한 유럽적 정신이란 호메로스의 작품세계나 작품에 나오는 인물의 의식 중에 존재한 것이지만, 겉으로 드러나지 않는 정신을 규명함으로써 "발견되고" 존재하게 되는 것이다. 스넬은 호메로스가 사용한 언어들을 연구하는 방법으로 당시 그리스인들의 정신세계를 재구성한다.[12]

스넬의 접근법이 한국적 대외관계의 "원형"과 패턴(origins and patterns)을 찾는 데에 원용될 수 있을까? 이를 "발견하기" 위해서는 이것을 "존재하게" 만드는 "한국적 정신"을 찾고 이것이 대외관계에서 어떻게 작용하는가를 규명해야 할 것이다. 여기에서 "한국적"이란 생물학적인 혹은 현상적인 측면도 있지만 이와 같은 행위를 가능하게 하는 배경이 되는 "의식세계"를 말한다. 한 사회나 집단이 오랜 기간에 걸쳐 구체적인 상황에서 보이는 행동은 반복적이

---

11) Carr, Edward Hallett(1964), *What is History?*(London: Pelican Books), p. 33.
12) Snell, Bruno(1955), *Die Entdeckung des Geistes—Studien zur Entstehung des europäishen Denkens bei den Griechen*, 김재홍 역(1994), 『정신의 발견: 서구적 사유의 그리스적 기원』(서울: 까치), 서론과 1장 참조. 이것은 부르크하르트(Jacob Burckhardt)가 문화(Kultur)를 전체론적 시각(holistic view)에서 역사의 중심적 요소로 인식하는 태도, 즉 역사적 사실과 정신의 동일성을 강조한 것과 유사한 맥락일 것이다.[Burckhardt, Jacob(1990), *The Civilization of the Renaissance in Italy*(Harmondsworth: Penguin Books). introduction 참조.]

다. 예를 들면, 쥐가 뱀을 보면 놀라 도망치는 "학습"이 수만 세대에 걸쳐 축적되어 쥐의 DNA에 각인되어 쥐의 본능이 되는 것과 같이, 그리고 이를 쥐의 (문화적) 정체성이라고 할 수 있는 것과 같이, 수천 년간 "거의" 동일한 자연, 사회 환경에 반응하면서 형성된 한국인의 행위 패턴과 그것이 가지는 문화적, 역사적 의미를 "한국적"이며 한국인의 정체성이라고 할 수 있을 것이다.

저자는 연구를 통해서 이 문제에 대해서 만족할 만한 수준은 아니더라도 어느 정도 해답을 구할 수 있을 것 같다는 느낌을 가지고 있다. 물론 부정적인 측면도 있다. 호메로스는 고대 그리스 세계에서 처음으로 문자를 사용하여 "기록"함으로써 그리스 정신세계를 연구할 수 있는 작품을 남겼다. 우리의 과거는 중국의 문자인 한자로 기록되어 있다. 더욱이 『삼국사기』 등 오늘날 우리가 말하는 "한국"의 기록도 대부분 중국의 기록에 의존한다. 한자와 중국의 거울을 통해서 본 한국의 역사가 과연 어느 정도까지 한국인의 모습을 그려내는 데에 도움이 될 것인가 의문스럽다는 말이다.

한 연구는 한자는 위만조선 시대에 도입되어 문서행정에서 사용되었을 것으로 추론한다. 고구려 영양왕(嬰陽王) 11년(600) "건국 초기 문자를 사용하기 시작하여『유기(留記)』100권을 만들었으며," 백제 근초고왕(近肖古王) 30년(375) 문자를 사용하여 "기사(記事)", 즉 기록하기 시작하고 박사 고흥(高興)이『서기(書記)』를 지었다. 신라는『양서(梁書)』에 "문자가 없으므로 금을 새겨 신표로 삼는다"는 기록이 있는 것을 볼 때에 문자 도입이 가장 늦은 것 같다. 그러나 오늘날 영어를 배우는 한국인들이 느끼듯이 외국어인 한자를 배워 기록의 수단으로 삼고, 특히 정서적인 요소까지 기록한다는 것은 어려운 작업이었을 점이다.[13]

백제 개로왕(蓋鹵王)이 472년 북위에 보낸 표문은 "딸을 보내 후궁에서 비질을 하게 하고 아들들을 보내 바깥 마구간에서 말을 기르게 할 것"이라는

---

13) 이성규(2003),「한국 고대국가의 형성과 한자수용」,『한국고대사연구』, 32, 56-57, 69쪽. "진번의 주위 여러 나라들이 글을 올려……."『사기』,「열전」, "조선열전", 908쪽.「고구려 본기」제8, 398,「백제 본기」제2, 508쪽;『조선전』, 1권 592쪽 등 참조. 삼국통일에서 강수(强首)의 한문 능력은 무열왕의 무공에 비견된다는 문무왕의 언급은 한자 사용의 어려움을 보여준다. 위 논문, 86쪽.

등 비굴함이 극치에 이른다. 이것이 과연 백제가 보낸 진짜 표문일까, 아니면 중국 사서에 기록하면서 중국인들이 입맛에 맞게 윤색한 것일까, 그리고 중국의 기록을 별다른 여과 없이 『삼국사기』가 실은 것이 아닐까라는 의문이 들지 않을 수 없다. 한 가지 다행스러운 점은, 김부식이 『삼국사기』의 서문격인 「진삼국사기표(進三國史記表)」에서 밝힌 바와 같이, 전적으로 중국의 기록에 의존하지는 않았다는 점이다. 중국 측의 기록이 장문인 것은, 예를 들면, 수 양제가 고구려 침공 전에 보낸 협박성 칙서 등은 간단히 요약하며 고구려-수/당 전쟁 등은 중국의 기록보다 상세히 기술하고 있다. 고구려의 수/당 전쟁에 관한 중국 쪽의 기록은 부실할 뿐만 아니라, 무심결에 읽으면 중국이 패배자라는 점도 찾아내기 어려울 정도이다. 이것은 중국 사료를 비판적인 관점에서 읽어야 한다는 교훈이기도 하다.

정신은 역사의 과정에서, 역사 속에서만 자기를 나타낸다.14) 구석기 시대 유럽인들은 라스코나 알타미라 동굴에 훌륭한 벽화를 많이 남겼다. 이 작품들 역시 1-2만 년 전 유럽에 살던 인간들의 정신세계를 표현한 것이다. 그러나 유럽의 정신이나 예술은 헤브라이-그리스-로마의 전통에서 그 기원을 찾는다. 이들 동굴의 작품에서 인간의 지적 능력은 찾을 수 있지만, 유럽적 역사성은 느끼지 못하기 때문이다. 반면 2,500년 전 그리스인들의 예술세계는 오늘날 워싱턴의 링컨 기념관이나, 런던의 영국박물관, 베를린의 브란덴부르크 문 등에서 그대로 살아 숨쉬고 있다. 한국인의 행적이 중국인에 의해서 한자로 기록되었건, 유물로 존재하건 한국인의 정신을 탐구하는 실마리가 될 수 있다는 것이다. 다행히 언어학자들의 노력으로 삼국시대에 사용하던 우리말들이 한자로 기록된 과정을 추적함으로써 순수한 우리말을 재생시킨 사례들이 존재한다. 물론 한국인의 정신세계를 재구성하기에는 턱없이 부족한 것이지만, 중국인과 다른 "우리"가 누구인지 어렴풋이나마 짐작케 해주는 실마리가 될 것이다. 이것은 대외적 행위의 원형을 추적하는 이 연구의 주제보다 더 포괄적인 문제이지만, 저자는 이 연구의 전 과정을 통해서 항상 염두

---

14) Snell, 김재홍 역(1994), 9쪽.

에 둘 것이다.

인간 행위와 주변 환경과의 관계에 관해서는 문화인류학자 마거릿 미드의 언명이 하나의 길잡이가 될 것이다. 미드는 남태평양 야만인들의 생활을 연구한 것은 궁극적으로 미국인이 누구인가를 더 잘 이해하기 위한 것이라고 술회한 바 있다.15) 인간은 본성에 따라 주변 환경에 충실하게 대응하며 행동하기 때문에, 문명화되고 의식화되기 이전인 야만인에 대한 연구는 곧 인간 행위의 근원에 대한 연구라는 의미이다. 이것이 구체적 상황, 예를 들면, 미국이라는 자연, 사회 환경에 반응하고 적응하며 살아가면서 "미국인으로 사회화된" 인간들을 연구하는 지침이 되며, 나아가서 미국인의 정체성을 탐구하는 작업으로 이어질 것으로 기대한 것이다.

동물행태학자 콘라트 로렌츠는 미드의 테제를 한 걸음 더 발전시킨다. 인간의 사회적 행위는 한 사회에서 장기간에 걸쳐 축적된 사회적, 정신적 경험의 총체적 산물이고 또 그 사회의 구조와도 밀접하게 관련되어 있다는 것이다.

> 전통적 규범이나 의식은 그 기능에 대한 (합리성에 바탕을 둔) 통찰력이라기보다는 (자연계에서 볼 수 있는) 해묵은 자연도태의 과정을 통해서 생겨나는 것이다. 역사가들은 자연도태가 한 종에서 일어나는 것과 같은 방식으로 문화의 진화가 결정된다는 사실을 이해해야 한다. ……사회적 관습이나 의식 중에는 불필요하거나 심지어 분명히 불필요하지만 제거하지 못한 것이 상당히 많다.……그러나 한 관습은 (예를 들면 야만족의 머리사냥 등) 부족의 전체 사회제도와 복잡하게 짜여 있기 때문에 (야만적이라는 이유로) 그 관습을 폐지하는 것은 그들의 문화 전체를 와해시킬 가능성이 크며 심지어 그들의 생존마저 심각하게 위협할 가능성이 있다.16)

---

15) "I have spent most of my life studying the lives of other peoples—faraway peoples—so that Americans might better understand themselves." 이 인용문은 뉴욕의 메트로폴리탄 박물관에 전시되어 있는 마거릿 미드의 흉상 아래 적힌 자전적 문구이다. 최근에는 이 흉상이 전시되지 않고 있다. *Continuities in Cultural Evolution*(1964) 2001 edited and introduced by Stephen Toulmin, New Brunswick, NJ: Transaction Press도 참조할 것(http://www.interculturalstudies.org/Mead/bibliography.html#bio).

16) Konrad, Lorenz, *On Aggression*, 송준만 역(1986), 『공격성에 관하여』(서울: 이화여대 출판부), 288-290쪽 요약.

서양 역사학의 아버지로 추앙받는 헤로도토스도 이 점을 강조한다. 그는 『역사(Historiai)』에서 총체적인 사회관계에서 형성된 신앙과 관습은 (비록 식인 관습이라도) 조롱의 대상이 되어서는 안 되며 인간 행위의 이해에서 중요한 것이라고 지적하면서 "관습(노모스)이야말로 만물의 왕"이라고 말한다.17) 학문 연구의 궁극적인 목표가 자아 발견이라면, 그리고 사회과학은 구체적 사회관계에서 나타난 인간 행위를 설명하는 이론을 찾아 사회적 존재로서의 인간을 탐구하는 작업이라면, 한국의 역사에서 표출된 한국인들의 대외적 행위에 대한 탐구는 우리가 궁극적으로 알고 싶어하는 "한국인이란 누구이며, 무엇인가?"라는 질문 중 최소한 대외적 부분을 보여주는 데에 기여할 것이다.

이것은 사회환경과 인간의식과의 관계에 대한 이해 없이 역사적 인물의 행위를 가볍게 비판해서는 안 된다는 점을 말해준다. 윌리엄 셰익스피어의 작품을 읽다보면 때로는 "이 양반이 인종주의자가 아닌가?"라는 착각이 들 때가 있다. 『오셀로』에는 "천박하고 무식한 인디언", "악질적인 터키인, 거세당한 개 같은 놈"이라는 표현들도 등장한다. 『베니스의 상인』은 유대인에 대한 모멸로 가득 차 있다.18) 미국 건국의 아버지들도 오늘날의 기준에서 보면 "철저한 인종주의자들"이다. 그러나 우리는 이들을 인종주의자라고 매도하지 않는다. 왜냐하면 유럽 기독교 문명과 이슬람 문명이 충돌하던 시대의 분위기나, 1,000년이 넘는 긴 세월에 걸쳐 박해받으며 유럽을 전전하던 유대인의 모습이나, 또 아메리카 대륙이 발견된 지 100여 년이 지난 시점에서 유럽인들의 눈에 비친 아메리카 원주민들의 모습이 셰익스피어의 작품이나 동시대인들의 태도에 반영된 것이기 때문이다.

김부식의 경우도 이에 해당한다. 흔히들 김부식을 사대주의자라고 부른다. 『삼국사기』를 읽어보면 그의 사대주의적 경향을 부정할 수 없다. 그러나 사대주의는 김부식 개인의 성향이 아니라 시대적 산물이다. 중요한 것은 그가

---

17) Herodotos, *Historiai*, 제3권, 박광순 역(1987), 『역사』(서울: 범우사), 221-222쪽.
18) Like the base Indian, threw a pearl away······in Aleppo once, Where a malignant and a turban'd Turk, Beat a Venetian and traduced the state, I took by the throat the circumcised dog, and smote him. *Othello* 5막 2장.

구사한 언어로 포장된 주제의 의미를 정확하게 찾아내는 작업이다. 다음은 고구려의 멸망에 대한 김부식의 논평이다.

> 고구려는 진-한 시대 이후로 중국의 동북방에 끼어 있어 그 북쪽 인접지대는 모두 천자의 관할이었거니와, 난세에는 영웅들이 일어나 참람되이 명호와 지위를 도적질하는지라 **두려움이 많은 땅**[多懼之地]에 자리했다. 그러나 **겸손한 생각이 없이** 그 지경을 넘어 침구해 원수로 삼고 중국의 군현에 들어와 사니, 이 때문에 전쟁이 이어지고 화근이 생겨나……수와 당이 통일을 이룬 시기에도 여전히……순종하지 않고 천자의 사신을 토실 속에 가두었으니, 그 완악하고 두려워하지 않음이 이와 같았다. 그러므로 여러 차례 문죄의 군사를 불러들였던 것이니 비록 기발한 계책으로 대군을 함몰시킨 때도 있었지만 끝내는 왕이 항복하고 나라는 멸망되었다.[19]

전형적인 중화주의적 해석이다. 중국이라는 천자국에 죄를 지어 군사를 불러들여 웅장한 기상의 고구려가 망했다는 것이다. 그러나 이것이야말로 중국적 세계관이 지배하던 시대에 살던 김부식이 말하는 방식이다. 김부식이 진정 말하고자 한 것은 무엇인가? 오늘날 우리들이 쓰는 언어로 그리고 국제정치학적 용어를 "약간" 빌린다면, "두려움이 많은 땅"이란 분쟁지역을 말할 것이다. 이스라엘의 점령지를 둘러싼 중동 문제나 독일과 프랑스가 영유권을 다툰 알자스-로렌 등을 연상할 수 있다. "두려움의 땅"은 국제적으로 주권이 확립되지 않아 주인 없는 땅으로 여러 민족들이 다투며 영유권을 주장한다. 그러나 중국이 한때 점령했던 곳이라 "두렵고", "언짢다." "참람되이 명호를 도적질"한 것은 황제로 자칭한 여러 민족의 군주들을 말하지만, 연개소문(淵蓋蘇文)의 행위도 이에 포함시켰을 것이다. "겸손한 생각이 없다"는 중국에 대한 중화적 표현이지만, 분쟁지역에 있는 고구려가 주변의 정세를 정확하게 파악하여 신중히 대응하지 않았다는 말이다. 고구려는 화약고 같은 이 지역을 때때로 공략하여 점령하기도 했다. 그러나 수와 당이 중국을 통일하여

---

19) 「고구려 본기」 제10, 보장왕 27년, 449-450쪽. 강조는 저자.

거대 제국이 된 후에 고구려는 변화한 정세에 맞추어 적절히 변신해야 했음에도 불구하고 타협하지 않아 중국의 원정을 자초했으며, 몇 차례 이기기는 했으나 결국 멸망했다는 요지이다. 이같이 양파껍질을 벗기듯이 그 시대적 포장을 하나씩 벗겨내면, 중화주의니 사대주의니 하는 주장은 부질없는 논쟁이라는 것을 느낄 것이다.

인간 행위는 시대를 초월하여 비슷한 환경에서 비슷하게 나타난다는 명제는 국제정치에서 특히 강조된다. 역사와 사상에 기초하여 국제정치를 해석하려는 국제정치학의 영국학파를 창시한 인물로 평가되는 마틴 와이트는 이를 다음과 같이 설명한다.

> 국제정치가 국내정치와 다른 점은 진보주의적 해석에 덜 민감하다는 것이다. 최소한 서유럽에서 한 나라의 역사만을 분리해보면, 반복적인 참화로 얼룩진 독일에서조차도 진보의 증거를 보인다. 사회적 응집력, 국가들 간의 상호의존성은 높아지고, 국가권력은 성장하지만 그 운용은 유연해지며, 부의 성장과 분배는 촉진된다.……토머스 무어 경이나 앙리 4세가 [400년이 지난] 1960년 영국이나 프랑스로 돌아온다면 국내정치는 자신들이 수긍할 수 있는 목표를 향해 발전하고 있다는 사실을 인정할 것이다.……그러나 국제무대로 시선을 돌려보면 [1960년대 냉전시대에] 두 강대국이 동맹국과 위성국들을 거느리고 제3자를 동원하여 상대방에 대항하며 이를 통해서 자신의 지위를 고양시키며, 보편적 원칙과 국지적 애국주의는 서로 다투며, 독립의 권리와 간섭의 의무는 여전히 대립하며, 평화와 공동이익이라는 허황된 구호는 여전하다는 사실을 발견하고 놀랄 것이다.20)

인간성과 인간의 사회적 행위에 관해서 길게 서술한 것은 한국사의 사건들을 동—서양 역사에서 나타난 사례들과 비교하면서 이해를 깊게 하기 위한 것이다. 물론 각 사건이 전개되는 구체적인 상황이나 인과관계는 동일할 수

---

20) Butterfield, Herbert, and Wight, Martin(1966), *Diplomatic Investigation—Essays in the Theory of International Politics*(London: George Allen & Unwin), 중 Wight, "Why is there no International Theory?", p. 26.

없다. 또 한국사의 사건들을 외국의 사례들과 단순 비교하는 데에 거부감을 느낄 수도 있다. A는 B와 비슷하고 B는 C와 비슷하고……으로 나가면 A가 Z로 되어 아무런 의미를 가지지 못한다. 어린애들의 놀이에서 "원숭이 엉덩이는 붉다"가 "붉은 것은 사과" 등등으로 비교되면 원숭이 엉덩이가 기차, 비행기, 백두산으로 둔갑하는 것이나 다름이 없다. 이 연구에서 강조하는 것은 인간이 유사한 상황에서 유사하게 행동한다면, 삼국시대에 나타난 국제정치적 사건은 한국적 상황이 만들어낸 "독특한" 산물이지만, 동시에 국제사회에서 나타나는 "보편적" 패턴이기도 하다는 점이다. 이를 통해서 한국의 사건이 전개되는 사회(국제)체제의 성격과 외교정책이 집행되는 메커니즘에 대한 이해를 높이고, 나아가서 한국인의 행위의 보편성을 찾아볼 수 있을 것이다.

이 연구는 "삼국"이라는 "민족" 문제와 "통일"이라는 국제정치적 문제가 결합되어 전개된다. 민족의식과 민족주의는 한 민족이 거대 제국에 흡수되는 것을 거부하면서 독립과 정체성 확립을 지향하고 또 민족집단의 힘을 외부로 팽창하려는 성향을 가지고 있다. 이 목적을 달성하는 데에 필요하다고 판단되면, 어떠한 정치 이데올로기나 종교, 혹은 외세와도 결합한다. 국가사회주의와 결합한 독일의 나치즘, 마르크시즘의 "중국화"라는 이름으로 공산주의와 결합한 중국 공산혁명, 1979년 이슬람교와 결합한 이란 혁명 등이 이를 보여준다. 그러나 민족주의는 구체적인 방향을 설정해두고, 특히 "진보적이며" "도덕적인" 방향으로만 진행하는 것이 아니다. 또 같은 민족 내에서도 "나"와 "너"를 세분하는 경향이 강화되면, 민족주의는 통합만이 아니라 분열을 조장하는 역할도 한다.

역사적으로 민족주의가 국제정치와 결합되는 상황은 빈번이 일어난다. 고대 그리스 도시국가들이 연합하여 페르시아 제국과 싸운 것은 두 민족 간의 지역 패권투쟁이다. 그러나 펠로폰네소스 전쟁에서 스파르타가 페르시아와 연합하여 아테네와 싸우고, 백년전쟁에서 영국이 보르도와 연합하여 프랑스 왕국과 싸운다. 그러나 이를 두고 민족을 대변하는 "정의로운" 세력과 "외세"와 결탁한 "반민족적 세력" 간의 대결이라고 부르지는 않는다. 19세기 유럽인들은 민족통일을 전제정치에서의 해방이자 자유주의의 실현으로 보았다.

그러나 제2차 세계대전에서 나치 독일의 아리안 제일주의를 경험한 뒤에 유럽인들은 민족주의를 부정적인 시각에서 평가한다. 민족주의는 다른 민족과 평등한 관계에서 평화롭게 살아가려는 의지보다는 다른 민족을 짓밟고 그들의 희생 위에서 혼자 잘 살아가겠다는 선민의식의 표현으로 보기 때문이다.

인간의 가치체계는 이같이 변한다. 오늘날 한국인들은 통일을 통한 한국민족주의의 "완성"을 최고의 가치로 추구하고 있다. 국제정치에서 최고의 협력관계에 있는 "동맹"인 미국보다 같은 민족인 북한을 앞세워 "북-미"관계라고 부르는 것이 단적인 예일 것이다. 물론 한국민족주의는 다른 민족들을 짓밟으려는 것이 아니라 우리의 것을 찾으려는 노력이다. 그러나 외국인들은 세계 10위권의 경제대국이 된 한국의 민족주의적 발흥을 결코 고운 시선으로 보지는 않는다. 각 시대는 각 시대의 고민이 있고 각 시대인들은 자신들의 고민이 역사상 가장 중요한 문제라고 생각한다. 그러나 자신이 당면한 문제가 다른 시대의 문제보다 더 중요했다고 단정 지을 수 있는 기준도, 근거도 없다. 역사학이나 인문학을 공부한다는 것은 각 시대인들이 느끼는 딜레마에 공감하면서 "우리 시대"라는 편협성에서는 벗어나는 것이다. 그렇다면 민족의식이 형성되지 않은 1,400년 전에 신라인들이 "유일한 문명"이라고 믿었던 당을 신라와 한 집안으로 일체화시켜 "우리 당 집안(我唐家) 황제"라고 "태평송"을 부른 것을 민족적 배신이라고 할 것인가?[21] 당의 문화에 경도되었다는 점에서는 백제와 고구려도 별 차이가 없다. 중국 문물에 대한 흠모와 한민족의 독립 간에 형성된 긴장관계는 한국사 전 시대를 관통하는 일관된 흐름이다. 신라 역시 당이 자신의 독립을 위협할 때에는 과감히 투쟁에 나섰다. 중요한 것은 신라의 정책이 "독립—문화적 흠모"라는 이 연속선상의 어느 지점에서 표출되었느냐는 것이다.

현재 한국 사회는 대외적 행위를 지나치게 민족주의적, 도덕적 관점에서 평가하려는 경향이 강하다. 그러나 한국이 중국에 대해서 지나치게 굴종적이라거나, 혹은 완고하고 비합리적이라고 평가하고 비판하기에 앞서 그 근원을

---

21) 태평송은 「신라 본기」, 제5, 진덕왕 4년, 151-153쪽.

한국의 역사발전, 특히 대외관계에 대한 총체적 이해에서 찾아야 한다. 삼국이 생존을 위해서 발버둥치고 치열하게 대립, 각축, 경쟁하던 시대에 삼국의 존립 자체를 위협하는 거대한 중국과, 신라의 변방을 노략질하는 일본과 대립하던 국제정치적 구조 속에서, 또 국내적으로 생성된 동력에 의해서 전개되는 삼국 사회의 정치, 경제, 사회구조 속에서, 한국인들의 대외적 인식과 행위가 형성되는 것이다. 그러므로 약소국의 생존권을 보장하는 국제도덕이 존재하지 않는 약육강식의 "자연상태"인 국제사회에서 초강대국 중국을 이웃으로 둔 한국이 생존을 위해서 때로는 비굴하게, 때로는 교활하게, 또 때로는 완강하게 저항했다는 것은 조금도 이상할 것이 없다.

한국의 대외관계는 주로 거대한 중국 대륙과의 관계에서 형성되었으며 여기에서 한국은 대부분의 시기에 약자의 입장이었다. 우리의 과거에서 이것은 어두운 측면이다. 특히 한국의 기록들도 중국 중심적인 해석으로 가득 찬 중국 문헌들을 인용한 경우가 많은데, 이를 객관적으로 해석한다는 것은 고통스러운 작업이다. 그래서 한국인들은 누구보다 우수하고 창조적이며, 의리와 절개를 지키며 남을 위해서 희생하는 인간들이며, 그러므로 한국인의 우수성을 세계에 떨쳐야 한다고 말하고 싶어한다. 그러나 이와 같은 유혹에서 벗어나야만 우리의 연구결과는 진정한 의미를 가질 것이다. 이 연구는 이른바 고구려인의 "용맹성", 백제인의 "예술성", 당군과 싸워 통일을 이룩한 신라인의 "진취성" 등의 선입관에 구속되지 않을 것이다.

모든 역사적 사건에는 음지와 양지가 있다. 역사의 양면성이다. 이를 해석하면서 때로는 밝은 면만을, 때로는 어두운 면만을 집중적으로 조명할 뿐이다. "어린애 같은" 굴종적 자세의 뒤에는 생존이라는 더 큰 목표가 존재한다. 어린애와 같은 유약한 정신만으로는 물질적, 정신적으로 앞선 중국에 흡수되었을 것이며, 굴복을 모르는 완고한 태도로 거대한 중국에 저항만 했다면 생존은커녕 정체성도 소멸되었을 것이다. 프리드리히 마이네케는 제2차 세계대전의 기원을 정신사적으로 추적하면서 검소하며 엄격한 생활태도를 견지함으로써 프로이센이 유럽의 열강으로 도약하는 기초를 닦은 프리드리히 빌헬름 1세(1688-1740)나 스스로 국민의 공복으로 자처한 그의 아들 프리드리히 2세 대왕(1740-1786)의 "밝은" 통치와 19세기 독일 통일을 완수한 비스마르크의 "성공적" 정책에서 히틀러의 악마적 "어두운" 그림자를 찾는다.22) 한국사를 읽으면, 이와 같은 양면성은 역사의 굽이굽이마다 나타나고 있음을 느낀다.

그렇다면 역사서술이라는 관점에서 『삼국사기』를 어떻게 자리매김할 것인가?23) 역사서술의 대표적인 기준은 근대 역사학의 기초를 닦은 레오폴트 폰 랑케(1795-1886)의 "원래 있었던 그대로"이다.24) 서양의 첫 역사서라고 할 수 있는 헤로도토스의 『역사』도 재미난 이야기 같지만, 정확한 근거를 바탕으로 한 것이라는 점을 수시로 상기시킨다.

인간계의 사건이 시간이 흘러감에 따라서 잊혀지고 그리스인과 이방인이 이룬 놀라운 위업들—특히 양자가 어떠한 원인에서 전쟁을 하게 되었는가 하는 사정—을 세상 사람들이 알지 못하게 될 것을 우려하여, **스스로 연구, 조사한 바를 서술한 것이다.**"(1권, 23쪽)

"지금까지 나는 내 눈으로 본 것, 내 견해 그리고 내가 조사한 것 등을 서술해왔는데, 이제부터는 이집트인에게 들은 그대로 기록하기로 하겠다. 그러나 내가 실제로 본 것 몇 가지만은 그에 덧붙여 서술하기로 하겠다."(2권, 162-163쪽)

"이 책을 통해서 내가 취하는 원칙은, 각각의 사람이 말하는 바를 들은 그대로 기록하는 것이다."(2권, 176쪽)

"이 지방[스키타이 지역]에 위와 같은 현상이 일어나는 것[소에 뿔이 없는 것]은 추위 때문인데, 여기에서 내가 놀랍게 생각하는 것은—여담이기는 하지만 이것이 나의 집필 원칙이므로……."(4권, 291쪽)

"내 의무는 전해지고 있는 것을 그대로 전하는 것이지만, 그렇다고 해서 그것을 전적으로 믿어야 할 의무가 내게 있는 것은 아니다. 이러한 나의 주장은

---

22) 프리드리히 마이네케, 이광주 역(1965), 『독일의 비극』(서울: 구미신서), 24-28쪽.
23) 이에 관해서는, 이강래, 『삼국사기』, "『삼국사기』의 정당한 이해를 위하여" 참조.
24) wie es eigentlich gewesen sein, 영어로는 simply to show how it really was.

본서 전체에 걸쳐 적용될 것이다."(7권, 535쪽)25)

투키디데스는 헤로도토스의 기준을 한 걸음 더 발전시켰다. 그는『펠로폰네소스 전쟁사』를 쓰면서 서술의 기준으로서 "시인들이 과장하거나 산문사가가 일의 진상보다도 귀를 기울이게 하기 위한 것 등은 신용하지 않는다"고 하면서 헤로도토스가 "듣고 기록한 미담, 흥미 본위의 이야기"를 폄하하고 무시한다.26) 그리고 주요한 사건에 부딪칠 때마다 인간이 왜 이같이 결정하고 행동했는가라는 의문을 개인적 욕망이나 명예욕, 상호 불신 등 인간성, 규범성, 명분론 등 인간관계, 권력의 속성, 정치체제나 법적, 사회적 제도, 전쟁과 평화, 그리고 운명 등 인간이 통제할 수 없는 것 등 인간사회에서 표출되는 모든 요소들을 분석하면서 해답을 찾는다. 그러면서 "나는 전쟁의 전 기간을 통해서 살았고, 사건들을 이해할 수 있는 나이가 되었고, 또 사건의 정확한 진실을 알고자 주의를 기울였다"고 자신의 판단 능력에 자신감을 보인다. 이와 같은 그의 신념은 바로 인문학과 사회과학의 정확한 기술과 분석적, 비판적 태도의 귀감이 된다.27)

동양의 역사서술은 엄격성과 도덕성에 바탕을 두고 있다. 그 정신과 기준은 공자의 "춘추필법(春秋筆法)"과 "술이부작(述而不作)"이다. 술이부작에 대해서『논어』,「술이」편은 다음과 같은 주석을 붙이고 있다.

술(述)은 전술(傳述)하는 것일 뿐이요, 작(作)은 처음으로 창작하는 것이다. 그러므로 작은 성인이 아니면 불가능하지만, 술은 현자도 미칠 수 있는 것이다.……공자는『시(詩)』,『서(書)』를 산삭(刪削)하고 예악을 정리했으며,

---

25) Herodotos, 박광순 역(1987). 첫 번째 인용문은『역사』의 첫 부분에 나온다.
26) Thucydides, 1.21-22. 박광순 역(1993),『펠로폰네소스 전쟁사』1권(서울: 범우사), 34쪽.
27) Thucydides, 5.26. 이 구절은 여러 학자들이 인용한다. Shirer, William L, *The Rise and Fall of the Third Reich*, 안동림 역(1961),『제3제국의 흥망』1권(서울: 양서각), 서문; Finley, M. I., *The Greek Historians*, 이용찬, 김쾌상 역(1991),『그리스의 역사가들』(서울: 대원사), 212쪽. 펠로폰네소스 전쟁은 기원전 432-404년간 지속되었으나 그는 기원전 411년까지 다루었다.

『주역(周易)』을 찬술(부연)하고, 『춘추(春秋)』를 편수했다.……이는 창작을 하는 성인으로 자처하지 않았을 뿐만 아니라, 감히 옛 성인에게 스스로 붙이지 않은 것이다.……당시에 창작은 대략 갖추어졌으니, 공자는 여러 성인을 집대성하여 절충했다. 그러하니 공자가 하신 일은 비록 전술에 불과했으나, 그 공은 창작보다 곱절이나 된다.[28]

"전술하기만 하고 창작하지 않는다"는 술이부작 정신은 "평범한" 인간들이 제멋대로 과거의 일들을 해석하고 평가, 비판하며 또 첨삭하는 행위를 경계한 것이다. 역사서술이라는 관점에서는 과거의 사실에 바탕을 두지 않는 새로운 역사의 창작, 즉 "작(作)"을 차단함으로써 기록이 많지 않은 과거의 저술들에 대한 신뢰를 높여준다. 춘추필법은 천하 정의를 기준으로 시비선악을 평가하며 개인적인 견해나 사사로운 감정을 용납하지 않는 "정론"을 견지한다는 것이 요체이다.[29]

이상의 기준은 그러나 문제성을 가지고 있다. 우선 도덕성이 역사적 사건을 판단하는 기준이 된다는 것, 즉 "정론"이 무엇인가라는 것이다. 어떤 사건을 "기술, 설명한다"는 것은 궁극적으로는 선택의 문제이며, 따라서 "사회성"을 가진 인간의 주관적 판단이다. 그러나 천하 정의나 선과 악이 무엇인지 판단하는 문제는, 물론 유교적 규범이 기준이지만, 시대적 상황을 무시할 수는 없으며 따라서 주관적일 수밖에 없다. 서양에서는 개인의 도덕률과 군주의 도덕률은 다르며 국가 역시 그 스스로의 행동원칙과 도덕률을 가지고 있다고 본다. 그러나 "정론"의 도덕률은 유연성의 폭이 넓지 못하다. 더욱이 이 엄격한 기준은 성인(聖人) 급인 "자(子)"로 불리는 반열에 들지 못한 후학들이 감히 선인들의 저작을 다르게 해석, 비판할 수 있는, 즉 정신의 자유로운 행위라고 할 수 있는, 저술 행위를 원천적으로 봉쇄함으로써 비판을 통한 새로운 창조와 진보를 저해한다는 점을 부인할 수 없다. 천 년이 넘는 세월을 거슬러 성인의 주관에 의한 평가를 우리가 맹목적으로 추종해야 하는 것만이

---

28) 『논어』, 「술이(述而)」, 126쪽.
29) 『춘추』, 상, 서정기 역주(1997), (서울: 살림터), 38–50쪽.

허용되고, 변화한 사회관계와 윤리규범은 새로운 판단 기준이 되어서는 안 된다는 말인가?

중국의 위대한 역사기록 중 하나인 사마천(司馬遷)의 『사기(史記)』도 『춘추』를 모델로 삼고 있다. 사마천은 공자를 재상이나 장군들의 이야기인 「열전」이 아니라 제후들의 이야기인 「세가」에 포함시킬 정도로 공자의 지적 유산을 높이 평가한다. 그는 "『춘추』의 대의가 행해지면 천하의 난신적자들이 두려워하게 될 것"이며 "지난 일들을 서술하는 나의 방법은 등장인물들의 세대 간 전기(傳記)를 정리하는 것이지 창작하는 것은 아니다"는 술이부작의 정신도 존중한다.30) 그리고 "주공이 죽은 뒤 500년 만에 공자가 태어났으며, 공자가 죽은 뒤 이제 500년이 지났으니"라면서 『사기』가 『춘추』의 정신을 계승하는 것으로 자리매김한다. 아마도 이와 같은 공자의 유산으로 인해서 『사기』의 각 항목 끝에 있는 "편찬자"(사마천)의 평가도 극도로 자제되어 오늘날 읽기에 "빈약하다"는 인상을 주고 있음을, 물론 동의하지 않는 독자들도 있겠지만, 부인하기 어려울 것이다.

한국에서 현존하는 최고(最古)의 역사서인 『삼국사기』의 저/편자인 김부식은 공자와 투키디데스의 원칙에 충실한 인물이다. 비록 유교적 전통과 사대주의에 함몰된 학자/정치가로 비난받지만, 김부식은 『고기(古記)』, 『구삼국사(舊三國史)』 등 우리의 옛 자료들을 인용하면서도 "『고기』는 문자가 거칠고 졸렬하여 사적(史蹟)이 빠지고 없어져서"라고, 즉 현실성이 희박한 옛 이야기들(『삼국유사[三國遺事]』에 보이는 건국 신화 등)을 삭제했다. 그러나 『삼국사기』 이전의 기록들이 없어진 오늘날 우리 역사의 중요한 부분들을 잃어버렸다는 점에서 안타깝기 짝이 없다. 투키디데스의 엄격성과 헤로도토스의 풍요로움을 동시에 가진 서양과는 달리 우리는 한민족의 정신세계를 읽을 수 있는 신화나 설화 등의 "비현실적인" "창"을 잃었다는 것이다. 그러나 『삼국사기』는 고대 문헌의 인용에 엄격한 서술 기준을 설정했으며, 이런 의미에서 신뢰성을 높인다고 할 것이다.

---

30) 『사기』, 「세가」, "공자세가", 452쪽; 「열전」, "태사공자서", 1212, 1215쪽.

3. 무엇을 연구할 것인가

이제 이 연구의 주제로 넘어가자. 먼저, 한국은 중국에 대해서 굴종적 자세를 보이면서도 중국에 동화되지 않고 그 정체성을 유지했다. 그렇다면 한국인들이 스스로 중국인과 다르다는 점을 어떻게 인식하게 되었을까? 어린 지그프리트는 물 속에 비친 자기 얼굴을 본 후에 두꺼비가 물고기의 아비일 수 없듯이 지금까지 키워준 검은 난장이 미메는 아버지가 아니라고 느끼면서 "내가 누구인가"를 생각한다.31) 인간은 이같이 타자를 통해서, 혹은 타자와의 만남을 통해서 "내가 누구이고 무엇인가"라는 정체성을 찾기 시작하는데, 한국인들도 유사한 과정을 겪었을 것이다. 그러나 인간집단 관계에서 만남의 과정은 항상 순탄한 것이 아니다. 만남과 접촉의 과정이 평범하다면 자기를 되돌아볼 필요성을 느끼지 못할 것이며, 너무 힘들면 허둥지둥 살다가 시간이 한참 지난 후에야 자신을 뒤돌아보게 될 것이다. 마치 바이런 경이 온갖 풍상과 비판을 겪으면서 시집을 발표한 후에 "깨어보니 하루아침에 유명해져 있더라!"는 식으로 자기를 느끼게 되는 것이다.32) 한국인은 어떤 과정을 겪었을까?

인간의 자기의식이 집단의식으로 그리고 사회의식으로 전개되면서 집단의 정체성이 형성되고, 그것은 민족의식의 맹아가 된다. 개인적 자아는 정서적 관계와 실질적 관계를 매개로 집단적인 것으로 유도되면서 "심리적 안정감"을 가지게 된다. 이 과정을 통해서 한 집단에 속한 인간은 동일한 목적의식을 가지게 되며 집단 내부에서 자신의 역할을 발견하고, 이를 정당하고 가치 있는 것으로 믿게 된다. 연대성은 자기가 속한 사회의 가치와 규범을 내재화하며, 즉 자기 것으로 만들며 "행동 패턴"으로 발전시킨다. 이것이 한 사회를 응집시키는 "아교"와 같은 역할을 하며 정체성의 원형이 된다. 그리고 이 정체성을 고양시키고 보호하려는 욕구를 가지게 되는 것이다.33)

---

31) "Im Glitzer erschienen sie gleich, Da sah ich denn auch mein eigen Bild." Wagner, Richard, *Der Ring des Nibelungen*, Siegfried, Act I, Scene I.
32) Lord Byron once said "I woke one morning [in 1812] and found myself famous."
33) Bloom, William(1990), *Personal Identity, National Identity and International Relations*

구체적으로 언어, 혈연, 지연, 전승 등으로 묶인 한 인간집단은 "우리"는 "타자"와 구별하고 차별화하며 타자에 반대하고 저항한다. 타자는 악마, "사악한 타자"이며 우리는 신성을 가진 "최고의 정체성"을 부여받은 집단이다. 신성은 "우리"를 통해서 불멸의 존재로 재현된다.34) 신성에 뿌리를 둔 "우리"는 서로 말이 통하고 같은 신을 섬김으로써 정체성을 공고화한다. 하느님(환인[桓因])의 아들을 조상으로 삼은 단군신화는 곧 한민족이 정체성을 추구했다는 증거이다. 그러나 정체성은 불변의 것이 아니라 다른 집단과 접촉하고 주변 환경에 적응하면서 새로운 요소들을 포함시켜 변모한다. 이것이 곧 "문화적 정체성"이다. 집단 간의 관계가 복잡해지면서 한 인간은 여러 집단에 동시에 소속감을 가지며, 또 상황에 따라서 다른 기준이 제시된다. 오늘날 중국에 있는 조선족들은 "조선족, 중국 인민"으로 자신들의 정체성을 규정하며, 선거철이 되면 서울시민도 경상도/전라도라는 출신지역이 투표 행위의 기준이 되는 것과 같이. 그러면 한국인의 정체성은 어느 시기에 어떤 과정을 겪으면서 형성되는가, 신라의 삼국통일 이전인가 이후인가, 그리고 국제정치적 행위에서 어떤 특징으로 표현되는가?

둘째, "문명과 야만"에 관한 것이다. 중국이 주변 국가들을 지배, 통치하는 방식은 군사적 정복과 함께 왕도와 덕치라는 유교적 이념, 즉 중국의 관점에서 "우월한" 중국의 문명을 야만인의 변방지역으로 확산시키는 것이라는 점을 강조한다.35) 그런데 "문명의 전파" 혹은 "문명과 야만"이라는 구분은 중국 대 변방 관계에 국한된 것이 아니라 세계사적인 차원에서 전개되는 일반적인 현상이다. 또 유럽 국제정치 사상사의 핵심적 개념 중 하나이다.36) 이것은 "문명과 야만"이 자아와 타자를 구분하는 기준이기 때문이다. "나/우리는 당

(Cambridge: Cambridge University Press), pp. 19, 23, 26, 40.
34) Kohn, Hans(1960), *The Idea of Nationalism*(London: Collier-Macmillan), pp. 10-11; International Encyclopedia of the Social Sciences(1980), New York: Macmillan & Free Press, "Identification, Political", "Identity, Psychological" 참조.
35) "백성을 교화하고", "북적(北狄, 북방 오랑캐)을 교화한다" 등의 덕화(德化) 관념은 요순시대부터 나온다. 『사기』, 「본기」, "오제본기", 10, 17쪽.
36) Wight, Martin(1992), *International Theory—The Three Traditions*, ed. by Gabriele Wight and Brian Porter(New York: Holmes & Meier), chapter 4.

신들보다 잘났다. 그래서 우리는 당신들과는 다르다." "잘난 것" 혹은 "다르다"는 물질적으로 풍부하거나, 힘에서 상대방을 압도하며, 행동방식과 규범성에서 상대방보다 더 바람직하게 사회를 운용하기 때문에 풍요롭고 강력한 국가를 영위할 수 있다는 믿음으로 발전한다. 여기에서 "문명화된 우리"는 문명화되지 못한 다른 집단을 "야만인"으로 간주, 취급하며, 우월한 문명을 야만족에게 전파하거나 야만족들을 지배하는 것이 당연하다는 인식으로 표출된다.

유럽에서 문명과 야만이라는 관념은 고대 그리스 시대부터 나타난다. 그러나 처음부터 우월과 열등으로 구분하지는 않았다. 지중해를 중심으로 교류가 빈번했던 고대 그리스에서 "야만인"이란 무엇보다도 서로 말이 통하지 않는다는 점이 기준이 되었다. 야만인(barbarian, 그리스어 barbaroi)은 오늘날 서양 언어에서 양들이 짖어대는 blah, blah와 비슷하게 "bar, bar"와 같이 알아들을 수 없는 언어로 말한다는 것이다. 투키디데스는 "야만인"을 그리스어를 사용하지 않는 "이어족(異語族)"이라는 의미로 사용했다.37) (그 다음 중요한 차이점은 야만인들은 그리스인들과는 다른 신들을 섬긴다는 것이었다.) 야만인들의 말은 양들이 지껄이는 것 같다는 인식은, 곧 지능이 발달하지 않은 어린애들이 단순한 어휘로 말하는 것과 같이 모든 면에서 그리스인들보다 뒤떨어진다는 평가로 이어진다. 이것은 단순히 "다르다"는 점을 넘어 그리스인이 야만인들보다 "우수하다"는 신념으로 발전하게 된다. "야만인들은 태어날 때부터 노예"라는 아리스토텔레스의 언명의 배경이기도 하다.38)

"문명과 야만"은 이후 서양의 국제정치 사상사에서 문명인이 야만인을 정복, 착취, 말살할 수 있는 권리가 있다는 "현실주의"와, 가부장적인 입장에서 야만인들을 보호하고 교육시켜 자립하도록 도와야 한다는 "합리주의" 전통으로 분화되며, 16세기 이후 서양인들의 침탈 행위를 정당화하는 논리가 된

---

37) Thucydides, 1.1, 1.3, 1.6 등.
38) Cahill, Thomas(2003), *Sailing the wine-dark Sea—Why the Greeks Matter*(Nan A. Talese, Doubleday: New York), pp. 200-201. 헤로도토스는 "그리스인은 다른 인종에 비해 지혜가 뛰어나고 어리석은 짓을 하지 않은 것으로 이국인과 구분되었다." 박광순 역(1987), 47쪽.

다. 유럽인들에게 "국제사회"는 "문명화된 기독교도들로 이루어진 유럽 국가들 간의 사회"이며 국제법은 이들 간의 관계를 규정하는 법체계이다. 유럽 국가들과 비유럽 국가들 간의 관계는 "만인에 대한 만인의 투쟁"이 전개되는 장(arena, field)이다. 이곳은 "최고의 권위"가 존재하지 않는 "무정부적" 상태이며, 오히려 국제사회보다 더 치열한 투쟁이 전개되는 공간으로 "편의주의만 존재할 뿐 도덕적 문제는 전혀 존재하지 않는다." 역사적으로 동방 이교도들을 노예로 간주하고 사냥을 즐겼다는 중세 독일의 튜턴 기사들, 노예무역, 태즈메이니아 원주민 학살, 인디언 전쟁 등의 영미 전통이 이에 속한다. 초기 미국 개척자들에게 인디언 남자는 수사슴, 여자는 암사슴이었으며 이들은 사냥감이나 병균과 같이 없애버려야 하는 것들이었다.[39] "착한 인디언은 죽은 인디언"이라는 미국적 인식은 제2차 세계대전 중 "착한 일본인은 죽은 일본인"으로, 독일인들에게 "착한 러시아인은 죽은 러시아인"으로 변질되어 나타난다. 이것은 문명과 야만이라는 주제가 인류사에서 얼마나 끈질긴 생명력을 유지하고 있는가를 보여주는 사례들이다.[40]

문명과 야만은 중국의 대외관계에서도 중심적인 개념이다. 중국은 한국을 "동이(東夷)"에 포함시켰고, 한국에 관한 역사는 "정사(正史)"의 "동이전(東夷專)" 부분에 기록하고 있다. 일반적으로 중국이 말하는 "동이"는 단순히 동쪽에 존재하는 민족, 국가들이라는 의미보다는 동쪽에 있는 "야만족들"이며 "동이전"은 이들의 역사이다. 진의 통일 이전에 동이는 산동반도와 그 이남인 회수(淮水) 지역의 "오랑캐들"이다.[41] 한 이후에는 이들 동이가 이미 "중국"에 포함되어 동이라는 말이 가리키는 오랑캐는 그보다 동쪽의 이민족으로 바뀌게 된다. "중국" 개념과 "동이"의 지칭 대상이 시대에 따라 변했음을 알 수 있다. 물론 "이(夷)"는 "낯선 사람", 외래인, "비중국인", "야만인" 등 여러 의미를 가진다. 혹은 "이인(夷人)"을 "원인(遠人)"(외래인, 멀리서 온 사람)으로 번역하는 바와 같이 초기에는 "야만성"이 희박했다.[42] 그러나 고대 그리스

---

39) "the Indian man as a buck; of the woman as a squaw"[Wight(1992), p. 62].
40) The only good Indian is a dead Indian. The only good Japanese is a dead Japanese.
41) 중국사회과학원 편(1991), 『간명 중국 역사지도집』(북경: 신화서점), 5-6쪽.
42) Liu, Lydia H.(2004), *The Clash of Empires—The Invention of China in Modern World*

에서와 같이 언어의 진화과정을 통해서 "야만인"으로 변한다. 특히 중국의 고전들은 (비유가[非儒家]에 속하는 일부를 제외하고는) 대부분 유자(儒者)들이 편집하고 주석을 붙이게 됨으로써 규범적 의미가 강화되었다. 이것은 『사기』나 그 이전 『논어』에서는 "이(夷)"를 여러 다른 의미로 사용하고 있지만, "야만성"을 강조하는 경향이 점점 더 강해졌다는 점에서 알 수 있다.43)

그러면 중국 주변의 "야만"인 한국은 스스로를 어떻게 평가했을까? 어느 인종, 민족, 국가이건 간에 스스로를 비하하여 "오랑캐"나 "야만인"이라고 칭하지는 않는다. 또 러시아, 중국, 미국 등 큰 나라들보다 한국, 일본, 영국 등 작은 나라들이 "대한민국", "대일본제국", "대영국(Great Britain)"이라고 스스로를 "대국"이라고 내세운다. 한국은 중국의 "동이"에 대응하여 스스로 "동국(東國)"이라고 칭했다. 물론 근역(槿域) 등 다른 이름도 있지만, 중국이 우리를 부르는 "동이"라는 명칭에 대칭되는 것으로 『동국통감』, 『동의보감』, 『동국문헌비고』, "동방예의지국" 등의 예에서 보듯이 동쪽에 있는 나라, 지역이라고 스스로 자리매김했다. 세계 여러 민족들, 심지어 태평양 한가운데 조그마한 섬에 사는 인간들조차 자신들을 세계의 중심에 있다고 믿는다. 그런데 한국인들은 자신들을 중심에 두지 않고 중심에 있는 다른 나라의 동쪽에 있다고 자리매김하는 것은 독특한 발상이라고 하겠다.

『삼국유사』의 건국신화도 우리의 조상이 "먼 옛날 하늘에서 내려왔다"가 아니라 중국의 "요와 같은 시기에" 나라를 처음 열었다고 시작한다. 이것은 산이나 강 등 자연물이나 천지개벽과 같은 추상적인 것을 기준으로 삼은 것에서 한걸음 더 나아가 사회적, 정치적 의식을 갖춘 것으로 해석할 수도 있다.44) 그렇다면 중국 왕조에 대해서 삼국인들은 어떤 태도를 취했을까? 수-당과 항쟁하던 고구려는 "우리도 당신들과 대등한 문명인"이라는 자부심을

Making(Cambridge. mass.: Harvard University Press), pp. 31-41.
43) 『맹자』는 순(舜) 임금도 동이 출신이라 하지만, "중화의 가르침으로 '만이'를 변화시켰다는 말을 들었으나 만이에게 변화되었다는 말은 듣지 못했다"고 문명 대 야만의 관계를 설정하고 있다. 『맹자집주(孟子集註)』 325, 229쪽.
44) 일연은 중국의 고대 신화를 언급한 다음 삼국의 시조도 "이와 비슷하게" "기이한 데에서 나온 것"이라고 하면서 「고조선」 편에서 단군 신화를 기술하고 있다.

가졌을까? 혹은 중국과 군사적으로 대립하면서 스스로를 "오랑캐와 야만인"으로 비하하여 중국의 자존심을 세워주면서 생존을 보존했을까? 이 문제에서 삼국 간에 차이가 있다면, 이를 어떻게 설명할 것인가 등이 과제이다. 시대를 뛰어넘어 1644년 명의 멸망 이후 조선은 "중화"를 계승했다는 의미에서 스스로 "소중화"라고 칭했다. 중국을 대신하고 계승한다는 의미에서 "대(代)중화"라고 할 수도 있었을 것을 왜 "소(小)중화"라고 했을까? 중국과의 종속관계를 단절한다는 "대한제국(大韓帝國)" 문제는? 이런 질문도 제기되겠지만, 이 연구의 범위에서 벗어난다.45)

셋째, 조공제도이다. 원래 조공(朝貢)이란 약자나 피정복자가 강자나 정복자에게 바치는 공물(貢物)이다. 로마는 그 전성기에 주변 야만인들의 부를 착취하지만, 세력이 약화되자 동로마 제국의 테오도시우스 2세(408-450)가 훈족의 아틸라에게 422년부터 "공물"을 바친다. 아틸라가 황금 700파운드에서 2,000파운드로 올릴 것을 요구하자 마르시아누스 황제(450-457)는 "조공이라 언급하는 것이 로마의 위엄을 모독하는 것"이라고 거부하는데, 이것이 곧 전쟁으로 비화한다.46) 여기에서 간과해서 안 될 것은 조공은 피정복 국가를 말살하는 것이 아니라 그 존재를 인정한다는 전제에서 지배와 복종의 관계를 규정한 "국제제도"라는 점이다. 이것이 조공관계에서 흔히 간과되는, 그러나 아마도 가장 중요한 측면일 것이다. 헤로도토스는 이런 의미에서 조공은 단순한 약탈을 목적으로 한 침략이나 정복과는 다르다는 점을 지적한다. 오늘날 터키 반도 서쪽의 리디아의 크로이소스가 "그리스를 정복하여 조공을 강요했음"을 언급했는데,47) 이것은 정복한 국가를 기존의 국제체제의

---

45) 중국은 서양과의 조약 체결 후에 영국의 요구로 1858년부터 "이(夷)"라는 표현을 쓰지 않는다. 이 영향인지 혹은 조선에 대해서 직접 "이"라고 쓰는 것이 부담스러웠는지, 이홍장(李鴻章)은 1879년 7월 이유원(李裕元)에게 보낸 서신에서 서방 국가들과의 수교 필요성을 강조하면서 "이이제이(以夷制夷)" 대신에 "이독공독(以毒攻毒), 이적제적(以敵制敵)"이라고 쓰고 있다. 중앙연구원 근대사연구소 편(1984), 『청계중일한관계사료(淸季中日韓關係史料)』(서울: 경인문화사), 2권, 377쪽.
46) Gibbon, Edward(1952), *The Decline and Fall of the Roman Empire*(London: J. M. Dent & Sons.), pp. 566, 569. ……to insult the majesty of Rome by the mention of a tribute.
47) Herodotos, 박광순 역(1987), 25-26, 33쪽.

일원으로 인정하는 바탕 위에서 양측의 관계를 재정립한 것이라는 의미이다. 물론 상대국을 절멸시킬 수 있는 능력이 충분치 못했다는 엄연한 힘의 상대적 관계도 무시해서는 안 될 것이다.

조공제도는 주변국들이 거대한 중국으로부터 올 수 있는 안보 위협을 완화시키고 동시에 중국의 선진문물을 받아들이기 위한 장치라는 것이 일반적인 해석이다. 그러나 조공이라는 국제제도는 상당한 복합적인 문제들을 포함하고 있다. 고구려가 수와 당을 상대로 항쟁하던 시기에도 고구려는 군사적으로 격렬히 저항하면서도 조공의사를 계속 표명한다. 당 태종은 안시성에서 패퇴하면서 그 성주에게 비단으로 상을 내려 그 무공을 칭찬한다. 천하의 주인인 황제가 변방의 제후를 "징벌하려고" 나왔는데, 자신의 주군을 위해서 용감하게 싸운 한 성주를 포상한다는 것이다. 반면 백제와 신라는 경쟁적으로 중국에 조공을 보내면서 상대방(고구려를 포함해서)을 헐뜯는다. 신라가 통일을 성취한 이후 당나라에 군사적으로 대항하여 임진강 선에서 당의 세력을 몰아낸 무력항쟁 시기에도 당은 신라가 상국인 당에 대항한다고 꾸짖고 신라는 이를 변명하는 등 조공관계를 유지한다. 삼국이 거의 매년, 혹은 1년에 한 번 이상 조공 사절을 중국에 파견한 시기도 있었다. "xx년 봄에 조공 사절을 중국에 파견했다"는 것이 『삼국사기』에 나타난 xx년 백제, 신라, 고구려에 관한 "유일한" 기록인 경우도 있다. 이것은 조공 사절의 파견이 xx년에 일어난 가장 주요한 국가적 행사라는 해석도 가능할 것이다.[48]

삼국시대는 삼국이 국가의 흥망을 걸고 치열하게 경쟁하며, 중국 역시 후한 이후 위, 진, 남북조 시대를 거쳐 수, 당에 이르는 역동의 시대이다.[49] 그러면 중국과 삼국이 조공이라는 "국제제도"를 통해서 얻으려고 하는 것이 무엇이며 또 이를 어떻게 운용하느냐는 점이 중요할 것이다. 양측이 모두 정치적으로 급격한 변화를 겪던 시기에 조공은 국제제도로서 어떤 기능을 하는가, 즉 조공제도가 삼국시대 중국과 한국과의 "국제관계"를 설명할 수

---

48) 이강래 교수는 "국내 전승이 없어 중국 측 자료에서 해당 사건을 기재했는데, 중국 사서에 오직 조공 기사만이 있어 그것을 무비판적으로 수록한 것"으로 설명한다.
49) 남북조 시대는 후한 멸망 후에 수가 진(陳)을 멸망시켜 통일을 완수한 221-589년간이다.

있는 틀이 될 수 있는가, 또 이 제도는 양측 관계에서 평화 유지 등의 순기능 혹은 역기능을 하는가 등의 문제가 제기된다.

넷째, 삼국시대, 특히 당-신라 관계에서 존재했던 당 황실의 숙위(宿衛)와 태학(太學)에 신라의 유학생을 파견한 것에 관한 것이다. 중국은 물론이고 한국이나 일본도 전근대에는 외국인들이 장기간 자국의 수도에 머무는 것을 허용하지 않았다. 이것은 개항조약에서 무역항을 정치적 중심지에서 멀리 떨어진 항구로 지정하고 수도에 외국공관의 설치를 가능한 한 늦추려고 한 데에서 잘 나타난다. 중국도 국내정세와 경제상황 등 국가적 기밀사항이 외부에 누출되는 것을 방지하고 외부세력이 국내의 불만세력과 연합할 가능성을 차단하기 위해서 조공 사절의 왕래도 엄격히 관리했다. 몽고족을 몰아내고 명을 세운 태조 주원장은 중국 내부의 사정이 외부에 알려지는 것을 방지하기 위해서 조공제도에 의한 주변국과의 교류를 3년에 1번, 그것도 변경지역의 도시에서 행하도록 규정했다(조선의 경우는 이후 1년에 3번, 동지사까지 합쳐 4번으로 확대된다).50)

명분이 "숙위"이든 "유학"이든 일국의 왕자나 왕족, 혹은 고위 관리의 자제들을 상대국 수도에 보내는 것은 당시의 국제관계에서는 분명히 인질에 해당한다. 상대방의 신뢰를 담보하기 위해서 교환된 인질들은 일방이 약속을 어겼을 경우 살해되는 경우도 있다. 그런데 당 초기 삼국, 특히 신라는 왕족과 고위 관리의 자제들을 당의 수도인 장안에 파견하여 태학에서 공부하고 중국의 관리들과 교유하며, 또 당 황실의 근위병과도 같은 "숙위"로 근무하게 했다. 고구려도 숙위 파견을 요청하지만 양국 관계가 악화되면서 당이 이를 받아들이지 않는다. 그러면 삼국이 당에 "자청하여" 태학의 입학과 황실의 숙위를 청원하며, 중국이 이를 승인한 이유는 무엇인가? 물론 당 제국은 수도 장안이 로마 시를 능가할 정도로 번영하고 "개방적"이었기 때문에 외국의 왕

---

50) 영국이 중국의 개항을 위해서 1793년 파견한 매카트니 사절단에 대한 건륭제의 답신은 "외국인은 일단 중국에 들어오면 (중국 관리가 되면) 살아서 본국으로 돌아가지 못한다"는 점을 강조하고 있다. Teng, Ssu-yu & Fairbank, John K., eds.(1971), *China's Response to the West—a Documentary Survey 1839-1923*(New York: Atheneum), p. 19.

족이나 관리들이 장안에 머물면서 중국의 실정을 이해하고 파악하도록 허용했다. 신라가 한반도에서 당의 세력을 몰아내어 통일과업을 완수하는 8년 대당전쟁(668-676) 시기에도 우여곡절을 겪지만, 이 제도는 존속된다. 이것은 양국 관계에서 위기가 발생하면 숙위나 유학생으로 간 신라 왕족들은 인질로 바뀌거나 당의 정책에 이용될 가능성도 있다는 의미이다. 실제로 대당전쟁 시기에 당은 장안에 있던 문무왕의 동생 김인문(金仁問)을 신라왕으로 봉하여 귀국시켜 문무왕에 대항하게 한다.

태학제도도 중국-한국 관계에서 주요한 의미를 가진다. 신라는 대당전쟁 시기에도 숙위를 남겨둠으로써 당에 대해 충성맹약이 변하지 않았다는 점을 계속 상기시켰다. 신라는 결코 고구려와 같이 당의 안보 위협이 되지 않겠다는 신호를 보냈다는 것이다. 중국의 관점에서는 주변지역에 대한 중국의 관리방식이 "간접적"이라면, 이들에게 중국 문물의 우수성을 인식시켜 모방하게 만드는 것이 가장 효율적인 방법일 것이다. 중국이 선진문물과 정치제도, 사상의 원천이며 보유자이기 때문에 도저히 넘볼 수 없다는 인식을 가지게 만드는 것이다. 주변국들이 "자발적으로" 왕자나 고위 관리들의 자제를 중국에 유학시키고 중국의 제도를 모방하고 정치이념을 수용한다면, 중국은 문화로써 이들을 "세뇌시킨" 것이나 다름없다. 고려가 몽고에 복속한 이후 왕세자는 왕위에 오르기 전까지 원의 수도인 대도(大都, 베이징)에 머문다. 35대 충렬왕(忠烈王)은 1260년 태자로 책봉되며 1274년 원에 들어가서 원의 공주와 결혼하여 귀국 이후 왕위에 오른다. 그는 변발, 호복 등 몽고 풍속을 따르면서 왕위에 오른 후에도 원에 내왕하는데, 지도층의 이와 같은 세뇌는 자주성 상실로 이어진다. 『삼국사기』나 『삼국유사』에는 삼국의 지배층 인사들이 중국의 역사를 마치 우리의 역사처럼 인용하고 있음을 보여준다. 이것은 주변국을 상대로 한 중국의 "정치교육"이 성공적으로 수행되었음을 보여주는 사례라고 할 것이다.

한국이 후손들을 "교육시킬" "교과서"를 스스로 만들지 못하고 중국 고전을 교과서로 사용한다면, 이들이 사회, 정치 무대의 중심에서 활동할 때, 당면한 문제들을 중국 고전이라는 프리즘을 통해서 인식하고 평가하며 국가정책의 기준으로 삼을 것이다. 몇 가지 예를 보자. 다음은 통일신라 51대 진성여왕(眞聖女王) 시절 충신인 왕거인(王居仁)이 옥중에서 지은 시와, 조-일전쟁 중 선조(宣祖)가 의주로 도망한 뒤에 행궁에서 읊은 시이다.

燕丹泣血虹穿日(연단읍혈홍천일)
연단의 피어린 눈물은 무지개 되어 해를 꿰뚫고,
鄒衍含悲夏落霜(추연함비하낙상)
추연이 품은 슬픔은 여름에도 서리되어 내린다.
今我失途還似舊(금아실도환사구)
오늘날 길 잃은 나의 모습이 이들과 같은데,
皇天何事不垂祥(황천하사불수상)
황천이여 어찌하여 좋은 일 하나 내리지 않는가.
　　　　　　　　　(출처: 『삼국유사』, 기이 제2, 191쪽)

國事蒼黃日(국사창황일)
나라일이 다급한 오늘날,
誰能郭李忠(수능곽이충)
누가 곽자의, 이광필의 충성을 해낼 것인가,
去邠存大計(거빈존대계)
(나라 찾을) 큰 계책 있어 서울을 떠났는데,
恢復仗諸公(회복장제공)
(나라를) 회복함도 제공들에게 의지한다.
痛哭關山月(통곡관산월)
변방의 산에 뜬 달을 보고 통곡하고,
傷心鴨水風(상심압수풍)
압록강에 부는 바람에 마음 상하네,
朝臣今日後(조신금일후)
조정 신하들아 오늘 이후로도,
寧復更東西(녕부경동서)

어찌 다시 동(인)이나 서(인)로 나뉘어 싸울 것인가.

오늘날 대학교수와 같은 지식인들 가운데 "연단"이 중국 전국시대 "연"나라의 태자 "단"이며, 전국시대 제나라 출신 추연이 옥중에서 양(위) 요왕에게 올렸다는 "옥중상양왕서(獄中上梁王書)"를 아는 사람들이 몇 명이나 될까? 외침을 당하면서도 당파 싸움에 여념이 없던 시대상을 보여주는 것으로 인용되는 선조의 시에서 "수능곽이충"이 당 현종 시대에 일어난 안녹산의 난을 평정하는 데에 큰 공을 세운 곽자의(郭子儀)와 이광필(李光弼)이라는 것을 몇 사람이나 알고 있을까? 변방의 산에 뜬 달이라는 "관산월"을 만리장성에서 수자리 사는 병사들이 달을 보며 고향을 생각하는 이백의 시 "관산월(關山月)"과 연관시킬 수 있을까? 신라시대이건 주자학이 국가이념이었던 조선시대이건 지배층들은 마치 오늘날 초등학생들이 세종대왕, 링컨을 인용하듯이 자신들의 심정을 표현하는 데에 중국의 고사들을 가장 손쉬운 소통수단으로 사용했던 것이다. 그러나 이들은 앞에서 인용한 김종서나 윤관에 대해서는 잘 몰랐을 뿐만 아니라 이들을 인용하는 것을 창피스럽게 여겼을지도 모른다.

반면 삼국시대는 물론이고 조선시대까지 중국 고전은 대다수의 무지한 백성들은 알지 못하는 소수 집단의 전유물이었다. 이를 오늘날 국가 차원으로 확대하면 엄청난 의미를 가진다. 1950년대 중국은 유학생들을 모두 소련에 파견했다. 오늘날에는 대부분이 미국 혹은 서유럽으로 간다. 이들이 귀국 후 수십 년에 걸쳐 중국의 지배계층으로 성장하면서 자신들이 공부했던 국가들의 기술만이 아니라 정치, 경제 제도와 일반 국민들의 생활정서까지도 국가 정책의 길잡이로 삼는다. 미국에서 공부한 한국인들이 더 미국적으로 행동하기도 하고, 영국에서 어린 시절을 보낸 인도인들이 더 영국적으로 살아간다는 사실이 이를 보여준다. 거슬러올라가면 『삼국사기』에 나오는 개로왕의 표문이나, 문무왕과 당군의 총수 설인귀(薛仁貴)가 주고받은 서신에서 오늘날 우리들이 모르는 고사들이 계속 인용되고 있다는 사실은 삼국시대의 한국인들조차 이와 같은 문화적 환경에 익숙했다는 것을 뜻한다. 그렇다면 태학에서 가르치는 과목은 무엇인가? 사서오경(四書五經) 등의 유가의 서적, 『사기』 등의 역사서들 외에 치국에 필요한 다른 과목들도 가르쳤는가 하는 문제를 더 검토해볼 필요가 있을 것이다.

  이상의 연구를 통해서 저자는 삼국시대 한국인들의 대외적 행위를 이해할 수 있기를 기대한다. 인간의 사회적 행위는 추상적인 민족성이나 정치적 이데올로기와 같은 단순한 구조에 의해서 형성되는 것이 아니다. 인간은 생존을 위해서 주변의 상황들을 최대한 활용하며 장애물을 극복하고 또 자신들의 행위가 정당한 것으로 내세운다. 접촉하는 당사자 간에 일정한 힘의 관계, 즉 사회관계가 형성되고 모두에게 이득이 될 수 있는 방안이 창출된다. 이것이 사회규범이 되며, 시간이 경과하면서 제도화되고 또 이 제도를 정당화하는 이데올로기를 생산한다. 그리고 이데올로기와 제도는 서로를 강화시키고 규제한다. 국가와 민족의 관점에서는 이것이 곧 대외적 행위의 유형이며 정체성으로 진화될 수도 있을 것이다. 삼국시대는 668년 고구려의 멸망과 신라에 의한 통일로 막을 내린다. 삼국통일은 한국-중국 관계의 첫 기록인 위만조선과 한(漢)의 충돌로부터 계산하면 800년이라는 오랜 기간 한국이 거대한 중국을 상대로 교류, 접촉하고 투쟁한 최종 결과이다. 이 과정을 우리의 최고(最古) 역사서인 『삼국사기』를 기본 텍스트로 삼아 검토하면서 한국인의 국제정치적 행위가 어떻게 표현되며, 또 이것이 삼국통일에 어떤 작용을 하는지 살펴보자.

제1장 조공체제와 국제정치

1. 전근대 한국의 대외관계 연구와 조공체제

세상에 존재하는 거의 모든 인간집단은 "자신들이 세상의 중심에 있으며 자신들을 중심으로 세상이 만들어졌다"고 믿는다. 즉 자아와 타자의 구분에서 항상 자신들을 중심에 두고 세상을 구분하고 설명한다. 국제정치에 대한 서술도 보통 "한국과 국제정치(Korea and world politics)" 혹은 "국제정치 속의 한국(Korea in world politics)" 등의 방식으로 세계라는 무대에서 자신들의 세계관, 이해관계 그리고 이를 추구하는 수단인 외교정책 등을 중심으로 논의를 전개한다. 양국 관계도, 예를 들면, "한국과 중국 관계" 혹은 "중국-미국 관계"도 양국 관계의 이해에 필요한 세계수준의 국제정치 구조, 지역수준의 역학관계와 주요 이슈 등을 서론적으로 간단히 언급한 다음에 양국 관계를 검토하는 방식을 택한다.

한국의 경우는 이와 다르다. 근대 이전 한국의 대외관계는 중국을 중심에 두고 우리는 중국의 동쪽, 혹은 중국에서 멀리 떨어진 "외진 곳"에 있다고 스스로를 자리매김했다.[1] 한-중 관계에 관한 연구들도 중국의 천하관과 중

---

[1] 반대로 오늘날에는 국제정치를 지나치게 한국 중심으로 해석하려는 경향이 강하다. 예를 들면, 1880년대 개항 초기 강대국들의 동아시아 정책에서 한반도가 항상 중심은 아니었다. 특히 영국 등 유럽 열강과 미국의 주요 관심 국가는 중국이었으며, 한반도는 중국 문제와 관련하여 평가했다. 1990년대 이후 북한 핵문제를 유엔 안보리 회의에서 논의할 때도 미국은 일차적으로 중국과 조율하고 그 다음 일본, 러시아의 견해를 타진하고 다른 상임 이사국들과 논의한다. 한국의 입장은 이 과정에서 희석되고 변질되었음을 여러 차례 목격했다.

국이 주변 국가들과의 관계를 제도화한 조공체제의 검토에서 시작한다. 접촉과 갈등이라는 관점에서 중국이 한국의 대외관계에 가장 큰 영향을 미친 것은 사실이다. 또 중국은 동아시아 국제체제의 거대한 중심부를 구성하여 주변 지역들과의 관계를 "규정"하고 "관리"해왔으며, 한국의 경우 19세기 말 청-일전쟁으로 중국과 종속관계를 청산하기까지 1,000년 이상 중국의 엄청난 정치, 군사, 문화적 영향을 받아왔다. 이런 의미에서 이에 대한 연구가 전근대 동아시아 국제정치 연구의 출발점이라는 점을 부인할 수 없다. 그리고 연구 성과도 어느 정도 축적되어 있다.[2] 문제는 한-중 관계에서 조공체제의 정형이 존재한다고 믿는다는 점이다. 그러나 조공체제는 동아시아 국제정치에서 존재했던 "국제제도"이다. 따라서 이 장은 조공제도의 형식적 측면이나 발전과정보다는 이 제도의 기초가 되는 개념들과 기능적 측면, 특히 제도와 힘의 관계 등을 국제정치적 측면에서 검토할 것이다.

정치학, 특히 국제정치학 개념과 이론들은 대부분이 유럽과 미국의 역사적 경험을 바탕으로 만들어진 것들이다. 그러나 동아시아, 인도 아대륙, 중동 지역에서는 유럽과는 다른 국제정치적 규범들이 존재해왔으며 이를 기준으로 국제정치가 운용되었다. 15세기 이후 서세동점(西勢東漸)으로 전 세계가 하나의 "장(場)"으로 변하고 있지만, 제2차 세계대전 이전까지는 각 지역(region)은 별개의 장을 형성하며 지역의 주요 행위자가 독자적인 기능을 수행해왔다. 물론 19세기 중반 이후 동아시아의 국제정치를 유럽 강대국들과 미국을 제외하고 설명하는 것은 불가능하겠지만, 비아시아 국가들이 동아시

---

[2] 대표적인 연구로, 전해종(1983), 『한중 관계사 연구』(서울: 일조각); 고병익(1980), 『동아 교섭사 연구』(서울: 서울대 출판부); 김한규(1982), 『고대 중국적 세계질서 연구』(서울: 일조각); 다케시 하마시타(浜下武志)(1997), 『朝貢 システと 近代 アジア』(동경: 이와나미 서점); 다카시 오카모토(岡本隆司)(2004), 『屬國そ 自主の いだ―近代淸韓關係そ 東アジアの 運命』(나고야: 나고야 대학 출판회). 현국사연구회 편(1987), 『고대 한중관계사의 연구』(서울: 삼지원); 북한에서 조공제도에 관한 연구는, 조승희(2009.2), 「동아시아 세계에서 본 고구려―'조공'과 '책봉'의 본질을 중심으로」, 『북방사논총』, 9. 조공관계에 관한 최근의 연구 성과를 종합한 것으로는, 김창석(2009), 「한일학계의 고대 한중 관계사 연구동향과 과제」, 동북아역사재단 편, 『한중일 학계의 한중 관계사 연구와 쟁점』. 1960년대 서양에서 중국의 질서관과 조공제도에 관한 선구자적 연구서로서, Fairbank, John King ed.(1968), *The Chinese World Order*(Cambridge: Harvard University Press).

아에서 추구하는 목표는 이들의 대외정책이라는 더 큰 틀에서 우선순위가 높은 것이 아니다. 이와 같은 배경에 대한 이해 없이 국제정치적 현상을 유럽이나 미국적 시각에서 보고 혹은 이들의 언어로 읽는다면 정확한 것이 될 수 없다. 개인이나 집단, 국가 관계를 구체적 사회관계나 체계라는 틀에서 수행하는 역할과 기능을 통해서 이해하지 않고 일반론적인 (서양에서 발전되어 나온) 이론들에 비추어 해석하는 것은 사회관계를 몰인간화시켜 분자와 같은 물질적 단위 간에 이루어지는 단순한 운동관계로 설명하려는 시도에 불과한 것이다.

조공제도가 여기에 속한다. 중국이라는 거대한 세력으로부터 자주성을 확보하기 위해서 교류를 제한했던 동아시아에서 형성된 국제정치의 규범을 고대 그리스, 로마 제국 이래 국가들 간의 교류가 일상화된 유럽적인 시각과 개념으로 일원화시킬 수는 없다. 따라서 약자가 강자에게 바치는 "공물"이라는 형식적인 행위 외에 조공관계가 만들어낸 종주국, 속방 등의 의미를 가진 개념은 유럽 국제정치에서 찾아볼 수 없다. 서양 열강들의 식민지들, 영국의 "자치식민지", 19세기 통일 후 독일제국 내의 바이에른 공국, 오스트리아-헝가리 체제(dual monarch) 내의 헝가리, 1908년 오스트리아 제국이 합방한 보스니아, 영국이 지배한 이집트, 신성 로마 제국이나 독일연방 내의 영방(Land)들, 터키와 러시아가 주권과 관리권을 나눈 몰다비아나 왈리치아 등 어느 것 하나도 19세기 후반 중국이 서양 열강들에게 내세운 "조선은 중국의 속방"이라는 의미의 "속방"과 일치하지 않는다. 조선이 중국의 속방이라는 점을 인정하고 중국이 조선은 "정교금령(政敎禁令, 내정과 외교)에서 자주"라는 점을 인정하자 서양 열강들은 조선을 독립국으로 간주한다. 사실 중국은 일본과 러시아의 팽창을 우려하면서도 "정교금령에서 자주"라는 관례에 따라 초기에는 조선 문제에 대한 개입을 주저했다. 그러나 1880년대 조선에 대한 중국의 간섭이 노골화되자 서양 열강들은 조선의 국제적 지위에 대해서 의문을 제기한다.

2. 국제법과 규범성 그리고 권력

"국제질서관"은 한마디로 국제질서에 대한 규범적이며 이념적인 해석이다. 국제질서관이 현실세계에서 힘이 뒷받침되어 구체적 형식으로 장기간에 걸쳐 시행되면 "국제제도"로 정착된다. 그러나 국제정치에서 규범성과 국제법, 국제제도의 기능과 역할을 어떻게 이해할 것인가는 간단한 문제가 아니다. 물론 국가들 간의 관계가 긴밀해지고 세계화가 대세를 이루는 오늘날 국제관계에서 국제법과 국제기구의 역할은 강화되는 추세이며 따라서 국제법도 일정한 범위에서 강제성을 가진다. 그러나 "인간의 사회조직 중 최고의 단계"이며 "최고의 권위인 주권"을 보유하고 행사하는 국가들로 이루어진 국제사회에서 국가의 행위에 대해서 강제적 제재를 가할 수 있는 더 높은 단계의 권위가 존재하지 않는다는, 즉 국제사회의 무정부성은 결코 부정할 수 없다. 한 국가의 행위를 "누가, 어떤 기준에서, 무슨 권한으로" 정당한 혹은 불법적인 것으로 간주하고 처벌할 수 있느냐에 대한 최종적 판단은, 유엔과 같은 국제기구와 유엔 헌장과 같은 국제법이 존재한다고 해도, 역시 주권을 보유한 국가에 귀속된다. 오늘날 북한이 강대국들이 참여하는 유엔 안보이사회의 결의에 도전할 수 있는 것도 바로 "국가이익"이라는 기준에서 자신들의 행위를 판단할 수 있는 주체는 북한이며, 북한의 행위는 정당하다고 주장할 수 있기 때문이다. 이런 의미에서 국가행위와 국제법의 관계는 국제정치의 주요한 과제 중 하나로 남아 있다.

국제정치적 행위에 대한 고전적 해석은 "정치적 현실주의"이다.3) 국제정치 영역은 "권력으로 정의되는 이해라는 개념"으로서 설명하며, 이런 점에서 다른 학문분야와 구별된다. 당연히 국가이익이 외교정책의 근간이다. 인간사회는 자원의 희소성으로 인하여 필연적으로 갈등을 유발하기 때문에 갈등은 사회구조에 내재된 필요악이다. 정치적 현실주의는 갈등을 완전히 제거하기보다는 관리하고 통제하는 데에 주력한다. 즉 인간의 사회적 행위는 희소성

---

3) "political realism"에 대한 간단한 설명은, Morgenthau, Hans J.(1973), *Politics Among Nations*, 5th ed. (New York: Alfred A. Knopf), pp. 4-15.

을 띤 권력이나 재화 등 사회적 가치를 획득하려는 인간의 이기적 욕망과 이를 관리, 통제하려는 사회적 규범 간에 형성되는 "긴장관계"의 "연속선상"에 존재하는 어느 지점에서 표출된다. 정치적 현실주의는 무정부성이 강하다는 관점에서 "국제사회"가 "우리"라는 의식이 존재하는 공동체적인 의미를 가진 "사회"로서 존립할 수 있느냐에 대해서 의문을 제기하며 도덕, 규범, 이데올로기 등은 국가이익을 호도하고 이를 강화시키는, 그러나 부차적인 것으로 간주한다. 따라서 현실주의는 모든 국제적 행위에는 어떠한 수사(규범)에도 불구하고 "힘의 내재"라는 점을 강조한다.4) 제1차 세계대전 이후 국제연맹에서 식민지 문제 해결을 위해서 제시한 위임통치제도가 어떤 명분으로 설명하든 식민지 제도의 지속을 보장한다는 점에서 "늙은 노파를 무화과 잎으로 가린 것에 불과한 것"이라는 비판을 받는 것도 이런 이유에서이다.5)

이것은 국제정치에서 힘의 중요성을 말해준다. 국가는 동서양을 막론하고 (특히 고대에는) 폭력을 행사하는 군사력을 기반으로 형성된 집단이며, 그 대상이 인민이건 다른 국가이건 "주로" 폭력적인 방법으로 목표를 추구한다. 니콜로 마키아벨리는『군주론』에서 새 군주의 능력이란 자비, 관용, 겸손, 자기희생과 같은 기독교적, 도덕적 이상에서 탈피하여 우연과 불확정적인 현실 정치에서 살아남아 안정된 정치질서를 조직하고 지휘할 수 있는 능력이며 이 능력의 핵심은 군사력의 형태로 구현되는 물리적 폭력이라고 강조한다. 정치질서의 수립과 유지에 수반되는 물리적 강제력인 폭력은 정치의 본질인 것이다.6)

그러나 폭력의 행사에도 시대적 상황에서 합의된 법칙과 규범이 존재한다. 고대 세계에서 국제규범은 일차적으로 강대국, 승전국이 약소국, 피정복국에 강요한 원칙이다. 이것은 약소국의 권익을 보장하는, 즉 평등성에 기초한 것

---

4) Thompson, Kenneth W. ed.(1980), *Masters of International Thought*(Baton Rouge: Louisiana State University Press), p. 67.
5) Claude Jr., Inis L.(1971), *Swords into Plowshares—The Problems and Progress of International Organization,* fourth edition(New York: Random House), p. 352.
6) 박상섭(2002),『국가와 폭력—마키아벨리의 정치사상연구』(서울: 서울대 출판부), 10장. Machiavelli, Nicolò, *Il Principe*, 임명박 역(1990),『군주론/리바이어던』(서울: 삼성세계사상), 12-14장도 참조.

이 아니라 강대국의 이익을 일방적으로 반영한 것이며 따라서 규범성은 제한적일 수밖에 없다. 제3차 포에니 전쟁(기원전 149-146) 이후 로마가 카르타고를 완전히 파괴하고 모든 주민을 죽이거나 노예로 만든 것은, 오늘날의 관점에서는 지나친 폭력성의 행사이지만, 당시에는 정복자의 권리이자 저항한 적국에 대한 보복이라는 점에서 정당한 것으로 받아들여졌다. 즉 어떠한 동기에서 표출된 행위도 이에 상응하는 이익 개념과 규범성이 조화를 이루고 있으며 각 시대인들은 이를 진지하게 받아들였던 것이다.

사마천의 『사기』 중 "자객열전"을 읽으면 한 가지 의문이 떠오른다. 어떻게 암살과 같은 "비정상적"이고 "비열한" 수단으로 정치질서를 파괴하려고 한 이들을 모아 역사의 꽃이라고 할 수 있는 「열전」 편에 버젓이 한 자리를 만들어주었을까? 물론 "혹리열전(酷吏列傳)"도 있지만 이것은 후세의 관리들을 경계하기 위한 것이다. 이에 비해 자객은 통치자를 정당한 방법으로 "징벌"하는 것도 아니며 또 실패한 경우가 더 많아 역사의 "희극적 단편"에 불과한 것이 아닐까? 그럼에도 불구하고, 예를 들면, 진시황(秦始皇)을 암살하려다 실패한 형가(荊軻)에 대한 기록은 양적으로도 열전에 나오는 주요 인물들에 비해서 결코 뒤지지 않는다. 그가 거사를 위해 떠나면서 부른 노래까지 남긴 것은 『사기』에서 가장 비장미가 감도는 장면이기도 하다.[7] 역사기록의 기준에 엄격한 사마천의 이와 같은 서술을 어떻게 설명해야 할까? 황제의 자의적인 판단으로 궁형이라는 치욕적인 체형(體刑)을 당한 사마천의 눈에 정치권력이 정당하게 행사되지 않는 것으로 비쳤기 때문일까? 국가와 같은 거대한 정치권력이 폭력을 정당하지 못한 방법으로 행사해도 "정당한 응징"으로 꺼꾸러뜨릴 수 없다면, "비정상적인" 자객의 행위는 정당화될 수 있다는 항변이 아닐까? 오늘날 중동에서 빈발하는 자살 테러는 어떠한 비난에도 불구하고 성전(jihad)을 수행한다고 믿는 이들에게는 "가난한 자들의 최후의 무기"라고 평가되는 것과 유사한 것이라고 하겠다.

이처럼 전근대 국가행위를 설명하면서 규범성을 지나치게 강조하면 역사

---

[7] 『사기』, 「열전」, 399쪽. 바람은 쓸쓸하고 역수의 물은 찬데, 장사는 한번 가면 다시 돌아오지 못하리(風蕭蕭兮易水寒, 壯士一去兮不復還).

의 본질을 이해하는 데에 도움이 되지 않는다. 한국사, 특히 조선시대사에서 수시로 거론되는 유교적 인정론(仁政論)은 이기성과 폭력성보다는 규범성을 강조하는 메커니즘이다. 홀아비, 과부, 무의탁자, 고아는 "천하의 곤궁한 백성으로서 하소연할 곳이 없는 자"이며 "(주나라) 문왕(文王)은 반드시 이 네 사람들을 먼저 돌보았다"는 것이『맹자』의 인정론이다.8) 그러나 조선의 왕들이 이들을 돌보았다는 것은 "백성들의 즐거움이 왕의 즐거움"이라는 수사 이상의 의미는 없다. 사회보장이나 부의 재분배와 같은 영속적인 제도로 발전하지 않았기 때문이다. 중국의 경우 소위 "천명"이 옮아갔다는 논리로 왕권을 물려받는 "선양(禪讓)"이라는 "평화로운 정권 이양" 형식은 후한 이후부터 당의 수립까지 중국 역사상 가장 폭력적인 시대의 하나인 남북조시대에 가장 빈번하게 일어났다. 송나라 이후에는 다시 나타나지 않는 선양은 폭력적 찬탈의 다른 이름일 뿐이다.

중국도 일찍부터 규범과 현실 사이에서 나타나는 괴리에 대해서 고민한 흔적을 남기고 있다. 다음은 진(秦)의 초기 전성기를 이룩한 목공(穆公, 기원전 660-621)과 흉노 융왕(戎王)의 사신 유여(由余 : 중국인)와의 만남에 관한 기술이다.

> 목공은 유여에게 궁실과 쌓아놓은 제물을 보여주었다. 유여는 "이러한 궁실과 재물을 귀신에게 만들어내라고 해도 힘들 것인데, 하물며 사람에게 만들라고 하면 백성들은 고달플 것입니다"라고 했다. 목공은 이 말을 괴이하게 여기며 "중원은 시, 서, 예, 악, 법도로 나라를 다스리는데도 항상 난리가 일어나는데, 지금 융족은 이러한 것들이 없으니 무엇으로 나라를 다스리는가?"라고 물었다. 유여는 "이것이 바로 중원지역에 난리가 일어나는 원인입니다. 고대의 성인 황제(黃帝)께서 예악과 법도를 만드신 후로 솔선수범하시어 겨우 나라가 다스려졌습니다. 그러나 후대의 왕들은 날로 교만하고

---

8)『맹자집주』, "梁惠王章句", 84쪽. 선덕여왕 원년(632) "인정론"이라는 용어는 사용하지 않으면서 이들을 구휼한 기록은 선덕여왕이 훌륭한 인품을 갖춘 군주라는 점을 강조한 것이다. 「신라 본기」 제5, 140쪽.

음악에만 빠졌습니다. 그들은 법률제도의 위력을 믿고 백성들을 문책하고 감독하니, 백성들은 극도로 피폐해져서 군주를 원망하며 인의를 요구하게 됩니다. 위아래가 서로 다투고 원망하며 찬탈하고 죽여서 멸족의 지경에까지 이르게 되는 것은 이러한 이유에서입니다. 융족은 그렇지 않습니다. 윗사람은 순박한 덕으로 아랫사람을 대하고 아랫사람은 충성으로 그 윗사람을 받드므로, 한 나라의 정치가 사람이 자기 몸을 다스리는 것같이 잘 다스려지지만, 잘 다스려지는 원인이 무엇인지는 알지 못합니다. 이것이 진정한 성인의 다스림입니다.[9)]

여기에는 도교적 통치와 유교적 통치라는 더 높은 차원의 문제도 포함되어 있다. 그러나 이 글의 요지는 "예"나 "법도"를 만들어 지킨다는 것은 사회적 규범이 복잡해졌다는 점, 그러나 법과 제도가 실질적인 사회관계를 반영하지 않으면 사회의 안정에 기여하지 못하며 오히려 복잡한 법과 제도에 익숙한 관리들이 악용할 소지를 남긴다는 점 등이다. 유여는 중국의 재물과 부는 국민을 수탈하여 만들어진 것이며 이와 같은 수탈적 통치는 안정을 목표로 하는 규범의 본래 의도와는 달리 갈등을 야기하여 분란은 끊이지를 않고, 그 결과 통치는 어려움을 겪는다는 점을 지적한 것이다. 반면, 융족은 비교적 단순한 통치체제를 갖추고 있으며 또 많지 않은 재물을 지배층이 독점하지 않고 적절히 분배하기 때문에 통치에 어려움이 없다. 그러나 통치는 본질적으로 (폭력적) 수탈에 바탕을 두기 때문에, 즉 "귀신도 못할 일을 백성들이 하도록 강요하기" 때문에, 잘못되면 군주를 탓하고 인의가 없다고 원망한다. 목공은 이와 같은 측면은 충분히 인식하지 못하고 있었으며, 이런 관점에서 목공은 규범만으로 통치는 불가능하다고 고백한 것이다. 이에 비해 한 몸과 같이 원활하게 통치되는 융족 사회는, 부와 자원의 희소성과 분배 등의 문제를 오늘날의 사회과학적인 방법으로 설명하지는 못하지만, 잘 다스려지고 있다는 점을 지적한 것이다.

---

9) 『사기』, 「본기」, "진본기", 124-125쪽. "황제"는 신화시대의 황제로 고유명사이다.

3. 국제기구로서의 조공제도

조공제도의 이념은 유교에 기초한 중국적 질서관이다. 유교의 사회관은 우주의 운행을 지배하는 무한, 절대적인 질서인 천도(天道)를 인간사회에 건설하는 것이다. 원래 천도 개념은 서양의 자연법 사상과 같이 우주 및 자연 질서와 인간성은 상응한다는 것이다. 이것이 인간사회에서 구현되면 인도(人道)가 된다.10) 가장 잘 알려진 천도에 관한 언급은 사마천이 자신의 궁형에 빗대어 "백이열전(伯夷列傳)"에서 내뱉은 절규일 것이다. 사마천은 "천도는 공평무사해서 항상 착한 사람을 돕는 것"임에도 불구하고 도적질로 일생을 보낸 도척(盜跖)이 평안하게 임종을 맞은 것을 두고 "이런 것이 이른바 천도라고 한다면, 천도는 과연 옳은 것인가"라고 묻는다. 여기에서 천도는 "사회 정의"를 의미할 것이다. 은(殷)을 멸망시킨 무왕(武王)이 은의 유신인 기자(箕子)에게 은이 망한 까닭을 묻자 기자는 차마 은의 죄악을 낱낱이 말하지 못해 그저 국가 존망의 도리를 말했고, 무왕 역시 난처하여 일부러 화제를 돌려 "천도"에 대해서 물었다. 여기에서는 군왕의 통치와 왕조의 흥망성쇠와 같은 역사의 큰 흐름을 천도라는 관점에서 이야기하자는 의미이다.11)

그러나 사회 정의나 왕권의 정통성 외에 "천도"는 "옥인을 달고 다니는 자는 천자를 대신하여 천신의 왕림을 인도하는 임무를 맡은 사람"임을 의미한다(「본기」, 373쪽). 이것은 하늘의 아들인 "천자(天子)", 즉 중국의 황제만이 하늘과 교감할 수 있어 하늘이 일러주는 주술을 이해할 수 있는 능력을 가졌다는 의미이다. 이것은 일면 한나라 초기에 성행했던 도교의 주술적 경향을 반영한다. 고대 이집트나 그리스의 신전에서는 사제만이 신들과 대화할 수

---

10) Natural law or the law of nature is an ethical theory that posits the existence of a law whose content is set by nature and that therefore has validity everywhere. ……Natural law can be used synonymously with natural justice or natural right, although most contemporary political and legal theorists separate the two. http://en.wikipedia.org/wiki/Natural_law.
11) 『사기』, 「열전」, 12-13쪽; 「본기」, 82쪽. 그 외 「본기」, 339쪽. 도척은 사회가 혼란할 때 규범성을 희화화하는 데에 흔히 등장한다. 두보의 「취시가(醉時歌)」 중, 儒術於我何有哉 孔丘盜跖俱塵埃(유교라는 학문이 나에게 무슨 소용이 있는가, 공자나 도척 모두 흙으로 되어버린 것을).

있는 능력을 가지며 그 내용을 신탁이라는 이름으로 일반인들에게 알려준다. 기독교에서 신부 역시 하느님의 뜻을 인간에게 전달해주는 "중재자(arbiter)"이다. 중국에서는 이 역할을 최고의 세속 지도자인 황제가 하늘의 아들, 천자의 이름으로 행한다. 천자만이 그 아버지인 하늘과 대화할 수 있으며 하늘의 계시를 정확하게 해석하고 수용할 수 있다는 것이다.

이것은 곧 하늘의 명령인 "천명"을 받은 천자의 행위나 정책은 절대적이며 어느 누구의 도전도 허용하지 않는다는 의미이다. 천자의 권위가 가지는 절대성이다. "군중(the masses)"의 전위대인 공산당만이 공산주의 이론을 "정확히" 해석하는 권위를 가진다는 공산당의 "무오류성"이나, 국가의 행위는 국익 추구라는 관점에서 항상 정당하다는 "국가이성" 이론, 혹은 국내외 상황에 대해서 국가의 판단만이 권위를 가진다는 주권 개념과도 같은 맥락이다. 천도 개념은 곧 중국의 지배자는 세속적 권력과 종교적 권위를 모두 가지는 "하늘의 아들", 즉 천자라는 초월적 존재로서 천명을 받은 정당한 지배의 상징이며, 인간을 보살피는 덕치의 화신이라는 신념으로 발전하는 것이다.

이와 같은 배경에서 생성되고 전개된 조공제도는 동아시아 국제정치의 성격을 규명하는 핵심적 요소이며, 무정부적 국제사회에서 천자의 권위가 규정한 규범성이 실질적인 힘과 부딪칠 때 어떤 문제들이 나타나느냐를 보여주는 흥미로운 주제이다. "제도"로서의 조공은 소위 선진시대(先秦時代) 주 왕조와 제후국들 간의 관계를 규정하는 "종법적 봉건제도"라는 의례에 기초한다. 이 제도는 천자로부터 제후, 방백(方伯)에 이르기까지 모든 관계를 종법(宗法), 작록(爵祿), 제기(祭紀) 등 3종 제도와 조(朝), 빙(聘), 회(會), 맹(盟) 등의 의례, 그리고 천자의 순수(巡狩) 등의 방식으로 규정하고 이를 통해서 군신 간의 상호연계와 유대를 강화한다는 것이다. 조공은 제후가 천자를 배알하는 조(朝)를 행할 때에 증정하는 예물이다. 천자는 주변 국가들의 군주에게 중국 왕조의 왕호나 작위를 수여하는 책봉(册封)이라는 방식으로 그들을 외신(外臣)으로 삼는다. 한나라 때부터 천자의 직할지인 군현(郡縣)으로 이루어진 화(華), 즉 중화와 각지에 봉해진 제후 왕국은, 왕과 후(侯)에서 관료, 일반 서민들에 이르기까지 한의 예제와 법제를 따른다. 한의 신하로 복속된

이(夷) 지역은 군주만이 한의 예제와 법제를 따르고 일반 백성은 각기 고유의 제도와 풍속을 따른다. 천자의 덕이 완전히 행해지는 중원이 세계의 중심으로 문화적으로 가장 뛰어나며, 그 외의 지역은 중화적 덕화가 얼마나 두터운가에 따라 가치가 정해진다. 조공은 곧 중화 천자의 덕을 사모하여 이루어지는 것이다.[12]

여기서 권력과 규범의 상호관계를 어떻게 설명할 것인가? 조공제도가 힘의 관계를 숨기기 위한 장막인가, 주변국들이 중국의 조공 요구에 순응한다면 "이상과 명분 대 실제와 현실"이라는 측면에서 어떻게 설명할 것인가, 그리고 이 제도가 지역의 평화 유지와 교류에 어떤 순기능을 하는가 등등의 질문이 제기될 것이다.

국제기구와 국제제도는 한 가지 목적을 위해서 만들어지는 것이 아니라 필요에 따라서 여러 임무를 수행한다. 유엔은 세계평화의 유지를 기본 목표로 삼지만, 경제, 교육, 문화 등 오늘날 국제정치의 거의 모든 영역에 관여하고 있다. 조공제도 역시 외교적 기능도 수행하고 경제교류의 수단이 되기도 한다. 국가들 간에 상당기간 평화가 유지되어 "체제"로 정착되면, 조공을 통한 모임은 반(半)상설적 국제기구로서의 기능도 한다.

662년 백제 멸망 2년 후, 이때까지 백제에 신속되었던 탐라국이 신라에 항복한다.[13] 그러나 그 전해인 661년 왜에 "처음으로" 왕자를 보내 조공한다.[14] 이것은 탐라의 눈치 보기일 수도 있지만, 소국이 주변의 여러 나라에 조공 사절을 보내는 것은 모순이 아니다. 류큐(琉球) 왕국도 중국은 물론, 일본 중앙 정부, 사쓰마 번(薩摩藩)에도 조공 사절을 보냈다(조선 전기에 조선과도 교류가 있었다). 이것이 조공이 예속의 상징이 아니라 외교적 기능임을 말해 준다. 640년대 당이 삼국 문제에 본격적으로 개입하면서 삼국의 조

---

12) 미조구치 유조(溝口雄三) 외, 김석근 외 역(2003), 『중국 사상문화 사전』(서울: 민족문화 문고), 309–310쪽; 이춘식(1969), 「조공의 기원과 그 의미—선진(先秦) 시대를 중심으로」, 한국중국학회, 『중국학보』 10, 3–4쪽.
13) 「신라 본기」 제6, 167쪽.
14) 『일본서기』, 483쪽. 천지천황(天智天皇) 5년(664)에도 왕자를 보내 공물을 바친다(493쪽).

공 사절들에게 서로 평화롭게 지낼 것을 주문한 것은 외교 문제를 논의한 국제회의적 성격이다. 장수왕(長壽王) 시절 북위에 고구려 등의 주변국들로부터 조공 사절들이 모여든 것은 상설적 성격의 국제기구와 유사한 것이다 (제7장 참조). 이들은 북위에 조공하기 위해서 왔지만, 모임 자체가 외교적 접촉을 수행하는 장이 된 것이다. 연왕의 망명 문제로 북위와의 관계가 악화되었을 때나 신라의 통일전쟁 시기 당과의 관계가 악화되었을 때, 장수왕과 문무왕은 조공 사절을 1년에 두 번씩이나 보낸다. 이것은 오늘날 "외교특사"에 해당한다.

그 다음, 경제교류의 기능이다. 국제무역이 활성화되지 못하고 또 중국이 이를 제한하는 상황에서 조공 사절이나 수행원들이 공적, 사적으로 물품을 교류하는 행위는 넓은 의미에서 경제교류에 해당할 것이다. 조공제도의 불평등성을 애써 외면하려는 국내 학계에서는 조공품보다 중국이 주는 회사품이 많다는 점에서 경제적인 측면을 특히 강조한다. 그러나 앞으로 논의하겠지만, 이것은 조공제도의 본질은 아니다. 그밖에도 조공은 책봉, 연호, 책력 등 의례적, 형식적 문제들, 상호 청병과 같은 군사 문제 등의 공식적 관계와 경전 등 서책 구입과 같은 문화적 문제 그리고 월경, 유민 문제 등 양국 관계에서 제기될 수 있는 거의 모든 문제를 다룬다.[15]

현실주의적 관점에서 조공제도의 존속은 그 주도국인 중국이 이를 집행할 수 있는 능력을 가졌느냐에 달려 있다. 조공체제는 세력 균형이라는 방식으로 운용되던 유럽의 다극체제에 대비되는 일국중심체제이다. 중국 대륙이라는 거대한 중심부와 주변국들의 관계로 이루어지는 "중앙 대 주변부"라는 형태로 중국은 동아시아 국제관계를 지배하고 조율한다. 동아시아 국가들은 유럽과 같이 다국가 관계를 형성하는 경우도 간혹 있었지만, (중국이 분열되었던 시기에) 주로 중국-몽고, 중국-한국, 중국-일본과 같이 중국과의 쌍무관계가 중심을 이룬다. 몽고-만주-한국-일본 간의 다국가 관계는 일정 시기에 존재하더라도 중국과의 관계에 압도되며 혹은 중국에 의해서 조종된다. 모던

---

15) 전해종(1987), 「한중조공관계 개관」, 한국사연구회 편, 『고대 한중 관계사 연구』(서울: 삼지원). 조공의 경제적 측면을 강조한 김상기(1987), 「조공의 경제적 의의」 참조.

캐플란의 국제체제론적 관점에서 "보편적 국제체제"나, 아널드 토인비가 평화체제의 궁극적 해결안으로 제시한 "세계정부"와 유사하다고 하겠다.16)

그러나 중국은 주변지역과의 관계에서 항상 주도권을 행사한 것은 아니었다. 진시황 이후 분열된 중국을 통일한 한의 고조(高祖) 유방(劉邦)은 북방 흉노족을 일거에 제압하기 위해서 기원전 200년 대군을 출병시키지만, 산서성(山西省) 평성(平城) 백등산(白登山)에서 묵특선우(冒頓單于)에게 포위되어 "화친조약"이라는 명목의 불평등 조약을 맺는다. 조약의 내용은 만리장성을 경계로 "변경 불침"의 대가로 한의 공주를 선우(單于 : 흉노 왕)에게 출가시키며, 한이 매년 술, 비단, 곡물을 포함한 "세폐의 공급"이라는 조공을 바친다는 것이다. 평등한 "형제맹약"이라지만, 흉노가 실질적으로 우위에 있는 "전도된 조공관계"로서 당시 한의 관료 중에는 이를 흉노에 대한 "신하의 예(臣下之禮)"라고 비판한 자도 있었다. 이와 같은 관계는 무제(武帝, 기원전 141-87)가 등극하기까지 70여 년간 지속되었다. 무제는 기원전 129년부터 40여 년간에 걸친 전쟁 끝에 흉노에 승리하지만, 이들을 완전히 굴복시키지는 못한다.17) 당 초기에도 태종(太宗) 이세민(李世民)이 630년 돌궐(突厥)을 진압할 때까지 돌궐에 칭신하며 조공을 바친다. 송(宋) 역시 요, 여진 등 북방 민족의 침략을 받고 황제가 포로가 되기도 하며, 이 결과 조공관계는 다시 변질된다.

조공관계는 또 일률적으로 운용되는 것이 아니다. 흉노와 오랜 투쟁에서 승리하여 중국의 권위를 주변국들에게 강요한 한, 남북조시대에 화북지방을 지배하던 유목계 국가들, 종교, 문화, 교역에서 개방적 제국인 당, 이민족 국

---

16) Kaplan, Morton A.(1957), *System and Process in International Politics*(New York: John Wiley & Sons). pp. 45-46; Thompson, Kenneth W. ed.(1980), chapter 17. 보편적 국제체제는 패권국이 체제의 안정과 법적 경계를 결정하지만 정책결정은 하부 국가체제에 일임하는 것이다.

17) 토머스 바필드(Thomas J. Barfield), 윤영인 역(2009), 『위태로운 변경—기원전 221년에서 기원후 1757년까지의 유목제국과 중원』(서울: 동북아역사재단), 32, 94-96쪽. 흉노는 변경무역을 확대할 것을 주장하지만, 그리고 변경무역이 계속되는 한 흉노의 침략이 없어지지만, 한은 변경지역이 흉노의 경제에 의존하게 될 것을 우려한다(114-118쪽). 무제의 대흉노 전쟁과 그 영향은, 129-144쪽. 사마천, 『사기』, 「열전」, "흉노열전"; 김한규(2005), 『천하국가—전통시대 동아시아 세계질서』(서울: 소나무), 377-383, 88-91쪽도 참조.

가이면서 중국의 대외적 권위를 물려받았다고 인식하는 원이나 청, 이민족에게 짓밟힌 한족의 명예를 회복하면서 이민족의 침략과 교류를 연계시켜 초기에 폐쇄성을 보인 명이 모두 중국 중심적인 질서관을 견지했다는 점에서는 동일했지만, 조공제도의 운용방식은 동일하지 않았다. 한국에 대해서도 중국 왕조들은 통일을 이루었건 분열되었건, 모두 황제의 권위를 내세우며 종주국 행세를 하지만 그 운용에서는 큰 차이를 보인다. 한국의 대응도 다르게 나타난다. 한국-중국 조공관계는 기록상 한-위만조선에서 시작하여 남북조시대의 여러 왕국들과 삼국 관계를 거쳐 당-통일신라시대에 일단 초기의 형식이 정착된다. 조공제도의 "정착"이란 당과 신라가 모두 이 제도를 유지하려는 의지와 능력을 보유했기 때문이다. 이것이 고려와 송, 거란, 여진, 몽고 등과의 관계에서 굴절, 변형되면서 조선과 명, 청시대에 당-신라 관계와 유사한, 그리고 오늘날 우리가 알고 있는 조공의 형식이 완성된다. 이 제도는 약 500년 동안 장기간 지속되면서 내용상으로는 상당한 변화를 겪지만, 일정한 형식을 갖추게 된다.

4. 조공제도와 중국의 외교-안보정책

중국적 질서관과 실천적 수단인 조공제도가 "천하"에 적용될 때에는 중국과 주변부는 자연히 지배와 복종이라는 불평등, 계서적 관계를 가진다. 이것이 곧 "화이체제"이다. 화이체제의 불평등성은 중국과 주변지역 간의 관계에만 한정되는 것이 아니며, 주변국들 간의 관계에서도 형성된다. 예를 들면, 거란 및 여진과 고려, 만주와 몽고의 여러 왕조들, 사쓰마 번과 류큐, 태국과 캄보디아 간에도 국력의 차이가 반영된 불평등 관계가 생긴다. 불평등한 국가 관계는 국가들 간에 원활한 교류를 저해한다. 약자의 입장에서 불평등한 교류는 억압과 착취로 이어지기 때문이다. 중국 주변의 약소국들은 중국의 강압적 요구만이 아니라 정치적, 문화적 영향력으로 인하여 정치적 독립이 훼손되고 정체성이 상실될 수 있는 위험성을 간파하고 중국과의 관계를 제한하려고 한다. 즉 중국의 앞선 문물을 선별적으로 도입하면서 정치적 독립을 유지할 수 있는 수준으로 중국과의 관계를 조절한다는 것이다. 조선의 경우 건국 초기에 중국에게 국경 수비를 강화해줄 것을 요구하며 교류보다는 단절을 추구했다.18) "정교금령의 자주"는 이를 말해준다. 이것이 곧 동아시아의 국제관계가 유럽에 비해서 발전할 수 없었던 근본적인 원인이다.

유교 역시 외교에 적대적이라고 할 수 있다(유교만이 아니라 법가 등 제가[諸家]도 대부분 외교적 "타협"을 배격한다). 외교는 국가들 간의 이견을 폭력적 수단인 전쟁이 아니라 타협으로 해결하려는 것이며 중국이 분열되었던 춘추전국시대에 그 중요성은 충분히 인식되었다.19) 외교를 통한 타협은 국가이익 간의 타협이며 여기에는 절대적인 선과 악이 없다. 그러나 유교는 춘추대의가 말하듯이 정의의 관점에서 정치현상을 기술한다. 천하에 정의를 실현한다는 유교적 가치는 종교개혁, 프랑스 혁명, 러시아 혁명기에 이념의 깃발 아래 전 세계를 인류애로 통합하려는 혁명주의적 (반외교적) 전통과 유사한 것이다. 또 춘추전국의 혼란기에 각 국가들은 내정개혁과 부국강병 등 현실주의적인 정책을 추진한다. 이것은 (외교를 통해서) 타협과 균형으로 평화공존을 모색하는 것이 아니라 전쟁을 통한 팽창을 목표로 하는 것이다. 합종과 연횡으로 이루어진 국가 간의 맹약은 당분간 상호 공격을 유보한 것일 뿐이다. "상황이 변하면 약속은 바뀔 수 있다", 즉 언제든지 배신할 수 있다는 현실주의자들의 태도와 정확히 일치한다.20) 최근에는 『논어』에 나오는 "친인선린(親仁善隣)", "화이부동(和而不同)", "이력보인(以力補仁)"을 외교정책과 결부시켜 중국 외교를 도덕적으로 미화시키기도 하지만, 이것이 중국 외교의 현실주의적 태도를 완화시키는 것은 아니다. "군자가 공경하고

---

18) Wright, Mary Clabaugh(May 1958), "The Adaptability of Ch'ing Diplomacy—the Case of Korea", *Journal of Asian Studies*, 17-3, pp. 364-366.
19) 춘추시대는 기원전 770년, 주(周) 왕조가 낙양으로 동천한 후, 혹은 노(魯)의 연대기 『춘추』의 첫 해(기원전 722)를 출발점으로 잡는다. 전국시대는 진(晉)의 유력 귀족인 한(韓), 위(魏), 조(趙) 3씨가 실권을 잡은 해(기원전 453), 또는 이 3씨가 정식 제후로 승격한 해(기원전 403)부터 기원전 221년 진의 통일까지이다.
20) 전국시대 외교관에 대해서는, 이성규(1995), 「전국시대 진(秦)의 외교정책」, 『고대중국의 이해 II』(서울대동양사학연구실 편, 지식산업사), 2-6쪽. 혁명주의적(Revolutionst), 칸트적 전통에서 보는 외교는, Wight(1992), chapter 9.

공손하고 예가 있으면 사해의 안이 다 형제가 된다"는 것은 덕으로써 선린관계를 맺어두면, 국제사회에서 항상 우방국이 있다는 말이다.21)

국제정치에서 강대국은 실제로 가진 권력 이상으로 권력을 행사한다. 마치 은행이 보유한 금액의 한도 이상으로 대출할 수 있는 것과 같다.22) 그러나 권력을 국제무대에서 군사원정 등의 방식으로 실제로 행사하기 시작하면 권력, 능력과 정책목표, 이상 간에는 괴리가 나타난다. 이것은 강대국이나 패권국의 "능력"과 그들이 추구하는 "이상" 사이에서 발생하는 괴리이며 국제적 분쟁을 설명하는 하나의 틀이기도 하다. 7세기 후반 당이 고구려를 멸망시킨 이후 안동도호부 등을 설치하고 중앙에서 관리를 파견하거나 지방관을 도독으로 임명하지만, 곧 유야무야되고 만다. 이것은 당이 변방지역을 직접통치할 수 있는 능력을 구비하지 못했다는 증거이다(제10장 및 결론 참조). 중국적 세계관이 수천 년에 걸쳐 당면한 문제는 바로 국가능력과 이상 간의 괴리의 동아시아적 표현이라고 할 것이다.

조공체제는 이 문제를 해결하기 위한 중국의 대안이다. 중국적 세계관에서 말하는 "천하"는 국제정치의 단위인 "지역(region)"과 같은 "하나의 천하"가 아니다. 중국의 천하는 이질적인 인종, 언어, 관습, 사회-경제제도를 가진 수많은 집단으로 이루어진 "여러 개의 천하"가 공존하는데, 중국이 스스로 중심이 되어 묶은 가상적 단위일 뿐이다.23) 중국의 힘이 주변국들에 비해서 절대적이라면 중국적 규범을 "천하"에 강요하고 그 해석을 독점할 수 있을 것이다. 그러나 중국은 전근대적 기술 수준으로는 "천하"로 규정한 지역을 직접 통치할 수 있는 인적, 물적 자원을 동원할 만한 능력이 없었다. "천하"의

---

21) "이력보인"은 "양식을 풍족히 하고, 병을 풍족히 하면 백성들이 믿을 것이다." 힘을 배양하고 백성을 안심시키는 것이 국가를 보위하는 길이다. 『논어』, 「안연(顔淵)」, 234쪽; 「자로(子路)」, 270쪽; 「안연」, 236쪽. "국제사회는 세력 균형을 이루고 있다고 하지만 군사역량에서 평등하지 않으며 약자는 평등한 관계에서 대화를 가지는 것이 불가능하다"는 등소평의 말이 오히려 오늘날 중국의 대외정책의 근간이다. 丁冠之(2008), 「"親仁善隣","和而不同","以力補仁"—儒家外交的 基本理念」, 進尙勝 주편, 儒家文明與 中國 傳統對外關係(중국: 산동대학 출판사).
22) 이와 같은 관점에서 권력의 속성을 설명한 것은, Lieber, Robert J.(1973), *Theory and World Politics*, 구대열 역(1987), 『현대 국제정치 이론』(서울: 학문과 사상사), 136-137쪽.
23) 김한규는 이를 "역사공동체"라는 개념으로 설명하려고 한다. 뒤에서 검토할 것이다.

안정이 중국 외교정책의 목표라면, 이를 달성할 수 있는 능력과의 괴리를 피할 수 없게 되는 것이다. 그런데 힘이나 권력은 항우나 아킬레스의 힘이나 핵무기 등의 물리적 강제력 혹은 전쟁수행 능력만을 의미하지 않는다. 상대방이 나의 의도와 정책을 따르도록 만드는 문화적, 심리적 요소 등의 "보이지 않는" 영향력도 포함된다. 유교적 규범과 문화적 우월성으로 포장한 조공체제가 바로 주변지역 복속을 자발적으로 유도하는 메커니즘인 것이다.

문화적 혹은 자발적인 복속을 위해서 중국은 무력 사용을 자제한다. 중국은 이를 천명을 받은 "천자의 관용"이라는 관점에서 설명한다. 가문 전체가 평온하고 형제들 집안에 문제가 없을 때에는 큰 형이 동생들의 집안일에 간섭하지 않는다. 동생 집안의 사건이 가문 전체의 문제로 발전될 가능성이 있을 경우에만 큰 형이 가문의 수장으로서 이에 간섭한다는 것이다. 주변지역들이 중국에 복속하면 정치적 자율성을 인정하고 중국의 법령이 아니라 각 지역의 법령과 관습에 따라서 통치하게 한다. 이것이 "인속이치(因俗而治)"이다. 그러나 주변지역에서 "천하"를 어지럽힐 수 있는 징조가 보이면, 그리고 이 혼란이 중국의 안보를 위협할 가능성으로 발전하면, 중국이 나서 이를 진압한다. 이 경우 "정벌"은 정당성을 가지게 되는 것이다. 그럼에도 불구하고 중국은 주변지역에 대한 군사적 원정을 피하려고 하는데 이와 같은 중국의 정책은 명 태조의 소위 15개 부정지국(不征之國)[24]이나 조-일전쟁 및 한국전쟁 때에 파병을 최후의 순간까지 미룬 사례 등에서 잘 나타난다.

그러나 중국이 일단 나서는 전쟁은 천자가 "이단"을 처벌하고 천하를 지키는 "정당한 전쟁"이며 "징벌전"이 된다. 기독교에서 교황이 주도하는 전쟁, 혹은 교황을 위한 전쟁이라는 의미의 성전(holy war)이나, 이슬람을 지키기 위한 성전(jihad)과 유사하다. 중국에서 전쟁론의 교본이라고 할 수 있는 『손자병법』이 그 첫 머리에 내세우는 것도 전쟁의 정당성이다. 전쟁을 하는 데에 고려해야 할 요소 중 첫 번째가 "도(道)"이다. "도"는 "백성들이 군주와

---

[24] 명 태조는 황명조훈(皇命祖訓)에서 한국, 일본, 베트남, 타이 등 15개국을 "부정지국"으로 지정하고, 중국이 이들을 상대로 전쟁을 하지 못하도록 했다. 吳晗, 박원호 역(2003), 『주원장 전』(서울: 지식산업사), 226-227쪽; Fairbank ed.(1968), p. 22.

생사를 같이하여 위험을 두렵게 생각하지 않는다."25) 즉 국민적 통합을 이루면, 군주가 치르는 전쟁이 정의롭다는 믿음을 국민들에게 심어주게 되어 전쟁에 이길 수 있다는 것이다. 이 경우에도 천자는 가능한 한 직접 전쟁에 나서지 않는다.『서경(書經)』에서는 이를 "천자의 군대는 정벌만 있고 싸움은 없다"고 설명한다.26) 천자는 일단 지방의 관리에게 변란을 진압하는 책임을 지우며 이들이 토벌하지 못한 뒤에야 친히 정벌한다. 한나라 초기에 왕실의 종친인 회남왕과 형산왕 등의 제후가 모반한 7국의 난을 두고 사마천은 『시경(詩經)』을 인용하여 "'융(戎), 적(狄)'은 정벌하고 '형(荊), 서(舒)'는 응징한다"고 했다.27) 융과 적은 오랑캐이므로 무력으로 정벌하지만, 형과 서는 천자의 제후국(황제의 친족들이 왕이다)이니 이들이 반란을 일으켰지만 "체포하지 않고" 도덕으로 처벌한다는 것이다(두 왕은 "잘못을 깨달아" 자살한다).『논어』에도 제후에 대해서 "사직의 신하이니 어찌 (무력으로) 벌(伐)할 수 있겠는가"라는 언급이 보인다.28)

중국의 이와 같은 정책은 기존의 국제질서에 "만족하여" 이를 지키려는 강대국들의 보수적인 현상 유지정책이며 동시에 자국의 안보와 국익을 극대화시킬 수 있는 방향으로 주변지역을 관리한다는 "제국적" 정책의 표현이다.29) "변화"는 불투명한 미래이며 최악의 경우 제국이 원하지 않는, 즉 제국의 안보에 위협을 초래할 수 있는 방향으로 전개될 수도 있기 때문이다. 중국의 대외관계를 설명하는 여러 가지 개념들, 중국 본토의 안정을 최우선시하는 "중원 제1정책", "순망치한(脣亡齒寒)", "기미부절(羈縻不絶)", "이이제이(以夷制夷)" 등은 모두 여기에서 비롯된다. 조공제도는 바로 이와 같은 정책

---

25)『손자병법(孫子兵法)』, 안등량(安藤亮)(1970), (서울: 불이 출판사), 21쪽.
26)『서경』,「감서(甘誓)」, 상, 244쪽;『서경』,「우서대우모(虞書 大禹謨)」, 상, 100쪽.
27)『사기』,「열전」, "회남형산열전(淮南衡山列傳)", 986쪽.『사기』,「본기」, "주본기", 86쪽 각주도 참조.
28)『논어』,「계씨(季氏)」, 326쪽. 중국은 1979년 베트남과의 전쟁도 베트남이 사회주의 우방 국가들 간의 단결을 해친 행위에 대한 징벌전으로 규정한다.
29) 국제정치에서는 "제국적(imperial)"과 "제국주의적(imperialist)"이라는 용어를 구분한다. 이에 관해서는, 구대열(1995),『한국 국제관계사 연구 1 일제시기 한반도의 국제관계』(서울: 역사비평사), 24쪽.

들을 실현하는 도구인 것이다.

제국의 안보에서 가장 중요한 지역은 황제가 거주하는 수도지역이다. 반대로 제국의 정치적 중심지에서 멀리 떨어진 곳은 직접적인 이해관계가 미약하다. 에드워드 기번은 이를 "한 제국이 쇠망의 길에 들어섰다는 가장 명확한 징조는 제국과 직접적인 이해관계가 거의 없는 지역에서 전쟁을 감행하는 것"이라고 말한다.30) 사마천도 『시경』을 인용하여 "병사를 잘 다스리는 사람은 근거지를 벗어나 멀리 원정을 가지 않는다"고 지적한다.31) 무력 사용을 자제하는 중국의 정책도 사실상 이를 반영한다. 그러나 다른 일면 중국은 주변지역이 제국의 안보와 직결되어 있다고 간주한다. 중국의 왕조들은 국내의 정치, 사회 불안과 외부로부터의 침략이라는 두 가지 요소, 즉 "내우외환"에 의해서 무너지는 경우가 많았다. 국내의 반란으로 왕조가 흔들리면 주변세력에게 침략의 기회를 제공하며, 주변세력이 침략하면 중원에 잠재해 있던 반란세력이 힘을 얻어 왕조를 위협한다는 것이다. 국내를 안정시키면서 주변지역을 장악하는 것이 "동시에" 필수적이라는 인식이다. 이것이 곧 "순망치한"이다.

순망치한을 방지하기 위해서 주변지역을 관리하는 원칙이 "기미부절"이다. "기미"란 소나 말을 재갈로 묶어둔다는 의미이다. 즉 물질적 혜택으로 어루만지지만 재갈을 물려 "부절한다", 즉 관계를 완전히 끊지 않고 관리한다. 재갈을 물리기 위해서는 당근이 필요하다. 여기에서 조공제도가 위력을 발휘한다. 조공품이 중국의 위협을 완화시키기 위한 약소국의 비용이며 중국의 회사품은 중원의 안보를 위해서 중국이 지불하는 비용으로 양측의 이익이 극대화되는 선에서 적절하게 타협한 것이라 하겠다.

이를 경제교류라는 측면에서 설명하기도 하지만, 중국은 경제교류 그 자체

---

30) Gibbon(1952), ch. XLIX, vol. 2, p. 216. 기번의 이 테제는 20세기 초 대영제국의 남아프리카 전쟁과 1960년대 미국의 베트남 전쟁 등 강대국들이 권력의 중심부에서 먼 지역에서 팽창정책을 추구한 데에 대한 비판으로 자주 인용된다. Art, Robert J., "America's Foreign Policy: A Historical Perspective", in Macridis, Roy C., ed.(1976), *Foreign Policy in World Politics*, 5th ed.(Englewood Cliffs: Prentice-Hall), p. 367.
31) 『사기』, 「열전」, "춘신군열전", 259쪽; "한장유열전(韓長孺列傳)", 6권, 774쪽도 참조.

에는 큰 관심이 없었다. 영국 동인도회사의 개항요구에 대해서 1793년 건륭제(乾隆帝, 1736-1795)가 조지 3세에게 보낸 칙서에서 "중국에는 부족한 것이 아무것도 없기 때문"에 무역의 필요성을 느끼지 못한다고 단언하고 있다.32) 중국은 무역이나 경제교류를 야만인들을 어루만지는 천자의 은총, 즉 "기미"의 수단으로 간주한다. 14세기 일본 센고쿠 시대(戰國時代)에 명 태조는 일본의 쇼군에게 왜구의 발호를 저지하는 대가로 조공무역의 독점권을 주었으며, 쇼군은 교역으로 얻은 경제력을 배경으로 전국에 대한 장악력을 확보했다.33) 1840년 아편전쟁 이후 서양과의 조약으로 조공체제의 교역적 성격은 "개항장 체제"로 바뀐다. 서양 열강들은 무역의 권리를 무력으로 획득한 "특권의 인허장(charter of privileges)"으로 간주하지만, 중국은 이를 특정 오랑캐에게 허용한 "제한적 특권(charter of limitation)"인 "기미"로 간주한다. 개항 역시 야만인을 관리하기 위한 중국의 "은총"이 약간 변형된 것이며, 이런 의미에서 중국은 개항조약이 가진 "불평등성"에 별다른 이의를 제기하지 않았다.34) 조공체제가 개항장체제로 대체되었다고 하는 것은 이런 관점에서 정확한 표현은 아니다.

1880년 황준헌(黃遵憲)은 『조선책략(朝鮮策略)』에서 중국의 조선 정책을 기미부절로 단정하고 있다.

중국은 결코 안을 피폐하게 하여 바깥에서 일을 벌이는 일은 없다. [조선과 같은] 번국에 대해서는 "메어둘 뿐 단절하지 않기를 간절히 바란다." 우리 왕조에 복종하고 감히 무례하게 대하지 않는다면, 군사 하나, 화살 하나라도 손상시켜 위엄을 보이기를 원치 않았다. 조선은 조야 상하가 모두 문학을 닦고 예의를 지켰다. 또한 중국의 의관 예약을 여러 대에 걸쳐서 경건히 지켰다. 노자가 이르기를 "배와 수레가 있으나 탈 필요가 없고 군사와 병기

---

32) Teng, Ssu-yu & Fairbank, John K., eds.(1971), *China's Response to the West—a Documentary Survey 1839-1923*(New York: Atheneum), p. 19.
33) Han, Woo-keun(1970), pp. 219-220.
34) Fairbank, John K., "The Early Treaty System in the Chinese World Order," in Fairbank ed.(1968), 특히 pp. 259-260, 263.

가 있으나 벌여놓을 필요가 없어 늙어 죽을 때까지 서로 왕래하지 않으니 참으로 천하의 낙국이다."35)

어처구니없는 평가이다. 중국은 기미부절을 통해서 주변을 관리하며, 특히 이 정책이 조선에서 성공했기 때문에 조선은 문약해지고 중국의 풍습을 잘 따르고 섬기는 국가가 되었다고 찬양한다. 기미부절을 "간절히 바란다(惟冀)"는 것은 이것이 최선의 정책이라는 점을 시사하는 말이다.

"이이제이" 역시 중국이 주변지역을 관리하는 전통적인 수법이다. 서양식으로는 "분할통치"이다. 동로마 제국이 한 부족으로 하여금 다른 부족을 공격하게 사주하는 것이나, 오스트리아 제국이 제국 내의 무슬림들을 이용하여 정교도들을 관리하는 수법, 영국이 인도에서 행한 힌두교도와 무슬림에 대한 통치술 등이 모두 이에 해당한다. 여기에서 "분할"은 약소국들이 기존 국제체제에서 존립한다는 점을 전제로 한다. 유럽의 세력 균형체제가 스스로 하나의 덕목으로 꼽는 것이 약소국의 생존을 보장하는 것이다.36) 이이제이 역시 약소국들 간에 견제와 긴장이 어느 정도 유지되면서 중국이 "중재자"로서 이들 간의 분쟁을 조정하여 이들이 통합하는 상황으로 발전하는 것을 저지한다. 이이제이의 실패는 한-흉노와의 관계나, 몽고, 만주족의 중국 정복 등 중국에게는 뼈아픈 역사로 이어졌기 때문이다.

중국은 "제사(祭祀)"라는 동아시아적 전통을 이이제이와 분리통치에 이용한다. 공자는 제사를 치국과 민생, 그리고 정치와 연결시켜 설명한다. "귀신의 덕이 지극하다"는 『중용』의 구절에 대해서 주자는 "귀(鬼)는 음의 영(靈)이고 신(神)은 양의 영"이라고, 정자(程子)는 "귀신은 천지의 공용(功用)이며

---

35) 황준헌, 조일문 역주(1977), 『조선책략』(서울: 건국대 출판부), 46-47쪽. 황준헌은 기미부절 대신 기미물절(羈縻勿絶)로 쓰고 있다.
36) Wight(1992), pp. 148, 152. "세력 균형적" 전통이 (폴란드의 소멸과 같은 예외가 있지만) 강대국과 국경을 접하고 있는 베네룩스 삼국, 덴마크, 포르투갈, 발트 삼국 등 약소국들의 독립보장으로 발전했다. Butterfield, Herbert, and Wight, Martin(1966), *Diplomatic Investigation—Essays in the Theory of International Politics*(London: George Allen & Unwin), chapter 5, 7 참조. 이이제이나 분할통치 수법은 세력 균형의 운용방식이지만 세력 균형의 본질적 의미와 일치하는 것은 아니다.

조화의 자취"라는 주석을 붙이고 있다.[37] 제사는 "귀신에게 효도"를 다하는 것이나,[38] 신령은 자신의 친족이 아닌 사람이 지내는 제사는 흠향하지 않기 때문에 자손이 제사를 받들게 하는 것이 중요하다. 이것은 가족, 왕가, 이를 통한 국가의 혈연적 연결과 정체성을 확보하는 것이 중요하다는 뜻이다.[39]

공자는 천자로부터 제후, 대부에 이르기까지 제사의 형식을 자세히 설명하면서[40] 돌아가신 분을 정성으로써 추모하면 백성이 교화되고 그 덕이 후(厚)한 대로 돌아가므로, 끊긴 대를 이어주고 없어진 나라를 일으켜주는 것, 즉 제사를 계속하게 하는 것이 "무너진 나라를 일으켜 세우고 혼란을 다스려 위태로운 자를 붙들어주는 것"이라고 설명한다.[41] 따라서 백성을 다스리는 "치국"이나 귀신을 섬기는 "제사"가 "모두 학문을 하는 것"이다.[42] 이와 같이 제사가 이어지는 것은 사직을 보존하는 것이며 나라가 망하는 것은 곧 종묘사직의 단절이며 혼란을 의미한다. 그러므로 제사가 끊기는 것은 가장 애통할 사변이다.[43] 사마천도 여러 왕조의 멸망을 기술하면서 "제사가 끊어졌다"는 점에서 탄식한다. 하(夏)의 걸왕(桀王)을 징벌한 은(殷)의 탕왕(湯王)이나 은의 주왕(紂王)을 정벌한 주(周) 무왕(武王)의 행위를 "천명"으로 정당화시킨, 즉 백성들을 보살피지 못한 군주의 잘못 때문이라는 점을 강조하면서도 무왕이 주왕의 아들을 제후에 봉하여 조상에 대한 제사를 받들게 함으로써 대가 끊어지지 않도록 했다는 점을 동시에 지적한다.[44]

---

37) 『대학, 중용』, 「중용장구(中庸章句)」, 105-106쪽.
38) 『논어』, 「태백(泰伯)」, 163쪽.
39) 『사기』, 「세가」, "진세가(晉世家)", 179쪽. 북한의 한 연구는 "제사는 선대와 후대를 혈연적으로 연결시켜주는 주요한 공간의 하나"라고 지적한다. 김송현(2006.2), 「동명왕 제사를 통하여 본 고구려의 조선적 성격」, 『북방사논총』, 9, 182쪽.
40) 『대학, 중용』, 「중용장구」, 113-114쪽. 『논어』, 「팔일(八佾)」, 50-60쪽도 참조. 이것은 『성경』 구약 "출애굽기"에서 여호와가 모세에게 "성소"를 지을 예물과 제사와 관련된 사항들을 상세하게 설명하는 부분과 유사하다(25-31장).
41) 『논어』, 「옹야(雍也)」, 115쪽; 「팔일」, 58쪽; 「학이(學而)」, 25쪽; 『대학, 중용』, 「중용장구」, 124-125쪽.
42) 『논어』, 「선진」, 221쪽.
43) 『사기』, 「세가」, "노주공세가(魯周公世家)", 89쪽; "제태공세가(齊太公世家)", 62쪽.
44) 『사기』, 「본기」, 67쪽; 「세가」, "위강숙세가(衛康淑世家)", 131쪽. 이에 관한 언급은 『사기』에 여러 차례 나타난다. 기자와 관련된 각주 11도 참조.

삼국 관계에서도 제사가 외교의 수단으로 등장한다. 고구려 주몽(朱蒙)의 아들인 온조(溫祚)는 남하하여 백제를 건국했기 때문에 동명왕(東明王)에 대한 제사를 지냈다는 구절이 『삼국사기』에 수차례 등장한다. 그러나 위에서 언급한 북한의 연구에 의하면, 백제의 국력이 약했던 초기에는 고구려와의 우호관계를 유지하기 위한 방편으로 이와 같은 혈연관계를 중시하면서 동명왕의 제사를 지냈지만, 고구려의 남하정책으로 위협에 당면하자 종래의 태도를 바꾸어 비류(沸流)의 아버지인 구태(仇台)를 시조로 내세웠다는 것이다.45) 고구려도 중국의 위협에 당면하자 광개토대왕(廣開土大王) 17년(408) 북연(北燕)에 사신을 보내 "종족의 예"를 차리고 연왕 모용운(慕容雲)이 이에 답례하는데,46) 이것은 제사라는 의식이 함축하고 있는 동일한 조상을 내세워 국가 간의 긴장을 해소하고 있음을 보여주는 사례라고 할 것이다.

이보다 더 중요한 점은 "제사를 끊지 않는" 것은 기존 왕조의 존속, 곧 국제체제의 현상 유지를 의미하며 중국이 주변지역을 관리하는 수단으로 이용된다는 점이다. 중국이 주변지역 국가들의 제사를 잇게 하는 것은 기존의 여러 왕조들을 인정하고 이들 간의 분쟁을 조정하고 서로 견제시키는 등 소위 이이제이 전략을 수행하는 도구인 것이다.

5. 조공"제도"의 그림자

마지막으로 조공체제의 연구에서 간과되는 어두운 측면들을 보자. 이 장에서는 국제정치적 규범 및 제도와 현실 간의 문제는 분리되어 존재하는 것으로 서술한 느낌을 가질 수 있을 것이다. 이것은 어느 일면을 지나치게 강조하는 반면 다른 측면들을 무시하는 한국적 현실을 비판하는 과정에서 나타난 결과이다. 그러나 국가이익의 추구라는 현실과 국제적 규범은 엄격히 분리하

---

45) "구태"는 백제 시조설 중 한 인물이다. 『조선전』, 2, 163 및 169쪽 각주 4를 참조. 그러나 472년 개로왕이 북위에 보낸 표문에서는 "우리나라는 고구려와 함께 그 근원이 부여"라고 쓰고 있다. 「백제 본기」 제3, 518쪽.
46) 제7장 참조. 「고구려 본기」 제6, 376-378쪽. 북연(407-436)은 중국 5호16국시대 고구려 왕족 출신의 고운(高雲)이 후연(後燕)의 왕위를 찬탈하여 건국한 국가이다.

여 설명할 수 있는 것이 아니며 더욱이 이론적인 차원에서 일률적으로 규정할 수 있는 것도 아니다. 규범이란 추상적, 보편적 기준에 의해서 설정되는 것이 아니라 한 사회의 역사적 전개과정과 총체적 사회관계 위에서 만들어지는 것이기 때문이다. 사회관계에는 힘의 관계가 내재하지만, 명분 역시 일단 확립되면 "권위"를 가지게 된다. 권위는 "힘"과 "공정성"을 전제로 한다. 이것은 곧 조공이 내세우는 명분의 허구성을 지적해야 하지만, 동시에 제도로서 가지는 권위와 힘을 무시하지 말아야 한다는 의미이다. 국제관계도 국내법 수준의 강제성은 아닐지라도 "국제관례와 예의(international comity)"가 존재하며, 국가들은 각국의 이익을 이 범위 내에서 추구한다. 영국이나 미국 등 일찍 산업화된 국가들은 무역장벽 철폐와 시장 개방을 주창하는데, 이것은 자유주의적 국제규범 내에서 자신들의 국가이익을 추구하는 것이 유리하기 때문이다.

한 사회에서 이념이 정착되고 "제도화"되면 때로는 종교적 수준으로 숭배의 대상이 되며, 이에 대한 도전은 "이단"으로 처벌된다. 미국 사회에서 헌법이 가지는 위상이 이에 해당한다. 그렇다면 국제사회에서는 이단을 판단하는 기준이 무엇이며, 누가 결정하는가? 1920-1930년대 소련은 사회주의 이론의 해석에서 최종 권위이며, 유일한 사회주의 국가인 소련을 보위하기 위해서 다른 사회주의 세력들은 희생도 감수하도록 요구했다. 냉전 후 사회주의 국가들이 해체되면서 어느 국가가 국제적 규범에 맞게 행동하고 혹은 어긋나는가라는 판단은 유엔이 아니라 자본주의 국가들의 맹주인 미국이 담당하고 있다. 미국이 쿠바, 리비아, 북한 등을 "깡패 국가"로, 이란, 이라크, 북한을 "악의 축"이라고 규정하면, 이것이 곧 국제사회의 평결이 되는 것이다. 19세기에는 "영국의 정의가 세계의 정의"가 되었고, 9/11사태 이후 부시 미국 대통령이 "미국의 기준이 세계의 기준"라고 외치면 이것이 국제적 기준이 된 것과 같다.

조공관계에서는 당연히 하늘의 아들인 "천자"만이 이 권한을 가진다. 명은 조선 태조 이성계(李成桂)의 다섯째 아들인 이방원(李芳遠, 태종)의 등극은 문제 삼지 않고 승인하면서 선조의 둘째 아들인 광해군(光海君)이 세자로 임명된 것은 법도에 어긋난 것이라고 비판한다.47) 수 양제(煬帝)는 고구려를 침략하기 전에 "내가 힘이 없어 너희의 오만불손을 그냥 두는 것이 아니라 너희 왕과 인민들이 불쌍해서 그러는 것"이라고 말한다. 반대로 필요하다면 언제든지 구실을 만든다. 연개소문이 영류왕(榮留王)을 시해하고 정권을 잡은 사건에 대해서 당 태종은,

> 무릇 군사를 일으켜 [죄인을] 친다는 것은 모름지기 명분이 있어야 하는데, 그가 임금을 시해하고 아랫사람을 학살한 구실을 내세운다면 무너뜨리기가 매우 쉬울 것이다.48)

중국은 이와 같이 조공관계에서 규범적 판단을 독점하며 주변국들을 복속시킨다.

조공제도의 형식적인 측면인 책봉도 주변지역의 실질적인 권력자에게 중국이 의례적으로 부여하는 것이지만, 양면성을 가진 것이다. 삼국의 왕에 대한 작위는, 예를 들면, 신라 문무왕은 개부의동삼사 상주국 낙랑군왕 신라왕, 고구려 장수왕은 거기대장군 태부 요동군 개국공 고구려왕, 그리고 백제 무왕(武王)은 주국대방군왕 백제왕으로 봉한다. 끝 부분인 신라왕, 고구려왕, 백제왕은 각 국가를 다스리는 실질적인 왕호이지만, 그 앞에 있는 훈급과 직위는 중국의 제도에 따른 것이다. 즉 중국은 삼국의 독자성을 각각 인정하면서도 이들이 어디까지나 중국이라는 천하질서 내에서 일정한 역할을 수행한다는 점도 함께 강조한 것이다. 책봉의 이 같은 형식적 측면은 양국 관계가 평화로운 시기에는 별다른 의미가 없지만 긴장이 조성되면 엄청난 위력을 발휘한다(제12장 참조).

중국은 또 조공제도의 형식성이 가지는 "의례와 의식"을 강요하여 중국의 우월적 지위를 끊임없이 상기시킨다. 이것은 조선 등의 약소국에게는 물질적

---

47) 명 초기 혜제와 영락제 간의 권력투쟁으로 조선 문제에 집중할 수 없었다. 1608년 명은 광해군을 차자(次子)라는 명분으로 국왕으로 책봉하지 않고 "권서국사(權署國事) 광해군"으로 호칭한다. 『조선전』, 4권, 「명사」, 284쪽.
48) 『조선전』, 「구당서(舊唐書)」, "동이열전", 247쪽. 그 외에 수 문제(文帝)가 597년에 고구려에 보낸 칙서 등 참조. 136-138쪽.

인 부담만이 아니라 엄청난 정신적 압박과 굴욕감을 주는 것이었다. 조선시대 중국과 일본 등과의 외교, 통상관계를 기록한 『통문관지(通文館志)』는 중국 사신의 하인들까지 폐단을 끼치는 사례들을 기록하고 있다. 조선 사신의 북경까지의 여정과 북경에서 천자를 알현하는 의식이나, 칙사(勅使)라는 중국 사신을 맞는 행사기록은 평등에 기초한 오늘날의 국제정치에 익숙한 독자들은 도저히 읽을 수 없을 정도이다. 중국 사신은 서울로 오는 행로에서 "도사의 연향(宴享)", "압록강의 영칙(迎勅)", "의주의 연향(宴享)" 등 연속적으로 환영연을 받았고, 서울에서도 향연과 의례를 통해서 조선의 재정적 부담은 물론 국가의 자존심을 짓밟는다. 칙사가 서울에 들어오는 날짜에 맞추어 예행연습을 세 번이나 하고 "사신이 칙서를 받들어 용정(龍亭) 가운데 두면 전하(조선왕)께서 몸을 바로 편다", "사신이 칙서를 받들어 안(案)에 두면……음악이 연주되며, 전하는 4배례를 행한다. 백관들도 같이한다"…… 등등이다.49) 중국 황제가 보낸 "종이쪽지"에 대고 조선의 왕이 4번 절한다는 것이다.

이것이 조공제도의 진면목이다. "제도"의 "운용"에는 원칙이 항상 전면에 나서는 것 같지만 내용적으로는 편의주의가 주도한다. 이것은 곧 중국이 필요에 따라서 조공제도를 다양한 방법으로 변용하여 사용할 수 있다는 말이다. 중국은 의례를 강요하여 중국의 힘을 은근히 과시하면서 복종을 영속화하고, 상대를 압도할 힘을 충분히 가졌다고 판단하면 원칙을 깨고 더 많은 것을 갈취하는 데에 주저하지 않는다.50) 영어로 종주권은 최고의 권위인 주권(sovereignty)이며, 종속관계(sovereign-dependency relationship)는 군주와 신하국의 관계이다. "주권자"는 한 국가 내에서 "무한한 권한"을 가진다. 국내에서 공작, 후작, 백작, 혹은 대장군 등 높은 지위에 있는 인물들도 주권자 앞에서는 일반 평민과 동등한 신하일 뿐이다. "정교금령의 자주"라는 미명

---

49) 국역 『통문관지』(1998), (세종대왕 기념 사업회), 1권 "칙사의 행차", "조제하는 의식" 참조. 189쪽 이하, 213-216쪽.
50) 제후와 외신을 구분하던 초기의 제도는 중앙의 힘이 증대하는 후한 시기에 변군을 중국화시킨다. 홍승현(2008), 「조위(曹魏) 시기 낙랑군 회복과 요동 인식의 변화」, 서강대 동양사학연구실 편, 『한중관계 2000년—동행과 공유의 역사』(서울: 소나무), 43쪽.

아래에 중국이 종주권 행사를 자제해도 이것은 종주권의 추악한 면을 숨기는 기만일 뿐이다. 이 제도는 중국에 더 큰 경제적 부담을 주었다고 하지만, 다루가치(darugachi)를 통해서 고려를 직접 관리하던 원이나 이성계의 신왕조가 공고화되기 이전 명의 요구, 그리고 백제, 고구려 멸망 이후 당의 삼국 병합 시도, 조-일전쟁 때 군대를 직접 파병하여 조선에 대한 장악력을 강화한 명이 조공이라는 명목으로 행한 과도한 수탈, 1608년 조선에 직할 군현을 설치할 것을 논의한 사실[51] 등은 모두 조공제도가 수시로 변하는 중국과 주변국들 간의 힘의 관계를 반영할 뿐이라는 점을 보여준다.

조선 개항기 조공제도의 위력은 다시 표출된다. 조선의 고종이 중국의 과도한 간섭을 견제하기 위해서 러시아의 보호를 요청했다는 소위 한-러 밀약설이 나돌던 1886년 8월 서울에 있던 원세개(袁世凱)는 고종(高宗)을 폐위시키겠다고 위협한다. 2년 후에는 조선이 독립국 지위를 열강에 알리기 위해서 사절단을 미국에 파견하자 중국은 이를 저지하려고 한다. 조선 사절단이 워싱턴에 도착하자 중국 공사관은 소위 "영약삼단(另約三端)"이라는 국제관계를 무시한 해괴한 조건을 내세운다. 조선 공사는 모든 사안에 대해서 워싱턴에 주재한 중국 공사와 먼저 의논해야 하며 연회에서도 중국 공사의 아래 자리에 앉아야 한다는 것 등이다. 외교관이 주재국에 도착하면 주재국 외무부를 방문하는 것으로 공식 일정을 시작하는 것이 관례인데도, 중국 공사를 먼저 만나 지시를 받으라는 것이다.[52]

1890년 4월 조대비가 사망하자 조선은 시일이 오래 걸린다는 명목으로 청이 조문 사절을 파견하지 말도록 요청한다. 과거의 종속관계적 의례에 따라 조선 왕이 칙사를 영접하는 방식은 조선의 종속적 위상을 그대로 보여주는 것이기 때문이다. 조선 정부는 미국 공사 어거스틴 허드와 상의하여 미국 군함에서 수병 50명을 파견 받아 입궁하여 호위하게 하면서 조대비의 장례를 치르려고 했다. 그러나 원세개는 조선 정부를 위협하여 결국 시일을 단축한

---

51) 한명기(1999), 195-197쪽.
52) 영약삼단에 대해서는, Harrington, Fred H.(1944), *God, Mammon and the Japanese—Dr. Horace N. Allen and Korean-American Relations, 1884-1905*, 이광린 역(1983), 『개화기의 한미관계—알렌 박사의 활동을 중심으로』(서울: 일조각), 246쪽.

다는 명목으로 바다를 통해서 인천에서 서울로 입성하는 중국 사절을 국왕이 출영하여 과거의 방식으로 영접하게 한다. 중국은 이로써 조선과의 종속관계를 확인시키며, 구미 열강들은 조선의 굴종적 자세에 놀라 조선의 국제적 지위에 의문을 제기하게 되는 것이다.53)

일본은 청-일전쟁에서 중국을 물리치고 한국을 완전히 장악한 뒤에 중국의 종주권은 일본이 개항에서부터 조선과 맺은 25개의 조약을 통해서 획득한 정치적, 경제적 권익을 모두 합친 것과 맞먹는다고 술회한 바 있다.54) 이것도 정확한 표현이 아닐 것이다. 종주권은 행사하기 시작하면 무제한적이기 때문이다. 그러나 종주권의 행사에는 함정이 있다. 권위나 권력은 행사하지 않을 때 두려움의 대상이 되는 것이지, 현재화(顯在化)되면, 즉 사용하기 시작하면 곧 한계를 드러내며 저항을 받게 된다. 중국이 조선을 상대로 종주권을 행사하면서 조선의 저항에 부딪쳤고, "종말의 시작"이 진행된 것이다.

유교적 "덕화"라는 가치관도 문제이다. 이것이 중국-변방 관계를 규정하는 기준이 된다면, 개별 국가들의 문화적 정체성은 무의미해진다. 내부적으로 개별 국가의 풍속이나 예법이 허용된다고는 하지만, 장기적으로 결국 중국의 가치관으로 대치되기 때문이다. 주변 오랑캐들이 "교화"되면 "만방의 백성 중에 어진 자들이 황제의 신하가 되려고 할 것"이며,55) "도의로 그들을 예속시킨다면 만 리에 걸쳐 국토를 넓힐 수 있고······천자의 위엄과 은덕이 세상에 두루 퍼질 것"이라고 했다. 오랑캐의 지도자를 중원에 오게 하여 중국이 얼마나 광대한지 구경시키고 자발적 복속을 유도하는 것도 또다른 방법이다.56) 중국이 말하는 "교화"란 중국의 압도적인 인적, 물적 자원과 행정적 강제성이 적절히 동원되어 장기적으로 추진하는 동화정책인 것이다.

"순망치한"과 "내우외환"이라는 중국의 안보관이 합치면, 방어적이라는 중

---

53) 이선근(1961), 『한국사—최근세편』(서울: 진단학회, 을유문화사), 852-853쪽. 이 사건과 다음 해 황제의 생일축하 사절 등에 관해서는, Nelson, M. Frederick(1945), *Korea and the Old Orders in Eastern Asia*(New York: Russell & Russell), pp. 201-203.
54) Nelson(1945), p. 218.
55) 『서경』, 「우서익직(虞書益稷)」, 상권 128쪽.
56) 『사기』, 「대원열전(大宛列傳)」, 7권, 1064쪽.

국 대외정책의 성격이 장기적으로는 팽창적인 것으로 변한다. 중국의 대외정책이 가진 이중성이다. 즉 "순망치한"에서 "이(齒)를 보호하기 위해서" "입술"의 범위를 어디까지로 정할 것인가, "내부의 혼란을 예방하기 위해서" "외환을 국경 밖 어느 선에서 저지할 것인가"라는 문제가 된다. 이 범위는 극히 주관적이며, 고정적인 것이 아니다. 1880년대 말 일본의 야마가타 아리토모(山縣有朋)는 일본의 안보전략으로 주권선과 이익선 개념을 제시하면서 한반도를 일본의 이익선에 포함시킨 바 있다. 즉 한반도에서 일어나는 정치적 변화나 사회적 소요가 일본의 안보에 영향을 미치기 때문에 일본이 이에 무관심해서는 안 된다는 것이다. 중국의 순망치한적 안보관과 차이가 없다. 조선 병합 이후 한반도는 이제 일본의 영토, 즉 주권선에 포함되며 이익선은 한반도 밖에 있는 만주로 확대된다. 한국과 중국에서 20년 이상 영국 공사로 근무한 존 조던은 이런 의미에서 본토를 보호하기 위해서 인근지역을 장악해야 한다는 일본의 정책은 팽창을 위한 변명에 불과하다고 비판한다.57)

중국도 서양 열강들의 영향력이 주변지역으로 침투하던 19세기 후반 군사력의 열세에도 불구하고 이들 지역을 보호하기 위해서, 즉 "입술을 지키기 위해서" 베트남, 한국, 티베트, 신강 등지에 군대를 파견하여 열강들과 싸운다(물론 중국의 관점에서 티베트나 신강은 중국의 영토이다). 청 왕조가 멸망한 이후 권력구조가 극도로 유동적이던 1912년 7월에도 티베트에 군대를 파견하여 영국의 침투를 억제했다.58) 구한말 중국의 한반도 정책은 중국의 "정치적 중심부"인 북경-천진 일대를 보호하기 위한 방어적 성격이라고 했지만, 중국이 한반도에 대한 외세의 침투를 막는다는 명분으로 한반도를 "직접" 장

---

57) 조던의 비판은 다음과 같다. "일본은 한국과의 인접성이라는 이유로 한국에서 특수권익을 주장했다. 그 결과는 무엇인가? 일본은 그 다음 만주가 한국과 인접하고 있다는 이유로 남만주에 대한 특수권익을 주장한다. A가 B와의 인접성을 이유로 특수권리가 되고 이를 열강들이 수용, 인정한다면, A는 B로, 또 C로, 마지막 Z에 도달할 때까지, 즉 전 세계에서 특수권익을 요구할 것이다. 독일이 이를 시도하다가 실패했다. 적절한 시점에서 일본을 저지하지 않으면 4년간의 유혈과 고난(제1차 세계대전)은 아시아 평원에서 재현될 것이다." Jordan to Balfour, 1918.12.23, *DBFP*, first series, vol. 6, pp. 591-592.
58) Morse, Hosea Ballou & MacNair, Harley F.(1967), *Far Eastern International Relations* (New York: Russell & Russell), vol. 2, p. 822.

악하려는 시도라는 점을 부인할 수 없다. 이것은 어떠한 명분에도 불구하고 중국의 대외정책이 가진 장기적 팽창주의의 표현이라는 평가를 피하기 어려울 것이다.

중국은 분열과 통합의 과정을 반복하면서 궁극적으로 팽창했다. 통합과 분열 중 어느 것이 중국사에서 정상적인 상태인가라는 물음은 자연철학이나 음양론에서 혼란과 질서 중 어느 것이 정상적이냐는 질문처럼 대답하기 어려운 것이다. 그러나 중국사에서 분열의 대명사로 알려진 550여 년에 걸친 춘추전국시대 "천하통일"에 대한 열망과 기존 왕조들의 유지(분열)라는 모순은 결국 통일로 이어졌다. 사마천은 기원전 221년 진시황의 통일에 대해서 "천하를 통일하고 제후들을 겸병하여……'제(帝)'라고 칭하며 온 천하를 다스리자 천하의 사인(士人)들이 순순히 귀의한" 이유는 "근고 이래로 왕도로써 천하를 다스리는 어진 제왕이 오랫동안 없어……제후들은 무력으로 다른 나라를 정벌하여 강국은 약국을 침탈하니 전쟁이 끊이지 않아서 군사들과 백성들은 모두 지쳐버렸다.……이제 진나라가 천하를 다스리니……백성들은 목숨을 편안히 보전할 수 있어 황상을 우러러보지 않는 자가 없다"[59]고 그 효과를 강조한다. 이후 중국은 간단없이 주변지역으로 팽창해나갔다. 조공제도의 이면에 감추어진 중국의 대외관계가 지향하는 진면목이라고 할 것이다.

6. "역사 공동체"의 문제

마지막으로 중국 중심의 동아시아 질서에 대해서 다수의 저작을 내놓은 김한규 교수의 "역사공동체" 개념을 검토해보자. 그는 『천하국가』의 "머리말"에서 고구려사를 둘러싼 한국과 중국, 그리고 티베트 역사에 관한 중국과 티베트 간에 전개되고 있는 최근의 "역사전쟁"을 논급하면서 양쪽이 모두 동아시아 "역사공동체"와 "국가"를 구분하지 못한 탓이라고 지적한다. 그는 "역사공동체"의 문화적 측면을 강조하면서 현실적으로 동아시아에서는 "한 국

---

59) 『사기』, 「본기」, "진시황본기", 201쪽.

가가 한 역사공동체를 지배하거나, 한 역사공동체가 한 국가를 건립하지 않고 복수의 국가가 한 역사공동체를 분점하거나(삼국시대나 현재 분단 한국의 경우), 복수의 역사공동체를 한 국가가 통합 지배하는 양상으로 전개되었다(진과 한 이후 중국의 경우)"고 서술한다. 그리고 다른 저서에서 그는 "역사공동체"를 "특정한 혈연과 지연, 언어와 문화, 역사적 경험과 유산 등을 역사적으로 공유하는 공동체"라고 정의한다.60)

문제는 "역사"와 "공동체"를 결합한 "역사공동체"라는 개념이 동아시아 국제관계를 설명하는 데에 얼마나 유용하느냐는 것이다. 먼저 "역사공동체" 개념은 바로 한스 콘 이래 "민족(주의)"에 대한 정의와 거의 다를 바 없다.61) 또 하나의 민족이 만든 하나의 국가나 여러 국가들, 그리고 여러 민족이 만든 국가들을 합쳐 만든 하나의 역사공동체라는, 바로 아널드 토인비가 역사 연구의 기본 "단위"로 삼는 고유한 생활방식과 보편성을 보유한 "문명"을 말한다.62) 토인비의 경우, "영국사", "프랑스사"란 "유럽 기독교 문명사"라는 관점에서만 의미가 있다. 김 교수의 역사공동체 개념도 영국사나 프랑스사는 "유럽 기독교 공동체"라는 큰 틀에서 이해해야 한다는 말이다. 그 다음, "공동체"는 "우리"라는 감정이 존재하는 한 집단을 말하는데, 국제정치의 장에서는, 논란의 여지가 있지만, 국제"사회"라는 개념으로 확대될 수도 있다. 즉 국제사회가 단순한 약육강식의 장이 아니라 국제적으로 합의된 최소한의 규범을 지키면서 공동의 이익을 증진시키기 위해서 노력하는 "사회(society)이며 공동체(community)"라는 의미이다. 이것은 마틴 와이트가 유럽 국제정치의 세 가지 전통 중에서 공동체적 요소가 존재한다는 점을 전제로 접근하는 합리주의적 전통에 해당한다.63)

---

60) 김한규(2005), 『천하국가―전통시대 동아시아 세계질서』(서울: 소나무), 10쪽, 특히 "머리말" 부분 참조. 김한규(1999), 『한중관계사 I』(서울: 아르케), 13쪽. 마지막 부분은 박원호(2007), 「근대 이전 한중관계사에 대한 시각과 논점―동아시아 국제질서의 이론을 덧붙여」, 『한국사 시민강좌』 40(서울: 일조각), 46쪽에서 재인용.
61) Kohn(1960), p. 9.
62) Dray, William H.(1964), *Philosophy of History*(Engelwood Cliffs: Prentice-Hall), pp. 83-85.
63) Wight(1992); Burton, John W., *World Society*(Cambridge: Cambridge University Press,

그러나 국제정치의 현실주의적 관점에서는 "관계"를 가진다고 해서 "공동체"의 일부가 될 수는 없다. 유럽 국가들은 1713년에 위트레흐트 조약 이후부터 국제조약은 기독교 왕국들만으로 구성된 공동체 내의 약속으로 간주하며 스스로 "유럽 일가"라고 부른다. 오스만 터키 등의 이슬람 국가들은 오랜 세월에 걸쳐 "관계"를 맺어왔지만, 공동체의 일원으로 받아들여지지 않았다. 나폴레옹 전쟁 이후 기독교 원칙에 입각한 신성동맹은 오스만 터키를 겨냥한 것이 아니라는 점을 명기할 정도이다. 또 유럽 국가들은 국제"사회"에 식민지 지역을 포함시키지 않았다. 그러면 중국의 팽창에 저항하면서 정체성을 모색하는 주변지역들이 중국의 우월적 문화를 일정한 범위에서 수용하고 모방하려고 하지만, 과연 중국을 "우리"라는 감정으로 묶어 공동의 이익을 추구하는 "공동체"로 받아들였을까? 물론 중국 문명권은 한자나 유교 등의 공통적 요소들이 있어 하나의 문명으로 분류한다. 그러나 이 연구가 수시로 강조하는 바와 같이 문화적 수용은 정치적 독립과 긴장관계를 이루는데, 여기에서 문화 수용을 통한 공동체 의식보다 중국과의 차별성과 독립성이 더욱 강조된다.[64]

역사적으로 한 민족이 한 국가만을 구성하는 것은 아니며, 복수의 국가들이 하나의 공동체로서 기능할 수 있다. 동아시아에서는 주변의 일부 "역사공동체"를 종속시킨 "중국"이라는 "역사공동체"가 만든 "국가"와, 삼국으로 분열된 "한국 역사공동체"나 여러 부족집단으로 분열된 "몽고 역사공동체" 등이, 김한규 교수의 표현을 빌리면, 중첩된 역사공동체 관계로 역사가 진행되었다. 이것을 공동체적 요소를 갖춘 더 큰 "역사공동체"로 규정할 수 있을까? 그렇다면 유럽이라는 역사공동체와 동아시아 역사공동체가 만나는 19세기 이후의 국제관계는 "세계공동체" 혹은 "유라시아 공동체"라고 불러야 하지 않을까? 물론 15세기 말 이후 유럽의 팽창은 장기간에 걸쳐 세계를 하나의 장으로 묶는, 최근의 용어를 빌리면 "세계화"를 향하고 있다. 그러나 세계화가 곧 공동체를 의미하지 않는다. 시간이 흘러 세계의 모든 국가들이 평화로

1972)는 국제사회를 공동체적 요소를 가진 "사회(society)"로 규정하고 국제관계를 설명한다.
64) 국제"사회"에 대한 현실주의자들의 비판은 Wight(1992) 제3장에 자세히 언급되어 있다.

운 관계에서 동일한 가치관으로 통합되어 "우리"라는 감정이 형성되고 공동의 이익을 추구할 수 있겠지만, 현 단계에서 세계화가 곧 "세계공동체"가 될 수는 없다.

 결론적으로 국제사회를 하나의 장으로 설정하는 것과 공동체로 규정하는 것은 별개의 문제라는 것이다. 이것은 곧 역사공동체는 일관성이 결여된 개념이며 분석의 틀로서 적절한 개념이 아니라는 것이다. 또 여러 다른 수준에서 형성된 "역사공동체"를 더 높은 수준의 "역사공동체"로 묶는 작업은 무엇을 위한 것일까? 역사공동체 "묶음"을 계속한다고 새로운 해석이 도출될 수 있을까? 더구나 중국이 내세우는 허구적인 "천하" 개념에 "역사공동체" 개념을 도입하면 동아시아 역사의 이해에서 혼란만을 가중시키지는 않을까?65)

---

65) 니시지마 사다오(西嶋定生)는 중국을 중심으로 한국, 일본, 베트남을 포함한 고대 동아시아 지역은 한자문화, 유교, 율령제, 중국화된 불교라는 특성을 가진 "책봉체제"로 이루어졌다는 "동아시아 세계론"을 내세우면서 이를 "자기 완결적이며 자율적"이라고 말한다. 박대재, 「고대 "동아시아 세계론"과 고구려사」, 박대재, 정운용, 위정, 조윤재, 시노하라 히로카타(篠原啓方)(2007), 『고대 동아시아 세계론과 고구려의 정체성』(서울: 동북아역사재단). 모든 "지역체계"는 특성을 가지며 또 "체계"의 특성인 "조절기능"이 있어 장기적인 관점에서 자율적이라고 할 수 있다. 그러나 사회체계를 "자기 완결적"이라고 부를 때는 주의가 필요하다. 태양계와 같은 자연계의 "항구적"이며 자기 완결적인 체계와는 달리 국제체계는 가뭄, 기근 등 자연현상, 기술의 발달, 인구 폭발, 새로운 의식/이념 등 새로운 사회적 힘들(new social forces)이 끊임없이 등장하여 체계는 변용을 거듭한다. 새로운 사회관계가 형성되면 새로운 이념이 탄생하여 이를 규정하고 강화한다. 몇 가지 요소만을 골라 한 사회/정치체계가 조화와 균형을 이룬 것같이 보이지만 장기적인 관점에서 결코 자기 완결적이라고 할 수는 없을 것이다.

제2장 정체성과 국제정치

1. 국제정치에서의 정체성 문제

한국인의 "국제정치적 행위 패턴"이라는 주제는 한국인은 고유한 민족적 특성, 즉 정체성을 가지고 있으며 다른 국가나 민족과의 접촉에서 이를 추구할 만한 가치가 있는 것으로 믿으며, 이 결과가 고유한 행위 패턴으로 표현될 것이라는 가정에서 출발한다. 그러나 정체성은 앞서 지적한 바와 같이 복합적인 것이며 현실적으로 적용될 때에 기준이 모호한 것이다. 한 국가/민족의 정체성 역시 국제정치와 결합하면, 결론부터 말하자면, "국민성이 외교정책을 규정한다고 믿어야 할 특별한 이유를 찾아볼 수 없다"는 것이다.[1] 이것은 국가의 성격, 예를 들면, 민주주의, 사회주의, 혹은 전제군주제인가, 후진적 농경사회 혹은 산업화된 선진국인가라는 정부의 형태나 사회의 성격은 국가의 외교정책을 결정하는 데에 큰 영향을 끼치지 않는다는 결론과도 맥을 같이 한다.[2]

그러나 국제정치에서 국가정체성은 민감한 문제이다. 민족이나 국가가 국제사회에서 정체성을 추구한다면, 다른 민족이나 국가와의 충돌을 피하기 어렵기 때문이다. 제2차 세계대전 이후의 경험에서 보듯이 식민지에서 해방된 국가나 과거 국가를 만든 경험이 없는 신생국들은 "국가 건설"을 위해서 국가

---

1) Jensen, Lloyd(1982), *Explaining Foreign Policy*, 김기정 역(1994), 『외교정책의 이해』(서울: 평민사), 78쪽.
2) Lieber(1973), 구대열 역(1987), 148-150쪽.

정체성 확립을 필수적인 과제로 삼는다. 국제사회도 신생국들의 정체성 추구를 부담 없이 받아들인다. 그러나 강대국의 경우는 다르다. 강대국들의 메시아적인 신념은 주변국의 희생을 강요하기 때문이다. 특히 주변국들을 침략한 역사적 경험이 있는 국가들이 정체성을 회복하려고 하는 시도는 국수주의의 대두로 간주되어 주변국들을 긴장시킨다. 제1차 세계대전 이후 히틀러의 정책이나, 중국의 동북공정(東北工程), 일본의 보수화 등이 이에 속한다. 민족적, 종교적, 영토적 분쟁이 끊임없이 일어나는 지역들, 예를 들면, 발칸 반도 등의 분쟁지역 국가들의 정체성 추구도 경계의 대상이 된다. 세르비아의 정체성 추구는 티토 이후 대세르비아 민족주의적 발흥을 의미하며, 이것은 보스니아, 코소보에서 다른 민족과 종교를 말살하려는 비극으로 이어졌다.

독일은 1918년 제1차 세계대전에서 패배한 후 베르사유 조약으로 손발이 묶였으나, 1933년 히틀러의 등장 이후 국제사회에서 독일의 정당한 지위(a place under the sun)를 요구했다. 이것은 제1차 세계대전 이전에 독일이 누렸던 지위를 열강들이 인정하라는 것이지만, 게르만족의 유럽 지배라는 야망과 유대인, 슬라브족 등 다른 민족들에 대한 혐오감을 동반한 것이었다. 결국 히틀러는 오스트리아, 체코슬로바키아 등 주변국들을 합방하고 제2차 세계대전까지 유발하여 인류사에 지울 수 없는 과오를 남긴다. 이와 같은 원죄를 안고 있는 독일인들이 "독일, 게르만족, 아리안"의 정체성을 언급하는 것은 극단적 국수주의인 나치의 부활이라는 망령을 불러올 것이라는 우려 때문에 전후 오랫동안 금기시되어왔다.

독일의 통일 역시 과거로 회귀하려는 나이 많은 세대나 보수주의자들의 헛된 꿈으로 간주되었다. 서독은 독일 통일은 "유럽의 통합"이라는 더 큰 테두리 내에서 이루어질 수 있는 것, 즉 먼 미래의 가능성으로 남겨두었다. 1970년대에 빌리 브란트 정권은 동방정책을 통해서 소련과 동구권 국가들과 관계 정상화를 모색하면서 제2차 세계대전 이후 확정된 국경선을 인정하는데, 이것은 과거 독일 영토의 회복과 통일을 포기한다는 선언과 같았다. 물론 서독은 통일을 포기하지 않는다고 공언했으나 광야에서 들리는 공허한 외침 같았다. 그런데 1990년 소련의 고르바초프가 독일 문제에서 손을 떼겠다고 단언하면서 독일 통일 문제는 현실로 다가왔다. 그러나 통일이 마지막 초읽기에 이르자, 이때까지는 독일의 통일에 호의적인 것 같았던 영국과 프랑스가 "유럽 통합 테두리 안에서의 통일"이라는 명분을 다시 강조하면서 사실상 통일에 반대했다. 그해 10월 독일의 통일은 이루어졌다.

그런데 독일은 2006년 월드컵을 치르면서 "독일인의 정체성"이라는 문제를 국제사회에 제기한다. 통일독일은 전 세계에 공포를 심어주었던 과거의 독일과는 다르며 이제 국제사회에서 긍정적인 기여를 할 수 있다는 자신감의 표현이라고 해도 무방할 것이다. 독일의 대표적 주간지 『슈피겔』이 2007년 초 5회에 걸쳐 "독일인의 발견—우리는 어떻게 되어왔으며 우리는 무엇인가"라는 시리즈가 이를 말해준다. 일종의 정체성 찾기 운동이다. 800년 동프랑크 왕국이 건설되었을 때에는 공통된 언어도 없었고 독일인이라는 개념도 없었으나, 1,200년간에 걸쳐 독일이라는 민족국가를 완성했다는 것이 요지이다. 그리고 "민족국가는 시간의 흐름이 만들어주는 자연적 결과가 아니라 적극적으로 모색하고 만들어가는 발명품"이며, 그 완성품이 곧 "문화국가"로서의 독일이라는 것이다. 즉 민족적 문화가 국가의 정체성이라는 것이다. 인간이 문화적 정체성을 가진다는 것은 마르틴 루터의 종교개혁이 보여주는 바와 같이 분열적 요소로서 작용할 수도 있으나, 독일에서는 궁극적으로 정체성을 찾는 데에 기여했다는 의미이다.[3]

독일의 "문화국가"가 보여주듯이 정체성은 불변적인 것이 아니며 역사과정을 통해서, 즉 "타자"와의 접촉을 통해서 형성되고 또 변모한다. 물리적, 정신적 접촉은 외부적인 차이를 더욱 부각시킬 뿐만 아니라 정신적, 문화적 측면에서 타자와의 차별성을 증대시킨다. 더욱이 타자와의 접촉은 본질적으로 원만한 교류보다는 "마찰"을 의미한다. 프리드리히 마이네케는 그의 『역사주의의 성립(Die Entstehung dis Historismus)』에서 독일적 정체성이 로마와의 "접촉"과 "마찰"을 통해서 이루어졌다는 점을 다음과 같이 서술하고 있다.

---

3) "Die Erfindung der Deutschen—Wie wir wurden, was wir sind." Der Nationalstaat ist kein natürliches Ergebnis der Zeitläufte, sondern eine Erfindung. der Spiegel, Nr.4, 2007.1.22. 이후 Nr.8까지 참조.

이와 같은 마찰에서조차 독일적인 것이 최고조로 완성된다. 왜냐하면 이 마찰은 로마적인 형식정신을 통해서 또 상호작용으로 유익한 결실로 나아가기 때문이다.4)

로마 제국의 주변에 있는 야만인인 게르만족은 "로마적인 것"을 매개로 자신들은 로마와는 다른 "게르만인"이라는 점을 인식하고 또 이와 같은 접촉을 통해서 그 특성이 완성되었다는 것이다. "로마적인 것"이란 게르만인들이 사용하지 않는 로마의 언어를 비롯하여 기독교 승인 이전의 다신교적 종교, 우월한 군사력과 앞선 기술, 정교한 정치, 사회체제 등 모든 것을 통칭할 것이다. 게르만인들은 로마와의 접촉을 통해서 일면 로마적인 것을 받아들였으며, 다른 일면 약탈을 목표로 하는 로마 제국의 침략과 팽창에 저항한다. 타키투스는 로마가 게르만족을 완전히 정복하지 못했으며, 게르만족은 로마와의 동맹관계를 인정받고 독자적 지위를 유지했으나 "조공을 바치는 것을 불명예스럽고 모욕적인 것으로 간주하는" 등으로, 사회적, 정치적 자유와 독립을 추구했다고 말한다.5) 그들은 로마 제국 말기에 소위 "게르만족의 침략"을 통해서 찬란한 로마 문명을 파괴하지만 서고트족과 반달족 등은 제국을 해체한 이후에도 로마를 대신할 만한 새로운 정치체제를 건설할 역량을 갖추지는 못했다. 그러나 이 과정을 통해서 "역사의식이 없는" 게르만족이 로마적인 것과 융합하면서 게르만적인 성격이 완성되며 라틴화한 게르만족은 유럽의 정치무대에 주역의 하나로 등장하게 된다.6)

일찍부터 단일 국가를 형성한 영국이나 프랑스와는 달리 느슨한 연방을

---

4) Meinecke, Friedrich(1965), *Die Entstehung des Historismus*(München: R. Oldenbourg Verlag), p. 300. 원문은 다음과 같다. Eben in dieser Reibung vollbringt das germanische Wesen meist sein Bestes—weil die Reibung dabei auch zur Wechselwirking, zur wohltätigen Befruchtung durch den romanishen Formengeist führt.
5) Tacitus, *Germania*, 이광숙 편역(1999),『타키투스의 게르마니아』(서울: 서울대 출판부), 29-6, 33-10, 17-10, 81, 86쪽 및 189, 203, 211쪽 해설. Montanelli, Indro, *Storia di Roma*, 김정하 역(1998),『로마 제국사』(서울: 까치), 353쪽도 참조.
6) Anderson, Perry, *Passages from Antiquity to Feudalism*, 유재건, 한정숙 공역(1990),『고대에서 봉건제로의 이행』(서울: 창작과비평), 117-119쪽. Watson, Adam(1992), *The Evolution of International Society*(London: Routledge), pp. 104-105.

형성하여 프로이센과 오스트리아가 연방의 패권을 다투던 독일이 통일의 당위성을 게르만의 정체성, 즉 게르만족의 문화공동체에서 찾는 것은 이와 같은 배경에서 이해할 수 있을 것이다. 18세기 후반 계몽주의 시대에 시작된 독일 지식인들, 특히 역사학계가 모색한 이 작업이 19세기 독일 통일의 지적 기초를 마련한다. 마이네케는 "문화는 어떤 개별 민족이 이루어낸 과업이나 작품이 아니라 서양-기독교 국가들의 이성적 민족공동체가 서로 간의 운명과 지적 사유를 통해서 긴밀하게 엉켜져 살아가면서 만든 과업이나 작품"이며 이것이 곧 독일적 정체성의 바탕이 되었다는 것이다.[7]

흔히 기원후 9년 게르만족 지도자인 아르미니우스가 이끈 용병들이 "전 민족이 일치된 감정으로" 로마 군을 무찌른 "토이토부르크 숲의 전투"가 독일 역사의 분수령으로 제시된다. 이 전투의 승리로 로마의 직접 지배 아래에 있었던 갈리아(프랑스) 지역과 로마 국경선 밖에 존재했던 독일과의 차이가 확인되고 그 뒤로 더욱 확대되는 방향으로 전개된다. 이 전투에서 로마가 승리했다면, 독일은 독일적 "특수성"을 띠기보다는 로마적인 "보편성"을 가지는 방향으로 전개되었을 것이라는 의미이다.[8] 그러나 1648년 베스트팔렌 조약으로 300여 개의 영방(Land)으로 나뉘어 독일연방이 구성되면서 독일적 의식은 약화된다. 물론 "독일민족의 신성 로마 제국(Heiliges Römisches Reich Deutscher Nation)"이라는 이름이 시사하는 바와 같이 이 느슨한 국가연합은 독일민족의 공동체임을 전제로 하고 있다. 그러나 독일적 정체성은 로마 제국을 동경하는 분위기에 압도당하며 18세기 후반부에 가서야 본격적으로 모색하게 된다.

오늘날의 프랑스인이 거주하던 갈리아 지역도 비슷한 과정을 겪으면서 정체성을 형성했다. 카이사르의 갈리아 정복전쟁으로 잘 알려진 이곳은 로마의

---

[7] Meinecke(1965), pp. 230-231. 유럽이라는 개념도 6세기 교황 그레고리우스 7세는 "기독교에 귀의하고 로마교황을 수장으로 받드는 지역", 주로 갈리아와 이탈리아로 한정한다. 732년 마르텔(Carolus Martel)이 이끈 "유럽"의 군대가 이슬람 군대를 격파한 투르 전투에 관해서는, 강정인(2004), 『서구중심주의를 넘어서』(서울: 아카넷), 97쪽.
[8] Tacitus, *Annales*, 박광순 역(2005), 『타키투스의 연대기』(서울: 범우사), 99쪽; 이민호 (2003), 『새 독일사』(서울: 까치), 23-24쪽.

팽창과 그에 대한 방어전쟁으로 민족의식을 발흥하여 정체성이 형성된 대표적인 지역 중의 하나이다. 카이사르는 그의 『갈리아 전기』에서 이곳 주민들이 로마에 대항하여 얼마나 자유를 갈망했으며 노예화와 예속을 피하기 위해서 어떻게 "해방전쟁"을 전개했는가를 기술하고 있다. 특히 베르킹게토릭스와 같은 위대한 지도자의 출현으로 부족 단위로 나뉘어 있던 갈리아족은 민족주의적 의식을 갖춘 거대 집단을 형성하게 되며, 로마와의 차별성을 강조하는 방향으로 발전하여 오늘날의 프랑스를 이루는 기초를 쌓는다.9)

2. 한국인의 정체성

그렇다면 한국인의 정체성은 어떤 과정을 겪으면서 형성되었을까? 한국인들은 동아시아 지역에서 로마 제국과 유사한 역할을 해온 중국을 상대로, 중국이라는 거울을 보면서 중국과 다른 "한국" 혹은 "삼한"이라는 관념을 형성하게 된다는 점을 우리는 미루어 짐작할 수 있을 것이다. 이 과정에서 삼국이 공동운명체라는 것을 느꼈을까? 예를 들면, 페리 앤더슨은 랑케가 서유럽이라는 "공동운명체"에서 슬라브족을 배제시키는 경계선을 설정했음을 지적한다. 즉 야만족의 이동과 중세의 십자군운동, 그리고 근대의 식민지 개척 등 유럽 역사의 주요 사건에서 슬라브족은 별다른 역할을 하지 않았다는 것이다.10) 그렇다면 삼국은 한민족 공동체의 형성에서 각기 어떤 역할을 했다고 할 수 있을까?

중국은 그들의 "공식 역사서"(이를 합쳐 "25사"라고 부른다)에서 「조선전」을 분리시키며 삼국을 이에 포함시키고 있다. 삼국인들 역시 스스로를 "삼한"이라고 불렀다. 이것은 중국이 한국을 중국 대륙의 정치변동이라는 큰 흐름에서 제외시켰다는 증거이다. 그렇다면 삼국은 공동운명체라는 의식을 가졌는가, 혹은 단순한 지리적 묶음인가, 아니면 중국이라는 강대국에 저항하면

---

9) Caesar, *Commentarii de Bello Gallico*, 박광순 역(1991), 『갈리아 전기』(서울: 범우사), 177, 184, 291-294쪽, 특히 7권 참조.
10) Anderson, 유재건, 한정숙 공역(1990), 11쪽.

서 민족감정이 형성되고 우리가 동일하다는 정체성을 확립하는 방향으로 발전한 것인가? 게르만족이나 갈리아족이 로마를 받아들이듯이, 중국의 "선진" 문물과 제도를 한국적 정체성을 확립하는 데에 활용하는가, 동시에 일본에 대한 인식과 대응도 우리의 정체성 형성에 어떤 영향을 미치는가, 마지막으로 "로마적인" 것에 압도당하여 분열의 시기에도 "신성 로마 제국"을 추구하던 독일이 18세기 후반에 가서야 독일 공동체 모색을 본격화하는데, 한국인들은 언제부터 "한민족"이라는 의식을 가지고 통일을 위한 시도를 보이는가 등의 질문이 제기될 것이다.

초기의 기록에서부터 한국인들은 중국인을 타자로 설정하며 그들과의 차별성을 강조하고 있다. 아마도 한국에 관한 최초의 기록이라고 할 수 있는 『한서(漢書)』의 「조선전」은 위만조선에 관한 기술에서 위만은 "북상투에 오랑캐의 복장을 한(椎結蠻夷服) 무리 천여 명을 모아 동쪽으로 요새를 빠져나와 패수를 건너" 망명했다고 하는데, 이들이 바로 조선식 복장을 한 조선인이라는 해석이다.11) 이들 조선족들은 500년이 넘는 춘추전국시대를 통해서 물질적으로나 정신적으로나 발전을 거듭한 중국과 접촉하면서 중국이 우리보다 우수하다는 점을 인정하며, 동시에 그들과 다르다는 점을 깨닫게 된다. 이들은 또 부여나 낙랑 등 한사군(漢四郡)과도 빈번히 접촉하고 교류한다. 이들 상호 간에 한국계 혹은 중국계라는 의식이 있었을까? 아니면 단순한 "남"이었을까? 이들 간의 접촉은 평화적이라기보다는 경쟁과 전쟁이 주를 이루었을 것이다. 그리고 중간단계에 살아남아 팽창한 집단이 고구려, 백제, 신라인데, 이 과정에서 한국인이라는 정체성이 더욱 선명하게 부각되었다고 할 수 있다. 한국적 정체성과 중국과의 차별성은 이승휴(李承休)가 『제왕운기(帝王韻紀)』에서 말한 "소중화"라는 의식세계에 담겨 있다.12)

그렇다면 삼국으로 분열되어 있던 시기에 한민족은 자신들이 통일되어야 한다고 믿었을까? 진시황은 기원전 221년 통일을 이룩한 후에 "폭란을 토벌

---

11) 『조선전』 1, 74쪽.
12) "소중화"는 조-청전쟁을 겪으면서 다른 의미를 가지게 된다. 『제왕운기』는 다음 장 참조.

하고 6국의 왕들이 모두 처벌당하자 천하가 크게 안정되었다", "(그동안) 전쟁이 멈추지 않아 천하가 모두 고통받고 있었다" 등의 표현으로 통일의 당위성을 내세운다.13) 그러나 진시황은 백성의 안정을 말하면서도 "중국민족"의 통합이라는 말은 하지 않았다. 그러나 이와 같은 통일 경험을 가진 중국의 위, 촉, 오 삼국은 "천하통일"을 명분으로 내세우며 각축을 벌였다. 반면 스스로 헬레네인이라고 내세우며 다른 민족들과의 차별성을 강조한 고대 그리스인들은 수많은 도시국가로 나뉘어 있었으나, 또 페르시아라는 대제국의 위협에 직면하면서도 통일에 대한 열망은 크지 않았다. 독일은 1648년 베스트팔렌 조약으로 300여 개의 영방으로 나뉘었으며, 1871년 오스트리아를 제외한 소독일주의적 방식으로 통일된다. 수많은 영방으로 분열되어 이 시기에 독일의 "민족통일" 열망은 로마라는 문화적 동경 앞에서 빛을 잃는다. 특히 다민족 국가였던 오스트리아는 19세기를 휩쓴 강력한 민족주의적 열망을 거부하지 못하지만, 현실성 없는 "대독일주의"를 내세워 사실상 통일작업을 방해한다. 작은 영방들도 통일이 마지막 단계에 접어들자 프로이센이 주도하는 통일제국에 들어가기보다는 독립된 국가로 남기를 원한다. 소꼬리가 되기보다는 닭 머리가 되고 싶은 인간 본성의 발로라고 하겠다. 진시황의 통일과 중국 삼국의 분열과 통일을 알고 있던 한국 삼국의 지도층은 통일에 대해서 어떤 의식을 가지고 있었을까?

이것은 곧 다음 질문으로 이어진다. 한국인들이 "고구려", "백제", "신라" 삼국이 중국을 상대로 개별적으로 접촉하면서 중국과의 차별성을 인식하지만, 서로에 대해서는 어떻게 인식했느냐는 것이다. 우리는 모두 같은 민족에 속하기 때문에 하나의 국가로 통일해야 한다, 혹은 삼국이 통일해야 거대한 중국에 대항할 수 있을 것이라는 인식이 삼국의 지도층에 존재했을까? 아니면 삼국은 서로를 없애버려야 할 적국이며 원수, 악마, 악당으로 간주했을까? 만약 동일한 민족의식이 존재했다면, 신라의 통일은, 비록 대동강 이남에 한정된 부분적인 것이라고 할지라도, 민족통일이라는 관점에서 긍정적인 발전

---

13) 『사기』, 「본기」, "진시황본기", 159-161쪽.

이라는 의미를 가질 것이다. 그렇지 않다면 국경을 맞대는 이웃 국가들 간에 흔히 일어날 수 있는 흥망성쇠의 한 사례일 것이다. 이것은 삼국통일이 민족 통일이라는 의지의 발로라기보다는 역사의 우연한 산물이며 그 의미가 달라질 것이다. 이것은 민족 정체성의 형성을 신라의 통일 이후로 보아야 한다는 의미도 함축한다.

중국 주변지역에서 빈번히 출몰하여 중국을 괴롭힌 흉노족도 일찍부터 정체성 문제에 당면한다. 이들은 이제 한족에게 밀려 역사의 무대에서 사라졌지만, 초기에는 정체성 문제를 성공적으로 해결한 것 같다. 중국인들의 관점에서 흉노족은 "오로지 이익을 위해서 일을 꾸밀 뿐 예의는 고려하지 않으며", "부자가 같은 천막 속에 살며 아비가 죽으면 자식이 그 계모를 아내로 하고 형제가 죽으면 남아 있는 형이나 동생이 그의 아내를 맞아 자기 아내로 삼으며", "글이나 서적이 없어 말로써 약속하는" "오랑캐들"이었다.14) 흉노는 전국시대 진(秦), 조(趙), 연(燕) 삼국과 국경을 맞대고 동쪽으로는 예맥, 조선과 접경을 이루었다. 한 문제(文帝) 6년(기원전 174)을 전후하여 중국은 종실의 딸을 공주라고 속여 흉노의 선우에게 시집보낼 때 연의 환관인 중항열(中行說)을 동행하게 하는데, 선우의 신임을 받은 그는 오늘날의 관점에서 보면 "흉노의 중국화" 가능성을 철저히 차단하여 정체성의 확립에 기여한다. 그는 선우에게 다음과 같이 건의한다.15)

> 흉노의 인구는 한나라의 하나의 군(郡)에도 미치지 못합니다. 그런데 흉노가 강한 것은 입고 먹는 것이 한나라와 다르기 때문이며 그것을 한나라에 의존하는 일이 없기 때문입니다. 지금 선우께서 풍습을 바꾸어 한나라 물자를 좋아하시게 되면 한나라에서 소비하는 물자의 10분의 2를 주어 흉노가

---

14) 『사기』, 「열전」, "흉노열전", 6권 795쪽. 이하 흉노에 관한 기술은 이에 근거한 것이다.
15) 김부식은 신라가 "왕"이라는 칭호를 쓰기로 한 데에 대해서 흉노는 탱리고도(撐犁孤塗) 선우(單于)라는 말을 그대로 보존하고 있다고 하면서 "탱리"가 하늘 천(天)이며 "고도"는 아들 자(子)이므로 곧 "천자" 선우라는 뜻이라고 풀이하고 있다. 「신라 본기」 제4, 117쪽, 각주 6. 그러나 이들이 앞의 장에서 언급한 중국의 "천자"가 가지는 정치적 의미 등 이념을 발전시켰다는 말은 아닐 것이다.

이를 채 소비하기도 전에 흉노는 모두 한나라에 귀속되고 말 것입니다. 한나라의 비단과 무명을 받으시면 그것을 입고 풀과 가시밭 사이를 헤치고 돌아다니십시오. 옷과 바지가 모두 찢어져 못 쓰게 될 것입니다. 그리하여 비단과 무명이 털로 짠 옷이나 가죽옷만큼 튼튼하고 좋은 것이 아니라는 점을 보여주십시오. 또 한나라의 음식을 얻게 되면 모두 버리십시오. 한의 음식이 젖과 유제품의 편리함과 맛을 따를 수 없다는 것을 보여주십시오.

중항열은 중국 사신이 열거한 흉노의 "야만적 풍습"에 대해서도 당당히 옹호한다.

한 나라의 정치는 흡사 한 집안의 일과도 같다. 부자형제가 죽으면, 남은 사람이 그의 아내를 맞아 자기 아내로 하는 것은 대가 끊어지는 것을 두려워하기 때문이다. 그러므로 흉노는 어지럽기는 하지만, 종족만은 그대로 유지되는 것이다. 그런데 중국의 경우 외면상으로는 아비나 형제의 아내와 장가드는 일이 없지만, 친족관계가 멀어지게 되면 서로를 죽이기까지 한다.……충성이나 믿음의 마음도 없이 예의를 강요하기 때문에 위아래가 서로 원한으로 맺어져 있고, 궁실의 아름다움만을 추구하기 때문에 노력(자원)을 그곳에 다 써버리고 만다.

중항열은 사회관계에 기초하지 않은 윤리규범은 허황된 것이라는 점을 정확히 지적한 것이다. 곧 중국적 농경사회의 규범에 비추어 유목적 흉노 사회를 비판해서는 안 된다는 말이다.

이 시기 5,400만의 중국 인구에 비해 흉노의 인구는 100만 정도로 말 그대로 중국의 1개 군에도 미치지 못했다.[16] 중국과 흉노의 관계는 이보다 1,000년 이전으로 거슬러올라가며 흉노는 중국과 끊임없이 접촉, 충돌하면서 중국에 흡수될 수도 있다는 위기의식을 가지게 된다. 이것이 곧 정체성에 대한 위기감으로 발전한 것이다. 흉노족은 한 무제의 강력한 토벌로 약화되어 결

---

16) Barfield, 유영인 역(2009), 122쪽.

국 일부는 훈족이라는 이름으로 유럽으로, 다른 일부는 5호16국시대를 거치면서 북중국에서 한족과 융합되어 소멸된 것으로 간주된다. 역사를 이후로 진전시켜보면 원(元)의 세조(世祖) 쿠빌라이가 1272년 대도(大都, 북경)로 수도를 옮기고 청의 순치제(順治帝)가 1644년 북경에 입성한 이후 이들은 중국 대륙을 지배하기 위해서 불가피하게 관료제도 등의 중국식 통치방식을 도입했으며, 이것이 결과적으로 몽고족과 만주족의 정체성에 부정적인 영향을 미치게 된다.

미국에서 한국사 연구의 대표적 학자인 제임스 팔레 교수는 한국사의 특수성을 인구의 3분의 1이 신분상 자유롭지 못한 노예사회, 그리고 호족, 양반, 사대부 등으로 이어지는 세습제 사회와, 이들이 주도한 당쟁, 왕권의 약화, 왕조의 안정성과 장기적 존속 등을 들고 있다. 반면 프랑스나 스페인이 로마제국의 복제품이 아닌 것과 같이 한국은 중국의 단순한 복제품이 아니며 또 마르크스주의자들이 동양사의 특징으로 내세우는 정체성(停滯性)도 한국사만의 특징일 수는 없다는 점을 지적한다. 농민반란이 중국에서는 왕조의 멸망을 초래하는 경우가 많으나, 한국에서는 더 심각한 수준이었음에도 불구하고 왕조는 멸망으로 이어지지 않았다.

한국 왕조의 장기적 존속에는 중국이 중요한 역할을 했다. 즉 강력한 중국의 존재가 이 지역의 평화를 유지하고 또 중국의 현상 유지적 정책이 중국 왕조에 충성하는 기존의 한국 왕조의 지속성을 보장했다는 것이다. 반면 중국 왕조가 쇠퇴하고 거란, 여진, 몽고, 만주 등 비한족계 왕조가 등장하여 한국이 이들과 직접 부딪치면 한국은 어려움을 겪는다. 그러나 이 경우에도 비한족 왕조의 목표는 중원이며 한반도는 부차적인 관심의 대상이었기 때문에 한국의 종속적 지위만 확인하고 왕조의 멸망으로까지는 나아가지 않았다. 이것은 한족 제국이건 비한족 제국이건 간에 중원에 자리잡은 "중국 제국"의 한국에 대한 인식은 한국이 중국의 안보나 비한족 제국의 중원 정복정책에 방해가 되지 않는다면 용인한다는 점에서 일관성을 가진다.17)

---

17) Palais, James B.(December 1995), "A Search for Korean Uniqueness," *Harvard Journal of Asiatic Studies*, 55-2.

3. 국가 정체성과 외교정책

앞에서 언급한 바와 같이 민족적 특성, 즉 정체성은 국제정치와는 별 상관이 없다. 대외적 행위는 민족성에 바탕을 둔 것이 아니라는 것이다. 대외정책은 주변 국가에 대한 인식과 평가에서 출발한다. 그중 국가안보를 위한 국가적, 군사적 필요성이 직접적이며 가장 주요한 고려사항이다. 군사적 필요성과 전략은 지정학적 요인에 의해서 크게 영향을 받으며 정부의 성격에 관계없이 영속적이다. 이런 의미에서 국내정치는 계층 및 계급의 이익을 대변한다는 점에서 당파적이며, 국제정치는 국가이익에 기초한다는 점에서 비당파적이라고 평가한다.

그런데 민족, 국가의 특성-정체성이 주변 국가들과의 접촉을 통해서 형성된다면 이 과정에서 습득된 외부에 대한 인식이나 태도는 대외정책 결정과정에서 최소한 문화적, 심리적 바탕을 제공할 것이다. 또 정부의 성격과 운영은 국가의 정치적, 경제적 여건에 기초하겠지만, 민족적 특성 역시 간접적인 영향을 미친다. 도서(島嶼) 국가라는 지리적 특징을 가진 영국인은 해양 지향적인 직업들에 종사하게 되며, 이로써 해양 친화적 국민성을 가지게 되고, 궁극적으로 정부의 성격에 영향을 미치지 않을 수 없을 것이다. 즉 "국가적 필요성"이라는 직접적, 현실적 요소들과 민족, 국가의 정체성이라는 간접적, 문화적, 심리적 요소들이 종합된 총체적 의미에서 국가이익이라는 프리즘을 통해서 대외관계를 인식하고 판단하며 국제사회에서 자국의 위상과 역할을 정립하게 된다고 할 것이다.

유럽에서는 열강들 중 통일국가를 가장 늦게 수립한 독일이 국가의 정체성을 문화적인 측면에서 강조했으며 대외정책에서도 이와 같은 성향이 표출되고 있다. 반면 근대 이전에 여러 민족들이 융합하여 단일 국가를 형성한 프랑스나 영국의 경우 이념적 성향은 뚜렷이 부각되지 않는다. 프랑스는 야만족 갈리아인과 로마 지배층이 혼합되며 로마의 철수 이후 유럽 대륙의 중심부에서 강력한 왕조를 건설하고 또 가장 먼저 중앙집권적 국가로 발전하면서 프랑스적 요소들이 형성된다. 프랑스적 요소들이란, 프랑스인의 정체성에 관한 한 방대한 연구에 따르면, "프랑스에서 태어나고", "프랑스어를 사용하는" 등의 기본요건들과 더불어 프랑스 역사의 전개와 함께 스스로 자랑스럽게 내세우는 "자유를 수호하려는 의지"와 "포도주를 좋아하고 마시는" 것 등 프랑스의 역사와 문화 속에서 성장한 인간들이 가지고 사유하는 방식을 의미한다.18) 영국의 경우 원주민이 기원전 4-6세기 중 대륙의 켈트족에게 정복되고, 이어 로마의 정복(기원전 1세기)과 철수(4세기 초), 프랑스 북부 및 유틀란트 지방에서 온 색슨족과 에인절족의 침입, 바이킹과의 투쟁, 그리고 1066년 노르만인의 정복 등을 거치면서 민족적 혼합은 거듭되며 기독교, 봉건제도, 마그나 카르타 등으로 대표되는 역사와 해양 지향적이며 상업, 산업국가 등이 그들의 정체성을 대변하게 된다.

이러한 역사의 발전과정에서 형성된 국가적 특성이나 가치체계도 국가이익의 주요한 부분이다. 그러나 국가이익은 명확히 규정할 수 없는 개념이며 외교정책과의 관계를 설정하는 문제는 더욱 어렵다. 예를 들면, 미국이나 영국은 민주주의, 자본주의를, 과거 소련 등의 사회주의 국가들은 마르크스-레닌주의를 주요한 가치체계로 간주하며 국제사회에서도 수호하려고 한다. 문제는 이념과 같은 추상적 차원의 국익을 외교정책 우선순위에서 어느 수준으로 규정하고 추진하느냐는 것이다. 민주주의에 대한 미국의 열망과 1980년대 한국의 비민주적 군부정권에 대한 미국의 지지라는 문제에서 미국은 후자를 선택했다. "남한의 정치적 인정"이라는 미국의 구체적인 국익이 추상적이며 장기적 차원의 국익에 앞선 것이다.

또 국익은 국력과 분리하여 설명할 수 없다. 국익은 "권리" 개념이며 국력은 국제사회에서 무엇을 할 수 있는가라는 능력의 문제이다. 국제사회가 현실주의자들이 말하는 "자연상태"라면, 국익은 자연상태에서 원하는 것을 얻을 수 있는 자유, 즉 자연적 자유이며 권리이다. "만인의 만인에 대한 전쟁"이 일어나는 국제사회에서 모든 국가들의 이익은 충돌하는데, 국익은 여기에서 (능력의 한도 내에서) 원하는 바를 가질 수 있는 자율권이다.19) 미국이라는

---

18) Kladstrup, Don and Petie(2001), *Wine and War—The French, the Nazis, and the Battle for France's Greatest Treasure*(Polmont, Stirlingshire: Cornet Books), p. 11.

강대국은 전 세계에서 일어나는 문제들이 모두 미국의 국익과 관련되어 있다고 평가하지만, 한국은 라틴아메리카나 아프리카에서 일어나는 사건들은 국익과 관계가 미약한 것으로 인식한다.

"역할정의"도 국가능력과의 관계에서 설정된다. 그러나 이에 앞서 현재의 국제사회를 어떻게 인식하며, 여기에서 우리 국가가 수행할 역할을 어떻게 규정하느냐는 것은 국가의 성격이나 정체성과 직결된다. 미국이나 러시아는 초강대국으로서 국제정치를 주도하면서도 세계평화를 유지해야 한다는 역할의식과 의무감을 가진다. 중국은 이 문제에 특히 민감했다. 1949년 중화인민공화국의 수립 이후 강대국이 되려는 열망과 현실적 한계에서 이 문제에 더욱 집착했을지도 모른다. 중국은 1950년대 냉전시대에는 사회주의 국가들의 일원으로 소련을 지지해야 한다는 "일변도(一邊倒)" 정책, 1960년대는 소련이 이미 수정주의로 변했기 때문에 중국만이 사회주의를 지키는 마지막 보루, 그후 개방과 함께 국제사회를 3개의 단위로 나누면서 중국은 사회주의 국가로서 제3세계에 속하며 이들 국가들을 영도해야 한다는 역할을 정립했다.20) 이와 같이 문화적 국가로서의 정체성, 국익 개념, 그리고 역할정의 등이 대외정책 결정에 토대를 마련하고 있는 것이다.

지정학적, 환경적 요인은 인간행위를 결정하는 데에 절대적인 요소로서 중요한 고려사항이다. 인간의 역사는 환경적 장애를 극복해나가는 과정이라고 해도 과언이 아니다. 그리고 국가의 대외정책 결정과정에서는 불변적 요소이다.21) 영국이나 미국이 대륙과 떨어져 있어 자유로운 선택을 할 수 있는 데에 비해서, 프랑스, 독일, 러시아 등 대륙국가들은 인접한 강대국들을 잠재적 적대국으로 간주하지 않을 수 없는 숙명을 타고났다. 기술의 발달과 함께 유럽의 해양 개척시대에는 해양 강대국이 국제질서를 지배한다는 해양국가

---

19) Wight(1992), chapter 6.
20) 이와 같은 관점에서 중국의 대외정책을 기술한 연구로는, Yahuda, Michael(1978), *China's Role in World Affairs*(London: Groom Helm); Yahuda(1983), *China's Foreign Policy after Mao—towards the End of Isolationism*(London: Macmillan).
21) 지정학 이론의 쟁점에 관해서는, Dougherty, James E. & Pfaltzgraff, Robert L.(1981), *Contending Theories of International Relations*, 2nd ed.(New York: Harper & Row), pp. 60 이하 참조.

론이, 철도의 발달과 함께 대륙국가가 세계의 패권을 쥐게 될 것이라는 대륙국가론이, 그리고 제2차 세계대전 이후에는 대양과 접한 연안국가의 중요성을 내세운 소위 연안국가론이 등장한다. 그러나 운반기술과 전쟁술의 발달과 함께 전쟁, 평화, 동맹, 체제 등 국제정치에 대한 인식이 변하면서, 예를 들면, 유럽연합의 형성에서나, 미국이 과거 소련의 영토였던 중앙 아시아 국가들에 기지를 설치한 데에서 볼 수 있듯이, 과거의 지정학적 명제들의 절대적 가치는 그 중요성이 약화되고 있다.22) 그러나 근대 이전의 국제관계에서 지정학적 요소들은 가장 중요한 고려사항이라고 해도 과언이 아닐 것이다. 이런 관점에서 주요 강대국들의 대외정책을 일별해보자.

1871년 통일된 독일은 자신들이 유럽 문명의 "적자"이며 유럽과 세계에서 독일의 지위를 향유해야 한다는 선민의식을 가진다. 이것은 국가의 유기체적 성격, 국가권력은 개인의 자유와 정신의 자유를 가능하게 해준다는 관념 등 독일적 대외관에서 나타나는 "낭만적" 성격으로도 나타난다.23) 개인의 행위와 국가의 행위는 도덕적 기준에서 분명한 차이가 있으며, 도덕적 가치는 사적 관계에 한정된 반면 국가의 행위는 비도덕적 영역에 속한다는 것이다. 국가는 그 자체의 필요성에 따라서 행동하며 이 결과 그 자체의 법칙이 형성되며, 이것은 개인적 도덕률에 지배받지 않는다. 국제도덕은 이런 관점에서 "무도덕적(amoral)"인 것이다.24) 국가의 행위에 대한 국가이성 이론은 특별히 독일적인 것이 아니며 유럽사에 깊은 뿌리를 내리고 있지만, 독일이 처한 지정학적 상황과 결합하여 독일의 대외정책의 특성으로 부각된다.

---

22) 해양국가론과 대륙국가론에 관한 대표적인 이론서는, Mahan, Alfred T.(1968), *The Influence of Seapower upon History 1600-1783*(New York: Hill and Wang). 초판은 1890년 발간됨. Mackinder, Halford J.(April 1904), "Geographical Pivot of History", *The Geographical Journal* 및 Mackinder(1942), *Democratic Ideals and Reality*(New York: Henry Holt and Company).

23) 이상신(1993), 『서양 사학사』(서울: 신서원), 프로이센 역사학파(Preußische Schule)에 관한 부분도 참조할 것. 515-538쪽. 정치적, 군사적 낭만주의는 모택동의 게릴라 전략과 인민전쟁론, 1960년대 문화대혁명의 이데올로기로 잘 나타난다.

24) 사적, 공적 도덕률과 국가이성에 관해서는, Wight(1992), pp. 245-249; D'Entreves, Alexander Passerin(1967), *The Notion of the State—an Introduction to Political Theory* (Oxford: Oxford University Press), pp. 44-49.

독일은 피레네 산맥에서부터 우랄 산맥까지 연결되는 북유럽 평원의 중앙에 위치하여 주변국들의 침략을 막아줄 자연적 장애물이 없다. 라인, 오데르, 엘베 등의 강들도 고대 로마의 카이사르로부터 근대 나폴레옹의 군대와 같이 잘 조직되고 훈련된 적군을 방어하는 데에 별 도움이 되지 못했다. 이 결과 독일은 역사적으로 사방의 여러 민족들로부터 끊임없이 공격을 받고 유린되었다. 더욱이 프랑스, 오스트리아 제국, 그리고 러시아 등 강대국들에 의해서 양면에서 "포위되어" 있다는 의식은 비스마르크가 말한 바와 같이 독일의 대외적, 군사전략에서는 반복되는 악몽이며 "안보적 불안감이 정치적 행위의 기본조건"이 되었다. 이에 독일은 우수한 상비군을 보유하여 조그만 위험에도 즉각 대응할 수 있는 태세를 갖추어 상대방이 독일을 포위, 공격할 여유를 주지 않고 선제공격하는 전략으로 나간다.25) 상대방을 먼저 공격하는 일종의 예방전쟁 전략을 실행하기 위해서 독일이나 이스라엘은 과감한 정치적 결단력과 치밀하고도 창조적 군사전략을 개발하지만, 다른 국가들의 눈에는 "침략적인" 것으로 보인다.26)

프랑스는 유럽의 중심부에서 피레네, 알프스 산맥과 라인 강 사이의 한반도의 2.5배에 달하는 55만 제곱킬로미터의 영토, 온화한 기후와 산지가 거의 없는 평원에서 농업을 기반으로 한 풍요로운 경제, 1850년대까지 러시아를 제외하면 유럽 최대의 인구를 보유하고 일찍부터 통일국가를 이루어 주변국들에게 위협의 대상이 되어왔다. 프랑스 외무부가 "고전체제"라고 부르는 이 자연적 경계에 만족하여 유럽의 국제정치를 관리하면 대륙은 안정을 유지하지만, 이 경계를 벗어나서 팽창을 도모하면 주변국들이 연합하여 저항한다. 프랑스의 국력이 절정에 달했던 17세기 후반에서 18세기 초에 태양왕 루이 14세가 3번에 걸쳐 팽창을 시도하지만, 모두 좌절된다. 나폴레옹 역시 이 전

---

25) Macksey, Kenneth(1996), *Why the Germans Lost at War—the Myth of German Military Superiority*(London: Greenhill Books), p. 29. "Insecurity was the basic condition of political life."
26) 독일인의 호전성은 권위주의적 가족구조에 기인한다는 견해도 있다. 김기정 역(1994), 70쪽. "침략" 문제를 국제체제에서 "새로운 힘(a new force)"의 대두로 설명한 것은, Burton, John W.(1967), *International Relations—A General Theory*(Cambridge: Cambridge University Press), pp. 41-42.

철을 밟다가 좌절을 겪는다.

1850년대 이전 유럽 정치에서의 프랑스와, 장수왕 시기에 중국이 분열되었을 때 북중국 왕조의 위상과 정책은 상당한 유사성을 보인다. 그리고 제한된 자원으로 중국의 공세에 대항할 만한 육군과 해군을 동시에 건설하기가 힘들었던 고구려의 고민도, 해양 진출의 유혹과 이에 따른 영국과의 경쟁과 대륙의 패권 추구라는 목표 사이에서 흔들린 프랑스의 경우와 비교될 것이다(제10장 참조). 프랑스는 제1차 세계대전 시기부터 "실질적으로" 강대국의 능력을 상실하지만, 제2차 세계대전 이후에도 여전히 강력한 프랑스를 희구하여 핵을 보유하고 나토 군의 지휘 문제에서 독립적 권리를 요구하며 앵글로-색슨의 후예인 미국에 맞서는 등 유럽과 세계정치에서 프랑스의 위상과 역할을 내세우려는 태도를 견지한다.27)

대외정책에서 영국의 정체성이라면 세력 균형과 해양 강대국론이다. 물론 모든 국가들의 안보정책에서 세력 균형은 주요한 고려사항이지만, 근대 이후 국제정치에서 세력 균형이라면 영국의 대외정책과 동일시한다. 앨프리드 마한이 말한 해양강국도 17세기 중엽부터 나폴레옹 전쟁까지 영국이 국제질서를 관리하던 팍스 브리타니카 시대를 모델로 하고 있다.28) 이 연구가 영국의 대외정책에 관심을 가지는 또 하나의 이유는 영국과 같은 작은 나라가, 비록 산업혁명으로 "세계의 공장"이 되었다고 해도, 제한된 자원을 어떻게 관리하느냐는 점이다. 영국은 나폴레옹을 상대한 연합군이나 러시아를 상대한 크림전쟁에서 동맹군의 전쟁비용 중 상당 부분을 담당했다. 영국의 역할은 마치 제1차, 제2차 세계대전 중 미국을 연합국 진영의 병기와 재정을 담당한 "병기고"이며 "금고"라고 불렸던 것과 유사하다.

그러나 국토나 인구의 규모를 고려하면 18−19세기 영국의 국력과 군사력

---

27) 이후 각국의 대외정책은 Macridis, Roy C. ed.(1976), *Foreign Policy in World Politics*, 5th ed. (Englewood Cliffs: Prentice-Hall); Northedge, F. S. ed.(1973), *The Foreign Policies of the Powers*(New York: Free Press) 등을 참조한 것이다.
28) 앨프리드 마한이 해양강국의 요건으로 내세운 것 중 주목할 부분은 해양관련 직업에 인구와 산업이 적절히 배분되어 있으며, 해양 지향적인 국민성, 그리고 이를 지원하는 정부의 성격 등이다. 그는 이 역사적 교훈에 비추어 미국이 해군력을 확충해야 한다고 역설한다.

은 비록 엄청난 것이라 하겠지만, 20세기 국제정치에서 미국이 차지한 비중과 역할과는 비교할 수 없다. 영국은 현재 기준으로 국토의 면적이 24만 제곱킬로미터로서 프랑스의 55만 제곱킬로미터나 제1차 세계대전 이전 독일의 54만 제곱킬로미터에 비해서 절반도 되지 않는다. 그러나 오스트리아 계승전쟁(1740-1748)과 7년전쟁(1756-1763)에서 750만의 인구로 2,300만 인구의 프랑스를 누르고 팍스 브리타니카를 확립했다. 반면 크림 전쟁(1852-1856)에 투입한 영국 육군은 프랑스의 3분의 1 정도이다. 이것은 육군으로 대륙국가들과 경쟁하는 것은 포기했다는 의미이다. 대신 해군력 우위에 주력하여 영국 다음으로 2, 3위에 해당하는 국가의 해군력을 합친 것보다 우월한 해군력을 보유한다는 정책(two-power standard)으로 나아간다. 대륙의 강대국 프랑스는 대륙 문제와 식민지 개척이라는 두 마리 토끼를 쫓은 데에 비해서 영국은 한 가지에만 집중한 것이다.

19세기 후반에 후발 산업국들의 도전으로 전 세계 산업생산량에서 영국은 1860년 25퍼센트에서 1913년 10퍼센트 이하로 감소한다. 반면 미국은 전 세계 생산량에서 1880년 20퍼센트 이하, 1935년 35퍼센트 이상, 1950년에는 46퍼센트 수준으로 증가한다. 미국의 군사력은 2008년도 국방예산이 전 세계 국방예산의 41.5퍼센트를 차지하며, 이것은 2위인 중국 5.8퍼센트부터, 10위인 인도 2.1퍼센트를 합친 31.3퍼센트를 훨씬 능가한다. 사실상 미국의 군사력은 무기의 파괴력이나 정밀성은 고려하지 않고 단순한 예산의 합계로도 2위부터 17위에 해당하는 국가들의 국방비를 합친 것보다 더 크다.[29]

이것이 곧 영국이 유럽 대륙 문제에서 균형정책을 추구한 배경이다. 영국 자체의 국력만으로는 대륙의 강대국들을 압도할 수 없었다. 영국은 안보에 필수적인 네덜란드, 벨기에 등의 "저지대 국가"를 프랑스(나폴레옹 전쟁)나 독일(제1차, 제2차 세계대전) 등의 패권적 세력이 점령하는 상황을 허용하지

---

29) 이것은 SIPRI(The Stockholm International Peace Research Institute)가 추산한 것이다. 19세기 후반 이후 각국의 산업생산량과 군사비, 그리고 국제정치에 미치는 영향에 대해서는, Taylor, A. J. P.(1986), *The Struggle for Mastery in Europe 1848-1918*(Oxford: Oxford University Press), pp. 33 이하 참조.

않는다. 또 강대국 주변에 약소국들, 예를 들면 포르투갈, 덴마크, 발트 삼국 등의 독립을 지원하여 강대국들을 약화시키는 정책을 적절한 수준에서 추구한다. 식민지 문제에서도 터키나 중국에서 상공업 활동을 위해서 정치적 독립과 사회적 안정을 지원하지만(이런 관점에서 영토 분할 등 정치적 안정을 해치는 러시아의 팽창을 저지하지만), 이들이 영국에 대항할 정도로 군사력을 강화하는 것은 견제한다(stable but not strong policy). 그리고 대륙 문제에는 단독으로 개입하지 않고 공동으로 접근한다. 반면에 때로는 "영광스러운 고립"으로 대륙 문제에 초연한 자세를 보인다. 이것이 세력 균형정책의 핵심이다.30)

제2차 세계대전 이후 영국 외교는 정체성 문제에 직면한다. 미국과 소련 두 초강대국이 국제정치를 지배하는 상황에서 유럽 국가들과 연합할 필요성과 대서양 공동체에 대한 미련 사이에서 고민한 것이다. 유럽은 1957년 유럽경제공동체(EEC)를 발족하여 오늘날 EU로 발전하고 있다. 영국은 유럽의 거대한 흐름을 외면할 수 없으며 또 실제로 산업혁명 이후 유럽 국가들과의 교역이 압도적 비중을 차지하지만, 앵글로-색슨의 전통과 캐나다 등 과거 식민지 국가들과 긴밀한 관계도 유지하고 싶어한다. 영국의 정체성을 유럽의 일원으로 할 것인가, 미국, 캐나다 등과의 앵글로-색슨 대서양 공동체에 둘 것인가 하는 갈림길에서 1961년과 1967년 EEC 가입을 신청하지만, 프랑스에 의해서 거부되며 1973년에야 가입이 허용된다. 그러나 여전히 유럽 공동 통화인 유로화 대신 파운드화를 고집하며, 외무부(FO: Foreign Office)를 외무 및 영연방부(FCO: Foreign and Commonwealth Office)로 개칭하는 등 어정쩡한 상태이다. 이것은 영국이 대외관계에서 정체성의 변화와 확대라는 문제를 아직도 해결하지 못하고 있음을 보여주는 것이다.

---

30) 그외 그리스-로마 이후 정치적, 문화적으로 유럽은 하나라는 유럽 보편주의와 "유럽 일가"라는 관념, 자유로운 입장에서 국가이익만을 추구하는 "사업가적 자세"로 임할 수 있었던 배경 등도 세력 균형정책을 가능하게 한 요소들이다. 처칠은 제2차 세계대전 초기 히틀러가 유럽 대륙을 석권했을 때 독일을 패배시키기 위해서 스탈린과의 "악마와의 동맹"도 피하지 않았다. (If Hitler invaded Hell I would make at least a favourable reference to the Devil in the House of Commons.) Churchill, Winston S.(1950), *The Second World War II: The Grand Alliance*(Cambridge, Mass.: Houghton Mifflin), p. 370.

미국은 산업화, 경제적 자유주의, 민주주의와 공화정이라는 앵글로-색슨 전통과 우월감, 그리고 식민지 경험, 유럽과 아시아 대륙으로부터 떨어져 있어 대륙국가들을 상대로 한 세력 균형정책, 그리고 해양 강국을 지향한다는 점 등에서 영국의 대외정책과 유사한 면이 많다.31) 그러나 19세기 이전의 영국과 20세기의 미국은 여러 면에서 차이가 크다는 점은 앞에서 지적한 바 있다. 특히 대서양과 태평양이라는 2개의 대양으로 분리되어 영국보다 더 자유로운 입장에서 유럽이나 아시아 대륙 문제에 간여할 수 있다는 점, 영국의 식민지에서 독립하고 또 미주대륙이 유럽 열강들의 침탈의 대상이 되었던 역사적 경험을 통해서 얻은 교훈 등을 바탕으로 "미국적 특수성"이라는 미국 고유의 대외정책 논리를 발전시켰다. 그 특성은 대륙과의 관계에서 고립과 중립, 그리고 도덕성이다.32)

이중 국제정치와 도덕성 문제를 검토하자. 1648년의 베스트팔렌 조약 이후 1914년 제1차 세계대전까지 외교적 개념과 관행을 발전시켜 "외교의 황금기"를 낳은 유럽에서는 도덕적 문제를 국제정치에 직접적, 즉각적으로 관계되는 것으로 간주하지 않는다. 물론 유럽의 지도층들이 독립, 자유, 인권, 정의와 같은 윤리적 개념들을 공유하고 넓은 의미에서 그 실현을 무시한 것은 아니다. 그러나 이들은 각국이 처한 국내적 상황의 특수성을 인정하며 국내 정세가 국제관계에 영향을 미치지 않는 한, 관용적인 태도를 취했다. 1789년 프랑스 혁명보다 파괴력이 더 컸던 1848년 2월혁명은 프랑스 등 관련국들이 모두 국내적으로 처리했기 때문에 유럽 열강이 참여하는 대전쟁으로 발전하지 않았다. 나치 독일의 반유대법도 독일의 국내 문제로 간주하고 간섭하지 않았다.

그러나 미국은 일찍부터 윤리적 문제를 외교에 직접 개입시켰다. 미국은 유럽 열강들이 약소국의 독립과 영토를 침탈하고 식민지 자원을 착취하며 부도덕한 아편 밀수에 종사하는 것에 반대했다. 또한 열강들이 약소국이나

---

31) "백인의 의무", "문명 전파의 임무", "명백한 운명" 등 미국 외교정책의 특성도 유럽적 전통에서 나온 것이다.
32) 권용립(2010), 『미국 외교의 역사』(서울: 삼인), 2장, 3장 등 참조.

식민지의 자원을 개발하고 교역관계를 가져야 한다는 필요성은 인정하지만, 약소국들이 자립할 수 있는 능력을 키워갈 수 있도록 지원할 의무도 있다고 주장한다. 소위 "이중 위임(dual mandate)"이다. 역사적으로 미국의 이와 같은 접근은 19세기 말 동아시아 외교에서 경제적 문호개방과 도덕성으로, 그리고 제1차, 제2차 세계대전의 전후 처리과정에서 식민지 지역의 독립 등으로 일관되게 표출되었다. 19세기 말 중국, 일본, 한국, 타이 등의 국가들이 유럽 열강들의 침탈에 대항하기 위해서 혹은 인근 강대국을 견제하기 위해서 미국의 지원을 다투어 모색한 것은 미국의 도덕성을 신뢰했기 때문이다. 그러나 역설적이지만 고립정책이라는 또 하나의 전통은 태평양 건너 아시아 문제에 대한 군사적 개입을 용인하지 않았으며 결과적으로 미국의 지원을 기대했던 아시아 국가들(한국을 포함해서)을 실망시켰다.

미국은 최소한 표면상으로 전제정치에 반대하는 민주주의의 병기고라는 "명분" 아래 제1차 세계대전에 참전하지만, 그 전후 처리가 민족의 자결보다는 강대국들의 이해관계에 의해서 이루어지는 것을 저지할 수 없었다. 국제문제는 강대국들의 밀실외교를 통해서 결정될 것이 아니라 모든 관련국들이 참여하는 공개회의를 통해서 민주적으로 처리되어야 하며 그 기준은 강대국들의 이해관계가 아니라 인류의 양심인 국제여론이어야 한다는 주장하에 국제연맹(League of Nations) 창설을 주도했다. 그러나 "갈대"와 같은 국제여론으로 1931년 일본의 만주 침략을 저지하지 못하고 미국의 이상주의적 외교는 실패로 돌아간다. 이것이 미국 외교가 가지는 양면성이다.

강대국들의 대외정책은 이와 같은 고유한 특성을 보여준다. 그리고 이것은 정권의 변화에 관계없이 지속적이다. 특히 가장 중요한 "안보"라는 국익을 확보하기 위해서 각국은 구체적인 행위 패턴을 가지고 있다. 영국의 세력균형정책, 독일의 양면전 악몽과 선제공격론, 프랑스의 대륙 또는 해양 우선문제, 미국의 도덕주의, 그리고 러시아의 종심방어론 등이 이에 해당한다. 중국은 제1장에서 다룬 안보관과 국제정치에서의 역할론 외에 유교적 현실주의라고 부를 수 있는 국제정치관을 정립하고 있다. 일본의 경우는 메이지 이후 도서 국가로서의 안보 불안감, 1895년 삼국간섭 이후 비서구 국가로서

유일하게 서양 강대국들과 경쟁하면서 느끼는 고립감 등을 들 수 있다. 최근의 한 연구는 이와 같은 역사적 배경에서 일본은 러시아라는 "거울"을 통해서 제2차 세계대전 이후 대외정책의 정체성을 확립한다고 결론짓는다.33) 19세기 중반 일본은 러시아와의 첫 접촉에서부터 폭력을 경험했으며, 이후 러시아를 "악마"로 인식하는 대외안보정책의 틀이 형성되었다는 것이다. 물론 외교정책의 정체성은 손에 잡히지 않는 무지개 같은 것이며 몇 가지 특성만을 내세워 외교정책의 정체성이라고 규정하면 곧 반론이 제기될 것이다. 그럼에도 불구하고 한 국가의 외교정책에서 나타나는, 그리고 다른 국가에서는 발견할 수 없는 특성을 보이는 것도 분명한 사실이다.

그렇다면 한국의 대외정책의 특성 혹은 정체성이라고 부를 수 있는 것은 무엇인가? 한반도의 지정학적, 안보적 특성은 무엇보다도 반도적 성격일 것이다. 19세기 말 러시아가 만주와 한반도를 대상으로 남진을 감행할 때 남긴 한 보고서에 의하면 "한반도는 러시아에 매우 중요하지만, 사방이 노출되어 방어가 어려운 반도"이며 따라서 이를 점령하려는 시도는 현명하지 못하다는 것이다.34) 19세기 중국, 일본 그리고 영국 등 아시아의 주요 세력들과 우호적인 관계를 가지지 못한 러시아는 한반도를 차지하더라도 이들을 상대로 방어가 어렵다는 논리를 편 것이다. 한국의 안보적 상황은 이런 의미에서 메이지 시대 일본의 안보 딜레마와 유사하다고 하겠다. 일본은 섬나라이며 안보 위협이 사방에서 올 수 있는 나라이다. 이중 북쪽으로부터의 위협은 강대국이 점령한 한반도나 홋카이도를 통해서 올 것이며 구체적으로 그 강대국은 중국이나 러시아이다. 일본은 해군력을 건설하여 해상을 통한 위협에 대비하고, 한국이 일본에 적대적인 강대국에 의해서 점령되거나 동맹관계를 맺는 것을 저지하며, 홋카이도 방비를 강화하여 러시아에 대비하며, 마지막으로 해양 강대국 중 한 국가와의 동맹을 통해서 국제사회에서의 고립을 피

---

33) Bukh, Alexander (2009), *Japan's National Identity and Foreign Policy: Russia as Japan's Other* (London: Routledge) 참조.
34) Malozemoff, Andrew(1958), *Russian Far Eastern Policy 1881-1904—with Special Emphasis on the Causes of the Russo-Japanese War* (Berkeley: University of California Press), pp. 27-36.

하는 방식으로 문제를 해결했다. 그러면 한국이 안보문제를 해결할 수 있는 최선의 방안은 무엇일까?

둘째, 한반도는 지정학적으로 만주의 "맹장"과 같다는 시각이다. 이것은 동아시아 국제정치라는 판을 넓게 잡으면 한국 문제는 만주 문제와 불가분의 관계를 가진다는 뜻이다. 1941년 12월 일본의 진주만 공격으로 미국이 제2차 세계대전에 개입하면서 다음 해 초에 국무부 내에서 한국 문제가 논의된다. 이들은 한국 문제가 "극히 당혹스러운 부담"이며 또 "복잡한 문제"라고 생각하고, 한반도가 지리적으로 만주에 붙어 있는 "맹장"과 같으므로 만주 문제라는 "더 크고 중요한 문제"의 해결에 따라서 그 장래를 결정하는 것이 순리라고 말한다.35) 이것은 1910년 7월 일본과 러시아가 만주에 관한 제2차 협정을 체결한 직후, 즉 만주 문제가 국제적으로 처리됨으로써 일본은 한국 합병을 단행할 수 있게 되었다는 것과 맥을 같이한다.36)

1,300년을 거슬러올라가서 삼국시대 말기인 7세기 동아시아 정세에서 이 문제를 제기해보자. 만주의 주권 문제, 즉 누가 만주의 주인이 되느냐는 문제는 한반도 문제에 직접적인 영향을 미쳤다. 만주는 고구려와 중국의 전쟁 시기에는 "요동 문제"로, 고구려 멸망 후에는 거란, 금, 몽고 등 여러 민족의 발흥과 함께 한국의 국제관계를 긴장시켰다. 당은 요동 문제를 직접 해결하지 못함으로써 바다를 건넌 뒤 한반도를 통해서 요동으로 가는 길을 택했다. 백제를 멸망시킨 이후 고구려를 공략한 것이 그것이다. 이와 같은 군사적, 안보적 시각이 삼국시대의 국제관계에 적절성을 가지는지 검토해보자.

---

35) Memo. by Hornbeck, 1942.4.15, LM79, R.1, 895.01/96 2/3.
36) 이에 대해서는, 구대열(1995), 『한국 국제관계사 연구 1』, 119–121쪽.

제2부
삼국시대 전기

제3장 한국적 정체성의 맹아

1. 서론

한반도와 그 북쪽 만주 일대에 여러 국가들이 건립되면서 이들 국가들은 "한국적 정체성"이라고 부를 수 있는 의식을 가지게 되는 계기를 맞는다. 이 장에서는 위만조선에서 삼국의 건국을 거쳐 5세기 말까지의 시기를 다룰 것이다. 고구려 21대 문자명왕(文咨明王, 기원후 492-519년, 이하 "기원후"는 생략한다) 중기이며, 신라 21대 소지 마립간(炤知麻立干, 479-500)과 백제 24대 동성왕(東城王, 479-501)의 통치기간까지가 이에 해당한다. 이것은 외견상의 "편의적인" 구분이다. 굳이 말한다면 고구려와 신라, 특히 신라의 대외관계에서 나타난 변화를 기준으로 삼은 것이다. 삼국의 역사에서 신라가 삼국을 통일했기 때문에서가 아니다. 역사의 흐름은 어떤 시기를 기점으로 뚜렷이 구분될 수 없으며 또 삼국 중 어느 한 나라를 기준으로 삼는 것은 여러 문제들을 야기할 수 있다. 그럼에도 불구하고 삼국시대의 대외관계를 기원후 500년을 기점으로 전-후기로 나눈 것은 다음과 같은 문제의식에 근거한 것이다.

"한국적 정체성"은 일차적으로 중국과의 접촉, 교류와 마찰, 충돌을 통해서, 그 다음으로는 삼국 상호간에, 그리고 이들과 가야, 낙랑 등의 한족 계통, 말갈,[1] 왜 등의 이민족 주변국들과의 접촉 등을 통해서 형성된다고 할 수

---

[1] 말갈은 『삼국사기』에 간헐적으로 등장하는 민족이다. 대부분의 시기에 고구려의 지배 아래 고구려와 행동을 같이한다. 장수왕 시기 물길(勿吉)이라는 이름의 국가를 수립하여

있다. 중국과의 접촉은 처음에는 위만조선이 담당하지만, 곧 고구려가 계승한다. 고구려의 대외관계는 중국에 대한 저항과 투쟁, 그리고 백제, 신라로 향한 팽창과 정벌 등으로 이루어진다. 중국과의 투쟁은, 14대 봉상왕(烽上王) 시기(292-300)의 명재상 창조리(倉助利)가 말한 바와 같이 "가까운 이웃에 [있는] 억센 적"[2]으로 인한 생존의 문제이며, 특히 4세기 후반 16대 고국원왕(故國原王, 331-371) 시기에는 국가의 존망이 걸린 위기로 발전한다.

만약 고구려가 중국인들과 접촉, 충돌에서 쉽게 굴복했다면, 또 중국과 서로 다르다는 점을 느끼지 못했다면 중국에 동화되었을 것이며, "한국적"이라는 요소는 역사에서 사라졌을 것이다.[3] 고구려의 존재와 역할은 한국이 중국과 다르며 이것은 소중히 지킬 만한 가치가 있다는 판단을 상징한다. 이후 광개토대왕과 장수왕 시대 (5세기 후반까지) 고구려는 중국을 상대로 요동지방을 원정하기도 하지만, 주로 백제와 신라를 상대로 남진을 감행한다. 즉 고구려의 대외관계는 피동적, 수세적 입장에서 중국과의 투쟁, 그리고 능동적, 공격적 입장에서 낙랑, 백제, 신라 등과 접촉한 것으로 나눌 수 있을 것이다. 이 과정에서 고구려와 중국과의 관계는 지속적인 마찰, 충돌을 통해서 하나의 "관계 패턴"을 만들어내는데, 이것은 고국원왕 이전의 시기에 완성된다고 할 수 있다. 그리고 광개토대왕-장수왕 시기는 삼국 간의 관계에 "주로" 관심을 돌린다. 이것은 "한민족 국가들" 간의 관계와 인식이라는 관점에서 다룰 것이다.

신라의 대외관계는 복합적이다. 신라는 건국 초기에 삼국 중 가장 취약했

북위에 접근하며 고구려에 반기를 들기도 한다(제7장 참조). 통일신라시대 신라인들은 발해를 폄하해서 말갈인이라고 불렀다(이것은 발해가 고구려와는 다른 민족이 건설한 국가이며 이후 신라와 별다른 교류나 접촉이 없었음을 말해준다는 주장도 있다). 「백제본기」 제1, 온조왕 2년, 488쪽 각주 4. 신라, 백제 변경을 공격한 말갈은 오늘날 함경도와 강원도 지역에 거주한 말갈로 보인다. 「신라 본기」 제1, 65쪽. 권은주, 「말갈 연구와 유적 현황」, 정병준, 권은주, 이효형, 바이건싱, 윤영인, 김위현, 왕위량(2008), 『중국학계의 북방민족-국가 연구』(서울: 동북아역사재단) 도 참조.
2) 「고구려 본기」 제5, 365쪽.
3) 서양 고대인들은 독립과 자기 보존을 위해서 용감하게 싸우다가 져서 항복하는 것과 전투도 하지 않고 항복한 것을 다르게 평가한다. Herodotos, 박광순 역(1987), 164쪽. 이것은 정체성의 유지를 위한 노력이라는 차원에서도 이해할 수 있을 것이다.

다. 주변에는 신라를 삼키려는 적들이 우글거렸다. 왜, 고구려, 백제, 가야, 말갈, 낙랑 등으로부터 끊임없이 침공을 당했다. 민족 관념이 확립되지 않은 시대적 상황에서 이들을 이민족과 한민족으로 나누는 것은 무리일 것이다. 그중에서도 왜의 침략과 노략질이 가장 심각했다. 신라는 생존을 위해서 이들을 상대로 일면 투쟁으로 일면 타협과 동맹으로 대응하면서 일부 주변국들을 흡수하여 국력을 신장시켰다. 그리고 교류를 중국으로까지 확대시킨다. 22대 지증 마립간(智證麻立干)은 500년에 즉위, 재위 4년째가 되는 503년에 과거의 "이사금", "마립간"이라고 부르던 국왕의 칭호를 중국식인 "왕"으로 바꾸고 국내적 개혁을 단행한다. 바로 이 시기에 기승을 부리던 왜의 침탈이 『삼국사기』의 기록에서 사라진다. 신라의 대외관계에서 첫 분수령적인 변화라고 하겠다. 그후 법흥왕(法興王)과 진흥왕(眞興王)을 거치면서 삼국통일의 기틀을 마련한다.4)

신라의 대외관계는 500년까지, 최소한 기록상으로는, 왜라는 이민족과 한민족 국가들 사이에 거의 "균등하게" 배분되어 진행되며 이런 의미에서 한국적 정체성 형성이라는 주제에 더 많은 시사점을 준다. 즉 일방적 수세와 일방적 공세였던 고구려의 대외관계에 비해 신라의 그것은 수세와 공세가 공존하며 또 "여러 상이한 성격"의 대외관계에 따른 외부의 자극이 정신적 자각으로 나타나는, 그리고 이를 통해서 의식적이든, 무의식적이든 정체성을 모색하는 과정을 탐색할 수 있는 단서가 조금이라도 많다는 것이다. "여러 상이한 성격"은 신라-왜라는 이민족 간의 수평적 관계, 신라-백제, 신라-가야라는 한민족 국가들 간의 수평적 관계, 신라-고구려라는 동일 민족 간의 차등적 관계(광개토대왕 비문에 의하면), 신라-낙랑이라는 이민족 간의 수평적 관계, 신라-중국이라는 이민족 간의 차등적 관계 등이다. 또 『삼국사기』와 『삼국유사』가 신라 위주로 쓰였기 때문에 양적으로도 고구려에 비해 풍부한 기록을 남겼다는 점도 신라의 대외관계가 삼국시대를 전기와 후기로 나누는 데에 하나의 고려사항이 되었다고 할 것이다.

---

4) 일본 해적들을 의미하는 "왜구"라는 용어는 이 시대에는 광개토대왕 비문에 나오며 고려시대 이후 일반적 용어로 정착된다. 이 연구에는 "왜병", "왜군" 등으로 쓴다.

백제의 대외관계는 고구려나 신라에 비해서 "능동적"이라고 할 수 있다. 시조 온조왕(溫祚王)이 기원전 6년에 "동쪽에 낙랑이 있고 북쪽에 말갈이 있어 우리의 변경 강토를 침범하니 평안한 날이 적다"는 말과 함께 도읍을 위례성으로 옮기지만,5) 초기 말갈과 낙랑의 몇 차례 침범을 제외하고는 주변국들과의 관계에서 백제가 주로 주도권을 행사한다. 특히 신라에 대해서는 백제가 공세를 취하는 경우가 많았다. 이것은 한강 유역에 근거지를 잡은 백제가 상대적으로 경제적 풍요를 누렸으며 또 중국과의 교류도 일찍부터 시작되어 8대 고이왕(古爾王) 27-28년(260-261) 관제 및 복식 개혁을 시행하는 등 국가체제를 비교적 일찍부터 갖추었기 때문일 것이다.6) 중국에 대한 백제의 조공은 단순한 외교, 문화사절의 성격이 아니라 전략적 제휴를 목적으로 한 것인데, 그 성공 여부를 떠나 삼국의 국제관계에 엄청난 파문을 일으킨다.

이 장에서는 초기 중국과의 접촉에 따른 여러 유형들이 어떤 상황에서 형성되는가, 즉 중국이 한국을 어떻게 인식하며 한국은 중국에 어떻게 대응하는가, 그 과정에서 한국적 정체성의 맹아가 보이는가, 그리고 삼국 간의 접촉과 갈등은 어떤 방향으로 전개되는가 등을 검토하려고 한다.

2. 중국의 한국 인식

중국의 한국에 대한 기록은 중국의 "공식" 역사서들 속에서 「조선전」으로 분류된 부분에 포함되어 있다. 구체적으로 사마천의 『사기(史記)』「조선열전」을 비롯하여 『한서(漢書)』의 「조선전」, 『삼국지(三國志)』나 『후한서(後漢書)』의 「동이열전(東夷列傳)」 등을 말한다. 이중 『후한서』의 「동이열전」이 "이/동이"에 관해서 가장 자세하게 설명하고 있다. 고구려는 『사기』, 『한서』의 「조선전」을 거쳐 『후한서』의 「동이열전」 중 "고구려"편에 나오며(이 시기 한반도 남반부는 "한", 혹은 "마한" "진한" 등의 국명으로 기록되어 있

---

5) 「백제 본기」 제1, 489쪽.
6) 「백제 본기」 제2, 502, 504쪽, 507쪽 각주 5 참조. 중국에서는 한 무제 시기 복식의 통일이 이루어졌다는 사실은 행정과 의례의 정비와 국가체제의 완비는 병행하는 것이라는 의미이다.

다), 백제와 가야는 『송서(宋書)』에서부터, 신라는 『양서(梁書)』에서부터 나온다.7) 이 기록들은 중국의 입장에서 한국이라는 "지역, 민족, 국가"에 관한 지식들을 수집, 정리한 것이지만, 동시에 한국에 대한 중국의 인식이라는 점에서 중요한 의미를 가진다.

중국 역사학계는 동이들이 거주하는 지역은 화북 동부, 동북 지역(만주)의 남부에서부터 요동반도의 구이(九夷)까지이며 중원 왕조의 관할 아래에 있었다고 간주한다.8) 그러나 "동방은 이(夷)"라고 하며, "이란 근본이다." "이가 어질어서 생명을 좋아하므로 만물이 땅에 근본을 두어 산출되는 것과 같다는 말이다. 인간은 해가 돋는 동쪽과 따뜻한 남쪽을 좋아한다는 본능적 표현일 수 있다. 그리고 이어 '이'는 천성이 유순하여 도리로써 다스리기 쉽기 때문에 군자국(君子國)과 불사국(不死國)이 있기까지 하다"고 동방에 대한 찬사를 정치적 의미로 확대한다. 이것은 흉노 등 북방 유목민족들의 침탈을 겪은 경험의 결과이기도 할 것이다. "이"를 9종류로 나누는데, 백이(白夷), 적이(赤夷), 현이(玄夷), 방이(方夷) 등이 포함된 것으로 보아 종족이나 거주지역을 기준으로 한 것으로 보인다. 『후한서』는 이어 『논어』에서 "공자께서 구이(九夷)에 살려고 했다"9)와 『논어』 이전인 『서경』에 "우이(嵎夷)에 머물게 하시니, 양곡(暘谷)이라고 하는바, 나오는 해를 공경히 맞이하여······"10)를 인용한다. 즉 "우"는 해가 돋는 곳이며 "양곡"도 해가 나오는 곳으로 동방이며, 공자의 말에는 야만성이라는 의미가 없다는 점을 강조한다.11)

---

7) 『조선전』 외 『삼국유사』 40쪽 각주 1 참조. 중국 측 기록에 나타난 백제와 신라에 대한 간단한 해설은, 유원재(1995), 『중국 정사 백제전 연구』, 증보판(서울: 학연문화사), 17, 22쪽.
8) 장페이페이(蔣非非) 외, 김승일 역(2005), 『한중관계사』(서울: 범우사), 19쪽. 외(外)에서 내(內)로 이(夷)에서 하(夏)로, 즉 동이 등의 이민족이 한족으로 동화되었다는 오늘날 중국학계의 문제점과 "동이관"에 관해서는, 이성규(2004), 「중국 고문헌에 나타난 동이관」, 이성규 외, 『동북 아시아 선사 및 고대사 연구의 방향』(서울: 학연문화사).
9) 『논어』, 「팔일(八佾)」, 53쪽; 「자한(子罕)」, 174쪽. 공자의 "중도(中道)의 선비"에 관한 해설에서 맹자가 "이고기행(夷考其行)", 즉 "평소에 그 행실을 살펴보면"이라고 말하고 있다. 여기에서 "이"는 "평소"라는 의미이다. 『논어』, 「자로(子路)」, 269쪽.
10) 『서경』, 「우서요전(虞書堯典)」, 상, 20쪽.
11) 『조선전』, 「후한서」, 1권 110쪽. 공자가 말한 "구이에 살고 싶다"의 전체적 문맥의 의미는 아래에서 곧 언급될 것이다.

"이", 곧 동방에 대한 이와 같은 찬사에도 불구하고, 중국은 가장 오래된 경전인 『서경』에서부터 문명과 야만을 엄연히 구분하면서 "이"를 야만으로 규정한다. 『서경』은 "중국은 문명한 땅(文明之地)"이며 반면 "만이활하(蠻夷猾夏)", 즉 "만이가 중하(中夏)를 어지럽힌다"고 말한다.12) 원래 "만"은 남쪽의 야만인, "이"는 동쪽의 야만인이지만, 이를 합친 만이(蠻夷)"는 중원의 화하족(華夏族, 오늘날의 한족)을 제외한 사방의 여러 (야만)민족을 말하는 경우로 발전한다.13) 양자강 이남에 있던 초의 제후조차 "나는 만이(蠻夷) 지방에 있으니 중원 여러 나라와 같은 국호와 시호를 사용하지 않겠다"고 스스로 중원과의 차별성을 찾는다.14) 양자강 이남의 "민(閩, 福建省), 절(浙, 浙江省) 지역이 중원에서 멀리 떨어져 옛날에는 만이의 땅이었는데, 이제는 부유하여 번성하여 상국이 되었다"는 것은 이들 만이 지역이 문명으로 진화했음을 시사한다. 오늘날 북경 지역에 근거지를 둔 연(燕)나라 왕도 비슷한 표현을 쓰고 있다.15) 이와 같이 중화와 만이를 구분하는 의식은 북방계 이민족 왕조들이 등장하는 남북조시대에 강화되며, 당(唐) 시대에도 찾아볼 수 있다.16) 『사기』 이전의 저작이지만 윤리성이 주요한 기준이 되는 『논어』에 오면 "문명 대 야만"의 기준이 더욱 뚜렷이 부각된다. "이적(夷狄, 오랑캐)"에도 군주가 있으니, 제하(諸夏, 중국의 여러 제후국)에 없는 것과는 같지 않다", "공자께서 구이에 살려고 하시니, 혹자가 말하기를 '그곳은 누추하니 어떻게 하시렵니까?' 했다" 등이 그 예이다.17)

중국의 입장에서 한국은 정치적으로는 "기자(箕子)"로부터 시작된다. 소위

---

12) 『서경』, 「우서순전(虞書舜典)」, 상 64-65쪽.
13) 『사기』, 「본기」, "진시황본기", 170쪽; "효무본기", 376 쪽; 「열전」, "소진열전", 127쪽 등.
14) 『사기』, 「세가」, 217쪽.
15) 『서경』, 「하서우공(夏書禹貢)」, 상, 241쪽. 『사기』, 「열전」, "장의열전", 158쪽, 144쪽도 참조.
16) 유원재(1995), 19, 20쪽. 당 고종 시대 왕발(王勃, 650-676)의 등왕각서(滕王閣序) 첫 부분에는 오늘날 강서성의 성도인 남창(南昌)을 두고 공만형이인구월(控蠻荊而引甌越)(이곳은 **만형을 누르고** 구월을 끌어당기며……) 대황침이하지교(臺隍枕夷夏之交)(이곳 누대와 성 밑의 못은 **오랑캐 땅인 초[楚]와 중화[中華]** 사이에 자리잡고 있다)라는 구절이 나온다.
17) 『논어』, 「팔일」, 53쪽; 「자한」, 174쪽. 『논어』, 「자로」, 269쪽도 참조.

"기자 동래설(箕子東來說)"이다. 이것은 한국이 탄생에서부터 중국의 창조물이라는 의미이다. 한국사에서도 "기자"는 한국을 중국과 이어주는 고리이자 중국 문명의 전달자라는 점에서 간단없이 언급되고 있다.[18] 중국의 기록은 기자가 5,000여 명을 이끌고 동으로 이주했다고 하는데, 이것은 1,000여 호에 해당한다.[19] 기자에 관한 기록은 『사기』, 『한서』, 『후한서』, 『삼국지』 등에 나타나지만, 『사기』가 가장 오래된 것이다. 『사기』에서도 "기자"는 은의 주왕과 주의 무왕과 관련하여 수차례 언급되는데, "송미자세가(宋微子世家)"의 기록이 가장 포괄적이다. 기자는 폭군인 주왕의 친척 혹은 서형(庶兄)으로 여러 차례 간했으나, 주왕이 듣지 않자 머리를 풀어헤치고 미친 척하다가 잡혀서 노예가 된다. 그후 무왕이 은을 멸망시키고 기자에게 치국의 도리를 묻자, 기자는 유가적 통치 덕목들을 설명한다. 무왕은 기자를 "조선에 봉하여, 그를 신하의 신분으로 대하지 않았다." 주왕이 충언을 듣지 않았음에도 끝까지 충성한 그의 행위는 이후 중국 군신들 간의 대화에서 하나의 전범으로 언급된다.[20] 그러나 정작 『사기』, "조선열전"에는 기자에 관한 언급이 없다.

이 연구에서는 기자의 존재 혹은 그의 동래설이 정확한 것인가, 한국사적인 의미가 무엇인가 등의 국사학계의 관심보다는 기자를 통해서 중국이 한국을 어떻게 인식했는가, 나아가서 이와 같은 중국의 인식이 한국인의 중국에 대한 인식에 어떤 영향을 미쳤느냐는 점 등이 중요하다고 할 것이다. 잠정적인 결론은, 박광용에 의하면, 조선시대 주자학의 절대적 영향 아래 기자는 중화문물의 전달자로, 왕도정치의 모범으로, 또 충성과 절의의 인격자로, 그리고 왕업중흥의 영주로 숭상되었음에도 불구하고 최소한 고려 중기까지는 한반도에서 그 영향은 크지 않았다는 것이다.[21] 그러나 중국의 관점에서는

---

18) 이에 대한 요약은, 박광용(1980), 「기자조선에 대한 인식의 변천」, 『한국사론』, 6.
19) 장페이페이 외, 김승일 역(2005), 28쪽.
20) 『사기』, 「세가」, "송미자세가", 148-155쪽. 그 외 30-31, 63쪽; 『사기』, 「본기」, 66-67, 76, 80, 82쪽; 「세가」, 559쪽; 「열전」, 276, 308, 345쪽 등 참조.
21) 이와 다른 견해는, 최영성(1995), 『한국 유학 사상사』(서울: 아세아 문화사), 3권 34쪽. 『삼국사기』는 고구려 멸망에 관한 편찬자(김부식)의 논평에서 "기자의 업적"을 평가하고 있다. 「고구려 본기」 제10, 448-449쪽. 또 삼국통일 이후 신문왕 대(687) 기자가 말한 오사(五事)를 언급하고 있다. 「신라 본기」 제8, 212쪽도 참조. 이처럼 한국사에서 기자가

중국인 기자가 동쪽으로 가서 조선을 세웠으니, 조선은 당연히 중국의 "번신(藩臣)"이라는 것이다.

사마천의 『사기』, 「열전」, "조선열전"은 위만조선으로부터 시작된다. 그는 "연의 태자 단(丹)의 군사가 진(秦)나라에 패해서 요동으로 달아났을 때, 위만은 도망하는 백성을 거두어 해동(한반도)에 집결시켰고, 진번(眞番)을 병합하고 변방을 방위하여 한나라의 외신(外臣)이 되었다. 그래서 '조선열전' 제55를 지었다"고 "조선열전"을 『사기』에 포함시킨 배경을 후기에 남기고 있다.22) 위만조선의 위상은 기자조선과 마찬가지로 중국의 "외신", 즉 속/번국이다. 이것은 이후 중국-한국 관계를 규정짓는 기준으로 남는다.

> 효혜, 고후(고조 유방의 황후인 여치)의 시기로서, 천하가 처음 평정되었다. 요동태수는 곧 만[衛滿]과 약속하기로 "외신이 되어 만이를 보호하고 변경을 침범하는 일이 없도록 하라. 여러 만이의 군장이 들어와 황제를 뵙고자 하거든 금하지 말라"고 했다. 요동태수가 이를 보고하니 황제가 허락했다. 이런 까닭에 만은 병위(兵威)와 재물을 얻어 그 주위의 작은 나라를 침략하여 항복시키니 진번과 임둔이 다 복속했고, 그 땅이 사방 수천 리가 되었다.23)

위만조선이 정치적으로 한의 외신/속국일 뿐만 아니라 정치적, 경제적 번영도 한의 후원 아래 가능했다는 논리이다. 나아가서 중국은 요동지방은 물론이고 "패수(浿水) 동쪽과 기자조선의 서부에 거주했던 사람들은 거의가 중원에서 이주한 사람들"로 보고 있다. 이것이 곧 만주의 역사는 중국사라는 관점의 배경일 것이다.24)

간단없이 언급되는 것은 그 시대 최고의 권위인 중국과의 관련성을 내세우고 편승하려는 심리를 반영한 것이라 할 것이다. 오늘날 한 사람이 유명해지면 사돈8촌 관계까지 들먹이는 것과 유사한 것이다.
22) 『사기』, 「열전」, "태사공자서(太史公自序)", 1253쪽.
23) 『사기』, 「열전」, "조선열전", 908쪽.
24) 『위략(魏略)』을 인용한 『삼국지』 위지(魏志)는 한(漢)나라 이전 진(秦) 시대에 "진이 천하를 통일한 다음 몽염에게 명하여 장성을 수축하게 했는데, 장성은 요동까지 뻗었다. 진의 부역을 피해 한(韓)으로 이주한 주민들의 말이 진과 비슷하다고 하여 진한(辰韓/秦

그러나 중국은 지리적으로 "조선"이 중국으로부터 분리되어 있는 지역이라는 점을 명확히 하고 있다. 물론 지리적 구분이 곧 정치적 분리를 의미하는 것은 아니다. 그러나 "한국"에 관해서는 지리적 분리의 연장선상에서 관습, 언어 등의 차이를 말한다.25) 즉 지리적 분리가 사회적, 문화적 분리로 이어지며 이것이 최종적으로 "중국의 일부가 아니다"라는 정치적 분리로 연결된다. 이것은 한국은 중국의 창조물이라는 "기자로부터의 조선"이라는 주장과는 모순된다. 사마천은 오늘날 북경 지역에 있던 연나라를 소개하면서, "연나라 동쪽에는 조선과 요동이 있으며"26) 흉노는 "동쪽을 맡아 예맥과 조선에 접해 있다"고 설명한다.27) 그러나 "연나라 사람 위만이 조선으로 피난하여 왕이 되었으며, 100년쯤 지나서 무제(武帝)가 그를 멸망시키니, 이제 동이가 처음으로 상경(上京)에 통하게 되었다"고 위만의 건국보다 무제의 4군 설치와 중국과의 관계를 더 중요시한다. 또 기자의 금법 등으로 이 지역을 교화하여 중국의 문명 수준에 접근하게 되었음을 강조한다.28)

이와 같은 중국의 입장은 이후 중국과 한국의 종속관계를 강조하는 기록에서 지속되고 있다. 수의 고구려 침공 직전, "고구려는 본래 기자를 봉했던 땅으로 한과 진(晉)이 군현으로 만들었는데, 지금에 와서 신하 노릇을 하지 않고 별개의 다른 지역이 되었다"고 지적한다.29) 당의 건국 직후 고조(高祖) 이연(李淵)은 "살고 있는 영토 안에서 모든 사람들이 편안히 살 수 있도록 힘쓸 뿐이지 무엇 때문에 반드시 칭신하도록 할 것인가"라면서 중국과 한국과의 정치적 관계를 문제 삼지 않는 발언을 하자, 수 양제 휘하에서부터 외교 문제를 자문해온 배구(裵矩) 등이 "요동의 땅은 주대(周代)의 기자국이요, 한

韓)이라고 불렀다. 장페이페이 외, 김승일 역(2005), 44-46쪽. 패수는 『삼국사기』에 여러 차례 등장하지만, 오늘날의 지명은 확실하지 않다. 이 연구에서도 본문 외에 제2장, 제4장 등에서 나온다.
25) 고구려는 "부여의 별종", 동옥저는 "언어, 음식 등이 고구려와 비슷하다", "삼한의 모든 국왕의 선대는 모두 마한족이다."『조선전』1, 138, 149, 160쪽.
26) 『사기』, 「열전」, "소진열전", 103쪽.
27) 『사기』, 「열전」, "흉노열전", 805쪽.
28) 『조선전』1, 「후한서」, 111-112쪽.
29) 「고구려 본기」1권, 399쪽.

대의 현토군……으로 위, 진 이전까지는 봉성(封城) 안에 가까이 있었으니 칭신하지 않는 것을 허락해서는 안 된다"고 주장한다.30) 이것은 중국이 이 지역과 긴밀한 관계를 유지하면서 정치적으로 복종시켜야 한다는 점을 강조한 것이다. "봉성 안에 가까이 있다"는 지적은 안보적 차원에서 문제가 될 수 있다는 점을 암묵적으로 표현한 것이다. 중국의 이와 같은 인식을 종합한 것이 조선 왕조의 창업을 명(明)에 보고한 이성계의 장계(狀啓)에 대한 명 태조 주원장(朱元璋)의 고명(誥命)이다. "고려는 산과 바다가 가로막아 하늘이 만든 동이로서 중국이 통치할 바가 아니다."31)

3. 한국인의 한국 인식

그렇다면 중국-한국 관계에 대한 한국 측의 기록은 어떠한가? 중국의 방대한 기록에 비해 한국에는 삼국시대 이전 이에 관한 기록이 없다. 『삼국사기』(1145), 『삼국유사』(1281), 이승휴의 『제왕운기』(1287) 등은 모두 고려시

---

30) 『조선전』, 2, 「구당서」, "동이열전", 245-246쪽. 배구는 화이론과 덕화론으로 수 양제의 고구려 정벌의 논리를 제공한 인물이다. 김창석, 「한일학계의 고대 한중 관계사 연구동향과 과제」, 동북아역사재단 편(2009), 『한중일 학계의 한중관계사 연구와 쟁점』(서울: 동북아역사재단), 31-32쪽.
31) 『조선태조실록(朝鮮太祖實錄)』권2, 태조 원년 11월 갑진(甲辰), 박원호(2007), 「근대 이전 한중관계사에 대한 시각과 논점—동아시아 국제질서의 이론을 덧붙여」, 『한국사 시민강좌』, 40(서울: 일조각), 55쪽에서 재인용. 최영성(1995), 『한국유학 사상사』, 1권 (서울: 아세아 문화사), 31쪽도 참조. 아마도 주원장의 이 말이 중국의 동북공정에 대한 가장 확실한 반증일 것이다. 중국은 고구려가 중국의 "일개 지방정권"으로 대부분의 시기 중국의 중앙정부나 지방정권으로부터 봉작(封爵)을 받았다는 점을 주요한 증거로 제시한다. 그러나 명-청 시대 조선도 책봉을 받았으며, 더욱 중요한 것은 중국이 이를 조선을 관리하는 데에 여러 차례 이용했다는 점이다. 고구려는 봉작은 받았으나 정치적 자주성이 침해받지 않았다. 이것은 "봉작"이 중국과 "지방정권"의 종속관계와는 별개의 문제라는 것이다. 쑨훙(孫泓)(2004), 「고구려와 동북아시아의 여러 나라와 민족간의 관계」, 『북방사논총』, 창간호, 85-88쪽. 물론 위가 장수왕을 "도독요해제군사 정동장군……중랑장 요동군개국공 고구려왕"이라는 거창한 타이틀로 책명한 데에 비해서 조선시대에는 단지 "조선왕"으로 책봉한다. 그러나 이 같은 변화는 중국-한국 관계의 변화를 의미하는 것이 아니라 당대 이후 중국 왕조의 책봉의식이 간소화된 데에 따른 것이다. 또 고구려는 거란, 여진의 경우와 마찬가지로 왕국의 멸망과 함께 중국에 동화되었다는 주장은 평양 천도로 고구려의 국가 성격의 변화와 신라가 이를 계승했다는 점에서 설득력을 가지지 못한다.

대의 저작들이다. "삼국"을 묶은 이들 역사서들이 존재한다는 것 자체가 "삼국"이 차지한 영역, 즉 "한국"이 중국과는 다를 뿐만 아니라 하나의 (민족)집단이라는 인식에서 시작된 것이다. 이중 "한국"을 중국과 가장 확실하게 구분하여 표현한 것은 『제왕운기』에서 발견된다. 하권 첫머리 「지리지」에서

> 요동에 하나의 별천지가 있으니
> 지역은 중국과 구별되어 나뉘었네.
> 큰 파도 넓은 바다 삼 면을 둘러싸고
> 북녘에 육지 있어 선처럼 이어졌네.32)
> 가운데 사방 천 리 여기가 조선인데
> 강산의 형승(形勝)은 천하에 이름 있네.
> 농사 지어 먹고살고 우물 파서 물 마시며 예의 바른 국가인데
> 화인(華人)이 이름 지어 소중화(小中華)라 했도다.33)

조선은 지리적으로 중국과 접하고 있으나 확연히 구분되는 "별천지"이며, 그러나 중국인들이 중국의 예법에 충실한 지역이라 "소중화"라고 일렀다는 점을 강조할 만큼 중국에 대한 흠모가 묻어나 있다.34) 계속되는 「전조선기(前朝鮮記)」는 『삼국유사』, 「기이(紀異)」 편과 유사한 내용을 담고 있다.

> 처음에 어느 누가 나라를 열었던고
> 석제(釋帝)의 손자로, 이름은 단군일세.35)
> 요 임금과 같은 무진년에 나라 세워
> 순 임금 시대 지나 하(夏)나라까지 왕위에 계셨도다.

---

32) 어북유육연여선(於北有陸連如線)으로 "선"이 화구(華句)로 되어 있는 판본도 있어 중국을 의미한다.
33) 이승휴, 『제왕운기』, 김경수 역주(1999), (서울: 역락), 134쪽.
34) 『제왕운기』는 여–몽 연합군의 일본 침공(1271, 1281) 직후 고려에 대한 원의 영향력이 최고조에 달한 시기에 쓰인 것으로 조–청전쟁과 명의 멸망 이후 "소중화" 논의가 대두되던 상황과 유사하다(崇宋反元 및 崇明反淸).
35) 『삼국유사』, 「기이」 제1, "고조선" 편에 환인(桓因)은 "제석을 말한다(謂帝釋也)"고 쓰고 있다. 즉 "제석"은 하느님이며 단군은 그 손자라는 말이다.

이어 「후조선기(後朝鮮記)」에 드디어 기자가 등장한다.

후조선의 시조는 기자인데
주 무왕 즉위 원년 기묘년 봄
망명하여 이곳에 와 나라를 세웠다.
무왕이 봉왕하여 조서를 보냈네.
답례차 찾아가 배알했더니
홍범구주(洪範九疇) 인륜을 물어오구나.36)
······

928년이란 오랜 세월 다스리니
기자의 남긴 풍교(風敎) 찬연히 전했다.
나라 잃은 준왕(準王)은 금마군에 옮겨 앉아
도읍 이뤄 또다시 임금이 되었도다.37)

『제왕운기』는 위만조선의 멸망을 "한을 배반하고 준(準)을 쫓은 죗값일세"라고 읊으면서, 이어 「한사군과 열국기」에서

생존경쟁 겨루다가 의리 절로 끊어지고
풍속은 박해져서 백성은 불안했다.
수시로 합산하고 부침할 즈음에
자연히 분계되어 삼한이 이뤄졌다.
······
이들의 임금은 누구의 후손인고.
대대로 이은 계통 단군에서 전승됐네.

삼한은 강과 산곡 등 지리적 여건으로 70여 국가들이 나뉘어 세워진 후에 부침, 합산하여 삼한과 삼국을 이루었으며, 고조선과 연결되었다는 점을 강

---

36) 홍범구주는 우왕이 남겼다는 정치 이념이다. 홍범은 대법을 말하고 구주는 9개의 조로 기자가 무왕에게 대답했다는 것이다.
37) 『제왕운기』, 136-138쪽. 준왕은 기원전 194년 위만에게 나라를 빼앗기고 바다로 남하하여 마한을 공격, 한왕(韓王)이 되었다.

조한 것이다. 이어 한 무제의 침공과 한사군(漢四郡)의 설치 등 한국에 대한 중국의 개입을 비판적으로 기술한다.

> 한 무제 먼 지방 사람 편케 한 뜻 상상하겠거니
> 백성 안정해야 할 곳 도리어 해를 끼치네.
> 진한, 마한, 변한이 솥 발처럼 늘어서고
> 신라, 고구려, 백제가 차례로 건국했네.[38]

『제왕운기』는 "한국"과 중국과의 차별성을 부각시키고 중국의 침략을 "백성에게 해를 끼쳤다"고 비판하는데, 여기에 "한국적" 정체성을 찾으려는 노력이 엿보인다. 그러나 역사의 고비마다 중국과 연결시키고, 특히 중화문물을 흠모, 모방하려고 함으로써 한국사에서 정체성을 찾으려는 노력과 중화주의 간의 긴장이라는 패턴을 탄생시킨다. 특히 기자의 홍범구주는 『사기』에 언급되지만, 『삼국유사』에는 나오지 않는다. 이것이 고려시대 지식인들이 (의도적이든 비의도적이든) 한국의 정체성 위에 중국적인, 특히 유가적 이념을 도입, 종합하는 노력이 낳은 결과일 것이다. 이것은 정체성의 변모를 통한 새로운 정체성의 형성을 말하는 것이다.

유감스럽게도 『삼국사기』는 서문격인 「진삼국사기표」에서 고려의 사대부들이 우리의 역사보다 중국의 역사나 인물들에 더 익숙해 있다는 탄식 한마디로 끝내고 바로 삼국 개별사로 넘어간다. 그러나 이 표현 역시 한국적인 것과 중국적인 것을 구분하려는 김부식의 의지를 나타낸 것이라는 점에서 주목해야 할 것이다.

『삼국유사』는 「고조선」 편에서 『위서』를 인용하여 "단군왕검(檀君王儉)이 아사달에서 나라를 열어 조선이라 하니 요 임금과 같은 시기이다"라고 하면서, 이어 『고기(古記)』를 인용하여 단군 신화를 기술한다. 그리고 곧바로 당나라의 『배구전(裵矩傳)』을 인용하여 "고구려(원문은 고려)는 본래 고죽국(孤竹國, 지금의 해주)이었는데, 주나라에서 기자를 봉하면서 조선이라

---

38) 『제왕운기』, 140-145쪽.

했다"고 기록, 기자를 단군조선에 이어 등장시킨다. 그러나 "삼국의 시조가 모두 신비스럽고 기이한 데서 나온 것이 어찌 괴이하다 하겠는가? 이는 「기이」 편을 모든 편의 첫머리에 싣는 까닭이고, 의도가 여기에 있다"고 하여 건국에서부터 조선을 중국과 분리시키고 삼국 간의 동류의식을 강조한다.39) 일연(一然)은 위만조선과 한(漢)의 충돌을 다룬 부분에서 중국의 입장을 반영한 부분들을 삭제함으로써, 비록 중국의 기록에 의존하지만 한국의 입장에서 기술하려는 노력도 보이고 있다(제4장 참조). 그러나 일연 역시 한국과 중국의 차이점을 지적하면서도 기자를 비롯한 중화문물과 한국을 연결시킴으로써 문화적 갈등을 보인다고 하겠다.

4. 광개토대왕 비문과 관련된 문제들

마지막으로 한국사에서 가장 오래된 기록 중의 하나인 광개토대왕 비문을 살펴보자. 이 비석은 소위 신묘년 기사로 잘 알려져 있지만(제5장 참조), 다음의 세 가지 점에서 중요하다. 첫째, 『삼국사기』나 『삼국유사』, 『제왕운기』 등이 모두 고려시대인의 눈을 통해서 삼국시대나 그 이전 시대를 본 것이라면, 광개토대왕 비는 아들 장수왕이 즉위 2년(414)에 건립한 것으로 당대 삼국 간의 관계를 서술한 것이다. 둘째, 고구려 건국 설화이다. 이 비문에서 묘사된 동명왕 설화는 『삼국사기』, 『삼국유사』, 이규보(李奎報)의 「동명왕편(東明王篇)」을 비롯하여 『논형(論衡)』, 『위략(魏略)』, 『후한서』, 『삼국지』 등 여러 역사서에도 비슷하게 기록되었다는 점에서 그 중요성이 간과되어왔다는 느낌을 준다. 그러나 고구려인들 스스로 이 비석을 건립하면서 고구려의 뿌리를 중국과는 다르게 "우리들의 이야기"로 서술하고 있다는 점에서 고구려의 정체성, 나아가서 "한국적 정체성"을 보여주는 가장 중요한 자료일 것이다. 셋째, 당시 고구려가 백제와 신라에 대해서 어떤 민족적 유사성이나 연대감을 느꼈을까 하는 문제를 이해하는 데에 하나의 실마리를 제공할 수 있을 것이다.

---

39) 『삼국유사』, 「기이」, 35-38쪽.

비문에 기록된 동명왕 탄생 설화의 내용은 다음과 같다.

옛날 시조 추모왕(鄒牟王)이 나라를 건립할 때에 그의 부친은 북부여 천제의 아들이고 모친은 하백의 딸이다. 알을 가르고 세상에 나왔다. 태어나자 곧 성명(聲明)의 덕이 있었다.……(판독 불가)……[그는 고토를 떠나] 순행 남하했다. 부여 엄리대수를 지나게 되었다. 그는 나루에 이르러 물을 보고 말했다. "나는 황천의 아들이며(我是皇天之子) 어머니는 하백의 따님이신 추모왕이다. 어서 나를 위해서 갈대를 엮고 거북이를 띄워라."……그는 다리를 건너 비류하곡 홀본 지방의 서쪽 산 위에 성을 쌓아 국도로 삼고 [고구려를 건립했다.] 이후 인간세계의 왕위가 싫어졌다. 이 때문에 [상제가] 황룡을 보내 그를 맞았다.……유명을 이어받아 세자 유리가 치국지도로 사업을 진흥시켜 국가가 대치(大治)되었다. 대유리왕은 양대의 기업을 계승하여 계속 발전했다.[40]

중국적 질서관에 익숙한 우리는 "천제의 아들", "황천의 아들", "황룡" 등의 표현과 비문이 "황제"라는 칭호 대신 "왕"으로, "태자" 대신 "세자"라는 칭호를 사용하는 데에 모순을 느낄 것이다. 『삼국사기』는 "동명성왕" 편에서 "전날 천제께서 '장차 나의 자손으로 하여금 여기에 나라를 세우고자 하니 너희는 이곳을 피해 가라'"고 했으며 "그 옛 도읍지에 어디에서 왔는지를 알 수 없는 사람이 자칭 천제의 아들 해모수(解慕漱)라고 하면서 그곳에 와 도읍했다"고 쓰고 있다.[41] 중국 기록인 『논형』이나 『위략』에도 동명성왕 설화와 관련하여 "천자(天子)"라는 말이 나온다. 탁리국(橐離國) 왕이 갓 태어난 동명왕을 두고 "이 아이가 어쩌면 하늘(天)의 아들(子)이 아닐까라고 생각했다"는 것이다.[42] 이 문제들을 두고 한 백과사전은 다음과 같은 설명하고 있다.

---

[40] 이 설화의 기원에 관해서는, 시라사키 쇼이치로(白崎昭一郎), 권오엽, 권정 역(2004), 『광개토왕 비문의 연구』(서울: 제이앤씨), 68-82쪽; 왕건군(王健群), 임동석 역(2004), 『광개토왕비 연구』(서울: 한국학술정보), 347-348쪽을 참조하여 번역을 약간 수정했다. 고구려연구재단 편(2004), 『다시 보는 고구려사』(서울: 고구려연구재단), 207-216쪽도 참조.
[41] 「고구려 본기」 제1, 305쪽.
[42] 시라사키, 권오엽, 권정 역(2004), 69-70쪽. "하늘의 아들(天子)"이 곧 천명(天命)을 받아

시조 동명성왕이 천제의 아들, 황천의 아들임을 천명했고 따라서 고구려 왕실이 천손(天孫)임을 대내외에 과시했다. 또한 천자의 상징이라 할 황룡을 동명성왕을 치장하는 상징물로 사용하고 있다. 이는……고구려는 사대적인 견지에서 황제 대신에 왕이라는 용어를 쓴 것이 아니고 중국의 군주는 황제, 우리의 군주는 왕이라는 호칭을 사용한다고 생각하고 있었음에 틀림없다. 즉 황제나 왕은 각 민족에 따라 단지 군주를 호칭하는 단어일 뿐 그 사이의 위계는 없다고 생각한 것이다.[43]

반면에 중국의 광개토대왕 비문 연구는 고구려는 "칭왕(稱王)"했고 "칭제(稱帝)"하지 않았으며, 또한 연호를 쓴 바가 없기 때문에 "영락(永樂) 5년"이라는 표현은 독자적인 연호가 아니라 그가 살았을 때의 존호로서 "영락태왕"을 앞에 붙여 "영락태왕 재위 5년" 혹은 "광개토왕 5년"과 같은 의미라고 강조한다.[44]

이상의 문제들을 한국적 정체성 모색이라는 관점에서 보자. 먼저 연호의 의미이다. 중국에서는 한 무제 이전에는 연수(年數)만 있었을 뿐이고, 무제가 기원전 140년 처음으로 건원(建元)을 연호로 지었다.[45] 당 태종처럼 한 황제가 평생 동안 하나의 연호를 쓰는 경우도 있고, 한 무제나 당 고종같이 몇 년마다 새 연호를 제정하는 경우도 있다. 한국에서는 궁예(弓裔)가 다수의 연호를 사용한 경우이다. 연호의 의미는 과거와 단절하고 새로운 시대를 시작한다는 정치적 선언이다. 무제는 열여섯의 어린 나이에 등극하여(재위 기원전 141-87년) 무위적(無爲的) 통치를 강조하는 황노(黃老)사상(도교)을 신봉하던 할머니인 두태후(竇太后)의 영향력에서 벗어나면서 동중서(董仲

천하를 다스리는 "천자(天子)"의 이념적 의미까지 포함한 것은 아닐 것이다.
43) "광개토대왕비의 동명신화"—네이버 지식iN. "천손"은 고구려 왕실의 신성(神性)을 과시한 것이며 이념적 의미의 "천자"를 의미하는 것은 아니다.
44) 왕건군, 임동석 역(2004), 255-256, 349쪽. 광개토대왕의 정식 명칭은 "국강상광개토경평안호태왕(國岡上廣開土境平安好太王)"이며 존호를 "영락태왕(號爲永樂太王)"이라고 했다. 시라사키는 이것을 연호라고 주장한다. 시라사키, 권오엽, 권정 역(2004), 124, 141쪽. 또 덕흥리 고분과 같은 당대 고분 명문에 명백히 연호로 나오고 있다.
45) 『사기』, 「본기」, 369쪽.

舒) 등 유학자들을 기용하여 국내적으로는 유교적 통치질서를 세우고 대외적으로 한 고조 이후 굴종적 자세를 취해왔던 흉노와의 관계를 새롭게 정립하겠다는 의지를 표시한 것이 곧 건원이라는 연호이다. 중국의 "25사"도 새 왕조의 국명은 과거의 왕조와 다른 법통 아래 새로운 이념과 기준으로 통치하겠다는 점을 강조한다. 연호도 같은 의미에서 과거와의 단절과 새로운 정체성의 탄생을 상징하는 것이다.46)

연호의 의미를 이같이 이해한다면, 중국학자들의 주장은 공산정권 수립 이후 중국의 학술연구가 지나치게 형식주의적이며 목적지향적으로 나아가고 있는 현실을 반영하고 있음을 말해줄 뿐이다. 변방 지역의 모든 정권을 중국적 질서관에 비추어 중원의 천자에 복속된 것으로 인식하고 재편성하려는 동북공정과 같은 작업도 과거의 사회관계나 이에 따른 사회의식의 형성 등 모든 가능성을 열어놓고 자유스럽게 접근할 수는 없을까? 동서양을 막론하고 인간집단은 국가라는 조직을 만들고 백성들에게 정치권력의 정당성을 보여주기 위해서 "새 마음 새 뜻으로" 통치하겠다고 선언하는데, "건원칭제(建元稱帝)"라는 형식요건만을 내세워 이것을 중국의 전유물이라고 고집하는 것이 무슨 의미가 있을까?

정치적, 사회적 용어는 "제도화되어" 구체적 의미를 가지기 이전에 사회체제에서 담당하는 역할이나 기능이라는 큰 틀에서 접근해야 한다. 고구려는 부여가 망한 후 왕손을 "왕"으로 책봉한다. 신라 26대 진평왕(眞平王)은 즉위 원년(579)에 친동생을 진정 갈문왕(眞正 葛文王)으로 봉한다.47) 고구려가 망한 뒤에 보장왕(寶藏王)의 서자 고안승(高安勝)이 신라에 투항한다. 신라는 고안승을 고구려 "왕"으로 책봉하여 제사를 잇게 하며 고안승은 신라에 "영원히 충성을 다할 것을 맹세한다."48) 또 김유신(金庾信)도 사후에 "흥무대왕

---

46) 『사기』, 「본기」, 362, 369쪽. 대한민국 건국 초기 단군연호가 가지는 의미에 대해서, 양승태(2001), 「연호와 국가정체성: 단기연호 문제의 해명을 위한 정치철학적 논구」, 『한국정치학회보』, 35-4 참조.
47) 「신라 본기」 제4, 131쪽. 그외 『삼국유사』, 「위만조선」 편에 나오는 비왕 등도 이에 속한다.
48) 「고구려 본기」 제10, 447쪽; 「신라 본기」 제6, 178-180쪽.

(興武大王)"으로 추봉되었다.49) 그러나 주권자인 왕 앞에서는 아무리 높은 작위를 가진 귀족도 신하인 것과 마찬가지로 김유신이나 고안승은 "왕"이라고 칭해도 신라의 왕에게는 신하일 따름이다. 진시황의 통일 이후 황제-왕-후 등이 상하관계로 굳어진 현상만을 기준으로 모든 것을 평가하는 것이 얼마나 부질없는 노력인가를 보여주는 것이다. 고안승의 "고구려왕"이 신라라는 국가체제에서 어떤 위상을 가지느냐가 중요한 것이지 고구려"왕"이라는 작호는 의미가 없다. 한국의 여러 왕조들과 왕들이 중국을 어떻게 인식했고 어떻게 대했느냐, 한국의 왕조들이 중국적 세계관을 어떻게 받아들였느냐, 또 중국의 힘이 실질적으로 한국의 왕조들에 대해서 지배-복종관계를 확립했느냐 등의 관점에서 문제를 검토해야 한다는 것이다.

앞의 장에서 언급한 바와 같이 조공제도에서 주 "왕실"과 제후 "왕"의 관계가 정립되며, 진시황이 중국을 통일한 후에 "황제"라는 칭호와 "짐(朕)"과 같은 용어의 사용을 엄격히 제한함으로써 이후 이것들은 중국과 한국의 조공관계를 비롯하여 중국적 천하관의 위계적 질서를 표현하는 용어로 쓰이게 된다.50) 진시황 이전의 세대에서는 이와 같은 용어들이 자유롭게 쓰였다. 예를 들면, 굴원(屈原, 기원전 343-278)의 장시(長詩) 「이소(離騷)」는 제고양지묘예혜(帝高陽之苗裔兮) 짐황고왈백용(朕皇考曰伯庸)(고양 임금의 후예 내 아버님은 백용이다)라고 시작되는데, 여기에서 "나"를 "짐(朕)", "아버지"를 "황(皇)", 죽은 아버지를 존칭으로 "황고(皇考)"라고 쓰고 있다. 이 시는 이어 "아버시(皇)"는 내가 태어난 때를 헤아려(皇覽揆余初度兮)로 계속된다. "짐"은 귀천에 상관없이 "나"를 칭하는 용어였다.51) 춘추전국시대 제후국의 왕은 "대왕"이지만, 그 후계자는 "태자"로 불렀다(『사기』 참조). 제후의 가계인 세가(世家)

---

49) 「열전」, 제3, 778쪽.
50) 『사기』, 「본기」, "진시황본기", 159-160쪽. 진시황은 6국을 통일한 후 "호칭을 바꾸지 않는다면 그동안 이루어놓은 공업을 드러낼 수 없고 후세에 전할 수도 없을 것"이라고 하면서 신하들에게 호칭을 논의하라고 명한다. 신하들이 "고대에는 천황(天皇), 지황(地皇), 태황(太皇)이 있었으며 그중에서 태황이 가장 존귀했다"고 "태황"을 건의했는데, 진시황은 이중 "황(皇)"을 취하고 상고시대의 "제(帝)"라는 호칭을 채택하여 "황제"라고 칭했다.
51) 하정옥 편저(1987), 『굴원(屈原)』(서울: 태종출판사), 51, 88쪽.

의 적장자는 "세자(世子)"가 되어야 하지만, 이것은 훗날의 이야기이다.

황제, 왕 등의 주권자를 칭하는 용어를 서양과 비교해보면 그 차이점은 더욱 확연히 드러난다. 진시황이 제정한 호칭들은 여러 세대에 걸쳐 제도로서 "자연스럽게" 확립된 것이 아니라 정치적 필요성에서 위계적 성격을 강조하면서 인위적으로 "만든" 것이다. 그러나 서양의 국제관계는 실질적으로 힘의 경중에 따라 위계가 형성되지만 최소한 명목상으로는 위계적 질서를 강조하지 않기 때문에, 이와 같은 개념이나 명칭은 존재하지 않는다. 로마의 첫 황제 옥타비아누스는 "존엄한 자"라는 의미인 아우구스투스(Augustus)라고 칭했고, 독일과 러시아에서는 로마의 카이사르의 업적을 기려 황제를 "카이저(Kaiser)"와 "차르(Czar)"라고 했다. 영국에서는 "King/Queen", 프랑스에서는 "Emperor", 그외의 소국들은 "Prince/Princess" 등 각국의 역사나 전통에 따라서 명칭을 사용한다. 아우구스투스의 로마식 지위는 princeps(제1위인 사람)와 imperator(군주, 황제. 공화제 시대에는 대장군, 개선장군)인데 군주(prince)와 황제(emperor)라는 명칭의 기원이다.52) 영국 빅토리아 여왕의 공식 명칭은 "영국 및 아일랜드 연합왕국의 여왕(Queen)"인 동시에 인도 여황제(Empress, 1877-1901)이다. 이들은 모두 국내에서는 최고의 권위인 주권을 행사하는 "주권자"이며 이들 명칭 사이에는 하등의 위계적 의미가 없다. 나폴레옹 전쟁 이후 빈 회의에서 체결된 신성동맹은 "기독교 세계에는 실제로 모든 권력이 귀속되는 하느님 이외에 어떠한 주권자도 존재하지 않는다"고 선언하고 있지만, 이것은 구속력이 없는 선언에 불과한 것이다.53)

형식상 상하관계가 존재했던 시절도 있었다. 영국과 프랑스의 경우이다. 1066년 정복왕 윌리엄은 원래 프랑스의 노르망디 공작이었다. 그가 연 노르망디 왕조를 이어 플랜태저넷 왕조를 연 헨리 2세(재위 1154-1189)는 프랑스 앙주 백작이다. 헨리 2세는 포도주 생산으로 유명한 보르도 지방의 상속

---

52) Watson(1992), p. 99.
53) 김용구(1997), 『춤추는 회의—빈 회의 외교』(서울: 나남), 146쪽. 후세의 평가에 따라 알렉산드로스 **대왕**이나 표트르 **대제** 등 "대왕"이나 "대제"의 칭호를 붙이기도 하고, 스스로 "정복자 윌리엄", "사자왕 리처드" 등 별칭을 쓰기도 하지만, 이것도 상대적 우월성을 반영하는 것은 아니다.

녀인 알리에노르와 결혼하여 보르도를 영국령으로 만든 인물이기도 하다. 보르도는 백년전쟁(1337-1453)에서 영국이 패배하여 프랑스로 귀속되기까지 약 300년간 영국령이었다. 이와 같은 상황에서 영국 왕은 프랑스에서 거둬들인 세금으로 프랑스 왕보다 더 큰 영향력을 가지고 프랑스에서 거주하면서 호화로운 생활을 했지만, 명목상 프랑스 왕의 신하였다. 이 무렵 프랑스의 카페 왕조의 영향력은 현재의 파리가 중심인 일-드-프랑스(영국의 카운티[country], 일본의 현[縣] 정도의 규모)에 한정되었다. 영국은 프랑스에서 왕위계승에 문제가 생기자 영국 왕이 이를 이어받아야 한다고 주장하여 일으킨 것이 백년전쟁이다. 이 역시 명목상의 상하관계는 존재했지만, 실질관계에서는 아무런 의미가 없었음을 보여주는 것이다.

주권자의 명칭과 유래, 그리고 실질적인 관계를 이같이 이해한다면 광개토대왕 비문에 나오는 어휘들에 대한 논쟁은 의미가 없을 것이다. 고구려는 자신들의 역사를 쓰면서 우리의 조상도 "천제", "황천"의 아들이라고 했다. 이중 "황천"은 삼황(三皇) 중 으뜸으로 진시황이 "황제"라는 칭호를 "황천"의 "황"에서 골랐다는 것으로 굳이 따진다면 최고의 칭호라고 할 수 있다. 고구려인들이 우리도 중국만큼 잘났다고 의식하면서 이 어휘를 쓴 것인지 알 수는 없다. 마치 신라인들이 지증왕(智證王) 시대부터 거서간, 이사금, 마립간 등의 우리식 명칭보다 중국식의 "황제"니 "왕"이 존귀한 것 같아, 즉 "멋있어 보여" 쓰기 시작했다는 것과 같이 고구려인들도 익히 아는 말들 중에서 좋게 보이는 용어들을 골라 "천제", "황천" 등을 원용했다고 할 것이다. 또 최소한 『삼국사기』에는 신라가 "왕"은 중국의 "황제" 아래 등급이라고 의식했다는 시사가 없다. 그러나 고구려가 연이나 북위에 조공했다는 점을 감안하면, 스스로 "대왕" 혹은 "태왕"이라고 칭했다는 것은 고구려가 중국식의 위계적 의미를 인식했을 수도 있을 것이다.

셋째, 더욱 중요한 점은 삼국이 왕의 명칭이나 연호를 중국과 다른 관점에서 접근하고 있으며, 이것은 중국과의 차별성, 곧 한국의 정체성의 모색이라고 할 수 있을 것이다. 『삼국사기』, 「고구려 본기」에는 광개토대왕이 고국양왕(故國壤王) 3년 "태자가 되고", 9년 왕이 죽자 "태자로서 즉위했다"라고 쓰고 있다.54) 영류왕 23년(640) "세자"를 당에 보내 조공하고, 다음 해 당에서는 "우리 태자가 입조했다"고 한다.55) 신라에서는 법흥왕 23년(536) "처음으로 연호를 일컬어 건원(建元) 원년으로" 정하고, 진흥왕 12년(551) "연호를 개국(開國)으로 고치고", 29년(568) 다시 "대창(大昌)"으로, 33년에는 "홍제(鴻濟)"라고 했다.56) 진흥왕 순수비 중 마운령 비와 북한산 비에는 "진흥태왕이 관경을 순수하고⋯⋯"가 나오며 마운령 비에는 "제왕의 연호를 세워" 등이 발견되며, 죽은 후에 쓰는 시호가 아니라 생전에 쓰는 진흥왕이라는 왕호도 발견된다.57)

왕호에 대해서도 22대 지증왕 4년(503)에 이때까지 쓰던 왕호를 "존귀한 칭호"인 "신라 국왕"으로 부르기로 했다는 점은 언급한 바 있다.58) 진시황과 같이 천하를 통일한 "위대한 업적"을 기리고 과거의 왕들과 구분하기 위해서 새로운 칭호인 "황제"를 만든 것이 아니었다. 이것은 고구려나 신라가 "칭왕", "칭제", "연호" 등의 문제에서 중국의 세계관에 따른 격식을 추종하지 않고 편의에 따라서 "왕", "국왕", "태왕", "세자", "태자" 등으로 칭하고, 시호를 만들어 쓰고 연호도 제정하며, 또 연호 없이 지내기도 했다. 즉 한국인들은 "동이"라고 얕보는 중국이 내세운 "건원칭제(建元稱制)"의 근원을 알고 있었든 몰랐든 간에, 즉 중국의 복잡한 제도에 무식했든 아니었든 간에, 중국의 방식을 때로는 무시하면서, 그러나 필요하면 이를 차용하여 사용했다. 광개토대왕 시절 영락(永樂)으로 표시했으면, 이것은 중국식 연호와 동일한 기능을 한 것이다. 신라는 국내적으로 왕권을 강력히 천명할 필요가 있을 때 연호를 쓰며, 또 무열왕(武烈王) 김춘추(金春秋)를 태종(太宗)이라고 호칭하기도

---

54) 「고구려 본기」 제6, 376쪽. 시라사키, 권오엽, 권정 역(2004), 133쪽도 참조. 「고구려 본기」에는 왕의 후계자를 "태자"로 칭한 사례가 많다. "유리를 '태자'로 삼으니(310쪽)." 그외 312, 325, 327, 330, 342쪽 등 참조.
55) 「고구려 본기」 제8, 414쪽.
56) 「신라 본기」 제4, 123, 124, 127쪽.
57) 박희택(2008), 「신라 진흥왕의 복지정책: 진흥왕 순수비를 통한 고찰」, 『한국정치연구』, 17-2, 169-171쪽.
58) 「신라 본기」 제4, 118쪽. 그 이전인 "기림 이사금" 10년(307) 국호를 "다시 신라라고 했다"는 기록도 있다. 98쪽.

하는데, 이로써 당과 분쟁을 일으키기도 한다. 이런 의미에서 고구려는 "칭왕"은 했으나 "칭제"는 하지 않았다는 말은 표면적으로는 맞을 수 있지만, 실질적으로는 정확한 것이 아니며 더욱 중요한 점은 이와 같은 주장은 별다른 의미가 없다는 것이다.

주권자의 명칭이나 연호에 대한 삼국의 접근이 중국과의 차별성을 부각시킨 것은 분명하다. 그러면 그 다음 질문으로 이를 통해서 한국적인 세계관, 천하관이 표출되었느냐는 점이다. 명칭이나 연호가 한 사회가 지향하는 이념을 의미한다면, 이 물음은 중요한 의미를 가진다. 물리적으로 고구려의 전성기에 백제와 신라를 복속시켰는데 이것을 고구려만의 "제국"을 형성했다고 주장할 수 있을까? 광개토대왕 비문에서 "천제", "황천", "황룡" 등의 표현을 자유분방하게 쓰는데, 이것을 중국적 세계관과 유사한 한국적 세계관의 표현으로 볼 수 있을까? 중국이 "천하"를 내세우니 우리도 "천하"가 있다고 내세운 것일까? 아니면 태양계 내부에 여러 개의 달을 가진 목성, 토성 등 행성계가 있듯이 중국의 "대천하" 안에 고구려의 "소천하"를 주장한 것일까?

중원 고구려 비에는 고구려가 신라를 "동이"라고 칭하며 또 "고려(고구려) 대왕과 신라 매금(寐錦)이 형제처럼 상하 화합하여 함께 수천(守天)한다"는 구절이 있다. 이것은 천도, 천제를 지키는 일차적인 주체가 고구려 왕이라는 점에서 고구려 중심의 천하관을 보여주는 것이라고 해석한다. 고구려는 중국의 화이(華夷) 개념을 원용하여 고구려를 "화," 백제나 신라를 "남이(南夷)"라고 칭하며, 자국의 영토를, 마치 중국의 중원과 같이, "대왕국토"라고 하며 다른 지역이나 국가를 "매금토(寐錦土)" 등으로 불렀다. 이로써 고구려는 고유한 (그리고 중국과 다른) 천하관을 가지고 있었다는 주장이 제기된다.59)

물리적으로 고구려의 강대함은 "어느 정도" 인정할 수 있을 것이다. 제7장 고구려의 대외관계 편을 읽어보면 왜 "어느 정도"라는 표현을 썼는지 이해가 될 것이다. 그러나 천하관, 세계관은 물리적 지배영역 혹은 안보상 필요한 구체적 지역을 말하기보다는 이념적 사고체계이다. 국가형성의 초기단계에

---

59) 노태돈(1999), 『고구려사 연구』(서울: 사계절), 367-380쪽; 노태돈(2009), 『한국 고대사의 이론과 쟁점』(서울: 집문당), 164, 167쪽 등도 참조.

는 한 마을 규모의 지역을 지배하면서도 천하관을 제시할 수 있다. 일본은 섬나라이기 때문에 대륙과 초연하여 스스로의 천하관을 발전시킬 수도 있다. 중국은 천하를 구주(九州)로 나누었다. 일본의 규슈(九州)도 9개의 단위로 나뉘어 다툴 때 천하라는 의식을 스스로 가졌을지도 모른다. 문제는 천하관, 세계관이란 일차적으로 우주에 대한 이해와 인식에서 시작하여 인간과 인간들이 살아가는 사회에 대한 인식, 나아가서 사회를 조직하고 통치이념을 구현하는 사회적, 정치적 의식, 그리고 주변의 다른 국가들과의 관계를 설정하는 국제정치관 등으로 구체적으로 발전하고 역사성을 가질 때에 의미가 있다는 점이다.

둘째, 천하관은 장기적으로 일정한 영역을 가져야 한다. 물론 실질적인 지배영역과 천하관에서 상정하는 영역은 반드시 일치할 필요는 없다. 이념의 세계는 현실적 세계라기보다는 말 그대로 이념적으로 존재하는 상상의 세계이기 때문이다. 중국의 천하관도 중국의 지배자가 "하늘"이라는 상상의 존재로부터 지상의 만물에 대한 지배권을 받았다는(天命) 상상에서 출발한다. 또 중국의 힘이 미치지 않는 지역, 즉 중국에 힘에 의해서 평화가 유지되지 않은 지역까지 포함하고 있다. 이것은 천하관과 안보관이 동일할 수 없다는 뜻이다. 중국은 천하관에 속하는 인근지역들을 조공체제 등을 통해서 "반항구적인" 관계로 체계화하고 제도화한다.

셋째, 이런 의미에서 천하는 곧 "제국"이며 "문명"이다. 제국은 영역 내에 거주하는 주민들이 동일한 지배체제만이 아니라 동일한 의식을 가지는 하나의 문명단위를 형성하는 것을 말한다. 체계/체제란 2개 이상의 "단위"가 상호작용을 하면서 규칙에 따라 일정한 운동을 반복하는 것이다. 광개토대왕 시대 고구려가 지배하던 영역이 그의 사후에도 정치적으로 이념화, 체계화되고 이에 참여한 단위들이 이 관계를 오랫동안 의식적으로 수용하면서 정착되고 제도화되어야 정치적, 국제정치적 의미를 가지는 천하관이라고 할 수 있을 것이다.

이것은 곧 광개토대왕 비문에 쓰인 "천자(天子)", "상제(上帝)", "매금(寐錦)", "수천(守天)" 등의 표현을 두고 고구려적인 세계관이라고 주장하는 것은 지나친 것 같다는 말이다. 신라를 동이라고 했으면, 고구려 동, 서, 남, 북에 있는 종족들은 어떻게 불렸는가? 중국에 대해서는 대등하다는 인식을 가졌는가, 아니면 중국이 고구려의 서쪽에 있다고 서이(西夷), 혹은 중국식으로 서융(西戎)이라고 했는가? 고구려가 일차적인 주체가 되어 천도를 지키고 신라 왕과 형제처럼 지냈다면 동등한 자격을 가진 형과 아우라는 공동체 의식이 존재했다는 말인가? 만약 이것이 긍정적인 것으로 판명된다면, 고대 그리스 도시국가 관계가 보여주듯이 같은 민족이라는 의식의 시작이라는 점에서 주요한 의의를 가질 것이다. 즉 그리스인들이 도시국가들 간에는 서로 싸워도 외부의 "야만인들"에 대해서는 같은 헬레나의 자손이라는 의식을 가진 것과 같이 고구려와 신라, 백제 간에 민족공동체적인 의식이 이미 존재했다는 말이다. 그러나 고구려의 세계관을 규정하는 용어들이 지나치게 중국적이라는 점, 고구려 사회가 백제나 신라에 비해 상대적으로 일찍이 유교적 규범으로 의식화되었으며, "골짜기", "구석" 등의 용어가 삼국 중 가장 많이 나온다는 점(제4장 참조), 광개토대왕을 이은 장수왕의 절정기에도 중국과 조공관계가 지속되었다는 점, 그리고 무엇보다도 신라, 백제는 물론이고 북중국의 여러 국가들을 포함한 주변국들과의 관계가 "체제"로서 영속성을 가지지 못했다는 점 등도 독자적 세계관의 형성에는 부정적으로 작용한다.[60]

김부식은 연호 문제에 대해서 "중국에 신속한 한쪽 '구석'의 작은 나라는 본래 사사로이 연호를 지어 쓰지 못하는 것"인데 신라가 법흥왕부터 스스로 연호를 사용한 것은 "잘못된 일"이라고 지적한다. 신라는 그후에도 "이와 같

---

[60] 시노하라 히로카타는 중원 고구려 비의 "회맹비"로서의 성격에 대해서 의문을 제기한다. 의복을 비롯한 하사 장면, 식사와 관련된 내용 등의 글자는 보이지만, 희생, 삽혈, 서약 등 전통적인 회맹의식과 관련된 내용들은 확인되지 않는다는 점, 오히려 고구려의 전통적인 예법(궤영[跪營])이나 "수천" 등 의례 목적이 기록되어 있다는 점, 여기에서 천(天)은 한족(漢族) 왕조의 "천" 개념과는 다른 고구려의 독자적인 전승에서 내려온 혈연관계를 통해서 고구려 군주와 연결되는 관념이라는 점을 들어 중국적 회맹으로 규정하기보다는 수천의 "의례"로 보는 것이 타당하다고 주장한다. 고구려의 "천" 개념은 광개토대왕 비문에서 보이는 바와 같이 하늘의 혈통을 이은 군주의 신성성, 정통성을 강조하는 것으로 중국의 "천자"에서 보이는 천의 개념과는 다른 고구려의 독자적인 특성이다. 시노하라 히로카타(2007), 「고구려 문자자료의 특성」, 박대재 외, 『고대 동아시아 세계론과 고구려의 정체성』(서울: 동북아역사재단), 192, 198쪽.

은 허물을 되풀이해 여러 해를 지내더니, 당 태종의 꾸지람을 듣고도 여전히 머뭇거린 후" 진덕여왕(眞德女王) 4년(650) 처음으로 중국의 연호인 영휘(永徽)를 사용하니 "비록 마지못해 그렇게 한 것이나 허물을 옳게 고친 경우"라고 평한다.61) 그러나 연호 문제에서 철저히 중국적 입장을 추종한 김부식은 『삼국사기』를 편찬할 때 중국의 방식을 따르지 않고 「신라 본기」 등 "본기"라는 "황제국의 체제"를 채택했다. 이것은 삼국을 중국적 세계관에서 황제국에 종속된 제후국이 아니라 독립적인 왕조로 취급한 것으로 연호에 관한 그의 언급과는 분명히 모순된다. 조선 왕조가 편찬한 『고려사』는 "본기" 체제가 아닌 "세가" 체제라는 것과 대비된다. 삼국인들이 국제/국가체제에서 자유롭게 사용한 용어들에 접하면서 김부식도 "본기" 체제가 적절하다고 생각한 것은 아닐까?

중국-한국의 조공관계에 익숙한 조선 정부는 19세기 말 일본과의 개항 조약을 체결하면서 한 가지 에피소드를 남긴다. 1876년 초 강화도 조약을 논의할 때, 일본이 제시한 초안은 조약의 당사자로 "대일본국 황제 폐하"와 "조선 국왕 전하"라고 칭했다. 조선은 이를 평등권과 동등지례(同等之禮)에 상반된다는 이유로 거부하고, 양국을 "대일본국"과 "대조선"으로 칭하는 데에 합의한다.62) 이것은 수천 년을 이어온 동아시아 전통에서 한국은 물론 일본도 중국적 질서관에 물들었음을 보여주는 사례라고 할 것이다.

---

61) 「신라 본기」 제5, 153쪽.
62) 김경창(1982), 『동양 외교사』(서울: 박문당), 111-112쪽.

제4장 중국과의 관계유형의 형성

1. 최초의 접촉과 관계유형의 탄생

이 장에서 다루는 시기는 한국에서는 고조선-위만조선-삼국시대로 이어지며, 중국에서는 수-당의 통일 이전인 춘추전국-진-한-남북조시대에 해당한다. 이 시기에 중국과 군사적으로 최초로 충돌한 한국의 국가는 위만조선이다. 이에 관한 한국의 기록은 『삼국사기』가 아니라 『삼국유사』에 나타난다. 위만조선의 수립과 한 무제의 원정에 관한 기록은 중국의 여러 사서에도 나오며 일연은 중국의 사료를 인용하여 다음과 같이 기술하고 있다(괄호 안은 안사고[顏師古]가 붙인 해설로 일연의 원문에 나온다. 해설 표시가 없는 것은 『삼국유사』에는 없거나 『한서』와 비교하여 의미가 다른 부분이다).

『전한서』에 의하면 연나라 때부터 항상(常 혹은 嘗) 진번과 조선을 침략해 차지하여 관리를 두고 성을 쌓았다(일연의 해설: 안사고는 전국시대에 "연나라가 처음으로 이 땅을 침략하여 얻었다"고 했다.1))……한나라가 일어나자 멀어서 지키기 어려웠기 때문에 다시 요동의 옛 요새를 고쳐 짓고 패수(浿水)에 이르러 경계를 삼아 연나라에 예속시켰다(일연의 해설: 안사고는 "패수는 낙랑군에 있다"고 했다). 연나라 왕 노관이 반란을 일으켜 흉노로 들어가자,2) 연나라 사람 위만은 망명하면서 (북상투에 오랑캐의 복장을 한

---

1) 안사고(顏師古, 581-645)는 당 초기의 학자.
2) 노관은 고조 유방(劉邦)과 동향 출신으로 왕의 작위를 받았다. 『사기』, 「열전」, "한신노관

조선족 무리3)) 천여 명을 모아 동쪽으로 요새를 빠져나와 패수를 건너 진(秦)나라의 옛 빈터인 상하장(上下鄣)의 변방 요새에 머물렀다.……차츰 진번조선의 만이(蠻夷), 연나라와 제나라의 망명자를 복속시켜 왕이 되어 왕검에 도읍을 정했다.

(이때는 마침 효혜, 고후의 시대로서 천하가 처음으로 안정되니 요동태수는 곧 만[滿]을 외신[外臣]으로 삼을 것을 약속하여, 국경 밖의 만이를 지켜 변경을 노략질하지 못하게 하는 한편, 만이의 군장들이 중국에 들어와서 천자를 알현코자 하면 길을 막지 못하게 했다)4) 위만은 군사의 위엄으로 그 주변의 작은 고을들을 침략하여 항복시켰다. 이에 진번, 임둔이 모두 복속해와 사방이 수천 리나 되었다.

……손자 우거(右渠) 시대……(유인해낸 한나라 망명자 수가 대단히 많아졌으며, 천자에게 들어와 조견하지 않을 뿐 아니라) 진번과 진국(辰國)이 글을 올려 한나라 천자를 알현하려고 했으나, 우거가 길을 막아 통하지 못했다. 원봉 2년(기원전 109) 한나라 사신 섭하(涉何)가 우거를 타일렀지만 끝내 조서를 받들려고 하지 않았다. 섭하는 국경까지 가서 패수에 이르렀을 때 수레를 몰던 자를 시켜 자기를 호송하던 조선의 비왕(裨王) 장(長)을 죽였다.5)

(천자는 죄인을 모집하여 군사를 만들고 조선을 공격하게 했다) 천자는 섭하를 요동의 동부도위로 임명했다. 그러나 조선은 섭하를 원망했으므로 불시에 습격하여 그를 죽였다. 천자가 누선장군(樓船將軍) 양복(楊僕)을 보내 제나라에서 발해로 가도록 하고 군사가 5만 명이었다. 좌장군 순체(荀彘)는 요동으로 나와 우거를 토벌하러 갔다. 우거는 군사를 출동시켜 험한 곳에서 이를 막았다.……좌장군은 요동의 군사를 거느리고 조선군을 공격했지만, 격파하지 못했다(좌장군의 졸정[卒正]인 다[多]가 요동의 군사를 거느리고 먼저 진병했으나 싸움에서 패하여 군사는 흩어지고 그도 도망하

열전", 528-529쪽.
3) 『조선전』 1, 74쪽.
4) 괄호 안은 『사기』의 기록인데, 『삼국유사』에는 없다.
5) 비왕은 조선왕보다 지위가 낮은 왕을 말한다. 『삼국유사』, 41쪽.

여 돌아왔으므로 법에 의하여 참형을 당했다). 우거는 성을 지키고 있다가 누선장군의 군사가 적은 것을 알고는 즉시 나가 누선을 공격했다. 누선은 패배하여 달아났다. 양복은 군사를 잃고 10여 일간 산속에서 숨어 지냈다.

 천자는 두 장수가 불리하게 되자 위산(衛山)을 시켜 군사의 위엄으로 우거를 타이르도록 (諭, 혹은 달래도록) 했다. 우거는 투항을 받아주기를 청하면서 태자를 보내 말을 바치겠다고 했다(우거가 사자를 보고 머리를 조아리며 사죄하기를, "항복하기를 원했으나, 장군이 신을 속여서 죽일까 두려웠는데, 이제 신절[信節]을 보았으니 항복하기를 청합니다" 하고는 태자를 보내어 사죄하게 하고 말 5,000필을 바치고 또 군량을 공급했다). 태자의 군사 1만여 명이 무기를 지니고 패수를 막 건너려는데, 사자와 좌장군은 그들이 반란을 일으킬까 의심하여 태자에게 말했다. "태자는 이미 항복했으니 무기를 지닐 수 없다." 태자는 사자가 자신을 속인다고 의심하여 패수를 건너지 않고 군사를 이끌고 돌아갔다. 천자는 위산을 죽였다(앞서의 싸움에서 곤욕을 치른 패잔의 군사들이 모두 두려워하고 좌장군은 마음으로 부끄럽게 여겨 우거를 포위하고서도 항상 화평을 유지했다).

 ……몇 달이 지나도 항복시키지 못했다. 천자는 오랜 시간이 지나도 결판을 낼 수 없을 것으로 생각하고 제남태수를 지낸 공손수(公孫遂)를 시켜 정벌하게 했다(좌장군 순체는 공손수에게 "조선이 항복할 형편에 이른 지 오래되었는데도 항복하지 않는 것은 누선이 여러 번 싸울 시기에 합세하지 않아서입니다.…… 지금 이와 같으니 누선을 체포하지 않으면 큰 해가 될까 두렵습니다. 누선 혼자만이 아니라 조선과 함께 우리 군대를 멸망시킬 것입니다"라고 말했다).

 ……조선의 상(相) 노인(路人)과 상(相) 한도(韓陶), 이계(尼谿)의 재상 삼(參), 장군 왕겹(王唊)이 서로 의논하여 항복하고자 했으나 왕이 허락하지 않았다.…… 원봉 3년(기원전 110) 여름 이계의 재상 삼이 사람을 시켜 왕 우거를 죽이고 와서 항복했다. 그러나 왕검성은 함락되지 않았으므로 우거의 대신(大臣) 성기(成己)가 또 반란을 일으켰다. 좌장군이 우거의 아들 장(長)과 노인의 아들 최(崔)를 시켜 그 백성들을 달래게 하고 성기를 죽였다.

마침내 조선을 평정하고 진번, 임둔, 낙랑, 현도의 4군을 두었다.6)

중국과 한국 간에 기록된 첫 충돌이라 비교적 길게 인용했다. 이 인용문을 중국의 기록들과 비교해보면, 앞으로 중국-한국 관계 패턴이라고 부를 수 있는 구체적 특성들이 나타난다. 첫째, 중국은 이 땅을 "얻었고" "예속시켜," 즉 중국의 일부로 간주하고 있다. 그러나 "멀어서 지키기 어려웠기" 때문에 "외번"으로 간주하며 다른 동이들과 중국의 관계를 원활히 하는 역할, 즉 중국의 국경을 방비하고 동시에 동이들을 간접적으로 관리하는 "중간 관리자"와 같은 역할을 맡겼다.

둘째, 한국이 커지면 중국에 대해서 공손히 굴지 않고 조공도 하지 않을 뿐 아니라 다른 동이들이 중국과 교통하는 것을 방해하면서 이들을 지배하려고 한다. 이때 한국은 황제에게 반역하여 대항하는 중국의 일부 세력과 연합할 가능성도 있다. 즉 중국의 중심부에서 멀리 떨어진 요동에서 한국이 성장하여 패권국으로 행세하려는 경향이 있으며 이것은 중국의 변방 안보에 위협이 된다. 고구려의 역할을 중국은 바로 이와 같은 관점에서 평가한다.

셋째, 군사적 충돌이 일어날 경우, 중국은 군사력을 과시하면서 동시에 회유책을 구사한다. 그러나 첫 충돌에서는 중국 원정군은 미리 대비 중인 한국군에게 패배하는 경우가 많다. 증원부대가 파견되면, 군사적 균형이 중국에게 유리한 방향으로 전개된다.

넷째, 중국은 원정의 "목표"를 천명을 받은 천자에게 거역하는 무리를 징벌하는 데에 둔다. 즉 중국의 목표는 한국이라는 지역, 혹은 이 지역에서 사는 주민들을 공격하려는 것이 아니며, 주민들을 잘못 다스린다고 간주하는 군왕이나 집단으로 한정한다. 이것은 중국이 원정에 나서면서 항상 앞세우는

---

6) 『삼국유사』, 「기이」 제1, "위만조선", 39-42쪽. "낙랑"이라는 용어는 이후 중국이 한반도와의 정치적 관계를 강조하면서 수시로 이용된다. 중국 왕조들은 고구려의 왕들만이 아니라 신라의 왕들도 낙랑군공(樂浪郡公) 혹은 낙랑군왕(樂浪郡王)으로 봉작한다. 『조선전』 1, 422쪽. 한국사에서 400년 이상 존속한 낙랑의 성격과 역할에 대해서는 홍승현(2008), 「조위(曹魏) 시기 낙랑군 회복과 요동 인식의 변화」, 서강대학교 동양사학연구실 편, 『한중관계 2000년—동행과 공유의 역사』(서울: 소나무). 낙랑의 중국화와 토착세력과의 관계, 그리고 중국에 대한 정치적 독립성을 다룬(68쪽 이하) 부분은 좋은 시사점을 준다.

명분이다.

다섯째, 중국의 증원부대에는 수군도 포함된다. 중국-한국의 군사관계에서 수군의 역할은 간과되어왔다. 육로만을 이용한 고려시대 거란과 몽고, 조선시대 여진족 등의 침공은 모두 비한족에 의한 것이었다. 그러나 삼국시대에 수와 당의 고구려 공격, 당의 백제 공격, 조-일전쟁 때의 명 수군, 청일전쟁 등에서 중국 수군은 주요한 역할을 한다. 산해관, 요동 방면에서 넘어오는 육군과 함께 발해만과 그 이남에서 진출하는 중국 수군을 견제할 수 있는 지역은 요동반도(비사성[卑奢城], 대련만 북안[大和尙山])인데, 이곳이 중국에 넘어간 이후 중국은 한반도에 대해서 전략적으로 유리한 위치에 서게 된다.

여섯째, 한국은 일면 군사적으로 대항하면서 일면 피해를 최소화하기 위해서 항복 가능성을 타진한다. 한국이 전투에서 이길 경우, 이 기간은 장기화된다. 이때 중국은 한국 지배층의 이간책을 모색하며 한국의 여러 집단들의 단결을 방해한다.

일곱째, 중국의 강인함을 목격한 한국 내부에서 분열이 일어나고, 이것이 결국 한국의 항복으로 이어진다. 항복을 주도한 인물들은 중국으로부터 후한 보상을 받는다.[7] 이것은 백제와 고구려의 멸망 때 항복을 주도한 인물들에 대한 보상과 비슷하다.

여덟째, 중국이 군사적으로 강하다고는 해도 한국을 쉽게 제압할 수 없다. 위만조선을 공격한 한 무제는 한의 건국 이래 70년 이상 흉노에게 조공을 바치고 공주를 흉노 선우와 혼인시킨 치욕을 씻기 위해서 수십 년간 군비를 확충하고 흉노와 전쟁을 치르면서 최강의 군사력을 보유했다. 또 위만조선과의 전쟁을 위해서 흉노와의 전쟁을 일시 중단하기도 했다.[8] 이와 같은 군사력임에도 불구하고 한은 조선을 쉽게 굴복시키지 못했다. 당이 돌궐 등 유목민족들과의 전쟁을 위해서 건설하고 단련한 부대를 고구려 침공에 동원한

---

7) 한에 항복한 장군 왕겹과 한도, 삼, 장 등은 모두 후(侯)에 봉해진다. 장페이페이 외, 김승일 역(2005), 57쪽.
8) 『사기』, 「열전」, "위장군표기열전", 853쪽.

것도 유사하다.

이것은 다음 아홉째로 이어진다. 한국 문제는 중국-한국 간의 쌍무적인 문제가 아니라 국제정치적으로 주변의 여러 나라들과 관련되어 전개된다. 한-흉노 관계에서 위만조선 문제가 처리된 것이다. 그 과정을 좀더 자세하게 알 수 있는 자료가 있었으면 좋겠지만, 현재로서는 이 정도의 추론만이 가능이다. 중국은 흉노 문제를 해결하기 위해서 군사력을 강화했으며, 흉노 문제가 완전히 정리되기 이전에 예봉을 위만조선으로 돌렸다. 이것은 앞으로 수, 당과 고구려, 당과 신라 문제 등도 모두 중국을 둘러싼 국제정치적인 관점을 중요시해야 한다는 점을 시사한다.

열째, 중국-한국 간의 세력대치라는 관점에서 보면 중국을 통일한 진의 세력이 이미 조선을 압박하는 선까지 확장되었으며 이것을 한이 계승하여 위만조선을 멸망시키고 군현을 설치한 것이 낙랑 등 4군이라는 것이다.9) 이것은 앞으로 연, 위 등 중국계 국가와 고구려가 이 지역에서 계속 충돌할 것을 예고하는 것이라고 하겠다.

그리고 마지막으로 "4군"과 같은 군현 설치가 가지는 의미이다. 중국은 군사적 정벌이 끝나면, 통치를 중앙에서 직접 파견한 관리가 아니라 현지 지배층에 넘기는 경우가 많다(혹은 중앙 관리 아래 지방관을 임명한다). 진시황은 통일 후 제후국을 없애면서 전국에 군현을 설치하는데, 이것은 중앙의 직접 통치를 의미하는 것이다. 한의 건국 이후 중앙지역은 군현제도를, 변두리 지방은 제후국(제후왕)과 후국(侯國, 열후)을 두어 봉건제도와 군현제도를 절충한 군국제도(郡國制度)를 실시한다. 초기에는 제후국이 거의 독립적 지위를 향유했으나, 점차 중앙의 장악력을 키워나갔다. 이에 대한 반발이 기원전 154년 경제(景帝) 때에 오, 초를 중심으로 한 7국의 난이다.10)

경제의 아들 무제가 설치한 한사군(漢四郡)이 가지는 의미도 여기에 있다.

---

9) 이성규(2005), 「4세기 이후의 낙랑교군과 낙랑유민」, 최소자 교수 정년기념논총 간행위원회, 『동아시아 역사속의 중국과 한국』(서울: 서해문집), 216쪽.
10) 이에 관해서는 『사기』, 「본기」, "효경본기"; 「세가」, "초원왕세가" 및 "오종세가" 참조. 이춘식(1987), 「중국 고대 조공의 실체와 성격—조공의 성격과 그 한국적 의미」, 한국사연구회 편(1986), 『고대 한중 관계사 연구』(서울: 삼지원), 28-32쪽.

무제 시대에 동구(東甌), 민월(閩越), 남월(南越) 등을 평정하고 직접통치를 위해서 군현을 설치한다.11) 변방에 설치한 군현도 특히 후한시대에 들어 중국 본토와의 차이를 해소하여 외신의 변군을 중국화시켜 이들의 독자적인 공간을 축소했다.12) 중앙에서 파견한 관리가 통치했건 지방관이 통치했건 간에 군현을 설치했다는 것은 앞으로 이 지역에 대한 중국의 권리와 영토권을 주장하는 역사적 근거로 남는다. 이것이 한국에 대한 중국의 전통적인 인식으로 굳어지며 양국 관계를 지배하는 큰 틀로 고정된다. 당 고조 이연(李淵)은 고구려가 "대대로 번신으로 요동을 통치해왔으며……교빙의 우호를 돈독히 하며 각각 자기 강토를 보존해왔다"고 했지만, 당 태종은 "고구려는 본래 4군의 땅이었던 곳"이라고 하면서 고구려 침공을 정당화했다.13)

중국-한국 관계에서 나타난 이상의 구체적인 양상들은 강대국과 약소국 관계에서 흔히 목격되는 "지배와 저항"이라는 틀로 설명할 수도 있을 것이다. 강대국은 직접적인 힘에 의존하든 동맹이라는 명목이든 약소국을 지배하려고 하며 약소국은 이에 저항한다. 저항의 강도는 전쟁과 같은 격렬한 방식에서 강대국의 요구에 소극적, 비협조적으로 대응하는 것 등 폭이 넓다. 국제정치에서 협조의 최고 형태라는 동맹관계 역시 동맹의 강대국과 동맹의 약소국 간에는 눈에 보이지 않는 "지배와 저항"의 긴장관계가 형성된다. 1880년대 조선과 청의 관계가 이에 해당한다. 조선이 서양 열강에 문호를 개방한 뒤에 청은 한반도에서 일본과 러시아의 영향력 증대를 저지하기 위해서 조선을 직접 장악하려고 하며, 조선은 청의 지시에 복종하면서도 청을 견제하기 위해서 수차례에 걸쳐 러시아에 접근하며(조선-러시아 밀약설) 대외적으로 독립을 천명하기 위해서 미국에 사절단을 파견한다. 이것이 조선의 저항이다.

"지배와 저항"이라는 틀은 한-위만조선 관계에만 국한된 것이 아니라는 점을 알 수 있을 것이다. 어쩌면 "서론" 첫 부분 인용문에서 중국 공사 하여장이 "무력을 시위하면서 달래라"고 한 말은 이와 같은 역사적 경험에서 나온

---

11) 장페이페이 외, 김승일 역(2005), 53-54쪽.
12) 홍승현(2008), 41-45쪽.
13) 「고구려 본기」 제9, 412-415쪽. 『조선전』, 2, 「구당서」, 245-246쪽.

중국의 한국정책의 종합이라고 해도 무방할 것이다. 앞으로 중국-한국 간에 전개되는 수많은 사건들, 예를 들면, 고구려의 수/당 전쟁, 백제, 고구려 멸망, 당을 상대로 한 신라의 통일전쟁 등은 위에서 언급한 여러 유형이 적절히 변주되어 재현된 것이다. 이런 의미에서 중국과 한국의 첫 만남이 "팽창, 회유, 무력사용, 어려운 전투과정, 그리고 정복과 철수" 대 "저항, 타협, 굴복, 피해의 최소화, 그리고 원상회복"이라는 양국 관계의 패턴을 제시하고 있다고 하겠다.

국제정치적 행위는 쌍방의 의도와 정책의 종합이다. 어느 일방의 의도나 정책만으로는 결과가 결정되지 않는다. 중국과 한국과의 관계에서 나타난 여러 패턴들 중, 공격행위와 이간책 등은 중국이 주도하며 방위와 관련된 것은 한국이 주도한다는 점도 지적해야 할 것이다.

2. 고구려 초기 중국과의 접촉

위만조선 이후 중국과의 접촉은 주로 고구려의 몫이었다. 고구려의 투쟁은 수와 당과의 전쟁으로 절정을 이루지만, 그 이전에는 오늘날의 북경 지역에 있던 연나라와 몇 차례 전쟁을 치른다. 동시에 고구려는 부여와 낙랑, 선비, 백제, 신라 등 만주와 한반도 내의 국가들과도 투쟁하며 성장한다. 초기 부여와의 갈등이 고구려 대외관계에서 큰 부분을 차지하는데, 이것은 지역 강대국으로 성장하려는 고구려로서는 피할 수 없는 과정인 동시에 인근지역에 존재하는 한민족 국가들 간에 전개된 정통성 경쟁이라고 할 수 있다. 이 문제는 제5장에서 서술할 것이며 여기에서는 중국과의 관계에 집중하겠다.

중국과 고구려의 접촉은 2대 유리명왕(瑠璃明王) 31년(12)에 한의 왕위를 찬탈하여 신(新, 8-23)을 세운 왕망(王莽)이 고구려를 협박, 군사를 징발하여 흉노를 치게 하는 데에서 시작된다. 중국의 수법은 바로 이이제이 전략이다. 그러나 고구려의 군사들은 중국에 협력하지 않고 변경으로 도망하여 도둑떼가 되었다. 왕망은 "맥인(貊人, 고구려인)들을 함부로 벌주면 반란을 일으킬 것이며 특히 부여가 이에 동조하면 큰 걱정거리가 될 것"이라는 신하들

의 조언을 듣지 않고 고구려를 치게 하고 고구려 왕의 명칭을 하구려후(下句麗侯)로 낮춘다.14)

고구려는 3대 대무신왕(大武神王) 5년(22) 부여의 "항복"과 왕 15년(32) 낙랑왕 최리(崔理)의 "항복" 등을 통해서 역내 경쟁국들을 압도하면서 성장하는데, 이것은 중국과의 충돌을 예기하는 것이었다.15) 왕 11년(28) 고구려는 "아무런 명분도 없이 군사를 출동시킨" 요동태수의 침략을 받는다. 한의 침략은 고구려의 강성과 팽창을 사전에 저지하려는 예방전쟁의 성격을 띤 것이다. 이를 계기로 위만조선과 한나라의 전쟁에서 나타난 행위 패턴이 변주되어 전개된다. 고구려는 기습공격과 수성(守城) 등 두 가지 방안을 두고 논의한 끝에 왕이 국내성 부근 위나암성(尉那巖城, 丸都山城)에 들어가서 지키는 전략을 택한다. 그러나 수십 일이 지나도 한나라 군사의 포위가 풀리지 않고 고구려군의 피로가 증대되자 화친을 요청하기에 이른다. 동시에 고구려는 성 안에 충분한 물이 있다는 것을 과시하기 위해서 잉어와 술을 보내어 중국의 포위작전이 성공할 수 없다는 점도 주지시킨다. 또 대무신왕은 "상국에 죄를 지어 장군이 백만 군사를 이끌고 우리 땅에서 비바람을 무릅쓰고 다니게 했다"고 사죄하는 뜻을 전한다. 저항과 복종이라는 양면 전술이다. 한나라는 성을 함락시킬 수 없다고 생각하고 "황제가 대왕의 죄를 문책하라 하시기에 고구려 국경에 온 것이나 열흘이 넘도록 대책이 없었는데, 이제 말이 공순하니 황제께 보고하겠다"고 하면서 철수한다.16)

대무신왕은 15년(32) 낙랑의 항복을 받은 직후 사신을 후한에 보내 조공하는데, 이에 광무제(光武帝)가 "왕의 칭호를 회복시켜주었다." 고구려 왕호를 회복시켰다는 것은 "찬탈자" 왕망의 조치들을 광무제가 일괄적으로 무효로 했다는 의미와 함께 고구려를 여전히 외신으로 간주하고 있음을 의미한다.

---

14) 「고구려 본기」 제1, 유리명왕 31년, 317쪽. 고구려는 그 기원이 맥족이라는 점에서 맥인은 고구려를 지칭한 것이다. 신형식(2003), 『고구려사』(서울: 이화여대 출판부), 125쪽. 이에 관해서는 『조선전』 1, 『삼국지』, 237-238 및 253쪽 각주 34를 참조할 것.
15) "항복"의 의미에 대해서는 제5장 참조.
16) 「고구려 본기」 제2, 대무신왕 11년, 323-324, 327쪽. 호동왕자와 낙랑공주의 설화는 32년 낙랑의 항복 때 일이다. 환도산성의 위치는 신형식(2003), 135쪽.

5대 모본왕(慕本王) 2년(49)에 고구려가 한의 북평(北平), 어양(漁陽), 상곡(上谷), 태원(太原)을 습격하지만, 요동태수 채동(蔡彤)이 "은혜와 신의"로 대하므로 다시 화친한다.17) 이것은 요동을 향한 고구려의 팽창 시도가 일단 정돈상태에 처했다는 의미이며, 또 모본왕이 국내에서 암살당하므로 "횡포하고 어질지 못한" 모본왕과 "은혜와 신의"를 보인 요동태수를 대비시켜 6대 태조대왕(太祖大王)의 정통성을 강조하고 국내적 안정을 위해서 중국과의 관계 정상화가 필요했음을 시사한다.18)

이후 중국과 고구려 간에는 침략-회유-저항-항복-현상복귀라는 패턴이 반복된다. 태조대왕 4년(56) 동옥저 정벌, 16년과 22년 조나(藻那)와 주나(朱那) 등의 주변지역에 대한 정벌은 성공적으로 이루어지는 데에 반해서, 중국을 상대로 한 고구려의 팽창은 순조롭게 진행되지 않는다. 왕 53년(153) 요동의 6개 현을 "약탈하는데" 태수 경기(耿夔)가 군사를 보내 막으니 고구려군이 크게 패한다. 이후 양쪽이 기습과 약탈을 반복하는 가운데 태조대왕 59년(111) "한에 사신을 보내 방물을 바치고 현도군에 붙여줄 것을 요구한다." 고구려가 상황에 맞추어 굴복과 반항을 적절히 구사한 것이다. 왕 69년(121)에는 유주자사, 현도태수, 요동태수 등이 쳐들어와서 무기와 재물을 약탈한다. 이때 고구려는 거짓으로 항복한 후에 기습공격을 가하여 현도군과 요동군을 쳐부수고 요동태수도 죽인다. 왕 94년(146) 한의 요동군 서안평현(西安平縣 : 九連城 동북 安平河 유역)을 쳐서 대방령(帶方令)을 죽이고 낙랑태수의 처자를 잡아왔다.19)

8대 신대왕(新大王) 4년(168) 현도군이 침입하자 왕이 스스로 항복하고 현도에 속할 것을 청한다. 그러나 8년 대군이 재침하자 농성하면서 수비에 전념한다. 한군이 굶주려 퇴각하자 추격하니 적군은 "한 필의 말도 돌아가지 못했다." 9대 고국천왕(故國川王) 원년(179) 왕의 형 발기(拔奇)가 (어질지 못하여) 왕위에 오르지 못하자 3만 명을 거느리고 중국의 요동태수 공손강

---

17) 「고구려 본기」 제2, 모본왕 2년, 328쪽.
18) 태조대왕(太祖大王)은 국조왕(國祖王)이라고도 하며, 이병도 편역본에는 대조대왕(大祖大王)으로 표기되어 있다. 둘 다 큰 조상이라는 의미이다.
19) 「고구려 본기」 제3, 331-333, 336쪽.

(公孫康)에게 항복했다가 귀국하여 비류수(沸流水, 환인) 강가에서 살았다. 왕 6년(184) 요동태수가 공격해왔으나, 왕이 친히 나가 물리치니 적의 "목을 벤 것이 산더미처럼 쌓였다." 이것은 중국이 고구려 왕족 간의 불화를 이용하여 일어난 사건인지, 고구려가 먼저 이와 같은 가능성을 차단하기 위해서 발기에 대한 조처를 했는지는 알 수 없다. 고국천왕 사망 이후 후사가 없자 두 동생 간에 권력투쟁이 일어나 그의 첫째 아우 발기(發岐)가 동생에게 패하여 요동태수 공손강에게 달아났다(10대 산상왕[山上王] 원년, 197). 발기는 현도태수 공손도(公孫度)에게서 "군사 3만을 빌려" 고구려를 공격했으나, 또 다른 아우 계수(罽須)에게 패하고 자살한다.20) 고구려의 국내 상황이 왕위계승 문제를 두고 20여 년간 불안했음에도 불구하고, 중국이 이를 적극적으로 활용하지 않은 것은 후한 말기 황건적의 난 등 민중봉기로 중국이 혼란스러웠기 때문일 것이다.

여기에서 한 가지 의문점이 떠오른다. 삼국시대를 통틀어 권력투쟁에서 패배한 인물이 삼국 중 다른 나라로 망명한 사례가 거의 없다. 중국의 경우 춘추전국시대에는 이와 같은 사례들로 가득 차 있다. 물론 삼국 관계에서 변방의 성주가 항복하거나 망명한 경우는 존재한다.21) 그러나 이 시대에 왕위를 두고 권력투쟁을 벌이다가 패배하여 다른 나라로 망명하거나 다른 나라의 지원 아래 왕위에 오른 경우는 삼국 중 백제-일본 관계에서만 찾아볼 수 있다. 반면 고구려는 발기의 경우나 장수왕 시대의 연앙의 망명에서 볼 수 있듯이, 요동, 화북 지역의 권력자들이 고구려로 망명한다.22) 고구려 권력투쟁에서 패한 자도 백제나 신라가 아니라 중국 쪽으로 도주한다. 이것은 일단 지리적으로 백제나 신라보다 중국이 가까웠기 때문일 것이다. 그러나 고구려 지도층이 중국적 관습에 더 익숙했으며, 혹은 중국과의 관계가 신라와 백제보다 더 긴밀했다는 의미는 아닐까?

고구려는 11대 동천왕(東川王) 시기에 위(魏)의 유주자사 관구검(毌丘儉)

---

20) 「고구려 본기」 제4, 342-343쪽; 344-350쪽.
21) 「신라 본기」 제2, 85쪽; 「백제 본기」 제1, 497쪽; 「백제 본기」 제4, 530쪽.
22) 612년 여-수전쟁 시기에 병부시랑 곡사정(斛斯政)이 고구려에 망명한다(『조선전』 2, 139쪽).

이 주도하는 침략으로 대참화를 맞는다. 동천왕은 중국의 삼국시대 화북에 위치한 위와 교류하고 남방의 오(吳)를 적대시한다. 왕 8년(234) 위에서 사신을 보내와 화친하는데, 10년 오왕 손권(孫權)이 보낸 사신을 죽여 그 목을 위로 보낸다.[23] 고구려로서는 인근의 강대국 위와 화친하고 남방의 오는 바다를 건너 고구려를 공격할 가능성이 거의 없다는 점에서 적대시한 것은 당연한 선택일 것이다. 또 오와 연합하여 위를 공격한다는 정책은 현실성이 없을 뿐 아니라 고구려에 이익이 되지 않는다는 점을 충분히 인식했을 것이다. 그러나 왕 12년(238)에는 위가 요동을 정벌하자 군대를 내어 지원하며 이 기회를 이용하여 요동의 서안평을 습격, 팽창을 시도한다.[24] 이 사건이 원인이 되어 왕 20년(246) 위는 관구검을 보내 현도로부터 고구려를 공격한 것이다. 동천왕은 초기 전투에서 승리하는 듯했으나, 결국 패퇴하고 관구검은 환도성을 함락시키니 왕은 잔병을 이끌고 남옥저로 달아났다. 관구검의 추격이 급박하자 고구려는 사자를 위의 진영에 보내 "대국에 죄를 짓고" 바닷가까지 도망하여 몸 둘 곳이 없어 목숨을 맡기려고 한다고 거짓으로 항복한다. 적군이 방심한 틈을 타서 기습하여 물리치지만, 병란을 겪은 환도성에 다시 도읍할 수 없어 왕 21년 "선인(仙人) 왕검(王儉)이 살던 평양성(平壤城)"[25]으로 천도한다. 이것은 고구려가 북경에 근거한 관구검 부대에 맞서기에도 역부족이었으며 나아가서 요동을 점령한 중국의 위협을 심각하게 받아들여 남쪽으로 후퇴했음을 말해준다.

전연(前燕)의 시조 모용외(慕容廆)와 그의 아들 연왕 모용황(慕容皝)의 침

---

23) 유주에 관해서는, 정하현, 「『삼국지』「위지동이전」에 내재한 세계관」, 동북아역사재단 (2009), 『동북아관계사의 성격』(서울: 동북아역사재단), 34-35쪽. 오는 고구려의 지원을 받아 조조의 위를 남북에서 협공하려고 했다. 汪高鑫, 程仁桃(2006), 『東北三國—古代關係史』(북경: 북경공업대학 출판사), 58쪽.
24) 「고구려 본기」 제5, 동천왕 16년, 354-356쪽. 238년 요동에서 연왕에 오른 공손연(公孫淵)이 반란을 일으키자 위의 실권자로 떠오른 사마의(司馬懿)와 관구검이 정벌하여 위에 편입시키는데, 이때 고구려는 위에 협력한다.
25) 「고구려 본기」 제5, 동천왕 20년, 356-358쪽. 이 평양성은 장수왕이 427년 남진정책을 위해서 천도한 평양과는 다른 곳으로 통구 부근, 강계, 북성(장안), 국내성 부근 등 여러 곳이 거론된다. 신형식(2003), 138쪽; 『삼국사기』, 정구복 외 역주(1996), 3권, 474쪽도 참조.

략은 고구려 역사상 가장 참담한 것이었다. 14대 봉상왕 2년(293)과 5년에 모용외는 고국원(故國原, 위치 미상)에서 13대 서천왕(西川王)의 무덤을 파헤쳤으나, 곧 철수한 바 있다.26) 그의 아들 모용황은 16대 고국원왕 9년(339)에 신성(新城 : 撫順城北)에까지 침입하여 고구려 왕의 맹약을 받고 철수하며, 다음 해 고구려는 세자를 보내 연왕에게 조알하게 했다. 그러나 연은 세력이 강대해지면서 중원에 야심을 가지게 되며 후방의 안전을 확보하기 위해서 왕 12년에 고구려를 공격한다. 고구려군은 크게 패하고 환도성이 함락되고 모후 주씨(周氏)와 왕비가 포로로 잡혔다.

  이와 같은 상황에서 중국-고구려 관계를 설명할 수 있는 또 하나의 패턴이 탄생한다. 모용황은 전쟁에서의 승리를 제도화하기 위해서 사신을 보내 고구려 왕을 부른다. 고구려 왕이 직접 나서 항복의 예를 행하고 양국 관계를 공식화하라는 것이다. 그러나 고국원왕은 나가지 않았다. 중국이 간파한 대로 "임금이 도망가고 백성은 흩어져 산골짜기에 숨어" 후일을 기약하든지 게릴라 전으로 침략군에 맞서려는 의도였다. 이에 연왕은 "고구려의 땅은 군사로 지킬 수 없으며" 침략군이 떠나면 다시 모여들 것이니, 이것이야말로 "근심거리가 될 것"이라고 하면서 약탈과 살육을 저지른다. 연군은 창고에 있는 누대의 보물을 거두고 5만 명을 사로잡고 궁실을 불사르고 환도성을 허물어뜨렸을 뿐만 아니라 고국원왕의 아버지 미천왕(美川王)의 무덤을 파헤쳐 시신과 왕의 생모를 볼모로 잡아갔다. 고구려가 "스스로 귀복하기를 기다린 다음에야 은혜와 신의로 무마하는 것이 상책"이라는 것이다. 철저한 파괴이며 5만 명을 잡아갔다는 것은 수도나 인근 점령지역의 인구를 거의 말살시킨 것이나 다름없는 것이다.

  이에 고구려는 10여 년 이상 신하의 예로 조공한다. 연군이 물러간 다음 해 왕이 아우를 보내 조알하는데, 연은 미천왕의 시신을 돌려주었을 뿐 왕의 모후는 여전히 억류했다. 왕 19년에는 연을 배반하고 고구려로 망명한 장군 송황(宋晃)을 돌려보내고, 25년(355)에는 사신을 보내 볼모로 들이고 조공하

---

26) 「고구려 본기」 제5, 363-364쪽.

는 등 성의를 보이자, 연은 왕의 모후의 귀국을 허락하고 고구려 왕을 정동대장군 영주자사로 삼고 예전과 같이 낙랑공과 고구려왕으로 봉한다. 그러나 고구려는 고국원왕 40년(370)에 진(秦)이 연을 멸망시키고 북중국을 통일하며 연의 신하가 고구려로 망명하자, 그를 잡아 진으로 압송할 정도로 재빠르게 변신한다.[27]

고구려의 국제관계라는 넓은 시야에서 보면 이상의 사태진전은 몇 가지 시사점을 준다. 한 무제 이후 중국의 황제들은 물론이고 연이라는 화북지방의 군주도 스스로 황제로 칭하면서 고구려 군주를 "왕"으로 봉한다. 이것은 일차적으로 고구려를 중국 영토에 포함시키지 않는다는 의미이다. 즉 번신관계이지만, 중국의 일부는 아니라는 것이다. 둘째, 고구려는 여러 차례 서쪽으로 진출하려고 하지만 그 시도는 좌절되었으며, 이 결과 관심을 남으로 돌리게 된다. 이 시기에 북중국의 강자였던 전진(前秦)의 부견(符堅)이 383년에 천하통일을 목표로 동진(東晉)을 공격하지만 비수대전(淝水大戰)에서 패배하면서 북중국은 다시 혼란에 빠진다.[28] 광개토대왕의 아버지인 18대 고국양왕은 이와 같은 상황을 이용하여 왕 2년(385) 군사 4만을 직접 이끌고 요동을 습격하여 모용수(慕容垂)[29]의 연왕 부대와 싸워 요동과 현도를 함락시키고 남녀 1만을 사로잡아 돌아오지만, 이해 겨울 연의 공격을 받아 두 군을 상실한다.[30] 이것은 광개토대왕 이전까지 요동 진출이 계속 좌절되었음을 의미한다.

여기에서 한 가지 의문이 제기된다. 당시 중국은 수가 통일하기 이전인 남북조시대이며 고구려와의 접촉과 충돌은 하북성과 요하 일대에 있던 연, 화북의 전진, 그리고 위가 주로 담당했다. 그럼에도 불구하고 통일왕조인 수와 당의 엄청난 군사력에 맞서 승리를 거둔 고구려가 상쟁이 끊이지 않는 화북의 국가들도 이기지 못하고 위의 "요동 주둔군"에게 패배하여 수도를 포

---

27) 「고구려 본기」 제6, 371-373쪽. 전진(前秦, 351-394)은 5호16국 중 하나이다.
28) 부견(337-385, 재위: 357-385)은 중국 5호16국시대 전진(前秦)의 3대 황제. 고구려와는 우호관계를 맺고 372년 불교를 전파한다.
29) 모용수(326-396)는 후연의 1대 왕으로 모용황의 아들이며 모용준의 동생.
30) 「고구려 본기」 제6, 374쪽.

기하며, 연의 "수만" 군대에 의해서 수도가 함락당하고 왕의 아버지 묘가 파헤쳐지고 왕의 어머니와 왕비가 사로잡히는 등 참담한 패퇴를 계속했는가라는 점이다.

우선 단기적 관점에서 전술적 실수를 들 수 있을 것이다. 동천왕은 초기 전투에서 관구검 군대를 격파한 후에 "위의 대군이 우리의 적은 군사만 못하다. 관구검이 위의 명장이지만, 그의 목숨은 오늘 나의 손아귀에 있다"고 자만하다가 반격을 당하여 환도성을 함락당한다. 반대로 모용황의 침공 때에는 중국의 기만전술에 속아 패퇴한다. 관구검은 중국 삼국시대 중국의 남북을 누비며 전투경험을 많이 쌓은 장수이며, 아마도 이런 의미에서『삼국사기』는 중국의 승리를 그들의 뛰어난 전술에 기인한 것으로 묘사하고 있는 듯하다.

그러나 이것만으로는 계속되는 고구려의 패배를 설명할 수는 없다. 중국왕조들을 상대로 한 고구려가 전쟁을 장기간 지속하기 위해서는 경제력만이 아니라 군대의 조직과 장비, 훈련 등 종합적인 전쟁 수행능력이 뒷받침되어야 한다. 그렇다면 화북지방과 요동에 근거한 위와 연의 경제력이 고구려가 감당할 수 없을 정도로 거대했으며, 군사력도 위와 연이 삼국시대의 내전을 겪으면서 정예화된 반면 고구려는 이에 미치지 못했다는 것인가? 그러나 관구검은 자신의 휘하 군대만으로 고구려를 공격했으며 연 역시 중원의 위협에 대처하기 위해서 정예부대는 서부와 남부에 남겨둔 채 고구려와 전쟁을 치렀던 것이 아닌가? 반면 압록강 이북에 중심을 둔 고구려가 적은 인구와 협소한 농지로 인한 경제력에서 연에 비교도 되지 않을 정도로 열세였던가? 그래서 수도를 평양으로 옮긴 이후 장수왕 시대를 거치면서 괄목할 만한 국력 신장을 이룩했으며 이 결과 수와 당과는 대결할 수 있게 되었다는 것인가? 또 로마 시대의 갈리아인이나 게르만족 병사들이 로마 군에 편입되어 로마의 군사훈련과 전술을 익힘으로써 로마에 대항할 수 있게 된 것과 비슷하게 고구려도 연과의 투쟁을 통해서 중국의 군사전략과 전술을 체험하고, 이것이 수와 당과의 전쟁에서 빛을 보게 되었다는 것인가 등의 의문도 남는다.

3. 초기 접촉과 심리적 반응

고구려와 중국과의 관계는 심리적, 정신적 측면에서도 신라, 백제의 중국 관계와 차이를 보인다. 삼국 중 고구려만이 중국의 군사적 위협을 "직접" 당면했으며, 동시에 중국과의 접촉과 교류도 고구려가 가장 빈번했다. 이것은 좋은 방향으로든 나쁜 방향으로든 고구려가 한자 도입을 포함한 중국의 "선진"문물을 앞서 도입하고 모방했다는 의미이다.

한국이 지리적으로 중국과 대비될 때는 "해동", "동국" 등으로 표현하지만 스스로 낮추어 말할 때는 문명의 중심지인 "중원"과 대비되어 야만의 상태로 남아 있다는 의미인 "구석진 곳", "골짜기", "귀퉁이"와 같은 용어를 사용한다. 이것은 중국에서도 중원에서 멀리 떨어진 지역의 제후들이 스스로 비하할 때, 사용한 표현들이다. 고구려의 경우 비슷한 표현들이 시조 동명성왕 초기부터 발견된다. 왕 원년 첫 도읍으로 삼은 비류수를 거슬러올라가자 비류국의 왕 송양(松讓)이 말하기를 "과인이 바다 귀퉁이에서 후미지게 살다보니 일찍이 군자를 만나보지 못했다"고 한탄한다. 2대 유리명왕 28년(9)에는 부여 왕 대소(帶素)의 질책과 협박을 받자, 고구려는 나라를 세운 지가 얼마 되지 않아 국력이 취약하여 치욕을 참고 굴복하게 된다. 유리왕은 여러 신하들과 의논한 후에 부여 왕에게 "과인이 바다 귀퉁이에 치우쳐 살다보니 예의에 대해서 듣지 못했다"고 사과한다.[31] 신라의 경우 이와 같은 비유가 중국과 한국을 비교하는 데에서 나타나지만, 고구려에서는 한민족 국가들 간에도 빈번히 사용되고 있음을 알 수 있다. 이것은 건국 초기부터 중국과의 관계에서 고구려가 스스로의 위상을 충분히 인식하고 있었으며 또 중국과의 교류가 빈번하여 이러한 표현이나 비유가 일상화되었다는 의미일 것이다.

왕이나 지도층 인사들이 유교적 규범을 인용하거나 이에 준거한 행위도 신라와 백제에 비해서 빈번히 나타난다. 유리명왕 27년(8) "왕태자" 해명(解明)이 "부왕께서 내가 불효했다 하여 칼을 내리시면서 자살하라 하시니 아버

---

31) 「고구려 본기」 제1, 308, 316쪽.

지의 명령을 어찌 어길 수 있겠는가"라면서 자살한다. 호동왕자와 낙랑공주의 설화로 유명한 호동왕자도 대무신왕 15년(32) 첫 왕비의 참소에 대해서 왕에게 해명하기보다는 "왕께 근심을 끼치는 것이니 효도라고 할 수 없다"면서 자살한다(호동왕자는 둘째 왕비의 소생이다).32) 고국천왕이 죽자 왕의 첫 아우인 발기가 중국에 투항하여 "아우가 형수 우씨와 공모하여 왕위에 올라 천륜의 대의를 폐기했다"고 주장하면서 중국에 군사를 청한다. 산상왕은 즉위 직후 형수를 왕비로 맞는데, 이것은 형이 죽으면 형수를 아내로 맞아들이는 형사취수혼(兄死娶嫂婚)이라는 유목사회의 풍속에 비추어 이상할 것이 없다. 그러나 우씨가 태후가 된 이후 임종을 맞을 때 "내가 행실을 잘못했으니 장차 무슨 면목으로 지하에서 국양왕(첫 남편인 고국천왕)을 뵙겠는가"라고 한탄하는 말을 남긴다.33) 이것은 고구려 본래의 유목민족적 규범과 유교라는 "두 가지 다른 규범 간의 갈등"이며, 여기에서 중국에서 들어온 유교적 규범이 부상하는 현상을 반영한 것이다.

고구려는 17대 소수림왕(小獸林王) 2년(372) 유학을 도입하여 태학(太學)을 세워 자제들을 교육했다. 그러나 위에서 언급한 유교적 영향은 유학이 고구려에 도입되기 훨씬 이전에 일어난 사건들이다. 물론 효도나 한 남편을 섬긴다는 일부종사(一夫從事)와 같은 규범은 고대 사회에서는 흔한, 그러나 보편적이라고는 할 수 없는 가치관이다. 그러나 각주 33) 이하의 사례들은 유교의 구체적 예법이다. "남녀가 7세가 지나면 자리를 같이 하지 않는다"는 등 유교적 훈육이 없었다면, 어떻게 "태후가 발을 드리우고 정사를 보았을" 것인가? 또 왕이 신하들의 추대를 "엎드려 세 번 사양한 뒤에 왕위에 오르고," 왕이 아우를 군신의 예법이 아닌 "집안사람의 예법"으로 대한 것은 모두 유교

---

32) 「고구려 본기」, 제1, 314-315쪽; 325-326쪽.
33) 「고구려 본기」, 제1, 350-351, 355쪽. 이외에도 유교적 덕목과 관련된 언급들이 여러 곳에서 발견된다. "태조대왕은 7세에 즉위했기 때문에 태후가 발을 드리우고 정사를 처리했다(331쪽)." "임금께서 덕성을 닦는다면 곧 화가 복이 될 수 있을 것입니다(339쪽)." 8대 신대왕은 165년 신하들이 추대하자 "엎드려 세 번 사양한 뒤에 왕위에 올랐다(341쪽)." 고국천왕 시기 명재상 을파소는 "때를 만나지 못하면 은둔하고 때를 만나면 벼슬하는 것이 선비의 떳떳한 일이다"라며 왕을 받들었다(346-347쪽). 상산왕은 아우 계수를 맞아 내전에서 잔치를 베풀고 "집안사람의 예법"으로 대했다(350쪽).

적 규범의 구체적 표현이다.

이것은 고구려가 비록 유교경전을 정식으로 받아들이지는 않았으나 중국과의 지속적인 접촉을 통해서 그 예법에 익숙해졌으며, 이들 예법은 이미 "한국화"되었음으로 보여주는 사례들이라고 할 수 있다. 이들 관습들이 중국에서 유교적 배경 아래 시작되었지만, 문화의 전파과정에서 현지의 관습과 융합하여 토속화 과정을 겪어 한국의 관습으로 정착되었던 것이다. 중국에서는 한 무제 시기에 재상 동중서(董仲舒)가 "파출백가(罷黜百家), 독존유술(獨尊儒術)"을 제의하고 유교 교육을 위해서 태학을 세운 이후 유교와 유학이 중국의 역대 왕조에서 치국의 전략이 되었다. 그러나 공자의 사상과 규범은 진시황의 분서갱유(焚書坑儒)에서 보듯이 오래 전부터 중국 사회에 뿌리를 내리고 있었다.34)

신라의 경우 4대 탈해 이사금(脫解尼斯今)은 왕이 되기 전에 "오로지 학문에만 정진했다"는데, 이것은 천문, 지리, 수학 등 실용적인 학문보다는 유학 위주의 중국 고전을 의미할 것이다. 탈해는 학문에 정진하자 "지리도 알게 되었다"고 한다.35) 중국이라는 "중원"과 대비한 "골짜기" 신라와 같은 비유는 국력이 신장되는 26대 진평왕 시대 왕 9년(587년)에야 발견된다. 내물왕(奈勿王)의 7대손 대세(大世)가 승려 담수(淡水)에게 말하기를 "이 신라의 산골짜기에 묻혀서 한평생을 마친다는 것은 못 가운데 물고기와 조롱에 갇힌 새가 푸른 바다의 크나큼과 산림의 드넓음을 모르는 것과 무엇이 다를 것인가! 나는 장차 뗏목을 타고 바다에 나가서 오나라, 월나라에 이르러 스승을 찾아 따르면서 명산에서 도를 구하려고 한다"고 말한다.36) 진흥왕 시대에 이르면

---

34) 그밖에도 신대왕 8년(172) 한(漢)이 공격하자 우리나라는 산세가 험하고 길이 좁아 "한 사람이 문을 지키면 만 명이 당할 수 없다"면서 방어전에 나선다. 「고구려 본기」 제4, 343쪽. 이 역시 병법 등 전쟁기술 분야에서 중국과의 교류를 보여주는 구절이다. "일부당관만무막개"는 중국의 전쟁사에 흔하게 등장하는 말이며 이백(李白)의 시 "촉도난(蜀道難)"으로 잘 알려져 있다. "검각쟁영이최외 일부당관만부막개(劍閣崢嶸而崔嵬一夫當關萬夫莫開)"(검각은 뾰족 높이 솟아 한사람이 관문 막으면 만 사람이 관문 뚫지 못하네).
35) 「신라 본기」 제1, 73-74쪽.
36) 「신라 본기」 제4, 32쪽. 김춘추도 648년 당 태종과의 대화에서 "우리나라는 후미진 바다 한구석에 있다"는 표현을 쓴다. 5권 150쪽.

순수비, 특히 마운령 비(568년 건립)가 보여주듯이 중국 황제들이 제국을 순방하면서 남긴 비문들과 흡사한 유교적 왕도정치를 의미하는 표현들로 가득할 정도로 중국적 표현들을 사용하게 된다.[37)]

오와 월은 중국에서는 중원에 비해 아직도 문명화가 늦은 양자강 이남 지역임에도 불구하고 이런 곳에서 스승을 찾겠다는 것은 신라가 중국에 대한 지식과 정보를 받아들이는 데에 고구려에 비해 뒤떨어져 있음을 보여주는 대목이다. 신라는 이 시기에 이르러서야 중국의 문물을 정부 차원에서 본격적으로 받아들여 국정운영에 활용했으며, 그 영향이 일반인들에게 미치기 시작한 것이다.

---

37) 중국의 순수 관행은, 『사기』, 「본기」, "오제본기", 11쪽. 진흥왕 순수비에 관해서는 제9장 참조.

제5장 삼국 간의 교류와 정체성

1. 삼국 간의 교류와 그 문제점

　삼국시대는 한국사에서 가장 역동적인 시기였다. 삼국 간에는 물론이고 말갈, 부여, 낙랑, 마한, 진한, 변한, 가야, 왜 등 주변 국가들과도 끊임없이 접촉하고 충돌한다. 『삼국사기』는 왕위계승이나 반란 등 국내의 정치적 문제 외에 이들 국가들 간의 접촉과 충돌도 비중 있게 다루고 있다. 중국의 왕조들 중에는 한국과 직접 접촉하는 화북의 왕조들만이 아니라 양자강 유역에서 명멸한 여러 왕조들도 등장한다. 이를 통해서 삼국을 비롯한 여러 한민족 국가들 간의 접촉이 이민족인 중국이나 왜와의 접촉과 어떤 차이를 보이는가, 이 차이가 민족적 동질성에 대한 인식에서 비롯된 것인가, 혹은 이것을 한국적 정체성의 발현이라고 말할 수 있을 것인가, 그리고 한국적 정체성으로 발전할 수 있는 가능성을 내포하고 있는가 등의 문제의식을 가지고 삼국 간의 교류와 정체성의 형성을 검토하자.

　사마천의 『사기』는 중국의 건국, 신화시대에서 춘추전국을 거쳐 통일을 이룩한 한나라 초기까지를 다루고 있다는 점에서 이 장에서 검토하려는 한국과 여러 측면에서 비교할 수 있다. 그러나 중국에서는 제후국 간의 교류와 접촉이 단순한 무력충돌에 한정되지 않았다는 점에서 한국과는 크게 다르다. 「열전」에 나오는 인물들이 다른 제후국들을 방문하여 정치적 이상을 펴거나 부국강병책을 건의하고, 왕실들은 서로 혼인하고, 왕자나 장수들은 본국에서 정치적 어려움에 처하면 타국으로 망명하여 고위 관리나 장수가 되며 또 망명지에서 돌아와서 정권을 잡기도 한다.

인적 교류와 함께 아이디어의 교류도 활발하게 일어난다. 전국시대의 오왕 합려(闔閭)의 밑에는 제나라 출신의 손무(孫武), 초나라 출신의 오자서(伍子胥) 등이 모여들었다. 상군(商君)으로 알려진 상앙(商鞅 또는 衛鞅)은 위(衛) 출신으로 위(魏)에서 일하다가 진(秦)으로 망명하여 대개혁을 실천한다. 전국시대에 연횡설(連衡說)을 제창한 장의(張儀)는 위(魏) 출신으로 진(秦)의 재상이 되었다가 위의 재상이 되고 다시 진의 재상이 된다. 이것이 곧 제자백가의 배경이며 궁극적으로 중국이 통일되어야 하는 당위성으로 발전하게 되는 것이다. 헤브라이-그리스-로마의 전통을 공유한 보편주의적 배경에서 교류가 활발했던 유럽도 중국과 유사하다. 각 국가는 타국 출신을 정부 관리로 영입하는 데에 주저하지 않는다. 덴마크는 독일인, 스페인은 외국인 고문들을 무차별적으로 고용하며, 1815년 빈 회의 때 유럽의 구세주로 자처한 러시아의 알렉산데르 1세는 폴란드, 프로이센, 코르시카, 스위스 등 여러 국가 출신의 전문가들을 거느리고 회의의 주역답게 등장하기도 한다.

그러나 한국의 경우 이와 같은 교류의 흔적은 신라에 불교를 전해준 고구려의 승려 아도화상(阿導和尙) 등 몇몇을 제외하고는 별로 찾아볼 수 없다. 민간 차원에서는 백성들이 굶주림을 피해 다른 나라로 넘어가는 사례는 언급되어 있다. 중국의 『북사(北史)』와 『수서(隋書)』는 "(백제) 사람들은 신라, 고구려, 왜 사람 등이 섞여 살았고, 또 중국 사람도 있었다"고 하여 백제를 중심으로 민간 차원에서 주변국들 간에 교류가 빈번했음을 보여준다.1) 그러나 국가 차원의 접촉은 근본적으로, 나-제동맹(433)이 보여주듯이, 상대를 이용하기 위한 기회주의적 정략결혼과 같은 것이었다. 이와 같은 상황에서 상대는 "승냥이"와 "이리"이고, 절멸시켜야 할 "잔악한 적"이며 "철천지원수"와 같은 대상이 된다.2) 왕과 왕이 서로 죽이는 전쟁을 치르면서도 백제와

---

1) 『조선전』 2, 76, 164쪽. 『북사』는 북조(北魏, 西魏, 東魏, 齊, 周, 隋) 233년간(386-618)의 통사로 당 태종과 고종 시기(627-659)에 완성되었다.
2) "승냥이"와 "이리"는 백제가 북위(北魏)에 보낸 표문에서 고구려를 지칭한 것이며, 나머지는 신라가 통일전쟁 시기 백제를 지칭한 표현이다. 「백제 본기」 제3, 517쪽; 「신라 본기」 제7, 196, 198쪽.

고구려는 같은 조상에서 나왔다는 점을 인정한다.3)

"내전"이 "국제전"보다 더 치열한 경우가 많다. 국제전은 고대에는 상대방에 대한 약탈과 착취가 주종을 이루기도 했지만, 근대 유럽적 전통에서는 상대방의 "조직적 저항"이 분쇄되면 전투는 종결되고 곧바로 평화협상으로 전환된다. 이에 비해서 일정한 지역 내에 거주하는 동일민족과 집단들 간에 패권경쟁이나 이데올로기, 종교적 갈등으로 인해서 일어난 내전은 상대방을 제거되어야 할 "원수"이며 종교적 선(善)에 대비되는 "악마"로 볼 뿐이다. 내전이 국제전보다 더 잔학하다는 점을 정체성의 표현이라고 할 수도 있을 것이다. 삼국 등 한민족 집단 간의, 혹은 삼국과 낙랑 등 이민족 집단 간의 관계도 이 범주에 속한다고 할 수 있다. 이와 같은 접촉과 갈등의 중간 단계에 "살아남은 자"가 고구려, 백제, 신라의 삼국이다.

2. 고구려-부여 간의 정통성 경쟁과 국제정치적 문제

고구려는 건국 초기부터 어려운 상황에서 출발한다. 2대 유리명왕 21년(2) 졸본성(卒本城, 桓仁)에서 국내성(國內城, 集安)으로의 천도도 물자가 풍부할 뿐만 아니라 "전쟁의 환란을 면할" 수 있는 안보적 차원에서 이루어진 것이다. 2대 유리명왕 14년(기원전 6) 부여가 볼모 교환을 요구하자 "부여가 강대한 것을 꺼려" 태자 도절(都切)을 볼모로 보내려고 한다. 왕 28년(9)에는 부여 왕 대소가 사신을 보내 "우리 선왕께서 동명왕과 서로 우호하며 지냈는데,······이제 우리 신하들을 유인하여 도망하게 하며······왕이 우리를 섬기지 않으면 사직을 보존하기 어려울 것이다"라고 협박한다. 부여는 같은 왕실에 뿌리를 둔 고구려의 독립을 부인하면서 고구려가 국가의 형태를 갖추더라도 속국으로 장악하려는 의지를 보인 것이다.4) 유리명왕은 나라를 세운 지

---

3) 북위에 보낸 개로왕의 표문은 "우리나라는 고구려와 함께 그 근원이 부여에서 나왔으므로······"라고 쓰여 있다(「백제 본기」 제3, 519쪽).
4) 초기 부여의 중심지는 길림(吉林)이며 3세기경 세력권은 송화강 이남 유역이다. 박경철(2004), 「부여사 연구의 제문제」, 이성규 외, 『동북아시아 선사 및 고대사 연구의 방향』(서울: 학연문화사).

오래되지 않아 군사력이 약하니 치욕을 참고 "대왕의 교시를 받고 명령에 따르겠다"고 굴복한다.

그러나 유리명왕 후년에 가면서 고구려의 국력이 신장된 듯, 왕 32년(13) 부여가 침범하자 왕자 무휼(無恤, 3대 대무신왕)이 앞장서 물리친다. 이것이 군사적으로 고구려가 부여에 승리한 학반령(鶴盤嶺) 전투이다. 고구려의 국력을 크게 신장시킨 대무신왕은 왕 5년(22) 부여의 "항복"을 받아내고 왕 15년에는 동명왕의 신하인 대신 3명을 파면한다. 건국군주의 신하들은 조정의 구세력을 상징하며 또 새 왕의 개혁의지를 저지하는 세력이라고 할 수 있다. 왕은 이들이 "자질이 탐욕스럽고 야비하여" 말썽을 일으켜 죽이려고 했으나, 옛 공을 고려하여 "서인(庶人)"으로 강등시킨다. 요즘 식으로 말하면 파렴치 죄를 씌워 구세력을 일소하고 왕권을 강화한 조치이다.5)

고구려의 국제관계에서 이보다 더 중요한 것은 부여와의 정통성 대결이다. 까마귀 논쟁으로 전개되는 이 대결은 부여의 서자격인 고구려가 부여 왕실의 정통성을 확보하게 되었음을 상징적으로 설파한다. 대무신왕은 즉위 3년부터 동명왕의 사당을 세우고 사냥터에서 신마(神馬) 거루(駏驤)를 얻는 등 대내외적으로 고구려 왕권의 정통성을 다져나간다. 그리스의 알렉산드로스 대왕이 애마 부체팔루스를 얻은 것과 같이 하늘이 진정한 왕에게 "하늘의 말(神馬)"을 내렸다는 의미일 것이다.6) 같은 해에 부여 왕 대소가 머리 하나에 몸뚱이가 둘인 붉은 까마귀를 보내왔다. 원래 이 까마귀는 부여 사람이 대소에게 바친 것이었다. 그런데 대소왕은 "까마귀는 검은 것인데 지금 변해 붉은 빛이 되었으며, 또 머리 하나에 몸이 둘 달린 것은 두 나라를 아우를 징조이니 부여가 고구려를 칠 것"이라는 말과 함께 고구려에 보냈다. 그러나 고구려는 "검은 것은 북방의 색인데 이제 (붉은 빛으로) 변해 남방의 색이 되었으며, 또 붉은 까마귀는 상서로운 것인데 부여가 이를 얻고도 가지지 못하고 나에게 보냈으니 우리 두 나라의 흥망을 알 수 없겠구나!"라고 회신한다. 이에

---

5) 「고구려 본기」 제1, 302, 313, 316, 318, 324쪽. 학반령 전투에 대해서는 이성제(2008), 「부여와 고구려의 관계사에서 보이는 몇 가지 쟁점」, 서강대학교 동양사학연구실 편, 『한중관계 2000년—동행과 공유의 역사』(서울: 소나무), 113-115쪽.
6) 알렉산드로스 대왕과 애마 부체팔루스에 대해서는 http://en.wikipedia.org/wiki/Bucephalus.

부여 왕은 후회했다고 한다. 부여는 주어진 복을 차버리고 반대로 고구려가 이를 받아 정통성을 가지게 되었다는 것이다.

대무신왕은 재위 4년 겨울 12월부터 부여 원정을 시작하여 5년 여름 2월에 부여 왕을 죽이고 가을 7월 드디어 부여를 멸망시킨다. 이 과정도 군사적 성공과 함께 고구려가 부여로부터 정통성을 인수, 확립했다는 점을 부각시키고 있다. 고구려 군사가 비류수(沸流水, 渾江) 강가에서 솥을 얻어 밥을 지으니 불을 때지 않았어도 밥이 저절로 익으며, 금으로 만든 옥새와 무기를 얻어 하늘에 절하고 받고, 부여 왕의 목을 베어올 장사 괴유(怪由)를 만나며, 전쟁 중에 사라졌던 신마 거루가 부여의 말 100필을 끌고 오는 사건 등이다. 초기 원정에서 대무신왕은 여러 어려움을 이겨내고 부여 왕을 죽이지만 "나라를 멸망시키지 못하고" 고구려의 "군사와 물자를 많이 잃은 것"을 스스로 책망하면서 백성들을 위무함으로써 진정한 통치자로서의 면모도 과시한다. 마지막으로 부여 왕의 종제(從弟)가 "왕이 돌아가시고……백성들이 의지할 데가 없고……나는 나라를 부흥시킬 수 없다" 하고 무리 1만 명과 함께 "항복"한다.[7]

이로써 고구려와 부여 간의 지역 헤게모니 다툼은 고구려의 승리로 종결되며 부여의 서자로서 출발한 고구려가 부여의 왕통을 흡수함으로써 정통성을 완벽하게 확보한 국가가 되었다. 그러나 한 가지 의문점이 남는다. 부여 왕이 죽고, 왕족이 "항복했으며" 부여국의 "부흥"을 도모하지 않았음에도 불구하고, 부여라는 국가는 이후에도 계속해서 『삼국사기』에 등장한다. 고구려는 항복한 부여 왕의 종제를 "왕"으로 봉해 "연나부(掾那部)에 안치했다." 또 대소왕의 아우가 갈사수(曷思水) 가에 나라를 세우고 왕으로 일컬었다는 기록도 있다(대무신왕 5년). 기존의 연대기에 의하면 부여의 멸망은 16대 고국원왕 16년(346)이다. 그러나 이 시기는 연이 고구려의 수도까지 침략하여 병화에 휩싸인 기간(왕 12-25년)으로 과연 고구려가 부여를 합병할 여력이 있었는지 의심스럽다. 『삼국사기』는 고구려 문자명왕 3년(494)에 부여 왕이 처자

---

[7] 「고구려 본기」 제2, 319-322쪽. 고구려의 상징인 삼족오는 단순한 까마귀라기보다는 태양을 상징하는 것이다. 이 사건 이후에 이와 같은 인식이 생겼다는 근거가 없겠지만, 연관성은 있을 것이다.

와 함께 나라를 들어 항복했다고 기록하고 있다.8)

"항복"과 국가의 "멸망"을 둘러싼 혼란은 고구려와 낙랑의 관계에서도 나타난다. 한의 무제가 진(秦)의 군현제도를 모방하여 낙랑 등 4군을 설치한 것은 중국이 이들 지역을 직접 통치한다는 의미이다. 그러나 이 주장에는 문제점이 많다. 광무제가 대무신왕 27년(44) 군사를 보내 "바다를 건너와 낙랑을 치고 그 땅을 군현으로 만드니 살수(薩水) 이남이 한에 속하게 되었다."9) 이것은 광무제가 고구려의 왕호를 회복시켜줌으로써 관계를 정상화하고 또 고구려의 서진정책에 대한 의구심을 버리게 되었지만, 중국의 군현으로 출발한 낙랑 등 4군의 성격이 토착주민과의 연대로 반독립적으로 변하면서 한의 직접통치에서 벗어났다는 반증일 것이다.10) 위만이 중국에서 건너와서 "중국의 후원 아래" 왕이 되었으나, 위만조선을 한민족 국가라고 간주하는 것과 같이 한사군(漢四郡)도 한반도 내에 존재했건 만주에 존재했건 한민족 혹은 만주족들의 국가로 변모한 것이다. 중국의 관점에서는 고구려와 유사한 독립된 정치적 실체, 즉 국가인 것이다. 이것은 고구려 등의 한민족 국가가 이들에 대한 입장을 정리하는 데에 하나의 준거가 될 것이라는 점에서 중요한 의미를 가진다.

고구려는 대무신왕 15년(32)에 낙랑 왕 최리가 "호동왕자와 낙랑공주, 자명고" 사건을 겪으면서 "자기 딸을 죽이고 고구려에 항복했다." 『삼국사기』는 이에 부연하여 "혹은 낙랑을 '멸망'시키기 위해서 청혼해서 그 딸을 데려다가 아들의 아내로 삼은 다음, 그녀를 본국에 돌려보내 그 병기를 부수게 했다"라는 이야기도 전한다고 덧붙인다.11) 기존의 연구서들은 낙랑에 대해

---

8) 「고구려 본기」 제7, 387쪽. 이병도는 "왕"을 "제후"로 설명한다(이병도 역주, 349쪽). 이기백(1990), 『한국사 신론』, 신수판(서울: 일조각), 44쪽.
9) 「고구려 본기」 제2, 323-324, 327쪽.
10) 위 문제 시기(237-239)에는 낙랑과 대방을 "회복한다." 홍승현(2008), 50-52쪽. 그외 이 지역의 경제적 중요성도 언급된다.
11) 「고구려 본기」 제2, 325쪽. 「신라 본기」 유리 이사금 14년(37)에는 고구려가 "낙랑을 습격해 멸망시켰다"고 쓰고 있다. 연대에서 차이가 나는데, 역자는 "중국의 낙랑군 자체가 아니라 낙랑으로 총칭되던 서북지역 일대의 일부 세력을 말한다"고 설명한다. 「신라 본기」 제1, 1권, 72쪽.

서는 미천왕 14년(313) 고구려가 낙랑을 "축출하고 대동강 유역을 차지했다"고 약간 모호하게 기술하고 있다.12) 『삼국사기』는 미천왕 14년 "겨울 10월 낙랑군을 침공해 남녀 2,000명을 사로잡았다"고 기록하고 있을 뿐,13) 이것이 낙랑의 멸망을 의미하는지 확인할 수 없다.

이 문제와 관련하여 몇 가지 검토할 사항들이 있다. 첫째는 "항복"이 가지는 의미이다. 고구려 멸망 이후 고구려 왕손 고안승이 신라에 귀순하자 신라는 그를 고구려왕으로 책봉한다. 고구려가 부여의 왕손을 "왕"으로 책봉한 것과 비슷하다. 고구려 태조대왕 25년(77)과 53년(105) 부여의 사신이 공물을 바치고 또 왕 69년(121) 왕이 부여에 행차하여 태후의 사당에 제사를 지낸 것으로 보아 부여가 속국 지위로 조상의 "제사"를 받들게 하는 수준에서 존속시킨 것이라고 할 수 있다. 백제 온조왕은 왕 27년(9)에 마한을 "멸망"시켰는데, 그후에도 마한이 존속하며 심지어 고구려와 동맹을 맺어 요동을 침공한 사건에 대해서 『삼국사기』는 "멸망했다가 다시 일어난 것인가 한다"14)라는 해설을 붙이고 있다.

한반도와 만주에서 군소국들이 삼국으로 정리되기 이전에는 국가가 크지 않아 항복과 멸망, 혹은 부흥의 과정이 어렵지 않았을 수도 있으며, 또 "항복"의 의미를 국가의 멸망이 아닌 것으로 해석될 여지를 남기고 있다. 고구려와 중국 관계에서 고구려는 중국에 여러 차례 "항복했지만," 이것이 국가의 멸망을 의미하지는 않았다. 춘추시대 오왕 부차가 월왕 구천의 항복을 받고 노예로 만들었으나, 월은 존속된다. 그러나 월왕 구천은 기원전 473년 오에 복수한 후에 오를 멸망시킨다.15) 부여와 낙랑의 항복과 멸망도 비슷한 것이 아닐까? 또 백제 멸망 때 의자왕(義慈王)이 당에 항복하면 제사는 받들게 해주지 않겠느냐고 희망한 것과 이후 당이 백제의 부흥을 시도한 것 등도 비슷한 맥락일 것이다. 이상의 사례들을 종합해보면, "항복"은 상대방의 우월적 지위를 받아들이면서 "전쟁 전의 상태로 복귀한" 것이라고 할 수 있을 것이다.

---

12) 이기백(1990), 61쪽; 신형식(2003), 313쪽.
13) 「고구려 본기」 제5, 367쪽.
14) 「고구려 본기」 제3, 태조대왕 70년, 333쪽.
15) 『사기』, 「세가」, "오태백세가" 및 "월왕구천세가".

그러나 낙랑의 경우는 모호하다. 앞에서 언급한 대무신왕 15년(32) 및 27년(44), 미천왕 14년(313)의 『삼국사기』 기사는 국가의 "멸망"이라기보다 힘의 관계에서의 변화라고 보는 것이 타당할 것 같다. 대무신왕 15년 낙랑의 "항복"을 받아 고구려의 속국으로 만들어 지배 아래에 둠으로써 낙랑과 중국의 관계를 단절시켰다는 의미일 것이다. 이와 같은 상황에서 광무제는 왕망으로 인한 혼란을 극복하고 군대를 보낸 것이다. 이것은 또 낙랑 지역의 패권을 두고 고구려가 패했다는 의미도 함축하고 있다. 문제는 한의 낙랑 정벌에 대해서 고구려가 이를 방어하는 행동을 취했다는 기록이 없다는 점이다. 고구려가 한에 대항할 능력이 없었는지, 혹은 이 해에 대무신왕이 죽었기 때문에 후한의 낙랑 정벌을 지켜보기만 했는지는 알 수 없다.

고구려와 부여의 쟁패과정은 한민족의 정체성이 확립되는 방향으로 전개되었다는 점에서 주요한 사건이다. 고구려와 부여는 모두 상대방을 같은 핏줄을 나눈 같은 민족이라는 입장을 보였다. 그러나 같은 핏줄로서의 유대감이나 동질성이 중국을 상대로 공동전선을 펴려는 의지로 발전하지는 않았다. 헬레니즘 세계와 그 바깥에 있는 "야만인들"의 세계를 구분하고 도시국가들 간의 내부적 분쟁과 야만인들과의 전쟁을 구분하던 그리스인들16)조차, 그중에서도 그리스 세계를 주도하던 아테네와 스파르타는 그리스 세계의 헤게모니를 다툰 펠로폰네소스 전쟁에서 서로 경쟁적으로 페르시아라는 외세의 도움을 얻으려고 하며 결국 외세의 개입으로 전쟁은 끝난다. 즉 스파르타가 소아시아 지역을 페르시아에 양도하는 대가로, 바꾸어 말하면 그리스 영토의 주요 부분을 포기하는 대가로 페르시아와 동맹에 들어감으로써 아테네는 패배한다.17)

---

16) 그리스인들의 경우, 도시국가들 간의 전쟁은 오늘날 국제정치적 관점에서 국가 내부의 내전이며, 외부 적과의 전쟁은 국제전으로 규정할 정도로 민족의식이 강했다. Wight (1992), p. 52. 플라톤은 『국가론(The Republic)』에서 도시국가들 간의 분쟁은 "**파쟁(stasis)**", 이족들 간의 분쟁은 "**전쟁(polemos)**"으로 정의한다. Plato, The Repblic, Book, 5, p. 207; 조우현 역(1990), 219쪽.
17) 도널드 케이건, 허승일, 박재욱 역(2006), 『펠로폰네소스 전쟁사』(서울: 까치), 391, 410-412쪽. 또 200년간 진행된 십자군 전쟁(제1차 1095년, 제9차 1271-1291년)을 통해서 기독교적 동질성으로 무장한 유럽에서도 중세 말기 프랑스와 스페인이 이탈리아에서 헤게모니 쟁탈을 위해서 이교도 국가인 터키를 끌어들인다.

로마 시대에도 오늘날 프랑스인의 갈리아 지방에서 같은 혈통을 가진 "야만인" 부족들이 싸우면서 로마를 자기 편으로 끌어들인다.18) 카이사르의 『갈리아 원정기』에서 로마가 야만인 부족들을 분리통치하며 각 부족들이 로마와 손을 잡으려고 한 사례들을 쉽게 찾을 수 있다.

이와 같은 현상은 국제정치에서 흔히 나타나지만, 한국 사회나 학계에서는 이를 애써 외면하려고 한다는 데에 문제가 있다. 유럽 각국은 "유럽 보편주의"라는 동일한 가치체계와 "유럽 일가"라는 관념을 가지고 있어 동맹의 파트너를 바꾸는 데에 별다른 어려움을 겪지 않는다. 그러나 여전히 민족주의적 감정은 존재했으며 이와 같은 토양이 19세기를 민족주의 시대로 만들었다. 그런데 나폴레옹과 같은 강력한 적을 맞는 상황을 제외하면, 같은 게르만 민족인 프로이센과 오스트리아가 "동맹"을 맺어 이민족 국가와 싸운 적이 없다(1864년 덴마크를 상대로 양국은 연합하여 싸우지만 이것은 상대방이 독식하는 것을 방지하기 위한 것이다).

오히려 이 두 강대국은 서로를 증오하며 끊임없이 싸웠다. 1740년부터 1748년까지 진행된 오스트리아 계승전쟁에는 오스트리아, 프로이센, 프랑스, 영국이 참여한다. 전통적으로 영국은 프랑스의 팽창주의적 경향을 우려하고, 프랑스 역시 영국을 프랑스 외교의 장애로 인식한다. 양국은 상대방을 주적으로 간주한다. 호엔촐레른 왕가의 프로이센과 합스부르크 왕가의 오스트리아는 같은 게르만 민족임에도 불구하고 왕실 간의 경쟁심과 함께 독일연방 내의 주도권을 둘러싸고 갈등관계에 있었다. 또 부르봉 왕가의 프랑스는 16세기 이래 합스부르크 왕가의 타도를 중요한 외교정책으로 삼을 정도로 양국은 유럽의 패권을 두고 싸워왔다.

이와 같은 구도에서 프랑스는 프로이센을 지지하고 영국은 오스트리아와 손을 잡게 된다. 이들은 오스트리아 계승전쟁 때 영국과 오스트리아 대 프랑스와 프로이센으로 나뉘어서 싸웠다. 그러나 곧이어 프로이센의 흥기에 위협을 느낀 프랑스는 2세기 동안의 적대관계를 청산하고 오스트리아와 손을 잡

---

18) 앙드레 모로아, 신용석 역(1980), 『프랑스사』(서울: 홍성신서), 16쪽.

는다. 영국은 당연히 프로이센과 가까워진다. 그리고 이 동맹구도에서 이들은 7년전쟁(1756-1763)에 돌입한다. 이것이 유럽 외교사에서 유명한 "외교혁명"이다. "외교혁명"은 그러나 주적 개념을 설명하는 데에 주로 사용된다. 즉 파트너만 바뀌었을 뿐 전쟁의 상대는 동일하다는 것으로 외교의 "혁명적 변화"라는 의미가 크지 않다는 것이다. 즉 동맹의 파트너가 어떻게 변하든 "주로" 싸우는 상대방은 항상 영국 대 프랑스, 프로이센 대 오스트리아였기 때문이다. 각국의 명목상의 동맹에 관계없이 주적은 변하지 않는다는 것이다.[19]

여기에 "민족" 문제를 개입하면 놀라운 반전이 일어난다. 같은 민족인 오스트리아와 프로이센이 힘을 합쳐 프랑스나 영국을 상대로 싸우지 않고, 왜 파트너를 교환해도 서로 적으로 간주하고 싸우느냐는 것이다. 이것이 국가의 도덕률이며 국제정치의 성격이다. 민족 내부의 문제에 외부세력을 끌어들인 것은 정서적으로 용납할 수 없겠지만, "생존"과 "안보"를 최고의 가치로 삼는 "국가"가 생존의 위협을 받으면 "반민족적인" 것같이 보이는 행위도 서슴지 않는다. 각국은 아테네-스파르타 간, 혹은 후일 백제-신라 간의 "국지적 수준"의 문제가 주변 강대국(페르시아, 고구려, 당 등)이 관여하여 "지역적 수준"의 문제(지중해 세계나 만주 혹은 동아시아)로 발전하여 주변 국가들 간의 관계에 영향을 미칠 수 있다고 분석하며 이와 같은 상황을 자국에게 유리하게 이끌어가려는 것이다.[20] 이 문제는 삼국시대에 신라 대 백제와 고구려 간에만 존재했던 것이 아니다. 신라 후기와 고려 초기에 발해 멸망 때 신라와 고려가 취한 정책이나, 1950년 한국전쟁 당시 김일성이 중국, 소련과 연합하고 이승만 정부는 미국과 연합한 것도 이 범주에서 벗어나지 않는다. 문제는

---

19) "외교혁명"에 관한 간단한 해설은, 민석홍(1992), 『서양사 개론』(서울: 삼영사), 418-420쪽.
20) 국지(local) 수준은 그 영향이 제한된 지역범위에 한정된 것, 지역(regional) 수준은 동아시아, 중동 등 국제정치의 한 단위에 미치는 것, 세계(global) 수준은 그 영향이 세계적 차원에서 고려되는 것을 말한다. 연평해전이 국지적 수준이라면, 북한의 핵개발은 한국은 물론 일본, 중국에도 영향을 미친다는 점에서 지역적 수준의 문제이며, 또 미국의 세계전략과도 관련된다는 점에서 범세계적 차원의 문제이다. 이에 대한 고전적 해설은, Wight, Martin(1978), *Power Politics*, ed. by Hedley Bull and Carsten Holbraad(New York: Holmes & Meier Publishers).

펠로폰네소스 전쟁에서 스파르타가 페르시아라는 외세를 동원하지만, 같은 민족 간의 전쟁이라는 인식이 존재했던 것과 유사한 상황이 이 시대 고구려와 부여 간에, 그리고 7세기 후반 신라-백제 간에 있었는가라는 점이다.

오늘날 한국 사회는 신채호(申采浩)나 민족주의적 사관의 영향 아래 외세와 야합하여 같은 민족을 공격한 것을 가장 경멸한다. 그 첫 사례로는 고구려와 부여가 만주의 헤게모니를 위해서 이민족 중국을 자기편으로 끌어들이려고 한 시도를 꼽아야 할 것이다. 고구려가 태조대왕 69년(121) 마한과 예맥과 연합하여 현도성을 공격하자, 부여가 한의 군사와 힘을 합쳐 고구려와 그 동맹군을 무찌른다. 왕 70년에 부여 왕이 중국을 구원하여 고구려와 그 동맹군을 격파한다.21) 이와 같은 "이민족과의 동맹"이라는 "짝짓기" 게임은 7세기 중엽 신라가 당과 연합하여 삼국통일을 완성하는 데에서 그 절정을 이룬다고 하겠다.

국제정치를 "외세" 대 "민족" 간의 대결로 보는 관점은 국가의 대외적 행위나 국제정치의 원리에 무지한 탓이다. 그러나 신라의 통일로 인해서 결과적으로 한민족의 영역이 줄어들어 한국이 동아시아에서 약소국으로 전락했으며, 이것이 후일 일본에 의한 강제병합으로 이어졌다는 주장이 여전히 설득력을 가지고 있다는 사실은 부인할 수 없다. 그러나 이에 앞서 던져야 할 질문은 그리스 도시국가들 간에 존재했던 "민족"이라는 관념이 삼국 간에 존재했는가 하는 점이다. "한민족"이라는 동질성을 내세워 고구려와 부여가 중국을 상대로 공동전선을 모색했다면 좋았을 것이다. 이 경우에도 양측의 협조가 진정한 민족적 연대성의 표현인가, 아니면 정략적 술책에 불과한 것인가, 또 어느 쪽이 "민족"을 "순수한" 동기에서 내세워 연대를 추진했는가 등의 질문도 제기된다.22) 고구려와 부여의 관계는 오히려 같은 민족이기 때문에 제한된 지역에서 헤게모니를 차지하기 위한 내전과 같은 치열한 투쟁이었으며, 이런 관점에서 아테네-스파르타나 신라-백제 간의 관계에서 보이는

---

21) 「고구려 본기」 제3, 333쪽.
22) "유럽"이라는 이름으로 이교도 터키에 대항하자는 러시아 대사에게 비스마르크가 "누가 유럽인데?(Who is Europe?)"라고 물으면서 이를 통해서 이득을 얻으려는 자가 누가인가라고 추궁하는 것도 동일한 의미이다. Wight(1992), p. 32.

"은원(love and hate)"이 교차되는 현상이다. 이것은 정체성의 맹아일 수도 있 겠으나, 이 맹아가 "한국적 정체성"으로 발전하느냐는 문제는 이후 역사의 전개에 달렸다고 할 수 있다.

3. 광개토대왕-장수왕의 남진정책과 관련 문제들

고구려의 대외관계는 건국 이후 부여와 중국에 집중되었으며, 백제와 신라와의 관계에 관한 기록은 빈약하다. 「고구려 본기」 5권에서 동천왕 19년(245) 신라를 공격했으며 왕 22년(248) 신라와 화친했다는 것이 첫 기록인 것 같다.23) 그러나 고국원왕 39년(396) 고구려가 백제를 공격하다가 패하고, 고국원왕 41년 백제가 평양성을 공격하여 고국원왕이 전사한다. 이것은 중국을 상대로 싸운 일련의 전쟁에서 패배하여 국력이 피폐했음에도 불구하고 지나치게 남진정책을 추구한 결과라고 할 것이다. 이 사건을 계기로 고구려는 백제를 "원수로 여겨서 제(濟)를 잔(殘)으로 바꾸어" 경멸적인 명칭인 "백잔(百殘)"으로 부른다.24) 이것이 광개토대왕 비문에 나오는 백잔의 배경이다. 백제 역시 "쇠(釗, 고국원왕) 머리를 베어 매달았다"고 자랑한다.25) 이후 17대 소수림왕 5-6년(375-376), 18대 고국양왕 3년(386) 고구려는 백제를 공격하고, 고국양왕 6-7년(389-390) 백제가 고구려를 침공한다. 왕 9년(392) 사신을 신라에 보내 우호를 닦았으며 신라는 왕의 조카 실성(實聖)을 볼모로 고구려에 보냈다.26) 그리고 광개토대왕이 등장하면서 백제와 신라와의 관계는 그의 비문을 통해서 상세히 전한다.

광개토대왕은 서른아홉 살까지 21년간 재위했다. 그의 비문은 "은택은 황천에서 흡족히 적시고, 위엄과 무공은 사해에 떨쳐 뒤덮었다"고 그의 정복사

---

23) 「고구려 본기」 제5, 356, 359쪽.
24) 因之仇視 以殘易濟. 왕건군, 임동석 역(2004), 103쪽. 물론 사료에는 이와 같은 표현이 없다.
25) 「고구려 본기」 제6, 371쪽. 「백제 본기」, "근초고왕" 편에는 이 사건을 단순히 "고구려 왕이 힘껏 싸워 막다가 날아온 화살에 맞아 죽자, 백제 왕이 군사를 이끌고 물러났다"고 기술하고 있다. 「백제 본기」 제2, 509쪽 및 제3, 518쪽.
26) 「고구려 본기」 제5, 374-376쪽.

업을 평가한다. 상당히 천하 제국적이며 황제와 같은 권위를 과시한 표현이다. 구체적으로 영락 5년(395) 비려(稗麗, 거란족) 정벌, 6년(396) 백제 정벌, 8년(398) 식신토곡(息愼土谷) 정찰과 [백제의] 가태라곡(加太羅谷) 정벌, 9년(399) 백제 정벌과 동맹세력인 왜 격파, 10년(400) 신라 구원과 왜 격파, 14년(404) 왜구 격파, 17년(407) 백제 정벌, 20년(410) 동부여 정벌 등을 기록하고 있다. 정복사업 끝부분에는 대왕이 일생 동안 얻은 성이 64개, 촌이 1,400개라고 정리한다.27)

중국의 연구는 광개토대왕이 요동을 진공한 일은 없었으며 그가 일생 동안 빼앗은 성과 촌은 모두 백제의 것이라고 일축한다.28) 그러나 『진서(晉書)』를 인용한 중국의 다른 연구는 고구려가 요하를 건너 요서에 위치한 연군(燕郡, 요녕성 의현 일대)을 공격하고 요동과 현도를 차지했으며 후연의 모용희(慕容熙)는 국내의 어려움 때문에 반격을 했음에도 불구하고 이를 회복할 수 없었다고 적고 있다.29) 『삼국사기』도 광개토대왕 11년 군사를 보내 연의 숙군성을 치자 평주자사 모용귀(慕容歸)가 성을 버리고 달아났으며, 13년 다시 왕이 연을 침공했다고 기록하고 있다.30) 광개토대왕의 정벌사업이 주로 백제와 왜를 상대로 한 것이며 정벌의 성과도 이 두 곳에서 빛났다는 지적은 타당하지만 중국과의 관계를 애써 부정할 것은 없다. 삼국 관계에서 더 중요한 것은 비문의 어디에도 고구려가 백제와 신라에 대해서 동일민족과 같은 특별한 감정을 느낀 부분을 발견할 수 없다는 점이다. 오히려 같은 왕가의 핏줄인 백제를 "백잔"이라는 경멸적 명칭으로 부른다. 영락 6년의 기사 중 고구려와 백제 부분은 다음과 같다.

고구려에게 신라와 백제는 모두 속국이며 조공을 바쳐왔다. 그런데 신묘년 이래 왜구가 바다를 건너 백잔과 신라를 쳐서 신민으로 삼았기 때문에 [그

---

27) 판독과 위치 비정을 왕건군에 의존한다. 신묘년(辛卯年)(391) 기사는 영락 6년 정벌의 이유로서 앞부분에 있다. 「신라 본기」 제3, 104쪽도 참조.
28) 왕건군, 임동석 역(2004), 266쪽.
29) 장페이페이 외, 김승일 역(2005), 89쪽.
30) 「고구려 본기」 제6, 377쪽.

때부터 칭신조공을 하지 않아] 왕 6년 몸소 수군을 인솔하여 백잔을 토벌했다. 대군이 백잔의 국경 이남에 도착하여 18성을 공취하여 (이후 백제의 성 이름이 나열됨) 백잔의 국도(國都)에 핍박했다. 백잔은 의(義, 고구려를 자칭)에 투항하지 않고 감히 출병하여 영전(迎戰)했다. 왕이 혁노하여 아리수(한강으로 비정)를 건너 국도로 진격하자 백잔군은 소혈(巢穴, 국성)로 도망갔다. 곧 그들의 왕성을 포위했다. 백잔의 주(임금)는 곤핍하여 남녀 생구(포로) 1,000명과 세포 1,000필을 헌납해 내보내며 태왕의 면전에 꿇어앉아 스스로 서약했다. "지금부터 영원히 노객(奴客)이 되겠습니다." 태왕은 은혜를 베풀기로 하고 용서하여 그가 공순한 성의를 할 것인지 살피기로 했다(은혜롭게도 애초의 미혹된 허물을 용서하시고 뒷날의 순종하는 정성을 살펴주셨다). 이번에 모두 58개 성, 700개 촌을 얻었다. 백잔 주의 형제와 대신 10인을 데리고 귀국했다. 이후 백잔은 조공하고 명령을 듣게 되었다.[31]

이어 영락 9년(399)에도,

백잔이 맹세를 위반하고 왜인과 통호했다. [백제에 대비하기 위해서] 태왕은 남으로 평양을 순시했다. 그러자 신라가 사신을 보내 그들의 국경 내에 왜인이 가득하며 성지(城址)는 모두 파괴당했으며 노객을 백성으로 삼았다. 신라 왕은 태왕에게 귀의하여 태왕의 지시를 듣기를 원한다고 했다. 태왕은 인자하여 그들의 충성을 칭찬하고 신라 사신을 돌려보내면서 밀계를 일러주었다. 10년(400) 경자년에 보병과 기병 5만을 파견하여 신라를 구원하게 했다. 신라성에는 왜인이 가득했다. (남거성으로부터 신라성에 이르기까지 왜인들이 성 가운데 가득 차 있었다.[32] 관군이 도착하자 왜적은 퇴각하기 시작했다. 왜적의 배후를 추격하여 임나가야의 종발성에 이르

---

31) 백제 왕은 17대 아신왕이다. 견자추성(遣刺追城)은 "선봉대를 파견하여"이며 "성"은 국성, 수도를 말한다.
32) 신라성은 국성, 곧 수도일 수도 있다. 왕건군, 임동석 역(2004), 358-360쪽. "광개토왕의 노객 곧 신하인 신라 왕이 신라가 망해 일개 평민이 되었다(以奴客爲民)"는 구절은 과장된 표현으로 보이는데, 신라는 망했지만 왜에 항복하여 신하가 된 것은 아니라는 의미도 있다.

자 성은 즉시 항복하여 신라인을 그곳에 파견하여 파수시켰다. 왜구는 크게 무너졌다(倭寇大潰). 성 안의 10분의 9의 신라인이 모두 왜를 따라가기를 거절하자 [고구려 군대는] 또한 신라인을 안치하여 성을 지키게 했다.……나머지 왜구는 무너져 흩어져 도망갔다.

이 부분을 어떻게 해석해야 할까? 왜 고구려가 저 멀리 남쪽으로 내려와서 왜를 물리치고 신라를 구원했을까? 이것이 일부 국사학자들이 말하듯이 "고구려적 천하의 바깥에 있는 이질적 존재"인 왜가 "어떠한 형태로든 간에 고구려의 천하에 침입한 것에 대해서 강한 적대감을 가지게 되었기" 때문일까?[33] 비문은 고구려가 신라에 대해서 약간의 연민을 느꼈음을 보여준다. 또 밀계를 일러주었다는 것은 고구려와 신라 간의 군사동맹을 시사한다. 그러나 이 연민과 동맹이 곧 "같은 핏줄"이라는 의미는 아니며 "우리" 혹은 동족의식은 더욱 아니다. 이것이 고구려 천하관에 속한 "우리"라는 의식을 표현한 것이라면, 왜 백제에 대해서는 적대감과 모멸감으로 가득 차 있을까? 고구려가 백제와 왜를 공격한 것은 "우리"와 "너"를 구분해서가 아니다. 조공을 바치지 않는다고 혹은 신라가 "칭신/노객"의 지위를 감수했기 때문도 아니다. 조공을 바치지 않는 것은 배반의 징조이며 이것은 고구려의 우월적 지위를 위협하고 나아가서 고구려의 안보에 골칫거리가 될 것이라는 신호이다. 또 백제와 왜가 결합하거나 이들 중 하나가 신라에 진출하면 고구려에 대한 위협이 증대될 것이다. 이것은 수나 당이 고구려에 대해서 가진 안보 불안감과 유사하다.

이제 신묘년(391) 기사로 넘어가자. 핵심은 "신묘년 왜가 바다를 건너와서 백잔과 신라를 파해 신민으로 삼았다(倭以辛卯年來渡海破百殘∥∥∥羅以爲臣民)"고 번역하는 부분이다. 일본사에서 이 시대는 "고분시대"로 분류되며 야마토(大和) 분지에 거대한 고분이 밀집되어 토착 수장보다 더 강력한 야마토 정권으로 알려진 정치권력이 4세기 전반기에 이 지방에 출현했다고 본다. 야마토 정권의 세력범위에 대해서는 논란이 많지만, 대체로 기나이(畿

---

33) 노태돈(1999), 390쪽.

內) 지방을 중심으로 점차 동서로 세력을 신장하여 5세기 전반에는 규슈(九州)에서 간토(關東) 지방까지 확대되었을 것으로 믿는다. 신묘년 기사에 대한 논쟁은 북부 규슈에 기반을 둔 왜 세력이 한반도의 일부를 점령했다는 주장이 사실인가라는 점이다. 이 문제는 일본이 20세기 식민지 통치를 과거 한반도 지배를 회복한 것이라는 주장과 연결하면서 사실 그 자체를 규명하기보다는 민족적 자존심과 관련된 문제로 간주되고 있다.

텍스트를 넓은 시각에서 접근해보자. 우선 왕조나 정치집단의 이름조차 알려지지 않은 이 시대의 왜인들이 이토록 자주 신라를 공격, 침략, 노략질했다는 것은 그들에게 한반도 남부 해안지역의 경제적 부가 절실히 필요했다는 반증이다. 또 한반도와 대마도 간의 거리가 50킬로미터 정도라는 점을 고려하면 큰 어려움 없이 항해가 가능했을 것이다. 오히려 대마도와 규슈와는 130킬로미터가 넘는다(영국과 유럽 대륙과는 34킬로미터, 일본과 중국 대륙과의 거리는 180킬로미터 이상이다). 또 해류도 주로 제주도에서 부산 쪽 방향으로 올라가기 때문에 일본에서 한반도로 오는 것이 한반도에서 일본으로 가는 것보다 유리하다. 그렇다면 지리적으로 대마도를 중심으로 한반도 남부와 일본은 쉽게 연결될 수 있다는 말이다. 이것은 문명사적인 관점에서 이 지역이 지중해와 같이 인근 지역 간에 활발한 교류를 통해서 하나의 문명권으로 발전할 수 있는 여건을 갖추었다는 의미이다.

한반도 남부지역에 강력한 통일국가가 출현하기 이전인 이 시기의 정치집단의 규모는 한 고을이나 몇 개의 고을을 통합한 수준이었을 것이다. 야마토 정권의 실체가 무엇이든, 일본의 상황도 이와 비슷했을 것이며 어느 일방이 다른 일방을 압도하는 수준이라고 보기는 어렵다. 한반도의 해안지역이나 대마도 거주민들이 선단을 조직하여 서로 교류하고, 때로는 상대방이 허술한 틈을 타서 노략질하면서 대륙은 섬에, 섬은 대륙에 자기들의 생활 근거지를 마련했을 것이다. 『삼국사기』의 「신라 본기」편에 나오는 왜인의 신라 침공에 관한 수많은 기록들과 광개토대왕 비문에 적힌 "남거성에서 신라성까지 [성 안에] 가득 찬 왜인"이라는 기록이 이를 말해준다. "포상팔국(浦上八國)이 가라를 침략하고자 계획하니, 가라의 왕자가 와서 구원을 요청하고 신라가 구해주며 여덟 나라의 장군을 죽이고 잡혀갔던 6,000명을 빼앗아 되돌아 왔다"라는 기사도 있다.34) 포상팔국은 낙동강 하류에 자리한 김해 서쪽의 웅천, 창원, 진해, 고성, 사천 등지에 있던 나라이며, 이들은 해양 지향적으로 왜와의 활발한 교류를 통해서 "일본적 성격"이 상당히 유입되었을 것이라는 견해도 있다.35) 이들 중 일부를 개척민들의 "근거지(colony)"라는 의미에서 일본은 "임나일본부"라고 주장할 수도 있을 것이다. 백제가 중국 해안과 일본에 설치했다는 담로(擔魯), 혹은 고구려의 다물(多勿), 부용(附庸), 혹은 후일 신라의 상인들이 산동반도에 만들었다는 "신라방"도 이에 속할 것이다.36)

고대 그리스인들이 에게 해와 오늘날의 터키인 소아시아의 여러 지역에 건설한 식민지들은 본토와 문화적, 정신적 연대감을 가지면서도 정치적으로 독립적이었다. 중세 유럽 바이킹들은 식량 부족과 인구 증가로 인하여 영국 해안지역을 급습, 약탈을 자행하고, 지중해를 돌아 다뉴브까지 진출한 흔적을 남기고 있다. 이 시기 대마도에 거주하던 주민들이 한반도 해안을 휩쓸면서 노략질한 것과 다를 바 없다. 그들은 단기간에 걸쳐 점령한 지역을 폐허로 만들고 내륙 깊숙이 진출하기도 했다. 그러나 수십, 수백 명 규모로 집단을 이루어 영국의 해안지역을 횡행하던 바이킹 해적 중 대바이킹 군대라고 불리는 덴마크 지역의 바이킹은 886년 요크셔 지역에 요르빅 왕국을 건설하여 노르만족의 정복(1066)까지 존속한다. 요르빅 왕국은 주변 국가들의 간섭을 물리칠 수 있는 능력을 가진 국가였다. 왜인들도 한반도에 근거지를 마련하여 장기간 머물면서 지역주민들을 지배하거나 지역주민들과 협력하여 주변의 신라나 가야, 백제 등 한민족 국가들의 반격을 물리칠 수 있는 능력을 보유한 독립된 정치권력을 이루었다고 할 수 있을까? 지배층은 왜인이 차지

---

34) 「신라 본기」 제2, 내해 이사금 14년, 88-89쪽.
35) 홍면기(2010), 「장보고의 해상활동과 미래 한국의 국가전략—한반도 미래비전과 지정학적 정체성의 모색」, 연구용역 보고서, 11쪽 참조.
36) "colony"는 제국주의 시대의 경제적 착취를 위한 식민지가 아니라 페니키아인이 개척한 카르타고, 그리스인들이 식민한 에게 해의 여러 섬들과 같은 의미이다. "다물"은 고구려 말로 옛 땅을 회복한 것이라는 의미이다. 「고구려 본기」 제1, 308-309쪽. 부용은 천자와 직접 통할 수 없으며 제후국에 소속된 작은 국가이다. 「고구려 본기」 제5, 362쪽. 백제의 해외 진출 등에 관해서는 제6장 참조.

하고 피지배층은 한인들로 구성된 사회를 유지했을까? 아니면 조그만 부락을 차지하여 곧바로 한국인들에게 동화, 즉 한화(韓化)되었을까? 광개토대왕비에 적힌 대로 왜들이 신라의 성들에 가득할 정도로 몰려들었다면, 이것은 약 2,000명으로 추산되는 바이킹의 요크 공격의 규모였다는 말인데, 이들은 왜 영속적인 정치권력을 형성하지 못했을까?

페니키아인들은 카르타고 등의 식민지를 건설했으며 그리스인들도 소아시아에 수많은 도시들을 건설했다. 이들은 해상활동을 통해서 장기간 정착했기 때문에 도시국가와 같은 독립된 정치권력으로 발전할 수 있었다. 이것이 전통적인 의미에서의 "식민"이다. 그러나 이들 식민지역들은 지역 전체의 권력 변화에 곧바로 영향을 받는다. 페르시아가 팽창하면서 그리스 도시국가들이 패퇴하듯이 대륙이나 섬에 강력한 중앙집권적 세력이 대두하면 쫓겨나거나 흡수된다. 규모가 작은 섬은 대륙보다 통일을 이루기 쉽다는 점도 상기할 필요가 있다. 상대적으로 일찍 통일된 영국이 (결혼, 상속, 정복 등 여러 방법으로) 분열상태에 있는 프랑스의 일부를 장악하고 프랑스 왕을 핍박할 수 있었으나, 대륙국가인 프랑스가 팽창하자 프랑스 속의 영국 영토는 흡수되어 버린다. 광개토대왕 시대에 고구려는 중국과 항쟁하는 과정에서 주변의 다른 나라들에 비해서 강력한 군사 대국으로 성장하게 되었고, 이 군대가 남북으로 휘젓고 다니면서 백제와 왜의 근거지를 쳐부수었다는 것은 조금도 이상하지 않으며, 또 이것이 일본의 한반도 진출설을 부정하는 논리를 정당화하는 것도 아니다. 여기에서 왜인의 "진출"이 독자적 정치권력의 창출인가, 개척-식민-원주민과의 동화-소멸의 과정을 밟은 것인가라는 점을 규명하지 않으면 별다른 의미가 없다는 것이다. 또 고대에 있었던 "교류"의 역사를 애써 부정할 필요도 없으며, 이를 "지배"의 논리로 발전시키는 것은 더더욱 우스운 것이다.

4. 신라의 초기 왜와 백제와의 관계

신라의 대외관계는 이민족인 "왜"를 제외하고는 주로 한민족이라고 부를 수 있는 국가들 간의 접촉으로 이루어졌다. 건국에서 "왕"으로 호칭하기까지 이전인 21대 소지 마립간까지 500년 이상 신라의 역사는 피침의 과정이었다고 해도 과언이 아니다. 초기부터 주변국들의 공격을 받는데, 놀랍게도 약탈에 앞장선 집단은 "왜"이다. 그 다음이 백제이며 고구려, 마한, 낙랑, 가야, 말갈도 수시로 신라의 변경을 넘나든다. 첫 외침은 시조 혁거세 거서간(赫居世居西干) 30년(기원전 28) 낙랑으로부터 시작된다.[37] 신라는 "백성이 편안하지 못하고, 위엄은 이웃나라가 두려워하기에 부족"하며 또 "창고가 비어 있고 병장기는 무디어져 있다"고 스스로 고백할 정도로 외침에 대해서 속수무책이었다. 그리고 전쟁을 지휘한 장수들의 희생도 심각했다.

특히 바다를 통한 왜병의 "기습"은 엄청난 재앙이었다. 2대 남해 차차웅(南解次次雄) 11년(14) 왜병들이 병선 100척의 무력을 동원하여 해변의 민가를 노략질하고 낙랑이 이를 이용하여 금성을 공격하니 상황이 매우 위급해진다. 6대 지마 이사금(祗摩尼師今) 4년(115) 가야가 변경을 노략질하여 왕이 친정에 나섰으나 죽을 뻔했으며, 11년(122) 왜병이 금성에 온다는 소문에 주민들이 다투어 산골짜기로 숨는다. 건국 초기부터 간헐적으로 나타난 왜의 침략은 3세기 중반 이후에 본격적으로 격화된다. 11대 조분 이사금(助賁尼師今) 3년(232) 왜인이 갑자기 들이닥쳐 금성을 포위하여 왕이 몸소 나가 싸운다. 14대 유례 이사금(儒禮尼師今) 시기는 왜병의 침략이 유난히 많았다. 4년(287) 왜병이 백성 1,000명을 사로잡아가고, 9년 왜병이 사도성(沙道城, 경북 포항시 장기면 혹은 경남 함안군, 영덕군 영덕면으로 비정)을 함락시킨다.[38]

4세기 중반 16대 흘해 이사금(訖解尼師今) 집권 후반기에 들면서 침략 왜병의 규모가 커지는데, 이에 비례해서 전투기록도 상세해지고 신라의 대응방안도 구체적으로 나타난다. 흘해 이사금 37년(346) 왜병이 갑자기 금성을 포위 공격하는데, 신라는 적의 예봉을 감당할 수 없어 시간을 늦추고 피로해지

---

37) 「신라 본기」, 제1, 65쪽.
38) 「신라 본기」, 제1, 68-69쪽. 75-77, 79-80, 89, 91, 93쪽. 낙랑은 남해 차차웅 원년(4)에도 금성을 여러 겹 포위했다; 「신라 본기」, 제2, 91, 96-97쪽. 26대 진평왕(579-632) 시대의 향가 "융천사 혜성가"는 "동쪽 옛 나루, 건달파 노닐던 고장을 바라보고 왜병이 들어왔다. 봉화를 올린 국경이구나"라고 노래하고 있다. 일연, 『삼국유사』, 리상호 역(1999), (서울: 까치), 「감통」 제7, 436쪽.

기를 기다린 후에야 격퇴한다.39) 17대 내물 이사금(奈勿尼師今) 9년(364) 대적할 수 없을 만큼의 대규모 왜병이 닥치자 왕은 풀 인형을 수천 개 만들어 옷을 입히고 무기를 들려서 토함산 아래에 벌려 세우고 1,000명을 부현(斧峴, 경주시 토함산 동남쪽으로 비정) 동원들에 매복시켜 불의에 공격하여 물리친다. 내물 이사금 38년(393) 왜병이 금성을 에워싸고 5일 동안 포위를 풀지 않았다. 장수들이 나가 싸울 것을 요청했으나, 왕이 "지금은 적들이 깊숙이 들어와 죽을 곳에 있는지라, '즉 죽음을 무릅쓸 각오로 있는지라', 그 예봉을 당할 수 없다"하여 성문을 닫고 싸우지 않자 왜군은 아무런 소득 없이 물러갔다. 왕이 기병 200명을 보내 그들이 돌아가는 길목을 막고 보병 1,000명을 보내 독산(獨山, 경북 포항시 신강면)까지 추격하여 양쪽에서 공격하여 크게 쳐부수었다.

18대 실성 이사금(實聖尼師今) 때에는 4년(405), 6년, 14년에 왜가 침략하는데, 광개토대왕 비문의 내용과 연대가 정확히 일치하지는 않으나 비슷한 시기이다. 당시 일본과 어느 정도 화해가 성립되어 있었음에도 불구하고, 침략이 간헐적으로 일어났다는 사실은 왜의 침략이 국가 수준에서 이루어진 것이 아니라 일본 해안지역에 거주하는 집단들이 산발적으로 감행한 것이라는 사실을 말해준다. 실성 이사금 7년 왜인들이 대마도에 군영을 설치하고 무기와 군량을 비축하여 신라를 습격하려고 한다는 정보를 듣고 신라가 먼저 정예병을 뽑아 공격할 것을 계획한다. 그러나 바다를 건너서 타국인 대마도를 공격한다는 것은 실패 가능성도 있었기 때문에, 험한 곳에 관문을 설치하여 왜병을 막는 전략을 택한다.40) 이것은 신라가 왜병에 관한 정보수집 능력을 어느 정도 갖추었으며 또 선제공격을 고려할 만큼 국방력이 향상되었다는 의미일 것이다. 『손자』 등 "병법"이 몇 차례 인용된 것은 방어전략을 체계적으로 세울 정도로 전략적 사고나 군체제의 정비에서 상당히 성장했음을 보여주는 대목이다. 또 최소한 몇 가지 중국 고전이 신라에 들어왔음을

---

39) 「신라 본기」 제2, 99쪽.
40) 「신라 본기」 제3, 102-106쪽. 이 사건들이 광개토대왕 비문에 기록된 고구려의 신라 구원과 백제-왜 정벌에 관한 연도에 해당한다.

알 수 있다.

왜병은 19대 눌지 마립간(訥祗麻立干) 15년(431), 24년의 침략에 이어 28년(444)에는 금성을 열흘 동안 에워쌌다가 양식이 떨어지자 그냥 돌아갔다. 이때 신하들은 "궁지에 몰린 적을 쫓지 말라"는 『손자』의 병법을 건의했으나, 왕은 기병 수천을 거느리고 추격하다가 장수들과 군졸 절반을 잃었다. 20대 자비 마립간(慈悲麻立干) 2년(459) 왜병들이 병선 100여 척으로 동쪽 변경을 습격하고 월성(반월성)을 에워싸고 "사방에서 화살과 돌이 비 오듯" 했다. 왕이 월성에서 지키다가 적들이 물러나려고 하자 군사를 출동시켜 그들을 쳐부수었다. 이것은 신라의 수도가 계속 전쟁터가 되고 있음을 말해준다. 5년에는 왜인들이 활개성(위치 미상)을 공격하여 주민 1,000명을 사로잡아갔다. 자비 마립간 6년 변경에 2개의 성을 쌓았다. 21대 소지 마립간 15년(493) 임해진(臨海鎭, 경주시 외동면 모화리로 비정)과 장령진(長嶺鎭, 경주 동쪽)을 설치하여 왜적을 방비하지만, 왕 8년(486), 19년, 22년 계속 왜병의 침략을 받으며, 22년에는 장봉진(長峯鎭, 경주 동쪽으로 비정)이 함락된다.[41]

왜의 침략은 6세기 초 22대 지증왕의 즉위와 함께 갑자기 사라진다. 이후 법흥왕-진흥왕으로 이어지는 신라의 융성기에 국방이 튼튼해지면서 왜의 노략질이 어려워졌기 때문일 것이다. 신라는 일면 왜의 침구에 대항하면서 일면 우호관계를 맺는다. 4세기 초부터 시작된 이와 같은 관계는 왜의 세력이 약화된 탓인지, 왜의 국내정세가 혼란하여 신라를 침략할 여력이 줄어든 탓인지, 혹은 인질이나 물질적 혜택을 베푼 신라의 외교가 성공한 탓인지 등의 문제를 검토해야 할 것이다. 15대 기림 이사금(其林尼師今) 3년(300) 왜국과 사절을 교환하고, 16대 흘해 이사금 3년(312) 왜국 왕이 사신을 보내 아들의 배필을 구하니, 아찬(阿湌) 급리(急利)의 딸을 보낸다.[42] 18대 실성 이사금 원년(402) 왜국과 우호를 맺고, 17대 내물 이사금의 아들 미사흔(未斯欣)을 볼모로 보낸다.[43] 그러나 혼인이나 인질교환만으로 양쪽의 우호관계

---

41) 「신라 본기」 제3, 109쪽.
42) 「신라 본기」 제2, 98-99쪽. 기림 이사금 35년(344) 왜국이 사신을 보내 혼인을 청하자 딸이 이미 출가했다고 거절했다.
43) 「신라 본기」 제3, 104-107쪽. 이것이 박제상 사건과 연결되며 왕위계승을 둘러싼 분쟁

는 오래 지속되지 못하며 왜인들의 침략과 노략질은 곧 재개된다. 이와 같이 인질 등 국가 대 국가 차원에서 이루어진 합의에 관계없이 왜의 침략이 간헐적으로 전개되었다는 것이 통일 이후 문무왕이 동해 용왕이 되어 왜병으로부터 신라를 보호하겠다는 유언을 남긴 배경이라고 할 것이다.

신라는 백제와의 분쟁도 거의 매년 겪는다. 고구려도 몇 차례 침공한 기록을 남기고 있다. 그러나 신라와 왜의 관계가 일방적인 약탈과 방어, 혹은 인질 등과 같이 힘의 관계를 반영하는 데에 비해서 삼국 간의 관계는 애증이 뒤얽힌 복합적인 것으로 발전한다. 이것은 "삼국" 사이에 형성되는 한민족 정체성의 첫 단계일 것이다. 이 시기에 신라는 광개토대왕 비문이 전하는 바와 같이 고구려에 대해서 열등한 지위를 감수했던 것 같다. 내물 이사금 37년(392, 광개토대왕의 즉위 원년) 고구려에서 사신을 보내왔고, 또 고구려가 강성하다고 하여 이찬(伊湌) 대서지(大西知)의 아들 실성을 볼모로 보냈다는 기록은 왜에 대항하는 청병을 하기 위한 것으로 보인다. 19대 눌지 마립간 원년(417, 장수왕 5년) 고구려에 볼모를 보내고, 8년 "사신을 고구려에 보내 교빙의 예를 닦았다." 또 눌지 마립간 34년(450) 신라 하슬라(강릉) 성주가 사냥을 하고 있던 고구려 장수를 엄습해 죽인 데에 대해서 장수왕이 노하여 힐난하고 신라의 서쪽 변경을 침범하자 신라 왕이 "겸손한 말로 사과"했다.44)

5. 백제의 초기 대외관계

백제는 신라나 고구려에 비해 대외관계에서 "능동적"이었다. 초기에는 시조 온조왕 13년(기원전 6) "동쪽에 낙랑이 있고 북쪽에 말갈이 있어 우리의 변경 강토를 침범하니 평안한 날이 적어" 도읍을 위례성으로 옮기지만, 말갈과 낙랑의 몇 차례 침범을 제외하고는 백제가 주로 주도권을 행사하는 방식으로 대외관계가 전개된다. 이것은 주변국들의 역학관계에서 백제가 기민하게 대응했다는 반증이다.

의 배경이 된다.
44) 「신라 본기」 제3, 107-109쪽.

온조왕 8년 낙랑이 백제의 축성에 대해서 "과거에 우호를 맺어 한 집안처럼 여기더니 이제 우리 강토를 핍박하고 잠식해 들어오려는 것이 아닌가?"라고 힐난한다. 백제는 "요새를 설치해 나라를 지키는 것은 당연한 일인데, 어찌 화친과 우호에 변함이 있다고 하겠는가? 만약 낙랑이 강한 것을 믿고 군사를 낸다면 백제 역시 이에 대응할 뿐"이라고 대답하는데, 이후 낙랑과의 화친이 깨어진다. 이 역시 자신감의 표현이라고 하겠다. 온조왕은 백제가 건국할 때 우호적 태도를 보인 마한에 대해서도 방어태세를 취하다가 왕 27년(9) "거짓으로 사냥을 간다고 군사를 출동시켜 마한의 국읍을 병탄하고" 다음 해에 멸망시킨다. 8대 고이왕 13년 연나라의 유주자사 관구검의 고구려 침공을 이용하여 낙랑의 변경을 습격하여 주민들을 잡아왔는데, 낙랑태수 유무(劉茂)가 노하자 백제는 "침공을 당할까 염려하여" 주민들을 돌려보낸다. 신라 8대 아달라 이사금(阿達羅尼師今) 12년(165) 백제와의 전투에서 아찬 길선(吉宣)이 모반하여 백제로 도망한다.45) 이와 같은 기록들은 백제가 내부적으로 일찍 안정되어 주변국들과의 관계에 관심을 돌릴 수 있었기 때문에 가능했을 것이다.

백제는 신라와의 관계에서 특히 공세적이었다. 4대 탈해 이사금 8년(64) 가을 8월에 백제가 와산성(蛙山城, 충북 보은)을, 겨울 10월에는 구양성(狗壤城, 충북 괴산 혹은 옥천으로 비정)을 공격하는 등 3세기 중반까지 백제의 공세가 계속된다. 반면 신라의 반격다운 반격은 몇 차례가 되지 않는다. 탈해 이사금 20년 빼앗긴 와산성을 회복한다. 백제가 5대 초고왕(肖古王) 2년(167) 신라의 서쪽 변경의 두 성을 습격하여 깨트리고 남녀 1,000명을 사로잡은 데에 대해서 신라가 정예병 2만으로 백제를 한수까지 공격한다. 이에 백제는 이전에 약탈해온 이들을 돌려보낸다(393년 왜의 침략에 대항해서 수도를 방어하면서 겨우 200명을 내어 추격전을 전개한 신라가 200년이나 앞선 시기에 2만 명을 동원할 수 있었을지는 의문이다). 초고왕 39년(204) 신라의 요거성(腰車城, 충북 보은군 분곡 혹은 경북 상주시 구요제원으로 비정)을

---

45) 「백제 본기」 제1, 489, 491, 497쪽; 「백제 본기」 제2, 502쪽; 「신라 본기」 제2, 85쪽.

제5장 삼국 간의 교류와 정체성 173

쳐서 성주를 죽이자 신라 왕이 정예병을 거느리고 백제의 사현성(沙峴城, 충남 공주시 정안면 광정리산성으로 비정)을 공격한다. 내해 이사금(奈解尼師今) 23년(218)에는 백제가 장산성(獐山城, 경북 경산)을 포위하자 왕이 직접 나가 격퇴한다.46)

"백제 공세 대 신라 방어"라는 관계 패턴은 양측이 고구려의 남하에 공동 대응하는 나-제동맹(433)을 체결하기까지 지속되는데, 한 가지 흥미로운 점은 전투 중에도 필요에 따라서는 협력관계도 형성된다는 것이다. 이 과정에서도 백제가 양국 관계를 주도한다. 5대 파사 이사금(婆娑尼師今) 26년(105, 백제 2대 다루왕[多婁王] 29년) 그동안 신라를 침공하던 백제가 화친을 청하는데, 이것은 말갈 등 북방에서의 침략에 대비하기 위한 것인 듯하다. 백제는 왕 37년에도 사신을 보내는데, 이후 다루왕 49년 말갈이 신라를 침략하자 백제는 신라의 요청을 받고 구원군을 보낸다.

8대 고이왕 28년(261) 사신을 신라에 보내 화친을 청하지만, 신라는 거절한다. 이것은 신라 12대 첨해 이사금(沾解尼師今) 15년(261) 기사와 일치하는 것으로 아마도 왕 9년 백제가 침공하여 이벌찬(伊伐飡) 익종(翊宗)을 살해한 이후 불화관계가 계속된 탓인 듯하다. 백제는 이에 대한 보복으로 13대 미추 이사금(味鄒尼師今) 5년(266)부터 22년까지 계속 신라를 침공하는데, 14대 유례 이사금 3년(286)에 이르러 양측은 화친한다. 13대 근초고왕은 23년(368) 신라에 말 두 필을 보내어 화친을 모색하는데, 이것은 이후 3년 동안 지속된 고구려 고국원왕과의 전쟁에 대비한 것으로 보인다(나-제동맹에 대해서는 다음 장 참조).47)

백제는 고구려와의 관계에서도 초기에는 주도권을 잡는다. 고구려가 중국을 상대로 방어전에 집중했기 때문일 것이다. 관구검의 고구려 침공을 이용하여 백제는 북쪽 낙랑으로 진출하고, 대방(帶方) 왕의 딸을 왕비로 맞은 9대 책계왕(責稽王)은 즉위 원년(286)에 고구려가 대방을 치자 대방을 구원하고

---

46) 「신라 본기」 제2, 74-75, 86-91, 95쪽; 「백제 본기」 제1, 497-498쪽
47) 「백제 본기」 제1, 495쪽, 제2, 504-505쪽, 507-508쪽; 「신라 본기」 제1, 78쪽, 제2, 94-96쪽.

고구려의 침공을 우려하여 변경의 성들을 보수한다. 이후 양국 간의 충돌은 고국원왕과 개로왕의 피살로 최고조에 달한다. 백제의 공세가 고구려의 분노를 촉발시켰으며, 이에 고구려는 광개토대왕 이후 백제를 희생양으로 삼아 남진정책을 수행한 것이다. 백제는 "쇠(釗, 고국원왕)의 목을 베어 달았다"고 자랑했다. 반면에 고구려는 "개로왕의 얼굴을 향해 세 번 침을 뱉고 곧 죄목을 헤아린 다음, 아차성(阿且城, 서울 아차산성) 아래로 묶어 보내 죽였다"로 그 분노를 표현하고 있다.[48]

이 사건은 장수왕이 고국원왕의 원수를 갚는다는 의미도 있지만, 고국원왕의 피살은 100년 이전인 371년에 일어났으며, 또 광개토대왕이 아신왕(阿莘王)의 항복을 받은 것을 고려한다면, 개로왕이 고구려의 남진을 저지하기 위해서 472년 북위에 사신을 보내 고구려를 공격해줄 것을 요망한 데에서 촉발된 것이라고 할 수 있을 것이다. 더욱 중요한 점은 이 과정에서 양측의 적개심은 동명왕의 후손이라는 왕실 간의 유대감이나 민족적 동질성은 찾아볼 수 없을 정도로 고조되었다는 것이다. 백제는 시조 온조왕 원년부터 동명왕의 사당을 짓고 수시로 참배하며 후세 왕들도 이에 따랐지만, 양측이 고구려-부여 사이에서와 같이 정통 혹은 적통(嫡統)을 둘러싸고 논쟁을 벌이지는 않았다.[49] 그러나 중국-고구려 간의 투쟁이 상대방의 저항 분쇄나 항복, 그리고 약탈이라는 고대의 전형적인 국제전 양식인 데에 비해, 고구려-백제 간의 투쟁은 자신과 상대방을 선과 악의 개념으로 분리하고 증오심이 표출되는 내전의 특징도 보인다는 점에 주목해야 할 것이다.

6. 언어 소통과 정체성

삼국 간(부여, 가야, 마한 등의 한민족 국가들을 포함해서)의 관계는 이같이 일면 한국적 정체성의 맹아가 나타나는 것 같으면서도 국제정치의 냉혹함이 그대로 표출되어 있다. 고구려-부여, 고구려-백제와의 관계가 대표적이

---
48) 「백제 본기」 제2, 505쪽, 제3, 518, 527쪽.
49) 「백제 본기」, 487, 493, 505, 512, 515쪽 등.

다. 그리고 이들 간에는 사신이 수시로 교환되었다. 이 경우 과연 사신들이 "한국어"의 초기 단계라고 부를 수 있는 "우리말"을 사용했을까, 그리고 "글"이라고 할 때에는 중국의 "한자"만을 말하는 것일까? 언어는 사용하는 사람의 고유한 지식과 역사, 세계관을 담고 있기 때문에 정체성 탐색작업에서 중요한 대상이다.『삼국사기』를 읽어보면 삼국 간에는 어느 정도 의사 표현이 자유로웠을 것이라는 점을 짐작하게 하는 부분들이 나온다. 보장왕 원년(642) 김춘추가 연개소문에게 백제를 치자고 청하지만, 고구려가 거부하는 기사는 "보장왕" 편에 간단히 나온다(「고구려 본기」, 제9, 415쪽). 그런데 「열전」 제1 "김유신" 편에는 두 사람 간의 대화와 김춘추가 고구려를 방문하여 고구려 왕과 나누는 대화가 기록되어 있다.

"마현목과 죽령은 본디 고구려 땅이니, 우리에게 반환하지 않는다면 돌아가지 못하리라."

"국토는 신하가 마음대로 할 수 있는 것이 아니니, 신은 명령을 받들지 못하겠습니다."

이후 옥에 갇힌 김춘추가 고구려 왕이 총애하는 선도해(先道解)에게 뇌물을 주고 두 사람은 토끼와 거북이의 설화를 주제로 "농담"을 나눈다. 그리고 석방되어 신라 국경을 넘으면서 고구려 호송인에게 그들을 속였음을 "말한다."50) 고구려는 개로왕을 잡아 "얼굴을 향해 세 번 침을 뱉고 곧 죄목을 헤아린 다음" 죽인다. 백제 항복 당시 신라 태자 김법민(金法民, 후일 문무왕)이 의자왕의 아들인 부여융(夫餘隆)을 말 앞에 꿇어앉히고 얼굴에 침을 뱉으며 "꾸짖는다"(「신라 본기」, 제5, 159쪽). 그밖에 고구려 첩자 승려 도림(道琳)이 백제로 와서 장기와 바둑으로 개로왕을 구슬리면서 나누는 대화(「백제 본기」, 제3, 524-525쪽)나 백제인 도미 부부가 왕의 음행을 피해서 고구려 산산(蒜山)으로 도망하자 고구려 사람들이 불쌍히 여겨 옷과 먹을 것을 주었다(「열전」, 제8, 865-866쪽). 그외 백제 무왕(武王)인 서동(薯童)과 신라 선화공주(善花公主)의 설화(『삼국유사』, 「기이」 제2, 213-216쪽) 등, 말이 통

---

50) 「열전」 제1, "김유신" 상(上), 754-756쪽.

하지 않았다면 불가능했을 것으로 추측되는 부분이 많다.

　삼국 간의 언어의 차이가 오늘날의 방언 수준이었다면, 극복하는 데에 큰 어려움은 없었을 것이다. 또 구체적인 목적을 위해서 상대방의 말을 배우는 것도 쉬웠을 것이다. "육체의 언어"에 관한 연구로 알려진 앨버트 메라비언은 소위 3V 이론을 제시한다. 인간은 상대방이 전하려는 메시지를 받아들이는 데에 얼굴을 마주보는 대화에서 언어의 의미(verbal 혹은 words)는 7퍼센트, 말의 억양(vocal 혹은 tone of voice)이 38퍼센트, 그리고 표정(visual/ facial, body language)이 55퍼센트의 영향을 미친다는 것이다.51) 우리는 상대방이 하는 말의 "언어적 의미"를 정확히 이해하는 것이 아니라 상대방의 표정이나 손짓을 "보고" 혹은 말의 억양을 "느끼고" 상대방이 전하려는 메시지의 "의미"를 "인지하고" 받아들인다. 얼굴 표정과 몸짓으로 서로의 대화가 어느 정도 가능하다는 것이다. 외지인과 접촉이 전혀 없었던 정글 속의 원주민들도 외지인이 웃으면 호의를 가진 것으로, 머리를 끄덕이면 동의하는 것으로 이해하는데, 이것이 곧 대화의 시작이다. 삼국의 언어가 동일하지는 않아도 서로 다른 사투리 수준의 "우리말"이었다면, 삼국시대 사람들 사이에는 소통이 가능했을 것으로 추론할 수 있다.

　자세히 읽어보면 『삼국사기』는 삼국 간의 접촉을 기술하는 방법에서 차이를 보인다. 우선 일반적으로 발견되는 표현은, 파사 이사금 26년, "백제가 사신을 보내 화친을 청했다"(78쪽), 기림 이사금 3년 "왜국과 사절을 교환했다"(98쪽), 내물 이사금 37년 "고구려에서 사신을 보내왔다"(104쪽), 고구려 동천왕 22년 "신라가 사신을 보내와 화친을 맺었다"(359쪽) 등이다. 이상의 사례들은 이들이 어떤 "말"로 의사소통을 했는지, 어떤 "글"로 주고받았는지 충분한 정보를 주지 않는다.

　그러면 다음과 같은 표현을 어떤가? 혁거세 거서간 38년, "마한 왕이 호공(신라 사신)을 꾸짖어 말하기를(馬韓王讓瓠公曰)"(65쪽), 박혁거세 거서간 53년, "동옥저 사신이 와서 말하기를"(66쪽), 파사 이사금 23년, "왕이 금관국

---

51) http://en.wikipedia.org/wiki/Albert_Mehrabian.

수로왕(首露王)을 '불러 물었다(召問之)'"(78쪽), 아달라 이사금 12년 아찬 길선이 모반하여 백제로 도망하자 "왕이 글을 보내 돌려보내줄 것을 요구했다(王移書求之)"(85쪽 및 496쪽), 내물 이사금 18년 "백제 왕이 글을 보내 말하기를(百濟王移書曰)." "우리 왕이 '대답해 말하기를(答曰)'"(103쪽), 눌지 마립간 34년 "고구려 사자가 와서 말로 통고하기를(使來告曰)", 신라 왕이 고구려 장수왕에게 "겸손한 말로 사과하자(王卑辭謝之)"(109쪽), 고구려 유리명왕 28년 부여 왕 대소의 사신이 와서 "왕을 꾸짖어 말하기를(讓王曰)"(317쪽), 고구려 장수왕 12년 신라의 사신을 "왕이 특별히 두텁게 위로했다(王勞慰之特厚)"(379쪽), 백제 시조 온조왕 24년 "마한 왕이 사신을 보내 왕을 질책하기를(馬韓王遣使責讓王)"(490쪽), 백제 개로왕 21년 고구려 승려 도림이 "문 앞에서 고하기를(詣王門告曰)", "왕을 모시고 앉아 조용히 말하기를(從容曰)"(525쪽) 등이다.

이상의 기록들은 삼국 간에 "우리말"로 소통이 가능했음을 보여준다. 역사적 기록과 그 해석만으로는 그 이상의 추론은 어려우며 더 자세한 설명은 국어학자들의 연구 성과를 참조해야 할 것이다. 중국의 『삼국지』, 「위지 동이전」, "고구려" 편에는 고구려에 대해서 "부여의 별종으로 언어와 모든 일이 부여와 많이 같으나"라고, 동옥저에 대해서는 "그 언어는 고구려와 대체로 같으며", 그리고 예(濊)에 대해서는 "언어와 법속이 대체로 고구려와 같다" 등의 기록이 있어, 부여, 고구려, 옥저, 예의 언어들은 같은 계통인 북방군의 부여 계통에 속하는 것으로 진단한다. 남방군의 언어에 대해서는 『삼국지』, 「위지 동이전」에 보이는 삼한의 언어에 대한 기사가 약간 혼선을 빚지만, 대체로 진한과 변한의 언어는 서로 유사하고 마한의 언어는 이들과는 상당한 차이를 보이는 것으로 이해된다.[52] 또 『삼국사기』는 34-37권에서 삼국의 지리를 한자로 기록하고 있다. 우리글이 존재하지 않던 시대에 원래의 지명을 한자로 음역한 것이 많은데 언어학적 연구를 통해서 그 기원을 추적하면 삼국은 동일한 계통의 언어를 사용했다는 결론에 도달한다는 것이다. 그외

---

52) 정광(1997), 「한국어의 형성 과정」, 『국어사연구』(서울: 태학사), 177쪽. 같은 내용을 『조선전』 1권에서 참조.

『양서(梁書)』, 「동이열전」, "신라" 편에는 "(신라)는 문자가 없고 나무를 조각하여 편지를 했다. 말은 백제인을 기다려 통했다."53) 중국인들이 신라인과 의사소통을 위해서는 중국과 교류가 잦은 백제인이 통역 역할을 했다는 것인데, 이것은 백제인과 신라인 간에는 서로 말이 통했음을 시사하고 있다. 「열전」, "김인문" 편에도 고구려가 멸망하고 보장왕이 잡히자 "인문이 고구려 왕을 영국공(英國公) 이적(李勣) 앞에 꿇어앉히고 그의 죄를 헤아려 꾸짖었다. 고구려 왕이 두 번 절을 하자 영국공이 그에게 답례를 한다."54) 김인문이 보장왕에게 직접 말했으며 영국공은 보장왕이 절을 하자 그냥 답례만 했다는 말이다.

이상에서 삼국시대 전반기라고 일컬을 수 있는 시기에 한반도와 만주지역에 거주하던 한민족은 분명히 중국과의 차별성을 나타내면서, 그리고 이를 강조하면서 새로운 정체성을 확립하는 첫걸음을 내딛고 있음을 볼 수 있다. 가장 초기의 기록에서부터 한국인들은 중국인을 타자로 설정하며 그들과의 차별성을 강조하고 있다. 그러나 일면 침략당하고, 일면 선진문물을 도입하면서 중국이 우리보다 우수하다는 점을 인정하고 갈등을 빚는다. 신라는 군주의 호칭을 "왕"으로 바꾸고, 백제와 고구려는 중국의 제도를 모방한다. 이것이 중국의 문물에 대한 숭배와 우리를 이에 일치시키려는 "소중화" 의식의 배경이다. 반면 같은 민족인 삼국과 부여, 가야 간의 접촉은 평화적이기보다는 경쟁과 전쟁이 주를 이루었다. 그리고 그 중간 단계에서 살아남은 자가 곧 고구려, 백제, 신라인 것이다. 그렇다면 이 단계에서 삼국 간에는 하나의 민족이라는 의식이 형성되었고, 특히 광개토대왕의 남진정책이 몇몇 학자들이 주장하듯이 통일의지를 반영했다고 할 수 있을까?55) 집단의식의 발로는 곧 민족의식으로 발전하는 것이 아니며 사회, 정치의식으로 "강하게" 표출될 때에 "우리는 하나이므로 합쳐야 한다"라는 당위가 형성된다. 광개토대왕-

---

53) 위의 글, 189쪽; 『조선전』 1, 492쪽. 중국에서는 105년 채륜(蔡倫)이 종이를 발명하여, 문자 기록방식이 죽간(竹簡) 시대를 벗어난다.
54) 「열전」 제4, "김인문", 791쪽.
55) 노태돈(1999), 388쪽, 각주 65 참조.

장수왕 시기에 백제나 신라를 상대로 한 고구려의 행위에서 이와 같은 의식적 행위나 정책은 찾을 수 없다. 고구려가 최전성기에 백제, 신라, 가야를 휩쓸고 다니면서도 왜 민족 "통합"을 시도하지 않았는가라는 문제는 제7장에서 다룰 것이다.

제3부
조공과 동맹외교의 실상

제6장 백제의 타산외교

1. 동맹과 조공의 국제정치학

4세기 말이 되면 고구려, 백제, 신라는 각국에 따라 차이는 있지만, 대체로 국내의 체제를 정비하고 주변의 소국들을 흡수하여 한반도와 만주에서 "정립(鼎立)하는" 시대에 들어간다. 정립이란 세 발이 달린 솥이 서 있는 형상처럼 비교적 "안정된" 상태를 뜻한다. 국제정치적으로는 국가들의 수가 짝수보다 홀수일 때 상대적으로 안정적이다. 유럽에서 고전적 세력 균형기인 빈 회의 이후 8개 국가가 강대국의 지위를 인정받았으나, 포르투갈, 스페인, 스웨덴 등 3개국은 16세기 이래 전통적 강대국으로 대우를 받아온 관습에 따른 것일 뿐, 실제로 강대국 기능을 수행한 국가는 영국, 프랑스, 프로이센, 오스트리아, 러시아 등 5개 국가였다. 이탈리아 통일 이후 강대국이 6개 국가로 늘어나자 제1차 세계대전 직전 삼국동맹과 삼국협상이라는 두 개의 거대한 동맹으로 나뉘면서 협상이나 조정의 여지가 줄어들어 충돌로 나아가게 된다.

"균형자(balancer)"의 역할을 하는 영국의 존재도 제3의 세력이 존재한다는 사실을 뚜렷이 부각시켜준다. 영국이 동맹의 약한 쪽에 힘을 실어줌으로써, 각 동맹체들이 쉽게 군사행동으로 나가는 것을 방지하여 세력 균형을 성공적으로 운용하는 핵심적 요소이다. 한반도에서도 강대한 고구려를 견제하여 백제와 신라가 동맹을 체결한다. 양국 간의 협력은 정립체제의 핵심적 기능이다. 그리고 660년 백제 멸망까지 삼국은 동맹과 배반, 연합과 분열을 현란할 정도로 반복한다. 이것은 외세의 개입이 없었다면, 삼국이 안정된 체제를 계속 유지할 수 있었을 것이라는 의미이다. 그러나 체제적 안정이 곧 평화를 의미하는 것은 아니다. 오히려 과거와는 비교할 수 없을 정도로 군사적 충돌의 규모는 더 커지고, 빈도는 더 잦아진다. 고구려의 고국원왕, 백제의 개로왕과 성왕(聖王) 등 3명의 왕이 상대국과의 전쟁에서 피살되었다는 사실이 이를 단적으로 보여준다.

5세기에 들면서 삼국과 중국과의 교류도 빈번해진다. 삼국이 안보를 위해서 대외적으로 전략적 제휴를 모색하고 대내적으로 체제정비와 발전에 필요한 중국 문물의 도입을 위해서 중국과의 교류를 강화했기 때문이다. 중국대륙에서는 한의 멸망(220) 이후 위진 남북조시대가 지속되며 589년에 수(隋)의 문제(文帝)가 진(陳)을 멸망시키고 통일을 완수한다. 한의 멸망 이후 서진(西晉)의 무제(武帝)가 일시적으로 통일한 280년부터 계산하면 약 300년, 황건의 난(184) 이후 군웅활거 시대부터 계산하면 약 400년간의 분열의 시대가 끝난 것이다. 이 기간 중 강남지역이 화북에 필적할 만한 정치와 문화의 중심지로 발전했으며, 수 왕조는 화북과 강남 두 세계를 합친 진정한 중국의 통일제국을 이룩한다. 이후 당이 계승함으로써 당을 상대로 한 삼국의 외교적, 군사적 경쟁은 더욱 치열해진다.

중국과 삼국 간의 외교는 주로 "조공"이라는 형식으로 이루어졌다. 조공외교가 양측의 이해관계를 구체적으로 반영하면서 긍정적인 방향으로 전개되면, 오늘날 관점에서 "전략적 제휴"로 그리고 "군사적 동맹"으로 발전할 수 있다. 국제관계에서 동맹이란 "갈등과 협력"을 양쪽 끝에 두는 "연속선상(continuum)"에서 협력의 최고 단계이며 스스로 군사력을 증강하지 않고도 국력을 향상시킬 수 있는 유용한 방법이다. 국제정치에서 한 국가의 능력, 특히 전쟁 수행 능력을 평가하는 데에는 동맹이 주요한 요소로 꼽히는데 이것은 가상 적국을 상대로 힘을 모을 수 있을 뿐만 아니라 적국을 포위 견제하는 전략이 훨씬 더 수월해지기 때문이다.

동맹은 약소국들이 협력하여 강대국의 위협에 대처하는 수단이기도 하지만, 강대국이 약소국을 "관리하는" 수단이기도 하다. 동맹관계가 없으면 강압적 설득이 필요하며 또 효과를 기대하기 어렵지만, 동맹의 강대국은 "우호관계"라는 명목으로 동맹의 약소국을 설득할 수 있기 때문이다. 한-미 관계와 한-러 관계를 비교해보면, 동맹의 유용성을 이해할 수 있을 것이다. 동맹은 또 주로 강대국이 주도한다. 유럽의 국제정치는 명목상으로는 모든 국가가 평등하지만, 무정부적인 국제체제에서 현실적인 문제에 부딪치면 평등성은 뒷자리로 물러나게 된다. 1815년 빈 회의를 두고 "회의는 (진전되지 않고) 춤춘다"라고 말하는 것은 명목상의 평등성보다는 주요 사항들이 모두 강대국들 간의 비밀회의에서 결정되고 매일 밤 무도회만 열린 것같이 보였다는 의미이다. 강대국들이 약소국 입장을 존중한다고 하면서도 독단적으로 결정하는 유럽식의 동맹관계는 고두(叩頭)의 예로 불평등성을 인정하는 동아시아 국가 관계와 내용상으로는 별 차이가 없다.

이 시대 삼국의 대외관계가 주로 동맹이라는 축을 중심으로 전개된다는 점에서 이 문제를 좀더 검토해보자. 우선, 우호 협력관계를 지속한다는 점에서 동맹국을 가지는 것이 가지지 않는 것보다 더 유리하다. 비록 낮은 수준의 동맹이지만 또 조공이라는 굴욕적인 형식을 취하지만, 지불하는 비용에 비해서 얻는 것이 훨씬 더 크다. 로마는 초기에 동맹을 최대한 이용하여 라틴족과 사비니족에 대항하면서 성장하는데, 로마보다 앞선 문명을 이룩한 에트루리아는 동맹을 등한시하여 결국 로마에 정복당하여 역사에서 흔적조차 남기지 못했다.[1] 둘째, 강대국들은 동맹을 "제국적" 입장에서 국제관계를 운용하는 데에 활용한다(제1장 참조). 1871년 독일 통일을 완성한 비스마르크는 동맹외교를 통해서 국력경쟁에서 이미 독일에 뒤처진 프랑스를 더욱 고립시키고 포위하면서 독일의 상대적 우위를 지킨다. 중국의 왕조들도 조공관계를 가진 국가들이 많으면 많을수록 주변지역을 관리하는 데에 편리하며, 바로 이 목적을 위해서 높은 비용을 지불하면서도 효과적인 조공체제를 유지하는 데에 정성을 들인 것이다.

셋째, 동맹관계에서 약소국은 강대국의 대외정책을 추종하면서도 어느 정도 자율적인 행동반경을 가질 수 있다. 약소국은 국제관계를 원하는 방향으

---

1) 몬타넬리, 김정하 역(1998), 25-27쪽.

로 진척시키거나 원하지 않는 방향으로 전개되는 것을 막을 힘이 없다. 즉 강대국의 정책을 "적극" 저지할 수 없다. 그러나 "소극적, 비협조적" 태도로 강대국의 정책수행을 방해할 수는 있다. 또 최소한 국제정세가 자국에게 불리한 방향으로 진전되는 것을 막거나 늦출 수 있다. 이것이 강대국이 약소 동맹국의 희망 사항을 일정 부분 수용해야 하는 이유이다. 냉전 시기에 미국과 소련이라는 양 초강대국들은 동맹을 유지하기 위해서 약소 동맹국들의 요구를 안보공약이나 군사, 경제원조 등의 방법으로 충족시켜주지 않을 수 없었다. 약소국들은 이와 같은 방법으로 강대국의 대외정책에 제한된 범위 내에서 영향력을 행사할 수 있는 여지를 가진다.

넷째, 그러나 동맹관계에서 약소국이 자신이 원하는 방향으로 강대국의 행위를 유도하는 데에는 엄중한 한계가 있다는 점을 잊어서는 안 된다. "제국적" 관점에서 국제관계를 운용하는 강대국과 주변의 직접적인 이해에만 얽매이는 약소국의 입장이 항상 일치하는 것은 아니다. 한국전쟁을 냉전 시기 미-소 대립이라는 전략적 관점에서 접근하는 미국과 남북한 관계에만 집중하는 한국의 입장이 항상 일치할 수는 없었던 것이다. 최근 북한의 핵문제에 대한 한-미 양국의 입장도 이와 같다.

이것은 약소국의 입장인 한국의 삼국들이 중국의 정책의도를 정확히 읽고 신중히 행동해야 동맹에 따른 이익을 최대화할 수 있다는 의미이다. 학자에 따라서 수와 당의 통일 이후 중국과 삼국의 관계를 고구려-돌궐-백제-왜라는 "남북세력"과 수/당-신라라는 "동서세력" 간의 대결이라고 부르고 이것이 고구려 대 수와 당의 전쟁으로 표면화되었다고 평가하기도 한다.2) 이것은 수 문제(文帝)의 1차 침공(598) 이후와 양제(煬帝)의 대규모 침공이 있은 612년 사이에 양제가 동돌궐 왕 계민(啓民)의 장막을 방문했을 때(607) 계민이 고구려 사신이 와 있다는 사실을 "숨길 수 없어" 양제에게 그 사신을 인사시

---

2) 김현구, 「백강촌 싸움과 동북아 국제관계의 변화」, 동북아역사재단(2009), 『동북아관계사의 성격』(서울: 동북아역사재단), 101-103쪽; 이기백(1990), 『한국사 신론』, 신수판(서울: 일조각), 75쪽; 김한규(1999), 『한중관계사 I, II』(서울: 아르케), 200-201쪽. 연합이나 동맹보다 약한 의미에서 고구려-백제 등의 관계를 "연계"로 규정하기도 한다. 노태돈 (2009), 『삼국통일전쟁사』(서울: 서울대 출판부), 135-146쪽.

컸다는 기록에 근거한 것이다. 수가 고구려와 돌궐 간에 있을 수 있는 반수(反隋) 동맹이나 협조 가능성을 의심한 것은 당연한 일이다. 또 고구려나 돌궐 양측이 고구려 사신의 존재를 "숨기려고" 했다는 것 자체가 수에 대해서 떳떳하지 못한 "음모"를 꾸미고 있었다는 증거일 수도 있다. 그러나 수 양제의 북변 순행은 계민이 돌궐 내부의 권력투쟁에서 밀려나 중국으로 망명하고, 수가 공주를 그에게 시집보내 내몽고 오원(五原) 지역으로 이주시키면서 고구려, 거란, 말갈 등의 이 지역 세력들에게 통일중국의 힘을 과시하기 위한 행사였다.3) 순행이 황제가 제후의 영지를 돌아보면서 충성을 확보하고 잠재적 적국들에게 경고하는 하나의 수단이라면, 고구려-돌궐의 연합가능성에 대한 수의 우려는 "어느 정도" 이해할 수 있을 것이다.

그러나 다음과 같은 문제점들이 있다. 먼저, 국제정치의 현실주의는 일반적으로 부정적, 비관적 관점에서 출발한다. 수는 고구려와 돌궐의 만남을 황제를 환영하기 위한 것이라는 낙관적인 관점에서가 아니라, "이들이 모여서 무슨 음모를 꾸미는가"라는 부정적인 관점에서 본다는 것이다. 그러나 이미 돌궐 내부의 권력투쟁에서 패배하여 수에 의존한, 반수 노선을 택할 수 없는 집단을 상대로 고구려가 연대를 모색했다는 점에서 이 해석은 설득력을 가지지 못한다. 그러나 돌궐은 수의 멸망과 당의 건국 시기에 강성해지며 당 고조(高祖)와 태종은 초기에 돌궐과 동등한 화친을 맺는다. 당 태종은 돌궐의 내분을 이용하여 정관 4년(630) 계민의 아들 힐리가한(頡利可汗)을 사로잡고 동돌궐을 멸망시킴으로써,4) 서북지역의 안보를 확보하고 그 다음 목표인 고구려로 향한다. 『삼국사기』는 당이 628년 힐리가한을 포로로 잡자 고구려가 이를 축하하는 사절을 보냈다는 기록을 남기고 있다.5) 이것은 고구려가 안보를 담보하는 하나의 축이 무너진 것을 우려하여 이후의 정세변화를 탐지하기 위한 것일 수 있다. 그렇다면 수 양제 시기에 고구려가 돌궐을 방문한 것은 친중국화한 동돌궐이 수와 연합하여 고구려를 침공할 가능성에 대비하여 정

---

3) 「고구려 본기」, 제8, 399쪽.
4) 김한규(2005), 183-191쪽.
5) 「고구려 본기」, 제8, 413쪽. 연대상으로 차이가 있다.

세를 탐문하고 또 가능하면 예방외교 차원에서 동돌궐과의 우호관계를 맺기 위한 것일 수도 있을 것이다.

반대로 백제는 최소한 겉으로는 수의 고구려 침공 때 "길 안내"를 맡겠다고 자청한 반고구려 세력이다. 왜는 고구려가 위급할 때에 실질적인 도움을 줄 수 있는 능력이 없다. 따라서 고구려가 우호국이기를 바라는 동돌궐, 그리고 반(反)신라라는 입장에서 이해관계가 일치하는 백제와 묶고 또 친백제라는 관점에서 왜까지 포함시켜 이 모두를 협조-동맹세력으로 해석하는 것은 지나친 논리의 비약이다. 중국이라는 거대한 세력에 대해서 수세적인 이들 국가들의 정책은 "동맹" 혹은 "연합"이라는 이름으로 동일하게 평가할 수 없기 때문이다. 더욱 중요한 점은 약소국들이 거대한 중국을 상대로 공개적으로 일치된 행동을 보이기는 어렵다는 점이다.

삼국과 중국 왕조들 간의 외교전은 고구려의 수와 당에 대한 전쟁, 나-당 연합군에 의한 고구려, 백제의 멸망 등 이 시기에 전개된 굵직한 사건들에 비해서 상대적으로 잘 알려지지 않았다. 이것은 중국의 통일왕조들을 상대한 고구려의 다이내믹한 전쟁에 비해서 외교전은 소리 없이 진행되는 것이며, 또 중국과의 외교를 통해서 삼국통일을 완성했으나 한민족의 생활영역이 줄어드는 결과를 낳은 신라의 삼국통일이 한국학계에서 높이 평가되지 않기 때문이다.

그러나 고구려의 군사적 승리는 614년 수 양제의 2차 침공 때 고구려가 스스로 "우리나라 역시 곤궁하고 피폐해지기는 마찬가지"6)라고 고백할 정도로 큰 희생을 치르고 쟁취한 "피로스의 승리"였다.7) 이것은 전쟁의 승패를 단기적인 관점에서 접근할 것이 아니라 장기적 안목에서 평가해야 한다는 점을 보여주는 것이기도 하다. 1904-1905년의 러일전쟁도 그중의 하나이다. 일본의 절대적 이해와 러시아의 부차적 이해가 충돌한 이 전쟁에서 양국의 임전태세는 "일본은 사활을 걸고 싸우며 러시아는 저녁 만찬을 위해서 싸웠

---

6) 「고구려 본기」, 제8, 411쪽.
7) 그리스의 피로스 왕이 로마에 승리했지만 큰 희생을 치렀다는 피로스의 승리(Pyhrric victory) 혹은 "카드메이아의 승리"에 대해서는, Herodotos, 박광순 역(1987), 99쪽. http://en.wikipedia.org/wiki/Pyrrhic_victory

다"고 비유된다.8) 일본은 말 그대로 국가의 운명을 걸고 싸워서 요동반도의 여순항 전투에서부터 만주의 지상전 그리고 발트 함대를 격멸시킨 대한해협 해전에 이르기까지 연전연승한다. 그러나 일본은 재정적, 인적 자원이 고갈되어 휴전을 갈망한다. 반면 상트페테르부르크에 안주한 러시아 중앙정부는 인적, 물적 자원을 충원하는 데에 어려움을 느끼지 않았다. 여순항 전투의 패배 소식으로 1905년 1월에 제1차 러시아 혁명이 일어나지만, 러시아는 미국 포츠머스에서 열린 평화회담에서 "전쟁의 패배"를 끝까지 인정하지 않는다(러시아는 패전의 후유증으로 제1차 혁명에 이어 1917년 로마노프 왕조가 무너지는데, 이런 의미에서 고구려 원정의 실패 이후 국내 반란으로 수 왕조가 멸망한 것과 유사하다).

고구려가 수와 당을 상대로 한 50년 전쟁의 후유증도 이와 유사하다. 고구려가 승리한 이 전쟁들은 엄격히 말하면 고구려가 패배하지는 않았던 전쟁이다. 고구려의 용전은 민족적 정체성을 지켰다는 점에서는 역사적으로 큰 의미를 가지지만, 적을 무릎 꿇게 만든 승리는 아니었다. 수나 당은 승리할 수 없는 전투를 일단 종결하고 후퇴하면서 고구려 성들을 중국 행정구역으로 편입시키고 고구려인들을 중국으로 끌고 갔다. 그리고 몇 년이 지난 후 혹은 그다음 해에 곧바로 다시 공격해 들어온다. 반면 고구려는 소진된 국력을 회복할 틈도 없이 멸망의 길로 접어들게 된다. 이것이 강대국-약소국 간에 일어나는 전쟁의 실상이다. 강대국은 전쟁에 이기지 못해도 상대적으로 피해가 크지 않은 반면, 약속국은 이겨도 그 후유증에서 벗어나지 못한다. 고구려는 최전선 방어선인 성들을 하나씩 빼앗기고 백성들은 중국 영내로 옮겨지고, 이 결과 고구려의 판도는 실질적으로 줄어들었다.9)

더 중요한 것은 이 시기의 외교는 신라의 전유물이 아니었다는 점이다.

---

8) Okamoto, Shumpei(1970), *The Japanese Oligarchy and the Russo-Japanese War*(New York: Columbia University Press), p. 105.
9) 수와의 전쟁에서 수는 "요수 서쪽에서 우리의 무려라(武厲邏)를 빼앗아 요동군 및 통정진(通定鎭)을 두었으며" 당과의 전쟁 때 당은 개모성(蓋牟城)을 빼앗아 개주(蓋州)로 만들고,……10여 성을 함락시키고 "요주, 개주, 암주 등 세 주의 주민들을 옮겨 중국으로 들여온 것이 7만이었다." "패배한" 중국이 오히려 실리를 거둔 전쟁이다. 「고구려 본기」 제8, 408, 422, 432쪽.

삼국이 모두 외교의 중요성을 인식하고 국가의 명운을 걸었다고 할 정도로 중국을 상대로 치열한 외교전에 돌입한다. 이 경쟁에서 신라가 "마지막까지 살아남은 자"가 된다. 신라의 삼국통일은 외교전의 승리가 가져다준 열매이다. 신라가 최종 승리자로 남은 이유는 복합적이다. 무엇보다도 수와 당의 동북아 전략과 이해관계가 합치한 것이 신라였다는 점이 중요하다. 그러나 다른 요인들도 많다. 고구려의 경우, 최전성기인 장수왕의 중기를 전후하여 중국에 조공 사절을 파견하는 횟수가 엄청나게 늘어난다. 백제는 삼국 중에서 가장 능동적으로 외교에 임하지만, 중국 왕조들과의 관계를 관리하는 데에 실패한다. 이것이 일차적으로는 21대 개로왕의 피살(475년)이라는 비극을 낳았으며, 그 다음 660년 국가의 파멸로 이어진다. 신라의 대중국 외교는 신라가 한강 유역을 차지하는 진흥왕 11년(550), 그리고 백제 성왕의 전사로 나-제동맹이 완전히 파탄하는 554년 이후 본격화되며 삼국통일로 완성된다. 이같이 5세기 말 이후 삼국과 중국 간의 접촉과 교류는 조공관계의 초기 패턴이라고 할 수 있다. 삼국의 외교행태는 백제의 "타산, 일방적, 단기성 외교", 고구려의 "자주외교", 그리고 신라의 "순응, 편승 외교"로 편의상 구분하여 서술해보자.

2. 초기 대외관계의 능동적 운용

6세기 이후 삼국 관계의 기록을 읽어보면, 백제가 대외관계에서 적극적이었다는 "인상"을 준다. 그러나 동맹외교의 실패도 제일 먼저 백제가 범한다. 물론 "인상"이라는 단어는 접촉관계를 계량화하고 그 내용을 분석하여 이 주장을 증명한 것은 아니라는 뜻이다. 중국과의 접촉이라는 점에서는 고구려가 앞서고, 국력이 약해 동맹이 절실히 필요하다는 점에서는 신라를 꼽아야 할 것이다. 그러나 신라는 한강 유역을 얻기 전까지는 중국과 직접 접촉할 수 있는 길이 막혀 있었다. 신라는 강대국 고구려에 대항하기 위해서 나-제동맹을 이용하고 또 한강 유역을 탈취한 이후 적극적으로 중국을 끌어들인다. 그리고 삼국 간의 역사에서 처음으로 당과의 관계를 군사동맹으로 발전시켜 백제와 고구려를 멸망시킨다.

그럼에도 불구하고 왜 백제가 외교 분야에서 가장 두드러져 보일까? 그 양상은 현란하다고 해도 지나치지 않을 것이다. 무엇보다도 지정학적으로 백제는 대외접촉에 유리한 위치에 있다. 한반도 중부 한강 유역에서부터 서남부의 비옥한 지역을 차지한 백제는 고구려, 신라만이 아니라 바다를 통해서 중국, 일본과도 쉽게 교류할 수 있었다. 또 약체인 신라와의 관계를 주도적인 위치에서 이끌어가며, 고구려가 중국과의 관계에 몰두한 상황을 이용하여 고구려에 대해서도 공세와 수비를 조절할 수 있었다. 반면 신라는 고구려의 남진에 위협을 느껴 백제의 우호적 제의를 기꺼이 받아들일 태세가 되어 있었다. 중국 역시 강력한 고구려를 관리하는 데에 백제를 이용하는 것이 유용했을 것이다. 또 왜에 볼모로 잡혀갔던 18대 전지왕(腆支王) 이야기, 광개토대왕 이후 고구려의 남진에 대항하기 위해서 신라와 중국을 상대로 한 적극적인 동맹외교 등도 백제가 능동적 외교를 전개했다는 인상을 가지게 하는 데에 일조했다고 하겠다.

그 다음, 소위 백제의 요서(遼西) 지방 경략 등 백제의 대외적 활동 때문일 것이다. 『삼국사기』나 『삼국유사』 등의 한국 쪽 사료에는 이에 대한 기록이 없지만, 『송서』와 『양서』 등 중국 사서들은 백제의 요서 진출을 구체적으로 언급하고 있다. 『송서』는 고구려가 요동을 경략했다는 기사와 함께 백제도 "요서를 경략하여 차지했으며, 백제가 통치한 곳은 진평군 진평현(晋平郡晋平縣)"이라고 구체적으로 쓰고 있다. 『양서』는 『송서』와 비슷한 내용을 전하면서 "진(晋)나라 때에 고구려가 요동을 경략하자, 백제 역시 요서, 진평 2군의 땅을 점거하여 백제군을 설치했다"는 것이다. 물론 중국 역사서의 기록만으로 백제의 해상활동을 믿기에는 어려운 점이 많다. 『양서』는 또 "백제는 도성을 고마(固麻), 읍을 담로(檐魯)라고 하는데, 이는 중국의 군현과 같으며, 모두 22개 담로가 있어 왕의 자제와 왕족에게 나누어 웅거케 했다"고 설명하고 있어 해외 식민지라는 의미는 희박하다.[10]

---

10) 『조선전』 1, 383, 403, 450, 479-480쪽. 백제군의 설치 등 요서 경략은 근초고왕 (346-374) 시대의 일로 보고 있다(482쪽). 김상기(1987), 「백제의 요서경략에 대하여」,

백제의 대외관계는 안보적 측면에서 고구려의 위협에 대처하는 것이 일차적 목표이다. 백제는 8대 고이왕 13년(246) 연의 유주자사 관구검이 낙랑 등과 연합하여 고구려를 공격할 때 그 빈틈을 타서 낙랑의 변경 주민들을 습격하여 잡아들이는 사건에서부터 기민하게 움직였다.11) 중국과의 교류는 13대 근초고왕 27년(372)과 28년 진(晉)에 조공 사절을 보내는 것으로 시작되는데, 이것은 일찍부터 중국과 접촉을 가졌던 고구려에 비하면 늦은 것이다.12) 이 시기에 백제는 중국의 공격으로 피폐해진 고구려를 평양성까지 공격하여 고국원왕을 살해하는 등 전성기를 누린다. 백제가 고구려의 침공에 반격하면서 군대를 국경 너머로 진출시킨 것은 백제의 강성함만이 아니라 중국-고구려-백제를 둘러싼 국제관계를 주의 깊게 관찰하면서 대응했다는 증거일 것이다. 이어 고구려 광개토대왕의 강력한 남진정책에 맞서 17대 아신왕 6년(397) 왜와 우호를 맺고 중국의 진(晉)과 송(宋)에 사신을 계속 보내 주변국들을 상대로 동맹관계를 유지하는 데에 심혈을 기울인다. 그 성과 중 하나가 침류왕(枕流王) 원년(384) 진(晉)에서 받아들인 불교이다. 20대 비유왕(毗有王)도 송에 조공 사절을 계속 보내는데, 송은 선왕의 작위와 칭호를 그대로 주는 것으로 화답한다.13)

3. 중국 왕조들과의 관계

중국을 향한 백제의 외교는 개로왕 18년(472) 북위에 보낸 표문에서 그 진면목이 잘 드러난다. 이 표문은 중국 쪽의 기록에 의존한 것이지만, 삼국시

현국사연구회 편, 『고대한중관계사의 연구』(서울: 삼지원). 백제의 대외진출에 관해서는, 신형식(1992), 『백제사』(서울: 이화여대 출판부), 32쪽 참조.
11) 「백제 본기」 제2, 502쪽.
12) 「백제 본기」 제2, 508쪽. "공식적" 사절 파견 이전에 어떤 형태로든 접촉이 있었다고 추측된다. 유원재(俞元載)(1995), 『중국정사 백제전 연구』, 증보판(서울: 학연문화사), 17쪽.
13) 백제는 372, 373년에 이어 379, 384년 진(晉)에 조공 사절을 파견했다. 「백제 본기」 제2, 508-510, 515-516쪽. 동진이 18대 전지왕을 "사지절도독(使持節都督) 백제제군사(百濟諸軍事) 진동장군(鎭東將軍) 백제왕"으로 책명한다.

대에 중국과 교환한 몇 개 남아 있지 않은 공식문서로서 상대에 대한 인식과 의례, 그리고 외교정책 목표 등을 분석할 수 있는 주요한 자료이다. 개로왕은 표문에서 고구려는 "의롭지 못해 반역하고 간계를 꾸미는 일이 많으며", 장수왕 고연(高璉)은 "나라를 짓밟아 결딴을 내고, 대신들과 권세 있는 족속들을 살육하여 죄악이 쌓이고 넘쳐서 백성들은 허물어져 뿔뿔이 흩어졌다"고 비난한다. 반면 백제는 고구려로부터 "업신여김과 핍박을 받고……30여 년이나 병란이 이어져 재정은 파탄되고 점점 더 위축되었다." 같은 핏줄인 형제로부터 핍박받는 설움과 분노가 묻어나오는 구절이다. 그리고 "승냥이와 이리 같은" 고구려가 길을 막고 있어 조공을 못했다고 모든 잘못을 고구려에게로 돌린다.

표문은 이어 고구려의 대외정책을 북위에 적대적인 것으로 묘사한다. 고구려가 남쪽의 송(420-478)과 북쪽의 유연(蠕燕)과 밀약하여 북위에 대항하려는 "흉측한 앙화와 무모한 행동"을 품고 있다는 것이다. 위에서 말한 "의롭지 못하고 반역하는 간계"라는 주장이 그 내용이다. 고구려가 천자국인 북위에 반역하려고 한다는 의미이며 이것은 북위가 대외관계에서 가장 신경을 쓰는 남(남조)-북(고구려 및 유연) 연합을 지적한 것이다. 또 백제로 오는 북위 사신 10여 명을 고구려가 죽였다는 주장과 함께 습득한 말안장을 증거물로 보낸다. 백제는 이같이 고구려의 북위에 대한 적대적 행위를 부각시키면서 "지금 고구려를 거두어들이지 않는다면 앞으로 후회를 남기게 될 것"이라는 경고와 함께 고구려를 침공할 것을 종용한다. 또 고구려에 망명한 연의 주민이나 낙랑 군민들도 고구려에 아직 승복하지 않고 있어 침공의 여건도 유리하다고 평가한다. 그리고 북위가 고구려를 침공하면 백제는 "마음과 힘을 다해" 호응하겠다고 약속한다.[14]

그러나 북위의 현조(顯祖)는 고구려 역시 번국(藩國)으로 자처하면서 조공을 게을리 하지 않으며 또 북위의 사신이 고구려에 막혀 백제로 나아가지 못한 문제도 고구려에 조서를 내려 "준절하게 나무랐다"는 말로 백제의 요청

---

14) 이 표문은 장수왕 시대 고구려 국내정세에 대해서 새로운 정보를 제공하고 있다. 고구려와 남조 및 유연과의 연합 및 연왕의 고구려 망명 부분과 함께 제7장에서 언급할 것이다.

을 사실상 거부한다. 『위서(魏書)』에 의하면 북위의 사신과 백제의 사신이 위험한 해로보다 육로인 고구려를 통해서 왕래하도록 했으나, 장수왕은 백제와 고구려가 원수지간이라는 이유로 거부한다. 북위의 사신은 475년 개로왕의 "충성을 칭찬하는" 글을 가지고 바닷길로 백제에 가려고 하지만, 폭풍을 만나 되돌아간다.15) 그러나 북위는 대외관계에서 가장 중요한 남조와 유연의 문제가 해결되지 않은 상황에서 고구려 침공을 위해서 군사를 동원할 수는 없었다. 북위의 답신은 백제의 요구에 응하지는 못하지만, 고구려 견제라는 측면에서 백제의 유용성을 감안하여 백제와의 관계를 유지하려는 것으로 평가할 수 있을 것이다. 이에 북위는 앞으로 고구려 정벌을 위해서 군사를 일으키면 백제가 "길을 안내하여 선두에 설 것"을 당부하면서 백제를 달랜다. 개로왕은 중국이 백제의 청을 들어주지 않자 "원망하여 마침내 조공을 끊어 버렸다."16)

이것이 개로왕의 비극으로 연결된다고 해도 무방할 것이다. 무엇보다도 백제는 북위-고구려 관계를 포함한 동아시아 정세를 지나치게 자기중심적으로 해석했다. 외교정책은 자국의 이익을 중심에 두고 주변정세를 평가하는 것이지만, 객관성이 결여되면 자국의 정책이 손쉽게 추진될 것이라는 환상을 가지게 된다. 백제의 태도는 이와 같은 문제점을 보여준다. 다음 장에서 검토하겠지만 5호16국시대에 고구려까지 포함한 북중국은 춘추전국시대를 무색케 할 정도로 복잡하게 얽혀 있었다. 국내적으로도 모반이 간단없이 일어나고 대외관계에서도 동맹과 반동맹이 수시로 바뀐다. 그 중심에 서 있는 국가가 북위였다. 이것은 북위의 대외정책은 어느 한 국가와의 관계만을 고려해서 결정될 수 없다는 말이다. 그렇다면 백제는 "왜 북위가 고구려를 침공하지 않고 관용적인 태도를 유지하는가?", "북위와 우호관계를 지속하기 위해서 더 좋은 미끼를 제공해야 하는가?" 등의 문제를 충분히 검토한 후에 새로운 진로를 모색해야 했다. 중국의 정세변화를 백제가 파악하기 어려웠을 것이라고 말할 수도 있지만, 다음 장에서 장수왕의 외교를 보면 결코 백제의 능력

---

15) 장페이페이 외, 김승일 역(2005), 100쪽.
16) 「백제 본기」 제3, 524쪽.

밖이라고 할 수만은 없다.

국제관계는 쌍방의 의도와 정책의 총합이다. 국제정치적 사건이 발생한다는 것은 어느 일방의 정책만으로 결정되는 것이 아니다. 상대방의 대응이 합쳐질 때 구체적 사건으로 전개된다. 여기에서는 강대국이 정세 전반을 주도하게 된다. 그런데 약자의 입장에 있는 백제가 중국의 정책에 맞추거나 최소한 능동적으로 대처하지 않고 중국이 자신의 정책에 호응하지 않는다고 자의대로 관계를 "끊어버린 것"은 동맹의 한 축을 스스로 포기하는 것이었으며, 결과적으로 고구려와의 관계에서 백제의 위상을 약화시킬 뿐이었다. 이같이 엄청난 위험이 잠재된 사안을 개로왕은 인식하지 못했을까? 아니면 백제는 중국의 지원 없이도 여전히 안전하다고 믿었을까? 정확한 상황은 알 수 없지만, 아마도 반반이었을 것 같다.

이때까지 백제는 중국의 지원과 동맹 없이 고구려에 대항해왔다. 또 고구려의 첩자 도림(道琳)의 말을 듣고 왕성을 증축한 것을 보면 경제적 여유도 있었던 것 같다. 북위에 보낸 표문의 내용도 중국이 고구려를 공격해달라는 것이 일차적인 요구이며 백제에 대한 고구려의 공격을 막아달라는 것은 아니었다. 북위-고구려 간에 전쟁이 일어나면 백제의 안보는 자연히 보장될 것이며 그 과정에서 이득을 챙길 수 있다는 수준에서 수지타산을 맞추어본 것이다. "되면 좋고 아니면 말고" 하는 가벼운 기분으로 표문을 보낸 것이라면 지나친 평가일까? 백제는 북위가 청을 들어주지 않자 "싫다면 그만두자" 식으로 조공을 끊어버린 것이다.

백제의 안일한 대처에는 북위와의 관계를 단절하더라도 북위가 자신을 공격할 가능성은 없다는 계산이 깔려 있다. 물론 중국이 분열되어 있는 상황에서 화북의 세력이 백제를 군사적으로 침공할 가능성은 없다(동성왕 시대 북위의 침공 "에피소드"는 곧 다룰 것이다). 백제 역사상 의자왕 말년까지 해상을 통한 중국의 공격은 없었다. 고구려와 황해에서의 경쟁은 조공 사절의 파견을 두고 일어났다(해상 루트를 통한 침공은 광개토대왕 비문과 함께 다음 장에서 다룰 것이다). 여기까지는 백제의 계산이 정확했다고 할 수 있다. 그리고 이와 같은 낙관이 백제에게 학습효과로 작용했을 것이다. 당의 내습으로 백제가 파멸하는 최악의 상황은 190년 후의 일이다. 그러나 백제가 처음 의도한 것은 "중국이 백제를 공격하는 경우는 없을 것"이라는 소극적인 차원이 아니라, 중국을 이용하여 고구려를 견제하고 "길잡이"라는 명목으로 고구려 영토를 침식하려는 적극적인 것이었다. 고구려도 "조공을 게을리 하지 않았다"는 북위의 답신은 북위-고구려 관계의 일시적인 긴장완화 현상일 뿐이며, 고구려에 대한 북위의 의구심이 사라진 것은 아니었다. 이것은 백제가 북위와 고구려 사이에 파고들 수 있는 여지가 있다는 말이다.

백제가 "적극적인" 자세로 북위에 접근하면서 북위와 고구려 관계의 추이를 면밀히 관찰하고 백제의 "대안", 예를 들면, "길잡이" 정도가 아니라 백제군의 동원 등 적극적인 계획을 제시했다면, 기회가 없었을 것이라고 단언할 수는 없다. 특히 고구려가 열정적으로 남진정책을 추진하는 상황에서 북위를 통한 고구려 견제는 백제의 안보에 대한 가장 확실한 보장이 되었을 것이다. 이것은 통일외교에서 신라가 취한 정책이기도 하다. 김춘추 등이 당에 접근하던 시기에 백제나 고구려 모두 당에 사신을 보내고 조공하면서, 오늘날의 표현을 빌리면 "충성경쟁"을 했던 것이다. 그러나 최후의 승자는 신라였다.[17] 이것은 동맹관계에서 약소국의 입장인 백제가 당의 "삼국정책"을 자국에게 유리한 방향으로 전개되도록 하는 경쟁에서 성공하지 못했다는 의미이다.

고구려 장수왕은 북위와 원만한 관계를 유지하고 특히 백제와 북위의 관계가 단절된 상황을 이용하여 475년 백제 수도 한성을 함락하고 개로왕을 살해한다. 장수왕의 남방 경략에서 가장 두드러진 성과이다. 백제는 이 실책을 곧 깨닫는다. 중국의 지원이 가지는 중요성을 인식하고 개로왕의 아들 문주왕(文周王, 475-477)은 즉위 직후 송에 조공 사절을 파견한다. 개로왕이 "9월"에 전사하는데, 이때 문주왕은 태자의 자격으로 신라에 청병하며, "겨울 10월"에 웅진으로 천도하고, 다음 해(476) "봄 2월"에 한성의 주민들을 새 도읍으로 이주시키고, "3월"에 송에 사신을 보낸 것으로 보아 백제가 중국과의 관계 복원을 서둘렀음을 알 수 있다. 그러나 이 사신은 고구려가 길을 막아

---

17) 개로왕의 "단발성 외교(one-shot diplomacy)"는 구한말 고종의 외교에서 반복된다. 구대열(1985), 「대한제국 시대의 국제관계」, 『대한제국 III』(이화여대: 한국문화연구원) 참조.

빈손으로 돌아왔다.

24대 동성왕 시대에 이르러 백제는 중국을 상대로 고구려와 외교전을 다시 치열하게 벌인다. 왕 6년(484) 2월에 남제(南齊)가 고구려 장수왕을 표기장군(驃騎將軍)으로 책봉했다는 소식을 듣고 표문을 올려 "속국이 되기를 청하자 남제에서 허락했다." 7월에 사신을 다시 보내는데, 바다에서 고구려 군사와 마주쳐 그냥 돌아왔다. 왕 8년에도 사신을 남제에 보낸다.[18] 이어 왕 10년 "위가 군사를 보내와 치다가 우리에게 패했다"라는 기사가 보인다.[19] 중국의 북위가 왜 백제를 공격했는지, 침략군의 규모가 어느 정도인지에 대해서는 아무런 단서도 없다. 고구려를 공격해달라는 백제의 요청을 수락하기 힘들었던 북위가 무슨 긴박한 필요성이 있어 바다를 건너 백제를 공격했을까? 이병도 편역『삼국사기』는『동사강목(東史綱目)』의 저자 안정복(安鼎福)을 인용하여 북위가 불수공직(不修貢職), 즉 조공의 의무를 수행하지 않았다는 이유로 해로로 군사를 보내 공격했으나, 패한 것으로 해석한다(이병도 역주,『삼국사기』, 하권, 72쪽).

그러나 조공 의무의 불이행이 바다를 건너 군대를 파견할 만큼 주요한 사안이 아니라는 점은 쉽게 알 수 있을 것이다. 군대를 파견하여 백제를 공격했다면, 백제의 행위가 북위의 안보적 불안감을 증대시켰거나 실질적인 피해를 주었기 때문일 것이다. 백제가 북위를 자극할 수 있는 "능력"은 남제와 백제 간의 협력이며 구체적으로 남제-북위 간의 전쟁에 백제가 군대를 파견하는 수준 이상이어야 한다. 그러나 고구려-수 전쟁에서도 "양다리를 걸치는" 백제가 직접적인 이해관계가 없는 중국의 두 왕조 간의 분쟁에 끼어들어 군대를 파견할 이유는 물론 능력도 없었다. 화북에 근거한 북위는 경쟁국인 남조와 백제 간의 연합을 반기지는 않겠지만, 군대를 파견하여 저지할 만한 수준의 위협도 아니다. 더구나 백제를 견제할 필요성이 있었다면, 남진을 추진하는 고구려를 이용할 수도 있었을 것이다. 이와 같은 모든 가능성을 종합해보면, 북위의 수군이 남제와의 충돌 이후 백제 해안에까지 내려오면서 표류한

---

[18] 「백제 본기」 제4, 529-532쪽.
[19] 「백제 본기」 제4, 532쪽.

사건이 아닐까?

이 시기에 백제 왕이 남제 조정에 전공이 있는 자국의 신하들에게 관작을 내려줄 것을 요청하고 남제가 이에 화답하는 기록들이 중국의 사서에서 산견된다. 『남제서(南齊書)』, 「동이열전」, "백제"편은 동성왕이 올렸다는 표문 2개를 싣고 있다. 이 표문에서 특이한 점은 백제 왕이 사신으로 중국을 방문한 신하들을 비롯하여 "지조와 행동이 깨끗하며" "변경에서 공적이 뚜렷한" 달(達)이라는 인물 등을 천거하면서 남제가 벼슬을 내려줄 것을 주청한다. 『남제서』는 이를 허락하는 조서를 싣고, 이어서 "이 해에 위 오랑캐가 '또다시' 기병 수십만을 동원하여 백제를 공격하여 그 지경에 들어가니, 모대(牟大, 동성왕의 이름)가 여러 장군을 파견하여 크게 무찔렀다." 동성왕 17년에도 북위가 "군사를 일으켜 깊숙이 쳐들어왔으나," "밤에 번개처럼 기습공격을 하니……마치 바닷물이 들끓듯 붕괴되었다"고 보고한다.[20]

바다를 건너온 북위의 군대가 백제 자신의 연안에서 싸웠다면, 그 연안을 "변경"이라고 할 수는 없을 것이다. "변경"에서 공적이 뚜렷했다면, 고구려와의 전투를 지칭하는 것으로 보아야 할 것이다. "또다시" 침공했다면, 그 이전에도 이와 유사한 북위의 공격이 있었다는 말이다. 군사적 충돌이 "잦았다"면 그리고 백제가 크게 이겼다면, 그에 관한 기록은 왜 없을까? "기병 수십만"을 동원했다는 대목은 과장된 것이 분명하다. 이 시기에 백제-고구려 간에는 보이지 않는 그러나 치열한 외교전이 황해 바다에서 계속되고 있었다. 이상의 상황들을 고려하면 북위-고구려의 우호적 관계라는 연장선상에서 백제가 고구려를 북위의 앞잡이라고 생각하거나 둘을 동일시한 것이 아닐까? 분명한 점은 이 사건들은 백제와 남제와의 긴밀한 관계와 개로왕 사후에 백제가 중국과의 외교관계에 심혈을 기울인 증좌들이라는 것이다. 더욱이 "북위의 백제 침공"은 사실이건 과장이건 간에 중국에 통일왕조가 들어서면, 황해라는 좁은 바다는 백제에게 안보를 담보하는 장벽이 될 수 없다는 사실을 예고해준다는 점이다.

---

20) 『조선전』 1, 416, 427-429쪽 참조. 『삼국사기』 동성왕 15-17년에는 신라와의 혼인과 나-제동맹에 관한 기록만이 있다. 「백제 본기」 제4, 533쪽.

4. 나-제동맹 평가

　백제가 고구려와 남북으로 직접 대치하는 상황에서 고구려에 대항하는 데에 "직접적이며 즉각적인" 도움이 되는 가장 효과적인 수단은 비유왕 7년 (433) 신라와 맺은 나-제동맹이다. 백제는 고구려에 대항하기 위해서 중국과 왜를 포함한 주변국들을 상대로 전 방위로 외교적 노력을 전개하는데, 나-제동맹도 그 일환이라고 할 수 있다. 433년 사신을 "신라에 들여보내 화친을 청하고" 다음 해에도 사신을 신라에 보내 "좋은 말 두 필을 선사하고", 그 가을에는 또 "흰 매를 보냈다."21) 백제가 신라와의 동맹에 얼마나 심혈을 기울였는가를 보여주는 대목이다. 이에 대해서 신라는 434년 겨울 10월 좋은 금과 빛나는 구슬을 보내 답례했다. 당시 신라는 강대한 고구려에 허리를 굽혀 우호관계를 지속했으며, 백제의 친구인 왜의 침략에 시달리고 있었다. 그러나 "적의 적은 나의 동지"가 될 수는 있으나, "친구의 모든 친구가 나의 친구"일 수는 없다. 신라-왜, 신라-고구려 등 복잡한 관계에도 불구하고, 나-제동맹은 고구려의 침공에 직면한 백제와 고구려의 침공 가능성을 느낀 신라가 "고구려의 위협"이라는 점에서 일치한 주요한 사건이다.

　여기에서 몇 가지 문제가 제기된다. 첫째, 위에서 기술한 대로 양국은 선물을 주고받으면서 우호관계를 다졌다. 이것을 오늘날 국가 간의 "동맹"으로 해석할 수 있을까? 구체적인 내용은 아무것도 없다. 서양에서는 이미 고대 그리스 시대에서부터 동맹조약의 내용을 구체적으로 규정하고 있다.22) 유럽 외교사의 황금기에 해당하는 비스마르크 시대에 이르면 동맹에서의 의무를 상세히 규정하는 것은 상식이 된다. 나-제동맹은 "과거에는 서로 싸웠지만 앞으로 잘 지내보자"라는 선언 이상의 구체적인 약속은 없다. 예를 들어 고구려의 백제 침공과 같은 가상적인 상황에서 양국의 의무가 명기되지 않는다면, 상대방에 대한 지원은 전적으로 자신들의 판단(특히 국익에 기초한)에만

---

21) 「백제 본기」 제3, 516-517쪽.
22) 아테네와 스파르타가 맺은 50년간의 동맹조약, 특히 다른 도시국가들은 "상호방위에는 협력하지만, 공동파병은 하지 않는다"고, 즉 방위동맹과 공수동맹을 구분한다. 투키디데스, 박광순 역(1993), 2권, 36-37, 60쪽.

의존할 것이다. 이것을 동맹이라고 할 수 있을까?

둘째, 아마도 이와 같은 이유에서 비롯되겠지만, 양국이 동맹의 운용에 관해서 논의했다는 기록이 없다. 특히 「백제 본기」에는 개로왕의 비극까지 43년간(433-475) 나-제동맹에 대한 언급이 없다. 이것은 백제가 신라와 "동맹을 맺은 후" 혹은 "우호관계를 약속한 후" 고구려 전선에 집중하면서 신라와의 관계에 크게 주의를 기울이지 않은 증거일 수도 있다. 「신라 본기」에는 눌지 마립간 39년(455), 즉 개로왕 원년에 고구려가 백제를 침범하니 왕이 군사를 보내 구원했다는 언급이 나온다. 개로왕의 피살 때에도 "백제왕 경(慶, 개로왕)이 아들 문주(文周)를 보내 구원을 요청하니 왕이 군사를 내어 백제를 구하게 했으나, 도착하기 전에 백제 도성은 이미 함락되었고 경 역시 살해되었다."23) 이후 550년 신라의 한강 유역 탈취로 나-제동맹이 파기될 때까지 상호지원은 빈번해진다.

이 부분은 삼국시대 동맹의 인식과 운용이라는 관점에서 논의해야 할 문제이다. 한 연구는 나-제동맹은 "극히 형식적이고 실질적 도움은 그리 크지 못했던 것"이라고 평하면서 개로왕의 피살은 신라가 "실기(失期)"한 것이며 "신라군의 회피라고 본다."24) 나-제동맹이 "극히 형식적"이었다는 해석은 틀린 말이 아니다. 국가 간의 교류에서 구체적 합의 없이 선물 교환만으로 끝났기 때문이다. 그러나 수백 년 동안 싸워오던 백제와 신라가 우호관계를 맺었다면, 양국이 처한 국제정치적 상황에서 "우호"가 가지는 함의에 주목해야 할 것이다. 백제가 "고구려 위협"을 실질적인 것으로 인식했다면, 신라도 동일한 수준에서 고구려 위협을 받아들였느냐는 것이다. 이 문제는 다음 장에서 광개토대왕의 남정과 관련하여 기술할 것이지만, 결론은 "그렇다"고 하겠다.

그 다음, 개로왕의 죽음은 신라가 고의로 참전을 회피하기 위해서 늦게 도착했기 때문에 일어난 비극이라는 해석이다. 그 근거로서 도성이 함락되고 왕이 포로가 된 상황은 백제군이 상당 기간 대항하다가 무너졌다는 것, 즉

---

23) 「신라 본기」제3, 109, 111쪽; 「백제 본기」제4, 529쪽. 「백제 본기」는 문주가 군사 1만 명을 얻어 돌아오니 고구려 군사들은 물러났다고 기록하고 있다.
24) 이호영(1997), 『신라 삼국통합과 여-제 패망원인 연구』(서울: 서경문화사), 53-54쪽.

신라가 군대를 보내기에 충분한 시간이 있었다는 것이다. 이것은 삼국 간 "국제관계"의 전개에서 가장 중요한 나-제동맹의 성격을 규명한다는 차원에서 주요한 문제이다. 우선 「고구려 본기」, 「백제 본기」와 「신라 본기」의 기록들을 참조하여 이 사건을 재정리해보자. 장수왕이 475년 7월에 백제를 치고, 9월에 군사 3만을 거느리고 다시 한성을 포위한다. 개로왕은 사직을 위해서 아들 문주를 남쪽으로 보낸다. 7일 만에 북쪽 성이 함락된다.25) 이를 연결시키면 7월에 장수왕이 군사를 발동하고 9월에 한성을 에워싸고 7일 만에 왕성이 함락되고 왕은 탈출을 시도했지만 잡혀 죽었다는 것이다. 문주가 신라에 청병하러 떠난 시점에 대해서는 언급이 없지만, 고구려군의 군세를 보고 곧바로 출발했을 것이다.

동맹외교의 요체는 상대방을 지원할 수 있는 "능력"을 보유하고 또 도움을 주려는 "의지"가 있느냐는 점이다. 백제와 신라 양국은 고구려라는 공동의 적을 두고 상대방을 지원할 수 있는 능력을 보유했다. 이 점은 양국의 협조로 고구려의 침공이 저지된 데에서 잘 나타난다. 그 다음은 의지이다. 국제정치에서 동맹은 기회주의적 선택에 의한 "정략결혼(mariage de convenance)"과 같은 경우가 많다. 이것은 전략적으로 지원할 수 있는 상황이며, 또 능력이 있다는 것만으로는 동맹국에게 실질적인 도움이 되지 않을 수도 있다는 말이다.

제2차 세계대전 중 독일-일본 동맹은 소련과 영-미 세력을 모두 가상의 적으로 간주하면서 독일은 일본이, 일본은 독일이 이들 적국들을 일정한 수준에서 견제해줄 것이라는 기대감에서 체결된 것이다. 그러나 전쟁이 진행되면서 미국이 영국과 소련을 실질적으로 지원한 것과는 달리 독일과 일본은 상대방을 지원하려는 의지가 없었다. 일본은 유럽 무대에서, 독일은 태평양 전장에서 멀리 떨어져 있기도 했지만, 양국이 자국의 직접적인 이해를 중심으로 정책을 추진했기 때문이다. 전쟁 중 미-영-소 간에 지속적으로 열린 정치, 군사 회담이 독일-일본 간에는 주재국 대사관 수준에서 정보교환 정

---

25) 『일본서기』도 "7일 7야에 왕성이 함락되고" "국왕 및 대후, 왕자 등이 모두 적의 손에 죽었다"고 쓰고 있다. 이 역시 고구려군의 전격적 기습전의 성격을 시사해준다. 『일본서기』, 254쪽.

도를 제외하고는 한 차례도 없었다.

일본은 소위 동경-모스크바-베를린을 잇는 추축(Axis)을 통해서 앵글로색슨의 미-영 연합국(Allied Powers)에 대항한다는 전략으로 소련과 중립조약을 맺는 등 심혈을 기울였다. 이 조약은 일본 전시외교의 큰 축이다. 그러나 독일은 소련을 게르만 민족의 생활권으로 간주하고 1942년 6월 소련과의 전쟁에 돌입함으로써, 일본의 구상은 붕괴되고 동맹은 허울만 남게 된다. 반면 영국과 미국은 사회주의와 자본주의 간의 적대감을 접어두고 "히틀러 패퇴"라는 목표를 위해서 "악마와의 동맹"도 불사하며 스탈린과 손을 잡는다. 백제의 동맹외교에서 동맹국으로 상정한 중국이나 왜는 동상이몽 격인 독일-일본-이탈리아 간의 동맹과 비교된다면, 고구려를 상대로 체결한 나-제동맹은 미국-영국 등 연합국 간의 동맹과 같이 실질적인 효과를 낳았다고 할 수 있다.

신라가 백제를 도울 의지가 없었다는 평가는 어떤가? 나-제동맹 이전의 양국 관계는 우호보다 갈등과 충돌이 더 빈번했던 것이 사실이다. 신뢰보다 불신이 더 깊었다. 더욱이 국가이익을 앞세우는 국제정치에서 양국은 언제든지 배신할 수 있다. 여기에 양국이 가상적국으로 삼은 고구려를 어떻게 평가하느냐는 점을 연계시켜보자. 고구려 최전성기인 광개토대왕-장수왕 시대의 남진정책은 주로 백제를 향했지만, 신라도 고구려를 자국의 안보를 위협하는 요소로 간주하게 된다(다음 장 광개토대왕의 남진 부분 참조). 국가의 존립이 걸린 이와 같은 문제에 직면하여 양국이 과거를 묻어두고 협력하는 것이 서로 유익하다는 계산에서 체결된 것이 나-제동맹이다. 475년의 상황이 바로 이에 해당한다. 고구려가 백제를 유린하는 것이 신라에게는 결코 도움이 되지 않는다. 신라의 약화도 백제에게 도움이 되지 않는다. 어느 일방이 망하면 고구려의 위협을 고스란히 혼자 떠맡아야 하기 때문이다. 서로 협력하는 것 외에는 살길이 없다는 것이다.

이것은 개로왕이 전사한 상황도 신라가 일부러 "실기하면서" 지원을 늦출 이유를 발견할 수 없다는 말이다. 장수왕은 사전에 첩자 도림을 통해서 백제의 약점을 간파했으며, 또 북위에 조공을 충실히 보내 후방의 안전을 확보한 다음, 3만 병력을 동원하여 기습적으로 한성을 포위하고 7일 만에 함락시켰다. 이것은 북위와의 주요 전선을 고려하여 백제와의 전쟁은 단기간에 기습전으로 끝내고 곧바로 퇴각한다는 전략에 근거한 것이다. 장기간 주둔이나 백제 영토의 점령은 475년 고구려의 전쟁 목표가 아니었다. 신라는 고구려군의 규모를 파악하고, 이에 대항할 수 있는 최소 수준인 1만 명을 모집하고, 또 대고구려 전선의 방위체계도 점검하는 등 모든 과정을 1개월이 안 되는 기간에 끝내고 한성으로 갔다. 이것은 신라로서 최대한 노력한 결과이다. 여기에 과거 양국 간에 존재하던 은원이라는 감정이 개입할 여지는 없었을 것이다.

양국 간의 우호적 관계는 신라가 동맹을 배반하고 한강 유역을 탈취한 550년까지 약 120년간 지속된다. 백제가 24대 동성왕 7년(485) 사신을 신라에 보내고, 왕 15년 신라에 혼인을 청하자 신라 왕이 이찬 비지(比智)의 딸을 시집보내고, 왕 16년에는 신라와 고구려가 살수에서 싸웠는데 신라가 이기지 못하고 견아성(犬牙城, 충북 괴산 혹은 경북 문경 서쪽으로 비정)으로 물러나자 고구려가 이를 포위한다. 이때 백제가 군사 3,000명을 보내서 포위를 풀어준다. 왕 17년에는 고구려와 백제가 싸울 때 백제가 신라에 구원을 요청하자 신라는 구원군을 보낸다. 이에 고구려군이 물러났다. 26대 성왕은 국내 체제를 정비하여 왕권을 확립하며 신라와 긴밀한 관계를 유지하여 고구려에 대항한다. 왕 3년(525)에 사신을 신라에 보내고, 26년(548) 고구려가 독산성(獨山城, 충북 예산군 예산읍)을 공격하자 신라에 구원을 요청하여 고구려를 격파한다. 신라가 한강 유역을 탈취한 이후인 성왕 31년(553) 왕의 딸이 신라로 시집간다. 이병도 박사는 양국이 구수(仇讐)관계가 된 후에 두 왕가 간의 혼인은 있을 수 없는 일이라고 평하지만, 이 사실이 「백제 본기」와 「신라 본기」에 모두 기록된 점에 비추어 백제가 동맹의 필요성을 더 절실하게 느껴 관계 복원을 원했음을 말해주는 것 같다.26)

---

26) 「백제 본기」 제3, 526쪽, 제4, 529, 533, 540-541쪽; 「신라 본기」 제4, 125쪽. 이병도 편역, 하권, 81쪽, 각주. 성왕은 신라만이 아니라 가야까지 포함시켜 고구려에 적극적으로 대항했으며, 한강 유역에서의 전투도 삼국이 고구려와 싸운 것이라는 주장도 있다. 백제는 가야를 두고 신라와 갈등을 빚었지만, 대고구려 전쟁을 중요시하여 가야 문제에서 신라에 양보하는 자세를 보였으며, 550년 이후 신라는 고구려와 밀약, 백제를 견제했다는

신라는 진흥왕 11년(550) 백제가 고구려의 도살성(道薩城, 충북 괴산군 도안면 혹은 충남 천안으로 비정)을, 고구려가 백제의 금현성(金峴城, 충북 진천군 진천읍 혹은 충남 연기군 전의로 비정)을 서로 공격하여 함락시키자, 양국의 군사가 "피로한 틈을 타서" 두 성을 빼앗아 증축하고 군사 1,000명을 주둔시킨다(신라는 처음에는 백제를 지원하여 금현성에서 고구려와 싸웠고, 퇴각하는 고구려군을 추격하여 크게 이긴다). 이후 신라는 잇달아 고구려의 성을 빼앗아 영토를 확장한다. 「백제 본기」는 3년 후인 553년 신라가 동북쪽 변경을 탈취하여 새로운 주(州)를 설치했다고 적고 있다. 신라가 한강 유역의 방어를 강화한 것이다. 백제는 신라의 서진을 더 이상 묵과할 수 없다는 결론에 도달한 듯이 다음 해에 신라를 습격했으나, 관산성(충북 옥천)에서 성왕이 전사하며 "말 한 필도 돌아가지 못할" 정도로 참패한다.27) 진흥왕은 16년 (555) 북한산에 행차하여 영토를 개척하고 국경을 정하는데, 이때 세운 비석이 진흥왕 순수비이다.

신라의 행위는 분명히 동맹을 배반한 것이다. 인간적 배신감을 떨쳐버릴 수는 없지만, 국제정치에서는 조금도 이상할 것이 없다. 제1장에서 언급한 개인의 도덕률과 국가의 도덕률(필요성) 외에 장 자크 루소의 사슴 사냥을 참고로 하자. 배가 고픈 사람들이 사슴을 잡기로 합의하고 사냥에 나선다. 그러나 토끼 한 마리를 잡으면 한 사람의 배를 채울 수 있다. 이와 같은 상황에서 토끼가 나타나면 그 가까이 있는 사람은 서슴없이 사냥 대열에서 이탈하여 토끼를 잡는다. 그 결과로 포위망에 구멍이 뚫려 사슴 사냥은 실패하고

것이다. 김수태(2008), 「백제 성왕대의 대가야 외교와 고구려」, 서강대학교 동양사학연구실 편, 『한중관계 2000년—동행과 공유의 역사』(서울: 소나무). 그러나 『삼국사기』에서 언급한 가야의 멸망 연도(법흥왕 19년, 532년)는 차치하더라도, 가야가 "동맹"을 위해서 한강 유역 전투에 파병할 가능성은 크지 않다. 또 백제가 가야 문제에서 신라에 양보했다는 것은 가야를 양보하는 대신 한강 유역은 백제가 차지하겠다는 거래와 같은 인상을 주지만, 이것은 신라의 계산에는 없었던 것이라고 할 것이다. 신라는 이미 영향권 안에 들어온 "나의 소유물"을 가지고 백제와 거래할 이유가 없다. 이보다 더 중요한 점은 한강 유역 자체가 가지는 전략적 가치이며, 이를 양국, 특히 신라가 어떻게 평가했느냐는 점일 것이다.
27) 「신라 본기」 제4, 124쪽; 「백제 본기」 제4, 541쪽. 성왕의 전사로 이어지는 사건들이 『일본서기』에 상세히 기록되어 있다. 『일본서기』, 314, 333, 335, 341-345쪽.

나머지 사람들을 굶주리게 된다는 것이다.28) 국가도 "국가의 필요성"을 위해서 동맹국들과 협조하지만, 이 협조는 어디까지나 제한적인 것이다.

나-제동맹은 전문적인 관점에서 보면 방어적 성격이다. 적의 공격에 대비하여 양국이 협력할 것을 약속한 것이다.29) 그런데 신라가 한강 유역을 탈취하던 상황은 고구려와 백제가 서로의 성을 빼앗고 빼앗기는 양상이었다. 이때 신라가 백제를 지원하여 고구려의 성을 빼앗는 것은 동맹의 성격이 공수동맹으로 변한 것이다. 즉 양국이 방어는 물론이고 공격에서도 협력한 것이다.30) 동맹의 성격에 관한 이와 같은 구분을 삼국시대에 적용시키는 것은 부질없는 짓이겠지만, 동맹의 성격과 운용을 이해하기 위해서는 필요할 것이다.

더욱 중요한 것은 동맹이라는 이름 아래 이루어진 협조는 그후 전개되는 상황에서 반드시 지속되는 것이 아니라는 점이다. 신라는 백제가 공격을 당할 때는 협조하지만, 이제 백제도 고구려의 성을 빼앗았는데 신라가 왜 가만히 앉아 백제가 전리품을 독식하는 것을 구경만 하겠느냐고 반문할 수 있다. 신라가 어지러운 상황을 이용하여 실익을 챙겨도 무방하지 않느냐는 것이다. 현실주의에서는 "군사적 승리와 정복은 전리품에 대한 정당한 권리를 주장하는 원천"이다. 따라서 전리품의 분배를 둘러싼 갈등은 전쟁에서 승리한 동맹국들이 패전국 문제를 처리할 때 수시로 대두되는 문제이다. 동맹국으로 협조했던 백제와 신라가 "전리품"으로 획득한 고구려 영토의 분배를 두고 싸웠으며, 문제는 신라가 이를 독차지했다는 것이다.31) 『삼국유사』는 이 과정을

---

28) Lieber(1973), 구대열 역(1987), 153쪽.
29) 나-제동맹 기간 중 백제-고구려 간 총 11회 전투에서 고구려가 백제를 먼저 공격한 것이 7회, 신라-고구려 간 총 10회 전투에서 고구려가 신라를 먼저 공격한 것이 8회이다. 이호영(1997), 50쪽.
30) 방어동맹의 대표적인 것은 1902년 제1차 영-일동맹이다. 이 동맹에 의거하여 영국은 1904년 러시아-일본 간에 전쟁이 일어나도 일본을 지원할 의무를 가지지 않는다. 러시아가 제3국(프랑스)과 공동으로 일본을 공격하는 경우에만 영국은 참전의 의무를 지게 되는 것이다. 공수동맹에는 1905년에 맺은 제2차 영-일동맹이나 제1차, 제2차 세계대전 중 동맹국과 추축국들 간에 이루어진 동맹들이 속한다.
31) Albrecht-Carrié, René(1973), *A Diplomatic History of Europe since the Congress of Vienna* (revised ed.) (New York: Harper & Row), p. 7. 제2차 세계대전에서 동맹국으로 협력한 미국-영국-소련이 전후에 발칸 반도와 폴란드 문제 처리에서 미, 영의 참여를 봉쇄한 소련의 정책과, 이탈리아와 일본 문제에서 소련을 완전히 배제한 미, 영의 조치들이 모두

백제가 신라에게 고구려를 칠 것을 제의하고, 진흥왕이 이를 고구려에게 알리며 고구려가 이에 감격하여 신라와 화친을 맺고, 백제가 신라를 원망하여 침공했다는 약간 엉성한 시나리오를 제시하고 있다.32) 이것이 사실이라면 신라의 외교적 변신은 놀랄 만하다고 해야 할 것이다. 문제는 이 사건이 백제의 분노와 한강 유역의 전략적 중요성을 고려하면 일회성으로 끝날 수 없다는 데에 있다. 성왕의 죽음이라는 더 큰 비극은 이후 중국의 개입과 함께 삼국 문제를 격렬한 외교전의 소용돌이로 몰아넣는다.

5. 대중국 외교의 문제점

성왕의 뒤를 이은 27대 위덕왕(威德王)에서 마지막 31대 의자왕까지 백제는 중국의 여러 왕조들을 상대로 조공외교에 정성을 기울인다. 위덕왕 24년(577)에는 진(陳)과 북주(北周)에 사절을 보내고, 28년부터 33년까지 조공을 거르지 않았다. 589년 수(隋)가 중국을 통일하자 백제는 첫 해에 사절을 보내 수가 진(陳)을 평정한 것을 축하한다. 이것은 6년 뒤인 진평왕 16년에 가서야 수 황제가 신라 왕을 봉한 것이나(신라가 사절을 보낸 기록은 없다), 590년 영양왕 원년 고구려가 사절을 보낸 것보다 빠른 조치이다. 고구려는 수의 통일 소식을 듣고 축하 사절을 보내기보다는 "크게 두려워 군사를 조련하고 군량을 비축하다가" 수의 책망을 받는다. 반면 수는 백제의 계속된 조공에 대해서 "오고 가는 길이 지극히 험난하니⋯⋯해마다 들어와 조공할 필요는 없다"면서 "흡족히 여겼다." 백제와 수의 관계가 이후 우호적이었다는 사실은 무왕 9년(608) 수의 사신이 왜국에 가면서 백제의 "남쪽 길을 경유했다"라는 구절에서도 나타난다.

그러나 백제는 중국과의 "우호적" 관계를 안보동맹으로 한걸음 더 발전시키지 못한다. 오히려 잠재화되어 있는 "중국 위협"을 간단히 과소평가함으로써 개로왕이 저질렀던 실책을 되풀이한다. 백제는 조공을 계속하는 한에서는

이에 해당한다.
32) 『삼국유사』, 「기이」 제1, "진흥왕", 99–100쪽.

중국이 백제를 위협할 가능성이 없으며, 수 건국 초기에 수-고구려 간의 원만하지 못한 관계에 비추어 개로왕이 북위에 요청한 고구려 침공과 같은 사태가 앞으로도 현실화될 수 있을 것으로 추론했을 것이다. 그러나 중국의 관점에서 보면 "고구려 요소"가 중국-백제 관계보다 더 중요하며, 여기에서 백제의 역할이 부수적이라는 점을 백제는 간과했다. 백제는 위덕왕 45년(598) 수가 요동에서 전쟁을 일으킬 것이라는 풍문을 듣는다. 백제의 외교에서 중국-고구려 전쟁이라는 오랜 숙원이 현실화될 것 같은 상황이 전개된 것이다. 이에 백제는 수에 사신을 보내어 수나라 군대의 길잡이가 되기를 자청한다. 그러나 수 문제(文帝)는 "고구려가 조공을 바치지 않고 신하의 예가 없어 토벌을 고려했으나……고구려가 이미 죄를 청하여 용서했다"면서 침공을 보류했음을 알린다.33) 이것은 수가 고구려 문제를 장기적으로 관찰하겠다는 의미이거나 침공 준비가 완료되지 않았음을 말해주는 것이다. 126년 전 개로왕의 표문에 대한 북위의 답신과 동일한 내용이다.

수 문제는 598년 30만 병력을 동원하여 고구려를 침공하나 풍랑과 전염병으로 좌절되며 이로부터 14년 뒤인 612년 양제가 대규모 침공에 나선다. 그런데 고구려는 백제가 수나라에 "길잡이"를 "자청했다"는 말을 듣고 이를 "고깝게 여겨" 위덕왕 45년(598) 군사를 보내 백제의 국경을 침략한다. 신라가 한강 유역에까지 진출한 상황에서 고구려가 백제를 공격했다는 것은 신라가 이 지역을 행정적, 군사적으로 완벽히 장악한 것이 아니라 전략적 거점인 산성 위주로 근거지와 방어선을 구축했기 때문에 군대 이동이 가능한 힘의 공백지대가 있었다는 의미이다. 국제정치적으로 더욱 중요한 측면은 외교협상에서 기밀이 적대국에 노출되었으며, 더구나 신라가 성장하는 시점에 백제는 고구려라는 또 하나의 적을 만들었다는 점이다. 그렇다고 수가 백제의 동맹세력이 된 것도 아니다. 이로써 백제는 북의 고구려와 동의 신라를 상대로 양 전선에서 감당하기 어려운 힘겨루기를 해야 하는 상황을 맞게 된다.

백제는 무왕 8년(607) 수에 고구려 토벌을 또다시 요청한다. 수의 고구려

---

33) 「백제 본기」 제5, 544-547쪽.

침공 1년 전인 611년 사신을 보내서 조공하면서 군사일정을 묻는다. 수 양제는 상을 후하게 내려주고 사신을 보내 백제와 [고구려 침공 문제를] 상의하게 한다. 그러나 백제는 다음 해에 수가 고구려를 침공했을 때 "국경의 군비를 엄중히 하고 수를 돕는다고 공언했으나, 실제로는 두 마음을 가지고 있었다." 『삼국사기』, 「고구려 본기」는 이어 백제는 고구려와도 "몰래 통하고 있었다"고 했는데, 이것은 무왕이 고구려 침공을 수와 논의하면서 동시에 고구려와도 이 문제를 어떤 형식으로든 논의했고 또 모종의 합의도 있었음을 의미한다.34) 요즘 식으로 말하면 "양다리" 작전이다. 수의 침공 계획을 알려주고 백제가 수를 지원할 의사가 없음을 통고하면서 백제에 대한 고구려의 분노를 무마한 것이 아닐까 한다. 물론 백제는 수의 승리가 현실화되는 것을 보아가면서 군대 파견 등 다음 행동을 취해도 늦지 않을 것이라고 판단했을 것이다.

단기적인 관점에서 백제의 정책은 타당한 것이었다. 백제는 수와 고구려라는 두 호랑이 사이에서 전개되는 전쟁을 관망하면서 어떠한 피해도 입지 않았다. "길잡이"를 자청했다고 해서 고구려의 보복을 받은 전례를 교훈삼아 전쟁이 일어난 612년에는 행동을 취하지 않았으며, 이로써 고구려의 보복도 피할 수 있었다. 외교정책에서 "무행동"도 "정책 선택"의 하나이다. 그러나 구체적인 이득도 얻지 못했다. 만약 백제가 고구려의 후방에서 최소한 교란 작전이라도 감행했다면(50여 년 후 신라가 당의 고구려 침공을 지원했듯이), 고구려가 두 전선을 감당할 수 있었을까? 신라가 한강 유역을 장악하고 있던 상황에서 백제가 고구려를 직접 공격하는 효과는 제한적이었을지도 모른다. 그러나 동일한 상황에서 598년 고구려는 백제를 공격한 전례도 있다. 신라 전선에 배치한 방어군을 남겨두고 고구려 공격에 동원할 수 있는 여력을 백제가 가졌는지, 그리고 고구려 공격이라는 제한된 목표를 위해서 신라에게 "협력"을 제의했다면 신라가 어떤 반응을 보였을까라는 의문도 제기된다. 성왕의 전사 이후에 양국이 협력할 가능성은 거의 없었다고 하겠지만, 국제정

---

34) 「백제 본기」 제5, 545, 547쪽. 「고구려 본기」 제8, 398, 408쪽.

치에서는 적대적 관계에서도 제한된 협력은 항상 가능하기 때문이다.35) 그러나 수-고구려의 주요 전선이 요동과 청천강을 넘고 수의 수군(水軍)이 평양으로 진격하는 상황에서 백제가 수나라 군사를 지원할 수 있는 방안들이 있었을 것이며, 이로 인해서 전쟁의 결과도 달라졌을 것이다.

당이 고구려를 침공하던 645년에도 백제는 군사는 보내지 않고 황금색으로 옻칠한 쇠 갑옷을 당 태종에게 바쳐 체면치레만 했을 뿐이고, 신라가 "군사 3만을 내어 당을 도운 틈을 타서" 신라의 7개 성을 습격하여 빼앗았다.36) 오히려 백제가 신라를 공격한 행위는 고구려-백제 간에 협력관계가 발동된 것 같은 느낌을 준다. 당이 고구려를 공격하고 신라가 이를 돕고 있어 고구려는 북서부와 남부에서 어려움에 처한 상황이었다. 이때 백제가 신라를 공격한 것은 순전히 이기적인 행위였지만, 남부전선에 대한 고구려의 부담을 덜어주는 역할도 했다는 해석이 가능할 것이다. 물론 백제의 행위는 고구려를 위한 "이타적" 동기에서 비롯된 것이 아니다. 또 백제와 고구려는 이 시기에 수나 당, 혹은 신라를 상대로 동맹을 맺었던 것도 아니다.

"국가이익"과 "국제신의"라는 문제는 국제정치의 오랜 딜레마이다(제12장 참조). 백제가 신라의 당 지원을 이용하여 신라의 성들을 빼앗아 이익을 챙긴 행위는 단기적으로 백제의 국가이익과 합치했다. 이와 같은 타산적 행위는 동맹관계가 조약으로 문서화된 근대 이후 심지어 20세기에 들어서도 변하지 않는다.37) 신라는 645년 여-당전쟁에서 위험을 무릅쓰고 동맹국으로서 당

---

35) 냉전시대에 미국과 소련은 유엔에서 제3세계의 대두를 저지하는 데에 협력한다. 1895년 청-일전쟁에서 일본의 승리가 확실해질 때, 상호 적대적이던 영국과 러시아는 각기 다른 의도에서 조선의 독립을 위해서 단기간 협력한다.
36) 「신라 본기」 제5, 146쪽; 「백제 본기」 제6, 553쪽; 「고구려 본기」 제9, 423쪽.
37) 제2차 세계대전 전반기 독일의 공격에 고전하던 스탈린은 미국과 영국이 서유럽에 상륙하여 제2전선을 열어줄 것을 수차례 요청하지만, 처칠은 "대서양 전투야말로 제2전선이다"고 비웃듯이 응대한다. 대서양에서 독일 잠수함과 싸우는 것이 동부전선에 집중된 독일의 힘을 분산시켜달라는 스탈린의 요청에 응하는 것이라는 의미이다. 그리고 미국과 함께 북아프리카, 이탈리아를 빙빙 돌아 1943년 여름 쿠르츠크 전투에서 전세가 소련으로 기울어지는 것을 확인하고, 또 1년을 더 기다려서 1944년 6월 노르망디 상륙작전을 개시한다. 영국의 전략은 성공적이었지만 소련의 분노를 사게 되며, 소련이 점령한 동유럽의 전후 처리에서 영국과 미국을 배제하는 보복을 받게 된다.

에 대해서 신의를 지켰다. 당 태종이 고구려 항복이라는 목표를 달성하지 못하고 패퇴하는 기분으로 귀국한 후에 "요동 전역(戰役)"을 돌이켜볼 때 어떤 기분을 가졌을 것인가는 자명하다.

국가 간의 관계는 인간관계와 달라 국익이 우선이라는 점은 분명하다. 또 "국가에게는 친구가 없으며 단지 이익만이 있다"고 한다. 그러나 이것은 유럽의 국제정치에서 영국이 세력 균형정책을 정당화했던 논리라는 점을 상기할 필요가 있다. 대외정책의 최종 결정자는 몰인간적인 국가가 아니라 국가라는 조직체를 통치하는 군주, 대통령, 수상 등의 인간이다. 이들은 국익이라는 큰 틀에서 자국이 어려울 때 지원한 상대국의 신의도 주요한 고려사항으로 꼽는다. "어려울 때 친구가 진정한 친구"라는 것은 국가 대 국가의 문제인 동시에 지도자들 간의 신의를 말한다. 또 "모험을 감행하지 않으면 얻는 것이 없다." 국제정치와 관련된 이와 같은 언명들은 냉엄한 국제사회의 현실과 함께 진정성과 신의, 그리고 때로는 과단성 있는 결단이 국제관계에서 주요 덕목임을 말해주는 것이다.

여-당전쟁에서 보여준 백제의 행동은 612년 여-수전쟁에서 얻은 학습효과일 수도 있다. 그러나 당에게는 친고구려 행위로 보였다. 물론 백제는 이후 중국을 상대로 한 외교에서 고구려를 결코 우방국으로 묘사하지 않는다. 618년 중국 대륙에서 수가 멸망하고 당이 대두하자 무왕 22년(621) 재빨리 당에 사신을 보내 과하마(果下馬)를 바치며 조공한다.38) 이후 660년 멸망까지 약 40년간 총 22번에 걸쳐 당에 조공 사절을 보낸다. 백제의 조공은 무왕 후반기 20년 동안에 15회에 이른다는 점에 주목할 필요가 있다. 무왕 20-42년(619-641)은 당의 건국 초기에 해당하는데, 이것은 중국의 새 실력자인 당과 정상적인 관계를 확립하려는 백제의 의도로 해석할 수 있을 것이다.39) 나아가서 당과의 우호관계를 고구려에 대항하는 군사동맹으로 발전시킬 수도 있을 것이다. 무왕 27년에 "고구려가 길을 막아 상국에 입조하지 못한다"고 고구려

---

38) 과하마는 등에 탄 채 과실나무 가지 밑을 지나갈 수 있는 정도로 키가 작은 말.
39) 신형식(1992), 207쪽. 왕 38년에는 "철제 갑옷과 아로새긴 도끼"를, 40년에는 "금제 갑옷과 아로새긴 도끼"를 바치며, 41년에는 자제들을 당의 국학에서 공부하도록 요청한다. 「백제 본기」 제5, 550-551쪽.

를 비난하는데 이것은 백제가 여전히 "고구려 위협"을 백제 외교의 가장 주요한 요소로 간주하고 있음을 보여주는 것이다.40)

반대로 신라에 대해서는 언급을 회피한다. 즉 백제는 신라 문제는 당의 개입 없이 양국 관계로 국한시키는 것이 유리하다고 본 것이다. 그리고 신라를 끊임없이 공략하여 무왕 12년 가잠성(椵岑城, 경기도 안성군 죽산면 혹은 충북 괴산으로 비정), 17년 모산성(母山城 혹은 阿莫城, 전북 남원시 운봉면) 등 여러 성을 빼앗는다. 이제 백제-신라 관계에서 백제가 다시 공세적인 입장에 서게 된 것이다. 이것은 만약 당이 개입하지 않았다면, 혹은 백제-신라 관계에서 중립을 취했다면, 한반도의 상황은 백제에게 유리하게 전개될 수도 있었을 것이라는 의미이다.

그러나 당은 645년 고구려에 패한 이후 삼국 문제를 한국의 삼국 관계라는 "국지적(local)" 차원이 아닌 "요동과 고구려 정책"이라는 동아시아 "지역적(regional)" 차원이라는 더 큰 틀에서 검토하고 평가하게 된다. 이것은 구체적으로 당은 삼국 관계를 "공평한 심판관 혹은 중재자"라는 이름 아래 조정한다고 하면서 실질적으로는 자신의 정책 수행에 도움이 될 국가가 누구인가 선별한다는 의미이다. 동시에 신라도 당의 건국과 함께 대당외교를 강화하고 백제의 공격을 비난하면서 백제의 의도와는 달리 백제, 신라 관계를 당의 "삼국정책"에서 하나의 아젠다(agenda, 논의사항)로 만들어버린다. 결과론이지만 당은 신라를 선택하고, 백제의 단기적-타산적 정책은 당의 이이제이 정책에 말려 더 이상 진척을 보지 못하게 된다. 이것이 645년 이후의 사태 진전이다.

무왕 28년(627, 당 태종 2년) 신라에게 "침탈당한 땅"을 회복하기 위해서 군사를 일으키자 신라 진평왕은 사신을 당에 보내 위급함을 알린다. 무왕은 이 사실을 듣고 공격을 중단한다. 왜 백제는 당에 사신을 보내 이 땅이 원래 백제의 것이었다고 변호하지 않았을까? 이미 이 시점에서 당의 정책이 신라

---

40) "고구려가 길을 막아……"라는 비난은 백제만이 아니라 신라도 하는 것으로 보아 황해에 고구려 수군이 양국과 중국 간의 교류를 저지했음을 알 수 있다. 「고구려 본기」 제8, 413쪽.

를 지원하는 방향으로 선회했음을 백제는 파악했다는 말일까? 이후의 사태 진전으로 판단컨대 약간 모호한 부분도 있지만, 백제가 당이 신라로 기울어지고 있다는 "감"을 잡은 것 같다. 당 태종은 무왕 28년(627) 백제 사신 부여복신(夫餘福信)을 통해서 "신라도 나의 번신이요 왕(무왕)의 이웃이거늘, 그대가 매양 군사를 보내 정토하기를 그치지 않는다"는 사실을 지적하고, 백제, 고구려, 신라 사신들을 "마주 대해서 서로 화친하도록 자세히 조칙하여……화목할 것"을 약속하게 한다. 당의 태도는 공정한 심판자 같지만 내용적으로 "백제가 군사를 보내 신라의 땅을 토벌하는" 것을 지적, 비판한 것이다. 이에 무왕은 표문을 올려서 사정을 밝히고 사죄하는데, "겉으로는 명령에 순종하겠다고 했으나, 속으로는 정작 서로 원수같이 여기는 것이 예전과 마찬가지였다."41)

그러나 당의 내부 사정으로 볼 때 이 시기에 당의 삼국정책이 확정되었다고 단언할 수는 없다. 당 태종은 형제간의 황위 쟁탈전을 통해서 626년 즉위한 직후,42) 왕위계승에 따른 국내적 혼란과 돌궐 등 대외적으로 시급한 서북방 문제에 전념해야 할 시기였으므로 삼국 문제에 깊이 관여할 여력이 없었다. 즉 구체적인 삼국정책이 확정되지 않은 상황에서 어느 일방에 힘을 실어주지 않고 삼국을 균등하게 "관리하면서" 현상 유지를 원했다고 할 것이다.

그러나 630년에 당이 돌궐 문제를 처리한 후에는 상황이 달라진다. 당은 수와 마찬가지로 요동의 고구려를 동북 국경의 안보에 가시 같은 존재로 간주했다. 이것은 당의 현상 유지정책이 오래 지속될 수 없음을 말해주는 것이다. 문제는 백제와 신라이다. 당으로서는 고구려를 제1목표로 삼은 이상 이이제이 수법에 따라 백제와 신라 중 하나 혹은 둘을 모두 끌어안아야 한다. 그러나 신라와 백제가 견원지간으로 다투는 상황에서 양국이 모두 당의 고구려 정책에 협조해주기를 기대하기는 어렵다. 그렇다면 양국 중 하나를 선택해야 하는데, 당의 관점에서는 국력만이 아니라 정책의 영속성을 보장하는

---

41) 「백제 본기」 제5, 548-549쪽.
42) 태종 이세민이 현무문(玄武門) 사건으로 형 건승(建成)과 아우 원길(元吉)을 살해하고 고조의 양위를 받아 즉위한다.

신뢰도 주요한 판단기준이 되었을 것이다.

조공 사절의 파견이라는 형식적인 기준에서는 신라나 백제 (고구려도 포함하여) 어느 일방이 특별히 열성적이었다고 할 수는 없다. 무왕이 죽자(641) 당 태종은 현무문에서 애도식을 행하고 조공을 "시종일관 굳건히 했다"고 칭찬하면서 "보통의 예법 이상으로 애도"를 표했다.[43] "현무문 애도식"은 훗날 가장 친당적(親唐的) 인물로 각인되어 있는 무열왕 김춘추가 죽었을 때 당이 보여준 조문 형식이다. 또 장수왕이 죽었을 때 북위가 행했던 애도의식과도 같다(제7장 참조). 백제도 조공이라는 점에서는 신라에 뒤지지 않았다는 말이다. 이것은 형식적인 사절의 방문이나 예물의 교환만으로 국가 정책이 결정되는 것이 아니라는 점을 보여주는 것이다. 또 "조공을 충실히 하지 않았다"는 이유로 북위가 백제를 공격했다는 주장이 가지는 허구성도 말해준다. 당의 기준은 신라와 백제 중 어느 쪽의 대외정책이 당의 요동 정책과 고구려 정책에 "도움이 되는" 방향으로 진행되느냐는 것이다. 이런 의미에서 백제는 당의 의도를 잘못 읽었다고 할 수 있다. 구토(舊土) 회복과 성왕의 전사에 대한 복수라는 백제로서는 포기할 수 없는 정책으로 인해서 당을 설득할 수 없었을 뿐만 아니라 당의 동북 정책과 합치하기보다는 충돌하는 방향으로 진행되었다는 것이 백제의 비극이라고 할 수 있다.

이 문제에 앞서 백제의 마지막 두 왕인 무왕과 의자왕의 신라 정책을 검토해보자. 무왕은 3년(602)부터 42년(641) 죽기까지 40년 동안 지속적으로 신라를 침공하며 성을 빼앗는 등 "승리"를 거두는 경우가 많았다. 성왕의 복수도 "거의" 성취했다고 할 수 있으며, 고구려와 수/당 전쟁의 와중에서 실리도 충분히 챙겼다. 반면 신라가 능동적으로 먼저 공격해온 경우는 왕 3년 방어적 성격이 강한 공격과 왕 6년 "동쪽 변경을 침범"해온 정도이다. 문제는 백제의 "승리"가 양측의 국력 상승과 하강을 반영하는 것이 아니라는 점이다. 오히려 백제가 지속적으로 국경지역에 출정함으로써 입은 인적-물적 손실이 더 컸을 것이다.

---

43) 「백제 본기」 제5, 551쪽.

백제의 공세는 또 신라 멸망과 같은 큰 전략적 구상에 의거한 것 같지 않다. 물론 이것은 백제에만 한정되는 것이 아니며, 신라와 고구려 양국의 군사정책에도 모두 해당된다. 백제의 경우 "잃어버린" 한강 유역을 되찾아야 한다는 목표는 있었지만, 전투과정을 읽어보면 이 목표를 향한 종합적인 전략을 실천에 옮긴 흔적은 보이지 않고 신라의 방위가 약한 지역을 골라 공격, 점령하는 단기적 접전이라는 인상을 준다. 결과론이지만 더욱 중요한 점은 백제의 지속적인 공세는 신라의 당에 대한 접근을 가속화시켜 결국 당과 신라의 동맹이 성사되었다는 사실이다.

의자왕도 부왕의 정책을 계승하여 즉위 초부터 신라에 대한 공세를 늦추지 않는다. 왕 2년(642) 7월 친히 군사를 이끌고 신라를 침공하여 미후(獼猴, 경남 서부 일대로 비정) 등 40여 성을 빼앗고 8월에는 대야성(경남 합천)을 공격하고 김춘추의 딸과 성주인 사위 김품석(金品釋)을 살해한다. 이 사건은 김춘추와 그의 아들 김법민(후일의 문무왕)에게 깊은 원한을 남겨, 김춘추가 당과 고구려에 청병하는 계기를 제공한다. 최근에는 이를 두고 김춘추의 개인적 차원에서 시작한 복수극이 삼국통일로 이어졌다는 논리도 발견된다.[44] 그러나 아무리 고대의 국가 관계에서 개인적 원한이 전쟁의 주된 동기가 될 수 있다고 하더라도, 한 국가의 대외정책을 개인적 차원에서 해석하는 것은 무리이다. 더구나 신라의 왕위 계승자로 확정되지 않은 상태에서 김춘추 집안의 비극을 국가의 정책과 일치시켜 설명할 수도 없다. 신라는 진평왕 시대에도 당에 구원을 요청한 적이 있다.

이보다 더 중요한 것은 백제가 당이 공격 대상으로 삼은 고구려와 "화친을 맺고" 신라의 당항성(党項城, 경기 화성군 남양면)을 빼앗아서 신라가 당에 입조하는 길을 막으려고 했다는 것이다. 이것은 백제-신라 간의 "국지 수준"의 문제가 고구려와 당에까지 확대되어 동아시아 "지역 수준"의 분쟁으로 발전하고 있음을 말해준다. 신라가 이 사실을 당에 알리고 구원을 요청하자 백제는 군사를 철수한다. 이 역시 백제는 신라-백제 관계에 대한 당의 입장

---

44) 신형식(1990), 『통일신라사 연구』(서울: 삼지원), 18-20쪽.

을 인지하고 있었음을 보여준다. 그러나 백제는 여-당전쟁 때(645) "신라의 7개 성을 빼앗고", 이어 647년부터 3년에 걸쳐 신라의 변경을 공격하여 여러 성을 탈취한다. 신라에서는 이때 김유신이 출정하여 백제군을 격퇴한다. 백제는 멸망 5년 전인 655년에도 고구려 및 말갈과 함께 신라를 침공하여 30여 성을 "깨뜨렸다."45)

백제-신라 간에 전개된 건곤일척의 전투는 어느 일방의 승리로 종결되지 않는 한, 당의 요동 정책에 새로운 문제를 제기하는 것이었다. 당의 주적은 고구려이다. 645년 대고구려 전투에서 신라의 도움이 있었으나, 당군이 안시성에 묶여 있어 합동작전으로 발전할 수는 없었다. 그러나 백제와 신라 간에 불화가 지속되고 백제가 당의 화해 종용이나 균형정책에 만족하지 못할 경우 동북아 정세는 당이 원하지 않는 방향으로 전개될 수도 있다. 앞에서 말한 백제와 고구려의 연대 가능성이 그것이다. 이와 같은 상황이 현실화되면, 고구려는 당을 지원하는 신라를 견제하는 문제는 백제에게 맡기고 국력을 대당전쟁에 집중할 수 있게 된다. 반대로 고구려 후방에 당의 강력한 동맹세력이 포진한다면, 고구려에 대한 압박효과를 극대화할 수 있을 것이다. 이것은 당태종이 고구려 침공에 실패하고 앞으로는 고구려 원정을 삼갈 것을 유언하고 죽은 이후, 당 고종(高宗)이 동북 변방지역에 대한 정책을 재조정하는 과정에서 표출된다.

당은 고종 원년(650) 삼국의 사신들에게(이들이 장안에 함께 모인 것은 아니다) "원한을 풀고 다시 경애와 화목을 돈독히 할 것"을 종용한다. 그러나 국제정치에서 "정직한 중재자"란 있을 수 없다.46) 당의 중재에는 함정이 도사리고 있으며 결과적으로 신라를 지원하는 것이었다. 신라 사신 김법민은 "고구려와 백제가 입술과 이와 같이 한 통속이 되어……번갈아 침범하여 큰 성과 주요 진(鎭)들을 빼앗으니……백제에 조칙을 내려 침탈한 성들을 돌려

---

45) 「백제 본기」 제6, 552-555쪽.
46) 독일의 비스마르크 수상은 1878년 베를린 회의에서 발칸은 독일의 변방지역인 "포메라니아 출신 소총수 한명의 가치도 없다"고 천명하면서 "정직한 중재자"의 입장에서 오스트리아와 러시아 간의 분쟁을 조정하겠다고 나서지만, 결과적으로 오스트리아 입장을 지지한다. Albrecht-Carrié(1973), p. 176.

주게 할 것"을 간청하고, "옛 땅을 찾기만 하면 곧 화친을 맺을 것"이라고 약속한다. 그러나 백제가 이 제의에 따르지 않으면, 신라는 군사를 일으켜 백제를 칠 것을 다짐한다. 이 과정에서 신라는 문제가 된 성들과 한강 유역이 원래 백제의 소유였으나, 광개토대왕-장수왕 시기에 고구려가 탈취했으며 다시 신라가 빼앗았다는 사실은 언급하지 않는다. 당도 신라가 이곳을 차지하여 중국과 직접 소통하는 것이 유리하다고 보았을 것이다. 이에 당은 신라의 주장이 모두 "사리에 맞는지라 허락하지 않을 수 없었다"고 하면서 백제가 차지한 신라의 성들과 신라가 잡아간 백제의 포로들을 서로 돌려줄 것을 지시한다.

위에서 언급한 일련의 접촉은 겉으로 드러나는 것 외에 앞으로 전개될 상황과 관련하여 여러 시사점을 준다. 첫째, 신라는 당이 동북 정책에서 두려워하는 고구려와 백제의 연합과 동맹을 지목하여 강조하고 있다. 양국은 "입술과 이와 같이 한 통속이 되어" "번갈아 침범한다"는 것이다. 655년에 신라는 백제가 "고구려, 말갈과 함께" 침범하여 30여 성을 함락시켰다고 당에 알린다.

둘째, 중국은 "하늘을 대신하는" 천자의 이름으로 "무기를 마련해 분풀이를 멋대로 하며" "강토에 시체가 쌓여 농사와 길쌈이 모두 폐지되는" 참담한 상황을 볼 수 없어 백성들을 위해서 화해를 종용하지만, 이를 거역할 때는 징벌할 능력이 있음을 은근히 과시한다. 백제에 대해서는 당의 중재를 받아들이지 않으면 신라가 원하는 대로 "결전하게 내버려두고", 고구려와 백제가 "서로 구원하지 못하게 할 것"이며, 고구려가 당의 제안을 받아들이지 않으면 즉각 거란이 요수를 건너 고구려를 침공하게 할 것이라고 위협한다.

셋째, 그러나 이 시기에 당은 고구려 멸망을 염두에 두고 또 이 목표를 위해서 백제를 멸망시켜 신라를 강화한다는 시나리오까지 나아가지는 않은 것 같다. 삼국 간의 화해와 평화회복은 현상 유지를 의미한다. 또 "해동의 세 나라는 기업을 연 것이 오래이고 강토가 서로 맞물려 있다"는 점을 상기시키면서 삼국 간에 평화롭게 지낼 것을 촉구한 것이다. 이어 춘추시대 5패의 하나인 제(齊)나라의 환공(桓公)이 제후임에도 불구하고 주변국을 평정하면서 이미 멸망한 나라들을 부흥시킨 사례를 들면서 천자인 당의 황제는 위태

로운 번방을 돌보는 것이며 이들을 멸망시키는 것이 아니라는 점을 지적하고 있다.47)

이것은 곧 다음의 질문으로 이어진다. 그러면 당이 백제 멸망을 목표로 정책을 변경한 시점이 언제인가라는 점이다. 역사적 인과관계를 찾아서 올라가면 끝이 없다. 마치 예수의 조상을 언급할 때 "누가 누구를 낳고……"식이 된다. 따라서 역사적 사건의 인과관계를 말할 때는 항상 그 "범위"를 명확히 해야 한다. 당의 신라와 백제 정책도 "언제", "무엇"을 계기로 친신라 정책이 "되돌릴 수 없도록" 확립되었느냐는 것이다. 잠정적 결론이지만 아마도 고구려가 이 논쟁에 가세함으로써 당-삼국 관계가 결정적인 전환점을 맞게 되는 시기와 일치할 것이다(제9장 참조).

그 다음은 이 문제에 대한 백제의 인식이다. 당은 백제-신라 간의 분쟁에 초연한 자세로 중재한다고 하면서도 분쟁 대상인 한강 유역을 신라의 땅으로 규정하고 백제(뒤에는 고구려)의 주장을 경청할 자세가 되어 있지 않았다. 이것은 5년 후에 신라가 피해자이며, 천자국인 당은 피해자를 도와 침략자를 무찌른다는 명분으로 군대 파견을 정당화하는 데에 활용된다. 당의 이와 같은 태도를 백제는 어떻게 이해하고 판단했을까? 백제는 백제군의 철수와 영토 반환을 전제로 한 당의 화해 요구를 그동안 있어왔던 중국의 "협박" 정도로 간주했을까? 물론 당이 이 분쟁만을 해결하기 위해서 바다를 건너 백제를 공격할 가능성은 거의 없다는 백제의 믿음은 정확한 것이라고 할 수 있다. 당 역시 고구려 침공 직전인 643년 "백제는 바다의 험함을 믿고서……"라며 이 점을 정확히 지적하고 있다.48) 그러나 당의 전략이 백제만이 아니라 당의 동쪽 변경을 안정화시킨다는 "지역적 수준"에서 고려되고 입안된 것이라면 사정은 달라진다. 더욱이 수나 당이 고구려 정벌에 백제를 이용하려는 계획은 백제의 영리한 대응으로 별 효과를 보지 못했다는 점까지 고려했다면, 이제는 당이 고구려의 후방 공격을 위한 기지를 마련하기 위해서 백제를 공략할 수도 있다는 결론에 도달할 수 있을 것이다. 백제에게 이와 같은 상황

---

47) 「백제 본기」 제6, 554-555쪽.
48) 「신라 본기」 제5, 144쪽.

인식의 흔적은 보이지 않는다.

　백제의 외교에서 마지막으로 언급할 부분은 왜와의 관계이다. 백제는 광개토대왕의 남진정책이 위협적으로 다가오자 그 대비책의 하나로 왜와의 관계를 긴밀히 하는 작업에 돌입한다. 17대 아신왕 6년(397) 왜국과 우호관계를 맺어 "태자 부여전지(夫餘腆支)를 볼모로 보내고" 12년에는 왜국의 "사신을 영접하고 위로함이 특히 후했다." 태자는 왜에 거주하던 중에 왕의 부음을 듣고 귀국을 청하자 왜왕은 병사 100명을 붙여 보내준다. 405년 왕위에 오른 18대 전지왕이다. 20대 비유왕 2년(428)에는 왜국 사신이 수행원 50명을 거느리고 백제를 방문한다.49) 고구려에 대항하는 백제-왜의 연합전선이 구축되며, 백제의 정책은 겉으로는 성공적으로 보인다. 그러나 백제의 국가존망이 걸린 긴급한 시점에 바다 건너에 있는 왜가 얼마나 도움이 될 것인가라는 점은, 즉 나-제동맹과 비교하여 동맹의 효용성이라는 관점에서 의문시된다는 점은 앞에서 지적한 바 있다. 왜는 백제가 멸망한 지 3년이 지난 663년에야 백제를 구한다는 명목으로 원병을 파견하지만, "백강구(白江口) 전투"에서 패퇴하며, 동맹국 지원이라는 임무는 완수하지 못한다.

　결국 당이 신라를 파트너로 택한 것은 당의 전략 변화에 상응하는 신라의 국력 증대, 그리고 무엇보다도 꾸준히 신뢰를 쌓아온 신라 외교의 승리였다고 할 수 있다. 신라는 "편승, 순응외교"를 통해서 실리를 확보하면서 앞으로 나-당 전쟁이 보여주듯이 정체성도 지키는 방향으로 나아간다.50) 반면 백제는 대외관계를 일관성을 가지고 지속적으로 관리하지 못한 정책적 실수로 인하여 국가의 파멸이라는 더 큰 비극을 맞는다. 김부식은 이를 두고 "백제가 말기에 이르러 행동이 도리에 어긋나고", "고구려와 화통해서 기회만 있으면 신라의 성들을 빼앗아갔다"면서 "어진 이와 친하고 이웃 나라와 잘 지

---

49) 「백제 본기」 제3, 513-516쪽.
50) 중국 역시 필요하면 "편승, 순응 외교"를 서슴지 않았다. 제2차 세계대전 말기인 1945년 초 중국은 한국 문제를 논의할 때 "바람이 어떻게 부는가?(How the wind blows?)", 즉 미국의 한반도 정책이 무엇인지를 정확히 파악한 후에야 중국의 태도를 정하겠다는 지혜를 발휘한다. 구대열(1995), 『한국 국제관계사 연구 2 해방과 독립』(서울: 역사비평사), 121쪽.

내라"는 천자의 거듭된 조칙을 어기고 대국에 죄를 지었으니 패망한 것은 당연한 일이다"라고 평한다.51) 오늘날 국제정치적 관점에서 백제의 행위가 "도리에 어긋나고" 등은 의미가 없는 말이며, "고구려와 화통"과 "기회만 있으면 신라의 성을 빼앗은 행위"도 비난의 대상이 될 수 없다. 신라도 "유리한 기회에" 동맹국이었던 백제의 성을 탈취했으며, 백제 역시 수-고구려 전쟁이라는 "유리한 기회에" 고구려 성을 공격했다. "어진 이와 친하다"라는 것은 국제정치적 평가의 기준이 될 수 없는 것이다. 모든 국가는 그 자신의 국가 이익과 국가적 필요성을 가지며, 이를 달성하기 위한 국가행위는 모두 정당한 것이다.

"어질고 선한 이웃나라"는 신라를 지칭하는 것인데, 좀더 깊은 해석이 필요하다. "어질다", "선하다"는 덕목은 국가적 차원에서 유교를 통해서, 그리고 구체적으로 중국을 통해서 "체화"된다. 헤겔에게 프로이센이라는 국가를 통해서 이성이 체화된다는 것과 유사하다. 그리고 선한 중국과 친한 신라 역시 어질고 선한 국가가 되는 것이다. 이에 백제도 선한 이웃인 신라와 친하게 지내면 어질고 선해질 것이며, 이것은 곧 중국을 모방하여 "중국화"되라는 뜻이다. 백제가 이를 거부하고 멀리하며 심지어 신라와 다투는 것은 곧 백제가 스스로 사악한 길로 가는 것이므로 국가적 파멸은 당연하다는 해석이다.

19세기 말 황준헌의 『조선책략』에 나오는 "친중국" 정책도 이와 유사하다. "친중국"은 단순히 중국과 친하게 지내라는 것이 아니다. 중국-한국 관계의 오랜 역사를 통해서 이루어진 조공/종속관계의 예를 지켜 철저히 복종하라는 말이다. 제2차 세계대전 직후 소련의 힘이 최고조에 달했을 때 핀란드, 동유럽, 그리고 심지어 한국에서도 소련이 추구한 정책이 친소련 정책이다. 여기서 "친하다(friendly)"라는 것은 단순한 우호관계를 넘어 소련에 적대적인 정책을 추구하지 않아야 하며 한걸음 더 나아가서 소련과 같이 단일정당 독재체제, 사회주의 계획경제체제를 갖춘 국가를 만들어 소련을 추종하라는 것이다. 대외관계에서는 친소정책을 취할 뿐만 아니라 때로는 소련을 보위하기

---

51) 「백제 본기」, 제6, 566쪽.

위해서 희생도 감수해야 한다. 말 그대로 소련의 꼭두각시가 되라는 의미이다. 백제도 중국의 정책에 순종하지 않았기 때문에 사악한 길로 갔으며 하늘의 아들인 천자의 대국에 "대죄"를 지었기 때문에 파멸은 피할 수 없는 운명이었다는 해석이다.

백제의 흥망을 대외관계라는 관점에서 보면 나-제동맹이라는 "동맹에 살고 동맹에 죽었다"고 할 수 있다. 나-제동맹이 원활하게 운용된 시기에 백제는 안전했고, 나-제동맹이 악화되면서 백제는 파멸을 향한 첫걸음을 내딛게 된 것이다. 나-제동맹의 대안으로 통일제국으로 등장한 수와 당에 접근하지만 신라에게 패한다. 그러나 그 잘못을 모두 백제의 탓이라고 할 수는 없다.

제7장 고구려의 자주외교(I)—장수왕

1. 서론 : 전쟁론

　신라의 대외정책을 "순응, 편승외교"라고 한다면, 반대 개념은 무엇인가? 아마도 오늘날 대부분의 한국인들은 고구려의 "자주외교"라고 할 것이다. 그렇다면 고구려의 외교는 처음부터 자주적이었는가, 피할 수 없는 선택이었는가, 아니면 허구에 불과한 것인가, 나아가서 수와 당과의 전쟁도 자주외교의 결과인가, 그래서 천자는 하나밖에 없다는 중국의 천하관에 당당히 맞섰던 것인가, 고구려의 자주와 중국의 유일 천자관 사이에 타협의 여지는 없었는가, 이 결과 자주외교는 설 자리를 잃고 고구려가 패망하게 된 것인가 등의 의문이 생긴다. 그러나 자주외교나 순응, 편승외교는 절대적 기준이 아니며 국익이라는 더 큰 목표를 위한 전술적 선택일 뿐이다. 이 장을 읽으면서 고구려의 외교가 정말 자주적이었는지도 함께 생각해보자.

　고구려는 중국을 상대로 끊임없이 투쟁하면서 성장하기 때문에, 전쟁에 관해서 몇 가지 언급할 필요가 있다. 국제정치 이론에서 전쟁의 원인은 인간성, 국가의 성격, 그리고 국제체제에 내재한 모순 등을 통해서 설명된다. 또 미국의 우드로 윌슨 대통령이 제1차 세계대전에 참전하면서(그리고 1960년대 닉슨 대통령이 베트남 전쟁 종결을 위한 평화회담을 모색하면서) 내세운 "전쟁을 끝내기 위한 전쟁", 상대방의 부당한 행위를 "응징하는" 징벌전, 국제사회에서 극히 자의적으로 정의한 "정의(justice)"라는 이름 아래 행해지는 정당한, 정의로운 전쟁, 하느님의 소명에 따른 성전(holy war, jihad) 등의 명분을 내세운 수사적 표현은 많다.

전쟁의 원인은 인간성의 불완전성, 기독교적 "원죄" 등 인간성과 관련하여, 혹은 전제적, 유목적, 농경적, 혹은 선진 산업국 등 국가의 성격으로 설명하기도 한다. 그러나 이와 같은 시도는 전쟁의 일부 측면을 설명하는 데에 유용한 "부분 이론(partial theory)"으로 평가된다. 이보다는 "국제사회의 무정부성"이라고 부르는 국제체제의 불완전성으로 전쟁의 원인을 설명한다.[1] 국가 이상의 권위가 존재하지 않는 국제사회에서 자국의 안보를 강화하기 위한 일방적 조치는 상대방에게 위협으로 평가되며, 이같이 상대방의 행위를 "주관적으로" 인식하면 "오판"으로 연결되고, 이것이 무력충돌로 발전하게 된다. 전쟁의 50-60퍼센트가 상대방의 의도나 능력에 대한 오판에서 비롯된다는 것이다.[2] 1968년 이후 한국이 건설한 경부, 영동 고속도로를 북한은 한반도 남단에서 휴전선까지 미군과 물자수송을 원활하게 하여 한-미 연합군의 전투력을 높여주는 군사적 의미로 해석했다. 주관적 해석의 한 사례이다. 문제는 주로 세력 균형적인 체제에서 나타나는 주관적 인식과 오판이 거대한 중심부 중국과 주변지역 간의 관계에서도 나타나며, 나아가서 동아시아 세계의 전쟁들을 설명하는 데에도 유용한 틀이 될 수 있을까라는 점이다.

그 다음 "전쟁은 정치의 연장"이라는 카를 폰 클라우제비츠의 언명이다.[3] 여기에서 정치는 외교이다. 전쟁과 외교는 내가 원하는 것을 상대방으로부터 받아내려는 목표에서는 동일하다. 외교적 행위인 협상에 임할 때는 "최대 목표"와 "최소 목표"를 설정한다. "외교에서 원칙을 지키면서 유연성을 발휘한다"는 것은 최소 목표라는 원칙은 고수하면서 상황에 맞추어 최대 목표에

---

[1] Waltz, Kenneth N.(1959), *Man, the State and War*(New York: Columbia University Press); Lieber(1973), 구대열 역(1987), 143-158쪽.
[2] 프랑스 혁명전쟁에서부터 제1차, 제2차 세계대전, 한국전쟁, 베트남 전쟁, 중동전쟁 등 근/현대의 주요 전쟁을 다룬 영국 Longman 출판사의 *The Origins of xxx War* 시리즈는 전쟁의 원인을 "오판"에서 찾고 있다.
[3] 클라우제비츠 언명의 정확한 표현은 논란의 소지가 있다. War is (nothing more than) the continuation of policy (politics) by other means. War is not an independent phenomenon, but the continuation of politics by different means. War is in some ways the continuation of politics 등이다. 그러나 그 의미는 동일하다.

가까운 이득을 도출해야 한다는 뜻이다. 외교는 설득으로 목표를 달성하려는 것이지만, 이 방법으로 성공하지 못하면 폭력에 의존할 수밖에 없게 된다. 이것이 전쟁이다. 즉 외교와 전쟁은 수단에서 다르다. 그래서 전쟁은 "다른 수단에 의한", 혹은 "다른 방법으로" 추구하는 정치/외교라는 것이다. 특히 제1차 세계대전 이전까지 유럽의 전통에서는 외교가 실패하여 전쟁에 돌입해도 한번 부딪쳐 상대의 힘을 확인하는 단기전으로 끝내며 곧바로 외교전으로 나아간다. 약간 다른 의미이지만, 『손자병법』도 "싸우지 않고도 적을 굴복시키는 것이 최고의 용병술"이라고 말한다.4)

전쟁과 외교(타협)의 연속선상에는 많은 단계가 있다. 제한된 범위와 목표를 설정하고 전투를 벌이면서 일정한 목표에 도달하면 이에 만족하는 제한전과 상대방의 완전한 굴복을 요구하는 전면전이 있다. 외교에도 "상인의 거래"와 같이 모두가 만족하는 타협에서부터 공갈, 협박을 통해서 상대방의 동의를 얻어내는 방식 등 여러 가지가 있다. 근대 유럽의 전쟁은 전투에서 상대방의 "조직적 저항"을 분쇄하면 패자의 생존을 전제로 협상으로 나아간다. 그러나 승자는 비용을 보상받기 위해서 목표 중 최고치를 요구하며 패자는 타협의 여지를 가지지 못하고 승자의 요구에 굴복하지 않을 수 없게 된다. 고대 국가들 간의 관계에서는 종전 후의 처리는 그 스펙트럼이 타협에서 국가의 파멸에 이르기까지 넓게 펴져 있다. 그러나 전쟁이나 외교 중 어느 국면에 직면해도 선택의 폭이 존재한다. 제5장에서 고구려-부여, 고구려-낙랑 관계에서 항복이 곧 국가 소멸을 의미하지 않는 경우도 보았다. 고구려와 중국과의 대결은 안보, 즉 국가의 운명이 달린 문제이다. 여기에서 고구려는 전쟁과 평화, 외교에서 자주와 순응을 적절히 선택했다고 할 수 있을까? 유연성을 충분히 발휘하여 안보 문제를 처리했을까? 그럼에도 불구하고 고구려의 수와 당과의 관계가 전쟁으로 이어졌다면, 전쟁의 원인을 어떻게 설명해야 할 것인가 등의 질문을 던지지 않을 수 없을 것이다.

---

4) 『손자병법』, 「모공(謀攻)」 3-1, 89쪽. 이 말의 원래 의미는 백전백승보다는 조직적, 심리적으로 적을 와해시켜 저항의지를 잃게 함으로써 병력의 손상 없이 승리하는 것이 중요하다는 것이다.

2. 광개토대왕의 대외원정의 재평가

『삼국사기』를 읽어보면 고구려의 대외관계는 중국과의 끊임없는 무력충돌로 점철되었다는 점이 두드러진다. 그러나 조공관계에서는 백제나 신라와 별다른 차이를 보이지 않는다. 고구려의 외교를 "자주적"이라고 강조하지만, 최전성기라고 일컬어지는 광개토대왕과 장수왕 시대에도 중국과의 관계에서 고구려의 외교가 특별히 "자주적"이었다고 규정할 만한 증거는 별로 발견되지 않는다. 중국과 다른 독자적 이념을 바탕으로 하여 자주를 찾으려는 노력도 보이지 않는다. 반면 조공을 통해서 중국에 명목상으로 복종하지만 "직접적인 지배"는 거부한다. 즉 정치적 자주이다. 그러나 이 점 역시 고구려의 전유물이 아니다. 삼국통일 이후 신라의 대당전쟁도 겉으로는 신라가 당과 "한 집안"이라고 일체화시켜 복종하면서도 당의 지배 "야심"에는 단호히 저항한다. 이것은 삼국이 대외관계에 대한 인식이나 운용에서 별 차이가 없다는 점을 말해준다.

고구려는 건국 초기부터 부여나 말갈, 선비 등 주변지역과 민족을 정복하면서 성장하지만, 중국과의 충돌에서는 대부분의 경우 약자의 입장에 선다. 이 과정에서 고구려는 중원의 통일왕조가 아닌 화북지방에 존재했던 국가에 대해서도 신하의 예로써 엎드려 생존을 유지했다(제4장 참조). 그런데 광개토대왕이라는 걸출한 군왕이 나타나서 20여 년 동안 한반도와 만주 일대에 일곱 차례나 원정을 단행한다. 그러나 그의 재위 중 중국과의 관계는 생각보다 많지 않다. 이것은 그의 원정이 대부분 남쪽 백제를 목표로 삼았기 때문일 것이다.

고구려의 중국과의 관계는 5호16국시대(304-493) 화북지방에서 명멸하던 여러 왕조들이 국가적 기반이 충실하지 못한 상태였음에도 불구하고 힘겨운 전투를 치르는 양상이었다.5) 산발적인 전쟁으로 뺏고 빼앗기는 과정을 반복

---

5) 예를 들어, 모용황은 전연(前燕) 태조 문명제(文明帝, 337-348)이며, 후연(後燕)의 모용성은 왕위 쟁탈전에서 황제를 살해하고 황제에 올랐으나 2년간 통치했을 뿐이다(399-401).

하지만 현상 유지상태로 복귀하는 경우가 많았다. 광개토대왕 9년(399) 정월 사신을 연에 보내 조공했으나, 2월에 "연왕 모용성(慕容盛)이 우리 왕의 예의가 오만하다 하여 스스로 군사 3만 명을 거느리고 습격해왔다."6) 연나라 군대는 신성(新城, 요녕성 무순시)과 남소(南蘇) 두 성을 함락시키고 700리의 땅을 차지하고 백성 5,000호를 옮겨놓고 돌아간다. 그후 왕 15년까지 고구려와 연은 서로 상대방을 침공한다. 왕 17년(408) 북연(北燕)에 사신을 보내 "종족의 예"를 차렸더니, 왕 모용운(慕容雲)이 답례했다.7) 이같이 대내외적으로 취약한 연은 고구려의 팽창 가능성을 우려하여 중국 황제의 지위를 내세워 고압적으로 고구려를 압박하고, 광개토대왕은 여전히 조공을 보내면서 이를 감내한 것이다. 그리고 북연이 고구려 왕실에서 갈려나온 혈족임을 서로 확인하고 적대관계를 완화한다. 이것은 고구려가 북방계 선비족, 혹은 5호16국시대의 중국 북부에서 활약하던 여러 "오랑캐" 민족 중 하나로 자신을 스스로 규정한 것은 아닌가 하는 의문을 가지게 하는 부분이다.

이것이 최전성기를 연 광개토대왕 시대 고구려의 국제정치적 위상이다. 외교적으로나 군사적으로나 고구려는 방어적이었다. 그런데 광개토대왕은 일곱 번에 걸쳐 요서지방에서부터 한반도 남쪽까지 원정군을 파견했으며 또 승리를 거둔다. 신라의 통일전쟁 이전까지 삼국 간의 전쟁도 상대방의 멸망을 목표로 대공세를 취한 것이 아니라, 전략적 요충인 성을 탈취하려는 국지적이며 방어적 성격이 대부분이었다. 원정의 부담이 수비군에 비해서 엄청나게 크기 때문에 어느 나라도 전면전을 위해서 대군을 동원할 만큼 압도적인 물적, 인적 자원을 보유하지 못했다. 그럼에도 불구하고 광개토대왕은 동몽고 방면의 시라무렌 강(395), 강원도 북부(398), 서안평(西安平, 압록강 북안 단동 부근 구연성[九連城] 동북 안평하[安平河] 유역)에서 한성(396)으로,

---

6) 「고구려 본기」, 제6, 377쪽. 광개토대왕의 연대기는 비문과 『삼국사기』 사이에 1년의 차이가 있는데, 이 글에서는 비문과 『삼국사기』의 연대기를 고치지 않고 인용한다.
7) 「고구려 본기」, 제6, 376-378쪽. 북연(407-436)은 5호16국시대 고구려 왕족 출신의 고운(高雲)이 후연의 왕위를 찬탈하여 건국한 국가이다. 모용-씨의 연나라를 후연, 고운의 연나라를 북연으로 구분하고 있다. "종족의 예" 이후 북연과 고구려는 화친관계를 유지하지만 고운은 409년 측근에게 암살당한다. http://ko.wikipedia.org/wiki/%ED%9B%84%EC%97%B0. 이후 본문에서 후연은 "연"으로 표기한다.

충주 지역을 거쳐 가야 지역까지(400), 다시 한성(407)으로, 함경도 함흥 부근에서 해안선을 따라 두만강 하구 지역(410)으로, 그리고 황해도 남부의 대방(帶方, 황해도 봉산군 사리원) 지역(410)으로 원정을 단행한 것이다.8)

중국을 상대로 한 안보 불안과 자원 빈곤이라는 구조적 문제를 안고 있던 고구려가 이와 같은 원정을 단행했다는 것은 놀라운 일이다. 특히 일곱 번의 원정은 장기적인 국가 목표 아래 기획되고 중국과의 관계를 고려하여 단기적으로 단행되었다는 점에 주목해야 할 것이다. 원정은 모두 연과의 전쟁이 일어난 해들의 사이이거나 연과 평화적 관계를 회복한 407년 이후에 이루어졌다. 이것은 광개토대왕이 국경지역에 문제가 발생하면 군대를 파견하여 해결하는 대증요법식으로 대응한 것이 아니라, 고구려가 당면한 안보상의 문제점들을 파악하고 장기적으로 대비하면서 연과의 전선이 안정된 여유를 이용하여 하나씩 신속하게 처리했다는 뜻이다. 395년 주로 거란족이 거주한 서요하 상류 지역에 대한 원정은 거란, 숙신, 부여 등에 대한 "군사적 우위를 확보하고 재침을 막기 위한 것"이며 영토 확장을 목표로 한 것이 아니라고 평한다.9) 즉 안보적 관점에서 불안한 국경지역을 평정하여 연과 지역주민과의 연계를 차단하는 것이 목표라는 것이다.

나머지 원정은 대부분 한반도 남부, 황해-경기지역을 주 대상으로 하고 있다. 「백제 본기」는 386년 고구려의 침입을 시작으로 하여 392년 광개토대왕이 군사 4만을 거느리고 백제의 북쪽 변경으로 쳐들어왔음을 기록하고 있다. 고구려의 남진으로 인한 전투가 시작된 것이다. 개성, 서울 그리고 그 이남 평야지대가 고구려의 최종 목표였을 것이며, 시기적으로는 백제 17대 아신왕 2년에서 8년(393-399) 사이이다. 대부분 고구려가 승리한다. 백제는 패배하면서도 절망하지 않고 반격을 시도하지만 성공하지 못한다. 392년 전

---

8) 광개토대왕의 원정 루트는, 신형식(2003), 210-220쪽, 지도는 215쪽 참조. 이 원정 루트는 왕건군(2004)에 기초한 것으로 앞으로 검증이 필요하다. 이강래 교수는 광개토대왕이 충주까지 원정한 것으로 추정한 것은 지나친 비약이며, 단지 충주의 중원 고구려 비에 보이는 고모루성이 광개토대왕 비에도 보인다는 점을 들어 충주 인근 일대까지 전선이 형성되었을 가능성이 있다고 지적한다.
9) 신형식(2003), 213쪽.

투에서 패배한 다음 해에 아신왕은 "북변의 요해지인 관미성(關彌城)"의 상실에 유감을 표시하면서, "석현성(한강과 임진강 사이, 경기도 개풍군 청석동으로 비정) 등 5개 성을 수복하기 위해서 관미성을 에워쌌지만" 곧 퇴각한다. 관미성은 경기도 교화 오두성을 비롯하여 강화군 교동도, 파주군 탄현면, 예성강 중류 남안의 관미령 등으로 추측되는데,10) "북변의 요해지"라는 표현으로 보아 섬이라기보다는 한반도 전쟁 지도에서 가장 중요한 개성-서울 회랑의 어느 지점일 가능성이 높을 것이다.

이 시기 전투에서 거론되는 지명들도 청목령(靑木嶺, 경기도 개성 송악산으로 비정), 패수(예성강), 수곡성(황해도 신계군 다율면), 쌍현성(위치 미상, 한수 이북 추정), 한산 북책(풍납토성으로 비정) 등도 이 지역에 집중되어 있다. 백제는 전투에서 패배했을 뿐만 아니라 자연재해가 끊이지 않은 상황에서 고구려의 공격을 맞아 사기도 크게 떨어져 총체적인 국난을 맞게 된다. "담덕(談德, 광개토대왕)이 용병에 뛰어나다는 말을 듣고 (진사, 辰斯)왕이 나가 막지 못하고,"(392) "태백성이 낮에 나타나며"(394) "밤에 큰 별이 군영 가운데 소리를 내면서 떨어지자 왕이 매우 언짢게 여겨" 철수하며(398) 고구려 침입에 대비하여 "군사와 말을 크게 징발하자 백성들이 이에 시달려 많이 신라로 달아나니 호구 수가 줄어들고"(399) 등의 기록은 고구려의 한강 이북 진출이 성공적으로 이루어졌음을 보여준다.11)

여기에서 두 가지 문제점이 제기된다. 첫째, 396년 광개토대왕은 압록강 하구 오늘날 단동 북쪽 서안평에서 바다를 통해서 한성으로 향한 원정을 "직접" 지휘한다. 고구려 수군의 규모와 작전능력도 검토해야겠지만, 더욱 중요한 것은 육로를 통한 편리한 루트를 두고 왜 군이 해로를 택했느냐는 것이다. 광개토대왕 비문에는 "왕 6년 병신년 호태왕(好太王)은 몸소 수군을 인솔하

---

10) 관미성은 "사면이 깎아지른 절벽이고 바닷물이 둘러 있어, 왕이 군사를 일곱 갈래로 나누어 20일 동안 공격해서 함락시켰다." 「고구려 본기」, 광개토왕 원년(391), 376쪽. 이병도 역주, 하권 48쪽; 신형식(1992), 62-63쪽. "바닷물"이라는 구절 때문에 관미성이 섬에 있는 것으로 해석할 필요는 없다. 1,600여 년 동안의 지형 변화를 감안하여 바닷물이 강을 거슬러올라간 지형도 포함해야 할 것이다.
11) 「백제 본기」 제3, 511-514쪽 참조.

여 백잔국을 토벌했다"고 되어 있다.12) 이로 인한 전투는 제5장에서 자세히 언급한 바 있다. 광개토대왕 비문대로 해석하면 고구려군은 한강 이북지역의 백제 영토에 진입하여 백제군을 무찔렀으며 아신왕이 저항하다가 도주하자 한강을 넘어 위례성을 포위한 것이다. 그러면 도강을 염두에 두고, 출발할 때부터 수군을 동원했을까? 예성강-개성-서울 회랑에서 백제의 저항이 완강하여 해로를 통한 협공이 필요했을까? 아니면 주력군은 육로로 내려오고 왕은 해로를 통해서 합류한 것일까? 또 군량을 해상으로 수송했을까? 그러나 고구려가 백제와의 전투를 위해서 대규모 수군을 동원해야 할 특별한 이유를 발견하기는 어렵다. 장수왕 시대에 이르면 황해에서 백제와 고구려가 북위를 상대로 외교전을 전개하는데, 그렇다면 고구려가 광개토대왕 시기부터 중국을 염두에 두고 수군을 건설한 것일까?

둘째, 전선을 신라와 가야까지 확대한 400년 원정의 목적은 무엇일까? 아마도 391년 신묘년 기사와 396년 원정 이후의 사태와 관련이 있는 것 같다. 한 연구는 "신라가 이 해에 고구려와 맺은 맹세를 어기고 왜와 화통한 사실에 대한 보복"이라고 해석한다.13) 그러나 광개토대왕 비문에 의하면 396년에서 399년 사이에 신라가 고구려를 배반하고 왜와 친교를 맺었다고 해석할 만한 부분은 없다. 오히려 고구려에 의존, 구원을 요청하며 광개토대왕이 "신라 사신들의 충성을 칭찬하고 밀계를 일러주었다"는 대목은 군사적 협력이 있었음을 의미한다. 양국 관계는 광개토대왕 비문에 적힌 대로 신라가 종속국의 위치에 있지만, 지배와 저항의 흔적은 보이지 않는다. 그러나 긴장감을 느끼게 하는 부분이 있다. 내물 이사금 37년(392) 실성을 인질로 보냈다는 기사이다. 인질은 불신의 표시이며 복종의 담보물이기 때문이다.14)

그밖에도 『일본서기』에는 고구려군이 신라 경주에 주둔한 것을 시사하는 구절도 발견된다. 신라가 왜를 두려워해서 고구려와 우호하고 장수왕이 정병

---

12) 왕건군, 임동석 역(2004), 355쪽.
13) 신형식(2003), 217쪽.
14) 「신라 본기」 제3, 104, 107쪽. 실성이 귀국하여 왕이 된 후 자신을 인질로 보낸 내물 이사금을 원망하여 그 아들 눌지를 죽이려고 했으나, 오히려 자신이 살해당하며 눌지 마립간이 왕위를 잇는다.

100명을 보내서 신라를 지키게 했다는 것이다.15) 중원 고구려 비에 "신라토내(新羅土內) 당주(幢主) 하부(下部) 발위사자(拔位使者) 보노(補奴)" 등의 기록도 이를 시사한다.16) 이것이 사실이라면 고구려는 392년부터 464년까지 70년 이상 신라에 군대를 주둔시켰다는 의미이다. 그러나 신빙성이 약하다. 근대 이후에는 전쟁에서 승리한 후에 배상금이나 영토 할양 등 조약상의 약속 이행을 담보하기 위해서 승전국 군대가 패전국 영토에 일정기간 주둔하기는 한다. 그러나 삼국시대의 "주둔군"은 곧 점령군이다. 일정기간 점령 후에 반환한다는 것은 이 시대에는 생각할 수 없는 거래이다. 점령군은 자위적 차원에서 대규모 병력을 유지해야 하며, 이것은 주민들과 필연적으로 충돌을 야기할 것이다. 60년 이상의 장기간 점령과 신라인들의 반발 가능성을 고려하면 100명은 너무 작은 규모이다. 신라의 복종과 신의를 담보하기 위한 것이라면 이보다는 고구려 국경에서 소통이 용이한 충주나 상주 등 신라의 전략적 요새를 점령하여 경주에 비수를 겨누는 형상이 훨씬 더 나은 전략이었을 것이다. 또 고구려군이 신라에 주둔한 상황에서 433년 반고구려적인 나-제동맹을 맺는 것이 가능했을까?

400년 고구려군의 신라와 가야 원정을 나-제동맹과 연관시켜 설명할 수는 없을까? 나-제동맹은 광개토대왕의 400년 원정에서 475년 개로왕의 피살까지 삼국의 "국제관계"에서 가장 중요한 사건이다. 이것은 삼국 간의 힘의 관계에서 획기적 전환점이며 550년 신라가 동맹을 배반하고 한강 유역을 탈취할 때까지 삼국이 정립하여 안정을 유지하게 한 균형체제의 배경이다. 장수왕이 450년 변방 장수 살해사건을 두고 신라를 문책하면서 "내가 대왕과 우호를 닦아 매우 기쁘게 여기던 터에⋯⋯"라고 말하는데, 이것은 고구려가 나-제동맹의 성립을 불안한 시선으로 보고 있으며, 또 신라-백제의 연합에 부담감을 느끼고 있음을 시사한 것이다. 고구려는 동맹 초기에 의도적이건 비의도적이건 남진정책의 목표를 백제로 한정시키면서 신라에 대해서는 적

---

15) 『일본서기』, 웅약천황(雄略天皇) 8년, 242쪽. 456-479년간 재위. 신형식(2003), 217쪽 도 참조.
16) 시노하라 히로카타(2007), 195쪽. 고구려가 이 지방을 장악한 것은 장수왕 시기인 475년에서 492년경이다.

대감이 없음을 강조한 것도 두 동맹국을 이간시키려는 의도라고 할 수도 있다. 그러나 고구려의 우호적인 태도에도 불구하고 신라는 고구려에 대해서 위협감을 느끼고 백제와의 동맹으로 돌아선다. 그 배경과 인식의 변화를 가져온 계기는 무엇일까?

    아마도 400년 원정이었을 것이다. 일반적으로 나-제동맹의 배경을 "고구려 팽창에 대한 위협"에서 찾는다. 그러나 390년부터 433년까지 신라의 안보 위협은 주로 왜의 침략이었다. 고구려와의 관계는 앞에서 언급한 대로 긴장을 "느낄 수 있는" 몇 가지 사례들 정도이다. 그렇다면 광개토대왕의 400년 원정을 신라는 어떻게 평가했을까? 물론 이를 설명하는 직접적인 자료는 없다. 왜의 침공에 시달리는 신라의 입장에서 영토적 야심이 없으면서 신라를 지원하려는 세력이 주변에 존재한다면(전적으로 이타적 행위를 국제정치에서 기대할 수는 없지만), 최선의 선택이 될 것이다. 왜의 동맹인 백제는 이 조건에 해당하지 않는다. 중국의 왕조들은 멀리 떨어져 있다. 고구려는 서북 변경에서 중국과 대치 중이므로 신라 문제에 집중할 수 있는 힘이 제한적이다. 또 남진의 목표도 비옥한 백제 지역으로 삼고 있다. 고구려 역시 백제가 국력을 회복하거나 동맹국을 찾아 고구려에 대항하는 상황을 바라지 않을 것이다. 자연히 신라-고구려 연대가 형성될 수 있는 토양이 마련된 셈이다. 이에 신라는 인질을 보내면서 고구려에 의존하고 광개토대왕은 신라의 요청에 응하는 방식으로 신라를 지원한 것이다. 그리고 백제의 잠재적 동맹세력인 왜도 물리쳤다. 고구려로서는 이 원정을 통해서 일석이조를 얻은 셈이다.

    이 과정에서 간과할 수 없는 것이 있다. 고구려는 백제와의 전쟁을 통해서 개성-서울 회랑을 확보했다. 이제 한반도의 전쟁 지도에서 또 하나의 중요한 루트인 원주-충주선을 확보하고, 상주-경주, 가야까지 진출하게 되었다. 고구려가 이 루트를 택했는지는 확신할 수는 없지만, 고구려 영토에서 경주로 가는 루트는 주로 이 길이었을 것이다. 이것은 고구려가 한반도 남부에서 군사작전을 펴는 데에 필수적인 주요 전략지점을 장악하게 되었음을 의미한다. 나아가서 고구려가 남방 국경을 방어하는 수준을 넘어서서 공격 능력을 증대시켰다는 의미이다. 고구려가 남진의 목표를 백제로 설정하고 신라에는 우호적이라는 신호를 계속 보냈음에도 불구하고, 신라는 고구려의 증대한 군사력과 그 배치에 위협을 느끼지 않을 수 없게 된 것이다. 그리고 나-제동맹 체결 직전인 427년 고구려가 평양으로 천도함으로써 남진의 의지는 더욱 명백해진다. 고구려의 예봉이 언제 신라를 겨눌지 모르는 상황에서 신라가 백제의 협력제의를 받아들인 것이 곧 나-제동맹이다. 국제정치에서 상대방을 평가할 때 "의도와 의지"보다 "능력"이 기준이라는 점을 보여준 사례이기도 하다.

3. 고구려와 관련된 국제정치적 문제들

이제 장수왕 시대로 넘어가자. 이때가 되면 고구려의 국제관계를 『삼국사기』에만 의존하여 설명하기에는 너무나 많은 요소들이 등장한다. 남북조 분열기에 고구려가 대면한 국가는 화북지방과 요동 일대에 근거를 둔 연(燕)과 연을 멸망시킨 북위(北魏)이다. 연의 요동 주둔 "수만" 병력에게 패배하여 수도가 함락당하고 부왕의 묘가 파헤쳐지고 태후와 왕비가 사로잡히는 등 참담한 패퇴를 계속하던 고구려는 7세기 초가 되면 중국의 통일왕조인 수와 당의 엄청난 군사력에 맞설 수 있는 능력을 보유하게 된다. 이것을 어떻게 설명할 것인가?

먼저 고구려 역사에서 비교적 장기적으로 평화가 지속되었다는 점을 지적해야 할 것이다. 고국원왕 12년(342) 연의 침략으로 미증유의 참화를 겪은 후로는 수도가 함락당하는 정도의 큰 전쟁이 없었다. 고국원왕이 371년 평양성에서 백제와의 전투 중 전사하지만, 평양성은 건재했으며 백제는 곧바로 철수한다. 광개토대왕 시대 동북 변경에서 후연과의 전쟁이나 남진정책에 따른 백제, 신라, 왜와의 전쟁도 대부분이 국경지대나 국경 밖에서 일어났다. 수도가 전쟁터가 되어 국가의 정치와 경제 기반을 황폐시키고 사회를 마비, 분해시키는 재난은 아니라는 것이다. 이 기간은 고국원왕 이후 장수왕의 평양 천도(427)까지 약 60년, 장수왕 집권 491년까지 약 120년, 612년 수와의 전쟁까지 계산하면 모두 240년간이다.[17]

고대에는 사회구조가 단순하여 정치권력이 사회를 장악하는 능력이 상대적으로 높다. 국가조직도 중앙의 관료집단과 군대의 배치를 위주로 하는 지방행정체계 등으로 비교적 단순하다. 예산도 이를 유지하는 데에 대부분 쓰인다. 홍수 방지, 농경지 정비 외에 오늘날과 같이 교육, 복지, 경제적 기간시설 확충 등에 예산은 거의 투입되지 않는다. 왕실과 정부 예산의 실질적인 구분도 없다. 진시황과 같이 자신의 능을 위해서, 수 양제와 같이 대운하 건설을 위해서, 혹은 새로운 수도와 왕궁 건설 등을 위해서 인력을 동원하고 예산을 집중적으로 쓸 수 있었다. 사회는 이와 같이 소수의 지배층이 관리할 수 있는 범위 내에 있었다.

이것은 "영명한" 군주가 등장하면 사회 전반의 분위기를 일신하고 인력을 효율적으로 조직하여 부국강병을 비교적 쉽게 이룰 수 있다는 말이다. 반대로 국가의 흥망과 쇠퇴도 왕 개인의 치세 능력에 달린 경우가 많다. 물론 고대 "사회"도 개인의 능력보다는 조직에 의해서 움직인다. 이것은 개인의 능력 대 조직의 힘 그리고 사회관계라는 역사의 오랜 주제이다. 서양에서는 『일리아드(Iliad)』에 나오는 아킬레스와 아가멤논 간의 불화에서, 그리고 동양에서는 항우가 오강(烏江)에서 자결하기에 앞서 "하늘이 나를 망하게 하는 것이지 싸움을 잘못한 죄가 아니다"라는 어리석은 절규 등을 통해서 일찍부터 제기되었다.18) 또 군사적 강대함이 곧 국가의 융성인가, 국가의 패망이 한 개인의 잘못인가 등의 문제도 간단히 답할 수 없다. 예를 들면 로마는 장기적으로 지속된 사회, 경제, 윤리관의 혼란이 야만족의 침입이라는 "최후의 일격"을 받아 무너진 것이다.

그러나 근대 이후는 분명히 다르다. 사회가 복잡해지면서 각 분야의 자율적 기능이 높아진다. 산업혁명으로 새로운 직업군이 등장하며 사회가 분화되면서 군왕 개인이나 소수의 엘리트 집단이 사회의 모든 방면을 장악하기 어

---

17) 이 시기 고구려의 세력 확장과 요동 진출, 불교 도입 등에 관해서는, 강정설(2005), 「4-5세기 요동 지역의 세력 추이에 관한 소고」, 최소자 교수 정년기념논총 간행위원회, 『동아시아 역사속의 중국과 한국』(서울: 서해문집), 254-258쪽.
18) 아킬레스와 아가멤논의 대립에 관한 해설은, 양승태(2006), 『앎과 잘남―희랍 지성사와 교육과 정치의 변증법』(서울: 책세상), 135-140쪽.

려워지면서 사회의 관리는 개인의 능력보다는 조직에 더욱 의존하게 된다. 즉 대통령이나 정부의 의지대로 사회가 움직이지 않는다는 것이다. 이것이 "사회를 움직이는 힘", "운용방식", 그리고 사회와 인간 간의 상호작용 등을 중심으로 하는 "사회과학"이 인문학에서 분리되어 독자적 영역으로 발전하게 되는 배경이다. 오늘날 금융위기는 세계 각국이 협력해도 쉽게 해결되지 않는다는 것이 이를 보여준다. 국가의 흥망성쇠도 이와 다르지 않다.

위의 설명은 고구려의 발전을 평가하는 데에 하나의 실마리를 제공할 수 있을 것이다. 첫째, 소수림왕에서부터(371) 고국양왕, 광개토대왕, 장수왕까지 약 120년 동안 고구려는 왕위계승도 순조롭게 진행되었다(소수림왕이 아들이 없어 동생 고국양왕이 계승했으며 그 다음은 아들들이 일찍 태자로 책봉되었다). 단지 백제 개로왕이 472년 북위에 보낸 표문에서 장수왕이 "나라를 짓밟아 대신, 호족을 끝없이 죽였으며 백성들은 뿔뿔이 흩어졌다"고 비난하는데, 이에 대해서는 곧 언급하겠다.

둘째는 427년의 평양 천도이다. 천도 이후 고구려의 경제성장을 보여주는 구체적인 수치는 없다. 그러나 평양 천도를 통해서 고구려가 대동강 유역과 황해도의 농경지역으로 진출함에 따라 과거에 비해서 식량공급이 풍족해졌다는 점은 짐작할 수 있을 것이다(평양 천도가 가지는 국가 성격이나 안보상의 문제는 제10장 신라의 통일전쟁과 관련하여 검토할 것이다). 셋째, 소수림왕 2년(372) 진(秦)으로부터 불교가 들어오고 태학(太學)을 세워 자제들을 교육하기 시작했다.[19] 이것은 유교적 정치이념과 통치기술로 무장한 관료집단의 탄생을 의미한다. 불교도 지배집단을 비롯하여 사회 전체의 분위기를 쇄신하고 정신무장에 기여했을 것이다. 종교는 그 자체의 이데올로기로 사회를 이끌기도 하지만(오늘날 중동 국가들의 신정체제), 종교적 "의식"만으로도 사회를 조직하고 지도하는 기능을 가진다. 이와 같이 4대에 걸쳐 정치적, 사회적으로 안정되고 경제적으로 풍요로우며 정신적으로 무장된 고구려의 국력은 광개토대왕과 장수왕의 군사적 원정과 외교적 운용의 배경이 되며, 7세기

---

19) 「고구려 본기」 제6, 374쪽.

수와 당을 상대로 한 전쟁을 고구려가 극복할 수 있는 힘이 되었을 것이다.

광개토대왕-장수왕 시기 북중국을 중심으로 관련국들 간의 "힘의 배분"과 "정책방향"을 살펴보자.20) 589년 수가 중국을 통일하기 이전은 왕조의 교체가 빈번하여 사회의 혼란이 극심하던 시기이므로 일정한 시점을 잡아 정확한 관계를 기술하기는 어렵다. 북조(北朝)는 439년 5호16국의 혼란을 통일한 북위(北魏, 386-534)를 비롯하여 동위(東魏, 534-550), 서위(西魏, 535-557), 북제(北齊, 550-577), 북주(北周, 557-581)의 다섯 왕조를 가리킨다. 연대기적으로는 북위가 북중국을 통일한 439년부터 남조의 진(陳)이 수(隋)에게 멸망당하여 중국이 통일된 589년까지의 약 150년간이다.

광개토대왕-장수왕 시대에 중국을 대표하는 국가는 북중국에 위치한 위(魏)이다(조조의 위와 구분하여 흔히 북위로 불린다). 선비족의 한 부족인 탁발부(拓跋部)가 화북을 근거로 세운 북위는 연을 공격하는 430년대 중반부터 고구려와 접하면서 국경에서 긴장상태가 조성된다. 그 다음이 연(燕)이다. 이 역시 선비족의 한 부족인 모용부(慕容部)가 화북에 세운 국가로 전연(前燕, 337-370), 후연(後燕, 383-407), 북연(北燕, 407-436) 등이 등장한다. 후연은 광개토대왕 시기의 고구려와 충돌하며, 북연은 북위의 공격으로 결국 패망하는데, 여기에서 장수왕의 외교술이 빛난다.

셋째는 동진에 이어 강남에 세워졌던 송(宋, 420-479), 제(齊, 479-502), 양(梁, 502-557), 진(陳, 557-589)이다. 이들 남조의 왕조들은 남쪽에서 북조의 왕조들을 견제하며 고구려, 백제와도 외교적, 준군사적 관계를 모색한다.

넷째가 유연(柔然)이다.21) 탁발부의 복속민으로 북위와의 대결을 통해서 성장한다. 서쪽의 타림 분지에서 만주-몽고 경계인 흥안령(興安嶺)까지 내륙 아시아를 지배하면서 북위와 대결하는데, 이것은 곧 고구려와의 연합 가능성을 열어놓은 것이다. 몽고 고원과 고구려 사이에는 거란, 해(奚), 지두우(地豆于), 오락후(烏洛侯), 물길(勿吉), 말갈 등이 있다. 그밖에도 티베트계

---

20) 이공범(2003), 『위진남북조사』(서울: 지식산업사) 참조.
21) 유연의 건국과 발전, 그리고 북위와의 관계에서 대해서는, Barfield, 유영인 역(2009), 259-267쪽. 유연은 552년 돌궐의 공격을 받고 망한다.

인 저(氐), 강족(羌族) 등이 서북에 있으면서 힘의 관계에서 일정한 역할을 한다.22)

이들 관계를 지배하는 "축"은 북위와 남조의 대립이며, 그 다음으로 북위와 유연 간의 관계이다. 이중 화북에 근거하여 하(夏), 북연, 북량(北凉) 등을 차례로 멸망시켜 북중국을 통일한 북위가 가장 강력하며 천하통일이라는 대의를 내세워 분쟁을 주도한다. 남조의 왕조들도 통일이라는 명분을 내세우며 북조와 대립각을 세운다. 북위와 남조는 서로 "도이(島夷)", "색로(索虜)", "오적(吳賊)", "오구(吳寇)", "위로(魏虜)" 등 경멸적으로 상대를 부르는데, 일종의 정통성 경쟁이라고 하겠다. 그러나 국력 면에서는 북위가 앞선다. 또 중국의 역사를 통틀어 남경(南京)에 근거하여 몽고족의 원을 몰아낸 명을 제외하면, 대부분 북부의 왕조가 통일 과업을 성공시켰다. 남조의 왕조들도 통일을 명분으로 내세웠지만 수비적 성격이 강했다. 북위와 유연의 대결은 한-흉노 관계의 연장이지만, 유연의 국가적 성장이 북위와의 대립을 통해서 이루어졌다는 점에서 양자 간의 대립은 더욱 치열한 양상을 보인다. 이같이 정족지세(鼎足之勢)를 이룬 이들 세 세력 간에는 남조와 유연의 접근 대 북위의 견제 및 각개 격파라는 양상이 반복된다. 이 삼각관계에서 북위의 위상은 19세기 중반까지 유럽에서 프랑스와 비슷하다는 점을 언급한 바 있다.

몽고 초원이나 고구려 등 주변국들도 당연히 북위의 팽창과 통일전쟁을 두려워하며 가능하면 유연-남조의 연합에 가담하려고 한다. 반면 북위는 주변국들이 반(反)북위 연합에 가담하지 못하도록 지속적으로 회유와 협박을 병행한다. 몽고 초원이나 고구려 등 중국의 주변국들은 화북 왕조로부터 정치적 독립을 지키려고 하며, 이를 위해서 남조의 왕조들과 동맹을 맺으려고 하지만 큰 성공을 거두지 못한다. 이들은 자신들이 위험에 직면했을 때 동맹국이 실질적인 도움이 될 수 있을 것인가라는 동맹의 효용성에 대한 의구심과 또 이와 같은 시도가 화북 왕조의 분노를 살 수도 있다는 점에서 남조와

---

22) 노태돈(1999), 306-308쪽; 김한규(2005), 397-399쪽.

연합하기를 주저한다. 이것이 곧 화북 왕조가 이들을 분리통치할 수 있는 기회를 가지게 됨을 의미한다.23) 북-서부 유목 왕조들, 특히 반북위적 배경을 가지고 있는 유연과 고구려의 연합, 또 이들과 남조와의 연합도 이런 의미에서 끊임없이 거론되지만, 성공하지 못한다.

남북조시대는 또 남부나 북부에서 왕조의 흥망성쇠가 반복되지만, 남-북 관계가 "체제"로서 장기간 지속되었다는 점에 주목해볼 필요가 있다. 국제체제는 일단 확립되면 문제점을 스스로 수정하면서 변용을 거듭하지만, 체제 자체는 지속된다. 이것은 북위가 최강국이라는 지위에도 불구하고 상대적으로 약한 국가들을 쉽게 굴복시키지 못한 이유이기도 하다. 북위의 공격을 받을 때 동맹조약과 같은 구체적 합의가 없어도 당사국들은 상호 지원하는데, 이것은 곧 체제의 방어와 유지라는 속성에 의한 것이다. 이와 같은 체제 유지적 속성이 세력 균형이라는 결과를 낳는다고 말할 수도 있다.24)

그렇다면 "국력"이라는 관점에서 고구려의 위상은 어디쯤일까? 국제정치에서 강대국과 약소국은 구분하지만, "중진국"이라는 범주는 별로 사용하지 않는다.25) 이것은 국력 평가가 상대적인 개념이기 때문이다. 또 약소국들은 스스로 약소국이라는 용어 대신 중진국이라고 칭하는 경향이 강하다. 한국은 동아시아에서는 미국, 중국, 일본, 러시아라는 소위 4대 강대국에 비해서 약소국이지만, 이제는 중진국 반열에 도달했다고 스스로 평가한다. 그러나 개인 국민소득 2만 달러와 남한의 5,000만 인구라는 국력은 유럽 무대로 옮겨

---

23) 크림 전쟁 시기 영국, 오스트리아 등이 러시아의 팽창 저지라는 목표에서는 서로 일치하지만, 반러시아 동맹을 앞장서 추진하여 러시아의 분노의 표적이 되기를 원치 않는 것과 유사하다.
24) Lieber(1973), 구대열 역(1987), 제6장 체계이론 편 참조.
25) "강대국"은 자국과 직접적인 이해가 걸린 문제만이 아니라 "평화유지"를 책임진다는 명분으로 다른 "지역 수준"이나 "세계 수준"의 문제에도 발언권을 행사할 수 있는 국가들을 지칭한다. 강대국(great or world power), 중진국(midium or middle-ranged power), 약소국(small or minor power)에 대한 고전적 해석은, Wight, Martin(1978), *Power Politics*, ed. by Hedley Bull and Carsten Holbraad(New York: Holmes & Meier Publishers), 3, 4, 5장 참조. 최근 중진국 중 상위에 속하는 국가들을 묶어 중견국(middle power)으로 설정하여 국제정치에서 역할을 규정하려는 논의는, 김치욱(2009), 「국제정치의 분석단위로서 중견국가(Middle Power): 그 개념화와 시사점」, 『국제정치논총』, 49-1.

보면 강대국은 아닐지라도 중간 상위에 속한다. 남한과 북한 인구를 합치면 7,500만인데 이것은 러시아(1억8,000, 구소련 시대는 2억7,000)와 통일독일(8,200만)을 제외하고는 영국(6,100만), 프랑스(6,200만), 이탈리아(5,800만)보다 많다. 고구려도 정확한 통계는 없지만, 북위나 남조에 비해서는 약소국이었겠지만 유연과는 비슷했을 것이다. 경제력에서는 앞설지도 모르며 기마군을 앞세운 전투 능력에서는 뒤질 수 있다. 그러나 그외의 국가들에 비해서는 강대국일 것이며, 이런 관점에서 중간국 범주에 넣을 수 있을 것이다. 1960년대 베트남 전쟁에 참여한 국가들 간의 관계에서 베트남은 미국에 비해서는 약소국이지만, 이웃 라오스나 캄보디아에 비해서는 강대국이다. 고구려 역시 북위에 비해서는 약소국이지만, 백제나 신라에게는 강대국이다. 이같이 강대국, 약소국 구분은 상대적인 것이다.

국제정치에서는 국력의 단순 비교보다는 이들 국가들의 "외교정책 정향(orientation)"이나 한 체제 내에서 수행하는 기능이 더 중요하다. 강대국은 기존의 국제체제가 자국에게 유리하게 설정되었다는 점에서 일단 "현상 유지적" 정향을 가진다. 그러나 왕조들이 난립한 이 시대 중국에서 최강대국인 북위는 통일을 기치로 내세운다. 즉 기존질서에 만족하지 않고 이를 변경시키려고 한다. 이런 의미에서 북위는 최강대국이라고 해도 "현상파괴적" 정향도 가지고 있다. 그러나 북위가 주도하는 통합은 기존체제를 여전히 북위에게 바람직한 방향으로 발전시키려는 것이다. 즉 자국에게 "유리한 방향으로 현상 유지의 확대"를 추구한다. 북위에 대항하여 역시 통일을 명분으로 내세운 남조의 왕조들도 현상파괴적 정향을 가진다고 할 것이나, 본질적으로는 북위의 위협에 대항하여 기존체제를 "방어하는" 현상 유지적 정향이 강하다. 그외의 (약소)국가들은 기존질서의 유지가 생존의 전제조건이다.

캐나다는 국력 수준에서는 "중간국"에 속하겠지만, 대부분의 경우 미국의 대외정책을 추종하기 때문에 냉전과 같은 국제체제에서 특별한 기능을 수행하지 않는다. 반면 1950년대 인도는 국력 수준에서는 캐나다에 뒤지지만 중립정책으로 미-소 두 초강대국 사이에서 (심리적) "균형유지"라는 기능을 수행한다는 점에서 오히려 주목을 받는다. 또 약소국 중에도 현상파괴적 정향을 가진 국가들이 있다. 독일과 프랑스라는 두 강대국 사이에 있는 네덜란드나 벨기에는 기존의 국경선 내에서 독립을 유지하는 데에 만족한다. 그러나 제1차 세계대전 직전 소위 발칸의 "작은 전쟁들"에 참전한 세르비아, 루마니아, 불가리아, 그리스 등은 기존의 체제에 "불만"을 가진 국가들이다. 그들은 오스만 터키 제국이 몰락하면서 영국과 러시아, 오스트리아 등 강대국들 간의 흥정으로 그어진 국경선에 만족하지 못하고 전쟁을 통해서 영토 확장을 추구하려는 현상 파괴세력들이다.26)

4. 북위-연-남송과 고구려

이제 장수왕 시대로 넘어가자. 장수왕 시기에 고구려의 "자주외교"는 북중국의 혼란이라는 국제정치적 배경에서 전개된다. 장수왕은 413-491년까지 연수로 계산하면 79년간 재위한다. 왕 29년에서 41년까지 13년간을 제외하면 비교적 상세한 기록을 남기고 있다. 장수왕은 원년부터 남북조를 상대로 전방위 외교를 행한다. 진(晉)에 표문을 올리면서 붉은 무늬가 있는 흰 말을 바치고, 왕 13년과 23년에 북위에 조공하면서 "황제의 이름을 알려줄 것을 요청한다." 북위의 세조는 그 "정성을 가상히 여겨" 제실의 계보와 이름들을 보내주고, 장수왕에게 도독요해제군사(都督遼海諸軍事) 정동장군(征東將軍) 영호동이중랑장(領護東夷中郎將) 요동군개국공고구려왕(遼東郡開國公高句麗王)이라는 긴 직명을 내린다(직명의 의미에 관해서는 제1장 참조). 이것은 북위가 연의 멸망을 목표로 공세를 취하기 직전이다. 장수왕은 이로써 중국과의 관계를 안정시키고 관심을 남쪽으로 돌린다(이미 왕 15년[427]에 도읍을 평양으로 옮겼다). 신라는 장수왕 12년 조공을 바쳤으며, 고구려는 신라의 사신을 "두텁게 위로하는" 등 초기에는 비교적 우호적인 관계를 유지했다. 장수왕의 외교는 북중국에서 전개되는 힘의 변화에 맞추어 빛을 발한다. 이 시대 고구려를 포함한 북중국과 몽고 등 유목부족들의 관계는 중국 사서

---

26) Rothstein, Robert L.(1968), *Alliances and Small Powers*(New York: Columbia University Press), introduction 참조.

를 바탕으로 한 국내 연구와 중국의 연구에 나오는 역사적 사실을 바탕으로 재구성하겠다.27) 물론 해석은 전적으로 저자의 몫이다. 북중국의 변화는 북위가 430년대에 들어 요서와 화북 일대에 근거한 북연을 공격하면서 시작된다. 고구려의 관점에서 북연은, 강할 때는 직접 고구려를 침공하기도 하지만, 부상하는 북위와 고구려 사이에 놓인 일종의 완충지대이다. 그러면 고구려는 어떤 정책을 택해야 할까? 연이 북위의 공격을 막아낸다면 고구려는 부담을 덜게 될 것이며, 더욱이 연이 북위와의 전선에 집중하면 고구려와의 긴장은 국경에서 줄어들 것이다. 그러나 북위가 연을 차지하면, 고구려에게는 연보다 더 큰 위협으로 다가올 것이다. 그러면 연과 연합하여 북위에 대항할 것인가, 혹은 북위와 연합하여 연을 분할할 것인가, 아니면 남조-연-유연 등과 연합하여 북위에 대항할 것인가? 4개 국가가 합쳐 패권국에 대항하는 구도를 완성하는 것은 앞에서 말한 여러 이유에서 현실화되기 어렵다. 연과의 연합은 성공 가능성이 있다고 판단되면 시도해볼 만도 하다. 그러나 성공한다고 해도 고구려군을 북위-연 국경지대까지 동원할 것인가, 북위의 공격을 저지한 후에 연이 고구려에 줄 수 있는 보상이 무엇인가 등의 문제로 고구려로서 택하기 어려운 선택이다.

북위도 전쟁에 앞서 주변 관련국들을 무마한다. 유연과 434년 화친을 맺으며 다음 해 고구려에 사신을 파견하여 장수왕을 책봉하고 그 다음 해(436) 연을 공격하면서 고구려가 이 전쟁에 "참여하지 말 것", 즉 중립적 자세를 견지할 것을 "명령한다." 책봉과 경고를 2년 계속한 것은 고구려가 북위-연 전쟁에 개입하면, 연 왕조를 멸망시키려는 목표달성에 어려움이 있을 것을 예견했기 때문일 것이다.28)

연 역시 북위와의 전쟁을 앞두고 "고구려"를 고려한다. 연왕 풍홍(馮弘)은 사태가 급박해지면 고구려에 잠시 의탁했다가 후일을 도모하려는 의도에서 장수왕 23년(435) 6월 사신을 보내 망명을 수락하도록 요청한다.29) 이것은

---

27) 노태돈(1999), 296-355, 401-435쪽; 장페이페이 외, 김승일 역(2005) 등.
28) 장페이페이 외, 김승일 역(2005), 91쪽. 북위가 고구려에 사신을 두 번 보낸 것은 『삼국사기』도 언급하고 있지만, 북위의 중립요구는 빠져 있다.
29) 풍발(馮跋)은 고구려와 화친하고 화북의 강자로 등장한 북위와 대립하는데, 430년에

연의 전략에 고구려와 연합하여 북위에 대항한다는 구상은 들어 있지 않다는 말이다. 국가의 멸망을 앞두고 모든 가능성을 모색해야 할 시점에 연이 고구려와의 연합을 배제했다는 것은 고구려의 능력을 믿지 못했다는 것인지, 과거 연이 고구려를 침공한 사례에 비추어 고구려가 연의 요구에 응하지 않을 것으로 판단했기 때문이지 알 수는 없다. 그러나 연왕이 망명한 후에 고구려에서 취한 태도와 고구려의 대응을 보면 아마도 양자 모두일 것 같다. 435년 북위의 공세를 맞아 연은 북위에 조공하고 시자(侍子), 즉 아들을 인질로 보내겠다고 제안한다. 이것은 그 전해에 북위가 요구했으나, 연이 거절했던 조건이다. 그러나 군사적 우위를 확신한 북위는 이를 거부하고 연을 공격한다.

북위군은 436년 여름 4월 백랑성(白狼城, 대릉하[大凌河] 서안)을 함락하고 5월 수도 화룡성(和龍城, 조양[朝陽])에 도달한다. 그런데 장수왕은 중립을 지키지 않고 두 강대국의 생사를 건 전투에 과감히 뛰어든다. 고구려의 갈로(葛盧)와 맹광(孟光) 두 장군이 수만 명의 군사를 이끌고 북위와 거의 동시에 연의 수도에 접근한다. 고구려가 북위의 계속된 경고에도 불구하고 군대를 파견한 것은 연의 패망을 기정사실화하고 최대한 전리품을 차지하겠다는 단순한 의도라고 보기에는 상당한 위험성을 내포한 도박이다. 최악의 경우 북위와의 전쟁도 각오해야 할 것이다. 그러면 북위-연 전쟁에 제3자로 개입한 고구려의 의도는 무엇인가? 중국 사료는 당시의 상황을 다음과 같이 전한다.

그때 화룡성 안에서 친고구려파와 친북위파 간에 내분이 터져, 서로 성 밖에 주둔하고 있던 자기 편의 외국 군을 먼저 성 안으로 끌어들이려고 했다. 그러던 중 상서령 곽생(郭生)이 중심이 된 친북위파가 선수를 쳐 성문을 열고 북위군을 영입하려고 했다. 그러나 북위군은 의심하여 주저하며 움직이지 않았다. 이 틈을 타서 고구려군이 돌입하여 성을 장악하고 황제 풍홍 이하 다수의 북연 군민을 이끌고 동으로 회군했다. 고구려 군세에 위압된

풍발의 뒤를 이어 동생 풍홍이 즉위한다.

북위군이 공격을 감행하지 못했다. 양군은 일촉즉발의 긴박한 상황에서 직접적인 군사 대결로까지 나아가지 않았다.30)

위의 서술에는 약간의 해설이 필요하다. 고구려군이 용맹무쌍하여 두려움을 모르기 때문에 혹은 막무가내로 성문이 열리자 돌진한 것은 아니다. 우선 각 집단의 성격을 살펴보자. 북위는 연의 멸망을 최종 목표로 삼고 있다. 따라서 친북위파는 북위에 항복하자는 집단이다. 친고구려파는 연왕이 고구려에 요청한 대로 고구려에 잠시 의탁해서 재기를 도모하자는 집단이다. 연왕의 입장에서 북위파는 배반자들이며 고구려파는 근왕파들이다. 연의 수도를 둘러싼 공성전에서 친북위파는 북위의 군 사령부와 원활한 교신이 어려웠을 것이다. 이것은 성문을 열었으나 북위군이 의심했다는 대목에서 잘 나타난다. 고구려는 연왕 등 친고구려파와 사전 협의를 충분히 할 수 있었기 때문에 과감히 입성하여 연왕을 데리고 퇴각할 수 있었다. 연왕의 자발적 망명 의지가 고구려-연의 협력관계를 수월하게 만든 것이다. 이 와중에서 고구려군은 "해진 베옷을 벗게 하고", 즉 정체를 모르게 하거나 옷을 바꾸어, 연나라 무기고의 정교한 의장들을 탈취하여 연군으로 변장한 후에 성 안을 온통 약탈한다.

그러면 고구려의 목표는 무엇이었을까? 단기적으로는 전리품의 수습이라는 비교적 단순한 목표와 연왕을 호송하여 고구려 영내로 퇴각하는 고도의 전술적 임기응변이 필요한 목표를 가졌다고 하겠다. 연의 멸망으로 고구려와 북위가 필연적으로 대면하는 상황을 맞게 될 것이었다. 이때 고구려는 연왕이라는 카드를 하나 더 쥐고 있는 것이 나쁘지 않다고 판단했을 것이다. 고구려에게 이 두 가지가 모두 "사활적" 국익이 달린 문제는 아니다. 연왕을 고구려로 호송하는 데에 실패하더라도 북위와의 관계는 파국으로 나아가기보다는 조정할 수 있는 여지가 있는 문제이다. 북위가 연왕을 사로잡더라도 이후 고구려와 전쟁을 계속하는 문제는 또다른 전략적 결단이 필요할 것이다. 전리품 획득은 현지 사정을 고려하여 감행할 것이며, 문제를 일으킬 경우 현지

---

30) 노태돈(1999), 300-301쪽에서 재인용.

지휘관의 잘못으로 돌리면 된다. 즉 이 문제는 "국지화"하여 처리할 수 있는 것이다.

고구려는 두 가지 목표를 모두 달성했다. 반면 고구려의 간섭을 두 번이나 경고한 북위로서는 연을 멸망시켰지만, 연왕은 도망갔고 또 고구려의 개입으로 완전한 승리를 거두지 못했다. 이에 사신을 고구려에 보내 연왕을 "압송하려고" 하지만, 고구려는 "마땅히 연왕과 함께 위의 왕화(교화)를 받들겠다"는 표문을 바치면서 위의 요청을 교묘히 거부한다. 북위는 고구려가 조칙을 어겼다고 분노하여 고구려를 칠 것을 고려하지만, 신하들의 만류로 파병을 중단한다. 유연이 북위-연 전쟁을 틈타서 북쪽 변경을 침략했기 때문이다. 북위의 주변국들에게 연의 소멸은 북위를 견제하는 데에 도움이 될 수 있는 동맹국 하나가 제거되었음을 의미한다. 따라서 유연의 변경 침략은 연을 간접 지원한 것이지만, 연을 구하지는 못한 셈이다. 고구려는 다음 해(437) 북위에 사신을 보내 조공하며 북위 역시 유연과의 관계를 고려하여 고구려의 사과를 받아들이는 선에서 양국 관계는 봉합된다. 그러나 북위의 "용서"는 진정한 화해가 아니었다. 북위 조정 내부에서 점령지에 농잠(農蠶)을 권하여 경제력이 회복되고 유연 문제가 정리되면, 고구려를 멸망시킬 수 있다고 황제를 설득한 것이다.31) 이로써 연의 멸망 이후 북위를 중심으로 한 불안정한 평화는 당분간 유지될 수 있었다.

장수왕의 외교는 이제 망명객 연왕 풍홍을 중심으로 펼쳐진다. 연왕은 438년 3월에 요동에 이른다. 수도 화룡성의 함락이 436년 5월인데 1년 10개월이 지나서야 요동의 고구려 영내에 도착한 셈이다. 이것은 고구려에 정착할 수 있는 여건인가를 점검하면서 연군의 잔여부대를 이끌고 대릉하와 요하 서쪽 연-고구려 국경 변두리 지역을 전전했다는 의미이다. 갈로와 맹광이 연왕과 퇴각할 때 연의 정예병이 정돈하여 바깥에 서고 고구려 기병이 후방을 맡으니, 수레를 포함해서 80리에 이르는 거대한 행렬을 이루었다. 즉 연군은 친고구려파가 이끄는 군대를 보존하고 있었으며 비록 국가는 망했으나, 풍홍의

---

31) 「고구려 본기」 제6, 380쪽; 이병도 역주, 『삼국사기』, 「고구려 본기」 제6, 423쪽 각주 46 참조.

퇴각은 일패도지하는 형상은 아니었다는 말이다.

그러나 거의 2년 동안 변경지역에서 떠돌다가 고구려로 들어갈 때 이들의 모습이 어떠했는가는 충분히 짐작할 수 있을 것이다. 장수왕은 사람을 보내 "용성왕 풍군(馮君)이 와서 야숙하니 병사와 말들이 얼마나 피곤하겠느냐"고 위로한다. 이것은 풍홍을 황제로 받들어 접대하기는커녕 망명한 군주를 객례 (客禮)로 영접하는 것도 아니며 외신으로 강등시켜 야유한 것이다. 북연에서 황제로 칭한 자는 풍발과 풍운인데, 고구려는 풍홍을 "왕"과 "군"으로 강등시켜 부른 것이다. 당시 중국의 왕조는 크건 작건, 화북에 있건 강남에 있건 간에 고구려를 번신으로 간주하고 우월적 태도를 견지한 전통을 답습하고 있었다. 풍홍도 창피하고 노여워 "'황제'의 말이라 일컬어" 장수왕을 꾸짖었다. 고구려는 그를 평곽(平郭, 개평)에 두고 조금 있다가 인근지역으로 옮긴다. 풍홍의 거처를 인근의 다른 지역으로 쉽게 옮기도록 했다는 것은 고구려가 그들을 완전히 장악했다는 의미이다. 풍홍은 망명자 신분으로 왔으면서도 스스로 황제라고 칭하면서 주인인 고구려를 여전히 속국으로 깔보고 정사와 형벌, 상벌을 자기 나라에서 하듯이 행했다. 이에 고구려는 풍홍의 시종을 빼앗고 태자를 볼모로 삼는다.[32]

한 국가 내에 독자적인 정치, 군사 세력, 즉 "주권 안의 주권"을 허용하는 국가는 없다. 주권은 나누어 가질 수 없는 것이기 때문이다. 독자 세력이 중앙정부의 통제에서 벗어나서 힘을 키우는 것은 중앙정부에 도전할 수 있는 능력을 갖추는 것을 의미한다. 이것은 새 왕조 수립 직후 공신들의 사병(私兵) 금지에서부터 변방 제후왕들의 권력 신장 억제정책 등으로 중국과 한국의 역사에서 수없이 나타난다.[33] 또 패망한 군주는 망명이 허용되더라도 철

---

32) 弘素侮我 政刑賞罰 猶如其國을 이병도는 "홍은 본래 우리를 업신여겼으나, (우리의) 정형상벌이 오히려 북연에 못지않았다"고 번역하고 있다(423쪽). 평곽은 고구려의 안시성 남쪽에 위치한 건안성(建安城)이며 지금의 요녕성 동북 일명 고려성자(高麗城子)이다(이병도, 『삼국사기』, 423쪽).

33) 중국 국민당 정부가 통제력이 약화되었던 1937-1945년 중-일전쟁 시기 중국 공산당은 북중국에서 자신들의 독립적인 "정부"를 가지고 있었다. 이에 국민당 정부는 수백 명에 불과한 한국 임시정부의 광복군조차 독자적인 지휘권을 행사하지 못하게 했을 뿐만 아니라 광복군 부대가 한인들이 많이 사는 만주로 진출하는 것도 허락하지 않았다.

저하게 통제당한다. 풍홍의 경우도 이 범주에 속한다. 고구려의 조치는 일차적으로 풍홍이 연의 유민들과 합쳐 세력이 커지는 것을 방지하고, 그 다음 풍홍의 독자적인 반북위 행위가 북위와 국경을 접하게 된 고구려와 북위의 관계에 미칠 악영향을 사전에 차단하기 위한 것이다. 이것은 또 북위에게 고구려가 풍홍의 재기를 돕지 않는다는 "신호"를 보내는 효과도 있을 것이다.

풍홍은 이를 "원망하여" 남쪽에 있는 송(유송[劉宋]이라고도 한다)에 망명하겠다는 뜻을 전한다. 송 태조 문제(文帝)는 이를 승낙하고 438년 7,000명을 해로로 요동에 파견하고 고구려가 이들의 호송을 돕도록 "지시한다." 이것은 고구려가 원하지 않는 사태의 진전이다. 풍홍이 고구려를 떠난다는 것은 명분 싸움에서 고구려에게 불리하게 작용할 것이다. 이에 풍홍이 황제처럼 행동하면서 남쪽으로 가도록 내버려두었다가 곧 군사들이 뒤쫓아가서 풍홍과 그의 자손들을 죽인다. 고구려군이 풍홍을 손쉽게 죽였다는 것은 풍홍이 스스로 방어할 수 있는 능력을 상실한 상태였다는 말이다. 당연히 7,000명에 달하는 송의 호송군대와 접전이 일어나서 고구려 장수가 죽기도 하는데, 장수왕은 송의 사신이 고구려 장수를 멋대로 죽였다고 하여 그를 잡아 송에 압송한다. 송 태조는 고구려가 멀리 있는 나라이므로 그 뜻을 어기고 싶지 않아 그를 옥에 가두었다가 용서하는 절차를 밟는다.34)

이 사건은 다음 몇 가지 점에서 검토해야 할 것이다. 고구려가 풍홍을 죽인 곳은 『삼국사기』에 의하면 "북풍(北豊)"이라는 곳이다. 광개토대왕 비문에 의하면 왕 5년(395) 요하 서쪽 지역을 토벌하고 귀환하는 길에 시찰했다는 지명 중 하나이다. 『삼국사기』는 송나라 군이 파견된 지역이 요동이라고 했으므로, 이병도 박사 역시 북풍이 요동에 있다고 추정하지만, 장수왕 시대에 요서 지역은 고구려의 영역이라는 견해도 있다.35) 중요한 점은 송이 바다를

---

34) 「고구려 본기」 제6, 장수왕 26년, 381쪽. 중국사에는 북위의 요청으로 고구려가 풍홍을 살해했다고 쓰고 있다. 이공범(2003), 140쪽. 홍의 살해를 두고 고구려와 북위가 흥정을 했다면, 이 역시 장수왕의 외교술을 보여주는 사례일 것이다. 그러나 『남사』는 장수왕이 "풍홍이 남쪽으로 가는 것을 원하지 않아……기습하여 그를 죽여버렸다"(『조선전』 1, 13-14쪽), 『북사』는 "홍 역시 얼마 후에 장수왕에게 죽임을 당했다"(『조선전』 1, 58쪽)고 기록할 뿐이다.
35) 신형식(2003), 214-216쪽; 이병도 역주, 『삼국사기』, 423쪽 각주 43 참조.

통해서 (그리고 요하를 거슬러서) 7,000명의 호송군을 고구려 영내 깊숙이 북풍까지 보냈다는 사실이다. 7,000병력은 본국과 인적, 물적 보급선이 끊겨 고립된 상황에서는 강대한 북위를 상대로 싸울 수 있는 충분한 규모의 전투 병력은 못 된다. 이 부대의 주목적은 풍홍의 안전한 호송이었다. 그러면 북위에 대항하는 공동전선이라는 명분을 위해서 이미 패망한 풍홍이 송에게 그렇게 중요했단 말인가? 아마도 남쪽의 송은 2년 전 질서정연하게 퇴각한 풍홍 집단이 고구려의 지원 아래 과거와 같은 전투력을 보유하고 있으며 그들과의 연합이 명분상으로나 실질적으로나 위와 대결하는 데에 도움이 될 것으로 판단했을 것이다.

그러나 고구려는 풍홍을 매개로 송과 연대하여 북위에 저항하는 정책을 원하지 않았다. 풍홍을 죽이려는 고구려군과 보호하려는 송나라 군사들 간의 첫 충돌에서 고구려 장수가 죽었으나 결국 송의 지휘관을 사로잡았다. 여기에서 고구려는 또 한 차례 변신한다. 사로잡은 송의 사신이자 군 지휘관을 북위에 보내 충성을 보이기보다는 송으로 돌려보낸다. 즉 고구려는 그가 사신이자 지휘관으로서 본국의 훈령을 정확히 이해하지 못해 임무를 잘못 수행했다는 식으로 의미를 축소하면서 송과의 유대 가능성은 남겨둔 것이다. 송 역시 고구려의 효용성을 평가하여 이 사건을 더 확대하지 않는다. 고구려는 다음 해(439) 11월과 12월 사신을 북위에 보낸다. 두 달 사이에 연이어 사신을 보냈다는 것은 풍홍 문제를 두고 북위와의 갈등이 심각한 수준이었다는 의미이다. 북위는 고구려가 436년 이후 3년 동안 취한 조치들에 분노를 표시했을 것이며, 그러나 438-439년 북연을 상대로 전쟁 중인 상황에서 고구려가 송과 연합하지 않았다는 점을 확인한 후, 고구려를 더 이상 압박하지 않고 사건을 종결한다.

그 다음은 말 800필 문제이다. 『송서』는 439년 송이 북벌을 위해서 고구려에 말을 보내라고 "명령하는" 조칙을 보내며 장수왕이 말 800필을 송에 보냈다고 한다.[36] 『삼국사기』는 이를 언급하지 않고 있다. 김부식이 이를 현실성

---

[36] 『조선전』, 1, 385쪽; 김한규(1999), 『한중관계사 I』(서울: 아르케), 167쪽도 참조.

이 없는 것으로 보았기 때문이 아닐까?『삼국사기』는 우리의 입장을 지키지만, 중국 문헌들을 최대한 인용하고 있음을 언급한 바 있다. 그러나 역사학계의 연구서는『송서』의 내용에 별다른 의문을 제기하지 않는다. 이 시대 중국의 전쟁에서 기병의 규모나 역할에 대한 기록을 찾아볼 수는 없지만, 남선북마(南船北馬)라는 말이 있듯이 양자강 이남에서는 배를, 이북에서는 말을 수송수단으로 주로 이용했다.37) 송의 문제(文帝, 424-453) 시대에 이르면, 북중국을 통일한 북위를 상대로 황하 남부지역을 회복하려는 북벌론이 대두된다. 송이 이를 위해서 고구려에 말을 요구했을 가능성은 있다. 그러나 북위와의 전투에서 송은 계속 패주한다.38) 또 바로 전해에 고구려군과 연왕 호송을 위한 송의 파견군이 접전을 벌였다.

이와 같은 상황에서 고구려가 송의 "명령"을 받고 순순히 말을 보냈을까, 송이 북위와의 전쟁에서 계속 패배하고 있었는데 위의 분노를 사면서 송에 말을 보냈을까, 보냈다면 고구려가 송과 화해하기 위한 것이었을까, 고구려가 북위와의 대결이 임박하여 송의 지원을 절실하게 필요로 하게 되었을까, 아니면 송의 북벌계획이 고구려에 대한 북위의 압박을 완화시키리라고 기대했을까? 북위와 송에 양다리 걸치기 정책이었을까? 말 800필이 가지는 현실적인 전투역량과 송과의 연합이라는 외교적 성과를 맞바꿀 만한 가치가 있다고 판단했을까, 고구려가 송의 요청에 응하여 말을 보냈다고 해서 북위와 고구려가 전쟁에 들어가면, 송이 북위의 배후를 공격한다는 보장이 있을까, 남송이 약속을 지키지 않을 때, 고구려가 제재할 수 있는 수단이 있을까, 고구려가 평화를 원했다면, 송에 말을 보낼 때 이에 상응하는 조공품을 북위에도 보내야 하는 것은 아닐까, 평양 천도로 농경국가의 성격이 강화된 고구려의 경제 규모에서 말 800필을 마련하는 비용은 어느 정도였을까, 또 고구려

---

37) 미야자키 이치사다(宮崎市定), 임중혁, 박선희 역(1996),『중국 중세사』(서울: 신서원), 162쪽. 송 고조 무제(武帝, 420-422)는 전투에서 말과 배를 동시에 이용하는 전술을 창안해서 성공을 거두었다.
38) 이공범(2003), 3장, 특히 71쪽. 송은 420년 유유(劉裕)가 동진 황제로부터 선양을 받아 건국한다. 건국 직후 북위가 북중국 통일에 매진하고 있어 남쪽은 평화가 지속되어 문제의 30년 치세는 "원가의 치(元嘉之治)"라고 부른다. 960년 조광윤(趙匡胤)이 건국한 송과 구분하여 유송(劉宋)이라고도 한다.

의 전략은 주로 수성전(守城戰)인데, 말 800필의 전술적 가치가 어느 정도였을까, 말을 보냈다면 육로가 아니라 해로를 이용했을 텐데, 당시 고구려의 해상 수송능력으로 가능한 일이었을까, 송이 북위의 견제를 피하면서 말 수송을 위해서 대규모 선단을 고구려까지 보냈다는 말일까 등을 검토해야 할 것이다.

   수송방법도 고려해야 할 것이다. 이 시대의 역사 지도들은 북위와 송이 산동반도의 북부를 경계로 삼고 있으며, 북위와 고구려 간의 경계인 요하 유역에도 거란 및 만주족들이 거주하는 것으로 표시하고 있다. 국내 연구서나 일본 학자가 만든 지도들도 큰 차이가 없다.[39] 북위를 통한 육로 수송은 불가능하며 해로밖에 없다. 고구려가 조공이라는 명목으로 명마 몇 마리 정도는 해로를 통해서 보낼 수는 있었겠지만, 800필은 당시의 수송능력에 비추어 볼 때 불가능했을 것이다. 사신을 실은 한 척 혹은 수 척의 배가 풍랑으로 황해를 건너지 못해 돌아가는 경우도 있고, 위덕왕 36년(589) 수는 해로에 위험이 많으니 앞으로 백제가 조공 사절을 보내지 않아도 좋다는 표현 등도 나온다.[40] 800년 이상 지난 고려 말이나 명-청 교체기에 육로를 통한 조공 사절이 북경에 가기 어려울 때에는 해로를 이용한 기록들이 있다. 그러나 소수의 사절을 태운 배도 "바람과 조수를 기다려……수천 리를 건너야 하며", 또 "상사(上使)는 물에 빠져 죽고 서장관(書狀官) 정몽주(鄭夢周)만이 북경에 닿는" 등 어려움이 많아 상사, 부사, 서장관 등 3명이 물에 빠져 죽을 경우에 대비하여 "각기 배를 하나씩 타고" 갔다는 기록도 있다.[41] 또 물을 무서워하는 말을 배에 싣는 문제에서부터 시작하여 안전하게 수송하는 것은 기술상의 난제이다. 양자강을 사이에 둔 중국의 남북 왕조들 간의 전쟁에서는 말 수송이 잦지만 파도가 높은 바다의 수송은 이와는 또다른 문제일 것이

---

39) 담기양(譚其驤)(1991), 『간명 중국 역사지도집』(북경: 중국지도출판사), 29-30쪽; 이공범(2003), 304쪽; 미야쟈키, 박선희 역(1996), 177쪽.
40) 「백제 본기」 제 5, 544쪽.
41) 국역 『통문관지』(1998), (세종대왕 기념 사업회) 1권, 144쪽. 그러나 해상무역이 발달한 로마 시대에는 지중해 동쪽 끝 시리아의 밀을 서쪽 스페인으로 배로 운반하는 비용이 육로 75마일(약 120킬로미터) 운송비용보다 적게 들었다. Anderson, 유재건, 한정숙 공역 (1990), 18쪽.

다. 중국에 파견되는 백제의 사신을 저지하는 데에 고구려 수군이 동원되었다는 기록은 있지만, 당시 고구려의 선박 혹은 군선 규모가 800필을 수송할 수 있을 정도로 거대한 것이었는지, 대규모 선단이 북위에게 저지당하지 않고 무사히 왕래할 수 있었는지 등의 많은 의문점을 규명해야 할 것이다. 만약 송에서 대규모 선단을 고구려로 보냈다면, 북위는 이를 저지하기 위해서 군대를 출동시켰을 것이다.[42]

셋째, 800필의 말이 가지는 전투능력이다. 신라가 통일 후에 당과의 충돌에 대비하여 말 양육에 심혈을 기울이며 문무왕 9년(669) 말 목장을 174개로 나누어 김유신, 김인문 등에게 관리하게 했다.[43] 거란군이 주축이 된 이근행(李謹行) 군과의 675년 전투에서 전마 3만380필을 노획했다는 기록이 나오지만, 이 기록은 문무왕 15년(675) 18전 18승 끝에 말 20필을 빼앗았다는 기록과 비교할 때 과장된 것이거나 오기일 것이다. 통일신라시대 기병 증설에 관한 논문도 있지만 800필의 전투능력이 어느 정도인가 가늠하기는 어렵다. 특히 고구려는 보병 위주인 수성전(守城戰)을 기본전술로 삼고 있다. 이 경우 말 800필은 전투의 거의 모든 방면을 지원할 수 있는 주요한 자산이다. 요동에서 전쟁이 일어날 경우 유용한 군수품을 고구려가 확실한 대가 없이 남송에 보냈을까?[44]

고려 말기로 가보자. 다음은 『고려사(高麗史)』에 나오는 말에 관한 기사들인데, 몽고가 제주도에서 말을 사육하게 한 이후 말 800필의 가치를 짐작할

---

42) 선박은 크다고 좋은 것이 아니다. 콜럼버스가 대서양을 처음 건넌 산타 마리아 호는 당시 일반 무역선보다 작았다. "1421"로 알려진 명 초기 정화(鄭和) 선단의 규모와 서양의 대항해 시대 선단에 관해서는, 신웬어우(辛元毆) 외, 허일, 김성준, 최운봉 편역(2005), 『중국의 대항사자 정화의 배와 항해』(서울: 심산); 주경철(2008), 『대항해 시대』(서울: 서울대 출판부) 참조.
43) 「신라 본기」 제6, 177-178쪽.
44) 서영교(2002), 「신라 통일기 기병증설의 기반」, 『역사와 현실』, 45쪽. 서양의 사례로서, 기병전술에 탁월했던 알렉산드로스 대왕은 기원전 334년 페르시아 원정에서 3만 명의 보병과 함께 5,000명의 기병을 동원했다.(http://www.shsu.edu/~his_ncp/ArriCamp.html.) 기원전 46년 로마의 패권을 두고 카이사르와 폼페이우스가 벌인 마케도니아 전투에서 카이사르가 동원한 기병은 약 1,000명이다. 이종학 외(1968), 『종합 세계전사』(서울: 박영사), 37, 57쪽.

수 있는 단서가 될 것이다.

"고려가……해마다 말[馬]을 바치게 했더니 바친 말이 쓰지 못할 것인데다가 또 어렵다고 호소함으로써……다만 3년간에 종마 50필만을 바치라고 했으나 바친 말이 쓰지 못하겠고 사온 5,000필도 모두 약소(弱小)하여 우리 말 1필 값으로서 가히 저희 말 2, 3필을 살 만한 것이었다."

「열전」, 辛禑 14년(1388) 2월.

"지난해에 말 50필을 바치며 말하기를, 길에서 죽은 말이 2필이고 경사(京師)에 이른 후까지 살아남은 말이 49필이며……태복사(太僕寺)에서 시험하게 했더니 모두 탈 만한 말이 아니었으며……."

「열전」, 恭愍王 23년(1374) 6월.

고구려가 말을 보냈다면 북위와의 관계에서 전쟁과 평화의 문제, 북위-남송-고구려 관계에서 정치적, 전략적 손익을 어떻게 계산했을까라는 점이 중요할 것이다. 439년 고구려와 북위의 관계는 두 번의 조공 사절 문제에서 언급한 대로 약간의 긴장은 있었으나, 평화적으로 해소되었다. 따라서 이 질문에 대한 결론은 부정적이다.

5. 북위-유연-북제와 고구려

장수왕 28년(440)에서 43년(455)까지 15년간 고구려는 중국에 조공 사절을 보내지 않았다. 그리고 22년이 지난 뒤인 왕 50년(462) 북위에 다시 조공을 보낸다. 연의 멸망 이후 북위가 강대해지면서 고구려가 요서를 넘볼 여지가 없어지고 연왕의 망명으로 악화되었던 쌍방의 관계는 점차 긴장이 완화되었던 것이다. 이후 거의 매년 사신을 보내고, 또 북위가 답례함으로써 사신 왕래가 정례화된 것 같다. 이 시기에 북위는 448-450년에 유연에 대한 대규모 원정을 감행하는데, 송은 이 틈을 이용하여 450년 북정을 시작하면서 유연, 고구려와의 연합을 모색한다. 그러나 북위-송-유연 간에 공고하게 "구축된"

관계는 어느 일방의 힘으로 변화시키기 힘들다는 점을 지적한 바 있다. 이 와중에서 고구려는 북위와 대치하면서 불안한 평화를 유지한다. 유연 및 남송과의 연합에 대해서 고구려는 구체적인 행동을 보이지 않는다. 각국의 정책 방향이 정확히 표출되지 않은 미묘한 시기에 현상 유지를 택하면서 정세 변화를 조용히 관찰하는 것도 유익한 방법이다. 고구려의 "무대응"은 아마도 남방에서 백제와 신라의 동맹이 강화되면서 고구려에 대한 현실적 위협으로 대두되었기 때문일 것이다. 이에 대해서는 후술할 것이다.

『삼국사기』는 장수왕 28년(440)에서 42년까지 아무런 기록을 남기지 않았다(왕 43년 가을 7월에 신라의 북쪽 변경을 침공했다는 것이 왕 42년 이후 첫 기록이다). 그러면 15년간의 공백기에 고구려에서는 무슨 일들이 있었을까? 대외관계는 문제가 많았으나, 장수왕이 기민하게 대처했다. 국내 상황에 관해서는 472년 백제 개로왕이 북위에 보낸 표문이 단서가 될 것 같다. 개로왕은 표문에서 장수왕 고연(高璉)이 "나라를 짓밟아 결딴을 내고, 대신들과 권세 있는 족속들의 살육하여 죄악이 쌓이고 넘쳐서 백성들은 허물어져 뿔뿔이 흩어졌다"고 비난하고 있다.45) 이것은 472년 이전, 아마도 장수왕이 북위에 조공을 보내지 않은 440-455년에 반대세력을 숙청했음을 시사한다.

"대신들과 권세 있는 족속들"을 죽였다는 것은 왕당파가 반대파를 제거한 "친위 쿠데타"인데, 이는 왕권의 강화를 의미한다. "백성이 흩어졌다"는 것은 이 쿠데타로 정부의 한 축을 담당하던 세력이 몰락하면서 사회 전반에 걸쳐 혼란이 일어났다는 의미일 것이다. 평양 천도 이후 새 도읍지를 근거로 한 신흥세력과 옛 수도에 대한 향수가 남아 있는 구세력 간의 불화가 축적되어 정변으로 나타났을 가능성은 충분히 있다. 그리고 이것이 근왕파의 쿠데타로 구세력이 일소되면서 왕권의 강화로 결말이 났다고 할 것이다. 개로왕이 북위에 장수왕을 모함하면서 과장했을 가능성도 배제할 수 없다. 그러나 반대

---

45) 「백제 본기」 제3, 519쪽. 원문은 다음과 같다. 今璉有罪, 國自魚肉, 大臣彊族, 戮殺無已. 대신과 호족들이 주어가 되면 장수왕이 이들과 함께 폭정을 일삼은 결과 백성들은 흩어지고 사회는 분해되었다는 말이다. 그러나 상황적 증거로는 고구려가 이와 같은 상황에 이른 것 같지는 않다.

파가 왕당파를 몰아낸 연개소문의 쿠데타도 귀족들을 학살하고 강권 통치를 자행하여 민심이 이반했다. 그밖에 망명한 연왕을 따르던 무리들 및 백제로부터 빼앗은 영토에 거주하던 주민들의 모반 가능성 등도 있다. 하여튼 장수왕은 평양 천도의 후유증과 유민 문제 등의 처리에 몰두했으며, 15년이 지나서야 관심을 대외관계로 돌릴 수 있었던 것이다.

고구려가 중국에 다시 조공을 보내기 시작한 것이 바로 이 시기이다. 장수왕 53년(465)과 54년에 계속해서 북위에 조공을 보내는데, 북위와 고구려 간에는 별로 중요하지 않은 그러나 조공관계의 실상을 보여주는 하나의 에피소드가 때맞추어 등장한다. 장수왕 54년 북위의 태후가 황제에게 육궁(六宮)이 갖추어지지 않았다면서, 즉 황제의 비빈들을 모집하면서 고구려에 왕의 딸을 바칠 것을 요구한다. 북위의 요구는 양국 관계가 긴장되고 있음을 반영한 것이다. 약간 과도한 요구를 하면서 고구려의 반응을 묻는, 이른바 "외교적 탐색"을 가동한 것이다. 고구려가 북위의 요구에 순순히 응하면 긴장이 해소되겠지만, 그렇지 않으면 북위는 고구려의 반응을 문제 삼아 다음 조치를 취할 수 있다.

고구려는 북위의 의도를 부정적인 시각에서 해석한다. 북위는 과거 연과 혼인을 하더니 얼마 후에 연을 쳤는데, 이것은 사신들이 오가면서 연나라 지세를 자세히 탐색할 수 있었기 때문이었다는 것이다. 이제 고구려에도 동일한 수법을 쓰는 것이라고 판단한다(수와 당의 고구려 침공 직전에도 중국은 사신을 보내 고구려 정세를 정탐한다). 고구려는 왕의 딸이 출가했다는 표문을 올리면서 아우의 딸을 대신 보낼 것을 청하는데, 북위는 이를 허락한다. 이어 아우의 딸도 죽었다고 둘러댄다. 북위 역시 고구려의 의도를 파악한 듯, 사신을 보내어 엄중히 질책하고 다른 종실의 여자를 보낼 것을 요구한다. 고구려는 겉으로 이에 순응하는데, 그후 황제가 죽어 이 사건은 흐지부지되어버린다. 그리고 개로왕이 표문을 보낸 472년에는 "이후 북위에 보내는 공물이 배가 되었으며 그에 대한 보답으로 내려주는 것도 역시 조금 증가했다." 이로써 고구려가 북위와의 긴장을 해소하고 북위와 백제의 동맹 가능성을 차단한 것으로 평가할 수 있을 것이다.46)

이 시기 고구려 외교에서 한 가지 흥미로운 사건이 일어난다. 장수왕의 남정과 개로왕 살해 후인 왕 67년(479) 고구려와 유연이 지두우를 분할하려고 시도한다.47) 지두우는 몽고-만주 경계인 흥안령에서 만주 쪽 지역에 있던 유목국가이다. 그러나 이 시도는 아무런 성과를 거두지 못한 채 끝난다. 이를 어떻게 해석할 것인가? 국제정치상에 흔히 나타나는 하나의 에피소드에 불과한 것인가? 반북위적인 태도를 취해온 유연은 고구려에게 잠재적 우호국이다. 분할 미수는 양국이 지두우의 주요 부분을 차지하겠다고 다투었기 때문일 수도 있다. 그러나 지리적 인접성으로 볼 때, 이것은 주요한 문제가 아닐 것이다. 또 분할이 가져올 이득에 비추어 조정할 소지가 충분히 있었다.

아마도 분할 미수의 주범은 북위였을 것이다. 동북아 체제에서 북위는 최강대국이며 국제체제의 변경을 원치 않는 현상 유지세력이다. 북위의 관점에서 유연과 고구려의 시도는 현상타파적 모험이다. 그들이 분할에 성공하면, 양국의 국력은 증대되며 북위에 대한 위협도 증대될 것이다. 국경을 접한다는 것은 분쟁의 소지도 있지만, 북위라는 공동의 적에 직면한 상황에서는 긴밀히 협조할 가능성이 높다. 이와 같은 상황에서 북위의 선택은 분할에 직접 참여하거나 분할 자체를 아예 저지하는 것이다. 북위가 분할을 원하지만, 지리적 인접성으로 지두우 영토의 일부를 직접 차지할 수 없을 경우 다른 "대가"를 요구할 수도 있다. 그러나 국제체제의 중심국가인 북위로서는 약소국을 존속시키는 것이 여러 측면에서 유리하다. 고구려와 유연 간의 긴밀한 관계를 저지하며, 그리고 지두우를 지원한다는 명목으로 언제든지 간섭할 수도 있기 때문이다. 지두우의 분할에 관해서는 더 이상의 기록이 없지만, 이와 같은 설명이 가능할 것이다.48)

이후 장수왕 55년부터 79년 그가 죽을 때까지 24년간 3년(59, 70, 71)을

---

46) 「고구려 본기」 제6, 382-383쪽.
47) 노태돈(1999), 309쪽.
48) 주변의 강대국이 동의하지 않는 분할은 불가능하다. 역사상 4번에 걸친 폴란드 분할 중 1793년 오스트리아가 나폴레옹과의 전쟁에 몰입해 있을 때, 프로이센과 러시아 양국은 폴란드 영토 일부를 나누어 가진다(2차 분할). 그러나 2년 후 오스트리아가 참여하여 폴란드를 말살시켰다.

제외하고는 매년, 혹은 1년에 2번 이상 조공 사신을 중국에 보낸다. 대상국은 주로 북방의 북위이지만, 송, 남제 등 남방의 국가들도 포함된다.49) 그런데 왕 68년(480) 남제의 태조 고제(高帝, 479-482)가 장수왕을 표기대장군으로 봉하고 장수왕이 이에 답례하여 사신을 남제에 보내는데, 이 사신이 바다에서 잡혀 북위로 압송되는 사건이 일어난다. 북위는 고구려가 "국경을 넘어 외부와 교제하고" 임금을 죽이고 왕위를 찬탈한 역적과 내통한 것은 "황실을 수호하는 제후가 절개를 지키는 도리가 아니다"라고 질책한다. 이어 남제를 정벌할 것이라고 하면서 고구려의 사신을 돌려보낸다. "한 가지 허물을 가지고 옛 정성을 거두어 막을 수 없어……그곳의 일체 사정을 아뢸 것"을 덧붙인다.50)

이 사건의 처리도 북위와 남제, 고구려 삼국이 모두 명분과 실리에서 조화를 이룬 결말이라고 할 수 있다. 북위는 임금을 죽이고 왕위를 찬탈한 남제의 왕조 교체라는 혼란이 북위-남조-유연으로 굳어진 국제체제를 변경시킬 수 있는 기회라고 판단하고 남제를 공격하여 일거에 통일을 완성하려고 했다. 이와 같은 상황에서 고구려를 자극할 필요는 없었을 것이다. 북위는 고구려의 행위를 일면 질책하고 일면 달래면서, 동시에 고구려와 남제 간에 교환된 정보를 자세히 알려줄 것을 요구한 것이다. 과연 고구려가 북위에 복종할 것인가 아니면 남제와의 관계를 지속시켜 북위의 후방을 위협하는 존재로 남을 것인가를 확인하려는 의도이다. 남제는 새로운 왕조를 건립한 후에 국내외 정세, 특히 북위의 위협에 대응하기 위해서 고구려와의 동맹을 먼저 제의하는데, 이것이 곧 장수왕에 대한 책봉이다. 고구려가 먼저 남제에 사신을 보냈다거나 새 왕조의 건립을 축하했다는 기록은 없다. 그러나 고구려는 북위라는 대국과 겉으로는 우호적 관계를 유지하지만, 실제로는 긴장된 대치를 지속하는 상황에서 남제의 제의를 거절할 필요도 없었을 것이다. 이에 대한 고구려의 답례 사절이 바다에서 잡혀 고구려-남제의 관계가 북위에 알려지게 된 것이다.

---

49) 제(濟) 왕조 479-502년.
50) 「고구려 본기」 제6, 384쪽.

이후의 사태 진전은 더욱 흥미롭다. 고구려는 다음 해인 장수왕 69년(481) 사신을 남제에 보내고 조공한다. 남제와의 관계를 끊지 않겠다는 의지를 나타낸 것이다. 『삼국사기』는 이후 3년 동안 중국과의 관계를 언급하지 않았다. 남제와의 관계가 북위에 알려질 것을 두려워해서이거나 고구려-남제 문제를 두고 북위와 고구려의 입장이 정리되지 않았기 때문인지도 모른다. 그리고 장수왕 72년(484) 북위에 조공 사절을 보내는데, 북위에서는 "우리가 강성하다(我方强)"고 하여 여러 나라 사절들의 숙소를 배정할 때 남제 사절의 관저 다음으로 고구려 사절에게 큰 관저를 주었다. 3년의 공백기간과 연결하여 추론하면 이 표현은 북위와 고구려 간에 이루어진 "암묵적 흥정"일 수도 있다.51) 즉 명분상 조공을 바치며 군신관계를 유지하지만, 실제로는 최상급으로 대우하는 것으로 양측이 서로 양해한 것이 아닐까?

이 기록은 중국의 『남제서(南齊書)』, 「동남이열전」의 "고(구)려" 편에 나오는데, 『삼국사기』는 간단하게 인용하고 있다. 『남제서』에는 남제의 건국 직후에 전(前) 왕조 송이 장수왕에게 내렸던 거기대장군(車騎大將軍)의 품계를 표기대장군(驃騎大將軍)으로 올려준다.52) 그러나 고구려가 "위나라 오랑캐(魏虜)"에게도 사신을 보내고 있으며, 세력이 강성하여 남제의 제어를 받지는 않았다는 불평도 남기고 있다. 장수왕의 품계를 올려준 것은 북위의 견제라는 측면에서 상호 이해가 일치하지만, 남제가 고구려를 더 필요로 했기 때문일 것이다. 이어 관저의 규모에 관해서 언급한 다음, 489년 북위가 여러 사신들을 영접할 때 남제와 고구려의 사신을 나란히 세게 한 데에 대해서 남제의 사신은 북위의 관리에게 다음과 같이 항의한다.

우리들은 중국[의 다른 왕조의] 임금의 명을 받들고 경의 나라에 왔소. 우

---

51) 국제정치에서 "암묵적 흥정"은 전쟁 등 상호 교신이 없는 가운데 이루어지는 일종의 타협을 말한다. 그러나 명분과 형식이 압도하는 동아시아 국제관계에서 명분과 실리 간의 적절한 타협의 산물인 조공이 현실적으로 표출된 것도 일종의 "암묵적 흥정"이라고 할 수 있을 것이다.
52) 당의 직제를 받아들인 고려시대 직제에 의하면 표기대장군은 무신 최고위급 종1품이다. 한(漢)의 직제에는 모두 2품이나 표기대장군이 거기대장군보다 높다(위키 백과, 표기대장군 참조).

리나라와 겨룰 수 있는 나라는 오직 (북)위가 있을 뿐이오. 다른 외방의 오랑캐는 우리 기마가 일으키는 먼지조차 볼 수 없소. 하물며 동이의 조그 마한 맥국(貊國, 고구려)은 우리 조정을 신하로서 섬기고 있는데, 오늘 감히 우리와 나란히 서게 할 수 있소?[53]

그러나 "중원"을 차지하여 정통성을 내세우는 북위는 경쟁국인 "남방 오랑캐" 남제를 "동방 오랑캐" 고구려와 동일한 수준에서 대우한다는 사실을 여러 사신들에게 보여주고 싶었을 것이다. 반대로 남제는 양자강 이남 지역도 이제 "중화"가 되었으며, 오히려 북방 지역이 선비족 등의 "오랑캐"에게 유린되고 있다는 점에서 북위를 "위 오랑캐", 위노(魏虜)라고 불렀다. 이와 같은 긴장관계가 위의 인용문에 고스란히 담겨 있다. 고구려는 장수왕 73년 이후 북위에 매년 조공한 반면 남제에는 조공하지 않았다. 장수왕이 죽었을 때 북위의 효문제(孝文帝)는 예복을 입고 동쪽 교외에서 애도의식을 거행하고 시호를 내린다. 이것은 김춘추의 사망 소식을 듣고 당 고종이 행한 의식과 유사한 것으로 적대적으로 변할 수 있는 위험이 상존했던 북위와의 관계를 장수왕이 훌륭하게 관리했음을 보여주는 대목이다.

6. 평양 천도와 남방 경략

장수왕의 대외정책에서 마지막 주요 부분은 평양 천도와 남방 경략이다. 고구려는 장수왕 15년(427) 평양으로 도읍을 옮기며, 433년 백제와 신라가 고구려의 공세에 맞서 나-제동맹 관계에 들어가고, 왕 63년(475) 백제를 공격하여 수도 한성을 함락시키고 개로왕을 살해한다. 이 문제들은 앞 장에서 다룬 바 있다. 그렇다면 고구려의 입장에서는 이를 어떻게 평가할 것인가?

평양 천도와 남방 경략은 중국과의 관계가 빚은 부산물이라고 해도 무방할 것이다. 평양 천도는 경제적, 안보적 이유에서 단행된 것이다. 압록강 중류

---

[53] 『조선전』 1, 「남제서」, 418쪽. 김한규(1999), 168-169쪽도 참조.

이북(혹은 이남)에 근거지를 두고 있던 고구려에게 대동강 유역은 내버려두기 아까운 땅이었을 것이다. 명목상으로 고구려 영토였지만, 강력한 통치, 행정체제가 완비되지 않은, 국제정치적 표현을 빌린다면, 무주공간(無主空間)이라고도 할 수 있는 지역이다. 또 백제와 신라로부터 안전한 곳이다. 고구려가 이 지역으로 눈을 돌리는 것은 자연스러운 현상이었을 것이다. 수도 이전과 함께 대동강 남부 지역의 농업생산량이 증가하고 인구도 증가했을 것이다. 동시에 백제와 신라 등 남부 국경에 대한 관심도 증대되었을 것이다. 이보다 더 중요한, 그러나 눈에 보이지 않는 측면은 고구려의 국가 성격상의 변화이다. 평양 천도가 가지는 안보상의 의미와 국가 성격의 변화는 고구려의 멸망을 다룬 제10장에서 종합적으로 검토하고 여기에서는 남방의 삼국 관계를 중심으로 언급하자.

평양 천도는 백제와 신라에게 위협으로 다가온다. 고구려의 남진은 주로 백제를 향한 것이지만, 이때까지 고구려를 상국으로 받들던 신라가 백제의 동맹 제의를 받아들였다는 것은 신라 역시 광개토대왕 이후 진행된 고구려의 남진에 위협을 느꼈기 때문이다. 이후 신라도 고구려의 침공 대상이 된다(장수왕 56, 77년). 이것은 고구려에게 남부 국경에 적대세력이 늘어나며 이에 따라서 더 많은 군사력을 남쪽에 배치해야 할 부담이 증대된다는 의미이다. 나-제동맹은, 비록 방어적 성격의 동맹이지만, 결성되었다는 것 자체가 장수왕의 외교에 어두운 그림자를 던지게 되었다. 신라는 동맹 체결 초기에는 여전히 고구려에 복속하는 태도를 보인다(450년 하슬라 사건 등, 제5장 참조). 그러나 4년 후인 장수왕 42년(454) 고구려가 신라를 공격한다. 그리고 다음 해에는 백제를 침범하는데, 이때 신라는 군사를 보내 백제를 구원하는 등 양국의 동맹이 실질적으로 작동한다.54) 그렇다면 장수왕은 신라와 백제를 분리하여 관리하면서 양국을 모두 복속시킬 수는 없었을까라는 의문이 제기된다. 그러나 이 문제는 신라가 신흥 강국으로 부상하면서 삼국 관계가 고구려의 의도대로 유지될 수 없었다는 점에서 설득력이 약하다.

---

54) 「신라 본기」 제3, 109쪽; 「고구려 본기」 제6, 381쪽. 「고구려 본기」에는 이와 유사한 기록이 장수왕 38년이 아니라 28년에 나온다.

그러나 단기적인 관점에서 장수왕은 남방 삼국 관계를 훌륭하게 관리했다. 이것은 북중국을 중심으로 전개되는 주변정세에 대한 예리한 분석 없이는 불가능한 것이었다. 장수왕의 백제 침공 직전 고구려와 북위의 관계는 원만하지 못했다. 장수왕 54년(466) 북위 황제가 장수왕의 딸을 비빈으로 보내라는 "육궁(六宮)" 사건이 있었다. 그 다음 해인 왕 55년(467)부터 개로왕을 살해한 475년까지 매년, 혹은 1년 2번 조공 사신을 중국에 보낸다. 그런데 개로왕은 472년(장수왕 60년) 북위에 사신을 보내 고구려를 칠 것을 요청하는 표문을 올린다. 바로 이 해에 고구려가 위에 공물을 두 배로 보낸다. 이것은 고구려가 백제의 북위에 대한 접근을 인지했다는 증거일 것이다. 이때는 "육궁" 문제가 정리되고 양국 관계가 회복된 시점이다. 즉 개로왕이 북방의 정세를 정확히 읽지 못했다는 의미이다. 더구나 개로왕은 북위가 백제의 청을 들어주지 않는 것을 원망하여 "조공을 중단함으로써," 북위가 백제를 지원할 수 있는 가능성을 스스로 막아버렸다. 장수왕은 475년 군대를 몰아 한성을 함락시키고 개로왕을 살해한 후 재빨리 철수한다. 고구려의 입장에서는 북위와 접경한 요동의 안보가 일차적 문제이며 백제와의 전쟁은 막간을 이용한 "징벌전"이라는 의미이다. 장수왕은 이같이 삼국 간의 상황을 정확히 파악하고 백제 문제를 기민하게 처리한 것이다.

7. "외교군주"로서의 장수왕

장수왕은 북위-연-유연-송-남제 간에 파노라마같이 전개되는 국제정세가 고구려에 위기로 닥쳐오는 상황을 때로는 과감하게, 때로는 유연하게, 그리고 현명하게 대응했다. 아마도 한국사 2,000년을 통틀어 주변정세에 대한 정확한 인식을 바탕으로 국가이익을 극대화시킨 가장 위대한 사례라고 해도 무방할 것이다. 이것을 "전술적 차원"의 기민성, 순발력이라고 해도 좋다. 79년간 집권하면서 중국 대륙에서 전개되는 힘의 변화를 정확히 읽고 새로운 강자로 등장한 북위에 대해서는 허리를 굽히면서 동시에 망해가는 연의 도시를 약탈하며 연왕을 고구려로 빼돌리고 또 죽여 후환을 남기지 않았다. 그리고 북중국 여러 왕조들을 상대로 "우리는 강하다"는 것을 당당히 보여주었다.

고구려를 둘러싼 국제체제가 공고화되면서 변화의 여지가 줄어들었다는 점도 장수왕이 외교적 능력을 발휘하는 데에 기여한 측면이 있다. 반면 장수왕은 삼국통일과 같은 비전과 "위업"을 보여주지 못한 것도 사실이다. 그의 외교정책을 주의 깊게 관찰하지 않으면, 그는 단지 "오래 살고 영토를 넓힌", 그리고 같은 동족인 백제 왕을 죽이는 데에 "전술적인" 탁월성을 보인 정도로 기억될 것이다. 아버지 광개토대왕은 남정북벌로 백제와 신라를 복속시키고 특히 이민족인 "왜"를 쳐부순 업적을 비문으로 남겼다. 그러나 장수왕에 대해서는 메마른 서술체로 쓰인 『삼국사기』 외에는 별다른 기록도 없다. 아마도 이것이 오늘날 한국에서 장수왕이 충분히 평가되지 못하는 이유일 것이다.

고구려와 중국과의 관계에서 또 한 가지 주목할 것은 이 시기의 조공은 철저하게 힘의 관계를 반영하고 있다는 점이다. 패망하는 연의 도시를 약탈하는 고구려는 물론이고, 고구려의 행위가 조칙을 어겼다고 분노하면서도 북위 역시 연을 평정한 직후 현실적인 어려움을 인식하고 고구려를 "용서한다." 그러나 북위의 "용서"는 진정한 용서와 화해가 아니라 변방의 문제들이 정리되면 고구려를 공격한다는 "시간 벌기"였다. 이에 장수왕은 다음 해 북위에 조공 사절을 두 번 파견하여 관계 복원을 위해서 적극 노력한다. 남쪽의 송(유송) 역시 고구려의 행위가 괘씸하지만 북위를 상대하는 데에 따르는 고구려의 유용성을 인식하고 고구려의 행위를 묵인한다. 국제제도는 분쟁의 시기에는 퇴색하기 마련이다. 그러나 조공"제도"가 국가들 간에 관계를 원만하게 운용하는 접촉의 수단이자 외교의 장으로도 기능하고 있음을 보여준다. 그리고 상당기간 평화가 유지되면서 "체제"로서 정착되어 상설적 성격의 "국제기구"로 발전하고 있음을 알 수 있다. 장수왕은 조공제도를 최대한 이용한 군주라고 할 것이다.

외교술은 본질적으로 상황 인식과 대응 능력이다. 중–장기적 계획에 따르기도 하지만 비교적 단기적 관점에서 국가이익을 실현하는 수단이다. 그러나 장수왕을 "외교적 수단이 좋았다"는 정도로 가볍게 평가할 수는 없다. 그는 오랜 기간에 걸쳐 수시로 변화하는 북중국의 정세와 이에 따른 고구려의 대외관계에서 발생하는 문제들에 성공적으로 대처했다. 그러나 장수왕에 대한 『삼국사기』의 제한된 기록만으로 그의 외교를 평가하기는 어렵다. 국제정치에 대한 전문가적인 안목과 시대적 상황에 대한 정확한 인식 없이는 그의 행적을, 스넬의 표현을 빌리면, "발견하여" 세상에 존재하게 만드는 것이 어렵다는 것이다. 이것이 오늘날 장수왕을 고구려 영토를 최대한 넓히고 "장수한" 왕 정도로 평가되며 외교부가 선정한 "한국 외교를 빛낸 30인"에 들지 못하는 이유일 것이다.

그렇다면 "통일"이라는 관점에서 광개토대왕과 장수왕을 어떻게 보아야 할 것인가? 이들은 고구려의 최전성기를 이끈 군주이다. 일부 학자들은 당시의 고구려를 "동아시아 최강국"이라고 평가하는데, 그럼에도 불구하고 그들은 "삼국통일"을 시도하지 않았다. 광개토대왕이 신라를 신하국으로 만들면서 왜를 몰아내고 백제 왕을 신민으로 삼고 왕의 아우를 볼모로 잡아갈 정도였다면 통일을 시도해도 무리가 없지 않았을까? 일부 학자들은 광개토대왕 시대 삼국 간에는 하나의 민족이라는 의식이 태동했고 그의 남진정책이 통일 의지를 반영한 것으로 해석한다.[55] 그러나 광개토대왕이 등극한 392년에서 장수왕이 죽는 491년까지 100년간 「고구려 본기」는 "삼국통일"에 관심을 보인 흔적을 찾아볼 수 없다. 두 왕의 뇌리에 "통일"이라는 관념조차 없었다고 하는 것이 정확한 표현일 것이다. 광개토대왕뿐만 아니라 동시대 삼국의 지도층들이 "우리가 한 핏줄에서 나왔으니 한 국가로 통일해야 한다"는 당위성을 인식했다는 흔적은 그 어디에도 찾아볼 수 없다. "한 핏줄"은 백제와 고구려의 관계에서는 수차례 등장하지만, 신라를 아우르는 삼국 간의 "민족의식"으로까지 발전하지 않았다는 것이다.[56]

---

55) 노태돈(1999) 388쪽, 각주 65 참조.
56) 『수서(隋書)』, 「신라전」에는 관구검이 고구려를 침공했을 때 옥저로 피난했던 고구려인들이 그대로 남아서 신라를 세웠다고 하면서 신라의 기원도 북방 고구려에 두고 있다. 이것은 타당성이 희박할 뿐만 아니라 "핏줄"이 곧 민족공동체 의식으로 발전하느냐 하는 것은 또다른 별개의 문제이다. 『조선전』 2, 186쪽.

더욱 중요한 것은 고구려가 통일을 추구했다면, 그 전략에서 중국과의 긴장관계를 고려하지 않을 수 없었을 것이라는 점이다. 두 왕은 "중국의 위협"에 끊임없이 직면해 있었으며, 이를 모면하기 위해서 중국의 굴욕적인 요구도 감내했다. 고구려는 중국과의 관계에서 안보가 보장되지 않는 한, 백제와 신라에게 무리한 강공책을 구사할 수 없었던 것이다. 더구나 백제와 신라가 군사동맹으로 고구려에 대항하게 되면서 고구려는 단독으로 남쪽의 두 왕국을 통합할 능력이 없어졌다는 것이 정확한 평가일 것이다. 고구려의 역사는 중국이라는 거대한 제국과 인접한 국가들이 생존 유지와 정체성 확보라는 딜레마를 어떻게 해결해야 할 것인지 보여주는 좋은 사례이다. 왕조를 지키기 위해서는 중국에 엎드려야 하겠지만, 국가에게 생존이란 최소한의 필요조건일 뿐이다. 군주가 사회를 이끌어가기 위해서는 백성들에게 권위를 보여야 하는데, 이것은 외부의 적으로부터 백성들을 보호할 수 있는 능력을 말한다. 천황을 섬기면서 일본을 실질적으로 지배하던 도쿠가와 쇼군도 "오랑캐를 물리치는 장군, 세이이다이쇼군(征夷大將軍)"이라는 명칭에서 지배의 권위와 명분을 찾는다.

　또 사회변동의 결과로 국가가 역동성을 가지게 되면 외부로 팽창하게 되는데, 이때 부딪치는 것이 이웃의 거대 제국이다. 외교와 안보의 연관성은 여기에서 잘 나타난다. 만약 거대 제국이 분열되거나 쇠퇴의 길로 접어들면 주변국의 역동성이 이를 극복하여 몽골이나 만주족, 그리고 5호16국시대의 북방민족들과 같이 중국 대륙을 잠식할 수도 있다. 그러나 주변지역의 역동성은 중국의 힘에 부딪칠 때는 적절한 선에서 타협해야 한다. 이것이 바로 장수왕 시기의 고구려이다. 더구나 이때 고구려는 중국만이 아니라 남쪽에서 새로 흥기하는 신라가 있었으며 또 백제와도 적대적이었다는 점을 고려하면, 장수왕의 선택이야말로 바로 고구려 최전성기를 가져오게 만든 원동력이었다고 할 것이다. 그는 마키아벨리의 표현대로 "군주는 운명의 변화, 사태의 변천에 따라 자유자재로 행동할 줄 아는"[57] 인물이었다. 이런 의미에서 저자는 그를

---

57) Machiavelli, Nicoló Bernardo, *Il Principe*, 임명방 역(1990), 『군주론』(서울: 삼성출판사), 81쪽.

고구려사만이 아니라 한국사가 낳은 최고의 외교군주라고 칭한 것이다. 그러나 중국이 통일되고 그 역동성이 주변 지역을 향해 뻗어 나아가는 수와 당 시기에 고구려는 이에 맞서는 전략을 선택해야 하는 상황을 맞는다. 이것이 다음 장의 주제이다.

제8장 고구려의 자주외교(II)—수와 당과의 전쟁

1. 장수왕 이후 고구려와 중국의 관계

장수왕의 뒤를 이은 21대 문자명왕에서 26대 영양왕 23년(612)의 수의 고구려 침공까지 120년간 고구려의 대외관계는 세 부분으로 나눌 수 있다. 첫째, 24대 양원왕(陽原王) 6년(550)까지 고구려는 남쪽에서 나-제동맹과 대치하며, 둘째, 550년 신라가 나-제동맹을 파기하고 한강 유역을 탈취하면서 삼국이 동시에 중국을 상대로 외교전에 돌입하며, 셋째, 589년 수의 통일로 일원화된 중국을 상대로 삼국이 경쟁하게 되는 시기이다. 첫 시기는 삼국 간의 관계에 한정됨으로써 비교적 단순하지만, 한국 외교사에서 가지는 의미는 엄청나다. 백제와 신흥 신라의 연합세력을 상대하는 것은 고구려로서는 벅찬 일이었다. 같은 시기 중국에서 북위를 중간에 두고 남북에서 유연과 남조가 협력하는 형상과 비슷하지만, 한국에서는 신라와 백제가 남쪽에 위치하여 협력이 한결 더 쉬워진다. 고구려가 백제를 공격하면 신라가 곧바로 구원하고, 신라를 치면 백제가 구원한다. 고구려는 양군이 협력하는 양상을 보이면 스스로 물러나는 사례가 빈번해지는데, 이것은 요동과 한반도 남쪽에 군사력을 분산 배치해야 하는 고구려에게 큰 부담으로 작용하기 때문이다. 후년에 접어들수록 고구려가 공격해도 이기지 못하고 오히려 패전하는 경우가 늘어난다.

중국과의 관계도 원만한 것이 아니었다. 북위의 효문제가 495년 수도를 낙양으로 이전하고 통일을 위해서 남조에 대한 친정을 감행하던 499년 사망한다. 원래 유목민인 선비족은 낙양 천도와 중국화에 반대하면서 반란이 일어나며 끊임없는 정변으로 이어져 북위의 국력이 이를 계기로 더욱 약화된다. 효문제는 남진을 위해서 동도(東都) 낙양으로 수도를 옮긴 것이다(이전의 수도는 북쪽의 평성, 산서성 대동). 중원의 불안은 자연히 주변지역으로 전이된다는 점도 고구려에게 유리한 상황이 아니었다.

북위는 국내의 반란으로 자신감을 잃으면서 주변의 불안 요소에 더욱 민감하게 반응한다. 일종의 안보적 위기위식이다. 북위는 문자명왕 원년(491) 고구려 왕을 책봉하면서 세자를 입조시키라고 명한다. 고구려의 정책 변화를 타진하고 인질을 확보하기 위한 것이다. 그러나 고구려는 세자의 병을 핑계로 왕의 당숙을 보내며 이어 6, 8, 10월 세 차례 사신을 보내는 것으로 대응한다.[1) 비슷한 상황이 문자명왕 13년(504)에도 일어난다. 이 해 4월 고구려는 조공 사절을 북위에 보내는데, 효문제를 이은 세종(世宗) 선무제(宣武帝)가 고구려 사신을 직접 대면한다. 고구려는 누대로 토산물을 바쳐왔으나, 황금은 부여에서 나오고 백옥은 섭라(涉羅, 탐라, 곧 제주도)에서 나오는데, 이 두 곳이 물길(勿吉)과 백제에게 병탄되어 조공 품목에 넣을 수 없었다고 말한다. 물길은 중국의 『위서』와 『북사(北史)』에만 언급되어 있으며, 이후에는 말갈로 나온다. 이병도의 역본에는 물길은 잘못 기록한 것이거나 고구려가 꾸민 것으로 보았다.[2) 그러나 북위의 반응은 냉담했다. 고구려가 북위의 지원으로 "바다 밖을 전적으로 다스리고 구이(九夷)의 간사한 오랑캐를 모두 정복했는데," 이와 같은 상황이 발생한 것은 바로 고구려의 잘못이라는 것이다.[3)

하찮은 것 같아 보이는 이 사건들은 북위의 정치 불안과 그 후유증에 대한

---

1) 「고구려 본기」 제7, 386-390쪽. 22대 안장왕(安臧王) 2년(520)에는 양이 고구려에 보낸 사신이 황해에서 북위의 군사에 잡혀 낙양으로 압송된다. 이 사건도 안보 불안감의 표현이다.
2) 『조선전』, 「위서」, 「열전」, "물길", 1권, 570쪽. 이병도 역주, 「고구려 본기」 제7, 436쪽. 남북조시대에는 말갈을 물길이라고 불렀다. 권은주, 「말갈 연구와 유적현황」, 정병준, 권은주, 이효형, 바이건싱, 윤영인, 김위현, 왕위랑(2008), 『중국학계의 북방민족—국가 연구』(서울: 동북아역사재단), 23쪽. 그러나 물길은 북만주와 송화강 유역의 아성(阿城) 일대에서 발흥한 국가이다. 노태돈(1999), 313쪽. 송, 북위 시대의 역사 지도는 물길이 요녕성 일대인 고구려 동쪽 전 지역과 연해주에 위치한 것으로 표시되어 있다. 담기양(1991), 29-30쪽.
3) 「고구려 본기」 제7, 389쪽.

북위와 고구려의 상호인식과 반응이라는 관점에서 이해해야 할 것이다. 정치적 불안은 북위의 국력 약화를 가져오지만, 정책결정자가 잇따라 바뀐 것은 대외정책의 불가측성을 증대시켜 안보상황에 대한 상호인식에서 혼란을 초래하며 결과적으로 불안정을 증대시킨다. 북위의 입장에서는 고구려에게 세자 입조나 조공품의 과도한 요청 등으로 트집을 잡으며, 고구려는 이런저런 핑계로 이 요구를 피해간다. 그러나 고구려는 북위의 불안감이 전쟁으로 발전되는 것을 막기 위해서 조공 사절을 1년에 세 차례나 파견한 것이다. 문자명왕에서 26대 영양왕(590-617)까지 「고구려 본기」에 나타난 대부분의 기록은 중국의 남북 여러 왕조에 보낸 조공에 관한 것이다.

고구려는 "물길과 백제" 사건 2년 후인 문자명왕 15년부터 28년 그가 죽을 때까지 1년을 제외하고 매년 조공을 북위나 남쪽의 양(梁) 혹은 둘 모두에게 보내면서 중국을 "관리하는" 데에 게을리 하지 않았다. 중국 왕조들의 관점에서는 고구려의 조공이 형식적이며 믿을 수 없는 것으로 고구려의 진정한 의도에 대한 의심은 증대되지만, 중국 자체의 혼란으로 군사력 동원 등의 적극적인 정책을 택할 수는 없었다. 이것은 장수왕 이후에도 중국-고구려 관계가 겉으로는 원만하지만, 내면적으로는 긴장이 계속되었다는 점을 시사한다.

한반도에서 신라가 나-제동맹을 파기하고 한강 유역의 고구려 땅을 탈취한 사건과 수의 중국 통일은 고구려에게 위협으로 다가온다. 수의 통일 후에도 과거 흉노나 유연의 역할을 물려받은 돌궐을 비롯하여 티베트, 서강 지역을 중심으로 토번(吐蕃), 토욕혼(吐谷渾) 등이 있다. 유목 투르크족인 돌궐은 552년 유연을 멸망시키고 6세기 후반 만주에서 카스피 해에 이르는 광대한 영토를 영유하는 제국으로 발전한다. 그러나 중원이 분열되어 있는 동안 그 모든 왕조들과 우호관계를 가지며 특정 국가를 지원하지 않았다. 때로는 수를 공격하여 통일 노력을 저지하기도 하지만, 칭기스칸의 몽고와 같이 중원 정복을 도모하지 않았다. 581년 내전으로 동-서 돌궐로 분열되어 결국 동돌궐은 중원 왕조의 지원을 요청한다. 이것은 수가 건립되어 중국을 통일하는 시기에 해당한다(581-589). 수는 안보와 통일과업에 장애물인 돌궐을 584년 공격하는데, 이후 "북쪽 변방은 평안해지면서" 동돌궐은 수와 우호관계를 맺는다.

그러나 돌궐은 수의 주변지역 정복에 적극 협조하지는 않는다.4)

수의 멸망과 당의 건국으로 인한 혼란기에 동돌궐은 당을 지원하며 그 대가로 한-흉노의 초기 관계에 버금가는 공물을 받는다. 그러나 동돌궐은 변경을 계속 침탈했고, 결국 630년 당 태종은 왕을 사로잡고 동돌궐을 멸망시킨다.5) 당은 토번과 토욕혼 등에 당의 공주를 시집보내는 등 화친정책을 통해서 640년대 초반 서북지역 변경을 거의 평정했다.6) 이것이 645년 고구려 전쟁 직전의 일이다. 즉 이 시기까지 당은 고구려 등 다른 변방에 관심을 보일 여유를 가지지 못했다는 말이다. 수와 당의 고구려 원정은 이와 같은 관점에서 중국이 일국중심체제를 완성하는 마지막 작업이라고 할 수 있다. 일국중심체제는 중심국가가 "제국적" 관점에서 주변부를 "관리하며" 결정하고 집행한다(제1장 참조). 따라서 이 장에서는 수와 당의 고구려 전쟁을 연대기 순으로 정리하지 않고 국제정치적 관점에 문제점들을 제기하고 검토할 것이다.

2. 수-당과 고구려 : 안보 문제의 주관적 인식

『삼국사기』에 의하면 수가 진(陳)을 멸하고 중국을 통일한 사건이 가져올 변화를 고구려가 즉각 예견하고 대비하는 것으로 수-고구려 간의 전쟁을 시작한다. 이것은 수의 통일이 중국의 분열을 종식시켰다는 점 외에 기존의 국제체제에 상당한 변화를 예고하는 것이기 때문이다. 돌궐은 동-서로 분열되고 동돌궐은 수에 굴복했다. 또 돌궐은 중원정책에서 과거 흉노와 같이 적극적이지 않았다. 이것은 돌궐과 고구려가 수의 패권적 정책에는 반대하지만, 수를 견제하기 위해서 긴밀하게 협조하는 것은 기대할 수 없는 상황이라는 의미이다. 고구려의 입장에서는 수를 견제할 수 있는 지원세력의 상실이다. 수 양제의 대규모 침공(612) 전인 607년 양제가 동돌궐 왕 계민의 장막을 방문했을 때 고구려 사신을 보았다는 기록(제6장 참조)은 여-수전쟁의 발발

---

4) 그러나 수와 동돌궐의 동맹은 지속적이지 못했으며, 612년 수 양제는 고구려 원정 때 지원을 기대했으나 동돌궐은 참전하지 않았다. Barfield, 유영인 역(2009), 293쪽.
5) 위의 책, 296-305쪽.
6) 김한규(2005), 181-186쪽; 장페이페이 외, 김승일 역(2005), 124-130쪽.

에서 주요한 계기를 제공한 것이라기보다는 체제의 변화에 수반하는 하나의 에피소드에 불과할 것이다.

이보다 더 중요한 것은 고구려의 지배 아래에 있던 거란과 말갈의 동향이다. 수가 돌궐을 굴복시키면서 요동 지역과 그 주변에 있던 거란과 말갈의 일부는 고구려의 지배에서 벗어나서 수에 귀속한다. 그리고 수는 605년 돌궐을 이용하여 거란을 공격하기도 한다. 이 모든 것이 고구려가 말갈-거란-돌궐이라는 여러 민족을 합쳐 수에 대항한다는 구상을 어렵게 만들었을 뿐만 아니라 이제는 이들이 고구려의 잠재적 적국이 되었다는 말이다. 이것은 고구려의 안보에 극히 음울한 사태의 진전이라고 할 것이다. 실제로 이들은 수와 당의 고구려 전역(戰役)에서 앞잡이 노릇을 한다. 이에 고구려는 수의 건국과 함께 재빨리 조공 사절을 보내며, 수 역시 평원왕(平原王)을 대장군 요동군공(大將軍遼東郡公)에 봉한다. 중국을 통일한 황제국의 위상을 고구려도 받아들인 것이다. 문제는 이와 같은 상황에서 수가 고구려를 요동의 안보를 위협하는 마지막 세력으로 간주하고 돌궐과 같이 굴복시키려는 의도를 숨기지 않았다는 점이다. 즉 북위가 고구려에 대해서 가졌던 안보 불안감을 수도 이어받았지만, 그 대응방식에서 북위는 남조와 유연 등과의 관계를 고려하여 겉으로는 화해적인 태도를 보인 데에 반해, 수는 통일된 중국의 국력을 배경으로 고압적인 자세로 나온 것이다.

고구려에 대해서 수는 건국 다음 해인 평원왕 32년(590) "[수의 통일] 소식을 듣고 크게 두려워하여 군사를 훈련하고 군량을 비축하여 막아지킬 대책"을 세우는 등 방어를 위한 조치를 강화한 이유가 무엇이냐고 질책한다.

> 그곳은 땅이 협소하고……. 왕은 요수(遼水)의 넓이가 장강에 비해 어떠하며, 고구려 인구의 많고 적음이 진(陳)에 비해 어떠하다고 여기는가? 내가 만약 왕을 포용해 기르려고 하지 않고 왕의 이전 허물만 질책하기로 한다면, 한 사람의 장군에게 명령할 따름이리니, 어찌 많은 힘을 필요로 하겠는가?7)

---

7) 「고구려 본기」 제7, 396쪽.

수가 진을 멸망시킨 마지막 전역에서 강남의 진격을 가로막은 장강과 동북방 만주의 요하를 비교하고, 강남의 진과 고구려의 인구와 국력을 비교하면서 "고구려가 과연 견디겠느냐"는 위협적인 언사는 중국을 통일한 자신감의 표현일 것이다. 그리고 "헌장"을 준수하라고 한다(率由憲章). "헌장"은 무엇인가? 수에 헌법이 있었던 것도 아니다. 이것은 중국적 질서관이 규정한 황제와 번신 간의 관계이다. 즉 조공을 열심히 하고 공손히 굴라는 뜻이다. 근대적 외교관행으로 평가하면 중국이 고구려에게 겉으로는 "간곡하고 정중하게 타이르지만," 실질적으로는 "허리에 찬 칼을 덜컹거리고 협상 테이블을 주먹으로 내리치면서" 협박하고 무력 사용을 은근히 내비치는 수법이다. 제국주의 시대에 흔히 목격되는 방식이다. 고구려는 사죄 사절을 보내려고 하지만, 평원왕이 이 해에 사망하여 실행하지 못한다.

고구려에 대한 수의 이와 같은 인식을 어떻게 설명할 수 있을까? 첫째, 고구려는 기자 이래 한과 진(晉)이 군현으로 만들었던 곳인데, 이제 별개의 다른 지역이 되었다. 즉 고구려가 중국의 통치에서 분리되었기 때문에 이 관계를 다시 회복하겠다는 뜻이다. 잃어버린 과거의 영토를 되찾겠다는 중국적 "영토회복주의(irredentism)"라고 해도 무방할 것이다. 둘째, 거란과 말갈 등 새로 수에 복속한 부족들을 고구려가 못살게 군다는 것이다. 고구려로서는 과거 고구려에 속했던 부족들이 수에 투항한 것을 징벌한 것인데, 수는 왜 천자에게 복속한 이들을 괴롭히느냐며 힐난한다. 주변의 번국들이 중원에 조공하는 것을 위만조선이 막는다는 한 무제의 논리와 동일하며 분리통치의 수법이기도 하다. 고구려를 안보 위협으로 평가한 수의 인식은 과거 중국 왕조들에 비해 변한 것이 없으며, 이후 고구려가 사신을 보내 조공하면서 자발적으로 복속을 다짐해도 수는 정성과 예절을 다하지 않는다고 질책한다.[8]

이와 같은 상황에서 고구려가 취할 수 있는 최선의 선택은 무엇인가? 중국의 통일왕조인 수에 맞서 싸울 것인가, 아니면 타협할 것인가? 돌궐-백제-

---

8) 고구려에 대한 수의 인식은, 「고구려 본기」 제8, 평원왕 32년, 396쪽; 영양왕 9, 18, 23년, 397-402쪽; 『조선전』 2, 135-139쪽; 장페이페이 외, 김승일 역(2005), 130-131쪽 등 참조.

왜와 연대하여 수와 싸울 것인가? 남쪽의 신흥세력인 신라는 어떻게 할 것인가? 여기에서 고구려는 일면 타협을 통해서 평화를 모색하며 동시에 방어력을 증강시킨다. 문제는 국제정치에서 상대방의 행위에 대한 인식이 항상 "주관적"이라는 점이다. 공격할 의도는 전혀 없이 방어적 목적에서 취하는 조치들에 대해서도 상대방은 안보적 불안감을 느낀다. 고구려의 군사력 증강이 순수한 방어용이라고 할지라도, 수의 관점에서는 동북 방면을 위협하는 요소가 증대된 것으로 평가된다. 즉 "너의 안보는 나의 불안"인 것이다. 수 양제는 이에 "순수한 신하의 도리가 어찌 이와 같을 수 있느냐"면서 고구려의 방어적 조치를 강하게 질책한다.

> 태부의 공인(工人, 기술 노동자)은 수가 적지 않으니, [고구려] 왕이 반드시 써야 한다면 주문(奏聞)하는 것이 당연한 데도, 여러 해 전에는 몰래 재물을 뿌려 노수(弩手)를 그대 나라로 빼앗아갔다. 병기를 수리하는 목적이 나쁜 생각에서 나온 까닭에 남이 알까봐 두려워서 훔쳐간 것이 아니겠는가?······ [수가] 사자를 보내어 위무한 것은 그대들의 인정을 살펴보고 정치하는 방법을 가르치려는 것이다. 그런데 왕은 사자를 빈 객관에 앉혀놓고 삼엄한 경계를 펴며, 눈과 귀를 막아 듣고 보지 못하게 했다. 무슨 음흉한 계획이 있기에 관원을 견제하고 시찰을 두려워하는가?9)

중국이나 삼국은 외교 사절이 자국의 정세를 관찰하는 스파이 역할을 한다는 점을 숙지하고 있었기 때문에 이들이 전략적 요지를 방문하는 등의 행위를 저지하는 것은 흔히 있는 일이다. 그러나 수는 신하국인 고구려가 어찌 황제국의 사절을 이같이 대접하느냐고 질책한 것이다. 그 다음 고구려의 국방력 강화를 위한 여러 조치들을 비난한다. 이 모든 것이 조공관계라는 "국제제도"가 가지는 양면성이라는 점을 지적한 바 있다. 수의 이와 같은 위협에 대해서 고구려는 영양왕 9년(598) 예방전쟁의 차원에서 말갈 무리 1만 명을 이끌고 요서를 침공하는데, 이것이 곧 수-고구려 전쟁의 시작이다.

---

9) 『조선전』 2, 136쪽. 경어법의 일관성을 위해서 인용문을 수정했다.

그렇다면 고구려는 장수왕이 북위의 지나친 요구를 교묘하게 피하면서 국방을 강화한 것과 같은 방법으로 수와의 충돌을 피할 수는 없었을까? 물론 역사에서 "가정"은 없으며 이에 대한 정답도 있을 수 없다. 그러나 중국이 천자-제후국의 관계, 조공이라는 명분으로 자신들의 입장과 정책을 정당화하면서 고구려가 대응할 수 있는 방법은 차단하고 있음을 이해한다면, 고구려가 어떠한 노력을 기울여도 전쟁은 피할 수 없었을 것이라는 결론에 도달할 것이다. 즉 수가 고구려를 안보 위협으로 간주했다면, 고구려를 공격하기 위해서 어떠한 구실과 명분이라도 찾았을 것이다. 마치 로마가 카르타고를 남겨두고 지중해의 패권을 완전히 장악할 수 없기 때문에 카르타고를 영원히 말살해야 한다고 믿은 것과 유사하다. 로마는 제2차 포에니 전쟁에서 승리한 후 카르타고에게 어떠한 상황에서도 전쟁을 할 수 없다는 불합리한 평화조약을 체결한 후, 주변국들을 부추겨 카르타고를 공격한다. 카르타고는 방어전쟁에 나서지 않을 수 없게 되며, 로마는 이를 구실로 카르타고가 두번 다시 회생할 수 없도록 말살한다. "방어전쟁"이 국제법상 "정당한 전쟁" 중 가장 먼저 언급된다는 점을 인식한다면, 카르타고의 파멸은 피할 수 없었다는 말이다. 고구려도 수가 황제국의 자격으로 "너희 나라를 시찰하고 무식한 너희들을 가르쳐주려는데 왜 막느냐"고 하는데, 무슨 말로 대꾸한단 말인가?

여기에서 국제정치에서 정의의 문제가 대두된다. 제1차 세계대전에서 초기의 어려움을 극복하고 승리한 연합국들, 특히 프랑스는 독일에게 가혹한 평화조건을 제시한다. 앞으로 독일이 국제무대에서 어떠한 도발도 하지 못하도록 베르사유 조약에서 독일의 군비재건 가능성을 철저히 차단한 것이다. 히틀러는 이를 두고 강도가 사업에 성공하여 신사로 변신한 후 재판관 자리에 앉아 선량한 사람에게 사형 판결을 내리는 것과 무엇이 다른가라고 묻는다.[10] 그리스 세계에서는 "시민들"에게 이익이 된다고 평가하여 시작한 전쟁은 정당하고 합법적이 된다.[11] 또 종교적 성전이나 계급투쟁과 같이 이념적 명분으로 "정의로운 전쟁"을 선포하면, 상대는 악마가 되며 "악마를 말살하

---

10) Wight(1992), p. 210.
11) Watson(1992), p. 50.

는 것" 외에 타협의 여지는 없어진다. 명분은 이같이 강자의 전유물이며 주관적인 것이다. 국제정치에서 소위 "정당한 전쟁"은 일차적으로 "정의를 실행하기 위한 전쟁"이며, 여기에는 스스로를 지키기 위한 방어전, 빼앗긴 재산권을 회복하기 위한 전쟁, 그리고 불법적인 행위를 한 상대방을 처벌하는 징벌전 등이 포함된다.12)

"대의명분"은 정당한 전쟁의 중국적 표현이다(제1장 참조). 그러나 중국의 대의명분은 전쟁에서 승리하기 위해서 민심을 모으는 방편이며, 서양의 국제관계에서 말하는 정의로운 전쟁의 조건과는 차이가 있다. 이같이 엄격한 제한에도 불구하고 "무엇이 정의이고, 누구의 정의이며" "원래 재산의 주인은 누구이며" 또 "무엇에 대한 징벌인지" 따지기 시작하면 정답이 없다. 마치 알자스-로렌의 영유권을 둘러싼 프랑스-독일 간의 분쟁이나 한강 유역의 진정한 주인이 누구인지를 둘러싼 고구려-백제-신라 간의 갈등과 같이, 그 원인을 추적하여 과거로 거슬러올라가면 객관적인 해답을 찾기 어렵다. 이런 관점에서 고구려는 천자의 권위를 내세운 수의 질책에 논리적 대응을 찾기가 어려웠을 것이다.

고구려의 선제공격도 국제체제의 구조적 성격에 기인한다. 케니스 월츠의 신현실주의나 "게임 이론"의 미니-맥스 전략(mini-max strategy)이 이를 설명하고 있다. 인간은 효용을 극대화하기 위해서 가장 합리적인 선택을 한다는 가정에서 출발한다. 이스라엘과 아랍 간의 전쟁을 예로 들어보자. 1967년 아랍 국가들이 이스라엘을 쓸어버리겠다고 호언하면서 긴장을 고조시키고 전쟁이 임박해지는 상황에서 아랍 국가들에 의해서 포위되어 있는 이스라엘이 택할 수 있는 가장 효과적인 전략이 무엇인가라는 점이다. 이스라엘은 웨스트 뱅크라고 불리는 요르단 강 서쪽 지역이 요르단 영토였던 이 시기에 탱크

---

12) 헤로도토스는 그리스 도시국가들 간의 전쟁에서 "맡긴 것을 찾으려는 행위"도 "정의"로 규정한다. 헤로도토스, 박광순 역(1987), 444쪽. 또 과거의 침공에 대한 복수나 빼앗긴 영토나 물건을 되찾기 위한 전쟁도 정당한 전쟁에 포함된다. 서양 국제법에서 "정당한 전쟁"에 관해서는 Bull, Hedley, "Grotian Conception of International Society", in Butterfield, Herbert, and Wight, Martin(1966), *Diplomatic Investigation—Essays in the Theory of International Politics*(London: George Allen & Unwin), pp. 54-58; Wight(1992), pp. 212-213, 217-220.

로 1시간 이내에 이스라엘의 수도 텔아비브에 도달하여 이스라엘을 남북으로 두 동강 낼 수 있을 정도로 영토의 폭이 좁았다.[13]

아랍 측이 선전포고와 함께 공세를 취하면 이스라엘 국경선 안에서 전투가 일어나게 될 것이며, 이때 최선의 결과는 현상 유지이며 최악은 국가 파멸일 것이다. 그러나 이스라엘이 먼저 공격을 감행하면, 최선의 결과는 상대방 영토의 일부를 장악하여 적의 영토에서 전쟁을 계속하는 것이며, 최악의 상황은 국경선으로 후퇴하는 것이다. 국제정치적 선택은 전쟁과 평화 중에서 전쟁이라는 "최악"의 상황에 부딪쳤을 때 살아남는 "최선"의 결과를 추구하는 미니-맥스 전략을 택한다는 것이다. 물론 전쟁에서 승리하면 다행이고, 파멸이라는 최악의 결과를 피할 수 있기 때문이다.[14] 이런 관점에서 국제정치적 선택은 낙관적 가정이 아니라 비관적 가정에서 출발한다. 고구려 역시 요서를 확보하여 전선을 기존 국경 밖으로 옮기는 것이 적을 국경 내에서 맞는 것보다는 유리했을 것이다. 수와의 전쟁은 이같이 고구려에 대한 수의 인식, 중국을 통일한 수 문제와 양제의 자만심, 신생 제국에 대한 안보 위협을 제거하려는 그들의 의도와 고구려의 예방적 조치, 그리고 국제체제적 성격 등이 혼합된 결과인 것이다.

그렇다면 고구려-수 전쟁은 피할 수 없었을까? "개연성"이 곧 "필연성"은 아니기 때문이다. 일반적으로 알려진 전쟁 불가피론은 20세기 레닌의 작품이다.[15] 이 연구는 이데올로기적 논쟁에는 관심이 없다. 이보다는 비스마르크의 프로이센이 독일 통일의 마지막 단계에서 프랑스와의 전쟁(1870)이 꼭 필요하다고 보았느냐는 것이다. 1866년 오스트리아와의 두 번째 전쟁이 끝난 후 프로이센은 독일연방의 대부분 지역을 장악하지만, 남부는 여전히 프랑스의 영향력 아래 있어 통일을 완성하기 위해서는 프랑스와의 전쟁이 불가피해

---

13) 이스라엘의 영토는 남북이 약 420킬로미터, 동서 폭이 최대 114킬로미터, 최소 15킬로미터이다.
14) 이에 관한 간단한 설명은, Lieber(1973), 구대열 역(1987), 156-157쪽. 포커나 고스톱은 이와는 다른 성격인 최선의 상황에서 최상의 결과를 추구하는 맥시-맥스 전략(maxi-max strategy)을 택한다.
15) 자본주의가 체제 내에서 모순을 드러내고 자본주의가 최고의 단계인 제국주의로 발전하면 새로운 체제인 사회주의의 탄생을 위한 전쟁은 불가피하다는 것이다.

보였다. 프랑스의 나폴레옹 3세가 독일의 통일을 막을 수 없는 대세라고 보았다면, 또 프랑스 내에서 공화파가 대두하여 의회정치로 나아갔다면, 전쟁을 피하면서 독일의 통일은 완성되었을 것이라고 가정할 수 있다. 비스마르크도 이와 같은 가능성을 기대하고 남부의 바덴 병합을 보류했다. 그러나 프랑스에서 호전적인 그라몽이 외무장관으로 임명됨으로써 전쟁은 피할 수 없게 된다. 또 군사력에서 프로이센은 대포에서, 프랑스는 소총에서 유리하여 시간이 지날수록 군비면에서도 프랑스가 불리하다는 현상, 즉 "시간은 우리 편이 아니다"라는 인식도 전쟁으로 치닫게 한 원인으로 평가된다. 여-수 전쟁에서 양제의 집권 이후 수나라 조정에서 화평파의 대두는 기대할 수 없었을 것이다. 그리고 고구려는 요서에 대한 공격을 늦출수록 불리하다고 평가했을 것이다.

당은 본질적으로 수를 계승한 국가이다. 당 고조는 수 양제와 이종사촌 간으로 관중지방을 근거로 하여 중국을 통일했다. 관중은 진 이후 함양과 장안이 위치한 고대 중국의 정치 중심지이다. 당은 618년에 건국하여 이 해에 수를 흡수하고 수의 고구려 정책도 답습한다. 즉 고구려에 대한 수의 인식과 평가를 그대로 물려받았다. 그러나 초기에는 고구려가 조공 사절을 보내 "정성스럽게" 접근하며 당 역시 고조가 고구려 문제를 안보 위협이라는 관점에서 보지 않아 원만한 관계가 유지된다. 고구려는 27대 영류왕 2년(619)부터 8년까지 1년을 제외하고 매년 조공 사절을 보냈다. 수와의 긴장관계가 전쟁으로 이어졌던 경험을 통해서 고구려는 학습효과를 얻었던 것 같다.

영류왕 5년(622) 고구려에 잡혀 있던 수의 포로들을 송환하라는 당의 요구에도 응한다. 이것은 국경지역의 안보와 관련된 사항이기는 하지만, 즉 당의 요구에 응하면 국경안보에 부정적인 영향을 끼칠 것임에도 불구하고, 고구려는 1만 명에 달하는 수의 포로를 돌려보냈다. 이에 고조는 고구려가 "교빙의 우호를 돈독히 하며 각자 강토를 보존해왔는데……수나라 말기에 전쟁이 잇달았음"을 지적하고 "서로 백성들을 편안히 기르는 방안에 힘을 다하자"고 역설한다(이 부분을 안보관과 관련하여 후술할 것이다). 또 왕 7년(624)에는 당의 책력을 요청하고, 당의 학자들을 초청한다. 이와 같은 고구려의 "저자세" 외교는 동돌궐의 왕이 포로로 잡히자 이를 축하하는 사절을 보내는 등의 조치로 이어진다. 이것은 고구려가 오랫동안 당의 동북지방 안보를 위협하던 돌궐이 제거된 이후 요동에서 문제를 일으키지 않겠다는 신호를 당에 보낸 것이라고 해도 무방할 것이다. 왕 23년(638) 세자를 당에 보내 조공하며 고구려의 자제들을 당의 국학에 입학시켜줄 것을 요청함으로써 저자세 외교는 절정으로 치닫는다.16)

겉으로 우호적인 당-고구려 관계가 전쟁으로 발전한 이유는 무엇인가? 일차적으로 수-고구려 관계에서 나타난 요소들, 즉 당의 안보관과 고구려의 대응이 동일했기 때문이다. 여기에서 안보인식의 주관성이 다시 대두된다. 고구려는 당의 공격에 대비하고, 연개소문의 쿠데타를 구실로 "토벌해올까 두려워" 천리장성 축조 등 방어 태세를 강화한다. 당 역시 고구려는 성을 "지키는 데에 뛰어나다"는 점을 지적한다. 중국 역사서도 일찍부터 "(평양)성 안에 군량과 무기를 비축해두었다가 적군이 침입하는 날에는 곧 성 안으로 들어가서 굳게 지킨다"고 적고 있다.17) 중국은 고구려의 군사전략이 공격이 아니라 수비라는 사실을 충분히 인식하고 있었던 것이다.

645년 1차 원정에 실패한 이후 당 태종이 다시 고구려를 치려고 할 때, 그의 최측근인 방현령(房玄齡)이 고구려가, 첫째, 신하의 법도를 어겼거나, 둘째, 중국 백성을 침노하여 괴롭혔거나, 셋째, 뒷날 중국의 두통거리가 될 것이거나 이 세 가지 중 한 가지에 해당한다면 원정을 행할 필요가 있지만, 이 세 가지 조건 중 하나에도 해당하지 않는다는 점을 지적한다. 그리고 신라의 원수를 갚는다는 것은 명분이 약하다고 해서 원정을 만류한다. 연개소문도 신라가 점령한 고구려 영토의 반환 문제로 당의 사신과 파국적 논쟁을 하기 이전까지는 계속해서 조공 사절을 파견하며, 개전 1년 전인 644년에 관원 50명을 보내 숙위로 서게 해달라고 요청하는 등 당의 의구심을 완화시키기 위해서 최선을 다한다. 그럼에도 불구하고 당 태종은 고구려 원정을 단행하는데, 이것은 동북지방 요동의 안보 문제를 완전히 해소하려는 결의에

---

16) 「고구려 본기」 제9, 412-414쪽.
17) 『조선전』, 「주서(周書)」, 1권, 599쪽.

따른 것이다.[18]

　고구려에 대한 당의 안보 불안은 어떠한 명분과 수사에도 불구하고, 원정 1개월 전 "사방의 구석까지 평정되었는데 오직 이 고구려만이 복종하지 않고 있기 때문"이라는 당 태종의 한마디로 요약된다.[19] 그러나 수의 계승국인 당의 감정은 영류왕 14년(631) 여-수전쟁에서 죽은 중국인 전사자들을 제사지낸 후에 고구려가 세운 경관(京觀, 전승총)을 헐어버린 데에서부터 나타난다. 왕 24년(641) 당은 전해에 고구려 "태자"의 입조를 축하하여 고구려에 사신을 보낸다("태자"와 "세자"를 동시에 쓰고 있다). 그런데 당의 사신은 산수를 구경한다는 구실로 고구려의 지세를 "세밀한 곳까지" 자세히 살펴보고 수나라의 포로들을 만나 본국의 사정과 친척들의 안부를 전하는 등 고구려의 허실을 염탐한다. 그러나 당은 고구려 공격의 후방기지 역할을 할 산동이 전란에서 회복되지 않아 공격을 늦춘다. 고구려는 그의 염탐행위를 "알아차리지 못했으나," 당의 궁극적 의도조차 몰랐던 것은 아니었다. 왕 14년부터 16년에 걸쳐 동쪽 부여성에서 서남쪽 바다까지 "천리장성"을 쌓는데, 이 과정에서 642년 연개소문이 성 축성을 감독하는 임무를 띠고 역사의 무대에 등장한다.[20]

　당-고구려 간에 불안한 긴장이 지속되는 가운데 연개소문이 영류왕 25년 왕을 시해하고 고구려의 마지막 왕인 보장왕을 옹립하는 사건을 일으킨다. 이후 양국 관계의 전개과정만을 두고 말하면, "사후적 해석"이지만, 이 사건이 고구려-당 전쟁을 유발시킨 주요한 요인으로 꼽힐 수 있을 것이다. 연개소문의 쿠데타는 당에게 "정당한 전쟁"으로 미화시켜 개전할 수 있는 완벽한 명분을 주었기 때문이다. 또 연개소문 개인을 징벌한다는 명분으로 전쟁을 시작하면, 고구려 내부에서 반연개소문 집단이 봉기하여 전쟁이 이외로 쉽게 풀릴 것으로 기대했을지도 모른다.[21]

---

18) 「고구려 본기」 제9, 417, 420, 438쪽.
19) 『조선전』 2, 552쪽. 『신당서(新唐書)』, 정관 19년(645).
20) 「고구려 본기」 제9, 420쪽, 제8, 413-415쪽.
21) 제2차 세계대전 중 연합국들이나 독일 내 반히틀러 집단은 히틀러를 제거하면 휴전이 가능할 것으로 판단한다. 그러나 이것은 집권세력의 국내 장악력을 오판한 것이다. 당의

그렇다면 연개소문의 시해 사건이 없었다면, 전쟁이 일어나지 않았을까? 당은 연개소문의 쿠데타에 즉각적인 군대동원과 같은 조치를 취하지는 않는다. 고구려가 당의 공격에 대비하여 방어에 힘쓰고 있어 당장 어떤 조치를 취하는 것은 바람직하지 않다고 판단한 것이다. 대신 보장왕을 정식으로 책봉하면서 고구려가 방심하도록 유도하며 기회를 엿보기로 한다.22) 이와 같은 관점에서 "연개소문"은 당이 고구려를 침공하기 위한 "명분"을 강화시킨 요소가 되었으나, 그 자체가 전쟁을 촉발시킨 직접적인 원인이라고 할 수는 없다. 또 고구려에 대한 안보상의 불안감도 수나라의 침공 이후 지속되었던 것으로 이 시기에 특별히 증대되었다는 어떤 증거도 없다. 여-당전쟁은 삼국 관계에서 대두된 "새로운 힘"인 신라의 등장으로 인하여 삼국과 당과의 관계가 얽히면서 예기치 못한 방향으로 전개되는 것이다.

3. 고구려와 수와 당, 그리고 "새로운 힘" 신라의 등장

이 시기 삼국 간에는 한강 유역을 중심으로 치열한 전투가 전개되고 있었다. 신라의 한강 유역 점령은 일면 중국의 통일왕조에 접근할 수 있는 길을 열어주었으며, 다른 일면 고구려와 백제 양국을 분리시킴으로써 양국 간의 전쟁은 중단된 반면 양국이 신라를 협공하는 상황을 만들었다. 이것은 신라에게 심각한 안보 위협이지만, 중국과의 접촉을 위해서 절대적, "사활적(vital)" 이해가 걸린 이 지역을 포기할 수는 없었다. 642년 가을 7월에 백제가 신라의 서쪽 40여 성을 빼앗고 8월에는 고구려와 모의해서 신라가 중국으로 통하는 당항성(党項城, 경기 화성군 남양면)을 빼앗으려고 한다(실제로 공격했다는 기록은 없어 신라가 과장했을 가능성도 있다). 백제가 이어 대야성을 공격하여 김춘추의 딸과 사위인 도독 김품석을 살해한다. 백제-고구려의 연합 가능성, 당항성에 대한 공격, 서부 국경의 요충인 대야성의 상실은 신라가 맞은 최대의 안보위기였다.

경우도 흡사하다.
22) 「고구려 본기」 제9, 417쪽.

신라는 이 위기를 먼저 고구려의 지원을 얻어 돌파하려고 한다. 이것이 김춘추 외교의 시작이다. 김춘추는 642년 말 혹은 643년 8월 고구려를 방문하여 공동으로 백제를 칠 것을 제안한다. 고구려가 신라의 동맹 요청을 거절하자, 신라는 당에 사신을 보내 "위급한 사정"을 알리고 구원을 청한다. 먼저 신라의 접근에 대한 고구려의 인식과 대응부터 검토하자. 수의 침공을 물리친 후 이제 당을 상대하는 고구려는 신흥 신라를 광개토대왕-장수왕 시절의 "속국" 수준의 신라로 평가한 것 같다. 즉 "우리의 상대는 중국이지 신라는 아니다"라고 가볍게 보았다는 것이다. 또 성왕의 전사 이후 신라와 백제가 과거의 나-제동맹으로 돌아갈 가능성은 없다고 판단했을지도 모른다.

협상에서 상대의 제안에 대해서 검토해보겠다고 하지 않고 곧바로 역제안을 내놓으면서 "네가 나의 요구를 들어주면, 나도 너의 요구를 들어주겠다"는 대응은 상대의 제안을 거부하는 전형적인 수법이다. 그러니 신중한 대응이라고 할 수는 없다. 고구려는 신라가 당과 연합할 경우의 파괴력과, 특히 고구려 남부 전선에서 증대될 위협은 간과한 것이다. 진흥왕 이후 일취월장하는 신라의 힘과 이로 인한 변화를 고구려가 주의 깊게 관찰했다면, 김춘추의 외교에 좀더 성의 있게 대응할 수 있었을 것이다. 이로써 고구려는 당과 삼국의 관계에서 외교적 운용의 폭을 넓히고, 특히 당이 중재자의 입장에서 개입하여 신라를 지원하는 사태를 미연에 방지할 수도 있었을 것이다.

신라의 요청은 삼국 문제에 당이 적극적으로 개입하는 계기를 제공한다. 중국-한국 관계는 대부분 조공 형식을 띤 쌍무적인 관계로 이루어졌다. 중국이 남북으로 나뉘어 대치할 때 장수왕은 북위와 남조의 송 및 제 사이에서 현명하게 대응하여 분쟁에 휘말릴 수도 있었던 상황에서 벗어났다. 개로왕은 백제에 대한 고구려의 위협을 북위와 수를 통해서 해소해보려고 했지만 별다른 효과를 보지 못했다. 그러나 이때까지 삼국 관계는 고구려 대 백제, 백제 대 신라, 혹은 나-제동맹 대 고구려 간에 "자율적"으로 전개되었으며 고구려 대 중국 관계도 백제와 신라가 "실제로" 끼어들지 않은 쌍무관계로 이루어졌다. 이제 중국에 통일왕조 수와 당이 들어서면서 이와 같은 쌍무관계가 삼각관계로 전개되며 당에 대한 삼국의 접근도 다른 양상으로 전개된다. 이것은 중국-한국 관계에서 새로운 패턴이며, 중국이 한국 정책(그 대상이 고구려이든, 백제이든)을 추진하는 데에 선택의 폭을 넓혀주게 된다. 더욱이 연개소문의 영류왕 시해와 "국가의 운명을 맡긴" 신라의 지원 요청은 당의 개입 명분을 더욱 강화시켜주었다.

당은 고구려 침공 1년 전인 644년 사신을 고구려에 보내 신라를 공격하지 말 것을 종용하면서 "신라를 친다면, 내년에 군사를 내서 고구려를 칠 것"이라고 경고한다. 그러나 연개소문은 "고구려와 신라가 원수가 되어 틈이 벌어진 지 이미 오래이며," 특히 고구려가 수와 전쟁에 몰두해 있을 때 신라가 고구려 땅 500리를 탈취했는데, 이를 돌려주지 않으면 신라에 대한 공격을 멈출 수 없다고 대답한다. 당은 "요동은 중국의 군현들이었지만, 당이 이를 말하지 않는데, 고구려만이 어찌하여 반드시 옛 땅을 찾으려는가"라고 묻는다. 이것은 고구려의 논리를 반박한 것이기도 하지만, 고구려의 요동 장악을 상기시킴으로써 장차 침공의 명분을 하나 더 쌓는 효과도 가질 수 있었을 것이다. 그러나 연개소문은 당의 중재를 "끝내" 거절한다.

「신라 본기」나 「고구려 본기」에는 "고구려 땅 500리"에 관한 언급이 없다. 아마도 고구려는 한강 유역 탈취 등 신라의 팽창을 모두 여-수전쟁 중의 사건으로 몰아버림으로써 영토 반환의 명분을 강화시키려고 한 것 같다. 이것은 당과 고구려가 삼국 문제를 서로 다른 관점에서 접근하고 있음을 보여준다. 당은 신라-고구려 문제에 당을 포함시켜 이야기하는데, 고구려는 당을 배제시키면서 신라-고구려의 쌍무관계로 한정하고, 또 수의 고구려 침공을 비판적인 시각에서 평가하는 당에게도 신라에 대한 고구려의 영토 반환의 정당성을 강하게 내세운 것이다. 당이 이제 삼국 문제에 중재자의 자격으로 발을 들여놓은 것은 부인할 수 없는 사실이다. 그리고 "천자국"이라는 명분도 있었다. 그러나 고구려가 "우리 문제에 간섭하지 말고 우리가 정당하다는 점을 인정하라"고 하면서 사태는 꼬이기 시작한다.

645년 당 태종의 침공이 실패한 이후 양국 관계를 재정립하는 과정에서도, 당의 기록에 의하면, 연개소문은 유연성을 발휘하지 못한다. 당 태종이 패전하고 귀국 길에 오르면서 연개소문에게 활과 의복을 주어 황제의 위엄을 과시했는데, 연개소문은 "이를 받고도 감사하지 않았으며 더욱 교만하고 방자했다"는 것이다. 또 사신을 보내 올린 표문에서도 "말이 모두 거짓되고 황당하며", "당의 사신을 거만하게 대하고 언제나 변경의 틈을 엿보아……이에 당 태종은 고구려의 조공을 받지 말게 하고, 다시 칠 것을 논의한다."23) 이것은 연개소문이 구체적으로 어떻게 행동했는가에 대해서 아무런 단서를 주지는 않는다. 백전백승을 자랑하던 당 태종이 고구려 멸망이라는 목적을 달성하지 못하고 퇴각한 뒤, 승리감에 들뜬 연개소문의 모든 행동은 거만하고 교만에 찬 것으로 보였을 것이며, 당 태종은 복수 이외에 어떠한 타협도 배제하고 싶었을 것이다.

그러나 분명한 것은 이것이 장수왕과는 다른 연개소문식 자주외교의 실상이라는 점이다. 중국의 제안이 부당할지라도 겉으로는 수용하는 자세를 보였던 장수왕에 비해서 연개소문은 감정적으로 대응한 것이다. 더구나 유교적 윤리관이 지배하던 당시의 국제환경에서 연개소문은 왕을 시해했다는 "원죄의식"에서 벗어날 수 없었으며, 당이 이를 핑계로 언제 공격해올지 모른다는 악몽에 시달리고 있었을 것이다. 그러나 이것만을 문제삼을 필요는 없다. 적대적 관계가 전쟁으로 이어지기까지는 여러 단계를 거쳐야 하며, 이 과정에서 또다른 요소들이 추가되기 때문이다. 그러나 고구려의 최전성기를 이룬 장수왕이 자신의 딸을 후궁으로 보내라는 북위의 요구를 피해나간 지혜를 연개소문은 조금이나마 발휘할 수 없었을까? 당 태종의 선물을 감사하다는 듯이 받고 당의 사신을 잘 접대해서 보낼 수 없었을까? 북위는 중국을 통일한 왕조도 아니었으며 고구려에게 남조와 유연이라는 원군이 있었음에도 불구하고, 장수왕은 무력충돌을 끝까지 피했다. 이제 고구려는 수의 침공을 물리치고 천리장성까지 완성하여 안보상의 자신감을 가지게 되었던 것일까? 아니면 연개소문은 시역이라는 원죄의식에서 전쟁 외에 다른 대안이 없다고 각오했기 때문일까?24)

---

23) 「신라 본기」 제5, 143-145쪽; 「고구려 본기」 제9, 418, 433-434쪽. 650년 당 고종도 삼국의 사신을 모아두고 영토와 포로를 교환할 것을 당부한다.
24) "왕의 시해"는 왕조시대에는 지워질 수 없는 연개소문의 원죄라고 하겠다. 광해군 시기 조선을 합병하자는 명 조정의 논의과정에서도 연개소문 사건이 언급되지만, 연개소문과

4. 여-수전쟁과 여-당전쟁

약소국은 전쟁에서 승리해도 인명 손실과 재정적 부담을 보상받을 길이 없다는 점은 앞에서 충분히 언급한 바 있다. 단지 패배하지 않은 것에 만족해야 할 뿐이다. 반대로 강대국들은 승리를 통해서 영토나 배상금 등을 얻는다. 프로이센은 19세기 후반 세 차례의 전쟁을 통해서 독일통일을 완수한다. 소련은 제2차 세계대전에서 2,000만 명 이상의 인명 손실을 입었지만, 영토를 넓혔고 국제정치 무대에서 위상을 높일 수 있었다. 일본의 경우 청-일전쟁에서 승리한 이후 중국으로부터 대만 등의 영토와 배상금을 얻었지만, 러-일전쟁에서는 승리하고도 배상금은 한푼도 받아내지 못했다. 제2차 세계대전 당시 독일, 이탈리아, 일본에 대항하여 참전한 약소국들은 전쟁 전의 상태로 돌아갔을 뿐, 즉 점령상태에서 벗어났을 뿐, 전후 처리에서 별다른 이익을 얻지 못했다. 이것이 국제정치에서 약소국의 입장이다. 고구려가 수를 물리쳐도 영토를 넓히기는커녕 고구려의 영토 일부가 수의 수중으로 넘어갔으며, 당은 "패퇴하면서도" 10여 개의 성을 함락시키고 3개 지역주민을 중국으로 옮기고 고구려 영토의 상당부분을 중국으로 편입시켰다.

"명분"과 "실리"는 외교사의 오랜 논쟁 중 하나이다. 외교협상에서 당당함이나 수사적 언어는 명분의 표현일 뿐, 그 자체가 미덕이 아니다. 수사적 표현을 동원하여 토론에서 상대방을 압도하는 것은 국내 여론의 환호를 받겠지만, 힘이 지배하는 국가들 간의 관계에서는 허구에 불과하다. 거만한 태도나 거칠고 퉁명한 어투는 강대국이 약소국 사절을 협박할 때 사용하는 수법이다. 약소국에게 이와 같은 태도는 국가의 운명이 달린 문제로 직결된다. 펠로폰네소스 전쟁 때 멜로스인의 당당한 태도는 국가 파멸로 이어졌다. 일본이 말하는 옥쇄는 국가의 운명과 개인의 생명을 동일시하는 태도이다. 한국사에서도 거란의 침략에 맞선 강조(康兆), 조-청전쟁 때의 김상현(金象賢)과 삼

광해군을 동일한 선상에서 비교할 수 없다고 결론짓는다. 제1장 참조. 여기에서 알 수 있는 것은 중국은 주변국가들에서 일어나는 반윤리적 사건들을 약 1,000년이 지난 시점에서도 지속적으로 거론하여 도덕적으로 우월한 지위를 확보하려고 한다는 점이다.

학사(三學士) 등의 입장이 이에 속한다. 연개소문도 마찬가지이다.

그러나 국가와 개인은 규범에서만이 아니라 생존방식에서도 다르다. 개인은 100년도 살지 못하지만, 국가의 생존은 "영원함"을 전제로 한다. 연개소문의 당당한 태도는 통쾌하지만 결국 당의 고구려 공격과 연이은 재침을 초래하여 고구려의 멸망으로 이어졌다는 점은 부인할 수 없다. 연개소문은 또한 중국 대륙에서 전개되고 있던 정치상황을 충분히 파악하지 못했던 것 같다. 장수왕은 통일 이전 중국의 여러 왕조들의 흥망을 정확하게 파악하고 적절히 대응함으로써 독립이라는 명분과 실리를 동시에 얻었다. 당의 고구려 침공 직전 당 태종은 643년 왕위계승 문제로 암투를 벌이던 태자를 폐하고, 막내아들을 태자(후일 고종)로 봉한다. 국내정치에서 폭발 위험성을 가진 잠재적 뇌관을 제거한 것이다. 대외적으로는 641년 서부지역 국경을 위협하던 토번(티베트)의 군주에게 딸을 시집보내고,25) 644년에는 토번 지역의 고창국(高昌國)의 반당적 봉기를 진압하여 서부지역의 안보 불안도 해소한다(고창국은 640년 멸망했으며, 고구려는 이에 크게 두려워했음이 기록되어 있다26)). 국제정치적으로 일국중심체제를 완성했다는 의미이다.

당은 대외 문제를 원하는 대로 이끌 수 있게 되었으며, 주변국 특히 고구려에 대해서 더 많고 그리고 더 적극적인 정책선택권을 가지게 되었다. 이것은 당 태종이 고구려에 보낸 사신을 통해서 과거의 조정자적 입장에서 한걸음 더 나아가 당의 요구를 듣지 않으면 공격할 것이라고 "협박한" 데에서 잘 나타난다. 또 고구려가 이웃나라 신라의 조공을 방해하고 조공품을 가로챘다고 지적함으로써 천하질서를 교란시키는 이단아라고 낙인찍는다. 이 모두가 고구려에 대한 출병을 염두에 두고 한 말이지만, 연개소문은 당의 요구에 타협하는 유연성을 보이지 않았다. 당과 고구려의 대화는 이로써 끝난다. 연개소문은 영류왕 시해 후 국내정치의 후유증을 치유하는 일에 몰두한 탓인지 중국의 사정을 정확히 이해하고 대응하지 못했다는 비판을 피할 수 없을 것이다.

고구려의 수와 당과의 전쟁도 제4장에서 제시한 한국-중국 전쟁의 패턴

---

25) 이것이 오늘날 티베트 지역에 대한 중국의 주권을 주장하는 역사적 근거의 하나이다.
26) 「고구려 본기」 제8, 414쪽.

과 특성을 보여준다. 한 무제의 위만조선 공격과 수와 당의 고구려 전쟁은 놀라울 정도로 비슷하게 전개되고 있음을 알 수 있다. 우선 수와 당이 내세우는 대의명분, 즉 전쟁의 정당성은 한 무제가 위만조선의 우거를 공격할 때와 유사하다. 중국은 우거가 한의 외신으로 국경을 지켜 만이들이 변경을 노략질하지 못하게 했어야 하는데, 한나라 망명자들, 즉 중국의 배신자들을 유인하여 반대세력을 집결시켰다고 비난한다. 612년 수 양제가 고구려를 공격하기에 앞서 발표한 조서에서 고구려가 "요동과 예맥의 지경을 자주 침식하고……하찮은 오랑캐인 고구려가 상국을 업신여기고 거들먹거리며……번창하여 중화의 땅을 흘깃거리며 일부를 잘라내서 오랑캐의 부류로 만들고……사신이 이른 엄명을 한번도 직접 받은 적이 없고, 입조해 알현하는 예의를 치르지 않고……도망한 반역자들을 꾀어 받아들이며……변방에 쳐들어와 자주 봉수군과 척후를 괴롭히고……" 등등이다.27) 고구려와 위만조선을 바꾸어놓아도 별 차이가 없을 것이다. 그리고 원정의 근본 이유는 수에 불만을 가진 무리들을 모아 중국의 영토를 침범하여 고구려 영토에 편입시켜 국력을 키운다는 것, 즉 안보 불안이라는 점을 쉽게 알 수 있다.

당 태종은 연개소문의 영류왕 시해사건을 앞에 내세우면서 안보적 요인을 뒤에 감추었다. 그러나 당은 수의 정책을 계승하면서 동일한 안보의식을 가졌으며, 고구려 침공을 위한 시기만 저울질하고 있었다는 점에서 수와 별다른 차이가 없다. 645년 당 태종은 고구려 공격 실패 이후 연개소문이 올린 표문에 대해서 "언제나 변경의 틈을 엿본다"고 지적한다. 그리고 이를 "요동 문제"라고 칭한다. 여기에 고구려-백제-신라 간의 삼국 정립을 기본으로 하는 분리통치 정책이 고구려에 의해서 계속 거부당한다는 점도 문제의 심각성을 증대시킨다. 물론 신라의 거듭된 지원 요청이 있었지만, 삼국 간의 균형유지야말로 고구려를 견제할 수 있는 좋은 수단이었던 당으로서는 연개소문이 당의 중재 노력을 끝내 거부하자, 이에 감정적으로 대응하게 된 것이다. 당의 침공 1년 전인 보장왕 3년(644) 당은 연개소문이 바친 백금을 거절하고, 당에

---

27) 수 양제의 조서에 관해서는, 「고구려 본기」 제8, 400-402쪽 및 각주 6 참조. 『삼국사기』의 기사는 『수서(隋書)』를 요약한 것인데, 상당히 길다.

숙위로 보낸 관리 50명을 "모두 형관에게 넘겨버린다."28) 이 역시 감정적 대응이라고 하겠다.

당 태종은 안시성을 함락시키지 못하고, "요동은 일찍 추워져서 풀이 마르고 물이 얼어……군량이 곧 다하겠는지라" 후퇴하면서도 천하의 황제로서 명분을 지킨다. 그는 안시성 아래에서 군대를 사열하고 돌아가니(무질서한 패주가 아니라) "성주가 성 마루에 올라 절을 해 작별했다." 당 태종은 "그가 굳게 지킨 것을 가상히 여기고 겹실로 짠 비단 100필을 내려주어 임금을 섬기는 것을 장려했다." 당 태종은 연개소문 개인을 징벌하기 위해서 군사를 동원했지만, 보장왕도 천자가 책봉한 신하이며 그 신하의 신하인 성주가 주군인 고구려 왕을 위해서 충성을 다한 것은 칭찬할 만하다는 의미이다. 조선시대에 들어 이 성주가 양만춘(楊萬春)인 것으로 알려지지만, 김부식은 당대의 기록에 그 성명이 없음을 한탄하고 있다.29)

다음 해 "승전한" 고구려 왕이 사신을 보내 "사죄한다." 적의 침략을 방어한 국가가 이기지 못하고 돌아간 국가에게 "사죄한다"는 것은 중국적 질서관에 관한 지식이 없이는 이해할 수 없는 대목일 것이다. 수 양제가 패퇴한 이후에도 고구려는 614년 사신을 보내 "항복"을 청하면서 전쟁 전에 고구려로 망명한 수의 병부시랑을 압송한다. 이것은 물론 수와의 화해를 위한 것이지만, 중국적 세계관에서 비록 생존을 위한 것이라고 해도 감히 창검으로 황제에 맞서는 행위는 있을 수 없다는 점을 고구려가 스스로 인정한 것이다. 양제는 고구려 사신을 억류하면서 영양왕이 친히 "입조하도록" 명한다(고구려는 이를 받아들이지 않으며, 수 양제는 다시 고구려 침공을 준비하지만 국내의 혼란으로 실행에 옮기지 못한다).30)

그렇다면 수 양제나 당 태종이 왜 굳이 스스로 군사를 이끌고 고구려를 침공했을까? 고구려가 당의 안보에 "직접적이며 즉각적인 위협"이었다면, 그

---

28) 「고구려 본기」 제9, 419, 421, 433-434쪽. 悉以屬大理에서 "모두(悉)"가 사신들만을 의미하는지, 50명 "모두"를 형리에게 넘긴 것인지, 또 이들을 어떻게 처벌했는지는 명확하지 않다.
29) 「고구려 본기」 제9, 431-434쪽.
30) 『조선전』 2, 139쪽.

래서 수나 당 왕조의 명운이 걸린 문제라면, 황제가 친정(親征)할 수도 있었을 것이다. 그러나 고구려는 이 범주에 속하지는 않는다. 수의 침공 때 신하들은 "미개한 오랑캐가 예의를 잃은 문제"는 신하들이 처리할 사안으로 "천근 무게의 쇠뇌는 생쥐를 잡기 위해서 쏘지 않는다"면서 양제의 친정을 만류한다.31) 당의 관리나 장군들도 수의 실패를 교훈 삼아 당 태종에게 친정을 재고하도록 거듭 요망한다. 고구려 원정은 "근본을 떠나 말단으로 치닫고……가까운 것을 놓아두고 먼 곳에 가는 것"이라는 것이다. 약간 추상적인 표현이지만 개국한 지 30년이 되지 않은 당 왕조가 중국의 중심인 중원을 안정시키고 중원에서 일어나는 일에 집중하는 것이 중요한 과업인데, 멀리 떨어진 변방에서 일어나고 있는 사소한 일, 즉 중원의 안보에 별로 위협이 되지 않는 문제에 대해서 황제가 왜 직접 나서느냐는 것이다.32)

그러나 통일제국의 정통성이나 황제 개인의 위신을 높이기 위해서 황제가 친정을 택하는 경우도 있다. 이 경우 대의명분, 즉 전쟁의 정당성을 더 높이 내세운다. 수나 당의 고구려 원정에서 수 양제의 조서나 당 태종이 거론한 연개소문의 시역 등이 바로 그것이다. 더욱 중요한 것은 황제의 친정은 군사적 승리가 보장되어야 한다. 수나 당은 아마도 한 무제 시대의 위만조선 정벌이나 통일왕조가 아닌 연과 북위의 성공적인 고구려 원정을 잘 알고 있었을 것이다. 그만큼 고구려의 군사력을 얕보았다는 것이다. 원정을 앞두고 수나 당의 조정에서 승리에 의문을 제기한 논의는 없었다. "길이 멀고 험하다"는 정도이다. 그러나 황제의 친정이 항상 승리로 끝나는 것은 아니다. 한 고조 유방은 천하통일 이후 흉노 문제를 해결하기 위해서 기원전 200년 자신만만하게 흉노 토벌에 나섰다가 적에게 포위되어 고초를 겪는다. 수 양제나 당 태종의 고구려 원정도 이 범주에 속할 것이다.

원정에 앞서 고구려 문제에 대한 수와 당의 인식에서 약간의 차이는 보인다. 간단히 말해 수 양제는 안보적 측면도 언급하지만 황당하기 짝이 없는 명분론으로 가득 찬 조서를 발표한다. "법령이 가혹하고 거둬들이는 부세는

---

31) 「고구려 본기」 제8, 영양왕 23년, 409쪽. 420쪽도 참조.
32) 「고구려 본기」 제9, 보장왕 3년, 421쪽.

번잡하고 과중하며, 권세 있는 신하들과 호족들이 권력을 틀어쥐고 붕당을 만들어 편벽되이 결탁하고 무리 짓는 것이 습속을 이루었다. 뇌물 오고가는 것이 저자와 같으며……해마다 재난과 흉년이 거듭되어 집집마다 기근이요, 전란은 그치지 않고……백성들은 근심과 고통 속에서 그 누구를 좇고 따를 것인가?" 이것이 고구려에 대한 비난이라는 사실을 모르고 읽었다면, 중국의 상황을 말한 상소문으로 착각할 것이다. 여기에서도 수는 "백성을 위로하고 죄인들을 문책한다"고 하면서 공격의 대상을 고구려 왕과 지배층에 두고 있음을 알 수 있다. 지배층과 피지배층의 분열을 획책한 것이다.

중국은 조공제도를 내세우며 내신과 외신을 구분하면서 조공국들의 내정에 자율성을 보장한다. 물론 제후국의 내정이, 비록 모호한 기준이라고 할지라도, 유교적 규범이나 인륜, 천륜 등에 비추어 어긋나거나 제후국이 황제에게 모반을 획책한다면(한 시대 오초 7국의 난 등), 간섭할 수는 있다. 그러나 이것은 말 그대로 천하의 공분을 일으킬 수 있는 경우이다. 유럽에서는 1848년 대륙의 여러 수도에서 혁명이 폭죽과 같은 기세로 일어나게 하는 도화선이 된 프랑스의 2월혁명이나 1930년대 나치 독일의 반유대적 법령들이 유럽 전체의 안보를 위협하는 상황으로 전개되지 않는 한, 국내 문제로 간주하고 간섭하지 않는 것도 같은 맥락이다. "개전의 원인(casus belli)"은 국내의 상황이 국제평화를 위협하는가라는 점이다. 이와 같은 관점에서 1789년 프랑스 혁명과 1948년 2월 혁명의 차이는 국제정치사적으로 주요한 의미를 가진다는 점은 지적한 바 있다.33)

당은 명분론에서 수의 원정과 차별성을 강조하면서 안보적, 전략적 문제를 깊이 있게 다루고 있다. 쌍둥이 왕조라고도 할 수 있는 수가 30년이 못 되어 무너지고 이를 계승한 당 왕조는 정통성을 확립하기 위해서라도 수와의 차별성을 강조해야 할 것이었다. 당 태종은 수 양제는 아랫사람들에게 잔인했고 고구려 왕은 인자했기 때문에, 반란을 도모하는 군대를 이끌고 평안하고 화

---

33) 그러나 제2차 세계대전 이후 나치의 유대인 학살을 교훈 삼아 "인간성에 대한 범죄(crime against humanity)"를 "개전의 원인"으로 간주하는 등 "국내정치의 국제정치화"가 강화되는 추세이다.

목한 집단을 공격했기 때문에 성공할 수 없었다고 단언한다. 이어 당 태종은 원정의 명분으로 철저하게 연개소문 개인을 겨냥한다. "개소문은 자기 임금을 시해하고 대신들을 살육했으며 백성을 가혹하게 다루더니, 이제 나의 명령마저 어기니 토벌하지 않을 수 없다"는 것이다. 그리고 당은 다섯 가지 필승 요건을 갖추었다고 말한다. 첫째, "큰 것으로 작은 것을 치는 것", 둘째, "순리로 반역을 치는 것", 셋째, "정연한 다스림으로 어지러운 틈을 타는 것", 넷째, "편안한 군사로 피로한 군사를 대적하는 것", 다섯째, "기뻐하는 군사로 원망하는 군사에 맞서는 것"이다.34)

이 분석도 극히 주관적이다. 첫 번째, 중국이 고구려보다 큰 것은 사실이지만, 두 번째는 천자국의 징벌전이라는 중국 중심적 사고의 표현일 뿐이다. 연개소문의 정변으로 고구려가 어지러운 상태에 있을 것이라는 분석도 주관적이다. 혹은 당의 공격이 있으면, 고구려 내부에서 반연개소문 세력들이 궐기하여 고구려의 전력이 분산될 것이라고 막연히 기대한 것이다. 이것 역시 중국이 한국에 대해서 취하는 전통적인 분열책동이다. 645년은 "정관의 치[貞觀之治]"로 알려진 태종의 치세 중 절정기에 해당하지만, 중국의 정세가 과연 "정연한 것"이며 연개소문이 이끄는 고구려는 어지러운 상태였다고 단정할 수 있을까? 넷째와 다섯째는 당과 고구려의 상황을 거꾸로 말하고 있다. 물론 당은 주로 현지와 인접한 곳에서 병마를 조달하지만, 수도 장안에서 떨어진 동북 변경으로 향하는 원정군은 피로할 수밖에 없으며, 또 실익도 기대할 수 없는 전쟁으로 사기는 저하되었을 것이다. 반대로 성에서 방어하는 고구려군은 비록 대군을 맞아 불안하겠지만, 생존을 위한 결의에 차 있을 것이다. 고구려 장졸들이 살해당한 영류왕에게 충성하면서 연개소문을 원망할 것이라는 당 태종의 논리도 추측일 뿐이다. 당의 원정을 초래했다는 점에서 고구려 백성들은 연개소문을 원망할 수도 있었지만, 왕의 시해사건이 없었더라도 당의 고구려 침공은 시기상의 문제였기 때문이다. 결국 이같이 객관적이지 못한 당 태종의 분석이 패전으로 연결되었다고 하겠다.

---

34) 「고구려 본기」 제8, 401쪽 및 제9, 418-421쪽, 제10, 450쪽.

이제 수와 당을 상대한 전쟁에서 택한 고구려의 전술적인 특징을 한-위만 조선 전쟁과 비교해보자. 아래는 제5장에 나오는 인용문의 일부를 다시 인용한 것이다.

위만조선의 우거는 한이 파견한 관리 섭하를 불시에 습격하여 죽였다. 이에 한이 군사 5만을 동원하자 우거는 군사를 험한 곳에서 이를 막고 성을 지키고 있다가 누선을 공격하자 누선은 패배하여 달아났다. 한은 다시 군사의 위엄으로 우거를 타이른다. 우거는 투항을 받아주기를 청하면서 태자를 보내 말을 바치겠다고 했다. 태자가 사죄하게 하고 말 5,000필을 바치고 군사 1만여 명이 무기를 지니고 패수를 건너 항복하려는데, 중국 측 사자가 그들이 반란을 일으킬까 의심하여 태자에게 무기를 지닐 수 없다고 했다. 태자는 의심하여 군사를 이끌고 돌아갔다. 몇 달이 지나도 항복시키지 못했다. 조선의 여러 관리들이 의논하여 우거를 죽이고 와서 항복했다. 마침내 조선을 평정하고 진번, 임둔, 낙랑, 현도의 4군을 두었다.

그렇다면 고구려의 전술은 어떨까? 고구려는 수와의 전쟁을 피할 수 없는 선택으로 인식하고 전술적으로 유리한 요서 지방을 선제공격하여 점령한다. 영양왕 9년(598) 수 문제가 30만 대군을 동원하지만, 전염병과 풍랑으로 되돌아가자, 고구려는 즉시 사신을 보내 사죄하는 표문을 올린다. 왕 23년(612) 수 양제는 조서를 발표하고 대규모 침공을 시작한다. 요수에 부교를 설치하고 도강을 시도하는데, 고구려 군사가 "높은 곳에 올라 그들을 내려치니" 죽는 자가 많았다. 수는 요동성을 에워싸고 고구려는 굳게 지킨다. 요동성이 함락되려고 할 때마다 성 안의 사람들은 번번이 항복하겠다는 의사를 전한다. 그러나 수의 장수들은 황제의 명령을 받느라고 시일을 지체했고, 황제의 회보가 도착할 즈음에는 성 안의 방어태세가 정비되어 성은 견딜 수 있게 되었다. 수의 수군(水軍)이 평양성 "성 안으로 쫓아 들어오는" 사태까지 발생하지만, 고구려군은 패한 척하고 적군을 유인하여 복병으로 격퇴한다.[35]

---

35)「고구려 본기」제8, 411, 405쪽.

이상이 초기의 전황이다. 여-수전쟁의 절정은 을지문덕(乙支文德)의 살수대첩이다. 을지문덕이 수공작전으로 승리했다는 결과론만을 말하는 것이 아니라 그가 수의 진영으로 들어가서 수의 정세를 염탐하고 수군을 유인하여 쳐부순 것은 고구려, 아니 한국적 방어전략의 전형이며 최고 걸작품이다. 을지문덕은 수의 진영으로 들어가서 거짓으로 항복하면서 적군이 피로하고 양곡이 떨어졌다는 허실을 파악하고 돌아온다. 수의 장군 우중문(于仲文)은 뒤늦게 이 사실을 깨닫고 "하고 싶은 말이 있으니 돌아오라"고 하지만, 을지문덕은 압록강을 건너 돌아와버린다. 이어 을지문덕은 일곱 번 싸워 일곱 번 패하는 유인전술로 수의 군대를 평양성 바깥 30리까지 끌어들여, 시 한 수를 보내 우중문을 희롱한다.

神策究天文(신책구천문) 신통한 계책은 천문을 다 알고
妙算窮地理(묘산궁지리) 기묘한 작전은 지리에 통하네.
戰勝功旣高(전승공기고) 싸움에 이긴 공 이미 높으니
知足願云止(지족원운지) 충분함을 알고 그만둠이 어떠한가.

을지문덕의 시는 상대방을 야유하며 격분시켜 고구려군을 추격토록 만드는 것이 주목적이었을 것이다. 그런데 앞부분에 언급한 "천문"과 "지리"는 일면 을지문덕이 천문과 지리, 인화라는 중국 병서의 정수에 능통했다는 점을 시사한다. 또 천문을 보고 비가 올 것을 예상하고 살수(薩水)라는 지리를 이용하여 수공(水攻)을 취할 것임을 암시한 것이라면, 지나친 해석일까? 우중문이 회답을 보내 을지문덕을 회유하는데, 문덕은 다시 사신을 보내 거짓 항복하고 "만약 군사를 거두어 돌린다면 왕을 모시고 황제가 계신 곳에 가서 조알하겠다"고 한다. 우중문은 피로한 군사를 물리는데, 고구려군이 이를 추격하여 대승을 거둔다. 이것이 곧 살수대첩이다. 614년 수 양제가 다시 군대를 보내 요동반도 끝에 있는 비사성(卑沙城, 대련만 북안 대화상산[大和尙山])을 함락시키고 평양으로 내려갈 태세를 보이자 고구려는 사신을 보내어 항복할 것을 청한다. 그러나 고구려는 왕이 입조하라는 양제의 명을 듣지 않는다.[36]

을지문덕의 전략은 게릴라 전의 전형이다. 게릴라 전법은 적의 후방 교란과 유인, 매복, 기습 등의 단계를 거치며 마지막으로 정규전으로 적을 섬멸한다. 을지문덕의 작전 역시 마지막 단계에서 대규모 정규전으로 변모한다. 반면 연개소문의 대당전쟁은 정규전 방식이라고 할 수 있는 수성전(守城戰)이다. 천리장성을 쌓고 전략적 거점을 강화하여 여러 성들이 서로 지원하는 방식으로 당의 대군을 맞는다. 한 성이 위험하면 다른 성이 이를 지원하는 전략이다. 그러나 당군은 645년 여름 4월에 출동하여 개모성(蓋牟城, 무순 서쪽), 비사성, 요동성(遼東城, 요양), 백암성(白巖城, 연주성)을 차례로 함락시키고 안시성(安市城)에 이른다. 요동성 전투가 가장 치열했으며, 당은 이를 요주(遼州)로 만든다.

안시성은 오늘날 해성(海城) 영성자(英城子)인데, 단동을 거쳐 고구려의 수도 평양성으로 들어오는 길목에 있다. 양쪽의 대군이 정면으로 대치하여 성을 에워싼 공성전과 수성전이 전개되면, 기동성은 약화되고 기만이나 유인 등 게릴라 전에서 원용되는 계책들이 효과를 발휘할 수 있는 기회가 줄어든다. 중국은 전국시대 이후 공성전에 단련되었으며 성곽을 공격, 파괴하는 가공할 무기들을 보유하고 있었다. 반면 고구려는 방어에서 몇 가지 전술적 선택이 가능했다. 당 태종이 지적한 대로 험한 지세에 웅거하여 장기전을 펴면서 말갈 군으로 당나라 군대의 후방을 급습하여 양곡 수송로를 차단하는 것이 가장 유력하며 효과를 극대화시킬 수 있는 방법이었다. 그밖에도 성 안의 사람들을 빼내어 야반도주할 수도 있고, 당군과 정면대결을 할 수도 있다. 불행히도 전쟁 초기에 고구려는 정면대결을 꾀하는데 당의 유인술에 말려 대패한다. 그러나 이후 고구려는 장기전으로 방어에만 집중하며, 당나라 군대는 공성용 돌격 수레와 쇠뇌 등을 사용하여 60일간 공격하지만 안시성을 끝내 함락시키지 못한다.

전술적 차원에서 수와 당의 차이는 수군(水軍)이다. 수와 당은 모두 고구려 침공에 수군을 동원한다. 물론 어디까지나 육군이 주력이고 수군은 보조

---

36) 을지문덕의 시는 「열전」 제4, 785쪽.

적인 "제2전선"의 역할을 맡는다. 그러나 "제2전선"은 어떤 역할을 하느냐에 따라서 단순히 부수적인 전선으로 끝날 수도 있고 주전선의 성공에 큰 기여를 할 수도 있다. 수는 수군에게 제2전선과 같은 주요한 역할을 부여하지만, 고구려는 대승을 거둔다. 당 태종도 초기에는 수군을 중요시한 것 같다. 그는 침공을 앞두고 "군사 수만 명을 발동하여 요동을 공격하면 저들이 온 나라를 기울여 요동을 구하려고 할 것이니, 그때 수군을 동래(東萊, 산동성)에서 평양으로 진격시켜 수륙 양군이 합친다면 어렵지 않게 (성을) 빼앗을 수 있을 것"이라고 당나라 군대의 전략을 피력한 바 있다. 그러나 당이 하남의 양곡을 바다로 운반하고 산동성 내주(萊州)에서 전함 500척으로 평양으로 직접 진격하게 했다는 것 외에는 별다른 기록이 없다.[37] 수와는 달리 당은 수군이 군량 수송업무를 주로하고 육군이 평양성까지 진출하면 수군도 합세하는 정도로 예상한 것 같다. 아마도 안시성에서 저지당할 때까지 당나라 군의 진격이 순조로웠다는 점도 수군에게 큰 역할을 부여하지 않은 이유일 것이다.

그러나 고구려의 방어전략이라는 관점에서는 중국의 수군은 심각한 위협이다. 612년 전역에서는 비록 매복으로 격퇴했지만, 어떻게 적군을 수도의 외성에까지 불러들일 수 있느냐는 것이다. 614년의 전역에서 수의 수군이 비사성을 함락시키고 평양으로 들어오려고 하자, 고구려가 두려워 사신을 보내 항복할 것을 청한다. 이것은 평양 방어가 중국의 수군에게는 극히 취약하다는 것을 말해주는 것이다. 고구려의 전략은 1960년대까지 한국군과 미군의 방어전략이 북한군을 서울 이남의 평야지대로 유인하여 격파한다는 것과 다를 바 없다. 최종 승리는 얻을 수 있겠지만, 수도 서울을 내어준다는 것은 국토방어의 근본취지를 망각한 것이다. 적군이 도성까지 들어온다는 것은 국가의 기반이 상실된다는 것을 의미한다. "비사성 함락"은 요동반도를 확보하지 않으면, 평양으로 향하는 중국 수군을 요격할 기지를 잃어 한반도 북부는 중국의 수군 공격에 노출되어 있음을 보여주는 것이다.

---

37) 「고구려 본기」 제8, 9, 405, 411, 415, 418-419쪽.

당 태종은 수 양제의 고구려 전역(戰役)을 여러 차례 언급하면서 전쟁의 전개과정과 수의 패퇴 원인을 집중 분석하는데, 그 결론은 엄청난 병력에도 불구하고 수의 원정은 명분에서 약하고 길이 멀어 군량 수송이 어려운 반면, 고구려의 수성 능력이 뛰어나다는 데에 모아진다. 반면 승리를 위한 전략으로 당 태종은 거란, 해(奚), 말갈 등 동이의 다른 무리들은 물론이고 신라와 백제까지 고구려 원정에 편입시켜 광범위한 연합전선을 구축한다.38) 물론 중국식의 "이이제이" 전략이다. 그러나 외부 지원군에게 부여할 역할에 대한 치밀한 전략이 결여된 인상을 남긴다. 아마도 중국의 전통적인 방식대로 연합군이라는 명분 외에 중국군의 취약점인 기병과 병참 지원 정도로 고려했을 것이다.

신라에 대해서는 고구려 원정에 떠나면서 원정군의 동원조직을 설명하고 신라도 군대를 파견하여 "당의 지휘 아래 군사작전에 참여하기"를 요망하고 있다. 이에 신라는 군사 5만 명을 보내 고구려의 남쪽 국경으로 들어가서 수구성(水口城)을 쳐서 항복을 받았다.39) 신라군이 "당의 지휘 아래" 작전한다는 것은 양군이 남북에서 고구려를 협공하여 평양성에서 "만난 후" 당의 지휘를 받게 된다는 말은 아닐 것이다. 또 남쪽에서 단순히 고구려군의 전력을 분산시키는 역할이라면, 구태여 "당의 지휘 아래"라는 표현은 필요 없을 것이다. 이보다는 당의 수군이 평안도나 황해도에 상륙하여 이곳으로 진출한 신라군과 연합하여 평양성으로 진격한다는 작전이 아니었을까? 신라가 항복을 받았다는 수구성은 삼국 간에 전투가 치열했던 황해도 신계 지역 수곡성(水谷城)으로 비정된다. 신라는 이곳에서 북상하여 당의 수군과 합치려고 했을 것이다. 그러나 당은 이 전쟁에서 대규모의 수군을 동원하지 않았다. 이후의 전투에서 수군의 역할이 증대되는데, 그것은 645년 전역에서 얻은 교훈이라고 할 수 있다.

---

38) 「고구려 본기」 제9, 418-421쪽. 해(奚)는 몽고고원과 고구려 사이에 있던 유목민족이다.
39) 『조선전』 2, 「구당서」, 321쪽. 그 외, 당의 문서를 소개한 주보돈(1992), 「『文館詞林』에 보이는 한국 고대사 관련 외교문서」, 『경북사학』, 15집, 4-5쪽도 참조. 그러나 「열전」 제1, "김유신" 상(上)에는 645년 김유신이 백제군의 침공을 맞아 1월과 3월 출정한 기사만 있다. 756-757쪽.

전쟁 초기 당 태종은 육군의 진격에 고무된 듯하다. 천하를 통일하는 과정에서 백전백승의 신화를 창조하고 "정관의 치"라는 중국 역사상 최고의 치세를 이룩한 이세민의 자만심을 충족시킬 만한 것이었다. 육군이 요동으로 밀고 들어가면 고구려의 항복을 쉽게 받아낼 것으로 믿었던 것일까? 실제로 치열한 접전으로 요동성을 비롯하여 고구려의 방어선을 하나씩 무너뜨리면서 안시성에 도달한다. 안시성 전투도 고구려의 완강한 저항이라는 측면에서는 그 이전에 함락당한 성들에서 일어났던 전투의 반복인 듯이 보였다. 그러나 당군은 안시성에서 두 달을 소비하면서 전쟁 수행이 어려운 만주의 겨울을 맞게 된다. 마치 1941년 여름 노도와 같이 모스크바로 진격하던 나치 독일군이 10월 초 모스크바를 바라볼 수 있는 지점에 도착했을 때 겨울을 맞은 것과 비슷한 양상이다. 완강한 저항에 직면한 당군이나 독일군에게 후퇴 이외에는 다른 길이 없었다.

패권국이 주변의 약소국들을 동맹군에 편입시켜 동원하는 것은 국제적 유대라는 명분에서는 유리하지만, 전쟁 수행에서 필수적인 것은 아니다. 나폴레옹의 모스크바 원정이나 히틀러의 소련 전쟁에서 동맹군이라는 깃발 아래에 동원된 부대는 규모면에서는 프랑스 군이나 독일군과 비견될 정도였다. 그러나 이들은 군장비나 훈련, 전투력에서 주력군과는 비교가 되지 않는다. 또 강제로 동원된 만큼 싸울 의지도 약하여 주력군이 무너지면 일패도지하기 마련이다. 또 러시아 군은 공세에 나설 때 이들 동맹군을 적군의 고리의 약한 부분으로 간주하여 공격의 일차 목표로 삼는다. 이들이 무너지면 주력군의 작전도 차질을 받는다. 그러나 고구려는 당의 연합군을 특별히 지목해서 공격한 흔적은 보이지 않는다. 이것은 당이 동맹군들을 독립부대로 편성하여 별개의 임무를 부여하기보다는 유목기병들을 당군에 편입시켜 선봉 등으로 활용한 것이 아닐까 생각한다.

고구려가 수와 당을 상대로 한 전쟁의 역사적 의미는 다음 장의 신라의 통일전쟁과 고구려의 멸망 부분에서 검토할 것이다.

5. 평양 천도와 안보 문제

고구려의 대외관계를 일별하면서 두 가지 의문이 떠오른다. 첫째는 장수왕 15년(427)의 평양 천도가 가지는 안보적 문제점이다. 평양 천도의 경제적 측면과 남방 경략은 앞의 장에서 검토한 바 있다. 과거의 수도인 국내성이 위치한 압록강 중상류 지역은 화북지방에 근거한 국가들의 공격에 취약성을 드러냈다. 평양 천도는 만주대륙을 통한 중국의 침공에 대비해서 방어종심을 깊게 하는 효과가 있다. 특히 천리장성을 구축하면서 요하를 넘은 적군을 상대로 요동에서 일전을 벌인 후에도 후퇴하면 압록강과 청천강이 방어선 기능을 할 수 있기 때문이다. 그러나 더 심각한 문제점이 있었다. 수 양제의 침공 때 수나라 군대가 살수를 넘어 평양성 30리 밖까지 진격한다. 645년 안시성 전투 중에도 고구려군이 방어전에 몰두해 있는 틈을 타서 별동대 5,000으로 평양성을 직접 공격하겠다는 당나라 장군의 제안도 있었다.[40] 즉 주력부대나 군량 수송을 위한 주요 회랑에서 벗어나 경기병(輕騎兵) 중심으로 기습전을 감행하겠다는 전략이다. 수성전 방식의 종심방어가 경기병을 위주로 한 기습전에는 취약하기 때문이다. 이것은 고려시대 거란과 몽고 등 유목민들과의 투쟁에서 현실화된다. 조-청전쟁 때 청군이 임경업(林慶業)이 지키던 백마산성을 남겨둔 채 남하한 전술이 바로 이것이다. 또 겨울철에 강이 얼면 도강도 큰 문제가 되지 못한다는 점도 지적해야 할 것이다.

이보다 더 중요한 점은 양자강 유역의 풍부한 경제력을 배경으로 수군을 건설하면 산동성에서 황해를 건너 평양을 직접 공격할 수 있는 루트가 생긴다는 점이다. 중국의 "정치적 중심지역"은 북경-천진 지역이다(당 시대는 장안-낙양이다). 이 문제를 만주, 즉 "요동 문제"와 결부시키면, 요동반도의 전략적 중요성이 부각될 것이다. 요동반도를 장악하면 북경 지역을 위협할 수 있고, 반대로 중국 본토로부터 만주의 안보가 확보되며 나아가서 한반도의 안보도 보장된다. 이런 의미에서 1895년 청-일전쟁 이후 일본이 요동반

---

[40] 「고구려 본기」 제9, 427쪽. 당 태종이 연개소문 제거라는 명분을 앞세워 이 제안을 받아들이지 않는다.

도 "끝 부분"을 차지하자, 열강들은 중국의 정치적 중심부가 일본에 노출되어 중국의 정치적 독립이 위협받으며 한반도는 완전히 일본의 지배 아래 들어갈 것으로 판단한다. 요동반도와 산동반도에 둘러싸인 발해만은 안보적인 측면에서 서울을 방어하는 강화도와 한강-임진강 수로에 해당하는 지역이다. 즉 발해만이나 강화수로는 중국이나 한국에게는 수도를 지키는 내해(內海)와 같으며, 이를 방어하기 위해서 천진과 강화에 포대 등을 건설했다.

이와 같은 안보적 관점을 고구려의 수와 당에 대한 전역에 연결시켜보자. 고구려가 요동반도와 비사성을 장악하고 있으면, 고구려 수군이 황해에서 중국 수군을 요격할 수 있는 능력을 가진다. 이를 위해서는 고구려가 강력한 수군을 건설하고 유지해야 한다. 아마도 평양 천도는 이를 전제로 단행되었을 것이다. 동시에 고구려의 제한된 경제력으로 통일중국과 맞설 수 있는 수준의 육군과 수군을 동시에 건설하기는 어려울 것이라는 점도 쉽게 짐작할 수 있다. 이것이 고구려 안보에서 눈에 보이지는 않으나 최대의 취약점인 것이다.[41] 이후 한반도는 중국 수군의 공격에 노출되었으며, 고구려의 방어벽은 쉽게 뚫렸다.

황해를 통한 해상 루트와 중국 수군 문제는 한-중 관계의 고비마다 나타난다(제1장 및 제4장 조대비 조문 문제 등 참조). 근대 이전의 전략적 관점에서 이를 가장 잘 표현한 것은 아마도 명 태조 주원장의 칙서일 것이다.

> 홍무(洪武) 26년(1393)……이르기를, '어찌해서 고려의 이성계가 스스로 변방의 흔단(釁端)을 일으켜 해마다 그치지 않는가? 창해 강토를 빙 둘러 있고 겹친 산을 짊어져서 험지를 믿고 자주 흉완한 짓을 함부로 행하는데, 우리 조정의 군사 징발함을 한, 당과 같이 여기고 있다. 한, 당 장수들은 기사(騎射, 육전)에는 장점이 있고 주즙(舟楫, 수전)에는 단점이 있는 까닭으로, 바다를 건너는 데 고생하고 뜻대로 되지 않았었다. 짐은 중국을 평정하고 호로(胡虜)를 물리칠 때 하해와 육지를 통틀어 정벌했으니, 어찌 한,

---

41) 요동반도와 수군 문제에 관해서는, 신형식, 최근영, 윤명철, 오순제, 서일범 공저(2000), 『고구려 산성과 해양 방어체제 연구』(서울: 백산자료원), 88쪽 이하 참조.

당과 비할 수 있겠는가?42)

주원장이 말한 것은 원나라 말기 통일의 최대 분수령이었던 1363년 진우량(陳友諒)과의 파양호(鄱陽湖) 수전이며, 조선이 수군을 가진 명에 어떻게 저항하겠느냐는 협박이다. 이 전투는 나관중(羅貫中)이『삼국지 연의』에서 묘사한 적벽대전의 모델이 된다.

고구려의 수/당에 대한 전쟁을 중국의 흉노/몽고 전쟁과 간단히 비교해보자. 북방의 유목민들은 간헐적으로 만리장성을 넘어 중원을 약탈한다. 동시에 중국의 왕조도 수시로 원정군을 동원하여 이들을 굴복시키려고 한다. 흉노족은 한 무제의 원정 이후 내분 등으로 약화되어 역사에서 사라지지만, 그 후예인 몽고는 오늘날 독립국을 유지하고 있다. 유목기마민족들은 중국의 원정군이 강력할 때에는 그 본거지를 멀리 북쪽 초원으로 옮겨 추격을 피하고 시간을 벌며 재기했다. 이들에게는 중국의 핍박을 피할 수 있는 무한한 후방지역이 있다는 말이다. 중국 역시 초원이 중국적 농경경제에 큰 도움이 되지 않는 지역으로 간주하고 더 이상 추격하지 않았다.43) 이것이 곧 중국-유목민족 관계에서 침탈과 원정, 굴복 그리고 재침탈의 역사가 반복된 배경이다.

고구려와 흉노족의 차이점은 고구려가 유목민족의 특성을 유지하면서 농경지인 평양에 수도를 건설했다는 점이다. 동천왕이나 고국원왕 시기에 중국의 침략으로 수도가 함락되지만, 왕은 내지로 피난하여 재기를 도모할 수 있었다. 수도가 압록강 북쪽에 있을 때에는 적의 예봉을 피해 넓은 후방지역으로 도망할 수 있었던 것이다. 이 과정에서 고구려의 지배층인 한민족이 만주의 여러 민족들을 압도하고 피난길을 안전하게 확보해야 하는 또다른 과제가 있었을 것이다.44) 그러나 중국은 고구려 수도를 점령하고도 왕을 추

---

42)『조선실록』,「태조」5권, 3년 (1394, 명 홍무 27년) 2월 19일.
43)『사기』,「열전」, "춘신군열전", 259쪽. "천리 밖으로 나가 싸우면 군대는 좋은 결과를 얻지 못한다……우리가 그 (흉노) 땅을 얻는다고 해도 국토를 넓혔다고 할 수 없고, 그 백성을 가진다고 해도 국력을 강화시킨 셈은 되지 못하며……"『사기』,「열전」, "한장유열전" 6권, 774쪽.
44) 470년대 중반 이후(장수왕 60년대 이후) 북만주 송화강 유역의 아성(阿城) 일대에 물길(勿吉)이 발흥하여 북위에 조공하면서 고구려와 분쟁을 일으킨다. 노태돈(1999), 313쪽.

격하지 못하고 결국 수도를 약탈하는 등 피해만 잔뜩 입히고 명목상의 항복과 조공을 받는 것으로써 고구려의 생명줄을 연장해주지 않을 수 없었다. 고구려는 이와 같은 피해가 반복되는 상황을 견딜 수 없었던 것이며, 그 대안이 바로 평양 천도이다. 평양 천도는 경제적 측면과 함께 안보를 고려하여 단행된 것이지만, 수군이라는 또다른 그리고 심각한 안보 문제를 제기한 것이다.

평양 천도는 결과적으로 수성전과 농성전으로 최후의 일전을 치를 수밖에 없는 상황을 자초한 것이다. 물론 고구려의 방어전략은 수성전이다. 그러나 외교정책을 집행하는 과정에서 고려해야 할 요건 중의 하나는 필요한 경우 물러날 수 있는 여지를 확보하는 것이다.[45] 쥐도 뱀이 들어오면 도망갈 다른 통로를 만들어둔다. 1960년대 한스 모겐소 등의 국제정치학자들이 미국의 베트남 전쟁 개입과 확전에 반대한 것은 린든 존슨 정권의 정책이 "체면의 손상 없이는 물러날 수 없는 막다른 길"로 미국을 몰아간다고 판단했기 때문이다. 하나의 정책, 예를 들면, 미군의 증파 혹은 북베트남 지역에 대한 공중 폭격이 효과가 없을 때 그 다음은 무슨 정책이 있느냐는 질문이다. 당시 존슨 정부의 답변은 일차 조치로 효과를 보지 못하면 군대를 더 많이 보내고 폭격을 두 배로 한다는 것이었다. 두 번째, 세 번째 조치도 효과가 없으면, 정책의 대전환을 꾀할 수밖에 없고, 국가는 체면 손상이나 위험을 감수해야만 한다. 평양 천도 이전 수도가 적군에 유린되는 상황에서도 고구려가 살아남을 수 있었던 것은 후방지역으로 피난해서 미래를 기약할 수 있었기 때문이다. 물론 통일중국의 군사력이 연이나 북위의 수준과는 다르겠지만, 후퇴할 수 있는 후방 근거지가 있고 특히 이 지역에 한민족이나 고구려에 호의적인 부족들이 거주한다면, 중국군의 추격을 따돌리는 것은 어렵지 않았을 것이다.

그 다음, 평양 천도에 따른 고구려의 국가 성격의 변화라는 문제가 있다. 즉 "용감무쌍한 기마민족"에서 "온순한 농경민족"으로의 변화이다. 이 문제는 제10장 "신라의 통일전쟁"에서 고구려의 멸망과 함께 다룰 것이다.

---

45) Thompson, Kenneth W. ed.(1980), *Masters of International Thought*(Baton Rouge: Louisiana State University Press), p. 86.

제9장 신라의 순응외교

1. 신라의 성장

해방 이후 국사 교육을 받은 사람들에게 고구려의 자주적 외교에 "반대 개념"을 제시하라고 하면, 대부분이 신라의 "순응, 편승외교", 심하게 표현하면 "굴종외교"라고 답할 것이다. 신라는 나-제동맹으로 백제와 함께 고구려에 대항했으나, 고구려와 백제가 차지하고 있던 한강 유역을 탈취하여 백제를 배반하고 이 지역을 기반으로 당과 교류하기 시작하여 나-당동맹을 맺고 백제와 고구려를 차례로 멸망시켜 삼국통일을 이루었으나, 이로써 한민족의 영역은 대동강 이남으로 줄어들었다는 것이 요지이다. 이 장에서는 신라의 순응외교가 구체적으로 무엇을 의미하는지, 그리고 이와 같은 "평결"이 정확한 것인지 검토할 것이다.

신라는 건국 초기부터 백제와 왜로부터 끊임없이 침략을 당하면서 성장한다. 그리고 500년 22대 지증 마립간의 등극과 함께 왜의 침탈이 사라지면서 국내적 안정을 기하고 국력 신장의 계기를 맞는다. 신라의 발흥은 제도정비로부터 시작된다. 개국 이래 국호도 없이 사라(斯羅) 혹은 사로(斯盧)라고 불리기도 했는데, 왕 4년(503) 나라 이름을 신라(新羅)라고 정한다. "신(新)"은 덕업이 새로워진다는 뜻이고 "라(羅)"는 사방을 망라한다는 뜻이다. 임금에 대한 칭호도 "신라 국왕"으로 바뀐다. 시조 이후 22대 동안 "단지 방언으로만 왕호를 일컫고 존귀한 칭호를 바로잡지 못했다"는 것이 그 이유이다. 지증왕 이전까지 임금의 칭호는 거서간(1명), 차차웅(1명), 이사금(16명), 마립간(4명) 등인데, 『삼국유사』나 광개토대왕 비문, 『일본서기』에는 매금(寐錦)이라는 칭호도 발견된다. 그로부터 23대 법흥왕(514-540)까지 40년간 신라는 순장 금지, 상복법, 군현 설치, 선박 이용제도, 병부 설치(517), 율령 반포와 백관의 복색 정비(520), 가야국과의 혼인(522), 불교 도입(528), 상대등 등 관직 제정, "건원(建元)"이라는 연호 제정(536) 등의 정부기구 및 사회 제도를 획기적으로 정비하고 우산국 정복(512)과 금관가야 항복(532)으로 대외적으로도 팽창한다.

　제도의 정비나 신설은 신라의 성장을 보여주는 내부적 변화의 여러 측면들이다. 국력이 커지고 새로운 "사회적 힘"이 형성되면, 즉 기술이 개발되어 생산력이 높아지면, 사회가 복잡해지고 새로운 직업군이 나타나며, 또 종교 등의 새로운 이념이 등장하면, 과거의 방식으로 국가를 경영하기 어려워지며 기득권 세력과의 마찰도 조정해야 한다. 이 문제를 성공적으로 해결하면, 사회는 내실을 기하면서 발전하는 것이다. 김부식은 흉노는 "하늘의 아들", 즉 천자(天子)라는 의미의 탱리고도(撑犁孤塗)라는 말을 그대로 보존하고 있다고 지적하면서 "신라의 일을 기록함에 있어 그 방언을 그대로 둔 것", 즉 신라 국왕의 이름을 방언으로 부른 것은 높이 평가할 만한 것이며, 김대문의 견해를 빌려 고유한 왕의 칭호에 대한 의미와 유래를 밝혀두었다.[1]

　병부의 설치는 이때까지 외침에 대해서 해당 지역을 중심으로 "상황에 맞추어(ad hoc basis)" 대응한 국방 시스템에서 중앙정부가 왕권의 보호와 외침에 대항하는 업무를 총괄하는 방식으로 한 단계 발전시켰다는 의미이다. 군현의 설치와 정비는 이에 병행하는 작업이다. 중국에서 봉건제도에서 군현제도로의 이행이 중앙권력의 직접 통치를 강화한 것과 같이, 신라의 군현 설치 역시 호족들이 지배하는 지역에 중앙에서 관리를 파견하고 중앙과 동일한 제도와 법령을 시행한 것이다.

---

[1] 「신라 본기」 제4, 117-118쪽. 시조 혁거세 "거서간"은 왕 혹은 귀인의 칭호, 남해 "차차웅"은 "무당", 유리 "이사금"은 왕위를 잇는 "잇금", 눌지 "마립간"은 "말뚝"을 이른다. 왕의 말뚝을 위주로 신하의 말뚝을 배치한다는 것이다. 「신라 본기」 제1, 64, 66-67, 70쪽; 「신라 본기」 제3, 107쪽.

불교의 도입은 토속 종교를 대신하는 신앙으로 불교가 유행하게 되었다는 단순한 사실 이상의 의미를 가진다. 소수림왕 때 고구려의 불교 도입과 관련하여 해석한 바와 같이 종교적 의식은 그 자체만으로 사회 전체의 의식수준을 한 단계 고양시키며 사회, 정치 체제를 정비하는 역할을 한다. 이것이 발전하면 국가 이데올로기로 승격된다. 불교가 이차돈(異次頓)의 순교로 왕실과 집권층으로부터 공식 승인을 받은 그 다음 해(629)에 "살생금지" 명령이 내려진 것은 종교 문제로 인해서 지배계층 내부에 조성되었던 긴장이 해소되고 사회적 도덕규범(moral code)으로 정착되었음을 말하는 것이다. 이후 진흥왕 26년(565) 진(陳)으로부터 승려가 들어오고 경전 1,700권을 받으며 다음 해에 두 절을 세우고, 왕 33년(572) 전쟁에서 죽은 사졸들을 위해서 팔관연회를 베푼다.

불교가 국가 이데올로기로 되었다는 것은 신라의 정치체제가 신정(神政)체제로 되었다는 의미는 아니다. 국가종교로서의 불교의 위상은 고려시대에 더욱 공고화되지만, 불교의 교리가 중동의 이슬람과 같이 통치행위의 규범을 제시하는 것도 아니며 또 승려가 아야톨라 호메이니와 같이 통치의 전면에 나서지도 않는다. 종교조직은 경제적 기반을 가지며 이로써 사회적, 경제적 기능을 담당하게 되고 그 교리와 규범은, 특히 대부분의 종교가 가지고 있는 내세관이나 메시아적인 성격은, 통치자들이 권력을 공고화하는 데에 사용될 수도 있다.[2] 삼국시대 신라의 불교는 진흥왕 37년(576)에 제도화된 것으로 보이는 "화랑"과 신라의 젊은 엘리트층의 행동규범으로 정착되는 "세속오계(世俗五戒)"라는 계명과 같은 정치, 사회 집단의 이념을 형성하는 데에 기여했을 것이다.

모든 사회에는 그 자체의 규범이 존재하지만, "예는 서인에게는 적용되지 않는다"는 중국의 관습과 같이 지배층이 엄격한 규범으로 사회를 선도할 때 그 사회는 발전하기 마련이다. 불교의 기여는 가난한 자들을 구휼하고 순국한 이들을 위해서 기도하는 등의 방식으로 국가의 단결에 기여하는 간접적인

---

[2] 종교의 사회적 기능에 대해서는, Gerth, H. H. & Mills, C. Wright, ed.(1974), *From Max Weber*(London: Routledge & Kegan Paul), chapter XI 참조.

것이라고 할 것이다.3) 그리고 가야 지배계층의 귀순과 혼인은 가야 전역을 군사적 충돌 없이 흡수한 후 사회통합에 성공함으로써 합병에 따른 후유증을 최소화했음을 말해준다. 이것은 또 김유신 등 가야계 엘리트들이 신라의 중앙정부에 등장하게 되리라는 것을 예고하는 것이다. 순장 금지는 왕과 귀족 등의 권력층과 백성들의 관계에서 새로운 전환이 이루어졌음을 보여주는 동시에 사회의식의 변화를 반증하며(순장에 따른 노동력 손실 등 경제적 측면도 무시할 수 없었을 것이다), 선박 이용제도의 제정은 강이나 바다를 통해서 교통과 물자 수송의 규모가 증대되어 이를 체계적으로 관리하기 시작했다고 해석해도 무방할 것이다.

연호 제정은 국가체제의 정비라는 관점에서 "새로운 강대국 신라"의 성장과정에 화룡점정(畫龍點睛)이라고 하겠다. 이것은 법흥왕의 뒤를 이은 진흥왕 6년(545)의 『국사(國史)』 편찬작업과 12, 13년에 거문고, 가야금, 음악과 노래, 춤을 가르치는 기록으로 이어진다. "나라의 역사라는 것은 임금과 신하의 잘잘못을 기록하여, 그 칭찬할 것과 비난할 것을 후세 만대에 보이는 것"이라는 이찬 이사부(異斯夫)의 진언이 『국사』 편찬의 배경이다.4) 신라의 정신적 성장을 상징하는 것이며 정체성을 찾는 작업에 착수한 것이다. 신라의 젊은이들이 『국사』를 『논어』 등의 사서삼경 대신에 교양과 출세를 위한 교과서로 사용하는 전통이 확립되고 이것이 고려시대에도 계승되었다면, 김부식이 「진삼국사기표」에서 언급한 한탄은 나오지 않았을지도 모른다. 음악의 연주나 춤은 공자의 예악이나 조선조 아악에서 볼 수 있듯이, 국가적 행사나 의례의 발전을 말해준다.

이 시기 신라의 변화는 아널드 토인비가 말하는 성장의 분명한 징표들이다. 사회와 국가의 성장은 내부적 변화에 얼마나 적절하게 대응하느냐에 달려 있다. 이것이 "도전과 응전"의 핵심 개념이다. 사회는 여러 가지 동력에 의해서 끊임없이 도전받는다. 여기에서 도전이란 기후 변화, 가뭄, 홍수 등의

---

3) 고귀한 신분에 따른 도덕적 의무라는 서양의 "신성한 의무(noblesse oblige)"도 이에 속한다.
4) 이찬은 2등급 신라 관직이며 "우리 말"로서 그 의미는 알 수 없다. 「잡지」 제7, 707쪽.

천재지변이나 기근 등 사회 전체가 겪는 시련일 수도 있으며 새로운 세력의 등장을 바라보는 기득권 세력의 시각일 수도 있다. 이때 사회의 지배세력이 변화의 동력을 정확히 파악하고 적절한 반응을 보이면, 각 세력이 적절히 타협하고 역할이 안배되며 사회는 발전한다. 이와 같은 도전 중 외부로부터 오는 것은 비교적 인지하기 쉽고 따라서 대응할 수 있지만, 내부적인 변화는 정확히 인지하기 어렵다. 로마 말기에 도시 기능이 마비되고 야만족의 유입이 늘어남에 따라서 로마 사회에 잠재적 파괴력을 가진 내적, 외적 프롤레타리아가 형성되지만, 로마는 이를 "창조적" 방식, 즉 문제의 근원을 파악하고 대처하기보다는 군사적 원정을 통해서 외부의 부를 로마로 가져오는 것으로 해결하려고 했다. 군사적 팽창은 내부의 동력이 자연적으로 확장되는 것이 아니라면, 성장의 징표가 아니라 쇠망의 시작이다. 몽고제국도 칭기즈칸이 내부적 변화에 대응하여 통합을 이룬 것은 진정한 의미에서의 성장이지만, 대외원정에 몰두함으로써 몽고의 엘리트들을 고갈시킨 것은 쇠망의 시작인 것이다.5)

신라의 성장은 대외관계에서 현상타파를 통해서 한 단계 더 도약한다. 진흥왕 시기 한강 유역으로 진출하는 과정은 외교와 군사작전을 종합적으로 추진하는 대전략을 보는 것 같다. 진흥왕 9년(548) 백제의 요청에 따라 신라는 백제를 공격한 고구려를 물리쳐 나―제동맹이라는 기존의 정책에 충실한 모습은 보인다. 다음 해 중국 남조의 양(梁)에서 공부하던 승려 각덕(覺德)이 사신과 함께 귀국하는데, 왕은 이들을 각별히 대접한다. 그리고 왕 11년(550) 백제가 고구려의 도살성(道薩城)을, 고구려가 백제의 금현성(金峴城)을 서로 함락시키는 등 치열하게 싸우는 가운데 왕은 "두 나라 군사가 피로한 틈을 타서 이찬 이사부에게 명해 군사를 내어 쳐서 두 성을 빼앗아 증축하고 군사 1,000명을 주둔시킨다."

신라의 행위는 배신이지만, 국제정치에서는 흔히 볼 수 있는 현상이라는 점에서 재론할 필요는 없을 것이다. 신라가 두 사신과의 대화를 통해서 중국

---

5) 이에 관한 간단한 해설은, Dray, William H.(1964), *Philosophy of History*(Engelwood Cliffs: Prentice-Hall), pp. 84-88.

과의 교류 필요성을 더욱 절실하게 느꼈던 것일까, 혹은 삼국 관계에서 앞으로 중국의 지원 확보까지 고려했을까, 혹은 위의 표현대로 고구려와 백제 양쪽이 모두 피로해 있는 틈을 이용한 기회주의적 행위였을까? 진흥왕이 경주에 있었는지 전장에서 직접 지휘했는지는 알 수 없지만, 왕이 "명하여" 이 작전을 수행한 것을 보면 신라가 오래 전부터 한강 유역 진출을 구상해왔던 것은 분명하다. 이후 백제의 왕녀를 맞아 소비(小妃)를 삼는 등 평화는 일시적으로 회복되지만, 백제의 복수전은 결국 554년 관산성(管山城, 충북 옥천)과 삼년산군(三年山郡, 충북 보은군 보은읍) 전투에서 성왕의 전사라는 비극을 초래하며, 이로써 양국 관계는 돌이킬 수 없는 길로 들어선다.[6]

진흥왕의 순수비는 새로 얻은 영토를 순수(巡狩), 시찰하는 것도 국가체제의 정비라는 관점에서 이해해야 할 것이다. 진흥왕은 4개의 순수비를 남겼다. 『삼국사기』에는 왕 16년(555) 겨울 10월 북한산에 행차하여 영토를 개척하고 국경을 정했다고 기록하고 있다. 이것이 북한산 비임이 분명하다.[7] 이 비문들을 통해서 진흥왕이 국정운영에 임하는 자세를 살필 수 있다. 황제가 귀신과 산천에 제사지내는 순행(巡行)과 봉선(封禪)은 중국의 고대 신화시대부터 나타난다. 진시황은 중국을 통일한 후 태산에 올라 제사를 지내고 비석을 세워 천하통일을 하늘에 고하고 일부 지역에서 백성들의 노역을 면제해주는 등의 조치를 통해서 자신이 천명을 받은 정통성을 가진 통일 군주라는 점을 천하에 공포하며 새로운 왕조와 정치체제의 개막을 알린다. 한나라에 들어 영역을 넓히고 평화를 정착시킨 무제의 후년 기록은 봉선과 순행 행사로 가득 차 있다.[8]

진흥왕의 순수비는 한강 유역을 장악한 이래 중국의 선진문물을 적극 받아들이면서 중국의 통치방식을 모방하여 신라의 강역으로 편입된 지역 주민들

---

6) 「신라 본기」 제4, 123-125쪽. 「백제 본기」 제4, 541쪽도 참조.
7) 창녕 비는 왕 22년(561), 황초령 비와 마운령 비는 왕 29년(568)에 건립한 것이다. 북한산 비는 비문의 간지(干支)가 마손되어 건립한 해에 대해서 논란이 있다. 박희택(2008), 「신라 진흥왕의 복지정책: 진흥왕 순수비를 통한 고찰」, 『한국정치연구』, 17-2, 165-166쪽.
8) 『사기』, 「본기」, "오제본기", 8-9쪽; "진시황본기", 162-169쪽; "효무본기".

에게 새로운 시대가 열렸다는 사실을 알리는 것이다. 왕은 순수관경(巡狩管境), 즉 새로 개척한 영토를 순방하여 대득인민(大得人民)으로 민심을 수습하고 이들 지역에서 왕도정치의 이상을 실현하겠다고 천명한다. 비문은 "스스로 닦아 백성을 편안하게 하지 않으면 안 된다", "천지 신에 감응되어 하늘의 뜻에 부응하고", "아래로 스스로 헤아려 새로이 편입된 지역의 백성과 옛 백성을 같이 어루만지며", "왕도의 덕화가 고루 미치지 아니하고", "은혜를 베푸는" 등 유교적 군왕의 자질을 과시한다. 이것은 『사기』의 첫 부분인 "오제본기" 편에 "은혜로우면서도 신의가 있었으며,……자신을 수양했으므로 천하가 그에게 순종하며", "대지에 물을 대주는 것처럼 공평하게 은덕을 천하에 미치며……" 등의 구절들과 유사하다. 비문은 또 "재주가 뛰어나고, 적에게 용감하고 나라를 위해서 충절을 행하는 사람에게는 상품과 관작을 더한다"(북한산 비와 마운령 비)고 하면서 새 영토의 주민들을 기득권층과 구분 없이 적극 포용하려는 의지를 표명한다. 신라와 같이 인적 자원이 부족한 신흥 세력이 택해야 하는 적극적인 인재 등용정책이다.

　순수비의 건립과 같은 시기에 비사벌(比斯伐, 경남 창녕)에 완산주(完山州, 왕 16년), 비열홀주(比列忽州, 함남 안변)(왕 17년) 등의 행정구역을 개편 혹은 신설하고, 국원(國原, 충북 충주)에 소경(小京)을 설치하여 귀족 자제 등 주민들을 이주시켜 전략적 요충지를 강화한다. 또 포노(砲弩) 제조와 설치, 새 영토 주민들에 납세를 면제해주는 등 국방체제도 정비한다. 왕 29년(568) 연호를 "크게 창성하다, 혹은 해[日]를 두 개 포갠 것같이 더욱 빛나다"는 의미를 가진 "대창(大昌)"으로 정한다. 진흥왕의 순수비는 이같이 신라가 진정 새로운 시대에 접어들었음을 천명한 것이었다.9)

　25대 진지왕(眞智王)에 이어 26대 진평왕은 579년부터 632년까지 54년간 재위하는데, 이 기간 중 삼국과 중국에서 미증유의 사건들이 일어난다. 신라는 국내적으로는 체제정비를 계속한다. 왕 3년(581)에는 위화부(位和府)를 "처음으로", 그리고 5년에는 선부서(船府署)를 "처음으로" 설치하며, 조부령

---

9) 비문의 내용은 박희택(2008) 참조.

(調府令)과 승부령(乘府令), 그리고 예부령(禮部令)을 둔다.10) 관리의 임용을 담당하는 이부(吏部)에 해당하는 위화부는 혈연이나 집안보다는 "능력을 위주로 하는 관료체제"가 초기적 형태로나마 도입된 것으로 해석해도 무방할 것이다. 예부는 조공의 필요성 증대로 설치된 것 같으며, 선부서는 병부에 속하는 것으로 보아 병력과 양곡의 수로 수송에 관련된 업무를, 공부는 공물과 납세 등을 담당한 것 같다. 거마(車馬)에 관련된 승부(乘府)의 설치는 기병의 확충에 따른 말의 사육과 수송이나 전차에 필요한 수레 제작 등을 전문적으로 다루어야 할 필요성이 증대되었기 때문일 것이다. 왕 7년(585) 가뭄이 들자 정전(正殿)에 자리하지 않고 평상시보다 음식의 가짓수를 줄였다는 기사는 가뭄과 같은 천재지변이 곧 왕의 실덕에서 기인한 것이라는 유교적 교리를 실천에 옮긴 것으로 한강 유역 점령 이후 급속히 받아들인 유교의 정치 이념이 이제는 신라 조정에 큰 흐름을 이루게 되었음을 느낄 수 있다. 고구려나 백제는 중국의 문물을 오래 전부터 직접 받아들였기 때문에 중국적 표현이 초기부터 등장하지만, 신라에서는 이와 같은 경향이 중국과 직접 교류하면서 지적(知的) 갈등을 한꺼번에 해소하려는 듯이 나타난다. 중원과 대비하여 한국을 "구석진 곳"으로 비유한 에피소드는 제4장에서 이미 언급했다.

2. 중국과의 교류 확대와 삼국 관계

이상과 같은 내적 변화는 대외관계로 연결된다. 중국을 상대로 하는 본격적인 조공외교이다. 신라는 한강 유역을 점령한 지 14년 후인 진흥왕 25년(564)을 기점으로 왕 33년까지 8년간 1년을 제외하고 해마다 중국과 사신을 교환한다. 북제(北齊)와 진(陳)은 589년 수(隋)가 중국 대륙을 통일하기 이전 남북의 강국들이었음을 고려할 때, 신라는 중국의 정치 중심지인 화북과 강남의 실세들을 상대로 전방위 외교를 추진한 것이다. 이 시기에 589년 수의 통일, 612년 양제의 고구려 침공, 618년 당의 건국, 626년 당의 이세민이 태

---

10) 「신라 본기」 제4, 131쪽.

자 등 형제들을 살해하고 제위에 오르는 "현무문의 변(變)", 그리고 중국 역사에서 가장 훌륭한 정치를 펼쳤다는 "정관의 치" 등 중국의 정세는 파노라마같이 전개된다. 신라는 이제 자신이 상대하게 된 "통일중국"이라는 시대적 변화에 맞추어 새로운 차원에서 외교를 시작하게 되는 것이다.

수는 595년 조서를 내려 진평왕을 상개부낙랑군공(上開府樂浪郡公) 신라왕(新羅王)으로 임명하는데, 이것은 중국을 통일한 후 주변국들과의 관계를 정리한 작업의 일환이다. 진평왕도 지속적으로 수나라에 조공 사절을 보내며 불경 등 문물을 받아들인다. 백제, 고구려와의 전투도 이 시기를 전후하여 본격화된다. 『삼국사기』는 진평왕 24년(602) 아막성(阿莫城, 전북 남원시 운봉면 할미성, 모산성[母山城]이라고도 함)을 공격한 백제를 크게 무찌르며 25년에는 북한산성을 공격한 고구려군을 왕이 직접 군사를 이끌고 막는다. 고구려도 신라를 침공하여 우명산성(牛鳴山城, 함남 안변군 안변면)을 함락시키며 백제도 신라의 성을 함락시킨다는 기록들이 보인다.

여기에서 주목할 것은 삼국 간의 전투가 일진일퇴하지만 이전에는 대부분의 경우 약자였던 신라가 이제는 양국을 상대로 한 접전에서 승리하는 모습도 보여주고 있다는 점이다. 『수서』 역시 진평왕의 선대는 "백제에 부용(附庸)했는데 뒤에 백제의 고구려 정벌로 고구려인들이 군역을 못 이겨 무리지어 신라에 귀순하니 신라가 강성하여져 백제를 습격하고 가야국을 부용국으로 삼았다"면서 신라의 국력 팽창을 지적하고 있다.[11] 물론 중국이 신라 사회 전반에서 일어난 변화를 정확히 이해한 것이 아니지만, 삼국 사이에 나타난 힘의 변화는 어느 정도 파악한 것이라고 할 것이다. 이로부터 삼국과 "통일중국"이라는 새로운 패턴이 형성되는데, 이런 관점에서 이 시기는 삼국통일을 향한 신라 외교의 출발점이 된다.

진평왕 30년(608), 신라는 고구려가 신라를 자주 침범한다는 이유로 수와의 동맹을 통해서 고구려를 공격하려는 방침을 정한다. 이것은 신라의 역사상 대외정책에서 대전환을 의미한다. 왕은 원광법사(圓光法師)에게 표문을

---

11) 『수서』도 대업(大業, 605-616, 진평왕 27-38년) 이래 "해마다" 조공을 바쳤다고 기록하고 있다(『조선전』 2, 184-185쪽. 「신라 본기」 제4, 133-135쪽).

짓게 한다. 원광은 이에 대해서 "자신을 보존하기 위해서 다른 이를 없애는 것은 사문이 할 바가 아니오나……[왕이 지시하니] 명령을 좇지 않아야 겠습니까!"라고 대답한다. 그리고 3년 후인 611년(여-수전쟁 1년 전) 수에 사신을 보내 표문을 올려 군사를 청하니 양제가 허락했다.12) 『삼국사기』에 왕과 관리들이 주요 정책을 결정하기에 앞서 찬반으로 나뉘어 논의하는 과정을 보여주는 사례는 거의 없다. 그런데 고구려 정벌을 위해서 수의 지원을 요청하는 문제에서 보인 원광의 태도는, "나를 위해서 남을 없애는" 행위는, 불교적 살생을 반대한다는 명분을 내세운 것이지만, 분명히 부정적이다. 그리고 "대왕의 땅에 살고 대왕의 물과 곡식을 먹기" 때문에 (자신은 원하지 않지만) 왕의 지시에 따르지 않을 수 없다는 소극적인 태도로 동의한 것이다.

이것은 신라 조정 전체라는 스펙트럼 속에서 보면 중국과의 동맹에 반대하는 세력과 입장이 존재했으며, 원광이 이를 불교적 교리를 통해서 완곡하게 표현한 것으로 해석해도 무방할 것이다. 또 수에 표문을 보내기까지 3년이라는 시간이 경과했다는 사실은 신라 조정에서 이 문제를 두고 찬-반 논의가 계속되었을 가능성을 시사한다. 즉 신라는 수와 동맹을 맺을 경우 초래될 부작용들, 고구려의 보복, 혹은 고구려와 백제의 동맹 가능성, 그리고 중국의 도움을 기대할 수 없는 상황에서 그 부담을 고스란히 신라가 떠맡게 될 위험 등을 우려했을 것이다. 이 과정에서 고구려-백제-신라는 "삼한"이라는 일종의 동족의식이 "조금이나마" 작용했을 가능성은 없었을까? 마지막으로, 신라의 요청과 수의 동정(東征)이 시기적으로 일치했다는 점이다. 앞에서 언급한 바와 같이 동맹의 경우 약소국은 강대국의 정책을 변경시키기보다는 편승하는 것이 유리하다는 점을 인식한다면, 이것이 우연의 일치인지, 신라가 수에 고구려 정벌을 요청하는 정책을 세워두고 3년간 수의 움직임을 관찰한 결과인지는 알 수 없으나, 신라가 수의 정책에 편승할 수 있는 기회를 가지게 된 것만은 분명하다.

백제도 앞의 장에서 보았듯이 북위와 수에게 고구려 공격을 요청한 바 있

---

12) 「신라 본기」 제4, 134쪽.

다. 611년에는 고구려 원정의 구체적인 일정을 묻고 또 수를 돕겠다는 자세도 취한다. 그러나 실제로는 "두 마음을 가지고" 고구려와도 "몰래 통하며" "양다리 걸치기" 모험을 하고 있었다. 동일한 문제를 두고 양측이 "논의했다"는 것은 의견교환이 있었다는 것이라면, 신라의 관점에서는 백제와 고구려 간에 어떤 수준에서든지 합의된 "양해"는 신라에 대항하는 것일 수도 있다는 것이다. 물론 양해가 곧 동맹은 아니다. 수가 고구려를 공격하더라도 백제는 중립을 지킬 것을 약속했을 수도 있고 실제로 신라를 공격하여 고구려 후방의 방위부담을 줄여줄 수도 있다. 근대적 국제관계에서 이 모든 것이 동맹의 운용에 포함된다. 그러나 여-수전쟁 시기 고구려-백제 관계가, 백제가 신라를 공격하기는 하지만, 신라에 대항하는 공동전선을 형성하는 방향으로 전개되지는 않은 것 같다.

수와 신라가 대고구려 전쟁을 전략적 수준에서 논의한 증거는 없다. 「신라본기」와 「고구려 본기」는 여-수전쟁 시기에 신라가 수에 군사 파견을 요청했다고만 기록하고 있다. 그러나 여-당전쟁을 앞두고 연개소문의 말을 빌리면, 신라는 여-수전쟁의 틈을 타서 고구려 땅 500리를 탈취하여 성읍을 모두 차지했다.13) 이것이 사실이라면 분명히 군사동맹에 해당한다. 그러나 앞 장에서 언급했듯이, 이것은 550년 신라가 한강 유역의 "옛 고구려 땅"을 차지한 것을 연개소문이 612년 여-수전쟁과 연결시킨 것 같다. 반면 백제는 598년 수가 고구려를 침공하면 "길잡이"가 될 것을 자청했다가 고구려의 보복을 받은 전례를 교훈 삼아 612년에는 고구려를 상대로 행동을 취하기보다는 신라가 수를 돕는 기회를 이용하여 신라를 공격했을 수도 있다. 611년 10월 신라의 한강 유역 가잠성(椵岑城, 충북 괴산 혹은 경기 안성군 죽산면)이 함락되며, 2년 후에는 아막성을 공격하고 618년에는 가잠성을 둘러싸고 양국이 또 싸운다.14) 이와 같은 상황에서 신라가 여-수전쟁을 이용하여 고구려 영토를 탈취했다는 연개소문의 주장이 진실인지는 의문스럽다. 즉 신라가 단기적 관점에서 이익을 얻지 못했다는 것이 정확한 평가일 것이다.

---

13) 「신라 본기」 제5, 145쪽. 8장 참조.
14) 이 전투에서 「열전」에 나오는 신라의 해론(奚論)이 전사한다. 「열전」 제7, 836-837쪽.

신라의 삼국통일은 618년 당의 건국에서 660년 백제의 멸망까지 40여 년 동안 삼국 중 어느 한 나라의 국력이 현저히 약화되지 않은 상태에서 이루어졌다. 오히려 첫 희생자인 백제는 30대 무왕과 그 아들 의자왕의 중기까지 신라에 대해서 우위를 유지하면서 공세를 취했다. 그럼에도 불구하고 백제가 갑자기 무너진 것은 국내적 상황으로 인하여 국력이 약화되었기 때문이 아니라(멸망 몇 년 전부터 의자왕의 실정[失政]을 언급한 기록들이 나오기는 한다), 대외관계의 운용에서 실패했기 때문이다. 이와는 대조적으로 신라는 당의 건국 직후부터 조공 사절을 보내면서 적극적으로 대당외교를 강화한다. 당의 건국 3년 후인 621년 사신을 보내 방물(方物)을 바치며, 당 고조는 친히 신라 사신을 위로하고 사신을 보내 황제의 답신과 선물을 전달한다. 진평왕이 632년 사망할 때까지 8년 동안 6번 사신이 교환된다.

당에 대한 조공이라는 면에서는 백제나 고구려도 신라에 뒤지지 않았다. 그러나 조공이라는 형식 뒤에서 삼국은 건곤일척의 전투를 벌이고 이에 당이 개입하면서 "짝짓기" 게임은 군사 문제까지 포함하며 이 결과 신라와 당이 연합하는 구도가 형성되는 것이다. 진평왕 46년(624), 48년, 49년 백제는 신라의 성들을 연이어 함락시키며 백성들을 잡아간다. 신라는 당에 고구려가 길을 막아 조공을 할 수 없다고 호소하고, 진평왕 53년(631)에는 미녀 2명을 바친다. 이에 당은 고구려에 조서를 내려 화목할 것을 권유한다.15)

629년 김유신이 고구려와의 전투를 통해서 역사의 무대에 등장한다. 김유신이 출전하여 승리를 거둔 낭비성(娘臂城, 충북 청주) 전투를 제외하면 대부분의 전투는 백제를 상대로 싸운 것이었다. 그런데 신라는 당에 대해서 고구려를 거론하고 있다. 고구려가 황해에서 신라의 사신 길을 (장수왕 시절 백제-고구려 관계에서와 같이) 실제로 방해했을 수도 있다. 그러나 이보다는 수 시대부터 돌궐과 더불어 당의 안보를 위협하는 고구려를 고의적으로 거론하여 당의 심기를 불편하게 하려는 책략일 가능성이 높다. 당의 주요 관심사가 고구려라는 점을 파악하고 고의로 고구려를 계속 끌어들였을 수도

---

15) 「신라 본기」 제4, 135-138쪽.

있다는 것이다. 하여튼 이로부터 당이 "중재자"의 입장에서, 그러나 결과적으로는 신라를 위해서, 삼국 간의 관계를 조율하는 패턴이 탄생하게 되는 것이다. 이것은 신라가 삼국 관계에서 당의 정책을 신라에 유리한 방향으로 유도했다는 의미이기도 하다.

다음은 신라의 대당 정책이다. 신라가 한강 유역으로 진출하여 중국과 직접 교류를 하게 되는 것이 550년, 그리고 당 태종이 중국을 실질적으로 지배하게 된 것이 626년 이후라면 신라는 약 80년 동안 교류를 통해서 중국에 대한 이해를 높여왔다고 할 수 있다. 물론 그 이전에도 중국의 문물을 도입해 왔지만, 유교 등의 정치이념과 도교, 불교 등 종교, 그들의 역사가 담고 있는 통치술을 받아들이고, 숙위 파견 등 군사적, 준군사적 경험, 돌궐의 항복을 받아낸 당의 강대한 군사력 등을 실제로 목격한다. 중국과의 접촉에서 앞선 고구려와 백제보다 신라가 중국의 문물에 접하면서 받은 문화적 충격이 더 컸을 것이라는 점도 신라가 더 열성적으로 중국 문물을 받아들였다는 점을 설명하는 하나의 단서가 될 것이다. 물론 이 경쟁에서 백제와 고구려도 뒤지지 않는다는 점은 앞 장에서 언급한 그대로이다.

그럼에도 불구하고 신라의 대당외교가 백제와 고구려에 비해, 좋게 말하면 적극적이고, 나쁘게 말하면 굴종적으로 보이는 이유는 무엇일까? 김유신은 "백제는 오만하고 게을러서 망했으며, 고구려는 교만에 가득 차 위태로우나", 신라는 "충성과 믿음으로 보존되었다"고 당을 대하는 삼국의 자세를 비교한다.[16] 이것은 김유신 개인의 인식이라기보다 동시대 신라인들의 일반적인 평가일 것이다. 오늘날의 언어로 바꾸어보면 백제는 무엇보다도 바다를 사이에 두어 안보적 불안감이 없어 게을렀다는 것이다. 또 자신들의 필요에 따라 중국에 접근하지만 도움이 될 것 같지 않다고 판단하면 조공 사절 파견을 중단하는 백제의 타산적인 태도도 오만하게 비쳤을 것이다. 고구려의 교만은 수와 당과의 전쟁, 특히 연개소문의 당당한 "고자세" 외교를 말한다. 이에 비해서 신라는 당과의 연합이라는 구체적 목표를 위해서 노력하면서(군사적

---

16) 「열전」 3, "김유신" 하(下), 775쪽.

희생 등을 통해서) 신뢰를 쌓았다. 이와 같은 표현은 백제와 고구려 멸망에 대한 김부식의 최종 평가와도 무관하지 않다(제10장 참조).

신라-당의 관계를 신라의 저자세 외교만으로 설명할 수는 없다. 외교의 기본은 국가이익이다. 또 인간이건 국가이건 모두 자신의 정체성을 지키려는 "자존심, 자존의식"이 있다. 이 두 가지가 어떻게 타협하며 조화를 이루느냐에 따라서 외교의 형태가 표출될 것이다. 강자에게 어느 정도 몸을 굽히고 자존심을 지키면서 국익을 보호할 것인가라는 계산과의 타협이다. 그러나 한 국가의 왕이 멀리 떨어져 있는 강대국의 황제에게 "국가의 운명을 맡긴다"면서 몸을 낮추는 것은 자존심이 허락할 수 없는 일이다. 660년 당과 백제를 협공하기로 한 약속 날짜를 신라가 지키지 못한 죄를 물어 당의 장군 소정방(蘇定方)이 신라 장군을 죽이려고 하자 김유신이 "먼저 당군과 결전을 벌인 뒤에 백제를 쳐부수리라"면서 항거한다.17) 이것은 전쟁 중 소정방이 신라의 역할을 폄하하고 신라군을 장악하기 위한 시도이며, 신라 역시 자존심의 마지노 선은 지키겠다는, 즉 당이 멋대로 신라인을 지휘, 통제하는 것은 용인하지 않겠다는 의지를 보인 것이다. 그럼에도 불구하고 신라가 당에게 모든 것을 맡긴다는 식의 굴욕을 감수한 것은 당을 자기 편으로 끌어들여 삼국통일이라는 목표를 위해서 자존심과 국가위신의 문제에서 "인내의 수준"을 최대한 높였기 때문이다.

여기에는 중요한 기준이 있다. 주변 환경이 얼마나 극복하기 힘들었기에, 또 상대방의 정책이 얼마나 위험하다고 판단했기에 인내의 수준을 최대한 높였느냐는 것이다. 인식과 평가는 객관적일수록 좋지만 "주관적인" 경우가 많다는 점은 여러 차례 지적한 바 있다. 신라는 백제와 고구려가 무도하여 "우리 강산을 침탈하고 우리 백성을 해친다"고 인식하고 평가하지만, 백제와 고구려도 신라를 동일한 시각에서 보고 있다. 즉 상대방의 공격은 정당하지 못하지만 혹은 불법적이지만, 나의 공격은 정당하다는 인식이다. 단지 신라만이 당의 힘을 빌려야 두 나라로부터 자신을 보호할 수 있다고 느낀 것이다.

---

17) 「신라 본기」 제5, 158쪽.

백제와 고구려의 연합공격을 막고 이에 복수한다는 신라의 계획이 삼국통일로 이어질 것이라는 점을 신라가 정확히 인식했는지는 알 수 없다. 백제와 고구려도 중국 접촉에서 공손한 언사를 구사하지만, 일정한 거리를 유지했다. 또 이들 양국도 신라를 공격하지만 상대방을 말살하겠다는 선까지 이르렀다고 믿을 근거는 없다.

그런데 신라만이 삼국의 정립관계에서 중국과의 교류와 동맹이 필수적이라고 판단한 것이다. 이를 위해서 한강 유역을 계속 영유하려고 하지만, 고구려와 백제의 협공으로 어렵게 되었다. 그러나 현실적으로 한강 유역을 지키는 것은 신라의 관점에서는 현상 유지이다. 당의 힘을 빌려 이 문제를 영원히 해결하겠다는 것은 곧 두 나라를 제거해야겠다는 것인데, 이것은 삼국정립이라는 현상을 타파하려는 정책으로 발전할 것이라는 점을 신라가 인식하지 못했을까? 아니면 수백 년간 지속되어온 삼국정립이 당이 개입하더라도 "설마 바뀔까?"라고 반신반의했다는 말일까? 하여튼 신라는 "운명을 맡긴다"는, 오늘날의 표현을 빌리면 올인으로 나아간 것이다.

27대 선덕여왕(善德女王) 시대로 넘어가자. 선덕여왕은 632년에 왕위에 올라 16년 동안 재위하며 647년에 죽는다. 이 기간은 당 태종 집권기(626-649)와 겹친다. 선덕여왕은 초기에 모란꽃 설화 등을 통해서 총명함을 과시하고, 전국에서 홀아비, 과부, 고아, 자식 없는 늙은이들을 구휼하는 사업, 면세와 사면 등을 통해서 민심을 얻고, 두꺼비와 옥문지(玉門池) 설화를 통해서 백제의 기습을 예견하고 격퇴한다. 이것은 여자가 왕이라는 정통성 문제를 개인적 재능과 유교의 통치덕목인 인정론적(仁政論的) 자질, 그리고 대외관계와 군사 문제에서 보인 능력 등 국정 전반을 관리할 수 있다는 능력을 과시함으로써 극복한 것이다. 선덕여왕은 초기에 이같이 왕권의 정통성 확립하면서 민심을 추스르는 데에 전념한다.

이것이 곧 선덕여왕이 군주로서 유능했다는 평가와 직결되는 것은 아니다. 옥문지와 두꺼비 사건은 바꾸어 말하면, 백제군이 신라의 도성 앞에까지 진출할 정도로 국방에서 허술했다는 의미이다. 642년 대야성 함락이라는 대외관계상 최악의 위기와 645년 당-고구려 전쟁에서 신라군 3만을 파견했으나 별다른 성과를 얻지 못하고 오히려 백제가 이 틈을 이용하여 신라의 7개 성을 탈취한 것, 그리고 왕 말년에 일어난 비담(毗曇)의 난 등은 그녀의 치세가 결코 성공적이지 못했다는 것을 보여준다.

왕 9년(640)에는 당에 유학생을 보낸다. 우연인지 혹은 신라가 당의 정세를 관찰한 결과인지 몰라도 법체제 정비, 교육제도 확대, 유학의 장려 등 "정관의 치"의 여러 조치들에 의해서 넓혀진 문호를 신라가 최대로 활용한 셈이다. 당의 학제는 수도에 국자감(國子監)을 설치하고 장관인 제주(祭酒)가 학교 교육을 관리한다. 당시 수도에는 국자감 아래 국자학(國子學), 태학(太學), 사문학(四門學)(이상은 귀족 관료의 자제만 받음), 율학(律學), 서학(書學), 산학(算學)(전문학교 성격) 등 6개 학교가 있었다. 국자감이라는 명칭은 이후 명, 청대에 이르기까지 계속 쓰인다. 당시 장안에는 백제와 고구려의 유학생을 포함하여 학생이 3,620명에 이르렀다.[18]

김춘추는 648년 "아들 문왕(文王)"을 데리고 당에 들어갔으며, 귀국 길에는 "두 아들"이 "당 태종의 곁을 떠나지 않고" 숙위하기를 청하여 장안에 남겨두고 귀국한다. 장남 김법민은 진덕여왕 4년(650), 그리고 다음 해에는 둘째 아들 김인문이 다시 중국을 방문하는데, 인문은 숙위로 남는다. 694년에 예순여섯의 나이로 죽은 김인문은 일곱 번이나 당에 드나들며 당 체류기간은 22년에 이른다. 김유신 역시 고구려 멸망 2년 전인 666년에 큰아들을 중국에 보내 숙위하게 한다.[19] 지도층 자제들의 잦은 중국 방문과 귀국은 당 태종의 태자 폐립, 당 태종의 사망(648), 그리고 고종의 등극 등 급변하는 중국의 정세를 관찰하고 정보를 수집, 관리하는 차원에서도 상당한 도움을 주었을 것이다. 또 신라 사회 전체를 중국 문물과 중국적 사고의 틀로 바꾸는 데에

---

18) 上海古籍 出版社(1987), 『中國文化史 三百題』, "我國 古代 敎育制度 情況 如何?", 750-751쪽. 당의 교육정책은 관리의 수급을 위해서 실시하는 과거제도의 부용으로 되어간다. 학비로 "말린 고기"를 드리는 것은 『논어』에서 "포 한 속 이상을 가져와 예를 행하면 제자로 받지 않은 자가 없었다"는 공자 시대의 전통인 것 같다. 『논어』, 「술이」, 130쪽. 『당육전(唐六典)』에 의하면, 태학에 박사 3인, 조교 3인, 학생은 총 500명을 두었다. 김영하, 「新羅中代 文化의 吸收利用 與 儒學敎育」, 進尙勝 주편(2008), 儒家文明與 中韓傳統關係(중국: 산동대학 출판사), 2-3쪽.
19) 「열전」 제4, "김인문", 793쪽; "김유신" 하, 774-775쪽.

기여했을 것이다.

　선덕여왕 시대의 신라는 백제 및 고구려와 전란에 휩싸인다. 주변국들이 여왕 등극이라는 상황을 이용하여 혼란을 부추기기 위해서 침공한 것이라고 하겠다. 그러나 침략한 쪽이나 침략을 당한 쪽이나 모두 엄청난 참화를 입는다. 여왕 11년(642) 백제의 대공세가 그 서막이다. 백제 의자왕은 이해 7월 대군을 일으켜 신라의 40여 성을 빼앗는다. 신라의 서부 방어선의 요새인 대야성이 함락되며 김춘추의 딸과 사위인 성주 김품석이 항복하지만, 살해당한다(8월). 다음 해 11월 백제는 고구려와 "모의하여 화친"을 맺고 신라의 당항성을 빼앗아 신라가 중국으로 통하는 길을 막으려고 한다.20)

　그런데 신라는 대야성 함락 이후 "기이하게도" 고구려에 군사적 지원을 요청한다. 이것은 신라를 가상적국으로 한 백제-고구려의 화친과 동맹이 과거의 양국 관계로 보아 비현실적이거나 일시적인 것이라고 판단했을까? 아니면 당이 고구려를 설득하여 신라-고구려 사이의 타협이 가능하다고 보았을까? 혹은 김춘추가 고구려를 설득할 수 있다고 자신했을까?『삼국사기』에는 김춘추가 딸과 사위의 죽음에 크게 충격을 받았으며, 왕에게 고구려에 군대를 청하는 임무를 자원하는 상황을 상세히 기록하고 있다. 고구려를 상대로 하는 이 외교전은 김춘추가 주도했음을 시사하는 부분이다. 고구려 방문에 앞서 김춘추와 김유신 간의 약속, 보장왕과의 대담(642), 고구려의 김춘추 감금, 이 소식을 들은 김유신이 대군을 이끌고 고구려 국경으로 진격, 고구려의 김춘추 석방, 혹은 김춘추가 보장왕의 총신인 선도해를 매수하여 탈출하는 등 삼국통일의 두 주역인 김춘추와 김유신의 활약상이 파노라마같이 전개된다.

　김춘추는 보장왕에게 "백제가 무도하여 긴 뱀과 큰 돼지같이 우리의 영토를 침범하므로……귀국의 군사를 얻어 그 치욕을 씻고자"한다면서 고구려

---

20)「신라 본기」선덕왕 11년에는 "고구려와 모의"이며,「백제 본기」의장왕 3년 기록은 "고구려와 화친하고"이다.「신라 본기」는 642년 8월로,「백제 본기」는 다음 해 11월로 기록하고 있으나, 이후 사건 전개로 보아 백제 편의 기록이 정확한 것 같다. 142쪽 및 552-553쪽.

에 군사적 지원을 요청한다. 이에 대해서 보장왕은 "죽령은 본래 우리 땅이니 만약 그 서북쪽 땅을 돌려준다면 군사를 내줄 수 있다"고 대답한다. 김춘추는 고구려가 "사신을 위협하고 겁박하여 땅을 되돌려줄 것만 요구하니" 이에 따를 수 없다고 응대한다. 보장왕은 "그의 말이 불손한 데에 노하여" 김춘추를 별관에 가둔다. 여기에서 보장왕은 상대의 어려움을 기회주의적으로 이용하며 사신을 농락하고 겁박하며 정당한 주장에 노여움을 나타낸 군주로 그려져 있다. 그러나 보장왕의 요구는 지나친 것이 아니다. 오히려 김춘추의 주장이 지나치게 자기중심적이다. 그러나 『삼국사기』는 오히려 김춘추를 죽음으로 무릅쓰고 사명을 완수하려는 기개 있는 사신으로 묘사하고 있다. 이 모든 것이 진골로서 최초로 왕위에 오른 김춘추와 가야 출신으로 앞으로 신라 정계에 중심인물이 될 김유신이 당면한 여러 난관들, 즉 왕권의 정통성 확립과 가야계라는 점, 그리고 양자 간의 연합이 가지는 당위성을 설득한 것이라고 하겠다.[21]

550년 신라가 고구려의 한강 유역을 점령한 이후에 전개된 삼국 관계를 고려하면, 특히 고구려가 옛 땅을 회복하기 위해서 백제와 연합하여 신라를 공격하려는 상황에서 김춘추가 고구려에 청병한 것은 정상적이며 이성적인 행위라고 할 수 없을 것이다. 물론 한강 유역은 90년이 넘도록 신라가 지배해 왔으며 중국과의 직접 교류를 위해서 양보할 수 없는 요충지이다. 그러나 고구려의 반응 역시 "정상적인" 것이다. 고구려에 청병하여 국난을 모면하려고 하면서 고구려의 옛 땅을 그대로 차지하려는 신라의 태도를 어떻게 "정상적"이라고 할 것인가? 김춘추의 행위는 당시 신라가 당면한 위기의식, 특히 김춘추의 절박한 복수심 등으로 설명할 수는 있을 것이다. 사실 그의 사위 김품석의 죽음에 관해서 『삼국사기』는 다르게 묘사하고 있다. 김품석이 처자와 함께 나와 항복했으나, 백제 장군 윤충(尹忠)이 이들을 모두 죽이고 품석의 목을 베어 왕도로 보냈다(「백제 본기」 제6), 김품석 등이 (대야성 전투에서) 죽었다(「신라 본기」 제5), 백제가 항복하면 죽이지 않는다는 약속을

---

[21] 신라 선덕왕 편과 고구려 보장왕 편 외에 「열전」 1, "김유신" 상(上)에 상세히 기록되어 있다.

어기고 먼저 성을 나간 사졸들을 죽이자, 김품석이 먼저 처와 자식을 죽인 다음 스스로 자결했다(「열전」 제7, 죽죽). 이같이 그의 죽음이 세 번이나 언급되었다는 사실은 이 사건이 신라에 던진 충격이 엄청난 것이었음을 짐작하게 하는 것이며, 이후 전개된 "비정상적인" 대응도 설명이 가능할 것이다.

이 시기의 사건들을 연대기상으로 간단히 살펴보자. 백제의 침공이 642년 7월, 대야성 함락과 김품석 살해가 같은 해 8월이다. 이 해 후반 "어느 시기"에 김춘추가 청병 외교를 위해서 고구려로 간다. 김춘추가 60일이 지나도 귀국하지 않으면 김유신이 군대를 이끌고 고구려를 공격하기로 약속한 것으로 보아 김춘추의 귀한은 642년 말경으로 추측된다. 고구려를 상대로 한 청병외교에 실패한 신라에게 남은 유일한 선택은 통일제국으로 부상한 당이다.22)

다음 해 "정월"에 당에 사신을 보내 방물을 바치고 3월에 당에 유학 중이던 자장(慈藏)이 귀국하며 이어 9월 군대를 청하는 사신을 다시 보낸다. 「백제본기」에 의하면 백제는 643년 11월 당항성을 공격하지만, 신라가 당에 청병했다는 소식을 듣고 군대를 철수한다(다음 해에도 당이 사신을 백제와 고구려에 보내 신라에 대한 공격을 힐난하자 백제는 표문을 올려 사죄한다).23) 이같이 사태가 급박하게 진행되는 가운데 신라는 당에 고구려와 백제가 "연합하여" 군사를 "크게" 일으키려고 하니 "사직이 온전하지 못할 것" 같아 "대국에 운명을 맡기니" 군사를 내어 구원해주기를 청한다. 이에 당 태종은 신라가 두 나라로부터 침공당하는 것을 "안타깝게 여겨" 두 나라에 사신을 "자주" 보내 세 나라가 화친하게 했으나, 사신이 발길을 돌리자마자 약속을 뒤집어버리니 이는 두 나라가 "신라를 없애고 땅을 나누려는 의도"라고 전제하고,

---

22) 이와 같은 관점에서 642년 대야성의 참극에 대한 복수를 위해서 김춘추는 청원외교를 시작했으며, 이것이 삼국통일로 이어졌다는 견해도 있다. 신형식(1990), 18-20쪽. 그러나 국가의 안보나 국제체제상의 문제를 복수극으로 좁혀 설명할 수는 없다. 삼국통일에 대한 국내 학계의 여러 주장에 대해서는, 신형식(1990), 1절; 노태돈(2009), 『삼국통일전쟁사』, 제1부 참조.
23) 「신라 본기」는 당에 대한 구원 요청을 9월로 기록하고 있어 사건 전개순서에서 약간의 의문이 남는다. 그러나 신라의 사신 파견 결정과 출발시점, 또 당시의 정보탐색 능력(고구려도 김유신의 진격을 첩자인 승려 덕창(德昌)을 통해서 사전에 알게 된다.—「열전」 1, "김유신" 편) 등을 고려하면 큰 문제점은 아닌 것 같다.

신라에게 다음의 세 가지 방책을 제시한다.

첫째, 변방의 군사를 내고 거란과 말갈을 합쳐 곧바로 요동으로 들어가면 신라의 일은 저절로 풀릴 것이나, 이후 신라에 군사가 없다는 것이 알려지면 계속 침략을 당하여 네(4) 나라가 다같이 소란스러워질 것이며 신라도 평안치 못할 것이다. 둘째, 수천 개의 붉은 옷과 붉은 기를 줄 것이니 양국 군사들이 오면 이것들을 벌려 세우면 당의 군대가 온 줄 알고 물러갈 것이다. 셋째, 백제는 바다의 험함을 믿고 병장기를 정비하지 않고 있어 당이 "수십에서 백 척의 배"에 무장한 군사를 태워 소리 없이 바다를 건너 습격할 것이다. 이어 신라의 임금이 여자이기 때문에 이웃 나라들이 업신여기며 도적을 불러 들여 평안할 날이 없으니, 당 황실의 종친 한 사람을 호위군사와 함께 보내 신라의 임금으로 삼고, 신라가 안정되면 신라인에게 맡겨 스스로를 지키게 하겠다는 것이다.[24]

고구려와 백제가 "신라를 쳐서 분할할 것"이라는 것은 당 태종의 추측에 불과하다. 물론 그 개연성을 완전히 배제할 수는 없다. 그러나 그것은 국제정치적으로 복잡하고도 중대한 문제이며 백제와 고구려 양국만으로는 쉽게 처리할 수 없다(제7장에서의 고구려와 유연 간의 지두우 분할 논의 참조). 삼국 간의 현상 유지를 원하는 당의 입장을 고려하지 않을 수 없다는 것이다. 당의 위협에 직면해 있는 고구려가 신라를 상대로 대규모 출병을 단행할 수 없으며, 백제 역시 상승세인 신라를 압도하여 멸망시킬 만한 군사력이 없다. 이것은 당의 개입을 정당화하기 위해서 신라에 대한 양국의 위협을 과대 포장한 것이라고 할 수 있다.

당 태종이 내놓은 계책 중 둘째는 의미가 없다. 그러나 첫째와 셋째는 앞으로 당이 백제와 고구려를 공격할 때 채택한 전략의 핵심이다. 문제는 당이 한국의 삼국 문제만이 아니라, 주변정세를 총체적으로 고려하여 백제와 고구려에 대한 침공 시기를 어떻게 정하느냐라는 점이다. 사족 같지만 당 황실의 종친을 신라 왕으로 세우라는 해괴한 제안은 신라로서는 당연히 받아들일

---

[24] 「신라 본기」 제5, 143–144쪽.

수 없다. 『삼국사기』에 의하면 당 태종의 제의에 대해서 신라 사신은 단지 "예"라고만 대답했고, 당 태종은 그가 "용렬하고 무능하다고 탄식했다." 신라 사신이 긍정도 부정도 아닌 애매한 대답을 한 것은 이를 받아들일 수 없었기 때문이며, 그가 용렬하다는 당 태종의 평가도 황제의 말에 대한 사신의 답변으로서 적절한 것이 아니었기 때문일 것이다. 이 에피소드는 일차적으로는 주변지역을 미개한 땅으로 보는 중화주의적 발상이지만, 당의 대외정책이나 앞으로 한반도에서 전개될 사건의 전주곡으로서의 의미를 가진다.

선덕여왕의 뒤를 이어 28대 진덕여왕이 647년부터 654년까지 재위한다. 신라의 정세는 여왕의 등극에 따른 내란, 당에 대한 조공과 백제와의 전쟁 등 선덕여왕 시대와 유사하게 전개된다. 왕 3년(649) 정월부터 당의 의관복제를 그대로 착용하며, 4년에는 "처음으로" 중국의 연호 영휘(永徽)를 사용한다.25) 중국 연호의 사용은 그동안 독자적인 연호를 간헐적으로 사용하던 신라가 마지못해 받아들인 것이다. 정치권력의 약화를 상징한다. 박정희 시대 추진하던 독자적 핵개발을 전두환 정권 초기 정통성이 약한 상황에서 미국의 압력으로 간단히 포기한 것과 유사하다. 그리고 군사 문제는 김유신이, 외교 문제는 김춘추가 전면에 나서면서 이들의 활동은 상세하게 때로는 "영웅적으로" 기록된다. 곧 전개될 김춘추와 김유신 가문의 혼인, 김춘추의 등극, 그리고 삼국통일 등의 사업에서 이들 두 사람의 지도력을 과시하면서 그 정당성을 축적해가는 과정이었다. 백제와의 전쟁은 더욱 치열하게 전개되며 신라가 악전고투하는 경우가 많은데, 김유신이 투입되면서 전세가 유리하게 종결된다는 식이다. 이중 왕 3년의 전투는 김유신의 계략으로 승리했음을 강조하고 또 승전을 당에 알림으로써 당에게 김유신의 위상을 높이려는 의도도 보인다.

김춘추는 진덕여왕 2년 중국을 방문하는데, 당 조정은 "춘추의 위의가 빼어나고 늠름한 것을 보고 두터이 대우하며" 당 태종이 "연회에 불러 황금과 비단을 후하게 내려주었다."26) 김춘추는 앞으로 관리들의 복장을 고쳐서 중국 제도를 따르겠다고 하고, 당 태종은 그의 귀국 길에는 3품 이상의 관리들

---

25) 「신라 본기」 제5, 153쪽.
26) 김춘추가 일본 방문을 기록한 『일본서기』에도 유사한 구절이 나온다.

이 연회를 베풀어 전송하게 한다. 이것은 당의 복제 도입을 김춘추의 공으로 돌린 것임을 보여주는 대목이다. 또 고위 관리들이 "합동으로" 김춘추의 전송연을 베푼 것은 당과 신라의 동맹이 이제 구체화되고 있다는 증거이기도 하다. 그는 아들들이 "당 태종의 곁을 떠나지 않고" 숙위하기를 청하며 아들 둘을 장안에 남겨두고 귀국한다. 당과 우호관계가 최고조에 달하는 가운데 김춘추는 당 태종에게 직접 청병하며, 당 태종은 "깊이 감동하여 군사를 출정시킬 것을 허락했다."27)

이 대화는 648년, 당 태종이 죽기 1년 전에 있었으며, 백제에 대한 출병은 이로부터 12년 후에 시행되었다는 점을 감안하면, 당 태종의 청병 "승인"은 당의 실제 정책 수립과 집행이라는 점에서는 큰 의미가 없을 것이다. 단지 중국 역사상 가장 위대한 군주 중 한 사람인 당나라의 "태종" 이세민과 후일 신라의 "태종" 김춘추가 삼국통일의 초석을 함께 놓았다는 상징성을 강조한 것이라고 하겠다. 또 당의 복식 도입을 통해서 김춘추가 당시 최고의 가치라고 할 수 있는 "중화문물"에 대해서 깊은 지식과 조예를 만천하에 떨쳤다는 점도 보여준다. 바로 이 점 때문에 오늘날 김춘추는 사대주의자로 비난받고 있다.

여기에 한 가지 추가할 것이 있다. 당을 포함한 중국의 왕조에 조공을 바치면서 중국을 끌어들이려는 노력은 신라에만 한정되는 것이 아니라는 점은 언급한 바 있다. 백제와 고구려도 이 충성경쟁에서 신라에 못지않게 열성적이었다. 그러나 양국은 신라(김춘추)와 같이 "자발적으로" 아들들을 당에 남겨 숙위하게 하는 등의 정성을 기울이지 않았다. 이것은 개인적 차원의 문제가 아니다. 인간과 인간 집단인 국가의 사회적 행위라는 차원에서 안보적 불안의 수준을 어떻게 평가하며 동시에 자존심을 낮추는 인내의 한계를 어떻

---

27) 「신라 본기」 제5, 150-151쪽. 「열전」, "김유신" 편에서는 이때(648) 당 태종이 "소정방으로 하여금 20만 명으로 백제를 정벌하게 했다"(760쪽)고 되어 있으나, 이것은 "사후적" 기록임이 분명하다. 김춘추의 아들 중 문왕은 무열왕 2년(655) 우무위장군이라는 직위를 가지고 당과의 외교에서 상당한 역할을 수행한다(149, 150, 155쪽 등 참조). 문무왕 5년(665) 그가 죽으니, 당 황제가 사신을 보내와 조문할 정도로 당과의 외교에 깊숙이 관여한 것으로 보인다(「신라 본기」 제6, 169쪽).

게 설정할 것인가라는 문제라는 점도 언급한 바 있다. 신라는 고구려 멸망 이후 당을 상대로 한 통일전쟁 시기에도 문무왕의 동생인 김인문을 당에 남겨두는 "위험"을 무릅쓴다. 즉 "우리에게 가장 소중한 것을 당신에게 맡기고 올인하는데 그래도 의심할 것이냐", "이제 적절한 수준에서 타협하고 문제를 매듭짓자"라는 신호를 지속적으로 보냈다는 것이다. 신라의 대당 순응/굴종 외교의 핵심은 여기에 있는 것이다.

3. 김춘추의 일본 외교

이 시기『일본서기』에는 일본과 삼국 간의 교섭에 관한 기록들이 산재한다. 대부분이 사후적 기록으로 일본이 삼국 간의 힘의 관계의 변화, 그리고 신라의 삼국통일에 깊은 관심을 가졌다는 증거일 것이다. 효덕천황(孝德天皇) "대화 원년(大化元年)"(645) 가을 7월 "고구려, 백제, 신라가 같이 사신을 보내 조공을 올렸다," 2년 9월에는 "사신을 신라에 보내 (신라로 하여금) 인질을 바치게 했다," 3년 봄 정월 "고구려, 신라가 나란히 사신을 보내 조부(調賦)를 공헌했다," 그리고 같은 해 "신라가 상신(上臣) 대아찬(大阿飡) 김춘추 등을 사신으로 파견하고……공작 한 쌍, 앵무 한 쌍을 바쳤다. 춘추를 인질로 했다" 등의 기록이 보인다. 그중에서 김춘추의 일본 방문에 관해서『삼국사기』에는 어떠한 언급도 없다.28) 그러나 국내 학계에서는 김춘추의 방일을 백제를 고립시키려는 신라 외교의 일환으로 평가한다. 대화 3년은 진덕여왕 원년(647)에 해당하는데, 그렇다면 이 기간 중에 그는 일본을 방문하고 그곳에서 "인질"로 억류되었다가 다음 해에 당 태종을 만나며, 그리고 654년에 신라 29대 무열왕으로 왕위에 오르게 된다. 오늘날 "왕래외교(shuttle diplomacy)"와 비슷한 김춘추의 외교행각을 어떻게 평가할 것인가?

『일본서기』의 기록이 사실이라면 647-648년에 김춘추는 동맹 교섭을 위해서 말 그대로 동분서주했다. 그 자신의 방문만이 아니라 둘째 아들 김인문

---

28)『일본서기』, 436, 453-454, 456쪽;「신라 본기」제5, 150쪽, 각주 25참조.

을 진덕여왕 5년(651) 당에 보내 조공하고 그곳에서 숙위하게 했다. 이것은 648년 김춘추가 당 태종에게 숙위를 요청하고 두 아들을 남겨두고 왔다는 기록에 비추어 김인문까지 장안에 파견했다는 것은 그만큼 신라의 사정이 절박했거나 동맹 교섭을 확실히 해둘 필요성을 느꼈기 때문일 것이다. 또 삼국통일에서 김춘추 가족의 공헌을 기록하고 싶었을 것이다. 김춘추의 외교는 우호세력을 규합하여 적대국을 포위하거나 적대국 백제에 우호적인 일본을 신라 쪽으로 끌어들이거나 최소한 신라-백제 관계에서 중립을 유지하도록 설득하는 목적을 가진 것으로 고구려와 백제의 침공에 시달리는 신라로서는 충분히 가능한 발상이다.29) 과거 중국 전국시대 외교전략의 하나인 원교근공(遠交近攻)과도 같은 맥락이다.

김춘추의 일본 방문은 이같이 여러 면에서 긍정적인 측면이 있으나, 다음과 같은 의문점을 지울 수가 없다.30) 첫째, 김춘추는 너무 많은 위험을 감수하고 있다. 고구려에 청병하는 아슬아슬한 외교행각을 마치고 이제는 바다 건너 일본에서 "인질" 생활도 감수했으며 또 중국을 방문했다가 648년 귀국 길에 고구려 순찰병을 만난다. 이 과정에서 그의 수행원 중 한 명이 김춘추를 가장하여 죽임을 당하는 사이에 김춘추는 간신히 빠져 나온다.31) 이와 같은 위험한 여정을 계속한 것은 왕위에 오르기 위한 명분 축적용과 같은 인상을 지울 수 없다. 또 일본의 기록 중 "춘추의 위의가 빼어나고 늠름하다"는 부분은 김춘추에 대한 당 조정의 평가와 비슷한데, 이것은 김춘추가 즉위하여 삼국통일을 주도한 이후 중국의 역사서들이 이와 같이 기록하고, 한국과 일본의 역사서들이 인용한 것은 아닐까?

더욱 중요한 것은 당시 신라의 국내정세이다. 진평왕이 54년 동안 왕위에

---

29) 한 연구는 648년 김춘추의 대당외교는 632년 이래 단절되었던 일본과 당 관계를 중재하여 당-신라-일본 간의 "연합체"가 성립되었다고 주장한다. 김현구, 「백강촌 싸움과 동북아 국제관계의 변화」, 동북아역사재단(2009), 『동북아관계사의 성격』(서울: 동북아역사재단), 97-98쪽. 그러나 국제무대에 추구하는 최소한의 공통분모도 없이 단순한 중재로 국가 간의 연합이 형성되지는 않는다.
30) 역사학계에서 김춘추의 방일에 회의적인 견해도 있다. 노태돈(2009), 136쪽 각주 112 참조.
31) 「신라 본기」 제5, 150-151쪽.

있으면서 남자 후계자를 남기지 못한 채 사망하고(632), 선덕여왕과 진덕여왕이 잇달아 등극한 이후 신라 조정은 후계 문제를 둘러싸고 팽팽한 긴장감이 감돌았다. 선덕여왕 5년(636) 백제군의 "옥문지" 기습사건도 이와 관련된 것이며, 왕 16년이자 진덕여왕 원년(647) 비담-염종 등이 "여왕이 잘 다스리지 못한다"는 구실로 반란을 일으킨 것도 같은 맥락에서 해석할 수 있을 것이다.32) 왕위계승 과정에서 나타난 긴장은 「신라 본기」와 「열전」에서 김춘추의 행적과 김유신의 가계 및 행적을 상세히 그리고 미화하는 묘사에서도 느낄 수 있다.

김춘추가 왕위에 오르는 최후의 순간까지도 왕위계승을 둘러싼 신라의 정국은 혼미한 상황이었던 것 같다. 진덕여왕이 죽은 후 "여러 신하들"이 이찬 알천(閼川)에게 섭정을 청했으나, 알천은 사양하며 "덕망이 높고 두터운 것이 춘추공만 한 이가 없으니 실로 세상을 잘 다스려 백성을 구제할 영웅호걸"이라고 하면서 김춘추를 추천한다. 알천은 생몰연대는 알 수 없으나, 636-654년 사이, 즉 선덕, 진덕, 무열왕 시대에 활동하며 진덕여왕이 즉위한 647년 2월 비담의 뒤를 이어 상대등에 올라 국정을 담당했다. 상대등은 화백회의의 의장직을 맡으며 왕위가 비면 섭정을 맡는다. 『삼국유사』 "진덕왕" 편에는 다음과 같은 기사가 보인다.

> 알천이 김유신, 임종(林宗), 술종(述宗), 호림(虎林), 염장(廉長)과 함께 화백회의의 일원으로 남산 우지암(亐知巖)에서 회의를 하던 어느 날, 큰 범 한 마리가 나타나 모두가 놀랐다. 그러나 알천만은 놀라지 않고 범의 꼬리를 잡아 땅에 메쳐 죽였다. 알천공의 완력이 이와 같아 상석에 앉았지만, 공들은 모두 김유신의 위엄에 복종했다.33)

김유신과 알천 사이에 감도는 긴장감을 느낄 수 있다. 그러나 화백회의의 대다수 구성원들은 김유신을 추종했다는 것이다. 진덕여왕 사후 그를 섭정으로 추천한 "여러 신하들"은 알천을 따르는 무리들이며, 이들은 김춘추의 반대

---

32) 「열전」 1, "김유신" 상, 757쪽.
33) 『삼국유사』, 「기이」 제1, "진덕왕", 111쪽.

세력, 조금 약한 의미에서 김춘추의 왕위계승을 원하지 않는 세력이라고 할 것이다.

고대 사회에서 절대권력을 가지는 왕권의 계승 문제는 지배계급에게 사활이 걸린 문제이다. 또 계급 간의 구분이 엄격한 고대 사회에서 성골이 아니라 "진골도 왕이 될 수 있는" 체제의 변화는 오늘날 대통령 중심제를 내각 책임제로 바꾸는 헌법 개정 수준의 문제가 아니다. 신라의 골품제는 신라 사회를 지탱하는 "가장" 중요한 골격이며 체제 그 자체이다. 사회체제를 바꾼다는 것은 "혁명"이다. 모든 정치세력들의 이해가 걸린 사활적 문제이다. 김춘추의 등극은 신라 사회의 정체성 문제와 함께 "이기면 군왕, 지면 역적"이 되는 생과 사를 가르는 권력투쟁이다. 이 경쟁에서 승자는 패자를 관용으로 포용하기보다는 정권의 앞날에 위협이 될 것으로 간주하여 제거하는 것이 일반적인 관례이기 때문이다.

『일본서기』에 기록된 김춘추의 일본 방문은 선덕여왕 마지막 해이자 진덕여왕이 등극하는 해이며 바로 비담의 반란이 일어난 시기에 해당한다. 일본 방문은 짧게는 수 개월, 길면 1년이 걸리는 여정인데, 여기에 "인질" 역할까지 더했다면, 얼마나 체류했다는 말일까? 이와 같은 상황에서 과연 김춘추가 진덕여왕 사후에 왕위계승을 확신하고 "백제 고립"이라는 외교적 목표를 달성하기 위해서 수도 경주를 수 개월 혹은 1년 이상 비워둔 채 험난한 여정에 오르는 것이 가능했을까? 물론 백제 고립이라는 "외교적 성과"가 왕위계승에 도움이 된다면, 이와 같은 성과가 김춘추의 등극에 절대적으로 필요하다고 판단했다면, 그리고 왕위계승 투쟁에서 일본의 지원이 필요한 것으로 판단했다면, 인질외교를 감행했을 수 있다. 그러나 일본이 신라의 왕위계승 문제에 간여할 가능성은 전혀 없었다고 해도 무방할 것이다.

외교적 성과는 성공했을 경우에는 금상첨화로 김춘추는 외교 분야에 뛰어난 능력을 가졌다는 "장식용"이 될 수 있지만, 실패했을 경우 국내정세를 방관해서 왕위를 놓친 "가장" 중차대한 원흉으로 지적될 것이다. 국내적 권력투쟁이 치열할 때 외교에 한눈을 파는 것은 금물이다. 김춘추는 642년 고구려와의 연합을 위해서 평양을 방문한 적이 있다. 그러나 그의 고구려 방문과 일본 방문을 동일한 선상에 놓고 평가할 수는 없다. 무엇보다도 642년은 대야성의 함락과 국가적 위기감, 김춘추 가족의 사망에 따른 개인적 복수심이 비정상적으로 높았으며, 왕위계승 문제는 최소한 선덕여왕의 사촌동생이며 성골인 승만(勝蔓, 진덕여왕)이 있었던 반면 김춘추는 왕위계승에서 전면에 부상되지 않은 시기이다.

 마지막으로 신라-왜 사이의 "인질" 문제이다. 고구려와 중국의 여러 왕조, 광개토대왕 시대의 백제와 신라의 인질, 그리고 신라와 왜 사이의 인질은 이 시대에 수시로 등장한다. 그러나 "인질이 된다, 인질로 간다"는 것은 국가나 개인이 궁지에 몰려 피할 수 없는 상황에서 택하는 마지막 선택이다. 인질 그 자체가 목숨을 담보하는 것이기 때문이다. 고구려는 화북의 왕조들에게 핍박을 당하여 최악의 상황을 맞았을 때나 인질을 보냈다. 그러나 최악의 상황이 아니라면 왕위계승자는 인질이 되지 않는다(고구려는 연의 침략을 받은 399년 세자를 보내 조공한다). 그런데『일본서기』는 일본이 신라에 사신을 보내 "인질을 보내라"고 하면 신라는 아무런 저항 없이 인질을 보낸 것으로 묘사하고 있다. 그러나 박제상(朴堤上)의 인질은 5세기 초의 일이다. 신라가 융성하는 7세기에 그리고 신라의 정치무대에서 김춘추같이 비중 있는 인물이 "인질로 오라"고 한다고 해서 쉽게 일본에 갔을까?

 진덕여왕 시대에 신라는 당의 의관과 복제를 착용했음을 앞에서 말한 바 있다. 당풍(唐風)을 신라 조정에 끌어들인 것이다. 15-16세기 유럽 각국의 궁전에서 의복, 문학, 음악 등에서 스페인풍이 풍미한 것과는 다른 의미이다. 신라는 동맹이라는 목표를 위해서 아부한 것이라기보다는, 중국의 문물을 흠모하는 중화적 태도를 표출한 것이다. 다음의 두 가지 사례가 이를 잘 보여준다. 첫째는, 연호 문제이다. 신라는 법흥왕 23년(536) 처음으로 "건원"이라는 연호를 쓰며 그후 간헐적으로 연호를 사용했다. 그런데 648년 당 태종은 신라 사신에게 "신라가 신하로서 우리 조정을 섬기면서 어찌하여 연호를 일컫는가"라고 묻는다. 그는 당에서 정삭(正朔)을 반포하지 않아 선조 법흥왕 이래 사사로이 연호를 가져왔다고 시인하면서 앞으로 당의 연호를 받겠다고 한다.34) 정삭은 "한 해의 첫 달인 정월과 한 달의 첫 날인 삭일"을 말하는데,

제왕이 새로 나라를 세우면 정삭을 반포하기 때문에 정삭을 받는다는 것은 곧 신민이 된다는 것을 의미한다. 그리고 650년부터 당의 연호 영휘(永徽)를 쓰기 시작한다. 김부식은 이를 두고 진덕여왕 4년 기사에 "당 태종의 꾸지람을 듣고도 여전히 머뭇거리다가⋯⋯마지못해 그렇게 한 것이라고는 하나 역시 허물이 있어 그것을 옳게 고친 경우"라는 논평을 남기고 있다. "머뭇거렸다"는 표현은 신라 내부에서 과거 독자적 연호 사용을 내세워 당의 연호 사용을 거부하는 분위기도 있었다는 말이다. 그러나 당에 "운명을 맡긴다"고 천명한 신라로서는 이것은 피할 수 없는 선택이었는지 모른다. 이후 한국의 왕조들은 중국의 연호를 사용하는 관행이 굳어진다.35)

둘째, 같은 해 진덕여왕이 당 황제의 덕을 칭송하는 「태평송(太平頌)」을 "(직접) 짓고 수놓아" 춘추의 아들 김법민을 통해서 바친다. 그 내용은 "전쟁이 그치고⋯⋯문교를 닦아⋯⋯황제의 명령 거스르는 외방의 오랑캐는⋯⋯천벌을 받을 것이며⋯⋯오제삼황의 덕이 하나로 이루어져 우리 당나라 집안 황제를 밝게 비추소서"이다. "우리 당나라 집안 황제"란 신라와 당이라는 두 국가, 그리고 신라 왕실과 당 황실을 일체화시키면서 신라 왕이 아버지에게 명절이나 생일을 맞아 축수를 올리는 형식을 취한 것이다. "외방의 오랑캐"에는 북방의 유목민들만이 아니라 고구려와 백제도 포함될 것이다.

신라의 이와 같은 굴종적인 태도가 당과의 동맹을 맺는 데에 도움이 되었다는 것은 부인할 수 없다. 그러나 앞에서 언급한 대로 한 국가의 대외정책은 국익에 바탕을 두고 있다. 이 두 가지, 즉 국익과 굴종이라는 연속선상에서 형성되는 긴장이 삼국통일 과정에서 어떻게 표출되고 타협하여 통일이라는 열매를 맺는지 다음 장에서 검토할 것이다.

---

34) 「신라 본기」 제5, "진덕왕" 2년, 148–149쪽.
35) 연호 문제를 두고 백제와 고구려는 중국의 여러 왕조와의 관계에서 특별한 사건을 만들지 않았다.

제4부
삼국통일의 국제정치

제10장 통일전쟁과 국제정치

1. 백제 원정에 대한 신라와 당의 평가

　삼국통일의 첫 단추를 꿰는 무열왕 김춘추는 654년에 왕위에 오른다. 김춘추는 신라 사회의 기반인 골품제의 핵심이라고 할 수 있는 왕위계승에 관한 부분을 바꾸면서 등극함으로써 우선적으로 그 후유증을 제거하고 왕권을 공고하게 하는 작업에 착수한다. 율령을 제정하고 딸을 김유신과 결혼시킴으로써 김춘추-문명왕후(文明王后, 김유신의 동생 문희[文姬])의 혼인과 함께 두 집안이 겹사돈을 이루며, 태자 김법민과 아들들을 조정과 군부의 요직에 등용한다. 당이 사신을 보내 김춘추의 등극을 축하할 정도로 당과의 관계도 더욱 긴밀해진다.
　무열왕 2년(655) 고구려와 백제, 말갈의 군대가 연합하여 신라를 공격하여 33개 성을 빼앗자, 당에 도움을 청한다. 당은 소정방을 보내 고구려를 치게 한다.[1] 이것은 645년 당 태종의 고구려 원정 때 신라의 군사적 지원에 대한 보답일 수 있겠지만, 당이 신라의 요청에 호응하여 군대를 발동한 것은 양국의 동맹이 군사 협력으로 발전되고 있다는 중요한 신호이다. 그러나 소정방의 고구려 공격은 전략적 차원에서 이루어진 것이 아니라 신라의 위기를 구해주려는 대증요법적 성격이었다. 그는 5월에 요하를 건너 고구려군과의 전투에서 약간의 승리를 거두며 외곽의 성과 촌락들을 불 지르고 돌아간다.[2]

---

1) 「신라 본기」 제5, 155쪽.
2) 「고구려 본기」 제10, 440쪽. 소정방이 공격한 성의 이름은 나와 있지 않다.

이제, 백제 전선으로 시선을 돌려보자. 백제 멸망 1년 전인 무열왕 6년(659) 여름 4월, 백제는 계속 신라의 변경을 공격하며, 신라는 당에 사신을 보내 군사를 청한다. 그러나 10월까지 당에서 회신이 없어 무열왕은 "근심하고 있었다." 그런데 "왕이 조정에 앉아 있는데" 죽은 신하 2명이 나타나서 "황제가 소정방 등에게 명해" 다음 해 5월에 출발할 것이라는 말을 전하고 "사라진다." 그리고 다음 해(660) 3월 드디어 당으로부터 구체적인 소식이 전해진다. 소정방을 대총관(大摠管)으로, 무열왕의 둘째 아들 김인문을 부대총관으로 삼아 수륙군 13만을 파병하면서 동시에 무열왕에게는 당군을 지원하는 임무를 명한다. 이상은 사후의 기록이지만 몇 가지 시사점을 던져준다.

먼저 당과 신라는 백제 멸망이라는 큰 목표를 설정하고 이를 위해서 양국 간에 군사작전을 원활히 그리고 상세히 논의하지 않았다는 점이다. 당은 성격이 유약한 고종(649-683)의 등극과 무측천(武則天, 후일의 측천무후)의 등장, 654년 황후 왕씨의 폐서인과 무측천의 황후 등극, 656년 전 황후의 소생인 태자의 폐립과 무측천 아들의 태자 옹립, 659년 태종의 최측근이며 승상이었던 장손무기(長孫無忌)와 그 일족의 몰살 등 정치적 혼란기를 거친다.

이것은 당 태종 시기에 형성되었던 권력체제를 송두리째 뒤엎고 새로운 세력이 당 조정의 전면에 등장했음을 의미한다. 대외적으로는 640년 태종이 고구려 원정에 나서기 직전 토번 문제를 정리한 데에 이어, 657년 소정방이 서돌궐을 멸망시키고 도호부를 설치한다. 658년과 659년 다시 봉기가 일어나며 소정방이 다시 이들을 토벌하고 실크로드 전체 지역을 장악했음을 선언한다.[3] 이와 같은 상황에서 당은 언젠가는 다시 단행해야 할 "요동 문제", 즉 고구려 원정에 대비하기 위해서, 그리고 신라의 요청 등을 고려하여 우선 손쉬운 백제 원정을 결정하고 신라에 보조적 역할을 부여하고 이를 통고하며 돌궐 평정에서 명성을 얻은 소정방에게 백제 정벌을 맡긴 것이다. 즉 당의 국내외적 상황의 진전에 맞추어 백제 평정에 착수한 것이다. 이것은 삼국통일을 위해서 신라가 "당을 끌어들인" 것이 아니라 당이 제국정책을 수행하는

---

[3] 노태돈(2009), 147-148쪽; 김한규(2005), 198쪽; http://en.wikipedia.org/wiki/Turkic_Khaganate도 참조.

과정에 "신라를 끌어들인" 것이라는 의미이다.

둘째, 당은 백제 원정 자체는 손쉬운 것으로 평가한 것 같다. 『구당서』는 660년 당의 백제 원정에 대해서 "소정방에게 명하여 군사를 이끌고 가서 치게 하니, 그 나라를 깨뜨렸다. 의자 및 태자 융(隆)……. 백제군 장수와 관리 등(위장[僞將], 『신당서』에는 추장[酋長]) 58명 등을 사로잡아 경사(京師, 수도 장안)로 보내왔다. 황제는 이들을 꾸짖기만 하고 용서했다"라고 간단히 언급하고 있다. 이어 백제는 76만 호이며 의자왕은 장안에 와서 "며칠 만에 죽었다"는 정도로 끝난다. 이보다는 9년 전인 651년 백제의 사신을 맞아 신라와 화해를 종용한 사건과 항복 후의 백제 부흥운동이 더 상세하게 기록되어 있다.4)

백제의 멸망은, 소정방에게 명하니 "그 나라를 깨뜨렸다"고 할 정도로 군사적 의미가 없었다는 말인가? 카이사르가 기원전 47년 오늘날 터키 땅인 "젤라의 전투"에서 승리한 후 로마 원로원에 보냈다는 "왔다, 봤다, 이겼다"라고만 전한 승전보와 비슷하다면 지나친 비유일까? 카이사르의 승전보는 수사적인 것이지만, 중국 정사(正史)인 『구당서』의 기록은 백제 문제에 대한 중국의 인식을 바로 드러낸 것이라는 점에서 비교될 수 없다. 당은 백제를 상대로 한 군사작전의 성공은 "당연한 것"이지만, 이보다는 신라의 영토가 넓어져(당에 대항한 8년간의 대당전쟁을 거치지만) 앞으로 신라는 관리하기가 힘들어지거나, 최악의 경우 신라가 고구려와 같이 당에게 골칫거리가 될 가능성을 우려한 것 같은 흔적을 남기고 있다.5)

셋째, 신라는 당의 백제 원정을 사전에 인지하고 대비한 것 같다. 죽은 신하가 (당 조정에서) 들었던 말을 전했다는 이야기가 이를 말한다. 『삼국사기』의 기록에는 이것이 "꿈"이었다는 언급은 없지만, 충성심에 가득 찬 (죽은) 신하가 "어제 당에 가서 이 말을 듣고 바로 신라에 와서 전하고 사라졌다"면, 꿈이라고 해석해도 무방할 것이다. 더욱 중요한 것은 소정방이라는 지휘관

---

4) 『조선전』 2, 296-300쪽. 「백제 본기」 제6, 554-555쪽.
5) 『구당서』, 「신라」 편은 "백제 토평(討平) 후 신라가 점차로 고구려, 백제의 땅을 차지하게 되니, 그 땅은 더욱 넓어져 서쪽으로 바다에 이르렀다." 『조선전』 2, 323쪽.

이름과 내년 5월이라는 시기 등의 정보가 너무 구체적이다. 이것은 사후적 기록일 수도 있지만, 이보다는 신라가 여러 경로를 통해서, 아마도 장안에서 정보원 역할을 하는 신라인을 통해서 당의 결정을 사전에 알게 되었을 뿐만 아니라, 충분한 시간을 두고 대응할 수 있었다는 것이다.

넷째, 당과 신라가 백제 정벌을 두고 군사작전 수준의 협의를 하지는 않았다. 수가 고구려를 공격하기 전 해인 611년 백제는 수의 군사일정을 묻고, 수는 사신을 보내 이를 상의하게 했다는 것과는 대조적이다. 신라는 당의 원정군 규모가 3월의 보고에는 13만이라고 했으나, 실제로는 마지막 순간까지 정확히 파악하지 못한 것 같다. 소정방은 5월 말이나 6월 초 산동성을 출발하며, 6월 21일 태자 김법민이 병선 100척을 이끌고 덕물도(德物島, 경기 옹진군 덕물도)에서 소정방을 맞는다. 소정방은 7월 10일 금강 하구에 도달하여 공격을 개시할 것이라고 전한다. 이에 김법민은 아버지 무열왕에게 "정방의 군세가 매우 성대하다고 하자 왕은 기쁨을 억누르지 못했다." 소정방 부대가 한반도에 들어선 이후에야 그 규모를 알 수 있었다는 말이다. 신라의 요청에 따라서 5년 전 고구려를 공격했던 소정방 부대와는 비교할 수 없는 대규모였던 것이다. 신라는 백제 원정에 정예 5만을 동원한다.

이것은 신라가 당과 더불어 백제를 공격할 준비는 했지만, 당군의 규모를 보고 백제 평정을 목표로 하고 있음을 인지하고 이에 상응하는 군대를 내놓았다는 점이다. 그런데 약간의 의문이 있다. 우선 13만 병력이 바다를 건넜다는 것이 정확한 것일까? 1274년 원 제국의 쿠빌라이 칸은 일본을 침공하기 위해서 1만5,000명의 몽고군과 중국군 및 고려군 8,000명을 동원하는데, 300척의 대선과 400-500척의 소선으로 이들을 수송한다.6) 둘째, 당이 바다 건너 백제 원정을 위해서 군대를 파견했다면, 백제 멸망 외에 다른 목표가 있었을까? 백제가 당의 말을 듣지 않으니 겁을 주는 수준에서 물러날 수 있었을까? 이와 같은 가설은 성립될 수 없다. 그럼에도 불구하고 신라가 당의 군세를 보고서야 기뻐했다는 것은 근저에 당에 대한 불신이 깔려 있었던 것은

---

6) http://en.wikipedia.org/wiki/Mongol_invasions_of_Japan. 연합군은 총 2만5,000명으로 나오기도 한다. 『조선전』 3, 「원사(元史)」, 419쪽.

아닐까? 이것은 신라가 당의 군세를 확인하기 이전에는 "백제 멸망"이라는 목표가 확립되지 않았다는 결론으로 이어질 수 있을 것이다.[7]

다섯째, 당 역시 원정에 앞서 백제 멸망 이후의 전후(戰後) 처리에 대한 명확한 준비가 없었던 것 같다. 승리 이후 구체적인 "로드맵"이 없었다는 말이다. 물론 전쟁과 같은 군사작전은 어느 일방의 의도대로 진행되지 않으며, 따라서 승리만을 최소 목표인 동시에 최대 목표로 삼고 매진하지 않을 수 없다. 그러나 당과 신라가 완벽한 승리를 거두지 못할 경우 전선이 어정쩡한 대치로 지속되어 적절한 선에서 타협하는 상황도 가능하다. 특히 연합군을 형성할 경우 완전한 승리를 목표로 마지막 순간까지 협조체제를 유지하기는 어렵다. 연합국 중 어느 한쪽은 자기들의 목표가 달성되었다고 판단되면, 단독 강화에 들어가는 경우가 많다. 앞에서 언급한 루소의 "사슴 우화"가 이를 말해준다. 신라군은 황산벌에서 계백(階伯) 부대에게 저지당하고 당군은 수도 사비성을 함락시키지 못하고, 백제는 사비, 웅진 등의 주요 거점을 고수하면서 명목상으로 "당에 항복하고" 태자를 인질로 보내는 정도로 타협할 수도 있었을 것이다. 물론 대병력을 파병한 당이 이 정도 수준의 처리에 만족할 수는 없겠지만, 당의 최종 목표가 고구려라면 백제를 완전히 길들이는 수준의 전후 처리도 가능했을 것이다.[8]

신라의 목표라면 648년 당 태종이 김춘추에게 약속한 대동강 이남을 차지하는 것이다. 물론 이것은 고구려가 멸망한 이후 당과의 교섭과 대결에서 신라가 강조한 것이다. 당도 고구려 제거라는 가장 중요한 목표를 달성하고 신라를 평양-대동강 이남으로 억제하여 더 이상의 팽창은 허용하지 않는다면 만족할 수 있을 것이다. 그러나 660년 백제 원정을 앞두고 당이나 신라가 12년 전의 약속을 그대로 믿었다면 이는 순진한 생각이다. 당 태종 사후에 당 조정의 새로운 세력들의 입장에 대해서는 알려진 것이 없다. 그렇다면

---

[7] 645년 당 태종이 고구려 원정에 떠나면서 선덕왕에게 보낸 조칙에는 "원정군의 동원조직을 설명한다"(제9장 참조).
[8] 제1차 세계대전 중 볼셰비키 혁명 와중에 있었던 러시아는 연합국 진영에서, 이탈리아는 추축국 편에서 공동전선에서 이탈했다. 이와 같은 단독행동을 막기 위해서 연합국들은 상대방의 "무조건 항복"을 최대, 최종 목표이자 종전조건으로 내세운다.

고구려 멸망이라는 최종 목표가 달성되기 이전에 당의 행위는 아마도 "사이버네틱스 이론"으로 설명해야 할 것 같다. 날아가는 비행기를 요격하는 미사일에 장착된 컴퓨터를 통해서 수집된 새로운 정보를 "교신하고 제어하여" 추구하는 목표를 조정하고 새롭게 규정하는 것이다. 즉 당은 고구려 멸망이라는 최종 목표가 달성되기 전까지 모든 가능성을 열어두고 사태의 전개에 따라 목표를 수정하고 재조정한다는 것이다.9) 백제 멸망 이후 웅진, 계림도독부 등을 설치하고 백제의 "제한된" 부흥을 주도한 당의 행위가 이에 속한다.

당은 출전에 앞서 신라에게 길 안내, 식량 등의 군수품 공급, 그리고 필요한 경우 협공 등의 단순한 역할을 부여한다. 고대 전쟁에서 전쟁을 주도하는 세력이 동맹 약소국에게 흔히 맡기는 과제들이다. 전략적으로 신라의 역할은 백제군을 분산시키는 보조적 제2전선이다. 마치 나폴레옹의 1812년 러시아 원정이나 히틀러의 1941-1943년 소련 원정 때 프랑스 군이나 나치 독일군이 주축이 되면서 동원된 동맹군 부대나 다름이 없다. 이들 보조 동맹국들은 전쟁에서 실질적으로 주요한 역할을 수행하지 못하며, 전후 처리에서도 어떠한 발언권도 행사하지 못한다. 신라가 "제2전선"을 담당하여 당의 대등한 파트너가 되느냐, "부차적인 전선"을 담당하여 무시당하는 보조자로 남느냐는 것은 전적으로 신라가 얼마나 중요한 역할을 어떻게 수행하느냐에 달렸다고 할 것이다. 그러나 실제로 신라가 전장에서 수행한 역할은 당이 예상했던 것 이상이었음에도 불구하고, 전후 문제는 당이 일방적으로 처리했다. 두 동맹국 간의 갈등은 구조적으로 여기에서부터 시작된다.

2. 신라와 당의 전략과 백제의 대응

이제 전선으로 눈을 돌려보자. 나폴레옹이나 히틀러는 동맹군들을 철저히 보조지원 부대로 활용했다. 반대로 러시아는 전투력이 약한 동맹군 부대를 먼저 공격함으로써 나폴레옹이나 나치 독일의 정예군이 담당한 주 전선을

---

9) Lieber(1973), 구대열 역(1987), 제4장 참조.

혼란시키는 고리로 삼았다. 백제 원정에서 당군은 금강에 진입하여 수도 사비성을 함락시키며, 신라 역시 계백의 결사대를 무찌르는 데에 절대적인 역할을 하는데, 그러면 어느 쪽이 주 전선이고 어느 쪽이 보조적인 제2전선일까? 신라의 지원 없이 당군만으로 백제군의 집결된 전력(戰力)을 격파하고 사비성을 함락시킬 수 있었을까?

나-당 연합군의 양면 공격이라는 미증유의 상황에 직면하여 백제는 대응 전략을 두고 치열한 논쟁을 벌인다. 물길에 익숙하지 않고 또 먼 길을 와서 피곤한 당군을 먼저 대적하여 물리치면, 당에 의존한 신라군은 맥없이 물러날 것이라는 당군 우선론, 과거 여러 차례 전투에서 승리한 백제군을 두려워하는 신라군을 먼저 격파한 다음 예봉을 당군으로 돌리자는 신라군 우선론, 그리고 백강(기벌포, 금강 하구)과 탄현(炭峴 또는 침현[沈峴])10) 등 요충지를 방어하면서 적군의 물자와 군량이 고갈될 때를 기다리자는 요새 방어론 등으로 나누어진다. 그러나 신라군과 당군이 이미 탄현과 백강을 지나 요충지 방어는 불가능해지고, 계백은 5,000명의 결사대로 이끌고 황급히 황산(충남 논산군 연산면 개태사 주변)에서 신라군과 대결한다.

이것이 백제의 비극이다. 백제가 양면전에 대비했다면, 아마도 일차적으로 요새 방어론을 채택했을 것이다. 방어가 실패하면, 마치 제1차 세계대전에서 독일이 양면전에 맞서 프랑스를 먼저 공격하여 격파한 다음, "동원이 느린" 러시아를 상대한다는 슐리펜 계획(Schlieffen Plan)의 기본 취지와 같이 신라군부터 먼저 격파하려고 했을 것이다. 당군은 6월 21일 덕물도에 도달하며 7월 12일 사비성을 함락했으니, 신라군을 격파한 다음 금강 하구를 지켜 당군의 진격을 저지할 수 있다는 계산이다. 하여튼 백제군은 신라군을 우선적으로 대적하기로 한 것은 김유신 군대의 진격속도가 빨랐기도 했지만, 백제가 신라군을 연합군 전선에서 보조적인 역할을 수행하는 약한 고리로 보았다는 의미이다. 또 당군과는 군사적 대결 외의 방법으로 문제를 해결할 가능성도 열어

---

10) 대전 동구와 충북 옥천군 군북면 경계인 식장산 마도령으로 비정되며, 그밖에도 전북 완주군 운주면 삼거리의 탄현, 충남 부여군 석성면 정각리의 숯고개, 충남 금산군 진산면 교촌리의 숯고개 등이 거론된다.

놓은 것이 아닌가 한다. 부여 함락 이후 웅진성 항거에서 보여주는 바와 같이 "항복하고" 왕조를 유지하는 방법도 고려할 수 있다는 말이다.

그러나 김유신의 신라군은 백제가 생각한 바와 같은 취약한 부대가 아니었다. 더욱이 신라군 우선 전략으로 당군을 대적할 도성의 방어는 약화되었다. 김유신은 백제의 정예군을 맞아 악전고투하면서 당군과의 약속 장소인 기벌포에 하루 늦게 도착한다. 이것은 백제 정벌에서 신라군이 오히려 주 전선을 담당했음을 말해주는 것이다. 1815년 워털루 전투에서 나폴레옹 군은 영국의 웰링턴 군대와 싸우지만, 승패가 결정되지 않은 상황에서 프로이센의 블뤼허 군대가 늦게 합류하여 협공하면서 최종 승패가 결정된다. 신라군도 전쟁의 주역을 담당하지만, 도성 함락이라는 열매는 당이 차지한다. 소정방이 약속 날짜를 지키기 못했다는 이유로 신라 장군 김문영(金文穎)을 죽이려고 하자 김유신이 이에 분연히 맞선 것은 신라의 역할이 당군에 못지않다는 점을 상기시켜주는 대목이다. 물론 이후 수도 사비성을 함락에도 신라군이 당군과 함께 "네 갈래 길로 일제히" 공격하는 등 중요한 역할을 한다. 후일 「신라 본기」는 두 나라 군대가 "동쪽과 서쪽에서 호응하면서 수륙 양면으로 일제히 진격하여 수군(당군)이 겨우 강어귀에 들어설 무렵 육군(신라군)은 이미 대규모의 적군을 깨뜨리매 두 나라 군사가 모두 백제의 왕도에 도착하여 함께 평정했다"고 적고 있다.11)

그렇다면 신라는 백제 정벌에 나서면서 목표를 어떻게 설정했을까? 정책 결정과정에서 최대 목표는 현실적으로 달성하기 어려운 것까지 포함한다. 물론 돌이켜보면 백제 멸망을 통해서 삼국통일의 첫 걸음을 내딛겠다는 것을 최대 목표를 세웠을 것이라고 상정할 수 있다. 그러나 이것은 사후적 해석이다. 신라와 백제는 수많은 전쟁을 치렀다. 그러면서 양쪽의 왕조는 면면이 이어져갔다. 백제가 어떤 형식으로든 항복하면, 신라는 당군과 합세하여 백제를 재기불능일 정도로 두들겨주고 신라의 "부용국", 속국으로 만드는 선에서 만족할 수도 있지 않았을까? 그리고 당군의 규모를 확인한 후에 목표치를

---

11) 「신라 본기」, 제7, 189쪽.

높게 수정한 것은 아닐까?

물론 문무왕 11년(671) 설인귀와의 서신에서 나온 사후적 기술이지만 두 나라를 "평정하면" "평양 이남의 백제 땅은 모두 신라에게 주겠다"는 당 태종의 648년 약속을 믿었을 수도 있다. 또 김유신이 655년 백제에 잡혀갔다가 돌아온 조미압(租未押)으로부터 백제의 내정이 악화되었다는 말을 듣고, "백제 병탄계획을 더욱 서두르게 되었다"는 것과 같이 신라는 최종 목표를 백제 파멸로 상정했을 것으로 믿어도 좋을 것이다.12) 그러나 이 역시 사후적 기술일 수 있다. 왜냐하면 655년, 즉 백제 멸망 5년 전까지만 해도 백제는 고구려, 말갈 등과 연합하여 신라의 33개 성을 빼앗았으며, 이에 신라가 당에 구원을 요청할 정도로 어려웠던 시기였기 때문이다.

이와 관련하여 하나의 의문이 있다. 645년 당 태종이 고구려를 공격할 때 신라는 역시 "3만 군사로 당을 도왔다." 이에 신라는 고구려의 남쪽 국경으로 들어가서 수구성을 쳐서 항복받았다. 이때 신라는 어떤 목표를 가지고 3만을 출병시켰을까? 이것은 신라가 고구려-수/당 전쟁을 어떻게 인식했느냐는 문제와 직결된다. 통일중국과 고구려가 부딪치는 미증유의 사태를 과거 연이나 수 양제의 고구려 침공에 비추어 고구려가 극복할 수 있을 것으로 보았을까? 수와 당의 천하통일 기세가 고구려까지 삼킬 것으로 예상했을까? 천하를 뒤흔드는 정세변화를, 오늘날 국제정치적 표현으로는 수 및 당과 고구려 간의 지역수준의 갈등으로 국제질서가 재정립되는 상황을 남쪽의 두 왕조는 어떻게 평가했으며 대비했느냐는 것이다. 백제나 신라가 이 문제를 장기적인 관점에서 접근하고 대비했다는 증거는 없다. 즉 수와 당과 협조하여 최대의 이익을 챙기든지, 고구려가 멸망해도 백제와 신라는 생존할 자신이 있었는지, 아니면 이 경우 백제와 신라도 항복하여 중국의 천하에 합친다든지 등에 관한 어떠한 시사도 없다. 백제는 앞에서 본 바와 같이 고구려-수/당 전쟁에서는 단기적, 기회주의적으로 대응했을 뿐이다.

신라와 당의 협공을 받은 백제는 속절없이 무너진다. 계백의 용전이 있었

---

12) 「신라 본기」 제7, 188쪽; 「열전」 2, "김유신", 765쪽.

으나, 10배가 넘는 압도적인 신라군에게 전멸당한다. 7월 12일 사비성이 함락되고, 의자왕은 13일 웅진으로 대피하고 아들 부여융 등이 항복한다. 의자왕은 18일 웅진성에서 나와 항복한다. 사비성 전투에서 백제군의 저항이 약간 있었을 뿐이다. 백제의 멸망은 순식간에 다가온 것처럼 보이는데, 이를 어떻게 설명할 것인가? 불과 1년 전까지 신라의 성을 공격하던 백제의 멸망은 기원전 202년 광무산에서 항우와 유방이 세력 균형을 이루면서 천하를 양분한 것 같았지만, 유방이 이 해 겨울 공세를 취하자 1년 만에 소멸한 항우의 세력과 유사하다는 느낌을 준다.13) 그러나 백제의 파멸은 백제-신라 간의 힘의 균형이 무너졌기 때문이 아니라는 데에 문제가 있다.

의자왕은 해동증자(海東曾子)라고 할 정도로 국민들의 신망을 받으면서 왕위에 오른 인물이다. 641년 등극과 함께 당에 조공 사절을 보내면서 대외관계도 튼튼히 하며 친히 군대를 이끌고 신라를 공격하여 40여 성을 빼앗았다. 김춘추에게 깊은 원한을 심어준 642년 대야성 전투도 의자왕 2년의 사건이다. 645년 당-고구려 전쟁 중 신라가 당을 지원하는 군대를 파견한 틈을 이용하여 신라의 7개 성을 탈취하는 기민함도 보인다. 의자왕의 왕운은 왕 9년까지 계속 상승한다. 그런데 왕 13년부터 가뭄이 크게 들고 백성이 굶주렸다는 기사를 시작으로 의자왕의 실정을 읽을 수 있는 기사들이 등장한다. 왕 16년 왕이 궁녀들과 절제 없이 음란한 쾌락에 탐닉하고, 19년에는 여우떼가 궁궐 안에 들어오고, 드디어 20년(660) 봄부터 백제의 멸망을 예고하는 듯한 불길한 조짐이 연이어 나타난다.

물론 이 기사들은 백제 패망 이후에 작성된 것이라고 해도 무방할 것이다. 자연현상은 자연현상일 뿐이며 멸망 이후 이와 관련시켜 해석한 것이기 때문이다. 그러나 백제 멸망 연도에 "왕도의 시정 사람들이 까닭도 없이 놀라 달음질하여 나동그라져 죽은 이가 100명이었고 재물을 잃어버린 것은 이루 셀 수조차 없었다"라는 기사는 정치적 혼란으로 인한 것이든, 지진과 같은 자연재해로 인한 것이든 사회조직이 와해되고 있음을 보여주는 대목이다. 따라서

---

13) 광무산 휴전에 관해서는, 『사기』, 「본기」, "항우본기", 1권, 245-247쪽.

멸망의 원인은 일차적으로 민심 이반을 가져온 의자왕의 지도력에서 찾아야 할 것이다.

이보다 중요한 것은 백제는 대외관계의 운용에서 이미 신라에 패배했다는 점이다. 의자왕은 초기 4년간 매년 당에 조공 사절을 보냈으나 그후 사신 왕래는 중단된다. 그리고 왕 11년(651) 다시 당에 사신을 보낸다. 조공 중단 기간은 645년부터 651년이다. 아마도 645년 여-당전쟁 중에 신라가 당을 지원하는 군대를 파견한 틈을 이용하여 신라를 공격하면서 당과의 관계가 단절된 듯하다. 그러나 이 기간에 여-당전쟁, 648년 당 태종 사망과 고종의 등극에 따라 당 황실에서 중차대한 변화가 일어난다. 당의 정세에 민감하지 않을 수 없는 신라와 백제로서는 사활적 문제가 걸린 시기라고 할 것이다. 신라는 이 기간 중에 김춘추를 위시해서 사절단을 지속적으로 당에 파견하여 당이 친신라 정책을 취하도록 만드는 데에 성공한다. 651년 백제의 사절이 당을 방문했을 때 당이 백제가 신라를 침공하지 말 것을 종용하는 것이 그 구체적 성과이다. 백제가 당의 충고에 따르지 않으면, 신라가 원한 대로 서로 싸우게 내버려둘 것이라는 위협도 덧붙인다. 이것은 동맹 강대국이 동맹 약소국의 행동을 적절하게 억제하지만, 필요하면 약소국이 원하는 대로 허용한다는 전통적인 수법이다. 소위 "개의 목줄을 풀어준다"는 것이다.[14]

동맹과 관련하여 한 가지 더 언급할 사안이 있다. 이 시기 동아시아의 국제 관계를 당/수-신라의 동서 세력과 돌궐-고구려-백제-왜의 남북 세력 간의 대립으로 설명하는 경향이 있다는 점은 앞에서 언급한 바 있다. 실제로 백제는 651년 당이 신라를 지원한 사건 이후에 위기의식을 느꼈던지, 의자왕 13

---

14) 1949년 이래 장개석의 호전적인 본토 복귀정책을 억제하던 미국이 모택동 정권을 길들이는 데에 사용한 방법이다("unleash Jiang"). 그러나 이승만 정부의 북진정책에 대해서는 미국은 줄을 풀어주지 않았다. 당은 645년 고구려 침공에 앞서 643년 백제가 고구려와 연합하여 당항성을 공격하려고 한다는 신라의 주장이 정확하지 않다는 백제의 항변을 인정했지만, 고구려 원정에 백제의 군대 파견은 요청하지 않았다. 645년 원정에서 보인 신라의 태도와 이후 백제의 조공 단절 등에 의해서 당-신라 동맹은 확정된다. 그리고 백제에 대해서는 당-신라의 군사 협력관계를 방해하지 않도록 무마하는 수준의 관계를 유지하려는 의도를 가지고 있었을 것이다. 주보돈(1992), 「『文館詞林』에 보이는 한국 고대사 관련 외교문서」, 『경북사학』, 15집 참조.

년(653) 왜국과 "우호" 관계를 가진다. 『일본서기』는 효덕천황과 제명천황(齊明天皇, 655-661) 시기에 왜국이 삼국과 활발히 교류한 흔적을 남기고 있다. 제명천황 원년(655) 백제의 조사(調使 : 조부의 사) 150인에게 향응을 베풀었고, 같은 해 고구려, 백제, 신라가 아울러 사신을 보내 조를 바치는데, 신라는 인질도 보낸다. 다음 해에도 유사한 내용의 기사가 보인다. 제명천황 3년에는 신라에 사신을 보내 신라의 사신과 함께 당에 들어갈 것을 제의하지만 신라가 이를 거절하며, 일본 사신들은 그대로 귀국한다. 백제에도 사신을 보내는데 이들이 돌아와서 "흰 여우가 보였다"고 보고한다.15) 이 해가 657년이다. 일본 사신은 또 659년 당에 들어가 고종을 만나는데, 그후 12월 "당조에서 죄를 얻는다." 당은 "내년에 반드시 해동(한반도)에 쳐들어갈 것인데 [그때까지] 왜의 사신은 귀국하지 못할 것"이라면서 별처에 유폐했다고 한다. "당에 죄를 얻었다"는 것은 당의 출병 사실을 탐지한 행위로 추측되며 이 해 말에 당이 출병을 확정하고 왜의 사신에게 이를 알린 것이라고 하겠다. 그리고 660년 9월 백제의 멸망을 알리는 보고가 일본에 당도한다.16)

이상은 일본 역시 이 시기에 당과 신라와 백제 관계 등의 정세에 민감했음을 보여주는 대목들이다. 그러나 백제가 신라와 싸우고, 왜가 백제와 친하며 신라와는 우호적이지 않다고 해서 백제와 왜를 묶어 신라-당에 대항하는 동맹으로 규정하는 것은 논리적 비약이라는 점은 고구려-백제-돌궐-왜 관계를 설명할 때 이미 지적했다. 특히 동아시아 지역은 중국이라는 거대한 중앙세력이 존재하기 때문에 주변 국가들은 가능하면 중국의 비위를 거스를 짓을 하지 않으려고 한다. 즉 돌궐과 고구려는 반패권이라는 입장에서 중국에 대항하지만, 결코 반중국이라는 기치 아래 뭉치지 않는다. 고구려와 백제가 신라에 잃은 영토의 회복이라는 점에서는 일치하며 이런 관점에서 동시에 신라를 공격하기도 하지만, 이것을 당과 신라에 대항하는 동맹이라고 할 수는 없다. 양국은 최후의 순간까지 중국의 적대적 표적이 되지 않으려고 하기

---

15) 『일본서기』, 469-471쪽. 『삼국사기』에는 백제 멸망 전해인 659년 2월 여우 떼가 궁궐 안에 들어오고, 흰 여우 한 마리가 상좌평의 책상에 올라앉았다는 기사가 보인다.
16) 「백제 본기」 제6, 556쪽; 『일본서기』, 475, 477, 480쪽.

때문이다. 더욱 중요한 것은 군사동맹이 자국의 군사력을 증대시키지 않고도 대외적 능력을 향상시키는 방법이라면, 직접적이며 즉각적인 도움이 되지 않는 동맹은 그 의미가 약하다는 점이다. 의자왕이 일본의 지원이 효과적일 것이라고 믿고 우호관계와 동맹을 맺었다면, 이것은 잘못된 선택이었다는 것이다.

전략적인 차원에서도 몇 가지 검토할 부분이 있다. 우선 바다를 통한 중국의 공격이다. 바다를 통한 공격은 신라에 대한 왜군의 침략과 같이 기습성이 높아 대비할 시간적 여유가 많지 않다. 더구나 황해와 같은 좁은 해역과 산동반도에서 한반도로 내려오는 뱃길이 알려진 당시 상황에서 바다를 통한 중국의 공격 개연성은 상존했다. 그러나 백제가 이에 대비하여 해안 경비를 강화하고 침공을 알리는 봉수망을 마련하거나 수군을 양성했다는 기록은 없다. 그 다음, 당과 신라의 양면 공격이다. 백제는 고구려와는 달리 양면 협공을 당한 경험이 없었다. 역사적으로도 고구려나 신라 한 나라만을 상대해왔으며, 개로왕의 전사와 같이 절체절명의 순간에는 다른 나라의 지원도 기대할 수 있었다. 이런 의미에서 백제는 그동안 외교적, 전략적으로 우월한 위치에 안주해 있었다. 또 그만큼 당과 신라의 협공은 백제로서는 감내하기 어려운 것이었다.

양면 협공은 당하는 쪽에서는 가장 기피하는 것이며, 외교는 바로 이같이 적대국들에게 포위되는 상황을 사전에 방지하려는 수단이다. 양면 공격이 피할 수 없다고 판단되면, 이를 돌파하기 위한 전략을 구상해야만 한다. 비스마르크의 프로이센이 3번의 전쟁에서 성공하여 독일 통일을 이룰 수 있었던 것은 양면전의 가능성을 외교적으로 철저하게 차단했기 때문이다. 지정학적으로 항상 양면전의 위험에 노출되어 있던 독일이 제1차 세계대전 직전 양면전의 불가피성을 인정하고, 이에 대비해서 수립한 것이 슐리펜 계획이다. 그러나 제1차, 제2차 세계대전에서 양쪽의 협공으로 독일은 결국 패망하게 된다. 백제는 이러한 관념조차 없었으며, 실제 상황을 맞은 후 우왕좌왕하면서 제대로 대응하지 못하고 패망한 것이다.

다시 백제 최후의 순간으로 돌아가자. 계백 부대가 황산에서 김유신의 신라군과 결전을 벌인 것이 7월 9일이었는데, 기벌포에서 백제군을 무찌른 당군이 계백 군을 격파한 김유신 군과 합류하자 백제의 한 왕자가 좌평(좌평은 1품 관직) 각가(覺伽)를 시켜 글을 보내 철병할 것을 애걸한다(정확한 기록은 없으나 김유신 군이 약속을 지키지 못함으로써 양군이 원래 만나기로 약속한 다음 날인 11일인 듯하다). 12일에는 사비성이 포위되며 백제의 왕자가 "고기와 가축 등을 풍성하게 보냈으나", 즉 항복하면서 철병을 요청했으나, 소정방이 받아들이지 않으며, 의자왕의 서자 부여궁(夫餘躬)이 좌평 6명과 소정방에게 죄를 빌었으나 또 거절당한다. 의자왕이 나와 무조건 항복하라는 것이다. 13일에는 의자왕이 웅진성으로 달아났고 아들 부여융과 대좌평(大佐平) 등이 나와 항복한다. 그리고 18일에는 의자왕이 웅진성에서 나와 항복한다.[17]

백제 멸망의 마지막 며칠간 중국-한국 관계에서 나타나는 패턴 중 몇 가지가 나타난다. 첫째, 백제는 패배하면서 "항복하겠다"는 신호를 계속 보낸다. 처음에는 왕자의 이름으로 쓴 서신을 관리들을 통해서, 그 다음에는 왕의 서자가 관리들을 이끌고, 그리고 왕자가 앞장서서, 마지막으로 왕과 태자가 나온다. 사비성이 함락될 때에는 의자왕이 웅진성으로 떠난 후, 둘째 아들 부여태(夫餘泰)가 스스로 왕이 되자 태자의 아들과 부여융이 동아줄을 타고 성에서 나와 항복한다.[18] 246년 유주자사 관구검의 침공과 연왕 모용외와 모용황의 공격(339)을 받은 고구려는 수도가 함락되지만, 국가의 명맥은 유지한다. 이때 고구려는 계속 "항복"을 애걸했지만, 국왕은 후방으로 달아나 직접 적진에 나가 항복하지는 않는다. 중국은 결국 고구려의 항복과 조공을 받아들이고 사태는 종결되었다. 백제가 원한 것도 바로 이 패턴이었을 것이다. 재기를 기약하면서 "제사"를 이어가는 것이다. 그러나 종심이 얕은 백제의 영토에는 도망할 후방이 없었으며 더구나 동북방은 신라군이 지키고 있어 도피작전은 불가능했다.

둘째, 의자왕이 웅진성에서 나와 항복한 부분이다. 의자왕은 7월 18일 "태

---

17) 백제 멸망 때의 기사들은 「백제 본기」와 「신라 본기」 무열왕 7년의 기록이 서로 보완적이다.
18) 이 부분은 「백제 본기」와 『구당서』, 「열전」, 권83, 「열전」, 제33 소정방(2779)의 내용이 동일하다.

자와 웅진 방령(方領)의 군사를 이끌고" 웅진성에서 나와 항복한다. 그는 중국으로 잡혀가 곧 병으로 죽었는데, 손호(孫皓)와 진숙보(陳淑寶)의 무덤 옆에 묻혔다. 이 두 사람은 삼국시대 오와 남조 진(陳)의 마지막 군주로 모두 왕조를 패망의 길로 이끈 인물들이다. 의자왕도 패망 군주의 일원으로 나란히 묻힌 셈이다. 그런데 『구당서』, 「열전」, "소정방"편에는 의자왕이 항복하는 장면을 "웅진의 대장 예식(禰植)이 '의자를 거느리고' 나와 항복했다"고 기록하고 있다. 이것은 웅진성 성주 예식이라는 인물이 의자왕을 사로잡아 데리고 나와 항복했다는 의미이다.

이와 관련하여 2007년 예식진(禰寔進)이라는 인물의 묘지(墓誌)에 관한 논문이 중국에서 발간되었으며, 국내에도 소개되었다.19) 그밖에 『삼국사기』와 『일본서기』에는 백제 부흥전쟁 시기 "예군(禰軍)"이 여러 번 언급된다(제11장 참조). 「소정방 열전」에 나오는 예식(禰植)과 묘지명의 예식진(禰寔進)은 한자도 달라 동일 인물이라는 확신은 없다. 그러나 위에서 언급한 자료들을 토대로, 그리고 이에 관한 연구들을 종합하면 다음과 같은 결론이 가능할 것이다. 묘지석의 주인인 예식진은 웅진 사람으로 그의 조부와 아버지가 백제의 최고 관등인 좌평 벼슬을 세습한 인물이며, 예식진도 백제 제2의 도시인 웅진의 성주인 점을 감안하면, 이 직위를 가진 인물로 보인다. 예식진 집안은 웅진 지역의 호족이며 실력자인데, 그는 의자왕이 웅진으로 피신했을 때 그를 보호하여 끝까지 항전하기보다는 이미 전세가 기울어졌음을 감지하고, 자신이 앞장서서 그리고 의자왕을 데리고 (설득했든 아니면 강제로 포박했든) 당군에 항복한 것이다. 그는 당으로 들어가서 묘비명에 적힌 대로 고위 관직을 받았다. 그러나 그의 집안 중 다른 인물인 예군은 백제 부흥운동에 투신한다. 예식진의 항복에는 중국이 한국을 공격할 때 사용하던 수법 중 하나인 한국 진영 내부를 교란하는 이간책이 작동한 것이거나, 중국 군의 군세에 압도당한 한국 진영 내부의 이탈자가 항복에 앞장선 것 중 하나일 것이다. 이와 유사한 상황이 고구려 패망에서도 재현된다.

---

19) 김영관(2008?), 「백제 유민 예식진 묘지 소개」, 『신라사학보』, 10. 서안(西安, 당의 수도였던 장안)에서 출토된 이 묘지석은 2006년에 낙양의 골동상가에서 발견되었다.

한국사에서 국왕이 적군에 직접 항복한 것은 백제와 고구려의 패망 때에, 그리고 1637년 인조(仁祖)가 남한산성에서 청 태종에게 항복한 사례 등이 있다. 고려도 몽고에 항복했다. 그러나 몽고 항쟁(1232-1258)은 무신정권의 마지막 집권자인 최의(崔竩)가 살해되고 고려 왕실이 천도했던 강화에서 일단 개경으로 돌아가며, 그 다음 해인 1259년 태자 전(倎, 후일 원종[元宗])이 몽고로 가서 강화의 뜻을 표하고 항쟁을 단념한다는 표시로 강화의 성곽을 허물어뜨리는 수순을 밟아 끝난다. 펠로폰네소스 전쟁에서 패배한 아테네가 방어성벽을 허문 것과 같은 의미이다.

이중 백제 및 고구려의 경우와 인조의 경우가 대비되는데, 그것은 원정 목표에서 당과 청이 서로 다르기 때문이다. 당은 이미 중국 통일을 완성했고, 청은 아직도 산해관에서 명과 대치 중이었다(청은 1644년 북경으로 들어간다). 따라서 청이 조선을 공격할 때의 목표는 "제한적"이었다. 청은 중국 본토의 정복에 나서기 전에 후방의 안전을 도모하기 위해서 조선에서 전쟁을 단기간에 끝내고, 관대하게 처리하여 조선이 원한을 가지지 않도록 하는 것이 중요했다. 청 태종은 인조의 항복을 받은 후에 "단 아래 좌측에 서쪽을 향하여 앉도록 했으니, (청 종실의) 왕들의 윗자리였다." 그리고 2년간 공물을 면제해주고 그후에는 조정하겠다고 했다.20) 이것은 1866년 프로이센이 오스트리아를 "7주일간의 전쟁"에서 격파했으나, 비스마르크는 독일의 통일을 위해서 앞으로 있을 프랑스와의 대결에서 오스트리아의 우호적 태도가 필요하다고 판단하고, 가혹하게 처벌하려는 국왕과 군부를 "간신히" 설득하여 관대한 조건을 제시한 것과 흡사하다. 그러나 이미 중국 대륙을 통일한 당의 입장은 제국의 안보를 유지하는 것이 주목표이다. 당연히 이 목표는 주변지역에서 제국을 위협할 수 있는 요소들을 제거하는 것이다. 그 대상은 고구려이며, 백제는 그 전초전에 불과한 것이었다.

---

20) 『조선전』 4, 358쪽. 구범진(2008), 「청의 조선사행 인선과 '대청제국체제'」, 『인문논총』 59, 198-199쪽. 청 태종은 "조선 왕은 비록 병세(兵勢)에 몰려 내귀(항복)했지만, 역시 일국의 왕이다"라고 하면서 인조를 앞으로 다가오게 하여 왼쪽에 앉게 했다. 그 다음으로 청의 왕들을 순서대로 앉히고 인조의 장자가 앉게 했다.

3. "복수": 악순환의 시작

신라가 백제를 멸망시킨 역사적 사실은 한국사에 깊은 "은원"관계를 남겼다. 7월 13일 사비성이 함락되고 부여융이 항복한 부분을 『삼국사기』는 다음과 같이 기록하고 있다.

법민은 융을 말 앞에 꿇어앉히고 얼굴에 침을 뱉으며 꾸짖기를 "지난날 네 아비가 내 누이를 억울하게 죽여 옥중에 묻어버린 탓에 나로 하여금 20년 동안 가슴이 아프고 골치를 앓게 하더니, 오늘에야 네 목숨이 내 손 안에 들었구나"라고 했다. 융은 땅에 엎드린 채 아무 말이 없었다.

18일 의자왕이 항복한 이후에는,

8월 2일에 술자리를 크게 열어 장병들을 위로했다. 왕(무열왕)은 정방 및 장수들과 함께 높다란 당 위에 앉고, 의자와 그 아들 융은 당 아래 앉혔으며, 간혹 의자에게 술을 따르게 하니, 백제의 좌평 등 여러 신하들이 흐느껴 울면서 눈물을 흘리지 않는 이가 없었다.[21]

복수는 역사를 전개시키는 동력이다. 그러나 복수는 더 잔인한 복수를 부른다. 그래서 정적의 3족, 9족을 모두 죽인다. 복수에 대한 두려움 때문이다. 그러나 국가와 국가 사이의 복수는 아무리 잔인하게 해도 상대방 국민 전체를 살해할 수는 없으며 따라서 복수는 반복되기 마련이다. 신라와 백제 간의 복수도 이 범주에 속할 것이다. 후일 문무왕으로 등극하는 김법민의 행위는 대야성 성주 김품석의 아내인 그의 누이가 백제군에게 살해된 데에 대한 복수이다. 그는 또 대야성 함락 때 신라인으로서 백제를 도운 사람을 잡아 참혹하게 살해한다. 물론 이와 같은 감정적인 대응만 있었던 것은 아니다. 신라는 강-온 정책을 적절히 구사하기도 했다. 660년 11월 "백제 사람들도 재주를 헤아려" 백제의 관리들에게 관직을 주는 등 백제인들의 마음을 얻기 위해서

---

21) 「신라 본기」 제5, 161쪽.

아량을 베풀기도 한다. 그러나 부흥운동이 기세를 올리자 토벌작전은 잔인해진다. 김법민의 행동과 승전 연회의 문제는 냉정한 계산에 의한 것이 아니라 신라 지도층이 감정을 적절히 억제하지 못한 데에 있었다. 230여 년이 지나 견훤(甄萱)이 옛 백제 영토에서 백제 재건이라는 기치 아래 후백제를 건국할 수 있었던 배경이다. 백제의 복수는 경주 약탈로 반복되었다.

국가 간의 뿌리 깊은 원한을 치유하기 위해서는 정치인들의 대담하고 절제된 행동이 필요하다. 통합이론에서 경제적, 문화적 교류가 아무리 활성화되어도 통합의 마지막 단계에서는 여러 갈래의 저항을 침묵시킬 수 있는 정치적 결단이 필요하다는 것과 같다. 독일과 프랑스의 사례가 이에 해당할 것이다. 1806년 나폴레옹의 베를린 점령까지 올라갈 필요는 없다. 통일독일이 탄생한 1870년 프로이센은 보-불전쟁에서 승리한 후 3일 동안 파리 시내에서 "승리행진"을 벌인다. 그리고 베르사유 궁전의 "거울의 방"에서 통일독일제국의 선포식을 거행한다. 왜 자기 나라의 통일과 새로운 국가 건설을 남의 나라 궁전에서 한다는 말인가? 비스마르크처럼 사려 깊다는 정치가가 이를 허용했다는 것은 이해하기 힘든 점이다. 독일의 행위는 프랑스인의 자존심에 깊은 상처를 남겼다. "상처 난 자리를 소금으로 문지른 짓"이라고 말한다.22)

프랑스의 복수는 1918년 제1차 세계대전에서 프랑스가 독일에 승리함으로써 이루어진다. 평화조약에서 독일이 다시 일어설 수 없도록 가혹한 조건을 씌운 것은 접어두자. 프랑스는 파리 동북쪽 약 80킬로미터에 있는 콩폐에뉴 숲에 임시로 설치한 침대차에서 종전조약을 체결하고 이 장소와 침대차를 기념관으로 만들어 독일이 세계대전을 일으킨 "전범국가"라고 명기한 기념비를 세운다. 앞에서 언급한 바와 같이 국익이라는 관점에서 행동하는 국가에게 "전범"과 같은 도덕률로 낙인찍을 수 없다는 것이 유럽 국제정치의 전통임에도 불구하고…….

그 다음 복수는 제2차 세계대전 초기에 독일의 승리로 반복된다. 독일의

---

22) Albrecht-Carrié(1973), p. 141.

전격전으로 프랑스가 5주일 만에 항복하자 히틀러는 파리 시내에서 승리행진을 한 다음, 프랑스 항복 사절을 바로 이 침대차로 안내한다. 남쪽 보르도로 피난했던 프랑스 정부와 군 대표단은 항복의사를 표명한 뒤 최종 목적지를 알지 못한 채 전쟁으로 혼란에 빠진 도로를 밤낮으로 달려 이곳까지 온 것이다.23) 항복조약에 서명하는 광경을 취재하고 후일 『제3제국의 흥망』을 쓴 윌리엄 샤이러는 당시의 상황을 다음과 같이 기록하고 있다.

> 프랑스에서 가장 아름다운 여름의 하루……(히틀러는) 장중하고 엄숙했으나 아직 복수심이 우러나와 있었다……독일제국을 상징하는 호엔촐레른 왕가의 맥 빠진 독수리가 승리한 연합군의 커다란 칼에 찔린 조상(彫像)을 새긴 기념비는 독일 군기로 싸여 있었다. 1940년 6월 21일, 히틀러는 독일 대표단을 이끌고 계단을 올라가 뚜렷하게 그리고 두드러지게 새겨진 비문을 읽는다. 여기 1918년 11월 11일 독일제국의 범죄적 자과(自誇)는 분쇄되고, 그가 노예화하려고 한 자유민에 의해서 패배되었다(이것은 독일이 전쟁을 일으킨 전범국이라는 점을 명백히 천명한 구절이다/저자 주). 그들은 모두 6월의 태양 아래에 잠자코 선 채 그것을 읽었다. 그들의 얼굴에는 경멸과 분노, 증오, 복수와 승리의 불길이 타오르고 있었다(기념비는 히틀러의 명령에 의해서 3일 후 폭파되고 침대차는 베를린으로 옮겨졌으나 전쟁 말기 연합군의 폭격으로 파괴되었다). 히틀러는 침대차로 발길을 옮겨 [제1차 세계대전 당시] 포슈 프랑스 군 사령관이 앉았던 자리에 앉았다. 5분 후 세당의 프랑스 제2군 사령관인 앙치제 장군이 항복문서에 서명할 프랑스 사절단을 이끌고 도착한다. 이들은 프랑스의 자랑인 성지(聖地)로 이끌려 와서 이러한 모욕을 당하리라고는 생각지도 못했을 것이다. 독일군 사령관이 항복조건의 전문을 읽자 히틀러는 아무런 말없이 퇴장한다.24)

이와 같은 악순환의 고리는 1950년대 유럽이 미국과 소련이라는 거대한 공룡들 사이에서 질식당할 것 같은 위기감이 감돌면서 프랑스의 드골 대통령

---

23) Williams, John(1970), *France Summer 1940*(London : Macdonald& Co.), p. 150.
24) Shirer, 안동림 역(1961), 4권, 55-62쪽의 내용을 요약한 것이다.

과 서독의 아데나워 수상의 결단에 의해서 끊어지며, 이후 양국은 유럽 통합의 동반자가 되었다.

4. 소모전과 고구려의 종말

고구려의 최후는 당 태종이 645년 겨울 안시성을 함락시키지 못하고 돌아가는 데에서 시작된다. 중국의 관점에서는 승전도, 패전도 아니었다. 고구려의 항복을 받아내는 데에, 혹은 고구려를 멸망시키는 데에『삼국사기』의 표현대로 "성공하지 못한 것"이라고 하겠다. 10개 성을 함락시키고 7만 명의 고구려 주민들을 중국 영토에 편입시켰기 때문이다. 당 태종은 "후회하고 탄식했으나" 포기한 것은 아니었다. 귀국 직후인 646년 2월 고구려 전역을 회고하면서 전술적 실책을 점검한다. 고구려 역시 안시성의 승리는 진정한 승리가 아니라 "종말의 시작"이라고 느꼈던 것 같다. 고구려는 당이 결코 포기하지 않을 것이라는 분위기를 인지하고, 5월에 미녀 2명과 함께 사신을 보내 "사죄한다." 그러나 당 태종은 연개소문의 말이 "거짓되고 황당하다"고 하면서 조공을 받지 않고 다시 칠 것을 논의한다. 고구려는 다음 해 보장왕 6년(647) 왕의 둘째 아들을 보내 사죄하니 "황제가 받아들였다."

그러나 649년 당 태종이 사망할 때까지 당은 대규모로 군대를 동원하지 못한다. 당의 중신들은 전쟁으로 주민들이 어려움을 겪었다는 점을 강조하면서 소규모 병력으로 고구려군을 피곤하게 만들면 민심이 고구려 조정에서 저절로 이탈하여 압록강 이북의 땅을 쉽게 얻을 수 있다고 진언하고 당 태종도 이 전략을 채택한다. 바로 소모전이다. 이에 따라 당군은 647년부터 요하를 건너 "고구려 경내로 들어와" 100여 차례 교전하며 동시에 큰 배 수백 척을 건조하면서 수군 1만 명으로 바다를 건너 침공한다. 이 해 12월 보장왕의 둘째 아들이 당에 들어가서 사죄하고 다음 해 정월, 즉 1달 만에 다시 조공 사절을 보냈다는 것은 이러한 절박한 사정을 말하고 있다. 당의 지속적인 소규모 공격은 다음 해에도 계속된다. 4월 당은 3만을 동원하여 바다를 건너 내습하고, 9월 또다시 바다를 건너 압록강을 넘어 공격하자, 고구려는 힘겨운 방어전을 벌인다. 당 태종은 이 전략이 성공하고 있음을 확신하고 다음 해 30만을 동원하며 군량 수송도 뱃길을 이용하여 일거에 고구려를 멸망시킬 것을 논의하지만, 649년 4월 사망한다.[25]

이 3년 동안의 대결은 당-고구려 전쟁의 본질을 보여준다. 고구려는 계속 사절을 보내 "사죄하며" 당의 원정을 무마하려고 애쓴다. 둘째 왕자까지 보냈다면, 왕과 왕위계승자인 태자를 제외하고는 고구려 최고위급 인사이다. 당은 고구려의 "사죄를 받아들여 용서하면서" 소모전은 계속한다. 이것은 "견딜 수 있겠느냐, 어떻게 하겠느냐" "이제 항복해라" 수준의 제한적 요구가 아니다. 개인적인 복수심으로도 설명되지 않는다. 스스로 희대의 명군이라고 생각하는 당 태종이 자신의 실패를 복수하려는 심사라고도 설명할 수 있겠으나, 복수 이상의 전략적 의미를 담고 있다. 강대국과 약소국 간의 소모전은 약소국의 국력을 소진시켜 결국 고사시킨다. 오히려 당 태종과 같은 인물이기 때문에 단숨에 복수를 하기보다는 극적인 효과는 없지만 장기적으로 고구려의 목을 서서히 조이는 전략을 택했다고 하겠다. 그가 고구려 문제를 개인적인 복수심 차원에서 벗어나서 냉정하게 접근했다는 증거이다.

고구려도 이를 알고 최대한의 성의로 몸을 낮춘다. 그러나 당은 거부한다. 그러나 당 태종은 죽음을 맞아 유조로써 요동 원정을 그만두게 한다.[26] 그럼에도 불구하고 18년 후 다시 고구려 원정을 감행하여 기어이 파멸시키는 당의 행위는 전략적, 안보적 불안감으로만 설명할 수 있다. "전대의 치욕을 씻는다"는 명분론은 말 그대로 명분일 뿐이다. "네가 없어지지 않는 한, 나는 정신적으로나 육체적으로 평온을 찾을 수 없다, 따라서 너는 죽어야만 한다"는 식이다. 마치 제3차 포에니 전쟁(기원전 149-146)을 앞두고 카르타고가 존재하는 한, 로마는 평안할 수 없다는 로마 원로원의 자세와 다를 바 없다.

당 태종 사후에도 고구려는 당에 조공을 계속하며 보장왕 15년(656)에는 태자 책봉을 축하하는 사절도 보낸다. 그러나 당의 태도는 조금도 누그러지지 않고 고구려를 상대로 한 소모전을 계속한다. 왕 17년에는 영주도독(營州

---

25) 「고구려 본기」 제10, 435-436쪽.
26) 「고구려 본기」 제10, 437쪽.

都督) 설인귀가 침공하지만, 패퇴한다. 현지 군사력으로 고구려를 계속 괴롭힌 것이다. 다음 해 그는 다시 침공하여 부분적 승리를 거둔다. 고구려 역시 강력한 방어전으로 맞서며 동시에 신라에 대한 공격도 중단하지 않는다. 이것은 당 태종의 대규모 침공 이후 고구려가 지속적인 화해정책을 추구했으나 효과를 보지 못했다고 판단하고, 당 태종이 요구했던 신라에 대한 공격 중지를 포기하고 과거의 대결정책으로 회귀했음을 말해주고 있다.

문제는 보장왕 19년(660)부터이다. 이 해에 백제 멸망으로 자신감을 얻은 듯한 당은 백제 원정군 사령관 소정방이 계필하력(契苾何力) 등 여러 장수들과 길을 나누어 고구려를 침공한다. 소정방은 백제 전쟁에서의 경험을 살려 수로군을 맡고, 그의 이름이 시사하는 바와 같이 북방 돌궐족 출신인 계필하력은 육로군을 지휘하여 본격적인 침공을 위한 리허설을 시작한 것이다. 다음 해에는 고종이 친정을 고려한다. 1월에는 4만7,000병력을 동원하여 평양으로 진격한다는 계획과 4월 여름에는 주변 오랑캐 병력까지 합쳐 35개 군단을 황제가 직접 이끌어 수륙 양면으로 공격한다는 계획이다. 이와 같은 상황에서 당 조정은 황제의 친정 문제, 넓은 차원에서 "요동 및 고구려 문제" 전반을 폭넓게 논의한다.

> 이때 울주자사(蔚州刺史) 이군구(李君球)가 황제에게 아뢰기를 "고구려는 작은 나라인데 어찌 중국을 기울여서까지 일삼을 것이 있겠습니까? 만약 고구려를 멸망시키고 나면 반드시 군사를 내서 지켜야 할 것인바, 군사를 적게 내면 위엄이 떨치지 않을 것이요 많이 내면 사람들이 불안할 것이니, 이것은 천하를 전쟁으로 내몰아 피로하게 하는 것입니다. 제 생각으로는 고구려를 정벌하는 것이 않는 것만 못하고, 멸망시키는 것이 멸망시키지 않는 것만 못한 듯합니다"라고 했다. 또한 마침 무후(武后)도 말리니 황제가 그만 중지했다.[27]

상당히 냉철한 진언이다. 오늘날의 표현으로 말하면 "투자 대 이익"에 근

---

27) 「고구려 본기」 제10, 441쪽.

거한 계산인 것 같지만 그 이상의 의미가 있다. "고구려는 작은 나라"라는 것은 고구려가 중국의 안보를 위협할 만큼 크지 않은데, 왜 안보 위협을 과대평가 하느냐는 말이다. 이때까지 당 조정이 고구려에 대해서 가졌던 안보관과 대치되는 것이다. 만약 "작은 고구려"로 이해했다면, 당 태종의 고구려 원정도 없었을 것이다. 그 다음, 황제가 친정할 정도의 대규모 원정군이 나서면 고구려를 멸망시킬 수 있을 것으로 예견하는데, 이 역시 앞으로 양국 관계의 진전으로 보아 타당한 평가라고 하겠다.

이군구가 궁극적으로 염려한 것은 전후(戰後) 처리이다. 고구려 멸망 이후 당이 이곳에 대규모 병력을 주둔시킬 수 있을까라는 질문이다. 만주 및 한반도 북부는 한족에 대한 적대감이 강한 비한족(非漢族) 거주지역이다. 고구려 부흥운동이 결국 발해라는 또다른 한민족-말갈족 연합국가의 건국으로 이어지는 데에서 볼 수 있듯이, 이 지역을 관리하는 데는 엄청난 비용이 들어가며 이것은 곧 "천하를 전쟁으로 내몰아," 즉 이 지역에서 전투를 계속할 수밖에 없는 상황으로 내몰아, 당 조정에 부담이 될 정도로 "피로하게" 된다는 해석이다. 이런 관점에서 고구려를 약화시킨 상태에서 그대로 두는 것이 당에 유리하다는 결론이다. 즉 "작은 고구려"는 중국의 안보에 위협이 되지 않을 뿐만 아니라 주변의 다른 동이들이나 동몽고 지역에서 강한 세력이 등장하는 것을 견제할 수 있는, 즉 이이제이의 한 수단이 될 수 있다는 평가를 함축하고 있다.

장기적인 관점에서 보면 놀라울 정도로 정확한 예견이다. 국제체제라는 측면에서 고구려의 멸망은 이 지역체제의 혼란과 재편으로 이어질 것이다. 고구려 멸망 이후 이 지역은 거란의 요, 여진의 금 등이 등장하여 장성을 넘어 중국 본토를 위협하는 상황이 빚어지지 않는가? 만약 고구려가 당이 원한 대로 적절한 수준의 국력으로 650년대와 같이 당에 복종하는 관계를 유지하면서 이 지역을 관리하도록 허용했다면, 이와 같은 상황은 일어나지 않았을지도 모른다. 물론 중국이 다시 혼란에 빠지고 고구려가 강대해지면, 요나 금과 같이 중국 본토를 넘보지 말라는 법은 없겠지만.

제1차 세계대전 후 "민족자결" 원칙 아래 오스트리아-헝가리 제국을 해체하여 중부 유럽을 여러 소국으로 나눈다. 이것은 결과적으로 재건된 독일의 팽창을 저지할 수 있는 강대국(오-헝 제국)을 제거함으로써 독일의 동방팽창이 진척되어 제2차 세계대전에의 길을 열어준 것이다. 이군구의 "작은 고구려"는 이같이 국제체제를 안정시키면서, 강대국들이 약소국들을 "멸망시키거나 흡수하지 않으면서 대항하지 못할 정도로 약화된 상태로 유지시키면서" 관리하는 수법이다. 19세기 영국이 러시아에 대항하기 위해서 터키나 중국을 정치적으로 안정시키지만, 영국의 상품 수출과 낮은 관세율에 대항할 정도로 강화시키지는 않는 "안정되지만 강하지 않게 만드는" 정책과도 맥을 같이한다. 그러나 당시의 상황에서 국제체제의 이와 같은 미묘한 운용을 알 수 없었을 것이며, 더구나 이를 실천하기 위해서는 고도의 세련된 정치력이 요구된다는 점에서 실현 가능성은 희박했을 것이다.

661년 8월에 소정방이 수군을 이끌고 패강에서 고구려군을 격파하고 드디어 평양성을 포위한다. 계필하력이 얼어붙은 압록강을 건너 진격하여 소정방군과 합류하려고 하지만, 당 조정에서 군사를 돌리라는 조서가 내려와서 회군한다. 북방 문제 때문이다. 보장왕 21년(662) 정월 소정방이 다시 평양성을 에워싸지만, 큰 눈이 내려 회군한다. 그러면 661-662년의 전역(戰役)을 어떻게 평가해야 할 것인가? 『삼국사기』의 기록대로 "무릇 앞뒤의 싸움에서 모두 큰 성과 없이 물러간 것"으로, 따라서 "전쟁 전 상태"로 돌아간 것인가? 따라서 고구려가 승리했으며 평안을 되찾았다고 말할 수 있는가? 물론 이후 666년까지 4년 동안 양국 간에는 군사적 충돌이 없다. 당은 고구려를 상대로 소모전을 계속하며, 고구려는 연개소문의 지도 아래 일치단결하여 결사항전한다. 연개소문 자신이 최전선에서 싸우기도 한다. 그러나 이같이 평행선을 긋는 대치 속에서 당은 끊임없이 고구려를 압박하고, 고구려는 수많은 사상자를 내거나 일부 성이 항복하여 기력이 쇠잔해감을 느낄 수 있다. 661년 8월 전투에서만 고구려군 3만 명이 목숨을 잃는다.

문제는 당이 "최후의 일격"을 언제 날리느냐, 그리고 고구려가 언제까지 단결된 국력으로 이에 대항할 수 있느냐는 것이다. 그 변화의 조짐은 먼저 고구려에서 나타난다. 보장왕 25년(666) 연개소문이 죽는다. 그리고 맏아들 연남생(淵男生)이 대막리지의 지위를 이어받는다. 이것은 연개소문 정권의 성격을 보여준다. 그리고 그는 그의 동생들과 권력투쟁을 벌여야 했다. 그것은 최충헌(崔忠獻)-최우(崔瑀)-최항(崔沆)-최의(崔竩)로 권력이 세습된 고려 무신정권의 권력투쟁과 유사하다. 최씨 무신정권도 초기에 내부적으로 권력투쟁을 거치면서 안정을 찾는다. 그러나 최충헌과 동생 최충수(崔忠粹), 최우와 동생 최항(崔珦) 사이에 일어난 권력투쟁은 단시일 내에 종결되어 권력 "세습"에 큰 영향을 미치지 못했다. 더욱이 이 사건들은 외세와 연관되지 않는 상황에서 일어났다. 반면 연개소문의 아들들은 모두 중앙정부의 정규군 중 상당 부분을 각각 지휘하고 있었던 듯하며, 당이라는 외세가 고구려의 내부 분열을 노리고 획책하고 있었다. 고구려의 권력투쟁은 단시일 내에 봉합될 수 있는 여건이 아니라는 것이다. 연남생이 국정을 맡은 직후 두 동생 연남건(淵男建)과 연남산(淵男産) 연합세력을 상대로 한 권력투쟁은 형제간의 분열이 군부의 분열로, 그리고 국가의 분열이라는 최악의 상황으로 발전했다는 것이 고구려의 비극이었다.

『삼국사기』는 연개소문이 후계구도를 확실히 만들어두고 죽었다는 아무런 시사를 보여주지 않는다. 세 형제가 아버지 아래에서 군대를 통솔하고 전투에 임한 경험이 있었을 것이다. 661년 연개소문이 연남생을 보내 정예병 5만을 이끌고 압록강 방어를 맡긴 적이 있다. 각 형제들 주변에는 원로 후견인들과 추종세력들이 존재했을 것이며, 그들은 권력을 순순히 장남에게 양보하려고 하지 않았을 것이다. 연남생은 자신의 권력이 공고하다고 확신했든지 아니면 동생들의 충성을 믿었든지 집권 직후 지방 시찰에 나가면서 두 동생에게 중앙정부를 맡기는 실수를 범한다. 두 동생은 반기를 들고 국왕의 명령으로 연남생을 소환하며, 연남생은 수도로 돌아오지 못하고 아들을 당에 보내서 동정을 구걸하고, 결국 당군의 도움으로 당으로 탈출한다. 당 고종은 망명한 연남생을 특진요동도독(特進遼東都督) 겸 평양도안무대사(平壤道安撫大使)로 임명하고 현토군공(玄菟郡公)으로 봉한다. 실권 없는 명예직이지만, 그 관할지역이 요동에서 평양까지 고구려 전 영토를 포함한다는 점에서 연남생의 권위를 한껏 높여주었다. 고구려도 연남건을 대막리지로 삼고 중앙과 지방의 군사 문제들을 총괄하도록 한다. 연남생 형제들의 분열에 실망했음인지 연개소문의 동생인 연정토(淵淨土)는 (아마도 이 해 12월) 12개 성과 3,500여 명의 백성들을 이끌고 신라에 항복한다.[28]

당은 666년 12월 이적(李勣)을 총사령관으로 삼아 수륙군을 총괄하도록 하면서 화북의 여러 주들이 이를 지원하게 하여 고구려 멸망을 목표로 하는 마지막 총력전을 벌인다. 다음 해 9월 실질적인 전투가 시작되면서 서쪽 변경의 요충인 신성(무순[撫順]의 고이산성[古爾山城])이 함락되며 이어 고구려의 방어선이 차례로 무너진다. 신성 주민들은 성주를 결박하여 성문을 열고 항복하고 이어 16개 성이 스스로 무너지는데, 이것은 연개소문 아들들의 분열 이후 고구려군의 사기가 크게 떨어졌으며, 항복한 일부 성들은 연남생과 연결되었음을 시사한다. 고구려는 분투하여 당나라 군을 일단 격퇴하고 압록강 방어에 성공한다. 평양으로 향하던 당의 수군은 풍랑으로 계획이 좌절된다. 667년의 전역은 이로써 끝나지 않고 다음 해로 넘어간다.

668년은 고구려의 최후의 해이다. 이 해 정월 당에서는 유인궤(劉仁軌)를 부사령관으로 삼고 문무왕의 동생 김인문을 보좌로 하여 증원군을 보낸다. 연남생과 그 추종세력들이 길잡이가 된다. 2월 이들이 선봉이 되어 부여성(扶餘城, 서풍현[西風縣] 성자산[城子山] 산성[29])을 함락시키자 인근 부여주 일대의 40여 성이 "자청해서" 항복한다. 연남건이 5만 대군을 보내 부여성을 구원하려고 하지만 대패하는데, 이것이 수도 평양으로 오는 길목을 방어하는 마지막 큰 전투인 것 같다. 9월에 평양성이 함락된다. 보장왕은 이미 대세가 기울어졌음을 알고 연남산을 보내 항복한다. 백제 항복 때와 같이 평양성도 고구려 "배신자들"이 성문을 열고 신라와 당군을 맞아들인다. 이적은 "예를 갖추어 이들을 응접했다." 연남건은 계속 항전하면서 군무를 승려 신성(信誠)에게 맡기는데, 신성은 이적에게 내응하여 문을 열었고, 연남건은 스스로 목을 찌르지만 죽지는 않고 보장왕과 함께 포로가 된다. 이들은 이 해 겨울 10월 먼저 당 태종의 무덤에 들러 항복을 고하고 수도로 이송되지만,

---

28) 「신라 본기」 제6, 172쪽.
29) 노태돈(1999), 232쪽.

이후 모두 사면되며 각자의 직위에 상응하는 벼슬을 받는다.30)

5. 여-당전쟁과 신라

이상의 상황은 전적으로 「고구려 본기」에만 의존한 것이다. 여기에는 당의 지속적인 압박과 고구려의 끈질긴 저항만 있을 뿐, "신라"는 보이지 않는다. 660년 백제 멸망에서 668년 고구려 멸망까지는 8년이다. 이 기간은 다음 장에서 다룰 백제의 부흥운동 시기에 해당하며 이때까지 전적으로 친신라 자세를 견지하던 당의 태도가 일변하면서 신라는 어려움에 직면하게 된다. 당-고구려 전쟁은 이와 같은 상황에서 전개된 것이다. 그렇다면 고구려의 멸망에 신라의 역할은 무엇일까? 백제의 패망에서와 같이 신라의 지원이 없었다면, 고구려는 당군에 대항해서 생존할 수 있었을까?

신라가 당의 고구려 공격에 협조하여 참전한 것은 문무왕 원년(661) 당이 고종의 친정을 포함한 대규모 원정계획을 신라에 통고함으로써 시작된다. 그러나 당의 계획은 위에서 본 바와 같이 소모전으로 바뀐다. 이 해 6월 무열왕 사망, 같은 달 당에서 숙위를 하던 김인문의 귀국(아마도 부친 부음 때문이었을 것이다), 7월 김유신을 대장군으로 삼는 등 군부의 인사단행을 거쳐 곧바로 백제 부흥군 진압을 위해서 문무왕은 친정에 나선다. 고구려 문제는 당분간 당에게 맡겨둔 것 같다. 김인문은 귀국 때 당의 고구려 전쟁 준비에 호응하라는 당 황제의 칙명을 전했고, 10월에는 당의 사신이 와서 평양에 군량을 수송할 것을 명한다. 공식 임무를 부여받은 것이다. 다음 해 정월 김유신과 김인문 등이 수레 2,000여 대에 쌀 4,000여 석, 조 2만2,000여 석을 싣고 평양으로 향한다. 이들은 얼어붙은 땅과 눈, 바람 등 어려운 자연조건과 고구려군의 기습을 이겨내면서 소정방 군에게 군량을 전달한다. 그러나 소정방은 군량미를 받자, 곧바로 철수해버린다. 신라군도 추격해오는 고구려군을 맞아

---

30) 『삼국사기』는 그 주모자로 승려 신성과 소장(小將)들인 오사(烏沙), 요묘(饒苗) 등을 거론하는데, 이중 요묘의 묘지명이 중국에서 발견되었다(연합뉴스, 「조선일보」, 인터넷 판, 2009.10.21).

싸우면서 회군한다.31)

국제관계에서 있을 수 없는 소극이다. 고대 스파르타에서 전장에 나가 싸우는 시민과 이들을 위한 곡물 생산에 평생을 바치는 예농(隸農)과의 관계와 비유한다면, 지나친 것일까? 당군이 신라군을 믿지 못해 "전투는 우리가 하겠다. 너희들은 군량 수송 등의 허드레 일이나 차질이 없게 하라"는 말인가? 신라는 고구려 멸망 이후 대당전쟁 시기인 671년 당에 보낸 표문을 통해서 당시에 신라가 당면했던 어려움을 구체적으로 나열한다.

(661년) 6월에 선왕(무열왕)께서 돌아가시매 장례를 겨우 마치고 미처 상복도 벗지 못했지만……황제의 칙명은 신라에게 군량을 평양으로 수송하라 했다. 이때 웅진에서도 [백제 부흥군에 의해서] 웅진부성이 고립무원으로 위태롭다는 사정을 알려왔다. 당 사신이 "만약 먼저 평양으로 군량을 보낸다면 웅진 길이 끊어질까 염려되며 웅진 길이 끊어지는 날이면 그곳에 남아 지키던 당군은 그대로 적의 손아귀에 들 것"이라고 우려하여, [문무왕과 함께] 먼저 옹산성(甕山城)을 쳐서 함락시키고 웅진 길을 개통시켰다. 12월 웅진의 군량이 다했으나 웅진으로 군량을 운반하자니 황제의 칙령을 어기는 것이며, 평양으로 군량을 보낼 경우에는 웅진이 걱정이라, 늙고 약한 이들을 가려 웅진으로 가게 하고 힘세고 건장한 이들을 평양으로 향해 가게 했다. 웅진으로 군량을 수송하는 일행은 길에서 눈을 만나 사람과 말이 거의 다 죽어서 백에 한 사람도 돌아오지 못했다.……662년 정월에 당 사신과 김유신 등이 함께 평양으로 군량을 수송했는데, 궂은비가 한 달 넘게 내리고 눈보라가 몹시 차서 사람과 말들이 얼어 죽으니……평양의 당군 또한 돌아가고자 하므로 신라의 병마도 군량이 다해 역시 되돌아왔는데 군사들이 굶주림과 추위로 손발이 얼어 상하고 길에서 죽는 이들이 헤아릴 수가 없었다.32)

이것이 662년 신라가 수행한 고구려 전쟁의 실상이다. 667년 말부터 시작

---

31) 「신라 본기」 제6, 165-167쪽.
32) 「신라 본기」 제7, 190-191쪽. 옹산성(甕山城/甕山城, 대전 대덕구, 계족산성).

된 마지막 전투 중 평양성 공격에서도 신라는 "선봉"에 섰다고 자부한다. 그러나 7년 전 계백과의 전투에서처럼 신라가 스스로 군사작전을 구상하고 집행한 것이 아니라, 당군과의 협조 아래, 혹은 당군의 지휘 아래 작전을 수행한 것 같다. 667년 말 이적이 요동을 공격한다는 말을 듣고 호응하기 위해서 신라-고구려 국경에 군사를 집결시킨다. 그러나 신라군사만이 "단독으로 들어갈 수는 없는지라" 정찰을 세 번이나 보내고 배를 잇달아 파견하여 당군의 동정을 파악하는 데에 주력한다. 그러나 당군이 아직 평양에 도착하지 않았음을 알고 북으로 나아가는 칠중성(七重城, 경기도 파주시 적성면 감악산 주변 산성)을 쳐서 길을 열어두면서 당군을 기다리려고 한다. 성이 거의 함락될 즈음 당군의 사자가 도착하여 "성을 칠 필요 없이" 빨리 평양으로 직행하여 군량을 공급하라고 전한다. 신라군이 수곡성(水谷城)까지 진격했으나, 당군이 이미 철수했음을 알고 서둘러 빠져나온다.

　이상의 요약은 신라군의 보조적 역할을 잘 보여주고 있다. 조-일전쟁 때 이여송(李如松)의 명나라 군이 평양성의 왜군을 공격할 때 조선군이 수행한 역할과 비교해보면 어떨까? 당군과의 협조 없이 고구려 주력군을 단독으로 대치하기에는 위험 부담이 크다는 판단에서일 것이다. 또 고구려 영토 속으로 깊숙이 진격하여 퇴로를 차단당할 가능성도 배제할 수 없다. 이것에서 신라가 스스로 고구려 전쟁의 군사적 역할을 보조적인 것으로 제한하고 있음을 알 수 있다. 백제의 부흥운동이 완전히 진압되지 않은 상태에서 고구려 전선에 주력군을 투입할 필요가 없었을 것이다. 또 당이 본격적으로 공격에 나섰다면 고구려의 멸망은 필연적인데, 신라가 큰 피해 없이 전력을 보존하여 더욱 중요한 백제 평정이나 앞으로 있을 당군과의 대결에 대비하겠다는 냉철한 계산이 깔렸을 수도 있다.

　667년 말의 기록이 보여주는 또 한 가지는 황해는 군사적 관점에서 당의 "호수"로 변해버렸다는 사실이다. "당군이 아직 평양에 도착하지 않았다"는 단순한 기술이나 "세 번이나 배를 보내 정찰을 했다," 혹은 "수군을 데리고 다른 길을 통해서 평양으로 달려왔다"(667) 등의 표현은 고구려 수군의 방어에 대해서 당이나 신라가 크게 우려하지 않았음을 보여준다. 이것은 661년

8월 소정방이 "패강에서 고구려군을 깨트리고 마읍산을 빼앗은 다음 평양성을 에워쌌다"는 상황과는 완전히 다르다. 그 사이 고구려 수군은 방어군으로서의 기능을 잃은 것인지, 아니면 육전의 상황이 너무 긴박하여 모두 육군으로 전환한 것인지 알 수는 없다. 그러나 황해는 이미 카르타고를 패배시킨 후에 "우리의 바다"라고 부르면서 로마 군이 휘젓고 다닌 지중해와 비슷하다.33) 667년 7월 유인원(劉仁願)과 김인태(金仁泰, 문무왕의 이복동생)가 이끄는 당군은 비열도(卑列島)를 따라서 평양으로 향하고, 신라군은 다곡(多谷, 황해도 평산 대곡성으로 비정)과 해곡(海谷, 황해도 신계 수곡성으로 비정)의 두 길을 따라 평양에 이르도록 한다. 이 성들은 평양으로 가는 길목이다.34) 당군이 이같이 바다를 건너 별다른 저항 없이 평양까지 올 수 있다면, 문제는 평양성만이 고구려의 유일한 생명줄인 셈이다.

만주의 정세도 점점 더 비관적으로 변하고 있음을 느낄 수 있다. 연개소문의 큰아들 연남생이 동생들에게 내몰려 국내성에 근거지를 두면서 당에 투항했으며 이때 당은 군대를 보내 "응접하여" 그를 구원한다. 국내성은 압록강 중부 북안에 위치하고 있는데, 당의 구원작전이 쉽게 성공했다는 사실은 압록강 전선에서도 고구려군의 저항이 미미했다는 뜻이다. 668년 2월부터 시작된 만주 전쟁, 특히 부여성 전투 이후 여러 성들이 자진하여 항복한 것도 압록강 이북의 상황이 절망적이었음을 보여준다. 연남생의 투항 이후 지도부의 분열로 인하여 친(親)연남생 성향의 성들이 짧은 시일 내에 투항했을 것이다. 물론 신라군이 서둘러 퇴각할 정도로 남부에는 여전히 고구려군이 배치되었지만, 이 역시 666년 겨울 연개소문의 동생 연정토가 12개 성을 이끌고 투항함으로써 저항은 급속도로 약화된다. 이처럼 여-당전쟁의 마지막 단계는 마치 동로마 제국의 말기에 모든 영토는 오스만 제국에게 점령당하고 콘스탄티노플 성벽만이 유일하게 남은 상황이나 다름없었다. 무슬림 군대는 콘스탄티노플의 성벽을 포위하고 "공성전"을 펴다가 여의치 않으면 되돌아가

---

33) Caesar, 박광순 역(1991), 158쪽; 장 카르팡티에(Jean Carpentie), 프랑수아 르브룅(François Lebrum), 강민정, 나선희 역(1998), 『지중해의 역사』(서울: 한길사), 17쪽.
34) 「신라 본기」 제6, 172쪽. 이 길목에 대해서는 이병도 역주, 152쪽 각주 34, 35.

고, 다시 와서 포위하는 형상이다. 후삼국 시대인 927년 견훤의 후백제군이 경주를 기습한 후에 당시 신라의 방어망은 사실상 붕괴되고 고려군은 경주까지 들락날락했던 상황과도 유사하다. 고구려의 운명은 이제 막다른 길에 이르렀던 것이다.

668년 7월 16일 문무왕은 한성주에 와서 군대를 지휘하며 신라군은 사천(蛇川, 평양시 동쪽 합장강으로 비정)의 들에서 고구려군을 "크게" 깨뜨리고 9월 21일 당군과 합세해서 평양성을 포위했다. 671년 설인귀에게 보낸 문무왕의 서신은 이 부분을 다음과 같이 묘사한다.

(668년) 5월 유인궤가 우리 병마를 징발해 함께 평양으로 가므로……이때 변병과 당군 모두 사수(蛇水)에 총 집결하니 남건이 군사를 내서 일전을 벌이려고 하는지라, 우리 군사가 홀로 선봉이 되어 적의 대진을 쳐부수니 평양성 안에서는 예봉이 꺾이고 사기가 위축되었으며, 영공(이적[李勣])이 다시 우리의 날랜 기병 500명을 뽑아 먼저 성문으로 들여보내 마침내 평양성을 격파하고 크나큰 공을 이루었다.35)

사수와 사천은 동일 지명일 것이다. 연남건이 평양성 밖으로 나와 야전(野戰)을 벌인 것은 고구려로서는 최후의 일전이었을 것이다. 수성전을 기본으로 하는 고구려의 전술에 비추어 야간 기습이 아니라 군대를 성 밖으로 내보내 야전에 우수한 연합군을 대항하게 한 것은 전술적 실책일 수도 있지만, 식량 사정이나 사기 저하 등의 이유로 수성작전은 이미 불가능해졌다는 의미이다. 혹은 심리적으로 이판사판으로 "막다른 골목"에 몰렸을 것이다. 그러나 마지막 일전 역시 보람 없는 저항이었다. 사수가 평양 부근이라면 김유신과 계백의 황산벌 전투와 유사한 것이 아닌가? 그리고 이 전투에서 신라군이 단독으로 선봉을 맡아 승리하면서 본격적인 평양성 포위, 진입 전투에 돌입하며 여기에서도 신라 기병이 앞장섰다. 한마디로 신라군이 고구려 전투의 마지막 단계에서 일등 공신이라는 주장이다. 물론 고구려가 속수무책이 될

---

35)「신라 본기」제7, 193쪽

정도로 쇠약해진 것은 당과의 오랜 전쟁이 주원인이며, 또 마지막 1여 년간의 상황은 당이 주도한 것도 사실이다.

6. 고구려 멸망에 관한 종합 평가

고구려의 멸망에 대해서 김부식은 고구려의 지정학적 측면과 국내적 단합이라는 두 가지 점에서 논평하고 있다. 그의 논평은 겉으로 보기에는 중화주의의 전형이다(지정학적 부분은 "서문" 참조). 국내적 단합은 "위아래가 화합하고 백성들이 화목할 때는 비록 큰 나라도 빼앗지 못했다"면서 수와 당에 대한 전쟁에서 고구려가 이긴 것을 지적하고, 그러나 연개소문의 등장 이후, 특히 그의 사후 국정이 분열되었다는 것이다.

최근의 연구들은 연개소문의 독재와 이에 따른 민심이반, 평양 천도 이후 등장한 신세력과 기존세력의 마찰, 국내세력의 불만을 전쟁으로 해결하려는 연개소문 정권의 문제(즉 정통성 부재 현상), 부여, 말갈, 거란, 돌궐 등 영내 여러 민족들이 보인 이탈 현상, 평양 천도/남진정책으로 고구려가 "상무적 강건한 기질이 약화되어 그들 본연의 성품을 잃게 된 것" 또 "남북 간의 문화 충돌을 완화시킬 장치가 없어서 새로운 이질 문화에 대한 소화 능력을 상실하여" "내륙적인 기마민족의 전통을 지닌 고구려가 점차 해양적인 문화이동 과정에서 새로운 '대항문화'의 틀을 마련하지 못한 스스로의 한계" 등을 들고 있다.36) 국제정치적인 측면에서는 변화하는 국제정세를 무시한 강경 일변도의 외교정책을 든다.37) 특히 국제체제적인 차원에서는 고구려의 패망에 대해서 다음과 같이 기술한다.

> 수 제국 등장 이후의 이러한(수의 통일 이후 고구려 휘하에 있던 거란족의 일부 및 속말말갈[粟末靺鞨] 집단의 이탈) 정세 진전은 5세기 이래의 세력 균형적인 국제정세를 본질적으로 변화시키는 것이었고, 그것은 동북아의

---

36) 신형식(2003), 163−164쪽 참조.
37) 이호영(1997), 213−216쪽.

패자인 고구려의 존재를 근본적으로 위협하는 것이었다. 이에 따라 고구려의 대외관계도 급속한 변모와 진통을 겪게 되었다. 통일 중국제국의 압박이 가중됨에 따라 마침내 고구려는 전쟁의 길을 택하게 되었다. 598년 여-수 전쟁이 발발한 이래 668년 평양성의 함락에 이르기까지 70여 년에 걸친 양측 간의 항쟁이 전개되었다. 그것은 곧 동아시아 국제정국을 5세기 이래의 다원적인 세력 균형상태로 유지하려는 측과 명실상부한 중국 중심의 일원적 세계질서를 구축하려는 측과의 각자의 명운을 건 대결이었다.38)

이상이 고구려 멸망에 관한 포괄적 평가일 것이다. 우선 민심이반은 백제 멸망 당시『삼국사기』의 기사와 유사하다. 보장왕 13년(654), 즉 고구려 멸망 14년 전 "마령(馬嶺) 위의 신인(神人)이 너의 군신이 사치하고 무도하니 곧 패망하리라"라는 예언으로 시작하여 668년 봄 흉년으로 백성들이 서로 노략질하고 지진으로 땅이 갈라지고, 이리와 여우가 성으로 들어오며, 두더지는 문 밑에 굴을 파서 사람들 마음이 위기감과 놀라움에 차 있다는 등의 묘사는 당시의 상황을 짐작케 한다. 신의 계시와 자연재해, 그리고 성을 수리하지 않고 내버려두어 짐승들의 소굴로 변할 정도로 정권의 사회 장악력과 행정기능이 약화되고 와해되었다는 것이다. 신의 계시는 오래 전의 것으로 고구려 멸망 이후의 회고적 기록일 것이다. 이상의 종합적인 평가를 기초로 고구려 멸망과 관련된 문제들을 구체적으로 살펴보자.

7. 평양 천도와 국가 성격의 변화

전통적으로 수도는 국가의 정치, 군사, 경제의 중심지이다. 경제 중심지에서 경제력을 기반으로 정치권력이 창출되며 이 지역이 정치적 중심지로 변모하고 군사적 요충이 된다. 물론 각 국의 역사 발전과정에서 다르게 나타나는 경우도 있다. 미국은 식민지 시기 북부 뉴욕과 남부 버지니아에 정착한 세력

---

38) 노태돈(1999), 353-354쪽.

간의 타협이 워싱턴으로 낙착되고, 러시아는 서유럽 문화를 수용하려는 욕구와 안보적 필요성이 상트페테르부르크와 모스크바를 만들었으며, 시드니와 멜버른의 타협이 캔버라로 귀착되었다. 고대 중국도 경제적 중심지인 관중에 위치한 장안이 당 시대까지는 이 역할을 했으며, 이후 양자강 유역의 개발과 북부 유목민을 상대로 한 국방상의 필요성, 왕권의 약화방지 등의 여러 요소들이 타협하고 또 대운하가 건설되어 남방의 물자가 북방으로 수송되면서 북경으로 귀착되었다. 그러나 런던, 파리, 베를린, 그리고 다뉴브 분지의 중심지인 빈 등 대부분의 수도는 모두 경제적 기반 위에서 정치와 군사 중심지로 부상한 곳이다. 한국에서도 평양, 개성-서울, 부여-공주, 궁예의 철원까지 모두 이에 해당한다.

 이 연구는 평양 천도의 장단점에 대해서 여러 측면에서 언급한 바 있다. 안보적 차원에서 백제, 신라를 상대로 남진하는 데에 유리한 거점이며 또 중국을 상대로 종심을 깊게 하는 이점이 있었으나, 서해를 건너 대동강을 이용한 수공에 취약하고, 또 몽고 초원에서와 같이 후퇴할 수 있는 여지가 없어 농성전으로 최후의 일전을 기대할 수밖에 없는 상황을 자초했다는 것이 요지이다. 그 다음, 기존의 연구들은 거란과 말갈의 이탈을 한마디로 간단히 언급하고 있다. 그러나 이것은 수도 이전의 결과로 나타난 국가 성격의 변화에 따른 후유증의 하나이다. 아마도 더욱 중요한 점은 이와 같은 현상은 안보면에서 심각한 문제를 제기한 것으로 고구려 멸망의 주요한 요소 중 하나로 꼽아야 할 것이다.

 고구려 패망의 원인에 대한 위의 논평에서 "남-북 간의 문화 충돌"과 "이질 문화"가 구체적으로 무엇을 의미하는지, 또 "대항문화"라는 어색한 개념 등의 문제가 있지만 그 의미는 대강 짐작할 수 있다. 한 국가와 집단 내에서 여러 문화나 생활방식은 충돌하고 갈등을 빚을 수도 있다. 충돌이 심화되면 국가의 분열로 이어진다. 그러나 한 집단 내부의 귀족문화와 서민문화는 충돌도 하지만 서로 융합하려는 경향도 있다. 이 경우 국가는 통합으로 나아간다. 위에서 말한 "문화 충돌", "이질문화", "대항문화" 등은 이와 같은 현상을 사회 변동이라는 차원에서 논리적으로 설명하지 않으면서 사용한 결과일 것이다. 고구려의 경우는 평양 천도로 인해서 농경문화가 대두되고 그 이전 고구려 사회를 주도하던 유목적인 "상무정신"이 약화되었다면, 그것은 두 이질문화가 접촉과 충돌을 통해서 농경문화로 대체되었다는 뜻이다.

이것은 곧 고구려의 국가 성격의 변화를 의미한다. 고구려가 만주에 근거하여 여러 민족들을 지배, 관리했다면 어느 정도 단합된 힘으로 중국의 공격에 저항할 수 있었을 것이다. 이것은 고구려가 유목, 수렵 국가의 성격을 유지하는 것을 의미한다. 또 이 지역의 다른 민족들은 고구려라는 이민족의 지배를 달가워하지는 않을 수도 있지만, 같은 유목, 수렵 민족이라는 측면에서 친밀성을 가지고 중국의 상대로 싸우는 고구려를 지원할 가능성이 높았을 것이다.

그러나 고구려는 평양 천도를 택했으며 유목민족들과의 관계가 소원해질 수밖에 없다. 고구려의 "상무적 강건한 기질"이라는 막연한 표현은 유목민족적 성향이며, 이를 "잃었다"는 것은 고구려가 농경사회로 변했다는 뜻이다. 물론 농경사회도 상무정신을 유지할 수 있다. 그러나 국가 성격의 전환은 경제적, 사회적 기반 위에 정치제도와 의식의 변화를 수반하면서 이루어지는 것이며, 이런 관점에서 상무정신을 "잃었다"는 표현은 모순된다. 고구려가 농경사회로 변모함에 따라서 북방의 유목민들은 이질감을 더욱 느꼈을 것이며, 중국의 동진과 함께 충성의 대상을 바꾸는 데에 큰 저항감을 느끼지 않았을 것이다. 이것은 곧 과거 고구려의 지배 아래 수 및 당과 대항한 고구려의 동맹세력이었던 이들이 수와 당의 지배 아래 들어가 고구려가 맞서 싸워야 할 적대세력이 되어버렸다는 의미이다. 서양에서 다민족 국가인 오스트리아-헝가리 이중제국 내의 체코인들이 제1차 세계대전 초기 러시아로 망명하여 러시아 군의 지휘 아래 체코 군단을 만들어 오스트리아 군과 싸운 상황과 유사하다. 이것은 고구려의 군사력에서 하나가 줄어든 것이 아니라 줄어든 그만큼 적의 군사력이 증대된 것이므로 이중적인 손실을 뜻한다. 고구려의 멸망은 국가 성격적인 관점에서 보면 고구려를 구성했던 거란, 여진, 말갈 등 "이민족적"인 요소들이 고구려에서 분리되어 이후 역사 발전에서 "한국"으로부터 영원히 제외되며, 고구려의 "한국적" 요소만이 신라에 흡수된 것이라 하겠다.

　동서양을 막론하고 유목민족은 생활이 안정되지 못해 그 자체만으로는 부를 축적하지 못하며 농경사회를 약탈한다. 그리고 농경에 적합한 땅을 얻어 적절한 조건만 조성되면 농경사회로 전환하거나 농경사회에 동화한다. 이것은 유목사회에 대한 편견이 아니라 인류가 정착생활을 시작한 9,000년 전부터 나타난 현상이다. 로마의 변경에 거주하던 야만족들은 부의 상징인 로마를 약탈하지만, 로마로부터 일정한 농경지를 받게 되면 정착생활을 시작한다.

　그렇다면 농경-유목 사회라는 스펙트럼에서 중국-고구려 관계를 어떻게 설정해야 할 것인가? 중국은 만리장성을 쌓아 흉노족 등 북방 유목민들을 중국의 농경사회로부터 분리하며, 기미정책으로 이들을 관리하는 방식을 택했다. 중국이 고구려의 유목민족적 성격을 강조하면 고구려는 변방 안보를 위협하는 존재가 된다. 그러면 평양 천도 이후 수와 당의 관점에서 고구려가 농경지를 배후에 두면서, 즉 경제적으로 부를 축적하면서, 유목민족적 "상무기질" 혹은 농경사회를 약탈하려는 성향을 여전히 유지하고 있다고 보았다는 것인가? 이것은 농경사회의 부와 유목민족적 상무정신을 동시에 가지는 최선의 선택이 될 것이다. 그러나 이것은 고구려 말살이라는 결론을 위해서 억지로 꿰맞춘 모순적인 논리이다. 왜냐하면 고구려가 두 가지 성격을 모두 유지했다면, 내부적으로 정치, 경제, 문화적 충돌과 분열을 피할 수 없었을 것이기 때문이다. 개로왕의 표문에서 언급한 장수왕 시대의 "정변", 또 연개소문의 쿠데타 등이 아마도 이를 말해줄 것이다. 또 멸망 직전 거란, 말갈 등의 이탈이 있었다는 것은 고구려가 이 문제를 성공적으로 해결하지 못했다는 의미이다.

　고구려가 정착적 농경사회로 나아갔다면 역사발전의 일반적 과정에 비추어 중국의 안보에는 큰 위협이 될 수가 없을 것이다. 수도를 옮길 때에는 정치적, 전략적, 경제적 측면, 그리고 국가 성격의 변화, 즉 사회구조의 변화와 국가 구성원, 특히 지배 엘리트와 피지배층 간의 관계를 예견하고 대응, 관리할 수 있는 능력이 필요하다. 유목국가가 농경국가로 변모하면 인구가 늘어나며, 정착사회는 전근대적 도시 형태를 가지게 되며, 이를 관리하는 일종의 관료조직이 형성된다. 이것은 기존의 기마 무사적 세력들과 마찰을 빚게 되고 나아가서 문관 관료 중심인 새로운 지배세력의 대두로 이어질 것이다. 전략적으로도 기마전이 중심이 되는 야전에서 도시 방어를 위해서 성벽을 쌓은 것이며 이것은 공성전으로 이어지게 된다. 흉노와 중국 사이에 일어난 변경 도시 약탈과 방어전술 패턴이 이를 보여준다. 고구려 역시 이전의 방어벽을 보강한 천리장성의 구축했다.

이와 같은 변화와 갈등을 "상무정신의 상실"과 같은 단순한 현상으로 평가할 수는 없다. 한 사회에서 군사전략, 경제 및 사회 구조, 문화 및 정신 영역이 별개로 존재하며 제멋대로 움직이는 것이 아니다. 사회 각 영역을 개별적으로 분석하고 비판하는 것은 마치 장님이 코끼리의 다리, 코, 배를 만져보고 코끼리가 기둥 같고, 대롱 같고, 벽 같다고 말하는 것이나 다름없다. 사회는 "총체적 관점에서" 접근해야 한다. 고구려가 농경사회라는 매력에 이끌려서 대동강 유역의 평양으로 수도를 옮김으로써 남진정책은 가속되었으나 그리고 경제적으로 부유하고 군사적으로 강력해졌으나, 앞에서 언급한 여러 문제점들이 파생되며 사회통합을 완전하게 달성하기 전에 거대한 통일중국과의 갈등을 빚으면서 멸망의 길로 나아가게 된 것이다. 물론 중국이 요동 및 고구려 문제의 본질을 이같이 파악하고 사전에 고구려의 강성화를 저지하기 위해서 예방전쟁을 일으켰느냐는 것은 별개의 문제이다.

평양 천도의 경제적 측면을 안보와 연결시켜 검토해볼 수도 있을 것이다. 동–서로마 제국의 분열과 동로마 제국의 장기적 생존을 경제적 측면에서 접근하기도 한다. 로마의 쇠망은 물질적, 도덕적 타락 등 여러 측면에서 논의되는데, 간단히 다룰 수 없을 것이다.[39] 그러나 경제와 문명이라는 관점에서 그리스나 소아시아 등 헬레니즘의 땅은 경제적으로 풍요로운 곳이자, 그리스나 페르시아 등 위대한 문명의 발상지로 통치체제가 완비되어 있는 반면,

---

39) 로마 제국의 쇠락은 4세기경 로마 사회를 휩쓸고 지나간 정신적 위기, 고전적 세계관을 하나로 묶어주는 사회–종교–윤리 개념의 몰락 등이 야만족의 침략과 맞물려 나타난 것이다. 이에 관한 고전적 분석은 Gibbon, Edward(1963), Bourne, Frank C. (abr.), *The Decline and Fall of the Roman Empire*(New York: Dell), chapter 36.

서부는 갈리아인과 게르만족 등 "야만인들"로부터 끊임없이 침략을 받는 지역이었다(이런 의미에서 로마를 "라틴화된 서부"와 "헬레니즘적인 동부"로 나누기도 하며 이것이 후일 기독교 유럽 문명과 정교도 비잔티움 문명으로 정착된다). 콘스탄티누스 대제는 이탈리아 반도가 쇠퇴해지자, 이미 수도로서 상당 기간 비워두었던 로마를 떠나 동쪽으로 이동하여 337년 콘스탄티노플을 건설하고 수도로 삼는다. 그들에게 페르시아에 대항하여 풍요롭고 문명화된 동로마 지역을 방어하는 것이 야만인들로부터 서쪽을 방어하는 것보다 훨씬 더 가치 있는 것으로 보였던 것이다. 이로써 지반이 공고한 동부로부터 허약한 서부의 분리는 가속화되었다.40)

평양 천도도 동-서로마 제국의 분리와 유사한 관점에서 설명할 수 없을까? 풍요로운 땅 평양으로 수도를 옮기면서 정치경제적 기반이 남으로 내려온 반면, 압록강 이북의 비농경적 근거지들은 자연히 등한시된 것은 아닐까? 안보적 측면에서는 장성을 쌓아 중국의 침략에 대비하지만, 안보가 경제에 바탕을 두지 못하면 장성이나 물리적 방어선의 구축만으로는 제 기능을 발휘하지 못한다. 만리장성이 그 좋은 예이다. 또 중앙정부와 방어 일선을 담당하는 현지군 지휘관 사이에는 방어전략만이 아니라 국경지역의 관리 문제를 다른 관점에서 접근하는 경우가 많다. 연개소문의 쿠데타가 이를 말해주는 것은 아닌가 한다. 결국 평양 천도로 인하여 안보적 문제 외에 고구려의 국가적 성격이 압록강을 경계로 남북이 다르게 전개되며 정치경제와 결합되지 않는 안보체제가 가지는 본원적인 취약성을 띤 북부에 여러 성을 쌓는 방어

---

40) Watson(1992), pp. 103-104. 수도의 개념이 동서양 간에 차이가 있다는 점도 감안해야 할 것이다. 『삼국사기』, 「백제 본기」는 위례에 도읍을 세우는 것으로 시작한다. 물론 이 시대 왕과 왕이 거주하는 도읍은 그 자체가 국가였다. 도읍의 함락은 국가의 멸망으로 연결되는 경우가 많다. 서양의 접근법은 이와는 다르다. 왕이 머무는 곳이 곧 수도이다. 영국 왕들은 자신들의 출신 영지를 기반으로 삼았으며 16세기 초 헨리 8세가 토머스 울지 추기경의 햄턴 궁전을 빼앗아 왕궁으로 삼은 후부터 런던이 수도가 되었다. 마키아벨리가 1500년 프랑스 루이 12세를 회견할 때 프랑스 왕이 궁정을 한군데에 정해두지 않고 한 달에 2번꼴로 이동했기 때문에 대사들도 따라 다니지 않을 수 없었다고 한다(시오노 나나미, 오정환 역[1996], 『나의 친구 마키아벨리』[서울: 한길사], 197-201쪽). 로마 제국의 수도는 로마이지만, 황제들은 로마를 떠나 라벤나 등에 있었던 경우가 많았다. 콘스탄티노플의 건설과 천도는 유럽적 전통에서 별로 이상할 것이 없었던 것이다.

전략을 채택했으나, 중국의 공격에 무너지게 된 것은 아닐까?

이와 관련하여 한 가지 의문이 떠오른다. "요동"이 중국의 안보상 중요한 지역이라면, 고구려가 왜 동쪽으로 눈을 돌릴 생각을 하지 못했는가라는 점이다. 오늘날 길림성이나 러시아의 연해주 지역이다. 이곳에도 여러 부족들이 거주했지만, 고구려가 요하를 넘어 서진하려는 노력의 절반만 들여도 이 지역을 흡수하는 것은 어려운 일이 아니었을 것이다. 그렇다면 고구려의 후방은 튼튼해졌을 것이며, 또 중국과의 마찰도 피할 수 있었을 것이다.

이에 대한 해답은 아마도 위에서 언급한 로마나 그 이전 그리스의 팽창과정에서 찾을 수 있을 것이다. 또 알렉산드로스 대왕이 왜 이탈리아 반도나 오늘날의 프랑스, 스페인 등 강력한 국가체제를 갖추지 못한 야만 상태의 "서부"를 외면하고 페르시아라는 거대한 제국이 버티고 있는 동방에서 애써 싸우려고 했는가라는 질문과 유사하다. 과거 페르시아의 그리스 원정에 대한 복수라는 것만으로는 충분히 설명되지 않는다. 소아시아 지역 등 동방과 이집트는 "문명화"되었으며 부가 넘치는 유혹의 땅이었기 때문이다. 옥타비아누스, 안토니우스, 레피두스 간의 2차 3두 정치(기원전 43-33년)에서 세력이 가장 약한 레피두스가 서부를 차지했다(카이사르의 갈리아 원정은 그의 정치적 입지와 관련하여 다른 차원의 문제이다). 고구려 역시 동쪽의 미개척지에는 노력에 비해서 얻는 것이 크지 않다고 판단했을 것이다. 마치 중국이 흉노 땅은 얻어도 별 효용가치가 없다고 판단한 것과 같다. 이것이 고구려가 동쪽의 요하 유역으로 애써 진출하려는 이유라고 할 수 있다.

통일 이후 신라도 수도를 달구벌(達句伐, 대구)로 옮기려고 했다. 그러나 신라의 시도는 "통일신라"의 사회통합과 전략적 측면에서 이해해야 할 것이다. 신문왕(神文王) 9년(689) "왕이 도읍을 달구벌로 옮기려고 했으나 뜻을 이루지 못했다."[41] 한국사를 통틀어 통일국가의 수도가 경주처럼 한쪽 귀퉁이에 위치한 경우는 없다. 경주는 산으로 둘러싸인 평야지대로 도시국가 규모로 출발한 고대에는 경제적 풍요와 방어가 적절히 어울려 성장을 도모할

---

41) 「신라 본기」 제8, 213쪽.

수 있는 이상적인 환경이다. 그리고 통일까지 고구려나 백제로부터 멀리 떨어져 국내성이나 한성과 같이 적에게 유린당하는 비극을 모면할 수 있었다. 즉 통일 이전까지 안전한 경주의 효용성은 최대한 발휘되었다(물론 국력이 약한 초기에는 바다를 통한 왜의 침략을 받았다).

그러나 통일 이후 상황이 달라졌다. 우선 백제, 고구려의 위협이 사라졌다. 너무 한쪽에 치우쳐 있어 당연히 수도 이전 문제가 제기되었을 것이다. 진정한 통일은 전 국토에 대한 장악력을 높이고 주민 "통합"을 통해서 새로운 국가의식을 창출하는 것이다. 수도를 국가의 중심으로 옮겨 모든 지역에 대한 접근성을 높여야 한다. 그러나 신라가 통일 이후 이런 과제를 적극적으로 수행했다는 언급은 별로 보이지 않는다. "당과 함께 두 나라를 평정하여 그 땅에 9주(5소경)를 두었다"는 행정개편 정도이다. 오히려 그 이전 세대인 진흥왕 18년(557) 고구려의 국원성인 충주를 빼앗아 소경을 설치하고 다음 해 귀족 집안의 자제 및 호민(豪民)들을 옮겨서 국원경을 채웠다는 기록이 새로 획득한 영토에 대한 통합 의지를 보여준다.42) 이와 같은 문제의식에서 보면, 통일 후 신문왕 시절『삼국사기』에 단 한 줄로 언급된 "달구벌 이전"은 신라 조정에서 수도의 기능과 민족의식의 창출과 같은 문제들을 논의되었음을 시사한다는 점에서 주요한 의미를 가진다.

달구벌 이전 시도가 좌절된 배경은 무엇보다도 기득권 세력의 반발이었을 것이다. 경주는 정치 중심지일 뿐만 아니라 모든 것이 완비되고 또 익숙한, 오늘날 식으로 말하면 "문화도시"인데 이 근거지를 왜 떠날 것이냐고 반대했을 것이다. 이들을 설득하고 필요하면 강제로 이주시킬 수 있을 만큼 왕권이나 정부의 힘이 강해야 가능한 일이다. 진흥왕 때 귀족 자제들을 국원경으로 보낸 것이나, 궁예가 충주 백성들을 철원으로 이전시킨 것이 이에 해당한다.43) 그러나 신문왕 시대에는 왕권이 이를 극복하기에는 부족했던 것이다.

---

42) 「신라 본기」 제4, 126쪽. 경덕왕 16년(757) 대대적인 지방관제 개편의 일환으로 중원경(中原京)으로 고친다(「신라 본기」 제9, 238쪽, 「잡지」 제4, 663쪽).
43) 궁예의 철원 천도는, 중국의 명 초기 영락제(永樂帝)가 1402년 쿠데타에 성공한 이후 저항세력이 남아 있던 남경에서 자신의 본거지인 북평(北平)으로 수도를 옮긴 것과 유사하다고 하겠다.

장수왕은 평양 천도를 강행했기 때문에 기득권층의 반발을 샀으며, 이것이 백제 개로왕의 표문에서 시사된 장수왕 시대의 정변이었을 것이다.

둘째, 신라가 여전히 안보 위기감에서 벗어나지 못했다는 점도 지적해야 할 것이다. 당과의 악전고투 끝에 임진강 선을 확보했으나 당의 위협이 완전히 사라진 것이 아니다(제12장 참조). 당이 공세를 재개한다면 한반도 중심으로 옮길 새 수도는 경주보다 취약하다. 대구는 후삼국 시대 공산전투나 6/25 전쟁 때 형성된 대구 전선이 보여준 바와 같이 남으로 내려오는 세력에게는 마지막 관문과 같은 곳이다. 신라의 이런 안보의식은 대당항쟁이 지난 이후에도 군사력을 계속 증강한 데에서 잘 나타난다.44) 신문왕 7년(687) 태조대왕과 태종 무열왕, 문무왕을 포함한 조상들에게 제사지낸 제문에서 "사방이 안정되고 백성이 화락하다"고 할 때에야 비로소 통일 초기의 안보 위기감에서 어느 정도 벗어난 것 같다45)("달구벌" 기사는 2년 후인 689년이다). 그리고 당이 신라와의 경계를 대동강으로 정한 성덕왕(聖德王) 35년(736) 이후라야 안보 위구심은 해소된다고 하겠다.

신라가 수도를 대구로 옮기고 통합국가로서의 이념을 적극적으로 창출하려고 했다면 신라의 통일에 대한 평가는 달라졌을 것이다. 19세기 이탈리아 통일 전쟁의 마지막 단계에 프랑스의 분열책동에도 불구하고 이탈리아의 여러 소국들이 "사회 소통" 현상에 의해서 이탈리아 민족주의로 동화되어 통일은 순식간에 달성하며 진정한 민족통합이 이루어진다.46) 그러나 7세기 삼국통일에서 이런 현상을 기대한다는 것은 무리일 것이다. 천도와 같은 국가적 과제는 정부의 지도력과 새 국가 건설을 위한 국민적 에너지가 융합할 때

---

44) 이에 관해서는, 서영교(2006), 제5부 참조.
45) 「신라 본기」 제8, 212쪽.
46) "사회 소통" 현상에 대해서는, Deutsch(1966), Karl W., *Nationalism and Social Communication*(New York: MIT Press, 1966), p. 101. "사회 소통"이론이라는 관점에서 중국 공산당의 승리를 서술한 것은, Johnson, Chalmers A.(1962), *Peasant Nationalism and Communist Power—The Emergence of Revolutionary China 1937-1945*(Stanford: Stanford University Press). 1905-1910년 사이 한국의 의병운동, 계몽운동을 이런 관점에서 서술한 것으로는 구대열(1986), 『제국주의와 언론 : 배설·대한매일신보 및 한·영·일 관계』 (서울: 이화여대 출판부), 111-112, 129-136쪽.

가능하다. 반면 시의적절한 동력과 계기를 상실하면 다시 추진하기 어려운 일이다. 통일 이후 안정을 되찾으면서 왕실은 나태해지고 백성들은 평화를 구가하려는데 김춘추나 문무왕과 같은 강력한 리더십을 가진 군주가 출현하여 백성들을 설득하여 수도이전과 같은 또 하나의 국가적 사업을 위한 동력을 재점화하면서 대구를 경주와 같이 정치, 행정, 군사, 경제 기능을 갖춘 수도로 만드는 데에 필요한 비용을 조달하기는 어려웠을 것이다.

8. 고구려 멸망과 국제정치적 문제들

이제 고구려의 멸망과 관련하여 국제정치적 문제들을 검토해보자. 첫째, "동맹" 관계에 관한 것이다. 여러 연구서들은 고구려의 패망은 "동아시아에서 5세기 이래 다원적인 세력 균형상태를 유지하려는 측과 중국 중심의 일원적 세계질서를 구축하려는 측의 명운을 건 대결"의 결과라는 해석이다. 중국 중심적 세계관에서 벗어나지 못한 중국과, 중국으로부터의 독자성을 유지하려는 고구려의 대결은 이와 같은 해석을 가능하게 할 수도 있다. 또 수의 통일 이전의 북위, 연, 남조의 국가들, 유연, 티베트 왕조와 고구려가 균형체제에 가까운 국제정치적 구조를 형성했다는 점에서 이해가 된다.

그러나 이것은 타당성이 약하다. 세력 균형이란 국력 규모가 비슷한 국가들이 여러 개 존재해야 가능하다. 유럽에서는 시대에 따라 다르지만 영국, 프랑스, 스페인, 스웨덴, 프로이센, 오스트리아, 이탈리아, 러시아 등 비슷한 국력을 가진 국가들이 5-7개 존재했다. 이들 국가들 간에는 국력 격차가 존재하지만, "하나"의 패권 추구 국가가 다른 국가들의 "연합"에 대항할 만큼 압도적이지는 못하다는 구조적 특성을 가지고 있었다. 루이 14세나 나폴레옹의 프랑스, 히틀러의 독일 등이 한때는 유럽을 지배하는 듯했으나, 결국 연합 세력에게 굴복한 것이 이를 말해준다. 세력 균형체제가 원활하게 작동하려면, 이와 같은 국제정치적 구조가 존재해야 한다. 동아시아에는 중국이 분할되어 있을 때, 예를 들면 북위와 남조, 유연이 병립하던 시대에도 과연 이와 같은 국제정치적 구조가 존재했는지 의심스럽다.

동아시아 국제체제는 중국이라는 "중심부" 대 "주변부"라는 구조를 가지며, 이것은 구조나 운용방식에서 세력 균형과는 완전히 다르다. 유럽 체제에서는, 모든 나라들이 서로 교류하면서 동맹과 반동맹을 자유롭게 체결한다. 동아시아에서는 중국 주변국들은 지리적으로 가까운 국가들 간에만 제한적 교류가 가능할 뿐이었다. 한국과 베트남 간에는 간헐적으로 문화 교류가 있었다고 하지만, 정치적, 전략적 관계로의 발전은 기대할 수 없었다. 이와 같은 국제정치적 구조에서는 거대한 중앙인 중국이 주변부와의 관계를 자의적으로 규정하고 관리하며, 주변부는 이에 형식적으로 순응하면서 내용적으로 최대한 자율성을 확보하려는 방향으로 나아가는 것이다.

여-수전쟁 직전 고구려 사신이 돌궐을 방문한 것이 수 양제에게 알려져서 전쟁의 빌미를 주었다는 기록이 있다. 물론 고구려와 돌궐이 모두 중국에 완전히 굴복하지 않은 상태에서 반(反)중국이라는 목표를 위해서 협조할 가능성은 존재한다. 그러나 돌궐과 고구려 혹은 고구려와 백제가 구체적으로 연합하여 중국에 대항한 적이 있었던가? 세력 균형체제인 유럽에서도 크림전쟁 시기 영국, 프랑스, 오스트리아가 러시아의 남진을 원하지 않지만 누구도 앞장서서 "반(反)러시아 동맹"을 추진하지 않았다. 그런데 중국 중심의 동아시아적 국제체제에서 모든 국가들이 중국의 비대함을 원하지 않지만 누가 반(反)중국 전선을 주도하겠는가? 이것은 중국이 분열되었을 때도 고구려가 남조와의 연합을 거절한 데에서 잘 나타난다. 세력 균형상의 연합은 "가장 위협적인" 세력에 대항하기 위한 것이다. 백제는 여-수/당 전쟁 중 기회주의적으로 대응했으며, 오히려 중국을 지원하겠다고 나섰다. 고구려도 중국이 돌궐을 진압하자 축하 사절을 보낸다.

둘째, 동맹에서 주적(主敵) 문제를 검토하면 당시의 국제체제의 성격이 좀 더 명확하게 부각될 것이다. 당과 신라는 오늘날의 관점에서 "동맹국"이다. 외교적 차원을 넘어 군사-안보 차원의 동맹이다. 백제와 고구려는 당과 신라에 대항하기 위해서 협조적인 자세를 유지했다. 오늘날 동아시아 정세에서 한-미 간의 "동맹"과 한-일 간의 "협조"와 유사한 측면이 있다. 한국과 일본은 동아시아 국제정치에서 협조하지만 결코 군사동맹은 아닌 것이다. 국제정치의 연속선상에서 양쪽 끝을 "갈등"과 "협조"로 설정하면, 갈등의 최고 형태는 전쟁이고 협조의 최고 형태는 동맹, 특히 군사동맹이다. 여기에서 당과 고구려는 상대방을 주적으로 인식했다. 당에게 백제는 위협세력이 아니며 고구려로 가기 위한 디딤돌 정도이다.[47] 당 태종이 김춘추에게 백제 땅은 신라에게 주겠다고 한 약속도 당의 이와 같은 입장을 반영한다. 고구려는 수와 당의 위협을 방어하기 위해서 국력을 거의 탕진한다. 고구려에게 신라는 2차적인 고려사항이었다. 백제와 신라는 상대방을 주적으로 본다. 백제는 당은 멀리 떨어져 있으며, 필요에 따라서 이용할 수 있는 강대국 정도로 인식한다. 신라 역시 백제를 주적으로 간주한다. 고구려와는 간헐적인 충돌이 있었지만 642년 당항성 사건을 제외하면 안보 위기감으로 발전한 흔적은 없다. 더구나 백제와의 충돌에서 고구려의 도움도 가능하다고 인식한다. 김춘추의 고구려 청병외교는 "비정상적인" 상태에서 수행되었지만 이를 말해준다. 백제-신라, 백제-고구려 간의 전투에서는 왕이 전사하여 불구대천지 원수지간이 되지만, 신라-고구려 간에는 왕이 죽는 불상사는 없었다. 그리고 이런 점은 백제-고구려가 멸망한 후에 그들 유민들의 태도에서도 나타나고 있다. 백제인들은 신라가 백제인을 모두 죽일 것이라고 믿었으며, 지배계층은 대부분 당에 투항한다. 고구려가 패망했을 때 보장왕 등도 당에 항복한다. 그러나 연개소문의 동생 연정토와 보장왕의 서자 고안승은 신라에 투항한다.[48]

만약 "주적"이라는 관점에서 이상의 관계를 설정할 수 있다면, 이것은 국제정치적으로 하나의 흥미로운 결론에 의해서 유추될 수 있다. 이를 유럽의 국제관계에서 오스트리아 계승전쟁 때 오스트리아, 프로이센, 프랑스, 영국이 유럽 외교사에서 유명한 "외교혁명"으로 불리는, 동맹의 파트너를 바꾸는 사례를 들어 설명한 바 있다(제5장 참조). 그러나 동맹의 파트너를 바꾼 외교의 "혁명적" 내용은 사실상 4국 관계라는 틀 안에서 각국이 인식하는 주적은 변하지 않았다는 것이다. 당-신라-고구려-백제의 4각 관계에서도 겉으로

---

47) 유인궤는 "당이 고구려를 멸하려면 먼저 백제를 주멸하여 제어해야 한다"고 주장한다. 『신당서』 108, 「열전」 33, "유인궤", 이호영(1997), 233쪽에서 재인용.
48) 「고구려 본기」 제10, 447쪽; 「신라 본기」 제6, 178-179쪽.

는 백제와 고구려 대 당과 신라의 대결이지만, 주적이라는 관점에서는 백제-신라, 고구려-당이라는 구도에서 진행된 것이라는 점을 알 수 있을 것이다.

셋째, 중국의 안보관이 가진 지나친 주관성이 초래하는 문제들이다. 중국은 정권/왕조의 안보와 국가의 안보를 유사한 시각에서 접근한다. 중국 황제는 국내적으로 제후국의 권력이 비대해지는 것을 지속적으로 견제한다. 『사기』는 한 고조가 창업 후에 한신(韓信), 팽월(彭越) 등의 공신들을 제거한 사건이나 한 경제(景帝) 시대에 7국의 난(154) 등 유사한 사건들로 가득 차 있다. 주원장의 넷째 아들로 연왕(燕王)이 되었으나, 중앙의 견제에 저항하여 정난(靖難)의 변(變)을 일으켜 1402년 즉위한 영락제(永樂帝)는 이와 같은 정책에 반기를 든 경우이다. 통일중국이 고구려 등의 주변국들을 관리하는 문제도 전략적으로 동일한 관점에서 접근한다. 물론 이 경우 중국이 내세우는 명분이 다르다. 때로는 "황제의 명을 들지 않는다(위만조선의 경우)", "무례하다", "군주를 시해한 인물을 응징한다(연개소문의 경우)" 등을 내세운다. 그러나 이것은 주변 국가들을 분열시키고 약화시켜 결과적으로 중국의 팽창을 가져온다는 점이다. 중국이 어떠한 명분을 내세우더라도 예를 들면, "도의로써 만이를 예속시킨다는 것은 곧 만리에 걸쳐 국토를 넓히는 것"이다.49) 주변지역을 위계질서가 확실한 유교적 규범으로 교화하고, "정신개조"를 하면, 영원히 중국의 영역이 될 것이며 안보 위협도 사라질 것이라는 희망이다.

안보 문제에 대한 이와 같은 접근은 "자기 패배적"이다. 안보 불안은 앞에서 언급한 바와 같이 "주관적이다." 상대방은 아무런 의도가 없는데, "저 놈이 나를 공격하려 한다"고 믿는 자폐증 환자와 같다. 또 한 가지 문제가 해결된다고 해서 안보 불안이 완전히 해소되는 것도 아니다. "저 놈"이 없어지면, 또다른 "저 놈"이 나타나서 나를 위협하는 것과 같다. 마치 농부가 자기 논 옆에 있는 다른 사람의 논 때문에 물을 마음대로 대지 못하여 농사에 지장이 많다고 생각하면서 이웃 논을 사지만, 그 논을 사고 나면 그 옆의 논이 또

---

49) 『사기』, 「열전」 하, "대원열전", 1064쪽.

문제가 되는 것과 다를 바 없다. 유럽 대륙의 평원으로 연결되어 있어서 나폴레옹과 히틀러의 침략 대상이 되는 러시아의 불안감은 동유럽 국가들을 "위성국"으로 만들고 통제하는 것으로는 해결될 수 없었다. 오늘의 중국은 중국 역사상 가장 넓은 영토를 가지고 있다. 그렇다고 오늘날 중국이 과거에 비해서 안전하다고 할 수 있을까? 중국적 사고에 따르면, 러시아를 완전히 정복할 때 중국은 불안감을 떨쳐버릴 수 있을 것이다. 그러나 러시아가 없어지면, 유럽 대륙이 위협으로 다가올 것이다.

안보 불안은 중국적 방식으로는 해결할 수 없다. 이것은 제1차 세계대전 당시 연합국들이 내세운 슬로건인 "전쟁을 끝내기 위한 전쟁"이나 냉전시대에 공산주의자들만 없어지면 전쟁이 없을 것이라는 논리나 다름이 없다. 즉 고구려라는 "문제아"만 없어지면, 혹은 호전적인 적대국만 사라지면 세상은 평안해질 것이라는 망상이다. 이 문제에 대한 궁극적인 해답은 주변국들과의 원만한 관계에서 찾아야 한다. 이것은 인간과 자연적, 사회적 환경과의 관계를 어떻게 인식하느냐는 근본적인 문제이기도 하다. 주변 환경은 인간 활동을 제한하는 장애물들이다. 산과 강은 인간의 통행을 가로막고, 추위는 몸을 움츠리게 한다. 인간의 역사는 장애물들을 극복하려는 노력의 과정이다. 그러나 한 가지 장애물을 극복했다고 해서 모든 장애물이 사라지는 것이 아니다. 바람을 이용한 범선이 증기선으로 대체되자 세계무역은 급속도로 발전하지만, 증기선에 필요한 석탄을 공급할 기지를 만들어야 하는 또다른 장애가 대두된다. 국가 관계의 긴장도 상대방이 나의 적대국이기 때문에 타도해야 한다고 생각하기보다는 적대적 관계를 우호적 관계로 바꾸려고 노력하면 해소되는 것이다.

넷째, 동맹의 운용(operation)이라는 관점에서 고구려와 백제 땅을 독식하려는 당의 행위를 설명할 수 있느냐는 점이다. 이 문제를 논의하면 "민족"과 "외세" 문제가 필연적으로 끼어들 것이지만 이에 관한 본격적인 논의는 뒤로 미루자. 나-당동맹에 의한 삼국통일은 분명히 "외세"의 개입을 의미한다. 외세가 민족문제에 개입하면 동맹과 반동맹은 민족의 분열을 의미한다. 이탈리아와 독일 통일의 주역인 사르디니아, 프로이센과 신라 3국은 모두 통일을 위해서 외세와의 동맹이 필요했다. 그러나 프로이센은 신라와 사르디니아와는 약간 다르다. 프로이센은 덴마크, 오스트리아, 프랑스를 상대로 하는 3차례의 전쟁에서 외부의 간섭 없이 1 대 1로 싸울 경우는 승리할 자신이 있었다. 그럼에도 불구하고 동맹은 절대적으로 필요했다. 유럽의 국제관계는 주변 국가들을 압도하는 중국과 같은 헤게모니 국가를 허용하지 않는다. 프로이센의 적국들이 제3의 국가와 연합하면 프로이센은 승리를 장담할 수 없게 된다. 3국 중 가장 약한 덴마크조차 영국과의 동맹을 믿고 프로이센과 전쟁을 시작했지만, 영국은 중립을 지켰다. 프로이센에게 동맹이란 주변국들이 전쟁 중 적국의 편에 가담하는 것을 저지하고 최소한 중립적인 자세를 유지하도록 만든 수단인 것이다.

사르디니아는 이탈리아 북부 지방을 지배하고 있던 오스트리아와 1 대 1의 대결에서는 승리할 수 없었다. 초기에는 기습전을 통해서 오스트리아 주둔군을 패퇴시켰으나, 본국에서 증원부대가 도착되자 전세는 역전되었다. 사르디니아가 오스트리아를 몰아내기 위해서는 강력한 동맹국이 필요했다. 1859년이라는 시점에서 이에 해당하는 국가는 프랑스밖에 없었다. 영국은 이탈리아에 영토나 정치적 야심이 없었다. 단지 프랑스의 이탈리아 지배를 막고 공화정의 기치 아래 이탈리아가 통일되기를 기원하는 정도였다. 카브르 역시 영국식의 자유-민주주의적 정치 분위기를 선호하지만, 영국으로부터 오스트리아 군과 대적하는 데에 필요한 실질적인 지원은 얻지 못할 것이라는 점을 알고 있었다. 반대로 프랑스는 이탈리아 문제에 깊이 관여해왔다. 또 이탈리아가 강력한 통일국가로 태어나서 프랑스 남동부 국경을 위협할 수 있는 상황을 원치 않았다.

이에 카브르는 오스트리아를 이탈리아 반도에서 몰아내는 일차적 목표를 위해서 "신뢰할 수 없는" 프랑스와의 동맹이 필요하다는 결론에 도달한다. 결국 프랑스와의 동맹으로 오스트리아를 몰아내는 데에는 성공하지만 "통일"이라는 열매를 거두려는 순간에 나폴레옹 3세는 오스트리아와 단독 강화조약을 맺는다. 유명한 빌라프랑카의 배신/휴전(Villafranca Truce, 1859)이다. 프랑스는 사르디니아에게 북부 이탈리아를 모두 준다는 원래의 약속을 깨고

롬바르디아 지방만 넘기며 베네치아는 오스트리아가 계속 보유토록 한 것이다. 강력한 이탈리아의 통일을 원치 않는 프랑스의 속마음을 드러낸 것이다. 이탈리아의 완전한 통일은 독일의 통일전쟁에서 이탈리아가 동맹을 맺은 프로이센이 오스트리아에 승리하여 베네치아를 얻고 프랑스에 승리한 후에 프랑스의 지배 아래에 있던 로마를 차지하여 수도를 로마로 옮겨 이탈리아 왕국을 탄생시키면서 이루어진다.

　동맹 차원에서 신라의 통일은 이탈리아와 비슷하다고 할 수 없을까? 신라는 사르디니아와 같이 원하지는 않았지만 당이라는 "적과의 동침"이 필요했다. 당연히 동맹국의 지원을 빌린 신라의 통일은 사르디니아와 같이 완벽한 것이 될 수 없었다. 동맹의 다른 축인 당이 전리품의 일부를 요구하는 것 역시 당연한 것이 아닌가? 그러나 당은 전리품의 분배가 아니라 독식을 원했다. 동맹국들이 승리한 뒤에 전리품 분배를 두고 일어나는 분쟁이 곧 나-당 전쟁인 것이다. 이것이 제12장의 주제이다.

　마지막으로, "민족"의 "통일"과 같은 이상주의적 목표가 국제정치에서 어떻게 실현되는가라는 문제이다. 오늘날 한국인들은 "민족"의 "통일"이라는 위대한 목표를 설정해두고 매진하면 통일이 달성될 것으로 믿고 있다. 과연 그럴까? 역사적으로 통일을 이룬 몇몇 나라들의 사례를 통해서 국제무대에서 통일이 성취되는 과정을 살펴보자. 사실상 "민족"이나 "통일"과 같은 목표는 국제정치와는 거리가 먼 것이다. 19세기 유럽은 자유주의, 민족주의가 휩쓴 이데올로기의 시대(the age of ideology)이다. 민족주의는 민족의 단합과 통일이며 자유주의는 전제정치에서의 해방인 동시에 강대국의 지배에서 독립을 의미하는 것으로 보수적이며 현상 유지를 지향하는 메트르니히 체제에 반대하는 이상주의적 "과격, 급진사상"이었다. 이것은 곧 민족주의의 완성인 "통일"도 이상주의자들의 목표라는 말이다. 실제로 그리스, 벨기에의 독립과 이탈리아, 독일의 통일로 민족주의와 자유주의의 목표는 달성된다. 그리스나 벨기에의 독립은 1820-1830년대 유럽 협조체제(concert of Europe)의 산물이다. 즉 강대국들 간의 타협으로 이루어진 것이다. 그러나 이탈리아나 독일과 같이 잠재적으로 강대국의 위상을 가진 국가의 출현은 주변 강대국들이 허용하지 않는다. 국내적 동력에 의한 통일운동이 국제정치적 상황과 타협하거나 이를 극복해야 가능한 것이다.

이탈리아와 독일의 통일을 주도한 사르디니아 왕국의 수상 카브르와 프로이센 왕국의 수상 비스마르크는 탁월한 전략과 예견력을 갖추고 민족통일을 완수한 인물로 칭송받는다. 그러나 결론부터 말하면 19세기라는 민족주의 시대에도 두 나라의 "통일"은 민족통일이라는 이상적 목표를 추구한 결과가 아니라 현실주의적 "타산"의 결과이다. 카브르와 비스마르크는 국제정치사에서 "가장" 대표적인 현실주의적 인물로 꼽힌다. 이것은 그들이 "통일"이라는 "이상적" 목표를 설정하고 국가적 에너지를 이 과업에 쏟아부은 인물은 아니라는 것이다. 이들의 일차적인 목표는 사르디니아나 프로이센이 유럽 무대에서 강대국으로서의 지위를 굳건히 함으로써 주변의 위협을 최소화하고 그들 국가의 지위에 걸맞은 발언권을 행사하는 것이었다.

카브르는 사르디니아의 국가이익과는 무관한 크림 전쟁(1852-1856)의 마지막 단계에 참전하여 러시아에 선전포고를 한다. 전쟁이 끝나면 대부분의 강대국들이 참여하는 평화회담이 열리기 마련인데, 여기에서 사르디니아가 승리자의 편에 서서 한자리를 확보하려는 것이었다. 강대국들이 "이탈리아 문제"를 논의할 때 사르디니아를 빼고 이야기할 수 없다는 인식을 심어두면, 이탈리아 문제에서, 그것이 통일이든 힘의 배분에 관한 것이든 간에, 사르디니아의 발언권이 강화될 것이라는 계산이다. 이런 의미에서 카브르는 통일전쟁이 본격화되기 3년 전인 1856년에도 "통일"이라는 말을 "웃기는 소리"라고 무시했다. 이탈리아 통일은 카브르의 현실주의적이며 기회주의적 외교의 승리였다.[50]

비스마르크의 경우도 크게 다르지 않다. 그는 1866년 오스트리아와의 "7주일간의 전쟁"에서 승리한 이후 오스트리아에게 관대한 조건을 제시하고

---

50) Wight(1992), p. 155. 원문은 다음과 같다. He wanted simply to make Italy independent of Austrian control, and as late as 1856 he dismissed the idea of Italian unity as **sheer nonsense**. Italian unification as it was actually achieved in 1859-60 was **a triumph of opportunism, of an empirical muddling through**(강조는 저자).

프랑스와의 전쟁에 대비했음을 언급한 바 있다(제10장 참조). 이런 관점에서 그는 군사적, 외교적으로 탁월한 통찰력을 발휘한 독일통일의 설계자이자 "최고의 외교관"이며 또 통일 이후 유럽의 국제관계를 독일 중심으로 운용한 위대한 전략가로 추앙받는다. 그러나 비스마르크 역시 통일보다는 유럽이라는 무대에서 프로이센의 권력유지라는 현실적인 문제에 집착한 인물이다. 독일연방에서 오스트리아가 의장국으로 남아 있는 한, 프로이센의 우월적 지위는 계속 도전받게 될 것이며, 프랑스를 제압하지 않고는 남부 독일의 여러 왕국들이 프로이센을 중심으로 한 연방체제에 참여하지 않으려고 할 것이다. 이런 제약요소들을 제거하는 과정이 통일로 이어진 것이다. 비스마르크는 독일이 통일되면 여러 영방들의 잡다한 이념들에 의해서 빌헬름 1세로 대변되는 프로이센의 근검절약 정신과 군국주의적 성격이 오염되어 사라질 것이라고 우려했다.51) 즉 "통일"이라는 목표를 의심에 찬 눈으로 보면서 주저했던 것이다.

그러나 이념의 시대인 19세기 유럽에서 민족주의, 자유주의, 그리고 통일은 지식인들의 화두였다. 독일에서는 1848년 변호사, 학자, 관료 등 진보적 지식인들이 프랑크푸르트에서 모여 진보적 성격을 가진 통일독일의 헌법을 제정하고 프로이센 국왕 빌헬름(후일 빌헬름 1세)을 통일제국의 황제로 추대한다. "프랑크푸르트 회의"이다. 그러나 빌헬름은 민중에 의해서 추대된 왕좌, 그의 표현을 빌리면 "시궁창에서 건져 올린 왕관"은 쓰지 않겠다고 거부한다. 이탈리아에서는 "재생(resorgimento)"이라는 구호가 사회를 휩쓸었다. "이탈리아의 영혼"이라는 애국자 주세페 마치니 주세페 가리발디 등이 지도자들이다. 이들은 보수적인 사르디니아 왕국이 중심이 되는 통일이 아니라 민주적이며 공화제 정부를 갖춘 통일국가 수립을 목표로 삼았다. 그러나 통일을 앞두고 사회혼란이 극에 달하자 이를 극복하기 위해서 힘이 필요하다는

---

51) Albrecht-Carrié(1973), p. 125. 원문은 다음과 같다. Power was Bismarck's concern and little else did he seem to appreciate······ German unification he viewed at first with suspicion, fearing that it might serve to contaminate and dissolve the character and virtues of the Prussian state.

것을 깨닫고 카브르에게 통일운동의 주도권을 넘겨준다.

이상주의자들은 이같이 통일운동의 분위기를 조성하고 일정한 범위에서 기여하지만, 완수할 수 있는 능력을 가지 못했다. 그리고 통일과 함께 자유주의, 입헌주의적인 정치체제의 수립 등 이상적 목표도 달성되지 않았다. 모택동이 중국의 5/4운동을 회고하면서 (이상주의적) 지식인들은 혁명의 불꽃을 당기지만 노동자와 농민과 연합하지 못하면 성공할 수 없다는 논평과 같은 맥락일 것이다.52) 통일은 현실주의적 대가들에 의해서 냉엄한 국제정치에서 살아남고 그 다음 힘을 키우면서 국제무대에서 발언권을 강화하려는 철저한 계산과 기회주의적 대응이라는 방식으로 이루어진 것이다. 물론 18세기 후반부터 유럽을 휩쓴 민족주의적 분위기가 분열된 독일과 이탈리아에서 통일의 밑거름이 되었으며 또 통일의 과정에서 인민 전체의 민족주의적 열망이라는 파도를 타지 않았다면 빠르게 진척되지 않았을 것이라는 점을 무시하는 것은 아니다.

마지막으로, 한국사와 관련하여 하나의 단상(斷想)을 붙인다. 백제의 멸망이 "복수의 악순환"을 연상시킨다면 고구려 멸망은 "비극성"을 느끼게 한다. 비극성은 "위대함"과 일맥상통하는 것이다. 충무공의 국가와 민족에 대한 헌신과 이를 향한 노력은 "전사"라는 비극성이 후광과 같이 뒤를 받쳐주기 때문에 더욱 "위대"하게 보인다. 인간의 의지와 노력이 인간이기 때문에 피할 수 없는 한계나 운명 등 초월적 힘에 부딪쳐 제지당하고 좌절될 때 페이소스(pathos)를 느끼고 마음이 정화되는 카타르시스(catharsis)를 얻는다. 이것이 그리스 비극의 본질이다. 에우리피데스(Euripides, 기원전 480-406)의 "오이디푸스 왕"이나 "안티고네"를 연상하면 될 것이다. 고구려 멸망에서 이와 같은 기분을 느낀다면 지나치다고 할 것인가?

현실세계는 "위대한" 정치가보다 "성공적인" 정치가를 높이 평가한다. 또 위대한 비전을 가졌어도 실현하지 못하면 의미가 없다. 그러나 위대한 비전은

---

52) Mao Tsetung, *Selected Works of Mao Tsetung*(Beijing: Foreign Language Press, 1965), vol. 2, p. 238.

실패하더라도 시간이 지난 후에 인정되는 경우도 있다. 제1차 세계대전을 승리로 이끌고 국제연맹을 창설하는 데는 "성공"했으나, 미국이 이 국제기구에 참여토록 국민들을 설득하는 데는 "실패"한 우드로 윌슨 대통령은 퇴임 이후 잊힌 인물이 되었다. 그러나 제2차 세계대전이라는 또 하나의 참화를 경험하고 국제연합(유엔)을 창설한 후에야 윌슨의 위대한 비전은 인정받고 추앙받게 되었다. 반면 제2차 세계대전을 승리로 이끈 처칠이나 루스벨트는 "성공"한 정치가들이다. 그만큼 높이 평가된다. 그러나 나치 독일이 유럽을 석권하던 전쟁 초기 절체절명의 영국을 승리의 길로 이끌어 "성공"한 처칠은 제2차 세계대전이라는 참화를 통해서 그가 목표로 삼았던 식민지를 보유한 대영제국 체제 유지와 히틀러에 대항하여 유럽에서 세력 균형의 회복이라는 두 가지 목표를 달성하는 데는 "실패"한 인물이다. 따라서 그는 "위대한 비전으로 미래를 만든 위대한 정치가가 아니라 한 시대를 마무리한 인물"로 평가된다.53)

그렇다면 『삼국지 연의』에 나오는 제갈량(諸葛亮)은 어떤가? 그는 중국의 삼국시대에 천하통일을 위해서 여섯 번이나 원정에 나섰으나, 성공하지 못하고 죽는다. 그러나 "후출사표"에서 그가 토로한 국궁진췌(鞠躬盡瘁)의 정신, 즉 국력이나 군사력을 비교해볼 때에 촉이 위를 이기고 통일한다는 것은 불가능한 것이라는 점을 알고 있었지만, 죽기 전에는 이를 향한 노력을 중단할 수 없었다는 그의 자세와 죽음은 단순히 군주를 향한 충절만이 아니라 인간성의 승리와 비극성을 느끼게 한다.

물론 역사적 평가와 문학적 감상은 동일할 수 없다. 그러나 "위대함"을 만들고 느끼게 하는 정신만은 동일한 것이다. 광개토왕과 장수왕에 관해서 아쉬운 것은 그들의 치적만이 남겨져 있을 뿐 인간성을 엿볼 수 있는 기록이 없다는 점이다. 두 왕이 백제와 신라를 굴복시키고 고구려의 최전성기를 여는 데에는 성공했으나, 오늘날 관점에서 "더 큰 성공"의 요건인 삼국통일을 의식하고 추구했다는 흔적은 발견할 수 없다. 그러나 민족에 대한 의식이

---

53) "……to sum up the past rather than to shape the future." Wight(1992), pp. 122-123.

충분히 못했고, 더구나 민족통합에 대한 자각이 없었던 5세기라는 시대적 상황과 또 중국의 위협에 끊임없이 노출되어 있었던 국제정치적 구조에서 이를 기대할 수는 없는 일이다. 이것이 인간의 한계이며 안타까운 점이며 한국사의 비극성이다. 고구려의 멸망은 거대한 공룡에 맞서 70년 이상 버티다가 몸과 마음이 모두 소진하여 쓰러지는 또 하나의 비극이라 하겠다.

제11장 백제와 고구려 부흥운동의 국제정치

1. 백제 부흥운동의 의미

이 장의 주제는 두 가지이다. 첫째, 백제와 고구려의 멸망 후에 전개된 부흥운동을 어떻게 평가할 것인가이다. 중국이나 한국에서 왕조가 멸망하면, 그 후손들이 일정 기간 부흥운동을 벌인다. 성공하는 경우도 있지만, 대부분 실패로 끝난다. 백제와 고구려의 경우는 후자에 속한다. 백제의 경우 부흥운동은 황야의 불꽃같이 세차게 일어났다가 사라져버린다. 대조영(大祚榮)의 발해 건국을 고구려의 부흥운동이 성공한 것이라고 주장할 수 있지만, 이것은 또다른 논의를 필요로 한다. 그렇다면 양국의 부흥운동은 우리의 역사에서 각주 정도에 해당하는 에피소드 혹은 소극에 불과한가? 아니면 그 자체가 한국사와 국제정치사에서 어떤 의미를 가지는가? 둘째, 두 나라의 멸망 그리고 그후에 전개된 신라의 대당전쟁과 어떻게 연결하여 평가할 것인가라는 점이다.

국제정치적 차원에서 "삼국통일"은 "신라가 외세인 당을 끌어들여" 혹은 "신라가 능동적으로 당을 활용하여" 백제와 고구려를 멸망시킨 것이 아니라, 당이 신라를 끌어들여 그들의 동북아 정책을 추진한 결과물이라는 것이 정확한 평가일 것이다. 물론 "한국적" 관점에서는 신라가 당을 끌어들였다. 그러나 강대국의 외교, 군사 정책은 자신들의 필요에 의해서 이루어지는 것이며, 약소국의 필요나 요구는 부차적인 고려사항이다. 당은 동북지역의 "요동 문제"에서 고구려가 주요 현안이었으며, 고구려 파멸을 궁극적 해결책으로 간주한 이상, 이를 실현하기 위한 디딤돌로 먼저 백제 정벌을 택했고, "다행히"

이 문제에서 이해관계가 일치하는 신라를 발견했고 (혹은 신라가 있었기 때문에 백제 정벌이라는 방법을 선택할 수 있었고) 신라에게 보조적 역할을 맡겼던 것이다. 고구려 전쟁도 마찬가지이다. 신라는 당군을 위해서 군량을 수송하고 전투에서는 주력부대인 당군의 작전에 도움이 되는 적절한 "보조적" 역할을 담당한다. 그래서 고구려 원정에 나선 소정방은 신라군이 어려움을 무릅쓰고 전달한 식량을 받고 전쟁을 계속하기는커녕 곧바로 귀국하기도 한다.

신라의 관점에서는 대백제 전쟁에서 백제의 주력군인 계백 부대와 치열한 일전을 치르면서 진격했고(이로써 당군의 사비성과 웅진성 포위를 도왔다) 대고구려 전쟁에서도 식량 수송이나 평양성 함락에서 앞장서서 "혁혁한" 공을 세웠다. 그러나 당은 고의적이건 아니건 신라의 기여를 인정하지 않는다. 백제 멸망 이후 신라의 무열왕과 세자 법민, 그리고 당의 장수들이 의자왕에게 술을 따르게 한 "승전의식"도 고구려 멸망 후에는 치르지 않았는지 별다른 기록이 없다. 신라 덕에 전쟁에 이길 수 있었다는 느낌을 조금도 주지 않는다. 당군은 평양성 함락 이후 보장왕과 고구려 포로들을 데리고 귀국해버린다. 『삼국사기』는 이를 다음과 같이 기록하고 있다.

> 이에 우리 병사들은 말하기를 "싸움을 시작한 이래 이미 9년이 지나 인력이 다했지만 끝내 두 나라를 평정해 여러 대 동안의 숙망이 오늘에야 이루어졌다……." 그런데 영(국)공(英國公, 李勣)이 말을 흘리기를 "신라는 앞서 군사의 기일을 어겼으므로 그 부분에 대해서도 조처가 있어야 한다."…… 또 전공을 세운 장군들이 모두 기록에 올라 당에 입조했는데, "지금 신라에는 아무도 공을 세운 이가 없다"고 하는 바…….[1]

당의 이와 같은 태도는 백제, 고구려의 영토를 관리하는 과정에서도 반영된다. 당은 정복지의 영토를 마음대로 배분하고, 당의 관리를 군권과 행정권을 가진 도독과 총독 등으로 임명할 뿐만 아니라 신라의 영토까지 그들의

---

1) 「신라 본기」 제7, 193쪽.

관할권에 포함시킨다. 계림도독부의 설치가 바로 그것이다. 즉 신라는 이미 당에 "복속한" 나라이므로, 저항하다가 패망한 백제나 고구려와 함께 당의 영토의 일부라는 태도이다. 만약 신라가 당의 정책에 "순응했다면", 오늘날 한민족은 중국에 동화되었을 것이다. 그러나 신라는 고구려 멸망 이후 8년 동안 당을 상대로 일면 순응하고 일면 투쟁하면서, 그러나 전면전은 피하면서, 당을 임진강 이북으로 몰아내는 데에 성공한다. 이 시기 신라의 대응은 고구려 전성기인 장수왕의 외교술을 연상하게 한다. 한국인들의 활동무대가 비록 대동강 이남으로 축소되었으나, 신라의 노력으로 한국인들은 정체성이 확립되고 또 정치적 독립성을 확보할 수 있게 되었다. 대당전쟁은 이런 의미에서 극히 중요하다. 이것은 다음 장의 주제이다.

당을 상대로 한 8년 전쟁은 사실상 백제의 패망과 함께 시작되었으니, 16년 전쟁이라고 해야 할 것이다. 660년 7월 18일 백제가 항복하고 9월 3일 당은 유인원이 당나라 군 1만 명으로 사비성을 지키게 한다. 신라는 왕자 김인태(金仁泰) 등 7,000명이 남는다. 소정방이 의자왕 등을 포로로 삼아 귀국할 때 김인문도 동행한다. 그런데 9월 23일부터 백제의 "잔당들"이 사비에 들어와서 항복한 포로들을 탈취하려는 사건이 일어난다.[2] 그렇다면 의자왕을 중국으로 데려간 것은 이와 같은 상황에 대비한 것이었던가? 의자왕을 한반도에 남겨둔다면, 그리고 신라의 관할 아래 둔다면, 그는 여전히 "백제 부흥의 상징"으로 남아 골칫거리가 될 것이라는 판단이었던가?

의자왕이 신라의 수중에 있었다면, 신라의 선택은 의자왕을 앞세워 백제 유민들을 무마하거나 살해하는 것 중 하나가 될 것이다. 아니면 백제와 멀리 떨어진 동해 부근 어디에 보낼 수도 있을 것이다. 그러나 수백 년간 원한으로 점철된 신라-백제 관계에서 의자왕을 앞세워 백제 "평정"에 나설 가능성은 거의 없다. 아마도 의자왕을 어떤 방식으로든지 죽일 것이며, 이것은 패망 왕조의 마지막 왕이 흔히 걷는 길이다. 이것은 백제 영토에서 더 큰 저항으로 이어질 것이며, 신라에게 큰 짐이 될 것이다. 그럴 바에야 의자왕이 당으로

---

[2] 「신라 본기」 제5, 160쪽. "잔당"은 여적(餘賊), 혹은 잔적(殘賊), 즉 "아직 평정되지 않은 도적들"인데 부흥군으로 통칭한다.

가서 적절하게 예우를 받게 하는 편이 유리할 것이다. 그러나 의자왕의 중국행은 이와 같은 고려에서 이루어진 것이 아니다. 당이 백제를 멸망시키는 데에 주역을 했으며 따라서 전리품의 큰 부분을 먼저 차지한다는 극히 평범한, 그리고 그 시대의 기준에서 결정된 것이다.

백제 부흥운동은 멸망 직후 곧 시작된다. 660년 7월 18일 의자왕이 항복하고 8월 2일 신라가 승전연회를 베풀어 의자왕을 모욕하던 시기에 백제 부흥군은 남잠(南岑), 정현(貞峴, 대전 유성구 남단 교촌동, 대정동, 용계동) 등에 의거하고 좌평(佐平) 정무(正武)가 무리를 모아 두시원악(豆尸原嶽, 전북 무주군 부남면)에 진을 치고 당인과 신라인을 공격한다. 두시원악은 부여-웅진 수도 지역에서 멀지 않은 곳이다. 26일 점령군은 임존(任存, 충남 예산군 대흥면 봉수산) 대책(大冊, 방어망)을 공격하지만 "적병이 많고" 지형이 험악해서 이기지 못하고, 소책(小冊)만을 부수었다. 그리고 9월 23일 백제인 탈취 사건이 일어난다. 백제 부흥군들은 "사비성 남령(부여 금성산)에 올라", 즉 당군과 신라군이 잘 보이는 곳에 올라가 영채(木柵)를 4-5개 세우고 한번 싸워보자는 태세를 취한다. 그리고 수시로 사비성 쪽으로 내려와서 게릴라전을 감행한다. 이들에게 호응하는 성이 20여 개에 달한다.

이것은 의자왕이 항복했지만, 백제 영토가 모두 나-당 연합군에 의해서 "평정된" 것은 아니었다는 의미이다. 이에 대해서 신라는 10월 무열왕이 직접 군대를 이끌고 이례성(尒禮城, 충남 논산시 연산면)을 공격, 함락시키니, 백제의 20여 성이 항복하고 또 사비성 남쪽 산마루에서 백제군 목책을 쳐서 1,500명을 살해한다. 11월에는 무열왕이 계탄(鷄灘)을 건너3) 왕흥사잠성(王興寺岑城, 부여군 울성산성)을 공격하여 이틀 만에 700여 명을 살해한다. 다음 해 무열왕 8년(661) 2월부터 부흥군이 사비성을 공격하며, 신라는 황산벌 전투에서 전사한 김관창(金官昌)의 아버지 이찬 김품일(金品日)을 지휘관으로 한 대규모 군대를 파견하여 구원한다. 그러나 그의 부대는 백제군의 기습을 받아 물러나며, 3월 12일 고사비성(古泗比城, 고사성 또는 고사부리

---

3) 계탄은 계룡산에서 흘러오며 대전 유성구 남단(구 충남 대덕군 진잠면 서남쪽 하천)으로 비정.

성, 전북 정읍시 고부면) 밖에 주둔하면서 두량윤성(豆良尹城, 충남 청양군 정산면)을 공격했으나, 한 달이 넘어도 공략하지 못한다. 여름 4월 19일 행군 중 백제군과 조우하여 "패해" 물러나니, "죽은 이는 적었지만 잃어버린 병장기와 군수물자가 매우 많았다." 신라군은 결국 부흥군을 물리치지만, 왕이 패전 소식에 놀라 증원군을 보내고, 선발군은 철수하는데, 왕은 이들의 책임을 물어 처벌한다.4)

백제 멸망 직후 부흥군의 기세가 얼마나 대단했는가를 알 수 있다. 이것은 곧 백제인들이 왕조 멸망을 어떻게 받아들이느냐를 보여준다. 660년 5월 21일 당군이 덕물도에 모습을 나타낸 후부터 7월 9일 김유신-계백 군대가 황산벌에서 조우하고, 12일 사비성을 포위하고, 18일 의자왕이 항복하기까지의 기간은 두 달이 되지 않는다. 황산벌 전투 후 9일 만이다. 당군이 "홀연히" 백마강에 나타나서 사비성을 에워싼 지 6일 만에 "상황이 종료되고" 백제는 사라진 것이다. 신라와의 전쟁은 항상 있어왔던 일로서 승패 그 자체를 백제인들은 절망적인 것으로 받아들이지 않았을 것이다. 백제인들은 왕조의 멸망이 "한순간의 실수"로 일어난 것일 뿐, 정말 전쟁에서 패배한 것이 아니라고 믿었다는 해석이 가능하다. 그리고 이제 정신을 차렸으니 정말로 진검승부를 한번 해보자는 태세이다. 특히 의자왕이 웅진 성주에 의해서 강제적으로 끌려나가 항복했다면, 또 이 사실이 알려졌다면, 백제인들의 분노는 더욱 높았을 것이다.

제1차 세계대전에서 독일은 4년이 넘도록 싸웠으며 항복할 당시에도 전선은 여전히 독일 영토 밖에 있었다. 독일의 영토가 침략을 받지 않은 상태에서 항복한 것이다. 사실 독일은 4년이 넘는 장기전으로 인적, 물적 자원이 고갈되어 전쟁을 계속할 수 있는 여력이 없었다. 그러나 독일의 영토가 점령당하지 않았다는 단순한 사실은 독일인들에게 전쟁에서 진 것이 아니라, 국내에서 사회주의자나 유대인 등 반동세력들이 사회를 혼란상태에 빠트림으로써 항복하지 않을 수 없었다는 믿음을 주기에 충분한 것이었다. 소위 "등 뒤를

---

4) 「신라 본기」 제5, 160-162쪽. 항복한 백제 관리를 태수에 임명하기도 한다(166쪽).

찌른 비수 이론/전설(die Dolchstoß-legende)"이다. 뒤에서 등을 찌르는 것 (혹은 총을 쏘는 것)은 서양에서 가장 비겁한 행위로 간주된다. 히틀러는 이를 이용하여 독일 국민들을 선동하여 제2차 세계대전을 도발했다. 백제인들이 패배를 받아들이려고 하지 않는 심리상태도 이와 유사했을 것이다.

이것은 삼국통일로 향하는 신라의 앞길에 여전히 엄청난 난관이 남아 있음을 말해주었다. 백제의 부흥운동, 대고구려 전쟁, 대당전쟁이 서로 맞물리면서 신라는 앞으로 16년 더 전투에 시달려야만 하게 되었다. 이 과정에서 신라는 당을 상대로 일면 순응 협력하고, 일면 저항하면서 제한적이나마 통일과업을 완성하게 된다. 신라는 백제에 대해서 의자왕의 항복으로 중앙 지휘부가 무너진 왕성 주변부터 하나씩 평정해나가면서 백제인들 중 "재주를 헤아려" 관직에 등용하는 무마책으로 임한다. 당도 이 상황을 충분히 인식한 듯, 1만 군대를 사비성에 남겨둔다. 또 부흥군이 백제 도성을 에워싸자 당은 유인궤로 하여금, "편의대로" 신라군을 징발하여 사비성에 포위되어 있는 유인원을 구원하게 한다.5) 일반적으로 현지 지휘관의 작전 권한은 중앙에서 엄격히 제한하는데, 당은 사태의 심각성을 깨닫고 유인궤에게 "재량권"을 거의 무한대로 준 것이다.

2. 부흥운동의 전략적 문제들

백제 부흥운동과 관련하여 몇 가지 문제점을 제기할 수 있다. 먼저, 백제와 고구려의 연대 가능성이다. 백제 멸망 이후 위기의식을 느낀 고구려는 백제의 부흥운동이 당과 신라의 예봉을 둔화시키는 데에 중요하며, 백제 역시 고구려의 존속이 부흥운동에 절대적으로 필요하다는 점을 인식했을 것이다. 『일본서기』는 661년에 "일본의 고구려를 돕는 장군들"이라는 표현이 나오며, 다음 해 봄 정월에는 "고구려가 일본에 구원을 청했으며 장군을 보내 주류성(周留城)에 웅거하게 했다"고 한다. 일본의 지원 때문에 당군과 신라군이 이

---

5) 「백제 본기」 제6, 561쪽.

성을 함락시킬 수 없었다는 것이다. 662년 5월에는 군선 170척(과장된 듯)과 부여풍을 보내 백제의 왕위를 계승하게 했다.6) 주류성은 백제 부흥군의 본거지인데, 일본의 기록에 따르면 부흥운동의 주력군이 일본군이며 이들의 목표는 백제 부흥만이 아니라 신라-당에 대항하여 고구려를 지원하는 것이다. 주류성은 산세가 험고하고 사비성에서 멀지 않고, 웅진강(금강) 하구 부근에 있어 왜국과의 교통이 편리하다는 점을 들어 이병도는 충남 서천군 한산면 건지산성(乾芝山城)으로 추정한다.7) 이 부분을 읽으면 일본은 후방에서 고구려까지 포함해서 삼국 문제를 "관리하며" 중국에 맞선 것같이 보인다.

물론 『삼국사기』나 중국 역사서에는 백제 부흥군과 고구려가 서로 협력했다는 증거는 없다. 그러나 국제관계에서는 교신이 없는 가운데서도 상대방의 의도를 읽고 협력하는, 혹은 행동을 서로 맞추는 경우가 많으며, 이를 "암묵적 흥정"이라고 한다. 이것은 서로 적대관계에 있는 양측의 의도를 중심으로 하여 다루는 것이며, 게임 이론에서 좋은 재료들을 제공한다. 역사적으로도 이와 같은 사례는 많다. 제2차 세계대전 중 연합국과 추축국은 모두 제1차 세계대전에서 큰 피해를 입혔던 독가스를 사용하지 않았다. 독일은 강제수용소에서 독가스로 수많은 유대인과 폴란드인들을 죽였지만, 전장에서는 이를 사용하지 않았다. 독일이 이를 사용하면 미국, 영국, 소련 등 연합국의 보복으로 국토가 크지 않은 독일이 더 큰 피해를 당할 것이기 때문이다. 전쟁 초기 영국은 독일의 공습에 독가스가 포함될 것에 대비하여 방독 마스크 훈련을 실시하기도 했다. 그러나 연합국들도 독일의 의도를 "읽고" 이를 존중하여 독일을 상대로 독가스를 사용하지 않는다.

고구려-백제 부흥군은 이론상으로는 우호, 협력 관계이다. 물론 사신을 교환하면서 이 점을 확인한 것은 아니다. 포위되어 어려운 전투를 벌이는

---

6) 『일본서기』, 천지천황 원년-2년(661-662), 486-487쪽. 38대 천지천황 재위 기간은 661년 7월부터 671년 12월까지이다.
7) 그외 충남 서천군 한산면 부근, 전북 정읍시 고부면 두승산성, 충남 연기군 전의면 일대 등으로 추정된다. 또 연대기상으로도 문제점이 있다. 부여풍은 백제 멸망 2년 후인 662년 왜국의 원군과 함께 귀국하는데, 이때는 부흥군이 주류성으로 근거지를 옮긴 후이다(이병도 역주, 「백제 본기」제6, 108-109쪽, 각주 24, 25 참조).

백제 부흥군은 물론이고 당과 신라의 공세에 대비하기에도 벅찬 고구려가 서로 상대방을 배려할 여유는 없었을 것이다. 도와주고 싶어도 "너의 일은 네가 알아서 해주면 좋겠고, 잘 하면 더욱 좋겠다"는 입장일 것이다. 이와 같은 상황에서 백제 부흥군이 고구려의 지원에 매달렸을 가능성은 크지 않다. 그러나 상대방의 성공이 곧 나의 성공이라는 관점에서 서로 응원하며 협력할 가능성을 완전히 배제할 수는 없다. "암묵적" 계산이 여기에서도 작동했을 것이다.

661년 5월 고구려의 신라 공격이 이를 말해주는 것은 아닐까? 고구려 장수 뇌음신(惱音信)이 말갈 무리와 함께 술천성(述川城, 경기도 여주 홍천면)을 공격하다가 방향을 바꿔 북한산성을 공격하는데, 신라는 악전고투하면서 20여 일을 겨우 버틴다. 그리고 하늘에서 큰 별이 고구려의 진영에 떨어지자 고구려군은 철수한다. 이 해 8월 소정방의 당군이 평양성을 포위하는 절체절명의 시기를 맞게 되는 고구려가 왜 이와 같은 군사행동을 했을까? 말갈 군이 합류하고 큰 돌을 날리는 포차(抛車)까지 동원하여 성 안을 공격했을 정도이니, 결코 제한적인 국지적 성격의 전투는 아닌 것 같다. 백제 부흥군과 "직접" 연결하려는 작전은 아닐지라도, 최소한 고구려가 백제의 부흥운동을 잊지 않고 있다는 의도를 전달하기 위한 것이라고 할 수 있다. 또 신라의 발을 묶어 당과의 연계를 차단하거나, 신라군의 북진이나 군량 수송의 출발점이 될 서울-여주 전선에서 유리한 위치를 차지하기 위한 공세일 수도 있다.

백제군 역시 이와 같은 정황을 충분히 인식한 것 같다. 이 해 8월, 문무왕은 김유신 등 대군을 이끌고 당을 지원하기 위해서 시이곡정(始飴谷停, 경기도 이천시 일대)에 이르렀을 때 백제 부흥군이 옹산성에 웅거해 나아갈 수가 없다는 보고를 받는다. 옹산성은 대전 대덕군이니, 웅진과 부여를 지원하면서 신라군의 북진을 저지할 수 있는 요충이다. 이들은 9월 27일에야 항복하니 한 달 이상 버틴 셈이다. 백제군 "수천 명을 베어 죽였으며" 전투 후 문무왕이 많은 장수들을 포상한 것으로 보아 전투가 상당히 치열했음으로 알 수 있다.[8]

---

8) 「신라 본기」 제6, 162, 165-166쪽; 「고구려 본기」 제10, 441쪽.

둘째, 백제 부흥군의 중앙 지휘부 문제이다. 「신라 본기」는 부흥군을 "잔당" 정도로 취급하고 있다. 그리고 무왕의 조카인 부여복신(夫餘福信) 장군이 의자왕의 아들이자 일본에 볼모로 가 있던 부여풍(夫餘豊)을 맞아 왕으로 세운 시기를 백제가 멸망한 지 3년이 된 문무왕 3년(663) 5월로 언급하고 있다.9) 즉 그 이전의 부흥운동이 중앙의 지휘 아래 조직적 명령체계를 갖추었다는 단서를 제공하지 않는다.

그러나 「백제 본기」에는 부여복신과 부여풍이 당의 사신 왕문도(王文度)의 죽음(660년 9월, 다음 장에서 다룰 것이다) 직후에 나오는 것으로 보아 부흥운동은 백제 멸망 직후 곧바로 기세를 타면서 중앙 지휘부도 갖추었다는 점을 시사한다. 부여복신과 승려 도침(道琛)은 초기 부흥운동의 근거지인 임존성(任存城, 충남 예산군 대흥면 봉수산)에서 흑치상지(黑齒常之) 등과 함께 거병하여 주류성으로 옮긴 것 같다. 부흥군은 이곳을 거점으로 하여 단순히 당군과 신라군을 상대로 게릴라 전 방식의 투쟁을 계속한 것이 아니라 왕조의 부흥이라는 궁극적 목표를 위해서 전략적 접근을 시도했던 것 같다. 구체적으로, 첫째, 의자왕을 계승하는 왕을 세우는 것이다. 둘째, 산발적으로 당군과 신라군에 저항하는 부흥군 부대들을 중앙의 지휘 아래 흡수하는 것이다. 셋째, 백제 수도였던 사비성을 탈취하며 가능하면 많은 성들을 휘하에 흡수하는 것이다. 넷째, 군사작전을 체계적으로 전개하는 것이다. 다섯째, 고구려와 왜와 "실질적인" 연대를 모색하는 것이다.

이상과 같은 "전략적 접근"은 부흥운동의 전개과정을 통해서 잘 나타나고 있다. 그러나 결론적으로 부흥운동은 성공하지 못한다. 백제 부흥의 실패라는 문제의식을 가지고 이 문제에 접근해보자. 먼저 부흥군의 전략이다. 조-일전쟁 시기 "의병"으로 일컬어지는 게릴라 부대들은 처음에는 일본군의 후방을 끊는 등 소규모 기습전을 단행하지만, 조선 정부가 지휘체계를 정비하면서 정부군의 일원으로 흡수되거나 합동작전을 전개한다. 백제 멸망 이후 각지에서 일어난 부흥군도 백제 부흥이라는 명분 아래 강력한 힘을 가진 세

---

9) 부여복신은 무왕 28년(627) 당에 조공 사절로 다녀온 바 있다(「백제 본기」 제5, 548쪽).

력이 나타나서 중앙본부로서 기능을 할 때에만 단결력을 가질 수 있었을 것이다. 부여풍과 부여복신, 도침 등이 초기에는 이 역할을 성공적으로 수행한 것 같다. "서북부 지역이 모두 호응해 군사를 이끌고 도성의 유인원을 에워쌌다"는 구절이 이를 말해준다. 즉 부흥군 부대들이 백제의 부활을 확신하고 부여풍의 지휘 아래 군사행동에 들어간 것이다. 661년 3월 유인궤는 신라군을 다시 초모하여 포위된 사비성으로 이동하는데, 이때 부여복신 등이 웅진강 어귀에 목책을 세워 이들을 저지하면서 전투가 시작된다. 결과는 부흥군이 1만 명의 전사자를 남긴 채 도성의 포위를 풀고 임존성으로 퇴각한다. 신라군도 군량이 떨어져 물러난다.10)

이것은 물적, 인적 보충이 가능한 신라군에 비해 부흥군의 손실은 치명적이었음을 시사한다. 부흥군은 부여복신 등 장수 출신이 지휘했음에도 불구하고, 신라군과 당군에 "정규전" 방식으로 대항하여 엄청난 손실을 입고 또 부흥운동의 주요 목표 중 하나인 수도 탈환에 실패하는 참담한 결과를 낳았다. 부흥운동에서 이것이 제1차 전환점이 된 것 같다. 적군을 사비성 안에 몰아넣고 포위하여 기세를 높이던 상황에서 부흥군은 정서적으로 냉철하게 대응할 분위기가 아니었을 것이다. 원래 의병이나 부흥군은 의기는 충만하지만, 군량이 충분하지 못하고 적절한 군사훈련을 받지 못한 경우가 많다. 또 정서적으로 적이 강하면 후퇴하여 산발적으로 기습하는 미지근한 전술로는 지지를 받기 어려운 법이다. 신병 징집이 불가능하며 지원병에만 의존하는 부흥군이 초기 접전에서 1만 명을 상실했다는 것은 그 앞길이 암담함을 예고하는 것이다. 반면, 당과 신라는 상황을 냉철하게 인식하고 강온전략을 적절히 구사하여 부흥군이 자멸하게 만든다. 유인궤는 사비성을 구원하기 위해서 "군사를 엄정하게 통솔하면서" 행군했다. 또 첫 전투에서 승리한 이후에도 부흥군의 기세가 여전히 높은 것을 인지하고, 유인원의 군사와 통합하여 사졸들을 휴식시키고, 신라군과 연합하여 부흥군을 공격하는 장기전 전략으로 대응한다.

---

10) 「백제 본기」 제6, 561쪽.

그 다음, 의자왕을 계승하는 왕을 세우는 문제는 그의 아들인 부여풍을 영입함으로써 순조로이 해결된 것 같다. 그러나 여기에도 함정이 있다. 부흥운동이란 기존의 정치권력이 무너진 후 권력의 공백을 최종적으로 누가 메우느냐는 문제에 귀결된다. 백성들의 눈에 정통성을 가진 것으로 보이는 전 왕조의 가계가 계승하면 별문제가 없지만, 문제는 이들이 실질적인 권력을 가지고 왕위를 계승하는가, 아니며 권력자는 따로 있고 상징적인 존재로 내세워지는 것인가 하는 점이다. 후자의 경우에는 실질적인 권력자가 혼란을 수습한 후에 상징적 존재를 제거하는 것이 정석이다. 한의 부흥을 내건 촉한(蜀漢)의 유비가 전자라면, 항우에게 죽은 초의 의제(義帝)나 명 태조 주원장이 반란군의 영수로 받들었으나 후일 제거한 소명왕(小明王) 한림아(韓林兒)는 후자에 속한다. "천자를 끼고 제후를 호령한" 조조의 경우도 있으나, 그의 아들 대에 이르러 전 왕조의 황제는 살해된다.

부여풍의 경우는 어느 쪽도 아닌 것 같다. 그는 의자왕의 아들로 일본에서 왜군을 포함한 추종자들을 데리고 왔지만 다른 부흥군을 압도할 만큼 규모가 크지는 않은 것 같다. 『일본서기』 661년 8월 기사에 의하면, "복신이 (부여풍을) 마중 나와 절하고 국정을 맡겨 모든 것을 위임했다."11) 그러나 그것은 실력자가 명목상의 군주를 맞이한 것이었다. 부여복신과 도침, 흑치상지, 그 밖의 각지의 부흥군들은 자신의 부대를 가진 독립된 집단으로 부여풍의 깃발 아래 단결한 것같이 보였을 뿐이다. 그러나 661-662년간의 기록들에서는 이들이 "성공한" 듯한 믿음을 줄 만한 근거도 발견된다. 웅진강 하구 전투에서 1만 명의 전사자를 내고도 부흥군의 기세는 여전히 유지된 것 같다.

그러나 그들은 백제 부흥이라는 대의에 충실하여 장기적 안목으로 접근하기보다는 각 부흥군 부대를 "독립 왕국"을 만들어 안주하려는 경향을 보였다. 도침은 스스로 영군장군(營軍將軍), 부여복신은 상잠장군(霜岑將軍)이라고 칭하면서 유인궤에게 오만한 전언을 보낸다. "당이 신라와 함께 늙은이, 젊은이 할 것 없이 백제인을 모조리 죽인 후 나라를 신라에 넘겨줄 것을 약속했다

---

11) 『일본서기』, 천지천황, 485쪽.

고 하니 앉아서 죽기보다는 싸우다가 죽겠다"는 것이다. 물론 이 말은 부흥군이 주민들을 선동하기 위해서 과장한 것일 수도 있겠지만, 당시의 상황에서는 충분히 가능한 일이다. 유인궤는 글을 보내어 화복의 사리를 설명하고 효유했다. 즉 항복을 권유한 것이다. 그러나 "도침 등"은 수가 많은 것을 믿고 거만하게 "사자는 관품이 보잘것없고, 나는 일국의 대장이라 말상대가 되지 않는다"고 말한 뒤에 답장도 없이 돌려보낸다.[12]

이 기록들은 부흥군 내부의 분열이 시작되고 명령체계가 실종되어가고 있음을 보여준다. 처음에는 부여복신이 왕족이며 장군 출신으로 도침의 이름 앞에서 명기되고 당과의 대화도 그가 주도한다. 그러나 곧 "도침 등"이라는 표현으로 복신은 거명되지 않는다. 부여풍 주변의 권력투쟁에서 그가 밀린 것이다. 둘째, 도침이 "싸우다가 죽겠다"고 비장한 각오와 불사항쟁의 결의를 말할 때는 외교적 수완을 보이는 것 같았는데, 그 다음 행태는 박자가 맞지 않는다. 마치 연개소문이 당의 사자를 오만하게 대했다는 것과 유사한 인상을 풍긴다. 즉 군사적 문제를 외교라는 더 큰 틀 속에서 접근하여 군사력을 보존하면서, 백제 부흥이라는 궁극적 목표를 달성할 수 있는 능력이 부족함을 드러낸다. 셋째, 도침은 스스로 "일국"의 대장이라고 칭함으로써 백제가 이미 회생한 것같이 행동한다. 이것은 휘하의 부흥군을 이끌고 험한 주류성에 둥지를 튼 채 스스로 만족하는 도적의 무리로 전락한 것이나 다름이 없다. 백제 부흥군과 같은 "반군" 집단이 자신의 지위를 과대 포장하는 것은 다른 부흥군들에게 자신의 세를 과시하기 위한 것이지만, 적의 주의를 집중시켜 공격의 주요 표적이 되게 만드는 자멸행위이다. 유인궤는 부흥군의 약점을 간파하고 후방을 평정하면서 지구전으로 이들을 옥죄는 전술을 택한다.

661년 말 혹은 662년 초에 백제 부흥운동은 절정에 도달한 것 같다. 기록이 보이지 않던 부여복신이 "얼마 후" 도침을 죽이고 그 군사를 아우른다.[13]

---

12) 『백제 본기』 제6, 561-562쪽.
13) "얼마 후"는 『백제 본기』(562쪽)에서는 661년 3월 유인궤의 서신을 받은 이후의 "어느 날", 『신라 본기』(168쪽)는 663년 8월의 백강구 전투와 함께 백제 부흥운동을 총정리하는 형식으로 쓰면서 언급된다. 그러나 『신라 본기』에는 당이 왕문도(王文度)를 파견한 후 (660년 9월 이후), 도침이 부여풍을 왕으로 세운 후 복신 등이 사비성의 포위를 풀고 임존

부여복신이 실권을 장악한 이후 "도망한 이들을 불러들여 세력이 매우 커졌다." 이것은 부흥군이 다시 기세를 올린 것으로 해석할 수도 있으나, "도망한 이들"은 도침을 따르던 무리들일 것이며, 곧 부흥운동의 분열상을 보여줄 뿐이다. 부여복신은 당군이 고립된 성에서 지원을 받지 못하는 것을 비웃지만, 정작 성을 탈취하지는 못한다. 더욱이 부여복신은 이후 부여풍을 백제 부흥의 상징으로 부각시키면서 부흥운동에 매진하는 방향으로 나아가지 못한다. 도침이 죽은 후 부여풍은 "복신을 통제하지 못하고 제의(祭儀)나 주관할 뿐" 아무런 실권도 가지지 못한 존재로 전락하여 불만이 커지면서 양자 간에 불화가 생긴 것이다.

부여풍은 과거 백제 왕실에 충성하는 무리는 물론 자신과 함께 일본에서 온 무리를 결집하여 어느 정도 세력을 갖추고 있었을 것이다. 반대로 부여복신은 도침을 죽였으나, 부흥군을 완전히 장악하지는 못한 것 같다. 즉 저울추가 한쪽으로 완전히 기울어지지 않은 채 중간 조정자가 없는 상태에서 양측의 갈등은 서로 상대방을 제거하는 것만이 유일한 해결책으로 인식될 정도로 커져갔다. 정상적인 조직 내에서도 이와 같은 상황은 위기로 발전할 수 있다. 부여복신이 병을 핑계로 부여풍을 유인하자 부여풍이 선수를 쳐서 그를 기습, 제거한다. 이로써 부흥운동의 중앙을 만들어 지휘하던 3인 중 2명이 사라진다. 이와 같은 현상이 권력집중을 의미하는 것이라면 부흥운동에 긍정적으로 작용하겠지만, 분열하는 방향으로 진행됨으로써 부흥운동의 약화로 이어진다. 「백제 본기」와 『구당서』에 의하면 이상의 사건들이 무열왕이 죽는 661년 6월 전후부터 662년 7월 전후까지 일어난 것으로 보인다. 부여복신의 죽음은 『일본서기』에는 663년 6월로 기록되어 있다. 일본에서 인질생활을 한 부여풍은 대외적 문제에서는 능력을 발휘한 것 같다. 그는 부여복신을 죽인 후 군사를 요청하는 사신을 고구려와 왜에 보내 연합전선을 만들어 당에 저항하려고 한다. 그러나 군사 문제에는 별다른 재능을 보이지 못한 듯, 나-당 연합군의 소탕전에 밀려 부흥운동은 중심을 잃고 막을 내린다.

성으로 물러간 이후 "어느 날"로 기록하고 있어 정확한 시기는 알 수 없다. 또 「신라 본기」에는 부여풍과 부여복신 간의 불화에 대한 언급이 없다.

3. 백강구 전투

유인궤 등은 부흥군의 기세가 꺾일 줄 모르자 증원군을 요청했고 당 조정은 손인사(孫仁師)를 사령관으로 삼아 40만 대군을 보낸다. 663년 5월 이후의 기록이다.14) 그러나 「신라 본기」에 나오는 40만이라는 기록은 정확한 것이 아닐 것이다. 『구당서』 등 중국 역사서는 이를 언급하지 않고 있다. 660년 당의 백제 원정군 13만도 과장된 것같이 보이는데(당이 고구려전에 동원한 수군의 규모는 1–3만 명이었다), 부흥군을 진압하기 위해서 그 병력 말고도 40만을 추가로 파견한다는 것은 상상하기 어려운 일이다. 「백제 본기」에서 언급한 중국 산동성과 강소성에서 7,000명을 징발하여 보냈다는 것이 정확할 것이다. 이 부대에는 또 의자왕의 아들 부여융이 토벌군의 일원으로 참여한다.15) 이들은 부여융을 앞세워 백제인들을 위무하면서 지도부가 분열된 부흥군을 공격, 격파했고 유인원 부대와 합세한 후에 문무왕이 직접 이끈 신라군까지 합류시켜 부흥군의 본거지인 주류성을 공격한다.

이것이 663년 8월 말 나–당 연합군 대 백제 부흥군과 왜의 연합군 간에 벌어진 부흥운동의 마지막 대규모 전투인 백강구 전투(白江口戰鬪)의 시작이다. 전투과정은 『일본서기』에 상세히 기록되어 있지만, 사건의 일관성을 위해서 우선 한국과 중국의 자료들을 기초로 서술해보자. 손인사, 유인원, 문무왕 등이 육군을 지휘하여 주류성으로 나아가고, 유인궤와 부여융이 수군과 군량 수송선을 이끌고 웅진강으로부터 백강으로 가서 육군과 합류하여, 주류성으로 진격한다는 것이 나–당 연합군의 작전이다. 즉 신라와 백제에 주둔 중인 신라군과 당군이 육군을, 당에서 추가 파견된 손인사의 부대가 수군을 역할 분담한 것이다. 그리고 이 수군 부대가 군량 수송을 담당한 것으로 보아 (고구려 전쟁과는 달리) 당에서 군량을 직접 조달한 것 같다. 이 부대는 백강 어귀에서 왜군을 만나 네 번 싸워 모두 이기고 적선 400여 척을 불사른다.

---

14) 「신라 본기」 제6, 168쪽.
15) 「백제 본기」 제6, 562쪽.

부여풍은 고구려로 도망하고 의자왕의 손자 부여충승(扶餘忠勝)과 부여충지(扶餘忠志) 등은 왜인과 함께 항복한다. 지수신(遲受信)이 이끄는 일부만이 임존성에 웅거하여 항복하지 않는다. 여기에서 부흥군의 또다른 분파인 흑치상지의 활동이 언급된다. 그는 부여복신이 살아 있을 때 3만여 명의 부흥군을 이끌고 서로 호응하며, 소정방의 군대를 물리치고 200여 성을 장악할 정도로 기세를 올렸다. "소정방이 이를 제압할 수 없었다"고 하니, 흑치상지의 활약은 백제 멸망 초기였음이 분명하다. 그러나 "이때 와서", 즉 백강구 전투에 즈음하여 "모두 항복했다." 그후 당군의 선봉이 되어 임존성을 탈취하자 지수신은 고구려로 달아났고 "잔당들이 모두 평정되었다." 중국의『구당서』는 이어 백제의 모든 성이 귀순했으며, 손인사, 유인원 등은 철군, 귀국했다고 덧붙이고 있다.16)

그 다음은 왜의 역할이다.『삼국사기』나 중국의 사서들의 기록에는 백제의 부흥운동에 왜의 등장을 하나의 에피소드로 취급한다. 400척 이상의 많은 군선과 수송선을 이끌고 출병했지만, 당군과의 한번 수전에서 전투력을 상실하고 의자왕의 손자들과 함께 왜군도 항복하는 것으로 끝난다. 일본이 주장하는 동아시아 패권을 두고 중국과 싸운 전투라는 의미는 어디에서도 찾아볼 수 없다. 이 전투에 관한 일본의 관점을 요약하면,

> 660년 8월 28일 백제가 멸망한 뒤 백제 부흥군이 일본 지원병과 합세하여 나-당 연합군과 벌였던 국제적인 싸움이 "백강구전(白江口戰)" 혹은 "백강전쟁"이다.……백제 멸망 후 백제 부흥의 분위기가 조성되었을 때, 이를 지원하기 위한 결단은 일본 내부의 지배세력이 친백제계로 전환했을 때 이루어졌다. 일본 파견군이 백강에 당도하여 당나라 군대와 싸운 전투의 의미는, 1)일본의 국제적 지위가 당나라와 비견되는 강국이라는 것, 2)백제를 보호하는 후견국 입장인 상국이며, 3)신라의 영토 확장에 의해서 가야를 상실했던 이른바 남한 경영지를 다시 구축한다는 것, 즉 임나일본부의 철수

---

16)「백제 본기」제6, 563-564쪽;『조선전』2권, 298쪽.

이후 이를 재탈환하려는 시도이며, 4)백강구전을 국제전쟁으로, 고구려와 일본 세력권 안에 있는 남한 지역의 백제, 가야, 신라는 일본의 복속국이며 일-당전쟁을 통해서 이를 되찾는다는 것이다.(변인석, 37쪽)17)

『일본서기』의 기록을 일본의 정신사적 전개라는 관점에서 간단히 검토해 보자. 중국 문명과의 접촉이 시작되기 전에 일본은 그들 나름의 건국신화와 세계관을 가지고 있었다. 『일본서기』 권 제1 첫 부분에 의하면, "하늘과 땅이 아직 갈리지 아니하여"라고 시작하여 "누가 누구를 낳고……"로 이어지는 성서를 연상하게 하는 지루한 과정을 거쳐 오늘날 일본열도인 "천하"가 탄생한다. 이후 중국의 여러 사상체계가 도입되면서 일본 고유의 세계관과 혼합된다. 중국에서 "구주(九州)"는 곧 "천하"인데18) 일본에서는 일본열도라는 한정된 지역이 "천하"이다. 특히 중국의 사상체계가 일본의 현실과 다른 국가들 간의 관계에 적용되면서, 일본은 중국의 천하관에 속한 한 부분이자 동시에 일본 자체가 하나의 천하가 되는 이중성을 가진다. 한국인들이 중국 문물에 대한 동경과 정치적 독립 사이에서 긴장관계를 가지는 것과 같이 일본도 중국 문물에 대한 동경과 이를 "일본화"하는 과정에서 혼란과 긴장관계가 형성되었을 것이다.19) 임나일본부도 이와 같은 정신적 상황의 산물일 것이다.

이와 같은 관점에서 보면, 『일본서기』가 고구려나 백제, 신라에서 온 사신들을 모두 "조공" 사절로, 이들이 가지고 온 물건을 모두 "조공품"으로 기록한 것은 하등 이상할 것이 없을 것이다. 일본도 중국, 한국과 마찬가지로 유교적 가치관을 학습한 지역이라 인간과 사회관계를 위계적으로 규정한다. 고

---

17) 네이트 백과사전, 백강구 전투 100.nate.com/dicsearch/pentry.html?i 내용을 요약한 것이다. 백강구 전투에 관해서는, 변인석(1994), 『백강구 전쟁과 백제-왜 관계』(서울: 한울), 제2장; 김현구, 「백강촌 싸움과 동북아 국제관계의 변화」, 동북아역사재단(2009), 『동북아 관계사의 성격』(서울: 동북아역사재단); 중국은 "백강구 해전"을 "중일 역사상 제1차 전쟁"이라는 의미를 부여한다. 汪高鑫, 程仁桃(2006), 『東北三國-古代關係史』(북경: 북경공업대학 출판사), 55-57쪽.
18) 미조구치 유조 외, 김석근 외 역(2003), 「천하」 참조.
19) 일본의 신화와 일본인의 사고체계의 형성에 대한 간단한 설명은, 마루야마 마사오(丸山眞男), 박충석, 김석근 공역(1998), 『충성과 반역』(서울: 나남), 440-441쪽 참조.

구려가 "조공국"이니, 연개소문은 당연히 일본의 신하가 된다. 그러나 중국은 고구려 왕을 "외신(外臣)"으로 규정하는 데에 반해, 일본은 "내신(內臣)"으로 규정한다. 이것은 고구려가 일본이 직접 지배하는 영토라는 의미이다. 고구려 땅에 발을 디뎌보지도 못한 일본이 수차례 고구려 수도를 황폐화시킨 중국을 본떠 조공국이니, 내신이니 하는 것은 역사의 소극이다. 중국도 당나라 시대에 로마와의 교역을 조공이라고 불렀고, 1793년 영국 동인도 회사가 중국과의 무역을 위해서 파견한 매카트니 사절단이 탄 배에 "영국 조공선"이라는 깃발을 달도록 했다.[20] 그러나 조공은 중국이 수천 년 동안 주변국들과의 역사적 경험을 통해서 만들어온 "국제제도"인 반면에, 일본은 제도의 형식만 빌려 그들의 국제관계에 임의대로 적용했다는 점에서 큰 차이가 있다.

왜는 3년에 걸쳐 400척 이상의 대선단을 준비했다고 하는데, 대단한 국력이다. 그러나 의문이 남는다. 조-일전쟁 때와 같이 "통일일본"이 본격적인 조선과 중국 정복을 위해서 동원한 선단도 부산 전투(1592)의 경우, 항구에 정박한 일본 선단이 470척(7만 명)이었고 최대 규모였다. 마지막 해전인 노량 해전(1598)에서 일본은 500척을 동원한다. 그러나 부산 해전이나 노량 해전에는 전선만이 아니라 수송선단까지 포함되었다. 백강구 전투는 일본이 수전을 통해서 나-당 연합군과 싸우기 위한 작전에 따른 것이 아니라, 백제 부흥군을 지원하기 위해서 수송된 왜군이 상륙하기도 전에 당의 수군에게 발각되어 수전 위주로 4번 싸워 패배한 전투이다.

『일본서기』는 백제 멸망에서 원정 왜군의 파견까지 상세히 기록하고 있다. 먼저 눈에 띠는 것이 백제 멸망 2년 전 기사에서 백제 멸망에 관한 소식을 전하면서, "국가는 병사, 갑졸로 서북 해안에 배치하고 성책을 수리했다"라는 해설적인 구절이다. 659년 당에 보낸 사신이 황제를 동경(東京, 洛陽)에서 알현한다. 여기에서 흥미로운 대목이 나온다. 10월 30일 면담에서 당 고종은 "일본국 천황은 평안하신가?"라고 묻는다. 11월 1일 당 조정에서 동지(冬至) 모임이 있었는데, "입조한 제번(諸蕃) 중 왜의 객이 가장 훌륭했다." 이 무렵

---

20) Teng, Ssu-yu & Fairbank, John K. eds.(1971), pp. 19-21.

왜의 사신이 "당조에 죄를 얻어" 유형에 처해지는데, 이들이 "내년에 당이 해동(백제)에 쳐들어갈 것"이라는 정보를 얻었기 때문이다. 왜 사신은 이때까지 귀국할 수 없었다는 연대기적인 설명이다.

다음 해 660년 가을 7월의 기사는 고구려 사신이 귀국할 때 "후에 다시 대국(왜)을 섬기려고 합니다. 그 표로 처를 머무르게 하겠습니다"라고 한다. "김추지(金秋智, 김춘추)가 대장군 소정방의 손을 빌려 백제를 협격하여 멸망하게 했다. 혹은 말하기를 백제가 스스로 망했다. 군왕의 대부인인 요녀가 무도하고 국권을 제 마음대로 빼앗아 현량을 주살하여 화를 불렀다.……신라의 김추지는 내신 개금(蓋金, 연개소문)에게 뜻한 바를 얻지 못하고, 당에 사(使)하여 국속의 의관을 버리고 아부하여 화를 인국에 던지게 하는 의도를 구상했다고 한다." 그리고 백제가 평정된 후 당은 왜의 사신들을 방면했다.21)

이상의 기록에서 다음과 같은 추론이 가능할 것이다. 첫째, 백제 멸망 2년 전 기사에 해설형식으로 보완한 것으로 그후에 추가한 것 같다. 이 기사는 백제가 신라를 공격했다는 기사로 이어지는데, 무열왕 6년(659)의 『삼국사기』와 맞추어보면 사실인 듯하다.

둘째, 일본은 백제 멸망을 자신에 대한 안보 위협으로 간주하고 수비태세를 강화했다. 그렇다면 백제-왜의 동맹에서 한 축이 무너짐으로써 왜가 위태로워졌다는 것인가? 혹은 메이지 시대(오늘날도 포함해서) 일본이 한반도를 일본 안보의 전선(前線)으로 간주하여 "한반도는 일본열도의 심장을 겨눈 비수"라는 의식이 이 시기에 이미 형성된 것인가? 계속되는 백제와 신라의 전쟁을 이용하여 신라에 인질을 요구할 정도로 우월한 위치에 있다고 믿었던 일본이 이제 신라의 예봉이 왜로 향하게 될 것을 우려한 것인가? 아니면 당의 패권주의적 팽창이 일본까지 뻗칠 것에 대비하려고 한 것인가? 왜와 백제 간의 관계는 나-제동맹과 같이 즉각 지원할 수 있는 능력을 구비한 동맹관계가 아니라 심리적 유대감 수준이라는 점을 지적한 바 있다. 이것은 왜의 지원이 백제가 멸망하고 3년이 지난 후에야 현실화되는 것으로 증명된다.

---

21) 『일본서기』, 제명천황(齊明天皇), 4-5년(658-659), 475-477, 479-480쪽.

셋째, 『일본서기』의 기록은 일본적 사고의 이중성에 익숙하지 않으면, 혼란을 느끼게 될 것이다. 일본이나 한국의 국가 역사는 중국의 역사, 유교, 불교 경전에 통달한 당대 최고의 석학들이 조정의 감수를 받으며 편찬한다. 그런데 당의 "황제"가 일본 "천황"의 안부를 묻는다. 중국이 자신들의 관할 밖에 있는 국가의 조공 사절에게 군주의 칭호를 그대로 불러주는 전통적 형식에 따른 것인지도 모른다. 『일본서기』는 이어 일본 사절들이 "여러 오랑캐들" 중 가장 훌륭했다고 쓰고 있다. 중국의 세계관에서는 일본도 "번국"의 하나이므로 자신을 비하하며 표현한 것이다. "당조에 죄를 얻었다"는 표현도 신라나 고구려 등이 중국에 엎드려 용서를 구할 때 쓰는 것이다. "천황"의 국가가 중국의 "황제" 국가를 상대로 사용할 수 있는 표현이 아니다.

넷째, 고구려와의 관계이다. "후에 다시 대국(왜)을 섬기려 한다"는 후일 다시 왜에 내조하여 인사하겠다는 의미가 아닐까? 그런데 "그 표시로 처를 머무르게 하겠다", 즉 인질로 남겨두겠다는 뜻인데 고구려가 인질까지 남겨두면서 왜에게서 얻으려고 하는 것이 무엇일까? 신라를 견제하려는 것일까? 고구려는 왜와 교류하기 위해서 동해 루트를 택한다. 이 길은 함흥이나 그 아래에서 강원도 해안을 따라 내려와서 혼슈(本州) 남북 해안에 상륙하여 교토로 간 것 같다.22) 이 험로에 왜 부인을 동반했을까? 아니면 일본 체류 중 일본 조정으로부터 일본 여자를 하사받아 아내로 삼았으며, 이 "현지처"를 일본에 두고 가겠다는 말이 아닐까?

다섯째, 백제 멸망 과정에 관한 왜의 지식은 김춘추와 연개소문 간의 접촉, 백제 내정의 파탄, 그리고 신라와 당의 연합 등 상당히 정확하다. 왜 사절이 아마도 낙양에서 얻은 정보도 백제 멸망 이후 전해졌을 것이다.

여섯째, 삼국에 대한 왜의 인식이다. 일본의 기록 중 가장 흥미로운 부분이다. 일본은 삼국의 관계를 "인근국"의 관계로 간주한다. 이것이 단순히 지리

---

22) 고구려 사신은 570, 573, 574, 642, 668년 일본에 파견되는데, 주로 월국(越國, 富山縣)이나 축자(筑紫, 福岡縣), 출운(出雲, 島根縣)에 도착했다. 손홍(孫泓)(2004), 「고구려와 동북아시아의 여러 나라와 민족간의 관계」, 『북방사논총』(2004), 창간호(서울: 고구려재단), 105쪽.

적 단위를 넘어 하나의 민족으로 이루어진 "국가들"이라는 의미로 확대 해석되어도 무방할 것이다. 660년 가을 7월 기사에서 신라는 "국속(國俗)의관을 버리고", 즉 신라가 고유한 의관과 풍속까지 버리고 당의 관복을 착용했다는 것이다. 이것은 신라와 백제(고구려도 포함해서)의 의관이 서로 비슷했다는 의미도 포함한 것이 아닐까? 이어 당에 청하여 "화를 인국에 던지게 했다"고 비판한다. 저자가 보기에 오늘날 흔히 말하는 "이민족을 끌어들여 한민족 문제를 해결했다"는 비판이 엉뚱하게도 이 시기 일본에서 나온 것이다. 국제정치적으로 이와 같은 논리는 타당성이 없다는 것은 앞에서 여러 차례 언급한 바 있다.

이어서 9월 백제 "복국군(復國軍)" 기사에서도 "신라는 힘을 믿고 '인국과 친하지 않고' 당인을 끌어들여, 백제를 전복했다"고 쓰고 있다. 시대를 거슬러 올라가면『일본서기』효덕천황 2년(646), 신라 사절이 당복(唐服)을 입고 입궁하자 그들의 마음대로 복제(服制)를 바꾼 데에 대해서 불쾌히 여겨 입궁을 거절하고 꾸짖어 돌려보냈다는 기록이 나온다.23) 이것은 최소한 일본의 관점에서는 삼국이 하나의 민족이며, 더 나아가서 "왜라는 상국의 승인 없이 신라가 복제를 바꾸었다"는 의미로 확대 해석될 수 있는 소지를 남기는 부분이다. 신라가 당과 야합하여 같은 민족인 백제와 고구려를 멸망시켰다고 매도하는 "민족주의 사학자들"의 입장이『일본서기』의 주장과 일치한다는 점은 아이러니이지만, 이 시기 일본이 삼국을 하나의 집단으로 인식하고 있었다는 점은 주목할 만하다.24)

---

23)『일본서기』, 제명천황, 6년(660), 480; 464쪽. 이 부분에 이어 대신이 "지금 신라를 치지 않으시면, 후에 반드시 후회할 것입니다. 난파진(難波津)에서 축자해(筑紫海)에 이르기까지 연이어 배를 가득 띄워서 신라를 불러 그 죄를 물으면 쉽게 굴복할 것입니다"라는 기사가 나온다. 당 태종의 고구려 침공 다음 해이다. 신라의 복식을 꾸짖은 무리는 대화(大和) 조정의 백제계 이주민이라는 주장도 있다(변인석[1994], 100쪽). 이 경우 백강구 전투는 "귀소적" 행위라는 해석이 타당할 것이다.
24) 중국은「동이전」에서 만주나 한반도의 국가들이 언어나 풍속에서 유사한 점을 강조한다. 945년 편찬된『구당서』,「동이전」, "백제국" 편에는 "해동삼국은 개국한 지 오래되었고 강계가 나란히 있어 실로 견아(犬牙)의 형세처럼 지역이 엇갈려 있다"고 쓰고 있어, 삼국을 하나의 정치(민족) 단위로 보려는 경향을 보인다. 김정배(2004),「중국 사서에 나타나는 해동 삼국」,『북방사논총』(2004), 창간호(서울: 고구려재단), 12-13쪽.

마지막으로 국제정치적인 관점이다. 오늘날의 "남한" 지역이 고구려와 일본 사이에서 소위 완충지대의 기능을 해왔으며, 양국이 이 지역에 대해서 지배권을 행사했다는 주장이다. 고구려는 중국과의 대결로 인하여 광개토대왕과 장수왕 시기에도 남쪽을 "장기적으로" 경영할 수 있는 능력을 가질 수 없었다. 이것은 고구려가 최전성기에 "통일"을 위한 시도를 하지 않았다는 문제와도 연관된다. 백강구 전투는 이로부터 160년 후에 일어난다. 그런데 왜 일본만이 "남한" 지역에 대한 연고권을 내세우느냐는 것이다. 과거의 좋았던 한순간을 잊지 못하는 늙은 부인의 마음인가? 백강구 전투가 "국제전"이라는 주장은 물론 당 제국과 대결한 일본의 역할을 부각시키기 위한 것이며, 신라와 백제가 서로 "인근국"이라고 강조한 것은 당과 일본 사이에 있는 전리품 정도로 인식했기 때문일 것이다. 그러나 이것은 한민족 의식이 형성되었느냐는 것과는 별개의 문제이다.

하여튼 백제 부흥을 위한 지원군 파견에 관한 왜의 기술은 현실적으로나 이론적으로나 모순덩어리이다. 660년 9월 백제의 달솔(達率) 벼슬을 가진 사람이 백제 사정을 알린다. 백제는 홀연히 나타난 당과 신라군의 "협격을 받아" 3일 만에 무너졌으며, 그러나 부여복신 등은 무기도 없이 막대를 쥐고 싸워 신라군을 무찔렀다. "백제군(부흥군)"의 기세는 "날카로워" 당인들도 임존성에 들어올 수 없을 정도이며, 망한 나라를 "이미" 일으켜 세웠다는 것이다. 이것은 백제인들이 국가 멸망에서 받은 초기의 충격을 그대로 전한 것이라고 하겠다. 다음 달 10월에는 부여복신이 당의 포로 100여 명을 보내면서, 군사와 함께 부여풍을 보내줄 것을 청한다. 부여복신은 구원군을 청하는 입장이지만, "백제국은 멀리 천황의 은혜를 입어 다시 모여서 나라를 이루었다"고 보고하면서, "천조(天朝)를 섬기는 왕자 풍장(豊璋, 부여풍)을 맞아 국왕으로 삼으려고 한다"는 것이다. "천조"는 "하늘을 대신하여 천하를 다스린다"는 중국 왕조를 일반적으로 지칭하는 말인데, 복신은 부여풍이 인질로 일본에 간 것을 일본이라는 또 하나의 천조를 섬기는 행위로 묘사하고 있다.

이에 대해서 왜는 마치 당이 신라에 대하듯이 천자의 자세로 대응한다. "위태로움을 돕고 끊어진 것을 잇는 것은 당연한 일이다", "노하고 발분하여",

"하늘에 우러러 맹세하고, 이를 갈고", "(백제인들은) 창을 베개로 하고 쓸개를 맛보고 있다"고 말한다. "대를 잇게 하여 제사를 끊지 않는" 행위가 가지는 의미는 제1장에서 검토했으며, "쓸개"는 "와신상담(臥薪嘗膽)"의 고사이며, "천조의 군사를 빌려주시어……"는 김춘추가 당 태종에게 백제를 치기 위해서 군사를 청할 때 사용한 표현이며(『신라 본기』제5, 150쪽), "노하고 발분하여" 등은 광개토대왕 비에도 나오는 표현이다(시라사키, 215쪽). 그만큼 『일본서기』의 저자들은 중국적 사고와 고사에 익숙한 인물들이며 이 표현들을 별 어려움 없이 쓰고 있다. 그리고 부여풍의 처자와 숙부 부여충승, 동생 부여색상(夫餘塞上)을 보낸다.25)

왜의 실질적인 군대 파견과 부흥군 지원 문제로 넘어가자. 660년 겨울 10월 부여풍을 보내면서 "구름처럼 만나고, 번개처럼 움직여, 사록(沙喙, 백제 동방의 땅)에 모여, 그 원수를 참하고, 긴박한 고통을 들어주어라"면서 장군들이 나누어 진군할 것을 명한다. 수 양제가 고구려 침공에 앞서 발표한 조서에서 느낄 수 있는 말투이다. 즉 중국의 황제가 만이(蠻夷)를 토벌할 때에 쓰는 문구이다. 또 문명인이라고 자부하는 인간들이 그들의 눈에 비친 "야만인"을 멸시하는 언사이다. 그런데 일본이 백제 구원에 나서면서 이와 같은 말을 했다는 것은 당시 일본인들의 일방적인 세계관을 보여주는 것이라고 할 수 있다.26)

일본은 12월에 백제를 구하기 위해서 배를 만든다. 그런데 같은 기사에 구원군이 패배할 것을 예고하는 주술적 징조들을 세 가지나 기록하고 있다. 대규모 원정단에 대한 부담 때문이었을까? 아니면, 과거에 싸운 경험이 있는 신라보다 말로만 듣던 중국을 상대로 싸울 것을 예견하고 두려움이 생겼기 때문일까? 혹은 왜군의 패배 이후 작성된 것으로 패전의 책임을 하늘의 뜻으

---

25) 『일본서기』, 480, 490쪽.
26) 19-20세기 초 동양인을 대하던 서양인의 인종 편견적 발언과도 유사하다. 1900년 중국의 의화단 봉기를 진압하기 위해서 독일 황제는 제국주의 연합군 사령관인 발데르제 장군에게, "사로잡은 자들은 마음대로 처리하라. 1,000년 전 아틸라가 지휘한 훈족의 잔인성을 우리가 아직도 기억하는 것처럼, 중국인들이 다시는 독일인들을 감히 곁눈질로 쳐다볼 엄두도 못 나게 하라"고 말한다. Langer, William L.,(1951), *The Diplomacy of Imperialism, 1890-1902*(New York: Alfred A. Knopf), p. 699.

로 돌리려는 계산일까? 661년 "고구려와 백제가 망할 징조"라는 예언도 덧붙이고 있다. 662년 왜는 "무기를 수선하고 선박을 구비하여 군사와 식량을 비축하며", 다음 해 초에는 "백제"가 조공 사절을 보내면서 신라의 공세가 치열해져 안덕(安德, 德安의 오기) 등의 요충을 빼앗겼음을 알린다.

드디어 663년 3월 2만7,000명의 병력으로 "신라를 치게 하며" 이 출병 소식을 5월 고구려에 알린다. 『일본서기』는 8월 백강구 전투를 다음과 같이 기록하고 있다.

가을 8월 13일 신라는 백제 왕(부여풍)이 자기의 양장(良將, 부여복신)을 베인 까닭으로 곧바로 백제로 들어가 먼저 주유(州柔, 주류성)를 빼앗으려고 했다. 이에 백제는 "대일본국의 구장(救將 : 구원군 장군)이 용사 1만 명을 거느리고 바다를 건너오고 있다. 나는 스스로 백촌(白村, 『당서』에는 백강, 『삼국사기』에는 기벌포, 현재의 금강 하구 부근)에 가서 기다리고 있다가 접대하리라"라고 말했다. 17일 적장이 주유에 와서 왕성을 에워쌌다. 대당의 장군이 전선 170척을 이끌고 백촌강에 진을 쳤다. 27일 일본 수군 중 처음에 온 부대와 당의 수군이 대전했다. 당은 진을 굳게 하여 지켰다. 28일 일본의 장군들과 백제 왕이 기상을 보지 않고, "우리가 선수를 쳐서 싸우면, 저쪽은 스스로 물러갈 것이다"라고 말했다. 일본은 대오가 난잡한 중군의 병졸을 이끌고 진을 굳건히 한 대당의 군사를 나아가 쳤다. 대당은 좌우에서 수군을 내어 협격했다. 눈 깜짝할 사이에 관군(일본군)이 패적했다. 수중에 떨어져 익사한 자가 많았다. 뱃머리와 고물을 돌릴 수가 없었다(지휘관이 풍향을 예측하지 못했기 때문이라는 의미이다). 박시전래진(朴市田來津 : 부여풍과 함께 온 일본 장수)은 하늘을 우러러 맹세하고, 이를 갈고 수십 인을 죽인 후 마침내 전사했다. 백제왕 부여풍은 몇 사람과 배를 타고 고구려로 도망갔다.[27]

9월 7일 주류성이 항복한다. 일본 지원군은 "조상의 분묘가 있는 곳에 어

---

[27] 『일본서기』, 천지천황, 489-490쪽. 천지천황 10년(670) 백제인을 우대하여 관작을 내린다.

찌 또 갈 수 있겠는가"라고 한탄하며, 25일 일본으로 돌아갔다.

이상이 일본의 기록에 의한 백강구 전투의 전말이다. "조상의 왕국을 부활시키지 못할 것"을 한탄한 구절은 삼국시대에 관한 표현 중 가장 저자의 가슴에 와닿는다. 여기에서는 감상적인 부분은 접어두자. 고대의 군사행위는 냉철한 계산에 의한 것도 있지만, 감정적 대응으로 촉발되는 경우도 많다. 그러나 헬레나라는 미인을 두고 트로이 전쟁이 일어났다지만, 그 이면에서는 경제적, 전략적 계산이 깔려 있었다는 점도 잘 알려진 사실이다. 일본이 원정을 위해서 배를 건조하며 군대와 식량을 모으는 등 2년 이상 준비했다는 것은 단순한 감정적 대응만은 아닐 것이다. 주류성의 전략적 가치와 장기간 거주하기에는 땅이 척박하고 백성이 굶주릴 것 등도 정확히 예측하고 있었다.

그렇다면 2만7,000의 대군을 파견한 진정한 이유는 무엇보다도 신라의 팽창을 저지하려는 것으로 믿어진다. 임나일본부의 "상실"이 역사적 사실이건 아니건 일본인들에게 심리적으로 "지울 수 없는" 상처를 남겼다면, 신라의 팽창은 일본에게 중대한 위협이 될 수밖에 없다. 이제 그 팽창이 왜의 우방인 백제에 대한 공격으로 나타났다. 이와 같은 관점은 위의 인용문에서 어느 정도 나타난다. 일본 원정군의 목표는 신라와 싸우기 위한 것이지 "대당"과 싸울 것을 예상한 대목은 어디에도 없다. "당조에는 죄를 지었지만" 신라는 당을 끌어들여 "인근국"을 파멸시킨 못된 국가이다. 주류성 자체가 바다에서 오는 당군을 막기 위한 요새가 아니라 내륙에서 신라군과 싸우기 위한 거점이다.

그리고 663년 들어 백제 부흥군의 분열과 함께 신라의 기세는 놀랄 만큼 진작되고 있다. 662년 2월 백제에 신속되어 있던 탐라국이 신라에 항복한 것은 이미 대세가 기울어졌음을 감지했기 때문일 것이다.[28] 663년 초에는 거열성(居列城, 경남 거창), 거물성(居勿城, 전북 장수), 사평성(沙平城, 거

---

28) 「신라 본기」 제6, 167쪽. 탐라는 일본 제명천황 7년(661년) 왜에 "처음으로" 왕자를 보내 조공한다(『일본서기』, 483쪽). 천지천황 5년(664)에도 왕자를 보내 공물을 바친다(『일본서기』, 493쪽). 내용상으로는 약간 혼란이 있지만, 조공의 외교적 기능에 대해서는 제1장 참조.

물성과 덕안성 중간 지점으로 전북 임실군 신평면으로 비정), 덕안성(德安城, 충남 논산시 가야곡면) 등에서 저항하던 부흥군이 항복함으로써 백제의 전선은 급속도로 무너진다. 이와 같은 상황에서 일본 원정군의 목표는 백제 부흥을 위한 것이며 현실적으로 더 중요한 신라와의 일전이었다고 할 것이다.

그들은 금강 하구에 상륙하여 주류성으로 이동하기 전에 당군을 먼저 만난다. 신라와 당군은 이미 육군과 수군으로 나뉘어 육군은 주류성으로 향하고 있었다. 왜군은 이를 예상하지 못한 것 같다. 왜군의 목표는 주류성에서 분전하는 부흥군을 지원하는 것임에도 불구하고 적의 점령지에 들어서면서 척후병을 파견하고 전방을 살피는 조치도 취하지 않은 것 같다. 또 일본 수군은 수송군단 위주로 편성되었으며 전투를 위한 함대가 아니었다. 이 점에서는 당군도 별 차이가 없다. 그러나 중국은 양자강과 호수들에서 삼국시대나 남북조시대의 전투, 수/당-고구려 전투, 그리고 660년 당의 백제 원정 등에서 보듯이 수군은 육군을 위한 수송 임무와 함께 전투도 수행한다. 이에 비해서 왜군 장수는 수전에 경험이 없는 듯, 전의(戰意)만을 앞세워 정돈되지 않은 부대를 몰아 선공을 취하며 당군은 강의 양쪽에서 협공하여 이들을 손쉽게 무찌른다. 어떻게 "태양을 등지고 싸운다", "바람을 등지고 싸운다", "순류를 타고 역류에 휩싸인 적을 공격한다" 등등······육전에서도 기본적인 군사 상식조차 갖추지 못한 지휘관들이 신중하게 전투에 임하는 당군의 지휘관들을 이길 수 있었을까? 왜군은 주류성에 합류하지 못한 채 퇴각하며, 이로써 한 가닥 희망이었던 백제 부흥군의 재기는 물거품이 된다.

다음 질문은 이 전투가 과연 일본이 내세우는 동아시적 의미를 가지는 역사적 사건으로 평가할 수 있느냐라는 것이다. 고대나 근대를 막론하고 제국을 경영하기 위해서는 이에 상응하는 "노하우"가 축적되어야 가능하다. 여기에는 통치기반의 확충, 각 파벌과 세력들에 대한 관리, 통치지역의 이민족 관리, 적절한 수준의 인적, 물적 기반과 재정 확충을 위한 수단 등 국내 문제들을 경영하고 관리하는 능력과 주변 국가들을 관리할 수 있는 능력과 경험, 상대적으로 우수한 무기와 군대, 전략과 전술 등이 모두 포함된다. 서양에서는 고대 아시리아, 이집트, 그리스, 로마 제국, 그리고 스페인, 네덜란드, 프랑스, 영국, 러시아, 미국 등과 중국의 역대 왕조들은 이와 같은 기술과 지혜를 축적하고 있었다. 제자백가의 통치술과 손자와 오자의 병법은 몇몇 인간들의 머리에서 나온 것이 아니라 수백 년간 축적된 역사의 산물이다.29)

당시 일본이 이와 같은 능력을 갖추었다고 할 수 있을까? 광활한 중국 대륙에서 수많은 왕조들 간에, 그리고 흉노 등 북방 민족들을 상대로 수백 년 이상 전쟁을 치르면서 야전, 기마전, 수전 기술을 연마하고, 관개사업 등 농업기술, 야금술, 제지, 도자기 등 당시 세계에서 최고 수준을 이룬 중국을 상대로 "또 하나의 제국"으로 맞설 능력을 일본이 갖출 수 있었을까?

이후 신라는 당과의 전쟁에 돌입하면서 왜와의 관계개선을 모색한다. 당 역시 일본에 사신을 파견한다. 초기 사절단은 백제 출신 예군을 포함하여 254명이라는 엄청난 규모이다. 이것은 당이 백제 멸망 이후 백제 왕조를 부활시키고 왜까지 규합하여 신라를 견제하려고 한 것일까? 671년 설인귀와 교환한 서신에서 문무왕이 "선박을 수리하며 겉으로는 왜를 정벌한다고 하면서 실제로는 신라를 공격하려고 한다는 소식"을 언급한 것이 바로 당-왜-신라의 삼각관계에서 당이 왜에 접근하고 있는 상황을 신라가 파악했음을 보여준다.

신라는 고구려가 항복하는 시기인 668년 9월 왜에 사절을 파견한다. 왜는 이에 대해서 문무왕과 김유신에게 각각 배 한척씩을 보낸다. 이것은 왜와 신라 간에 긴장 완화가 이루어졌음을 시사하는 대목이다. 신라의 관점에서 당과의 전쟁이 본격화되고, 백제가 부활할 조짐을 보이는데, 왜가 이 분쟁에 관여하면, 신라는 3 대 1의 구도로 싸워야 한다. 이와 같은 최악의 시나리오를 피하려는 것이다. 따라서 신라의 사신은 고구려 멸망을 통고하면서 거만하게 신라의 힘을 과시하기보다는 화해를 모색하면서 이 사실을 은근히 이용했을 것이다. 이제 고구려마저 망했는데 당의 촉수가 왜로 향할지도 모른다는 식의 협박과 함께. 백제를 모국으로 생각하는 왜가 신라의 화해 제스처를 쉽게 받아들인 것은 당의 위협을 현실적인 것으로 평가했기 때문일 것이다. 이로

---

29) 오늘날 중국은 "모택동 사상"을 모택동 개인의 사상이 아니라 중국공산당의 역사적 경험을 집대성한 것이라는 관점에서 공산당 당헌에 넣는다.

써 이 시기 삼국 분쟁에 왜가 개입하는 상황은 더 이상 발전하지 않는다. 이것은 신라의 외교적 노력과 함께 백강구 전투에서 패배한 이후 왜의 자세가 소극적, 방어적으로 전환하면서 신라와의 화해를 받아들였기 때문일 것이다.

백제는 의자왕의 항복으로 "공식적으로" 멸망했으나 실질적으로 이후 3년 이상 처절한 저항 끝에 무너지는 것이며 이것은 백제 부흥운동이 삼국시대사의 단순한 에피소드가 아님을 보여주는 것이다.

4. 고구려 부흥운동의 시말

고구려의 부흥운동은 백제인들이 "망국"이라는 정신적 공황에서 벗어나서 부흥운동을 강력히 전개한 것에 비하면 그 기세가 약하다. 오히려 다음 장의 주제인 신라의 대당전쟁과 관련하여 언급하는 것이 타당할 듯하다. 이것은 고구려의 부흥운동은 그 자체가 새로운 역사의 장이라기보다는 신라와 연관되어 전개된다는 의미이다. 멸망 당시 고구려의 국력은 오히려 백제보다 약했다.[30] 당은 자신은 물론 수가 이미 빼앗은 고구려 영토를 당의 영토로 편입시킴으로써 멸망 당시의 고구려 인구가 줄어들었을 것이기 때문이다. 중국을 상대로 한 고구려의 계속된 저항의 역사를 고려하면, 안타까운 현상이었다. 수의 침략에서부터 당에 의한 멸망까지 70여 년간의 전쟁을 통해서 고구려는 많은 영토와 성을 상실하고 전비 조달로 국력이 극도로 소진되었으며 만성적인 피로감과 위기의식 속에서 살아왔다는 점을 말해준다.

백제와는 달리 고구려는 지도층이 분열되어 당과 신라로 뿔뿔이 흩어졌고, 육로를 통해서 당이 고구려의 군사적 요충을 하나씩 장악하면서 "요동 문제", 즉 고구려의 안보 위협을 완전히 제거하려는 당의 기세를 막기 어려웠을 것이다. 특히 지구전은 약소국에게 더 힘든 법이다. 1934년 10월 모택동이 장정(長征)을 떠나기 전 국민당이 과거의 4차례 소공전(掃共戰) 때와는 달리 공산 소비에트를 포위한 후 본격적인 전투보다는 서서히 포위망을 좁혀 압박

---

[30] 항복 당시 백제는 5부, 37군, 200성, 76만 호(「백제 본기」 제6, 560쪽), 고구려는 5부 176성, 69만 호(「고구려 본기」 제10, 447쪽)이다.

한 5차 소공전 전략이 바로 이것이다. 모택동은 견디지 못하고 "대장정"이라고 미화한 피난길에 오르지만, 피난처가 없는 고구려는 속절없이 앉아서 최후를 맞는다. 게다가 지도층이 분열되어 부흥운동을 시작하기는 더욱 어려웠을 것이다.

고구려 멸망 후 당에 항복한 연남생과 연남산, 승려 신성 등은 관직을 받고, 마지막까지 저항한 연남건은 검주(黔州)로 유배된다. 당은 평양에 안동도호부를 두고 그 밑에 9도독부, 42개 주로 나누어 고구려 땅을 통치하며 설인귀가 2만 군으로 진무한다. 당은 "우리 장수들 가운데 공로가 있는 이들을 발탁하여 도독과 자사와 현령으로 삼아 중국 사람들과 함께 이 지역 통치에 참여하게" 한다.31) "우리 장수들"은 항복한 고구려 장수들이다. 이들이 당과 싸우면서 느낀 피로감과 절망감을 간접적으로 말해준다. 당은 곧바로 동화정책을 실시한다. 그리고 고구려인들을 고구려 본거지에서 멀리 떨어진 중국의 빈 땅으로 분산, 이주시킨 것이다. 정복 영토의 유민의 집결을 차단하면서 농업생산을 높이기 위해서 중국이 흔히 택하는 정책이다. 이 정책은 중국인들을 고구려 지역으로 이주시키는 조치로 이어진다. 오늘날에도 중국이 소수민족 지역을 대상으로 행하는 정책과 유사하다.32)

이와 같은 상황에서 669년에 보장왕의 서자 고안승이 4,000여 호를 거느리고 신라에 투항한다. 고안승과 관련해서는 약간의 혼란이 있다. 「신라 본기」에는 연정토의 아들로 나와 있다. 그러나 이어 고안승을 주몽의 자손으로 "고구려의 후계자"로 대우한다. 「고구려 본기」는 그에 관한 기사에 이어 670년 보장왕의 외손자 안순(安舜)도 언급하고 있다. 그도 검모잠(劍牟岑)과 함께 부흥운동을 일으키지만 당이 토벌하자, 검모잠을 죽이고 신라로 투항한다. 연정토는 다음 해 신라의 사절로 당에 들어가서 그곳에 남는다. 당에 항복한 연개소문의 아들들이 대우받는 것을 보고 신라보다는 당에 남는 것이

---

31) 「고구려 본기」 제10, 447쪽.
32) 물론 오늘날의 이주정책은 과거에 비해 강제성이 약하다. 또 소수민족들이 더 나은 생활을 찾아 도시로 몰려들면서 소수민족 지역에서 한족의 비율은 더 높아진다. 연변 자치주로 알려진 간도의 사정이 이와 같다. 1910년 병합 이전부터 해방까지 조선족 대 한족 비율은 2 대 1로 조선족이 앞섰으나, 조선족은 이제 40퍼센트 미만으로 줄어들었다.

좋겠다고 판단했을 것이다. 대당전쟁의 보루였던 안시성은 부흥운동에서도 중요한 역할을 한다. 부흥군들은 671년과 672년 안시성을 점령했으나, 당군의 공격을 받아 무너지며, 이 과정에서 신라군이 부흥군을 지원하지만 역시 당군에게 패한다. 다음 해에도 부흥군은 당군에 패하고 나머지는 신라로 도망한다.

항복한 보장왕이 다시 고구려로 귀국한 것은 이 연구에서는 후기에 해당하겠지만, 당의 요동 정책이라는 측면에서는 중요한 의미를 가진다. 당은 677년 보장왕을 요동주도독과 조선왕으로 봉해 "요동으로 귀국시킨다." 왜 평양이 아니고 요동일까? 안보적 차원에서 중국의 관심은 요동이다. 고구려 문제도 그들에게는 "요동 문제"이다. 요동을 기반으로 한 세력이 중국의 동북 변방을 위협한다고 보기 때문이다. 고구려라는 이 지역의 중심세력이 사라진 이후 고구려를 구성하고 있던 여러 민족들이 이 "두려움이 많은 땅"에서 각기 독립을 노리고 분기했던 것이다. 『삼국사기』는 "남은 백성들을 안정시키고 거두어들이게 했다"는 것으로 보아 당은 이 지역의 평정에 여전히 어려움을 겪고 있었음을 시사한다. 이것은 물론 고구려계만을 말하는 것은 아니다. 그러나 당은 요동의 중심세력이었던 고구려계를 보장왕의 "귀환"이라는 상징적인 이벤트로 진무하고 궁극적으로는 동화시키면 "요동 문제"는 해결될 것으로 보았던 것이다. 이때 당은 안동도호부를 이미 평양에서 신성(무순[撫順])으로 옮긴 후였다.

보장왕이 평양으로 간다면, 신라의 영향력 아래 꼭두각시가 되거나 신라와 연합하여 부흥세력의 구심점이 될 가능성을 당은 우려했을 것이다. 그러나 보장왕은 만주로 이동한 직후부터 "당을 배반할 것을 꾀해", 즉 고구려 부흥을 위해서 고구려에 충성스러웠던 말갈과 내통한다. 보장왕이 고구려 멸망 11년 후에 이와 같은 움직임을 보였다는 것은 요동 지방에서 당의 장악력이 확립되지 않았다는 증거이다. 보장왕의 "배신"은 곧 발각된다. 아마도 말갈은 고구려 왕의 복위와 고구려의 부흥에 협조할 필요성을 느끼지 못했던 것 같다. 그는 681년 중국으로 소환되었다가 다음 해에 죽는다. 그의 휘하에 있던 사람들은 중국 땅으로 분산, 이주되며, 일부는 신라와 말갈 지역, 돌궐 등으로 흩어진다. 686년 당은 보장왕의 손자 고보원(高寶元)을 조선군왕으로 봉했지만 그는 임지로 가지 않았다. 699년 그의 아들 고덕무(高德武)를 안동도독으로 삼았는데, 그는 "차츰 자신의 나라를 이루더니 818년에는 사신을 당에 들여보내 악공을 바쳤다."33)

818년이라면 고구려 멸망 150년이 지난 후이다. 이때까지 보장왕의 후손들이 당의 감독 아래 명목상으로 옛 고구려 영토를 관리하는 "행정직"을 맡았음을 말해주는 것이지만, 부흥운동의 관점에서는 별 의미가 없다. 그러나 고구려의 "뿌리"와 고구려에 대한 주민들의 향수는 요동 지방에 이토록 오랫동안 남아 고구려 멸망 30년 후인 698년 고구려계인 대조영이 진국(震國)을 건국한다. 713년 진국의 실체와 실력을 인정한 당이 대조영을 발해군왕(渤海郡王)으로 봉함으로써 발해가 나라 이름이 되었다. 그러나 주민의 대다수는 말갈족이었다.

---

33) 「고구려 본기」 제10, 448쪽.

제12장 신라의 대당전쟁

1. 통일전쟁 후의 당의 삼국정책

신라의 관점에서는 백제와 고구려의 멸망과 그 부흥운동의 평정이 삼국통일의 완성을 의미하는 것은 아니었다. 백제의 멸망은 의자왕의 "항복"을 말하는 것일 뿐 부흥운동으로 표출된 백제라는 "국가"의 힘을 완전히 진압한 것이 아니었다. 더욱 중요한 것은 지금까지 이루어온 성과를 일거에 무로 돌릴 수 있는 거대한 힘이 신라의 앞을 가로막고 있었다는 점이다. 삼국을 모두 삼키려는 당의 야심이다. 여기에서 고구려의 수/당전쟁의 의미를 되새겨볼 필요가 있다. 이 연구는 고구려가 수와 당의 침략과 팽창을 막아냄으로써 한민족의 정체성을 지키는 데에 기여했다는 상식적인 평가도 언급하지 않았다. 이것은 고구려의 역할을 신라의 대당전쟁과 함께 검토해야 진정한 의미가 부각될 것으로 생각하기 때문이다.

수와의 대결을 이겨내고, 그러나 쇠퇴해가던 고구려가 645년 당을 끝내 저지하지 못하고 무너졌다면 당군은 평양에서 멈추었을까? 고구려와 백제-신라의 경계까지 내려왔을 것이다. 당군이 한강 유역에서 신라-백제와 대치했다면 양국이 이를 저지하기는 어려웠을 것이며 경주-목포까지 내려오는 것은 시간문제였을 것이다. 당의 힘을 목격한 두 나라는 싸우기보다는 그냥 항복했을 것이며 당은 처음에는 자치권을 허용하다가 곧 군현으로 개편하는 수순을 밟았을 것이다.

고구려가 50년 넘게 수와 당에 시달리면서 서서히 죽어가는 동안 신라는 시간을 벌 수 있었다. 그동안 신라는 물질적, 정신적으로 한층 성숙해졌으며 백제와 고구려 멸망의 과정에서 시련을 이겨내는 훈련을 쌓았다. 그리고 드디어 당을 맞아 민족적 정체성을 지키는 진검승부를 벌이게 된다. 이것이 고구려-수/당 전쟁의 민족사적 의미일 것이다.

나-당전쟁에 관한 역사학계의 시각은 잘 알려져 있다. 당은 고구려 멸망 이후 백제와 대동강 이남의 고구려 영역을 신라에게 주겠다는 약속을 지키지 않았을 뿐만 아니라 신라까지 포함한 삼국 전체를 차지하려는 야심을 드러냈다. 신라는 당과의 전쟁에 나서지 않을 수 없었다. 최근에는 시야를 국제정치적으로 넓힌 연구도 등장하고 있다. 고구려 멸망 직후인 669년 토번이 당을 공격하고 이에 당은 백제에 있던 설인귀를 토번전선에 투입하지만, 670년 7월 대패하면서 실크 로드의 안서 사진(安西四鎭)을 상실하는 대변화가 일어난다. 670년 3월 신라가 압록강 넘어 당군을 공격한 것은 이와 같은 상황에서 시작된 것이라는 해석이다.[1]

당의 야심은 백제 멸망 직후부터 나타난다. 신라는 당이 백제 원정에 나서기 13년 전에 당 태종이 백제를 멸망시킨 후에 그 영토를 신라에게 주겠다고 한 약속을 상기시키고 있다. 그러면 백제의 영역을 모두 지배하려는 당의 야심은 어떻게 설명해야 할까? 제국주의나 팽창주의 등으로 매도하는 것 외에 다른 시각은 없을까? 당의 백제 정벌은 고구려 정벌을 전제로 한 것이라는 점을 인정한다면, 고구려 정벌을 단행하기까지 "당분간" 당이 직접 관리하려는 의도라고 할 수도 있다. 그러나 이 주장은 별 설득력이 없다. 군사적 정벌이 완료되어도 군사적 목적으로 그 지역을 이용하려고 할 때에는 군정(軍政)을 계속하는 것이 일반적이다. 그러나 당이 설치한 웅진도독부, 계림도독부는 당 내지의 "민간통치"를 위한 형태와는 다르지만, "상설적" 성격이었다.

둘째, 당 태종이 고구려 정벌군을 일으키지 말 것을 유언하지만, 그의 아들 고종은 이를 무시하고 백제를 장악한 뒤에 고구려 원정을 단행한 것으로 미루어보아 고종은 선황(先皇)의 신라에 대한 약속과 고구려 전쟁에 대한 유조

---

1) 나-당전쟁에 대한 일반적인 해석과 국제정치적 해석은, 서영교(2006), 『나당 전쟁사 연구—약자가 선택한 전쟁』(서울: 아세아 문화사).

를 가볍게 생각했을 수도 있다. 중국적 전통에 비추어 선황의 약속이나 유조는 쉽게 무시할 수 있는 것이 아니지만 고종이 태종 사후에 변화된 국제정체에 비추어 당의 정책을 조정하는 것은 충분히 가능한 일이다.

셋째, 국제정치학적 해석이다. 국제정치의 현실주의적 전통은 필요하다면 "국제적 의무와 약속"을 무시해도 좋다는 경향이 강하다. 합리주의자는 "약속은 지켜야 한다"고 주장한다. 그러나 약속한 범위 내에서 이를 회피할 수 있는 여지를 항상 남겨둔다. 조약을 맺은 직후 잉크도 마르기 전에 이를 "파기"한다는 주장은 실제로는 조약에서 규정한 것을 위반하는 것이 아니라 조약상의 허점을 이용하여 규제를 피해나가는 것을 말한다. 제1차 세계대전 후 베르사유 조약에서 독일은 군대는 10만 이하로, 전투기 보유 금지 등의 제약을 받지만, 독일 군부는 10만을 모두 장교나 하사관 급으로 훈련시키고 전투기 훈련은 이 조약에 서명하지 않은 소련에서 훈련시키는 방식으로 피해나갔다. 그러나 현실주의자들은 더 직설적으로 말한다. "상황이 동일하면 모든 것을 그대로 둔다." 이것은 "상황이 바뀌면 필요한 변경을 할 수 있다"는 것이다. 즉 상황이 바뀌었는데 왜 혼자서 바보같이 과거의 약속을 지킬 것이냐는 태도이다. 한국의 대통령 후보들이 선거에서 실패한 뒤에 불출마 선언을 했다가 "상황이 바뀌었다"는 변명과 함께 다시 출마하는 것이 이에 속한다.[2]

이 논리에 따르면, 당은 백제 패망 이후 부흥운동과 이에 대응하는 신라의 능력을 보고 "신라에게 백제 땅을 주려고 해도 통치능력이 없으니, 우리가 나설 수밖에 없다"면서 자신들의 행위를 정당화할 수 있다는 것이다. 백제 멸망 이후 부흥운동이 세차게 일어나 신라의 평정작전은 정돈(停頓) 상태에 빠지게 되어 이를 수습하는 열쇠는 당이 가질 수밖에 없다는 것이다. 또 신라가 부흥운동 진압을 위해서 악전고투하는 가운데 흑치상지 등 부흥군의 수뇌들은 신라가 아닌 당에 귀순한다. 그들은 신라가 백제를 차지하면 항구적인 병합이 되겠지만, 당의 영역으로 남아 있으면 언제인가는 독립을 되찾을 수

---

[2] Wight(1992), p. 113 및 chapter 11 참조. 라틴어 원문은 다음과 같다. pacta sunt servanda; rebus sic stantibus; mutatis mutandis.

있다고 생각했을지도 모른다. 이를 위해서 부흥군 지도부는 당이 백제 땅을 차지하도록 유도했을 수도 있다. 물론 당의 정책이 장안에서 이미 정해졌을 수도 있지만, 백제 땅에서의 변화는 당이 이 문제를 재검토하는 계기를 마련해줄 수도 있다.

2. 당의 초기 점령정책 : 신라-백제 맹약문

660년의 백제 멸망에서 668년 고구려 멸망까지 겉으로는 원만하게 운용되는 것같이 보이는 당-신라 동맹을 긴장시키는 전조가 아주 미묘한 방식으로 나타난다. 660년 7월 말 백제가 멸망한 지 2개월이 지난 9월 28일 당이 왕문도를 웅진도독으로 삼아 파견한다. 왕문도는 삼년산성(三年山城, 보령 당산성)에서 무열왕을 불러 조서를 전하는 의식을 치른다. 당은 무열왕과 당 태종 간의 "친밀한 관계"와 당에 대한 신라의 충성 등을 강조하면서 당 황제의 권위를 한껏 높이고 백제 처리를 당의 의도대로 끌고가려고 의도했을 것이다. 이 의식에서 "왕문도가 동쪽을 향해 서고 무열왕이 서쪽을 향해 선다." 중국에서 "남쪽을 향하여" 혹은 "동쪽을 향하여" 하는 등의 표현은 서열을 가리는 기준이다. 남쪽을 향하는 것이 상석이므로 임금은 남쪽으로 향하고 신하는 북서쪽으로 향한다. 손님과 주인은 동서로 앉으며 동쪽으로 향하는 자리가 상석이 된다.3) 한국에서도 이와 같은 예법이 일찍부터 도입된 것 같다.「고구려 본기」에는 10대 산상왕 원년(197) 내전에서 잔치를 베풀고 아우 계수를 "집안사람의 예법"으로 대했다는 구절이 나온다. "집안사람의 예법"이란 왕이 동생을 군신의 예가 아니라 형제의 예로 대한 것을 말한다.4)

그런데 파견군 장수가 신라 왕을 주객의 예로 맞이하면서 자신이 윗자리

---

3) 『사기』,「본기」, "효문본기"에 "대왕(代王)이 서쪽을 향해서 세 번 사양하고 남쪽을 향해서 두 번 사양했다"는 구절이 나온다. 문제가 대왕으로 있을 때 그를 황제로 추대하기 위해서 왔던, 서쪽에 선 "손님들"의 요구를 사양하고, 남쪽에 있는 "황제"의 자리를 향해서 겸양을 표시한 것이다. 『사기』,「본기」, "효문본기", 1권, 327-328쪽. 한 무제가 16세에 황위에 오르자 삼촌뻘인 회남왕(淮南王)이 "어찌 북면하여 신하처럼 어린 것을 섬기겠는가!"라고 외친다. 『사기』,「열전」, 하, "회남형산열전", 969쪽.
4) 「고구려 본기」제4, 350쪽.

에, 신라 왕을 아랫자리에 앉히고 의식을 집행한 것이다. 물론 황제의 칙명을 받으면 지위 고하를 막론하고 이를 전하는 관리 앞에 예를 표한다. 웅진도독이라는 왕문도의 직책은 명목상으로 백제의 영토를 모두 관리함으로써 신라 왕과 동격이라고 할 수 있다. 또 당이 신라를 "한 집안", 즉 한 국가라고 생각했다면, 왕문도는 "주인과 손님"의 예에 따라서 자신이 상석에 앉고 신라 왕을 아랫자리에 앉힐 수도 있다.5) 신라 역시 이런 접대방식을 한마디 불평 없이 받아들인다. 즉 형식으로 따지면 아무런 문제가 없는 것이다.

그런데 왕문도가 "황제가 보낸 물건을 (무열)왕에게 주려다가 '갑작스레 발작이 일어나' 그 자리에서 죽었고, 의식은 수행원이 대리했다." 이 부분이 신라의 감정을 함축하고 있다고 해석해도 무방할 것이다. 이 부분을 이병도는 "갑자기 병이 나서"라고 번역하고 있다. 공식행사를 치르다 갑자기 일어난 왕문도의 병은 간질일 가능성이 크다. 카이사르의 간질병을 상상하면 될 것이다. 이것은 당시의 관념으로는 하늘이 내린 "천형"이다. 또 심장마비나 일사병으로 쓰러져서 죽었을 수도 있다. 이 역시 하늘이 죽인 것으로 해석할 수 있다. 당-신라 동맹 사이에 존재한 "지배와 저항"이라는 긴장관계는 이같이 16년 전쟁(660-676) 초기부터 은밀한 형태로 나타나며 고구려 멸망 이후 군사적 충돌로 발전하게 된다.

이와 때를 같이하여 부흥군이 도성을 포위하자 당은 (660년 말 이전) 유인궤를 보내서 신라군을 "임의대로" 차출하여 부흥군과 싸우고 있는 유인원을 지원하게 한다. "임의대로"란 유인궤에게 신라군을 통솔할 수 있는 백지 위임장을 준 것이다. 그는 "당의 책력과 묘휘(廟諱)를 청해 가지고" 떠나며 "내가 동이를 쓸어 평정한 다음 대당의 정삭[책력]을 바다 건너에 반포하겠다"고 호언한다.6) 이 말은 당의 공식정책일 수도 있고 유인궤의 개인적 욕망일 수도 있다. 대외정책을 집행하는 과정에서 야심적인 외교관은 공을 세우기 위

---

5) 1880년대 중국의 원세개가 조선에서 자신은 "외교 사절"이 아니며 한 가족이라는 명목으로 외국 사절들을 접대할 때 조선의 외무대신을 말석에 앉힌다. Nelson(1945), p. 179.
6) 「백제 본기」 제6, 561, 564쪽. 그는 663년 정삭과 묘휘를 반포한다. 정삭의 의미는 제9장 참조. 물론 신라는 이미 당의 정삭을 받았기 때문에 유인궤의 말은 백제 영토를 당에 편입하는 것이라고 해석할 수 있는 여지가 있다.

해서 국가목표를 더 크게 설정하며 또 그들의 견해가 공식정책으로 변질되는 경우도 많다. 이것은 통신이 원활하지 못하던 시대에 현지사정에 익숙한 대표의 견해를 정부가 수용하기 때문이다.

다음 해(661) 6월 신라의 태종 무열왕 김춘추가 사망한다. 대관사(大官寺) 우물물이 피로 변하고 금마군(金馬郡, 전북 익산)의 땅에서는 피가 흘러나왔다. 당 고종은 부음을 듣고 애도식을 거행했다.7) 생몰 연대가 602-661년, 59세까지 살았으니, 자연사로 보아도 무방할 것이다. 그러나 무열왕은 (일본 방문은 제외하더라도) 장안이나 평양 등을 다니면서 외교전을 벌이고 또 신라군을 지휘하여 백제 원정에도 나설 만큼 건장했다. 그런데 죽기 2개월 전 백제 부흥군은 신라군을 패배시킬 정도로 기세가 올라 있었으며 또 고구려군이 북한산성을 공격하여 신라군이 위험에 처한다. 그렇다면 순조롭게 진행되던 것같이 보이던 통일 과업이 어려움에 부딪치자 정신적 스트레스를 받은 것은 아니었을까?

"금마"라는 지명도 이상하다. 『제왕운기』는 위만조선의 멸망과 관련하여 "나라 잃은 준왕은 금마군에 옮겨 앉아"라고 한다. 또 669년 신라에 망명한 고안승을 고구려 왕으로 책봉하여 "서쪽 금마저"에서 살게 했다. 그러나 다음 해 고안승의 조카 고대문(高大文)이 금마저에서 모반하여 처형된다. 금마저는 고구려에서 멀리 떨어진 백제의 옛 땅이라고 안승을 "안치하기에" 안전한 곳이었음에도 불구하고, 고구려 유민들이 반란을 일으켰다. 그렇다면 백제 멸망 다음 해 이곳 주민인 백제인들의 성향이 신라에 우호적으로 변했다는 말일까? 무열왕이 어디에서 죽었는지에 대한 언급은 없다. 죽기 2개월 전부터는 전투 소식을 "들었으나", 직접 참전한 것 같지는 않다. 평정지역을 순방하며 익산 대관사를 찾던 중 피습당한 것은 아닐까? 그렇지 않다면 왜 하필 대관사와 그 지역에서 피가 흘렀다고 했을까?

무열왕의 뒤를 이은 문무왕은 661년 6월 상중이었지만 "황제의 명을 어기

---

7) 「신라 본기」 제6, 165-166쪽. 이를 두고 김춘추의 굴종외교의 부산물 정도로 간주하는 경향이 있지만, 고구려 장수왕이나 백제 무왕이 사망했을 때에도 비슷한 조의를 표했음을 지적한 바 있다.

지 못해" 대군을 징발하여 소정방의 고구려 원정을 지원했고, 10월 당의 사신을 맞기 위해서 경주로 돌아왔다. 왕 2년(662) 정월 당의 사신이 와서 문무왕을 신라 왕으로 책명한다. 당과 신라 간의 간극은 여전히 겉으로는 보이지 않는다.

　부여융의 등장은 당-신라 관계의 긴장을 다음 단계로 끌어올리는 계기가 된다. 부여융을 웅진도독으로 삼아 백제를 재건한다는 당의 계획은 신라에게 극히 음울한 전조였다. 문무왕의 동생 김인문이 소정방의 부장(副將)으로 660년 백제 원정군을 이끈 것과 같이 의자왕의 아들 부여융은 663년 유인궤 휘하에서 당의 토벌대를 지휘하여 다시 백제 땅을 밟는다. 그는 유인궤와 함께 수군을 이끌고 백강에서 육군과 합류하여 부흥군의 근거지인 주류성을 공격하러 가는 도중에 백강구 전투에서 왜의 지원군과 부흥군의 지도자인 부여풍과 싸우게 된다. 의자왕의 아들 중 한 명은 백제 부흥을 위한 일본의 군대에서, 다른 한 명은 이를 토벌하는 당의 군대에서 서로를 향해서 창을 겨눈 것이다. 백제 땅에서 싸우는 두 "외세"의 "앞잡이"가 된 것이다.

　비슷한 시점인 663년 4월 당은 경주에 계림대도독부를 설치하고 신라 왕을 계림주대도독으로 삼는다.『삼국사기』는 이것만 기록하고 백제 부흥운동으로 넘어간다. 이에 대한 신라의 반응은 찾아볼 수 없다. 신라가 "천자국"의 조치에 대해서 "황은에 감읍하며" 만족했다는 기록은 없다. 그러나 이후의 사태 진전으로 보아 결코 만족스럽게 받아들인 것 같지는 않다.

　여기에서 국제정치적 질문이 제기된다. 국가 관계에서는 협조와 갈등이 동시에 존재한다. 갈등의 소지는 상존하지만 항상 표출되는 것은 아니다. 상호간의 이익을 위해서 갈등을 조정하거나 묻어두면서 협조관계를 유지하는 것이다. 그런데 갈등이 고조되어 어느 시점에 도달하면, 어느 한쪽이 더 이상 협조관계를 유지하는 것이 불가능하다고 판단하게 된다. 그리고 이 시점부터 갈등이 양국 관계를 지배하며 전면에 부각된다. 소위 "돌아올 수 없는 시점"을 지났다는 것이다. 그렇다면 신라의 경우 어느 시점에서 당의 정책이 신라의 국익을 해치는 것으로 간주하고 전쟁의 길로 나갈 것을 결정했을까? 또 당은 언제 신라의 태도가 당의 국익에 배치되고, 그래서 더 이상은 참을 수 없다고 판단하고, 기존의 협조관계를 버리고 다른 방안을 찾게 되었을까? 문제는 신라의 선택은 막다른 길에서 협조 모드를 대결 모드로 전환시킨 것이라면, 당에게는 정책 선택의 폭이 계속 열려 있었다는 점이다. 전면적, 군사적 압박을 가하고 공격하는 것과 적절한 선에서 신라의 요구를 수용하고 타협하는 것 중에서 선택이 항상 가능하다는 것이다.

사태 진전을 따라가보자. 문무왕 4년(664) 왕의 동생인 김인문과 천존(天存: 대장군보다 두 단계 아래인 귀당총관[貴幢摠管])이 당의 칙사 유인원 및 웅진도독 부여융과 웅진에서 맹약을 맺는다. 백강구 전투의 패배 이후 부흥운동은 동력을 잃어가고 있어서 신라는 웅진성의 병력 일부를 차출해서 다른 지역의 주둔군과 함께 고구려를 공격할 정도로 여유가 생겼으나, 임존성의 부흥군은 완전히 평정되기 전이었다. 맹약의 내용은 알 수 없으나, 다음해 유인원의 주재 아래 문무왕이 "웅진도독" 부여융과 동석하여 백마의 피를 머금는 취리산(就利山)의 맹약과 거의 동일한 것이라고 해도 무방할 것이다. 「신라 본기」는 취리산 의식이 백제 부흥군의 활동이 "차츰 평정되던" 시기라는 점을 지적한다.8) 신라로서는 당군을 업고 귀국한 의자왕의 아들과 문무왕이 동격으로 의식을 치르면서 평화를 유지할 생각은 조금도 없었을 것이다. 문무왕은 태자 시절 백제의 항복을 받으면서 부여융을 말 아래에 꿇어앉히고 침을 뱉으면서 모욕을 주기까지 했다. 그러나 고구려 정벌이 끝나지 않은 당으로서는 백제 부흥군 토벌에 묶여 있는 부대를 고구려 쪽으로 돌리기 위해서는 백제 지역의 안정이 중요했으며 이것은 단기적으로 백제 왕족을 전면에 내세우면 쉽게 달성될 것으로 보았다. 장기적으로는 부여융을 앞세워 전 지역에 대한 당의 장악력을 높이려는 의도도 있었을 것이다.

유인궤가 지었다는 맹약문은 『구당서』와 『삼국사기』에 모두 실려 있다. 그런데 그 내용은 지금까지 당의 백제 정책에 비추어 일관성이 없다. 도입부

---

8) 취리산은 충남 공주 금강의 북안 우성면의 연미산이다. 「신라 본기」, 제6, 169-171쪽. 부여융이 웅진도독으로 임명된 것은 663년 백강구 전투에 그가 참전한 이후일 것이다. 「백제 본기」, 제6, 564쪽. 『삼국유사』는 부여융을 "가왕(假王)"이라고 부른다. 「기이」, 제1, "태종춘추공", 126쪽.

는 당이 백제를 멸망시킨 명분으로 그동안 익히 알려진 것이다. "임금이 역리와 순리를 분간하지 못해" "(중국으로부터) 지리의 험함과 거리의 먼 것을 믿고", 특히 "고구려와 결탁하고 왜국과 교통하여" "신라를 침략하여 마을과 성을 도륙하는" 잘못을 저질렀다. 천자는 "뿌리를 뽑아 교훈을 주어야 하지만" "망한 것을 다시 일으켜 세우고 끊어진 것을 잇게 하는" 자비를 베풀어, 부여융을 웅진도독으로 삼아 "조상의 제사를 지내게" 한다는 것이다. 그 다음 본론이라고 할 수 있는 부분에서 백제는 "신라에 의지하고 길이 이웃 나라가 되어" 각각 묵은 감정을 버리고 우호를 맺어 화친하며 "황제의 조칙을 받들어 길이 번방이 되라"고 한다.9)

백제에게 "신라에 의지하라"는 것은 무엇인가? 백제를 관리하는 문제를 신라에게 맡긴다는 의미는 분명하다. 그렇다면 어느 정도 수준인가? 백제 왕조의 제사를 받드는 명목상의 지위만 유지하는 것인가? 외교, 군사 정책을 배제한 채 행정의 자율성은 보장하는 수준인가? 고구려 멸망 이후 신라도 고구려 왕손 고안승을 "고구려 왕"으로 책봉하는데, 그는 신라에 충성을 맹세한다. 그러나 고대의 국가 관계에서는 권력을 "정교하게 세분화하는 방식"으로 나누지는 않는다.

오늘날에도 대통령과 총리의 권한을 분리하는 이원집정제는 운용의 어려움 때문에 채택하기 어렵다. 상징적인 왕을 남겨두면 자연히 왕정복고를 꾀할 것이며 반란으로 발전할 것이다. 그래서 패망한 왕조의 마지막 왕들은 대부분 살아남지 못한다. 근대 이후 국가 관계를 규정하는 방식이 복잡해지는 상황에서 강대국이 실질적인 지배권을 가지며 동시에 토착 식민지 정부를 유지하는 소위 "이중 정부"는 영국이 이집트에서 성공했을 뿐이라고 평가한다. 일본은 통감부의 "보호" 아래 한국 정부를 유지하면서 한반도를 통치하려고 했으나, 5년간의 경험으로 불가능하다고 평가하고 1910년 합방을 단행했다고 변명하기도 한다.

더욱 중요한 점은 이 방식은 당의 기존 정책에 비추어 일관성을 잃은 것이

---

9) 「신라 본기」 제6, 170-171쪽; 『조선전』 2, 「구당서」, 300쪽.

라는 사실이다. 이 맹약문의 저자인 유인궤는 당의 백제 정책을 총괄해온 인물이다. 그는 신라에 백제를 넘겨주어 관리하도록 하는 방식을 택하지 않을 것이었다. "신라에 의지하라"는 측면보다 "이웃인 신라와 길이 우방이 되고" 또 신라와 더불어 중국의 "번방"이 되라는 부분을 더욱 강조했다고 보는 것이 타당할 것이다. 당이 신라와 백제를 동격으로 취급한다는 것이다. 이 맹약식에 참석한 문무왕과 부여융이 서로 어떻게 대했는지에 대해서는 어떤 언급도 없다. 부여융이 문무왕에게 군신의 예를 취했는지, 아니면 원수지간으로 냉랭히 의식만 진행하고 서로 돌아섰는지 말이다. 그러나 마지막 부분에서 이 문서를 "금으로 쓰고 쇠에 새겨" 신라의 종묘에 간직하도록 한 것은 다분히 신라에 대한 경고이며 협박이다. 신라가 이 맹약문을 지켜 백제를 병탄하지 말라는 것이다.

그렇다면 이 맹약문의 성격을 어떻게 평가할 것인가? 일회성 선전용인가 혹은 지속성과 강제성을 가지는 국제조약인가? 후자라면 자신이 지킬 의지가 있으며, 동시에 체결 상대방이 지키도록 강제할 수 있는 힘이 있어야 한다. 신라는 이 약속을 지킬 의사가 조금도 없었다. 당의 보호만 없다면, 망국의 왕자와 마주 앉을 이유가 없기 때문이다. 실제로 유인원이 귀국하자 보호 세력을 잃은 부여융 역시 군사들이 뿔뿔이 흩어질까 두려워 장안으로 돌아가 버린다. 676-679년에 당은 다시 부여융을 웅진도독과 대방군왕으로 삼아 백성들을 안정시키려고 하지만, 고구려 영역을 통치하던 안동도호부조차 만주의 신성(新城, 무순)으로 옮기는 상황에서 부여융은 백제로 돌아가지 못한다. 그는 당이 요동주도독과 조선왕으로 임명하여 요동에 부임한 보장왕에게 몸을 의탁하다가 682년 당에서 죽는다.[10] 이것은 당의 백제 정책이 신라와의 타협보다는 일방적으로 추진하고 있음을 보여주는 것이며, 이와 같은 당의 무리수는 계속 실패하고 있음을 보여준다. 나아가서 당-신라 간의 긴장이 한층 더 높아진다.

계림도독부와 웅진도독부의 설치로 다시 돌아가자. 두 도독부의 설치와

---

10) 「백제 본기」 제6, 564-565쪽.

취리산 맹약문은 당이 한반도 전체를 삼키려는 야심을 나타낸 것으로 해석하지만, 그 이상의 의미를 가지고 있다. 당은 태종 시대부터 서북 지방을 평정하면서 각 지역의 왕들에게 도독 등의 직책을 준다. 즉 평정지역을 중국의 행정체계에 편입시키는 "제도화"를 통해서 중앙정부가 지역의 군주들을 당의 "지방관리"로 임명하면서 동시에 자율권을 부여한 것이다. 이것이 "제도화"의 양면성이다. 겉으로는 형식적이며 별다른 의미가 없는 것 같지만, 제도는 영속성을 띠는 것이다. 지방관의 자율권을 강조하면 이 제도는 실질적인 의미가 없을 것이다. 그러나 형식성을 강조하면 이론상으로 중앙정부가 원할 때 언제든지 지방관을 교체할 수 있게 된다. 1870년대 메이지 일본은 폐번치현(廢藩置懸), 판적봉환(版籍奉還)을 통해서 과거의 번을 현으로 바꾸고, 영지를 천황에게 반환하는 행정개혁을 단행하지만, 각 번의 영주(다이묘[大名])들은 현의 실권자로 남는다. 중앙에서 지방의 권력구조에 급격한 변화는 도모하지 않은 것이다. 겉으로는 별다른 의미가 없는 것같이 보이는 이 조치는 시간이 지날수록 중앙정부의 통제력이 강화되는 방향으로 진행된다.

전후 처리의 제도화는 중앙정부가 결정해야 할 사안이다. 현지 사령관이 임의대로 할 수 있는 문제가 아니다. 이것은 당이 백제 문제를 분리해서 접근한 것이 아니라, 고구려와 신라까지 포함하여 일괄적으로 처리할 의도였다는 반증일 수도 있다. 즉 백제 문제는 명확한 목표를 설정할 것이 아니라 고구려 문제가 정리될 때까지 열어두자는 의미일 것이다. 당의 처지로서는 부여융을 웅진도독으로 임명하여 신라와 대치시키고 부흥운동을 적절한 수준에서 관리한다면 최선일 것이다. 후일 필요할 때 활용할 수도 있기 때문에 완전히 진압할 필요는 없다는 말이다.

그런데 663-666년 신라는 당의 계림도독부 설치를 별다른 저항 없이 받아들인다. 신라는 당의 일부가 되기를 바랐던 것일까? 미국이 제2차 세계대전 이후 실질적으로 지배해왔던 태평양의 도서들을 미국령으로 편입하기를 바라는 주민들의 심정과 같은 것이었을까? 아니면 한 무제 이후 위만조선이 번국으로 중국 왕조를 섬기는 전통에 따라 맹약문에서 밝힌 "길이 번방이 되라"는 정도로 해석한 것일까? 아니면 백제 부흥군이 완전히 평정되지 않고 또 고구려 협공이라는 중요한 목표를 앞에 두고 당분간 참고 견디자는 것일까? 이후의 사태 진전은 신라가 당에 편입되기를 바라지 않았음을 분명히 보여준다. 더구나 신라는 백제와 고구려의 전쟁에 기여한 대가를 원했다. 그러나 이때까지 당과의 관계에서 "돌아올 수 없는 다리"를 건너려고 하지도 않았다.

3. 신라의 백제 평정정책

신라의 대당전쟁으로 들어가기 전에 백제 멸망과 "통일" 문제를 살펴보기로 한다. 삼국"통일"에 대한 신라의 인식은 최소한 형식적인 면에서는 고구려 멸망 다음 해에 문무왕의 교서에서 읽을 수 있다. 군사력으로 백제와 고구려를 멸망시키고, 양국의 영토를 전부는 아닐지라도, 신라의 행정구역으로 편입시켰다. 그러나 이것은 진정한 의미에서의 통일이 아니다. 그렇다면 과거 진흥왕 순수비가 "신구(新舊)의 백성을 같이 어루만질 것"이라고 천명한 정신과 같이 신라가 백제나 고구려 주민들을 한 "국가"의 구성원으로 간주하고 통합하려는 노력을 보였을까? 양국의 국민들을 신라인과 차별 없이 대우하며, 진정한 통합을 방해하는 부흥운동을 "분리주의자"로 간주, 진압한다는 의식이 당을 상대로 최후의 항쟁에서 나타나느냐는 질문이다.

신라 점령군은 백제인들을 결코 호의적으로 대하지 않았다. 백제 멸망 직후 부흥군의 기세가 높아지자 평정작전의 일환으로 백제인 중 "재주를 헤아려" 관직에 등용하는 등 부분적으로 민심을 끌어들이려는 노력을 기울였다. 그러나 "복수"가 존재이유의 하나인 고대 국가 관계에서 막연한 통합을 위해서 원수를 관대하게 처리하리라고 기대할 수는 없다. 무열왕과 문무왕 등 신라의 최고위층조차 복수심으로 가득 찼는데, 승리감에 도취된 일반 군졸들의 과격한 행위를 저지하기는 어려웠을 것이다. "나"와 "너"를 구분하는 감정이 앞서며 "우리"라는 통합적 감정은 설 땅이 없었을 것이다. 이를 반증하듯이 잔인한 흔적들이 곳곳에서 보인다. 백제 도성은, 비록 당의 유인궤의 행적을 묘사한 부분에서 나오는 것이지만,

전쟁의 여파로 집집마다 스산하고 쓰러진 시체가 풀 더미 같았는데 유인궤가 비로소 해골을 파묻게 하고 호구를 등록해 촌락들을 추슬렀다. 관리를 임명하고 도로를 개통하며 교량을 세웠고, 제방을 보수하고 저수지를 복구했다.11)

또 백제 부흥군들은 신라가 백제인을 모두 죽일 것이라고 선전하면서 부흥운동의 활력소로 삼는데, 정치선전이라는 점을 감안하더라도 정복자 신라군들이 저지른 만행을 시사한다.12)

백제 도성의 참상을 조-일전쟁 시기에 의병장 사명당(四溟堂) 유정(惟政, 1544-1610)이 "함양을 지나며" 일본군의 만행이 빚은 마을을 보고 읊은 시와 비교해보자.

眼中如昨舊山河(안중여작구산하)
옛 산과 강은 내 보기엔 어제와 같은데
蔓草寒烟不見家(만초한연불견가)
우거진 풀 차가운 안개 속에 집들은 안 보이고,
立馬早霜城下路(입마조상성하로)
일찍 내린 서리 낀 성 아래 길에 말 세우니,
凍雲枯木有啼鴉(동운고목유제아)
얼어붙은 구름과 고목에는 까마귀 울음소리뿐이구나.13)

조-일전쟁 당시 "외세"인 왜군과 "동족"이라는 신라군의 잔학상에 차이가 있는가? 아니면 백제 도성의 참상은 내전이 국제전보다 더 잔인하며 유혈적이라는 점을 증명하는 것인가? 이것은 신라가 평정작전을 수행하고 백제인과 섞여 살면서 "삼한", "통일"과 같은 관념이 서서히 신라인의 뇌리에 들어온 것이라는 사실을 시사하는 것이 아닐까?

---

11) 「백제 본기」 제6, 564쪽.
12) 「백제 본기」 제6, 561쪽.
13) 2-4연에는 寒, 霜, 凍 등 추운 것을 의미하는 말들을 통해서 시 전체의 분위기를 스산하게 한다.

4. 나-당전쟁의 시작

당과 신라와의 관계로 돌아가자. 양국은 고구려를 멸망시킬 때까지 갈등을 묻어두고 협조관계를 유지한다. 신라는 666년 김유신의 아들 등을 당에 보내 숙위를 서게 하는 등 변함없이 당에 충성하며 당 역시 이에 상응하는 예우를 한다. 신라는 또 국력을 동원하여 당의 고구려 원정을 지원한다. 668년 9월 말 고구려 항복에 이어 다음 해 정월 문무왕은 삼국통일을 자축하는 교서를 내린다. 그런데 669년 5월 돌연히 "각간(角干) 흠순(欽純)과 파진찬(波珍湌) 양도(良圖)를 당에 들여보내 사죄했다." 김흠순은 김유신의 동생이다. 신라 관직 17등급 중 각간은 1등급이며 파진찬은 4등급이다. 도대체 무슨 잘못을 저질렀기에 그들을 보내 사죄했단 말인가? 다음 해인 670년 당은 김흠순의 귀국은 허락했으나 양도는 감옥에서 죽었다는 기록과 함께, 신라가 "백제 땅을 빼앗고 유민을 차지했다"고 하여 고종이 노하여 사신들을 억류했다는 설명이 추가된다.

신라는 고구려 멸망 후에 당과의 분쟁을 각오하고 실리를 확보하는 조치를 취하기 시작한 것이며, 이것이 당을 자극한 것이다. 물론 구체적으로 신라가 백제에서 어떤 행동을 취했기에 고종이 노했는지는 알 수 없다. 그러나 백제의 "땅을 빼앗고 유민을 차지했다"는 것은 웅진도독으로 당이 보낸 부여융의 관할영역을 공격하여 점령하고 주민들을 신라로 편입시켰다는 의미일 것이다. 이것은 곧 백제와 신라의 관계를 대등한 국가 관계로 간주하는 당의 입장에 도전하는 행위이다. 백제 멸망 이전 백제가 신라를 공격하여 성을 빼앗는 "잘못"을 저질렀기 때문에 당이 응징했다는 것이 백제를 멸망시킨 당의 명분이었다. 이제 신라가 과거 백제의 잘못을 반복한 것이다.

이 시기의 산발적인 기록들도 당과 신라 간에 갈등이 서서히 표면으로 부상하고 있음을 보여준다. 첫째, 당의 사신이 신라의 쇠뇌 기술자[弩師]를 당으로 데려가지만, 그는 황제의 명령에도 불구하고 좋은 활을 만들지 않았다는 에피소드이다. 이것은 양국 간의 긴장관계가 군사적 대결 양상으로 발전하고 있음을 상징한다. 둘째, 말 목장을 174개로 나누어 김유신, 김인문 등에게 관리하게 했다는 기사도 신라가 당과의 충돌에 대비하여 말 양육에 심혈을 기울이고 있음을 보여주는 것이다.14)

이어 문무왕 10년(670) 3월에 신라군은 신라에 귀순한 고구려의 고위 관리 고연무(高延武)와 함께 압록강을 건너 말갈을 공격하는데, 당군이 오자 물러나서 "지켰다." 말갈은 대부분의 시기에 고구려의 지배 아래 있었으나, 고구려 멸망 이후 당에 충성하면서 고구려 부흥운동을 공격하는 데에 앞장서고 있었다. 당군의 지시로 고구려 부흥군을 토벌하던 말갈군을 신라와 고구려 연합군이 "공격하여" 격파하지만, 당군과의 전투는 가급적 피하면서 "방어태세"로 임한 것이다. 당군과의 전투를 피한 것은 승산 여부도 문제이지만, 당과의 관계를 더 이상 악화시키지 않으려는 의도라고 하겠다. 즉 아직도 "돌아올 수 없는 지점"까지는 가지 않겠다는 신라의 의지를 보여준다.

670년 6월, 고구려 부흥군 검모잠과 고안승이 귀순하면서 "멸망한 나라를 일으키고 끊어진 왕통을 잇기"를 청하면서 신라의 "제후국이 되어 영원토록 충성을 다할 것"을 맹세하므로, 한성으로 맞아들이고 고안승을 고구려 왕으로 책봉하여, 군신관계를 강조하는 조서를 내리고, "그들의 나라 서쪽 지방 금마저(익산)에 자리잡게 했다." 그러나 백제 잔당, 즉 부여융의 세력에 대해서는 배신을 우려한다. 7월 사신을 보내 웅진도독부와 화친을 요청하지만, 그들은 이에 응하지 않고 사마(司馬, 무관직) 예군(禰軍)을 보내 신라를 염탐하려고 한다. 이것은 웅진의 백제가 당의 지원을 과신하고 신라의 요구에 순응하지 않은 것이다. 이에 예군을 돌려보내지 않고 대군을 일으켜 백제를 크게 친다. 이 사건이 고종을 노하게 한 것이 아닐까? 672년 신라는 웅진도독부를 공격한 것을 사죄하는 사절을 당에 보내면서, 웅진도독부의 예군 등을 돌려보낸다.15)

이상이 나-당전쟁 초기의 사건들이다. 신라는 당을 상대로 선전포고나 대규모 교전을 시도하지는 않는다. 오히려 분쟁을 철저히 "국지화"시켜 실리를

---

14) 「신라 본기」 제6, 177-178쪽.
15) 「신라 본기」 제6, 178-180. 신라는 설인귀와 교환한 서신에서 이 사건을 "사마예군"이 주동이 되어 신라군을 기습하려는 음모라고 지적한다. 「신라 본기」 제7, 194, 198쪽. 그리고 제11장 참조.

취하면서 이를 기정사실화하는 전략을 택한 것이다. 그리고 고안승을 고구려 왕으로 봉하고 고구려에서 떨어진 익산으로 보내 고구려 유민들을 포섭한다. 백제 문제가 완전히 해결되지 않은 상황에서 신라가 택할 수 있는 현명한 정책이다. 외교정책을 집행하는 과정에서 고려해야 할 중요한 요건 중 하나는 필요한 경우 물러날 수 있는 여지를 확보하는 것이라는 점을 제9장에서 언급한 바 있다. 신라가 분쟁을 "국지화"시킨 것이 이 점을 인식하고 있었음을 보여준다. 당과의 문제가 심각한 수준으로 발전하면, 혹은 당이 강하게 나오면, 현지 지휘관의 실수로 돌리고 사죄하면서 국지적 이익을 포기하면 된다. 그러나 분쟁이 전면전 양상으로 전개되면 당과 사활을 건 승부를 해야 한다. 이것은 곧 당이 신라를 과거 고구려와 같은 수준의 안보 위협으로 간주하게 되어 결과적으로는 신라의 존립 자체를 위협할 것이다. 분쟁의 국지화와 강온 양면적 대응은 671년 이후 전개되는 나-당전쟁의 절정기에 잘 나타난다.

671년 초에 당과 신라의 관계는 당이 여전히 말갈을 앞세워 신라를 압박하는 형태이다. 이것은 당 역시 신라와의 관계를 "돌아올 수 없는 선"을 넘어 악화시키기를 주저했기 때문이다. 요동이나 서북 변경 문제가 해결되지 않은 상황에서 신라 문제는 적절한 선에서 타협하겠다는 의미이기도 하다. 말갈군은 설구성(舌口城, 위치 미상. 함남 안변 설도 있으나 백제 북부 지역인 듯하다)을 포위하지만 이기지 못하며, 오히려 신라의 반격을 받고 퇴각한다. 그러나 신라는 당이 백제를 지원하러 온다는 말을 듣고 옹포(甕浦, 위치 미상)를 지킨다. 그리고 6월, 신라군은 백제 가림성(加林城, 충남 부여군 임천면 성흥산성)에서 수확을 앞둔 벼를 짓밟고, 석성(石城, 충남 부여군 석성면 현내리)에서 당군과 싸워 5,300명을 죽이고 백제 장수 2명, 당의 장수 6명을 포로로 잡는다. 이것은 당의 "인내 수준"에서 첫 단계를 넘어선 행위이다. 총관 설인귀는 7월 16일 문무왕에게 장문의 서신을 보내 신라의 "배신"을 책망하는데, 문무왕은 신라의 입장을 옹호하는 답신을 보낸다.

5. 설인귀-문무왕의 서신 교환과 의미

671년 후반에 설인귀의 서신과 이에 대한 문무왕의 답신은 신라에 대한 당의 의도와 정책, 그리고 신라의 대응만이 아니라 삼국통일전쟁 시기에 있었던, 그러나 표면화되지 않았던, 여러 문제들을 거론하고 있다는 점에서 주요한 자료이다.16) 첫째, 이 서신 교환이 가지는 의미이다. 『삼국사기』의 번역본으로 14쪽인 이 서신은 고구려와 수 전쟁에 관한 기록(수 양제의 조서 발표에서부터 철군까지) 약 12쪽은 물론이고, 고구려와 당 전쟁(당 태종의 출정에서 안시성 패퇴까지)에 관한 기록 13쪽보다도 길다(당의 원정 논의에서부터 계산하면 16쪽이다). 단일 문건으로서는 가장 긴 것이라고 해도 무방할 것이다. 『삼국사기』에 실린 다른 문건들, 예를 들면, 여-수전쟁 등의 과정은 중국 정사에는 간단히 언급되어 있는 것을 『자치통감』 등 다른 중국 측 자료들을 이용하여 첨가한 것이다. 『고기』 등 한국의 자료들을 인용했다는 직접적인 증거는 없지만, 그 가능성은 있다.

김부식은 『삼국사기』의 편찬과정에서 중국적 세계관이나 윤리관에서 벗어나지는 못했으나, 삼국의 역사를 기록하는 데에 주체성을 어느 정도 유지했다는 점은 언급한 바 있다. 그러면 문무왕-설인귀의 서신을, 특히 설인귀의 장황한 내용을 간단히 요약할 수 있음에도 불구하고 전문을 실은 김부식의 의도는 무엇일까? 이 사건을 천 년 삼국의 역사에서 가장 중요한 사건으로 평가한 것일까? 그렇다면 그 근거는 무엇일까? 김부식은 『삼국사기』를 쓸 때에 이 문건이 대당전쟁 과정에서 신라의 입장을 정리한 것이라는 점을 의식했을지도 모른다. 그러면 이 전쟁의 결과로 신라는 임진강 이남의 영역을 확보하고 이후 "한민족의 정체성"을 확립했다는 점도 의식했을까? 신라는 중국의 야심에 적절히 순응하고 저항하면서 궁극적인 파멸로 치닫지 않았다. 이와 같은 대응이 앞으로 한-중 관계의 패턴으로 정착되는데, 이 점을 김부식은 인식했을까?

---

16) 「신라 본기」 제7, 183-197쪽.

둘째, "국제정치사"라는 관점에서도 이 서신의 작성 자체가 흥미로운 사건이다. 국가 간에 의견이 첨예하게 대립되고 분쟁이 장기화될 경우 자신들의 입장을 정당화하기 위해서 과거의 기록들을 공개하는 방법이 등장한다. 제1차 세계대전 후에 베르사유 조약 231조는 패전국 독일과 그 동맹국들이 "모든 손실과 파괴를 야기한 책임이 있다고 주장했고 독일이 이를 인정했다"는 점을 명기하고 있다. 독일을 "전범국"으로 낙인찍은 것이다. 독일은 패전국으로서 조약에 서명할 수밖에 없었지만, 전쟁의 원인에 대한 이와 같은 평결을 인정할 수 없었다.

독일의 관점에서는 전쟁이 모든 당사국들의 제국주의적 야욕과 그 야욕으로 인한 연쇄적인 사건들을 통제하지 못한 공동책임이라는 것이다. 이에 정부는 1871년 통일 후부터 제1차 세계대전 직전까지의 외교문서들을 공개한다. 이것이 곧 『독일 외교문서(*Die Große Politik der Europäischen Kabinette 1871–1914*)』이다. 이에 승전국들도 전쟁의 발발 문제에서 잘못이 없음을 증명하려고 외교문서들을 공개한다. 영국의 『세계전쟁의 기원(*The Origins of the World War*)』 등이 이에 속한다. 이를 계기로 외교문서의 "정기적 공개"로 이어지게 된다.17) 서신은 삼국통일에서 신라의 역할을 구체적으로 밝히고 또 당과의 관계를 조율하는 데에 어려움이 있었다는 점을 당당히 공개함으로써, 그리고 이 과정에서 삼국통일 과정에서 묻혀버렸던 사실들이 드러남으로써 한국 외교사에 하나의 이정표가 된다고 하겠다.

셋째, 당의 신라 정책은 "당근과 채찍"이다. 신라를 무력으로 진압하면 될 일인데, 왜 굳이 서신을 통해서 논리로 신라를 굴복시키려는 하는가? 서신의 내용을 보자. 설인귀는 선대 무열왕의 당에 대한 충성과 그에 대한 당 태종의 무한한 애정을 장황하게 쓰고 있다. 그리고 당은 "유익한 일은 적고 무용한 데에 애쓰는 것"임에도 불구하고 수십 년에 걸쳐 신의와 약속을 지켜 군사를 일으켜 신라를 도왔다. 이제 "원수들이 나라를 잃었으며, 그 군사와 말과 옥과 비단이 왕(문무왕)의 차지가 되었다"는 것이다. 그러나 신라는 "안온한 터

---

17) 이에 관한 간단한 해설은, Albrecht-Carrié(1973), pp. 159–161.

를 버리고……황제의 명령을 어기고……이웃 나라와의 우호를 기만하면서 한 귀퉁이 땅 궁벽한 구석에서" 전쟁을 준비하고 있으며 어리석기 짝이 없다. "이웃 나라와의 우호를 기만한다는 것"은 백제를 침탈하고 있다는 의미이며 이것은 곧 당이 강요한 신라-백제 간의 맹약을 위반하고 있다는 말이다. 문무왕은 이제 임금(황제)의 명령을 어기는 불충이요 부모(무열왕)의 마음을 배반하는 불효를 저지른 인간, 즉 유교적 윤리규범에서 가장 사악한 인간으로 귀착된다. 이제라도 "순종하는 마음"을 되찾는다면 "제사를 잇게 되고 사직이 바뀌지 않을 것"이며, 즉 신라가 이에 불응하면 당의 응징을 받아 백제나 고구려의 전철을 밟아 멸망할 것이라는 협박으로 복종을 종용한다. 당의 실력은 백제와 고구려의 멸망에서 충분히 보지 않았느냐는 암시이기도 하다. 구체적으로 당의 기병과 번병, 거란군, 그리고 강남의 병선들이 나온다면 신라는 어떻게 할 것인가라고 묻는다. 그러나 설인귀는 당이 백제의 땅을 신라에 넘겨주지 않은 것이 당-신라 분쟁의 핵심이라는 점은 교묘하게 피하고 있다.

넷째, 설인귀는 신라가 고구려 유민들을 동원하여 당에 대항하는 정책을 지적한다. 고구려와 요동 문제는 삼국 문제에 대한 당의 개입에서 가장 중요한 목표이다. 그런데 이 문제가 완전히 해결되지 않은 시점에서 신라는 고구려 유민과 연합하여 당에 대항할 수 있느냐는 것이다. 어떻게 당군과 싸우는 고구려 부흥군을 지원하며, 때로는 이들과 함께 당군에 대항하느냐는 것이다. 고구려의 고안승은 나이도 어리고 강토를 지킬 수 있는 중임을 감당할 수 없는 인간이며 당군이 치면 곧 무너질 것인데, 신라가 그를 믿어 "바깥의 도움으로 삼는다니 잘못된 것"이다. 고안승을 고구려 왕으로 봉하여 그와 연대하고 앞장세워 당에 대항하는 신라의 전략을 지적한 것이다.

다섯째, 신라가 당에 대해서 경계하는 자세를 보인 점이다. 설인귀는 황제의 명령으로 백제-신라의 상황을 알아보기 위해서 이곳에 왔으나, 문무왕은 접대하는 대신 "갑병을 언덕 밑에 감추고 군사를 강어귀에 숨기는" 등 경계하는 태세를 보였다고 질책한다. 수 양제가 고구려를 꾸짖는 수법이다. 신라로서는 당연한 방어조치이다. 설인귀라는 무장이 단순히 사신의 자격으로 온 것이 아니라 "대군이 출동하기에 앞서 유격병이 대오를 갖추고 뱃길에 오른 것"을 어찌 맨손으로 맞을 것인가? 국제정치적 행위를 판단하는 기준은 "능력"이지 "의지"가 아니라는 점은 여러 차례 지적한 바 있다. 그러나 설인귀는 이 문제가 당에 대한 신라의 태도가 적대적으로 변했다는 점에서 가장 중요시할 수 있음에도 불구하고 마지막 부분에서 언급하고 있다. 이것은 당의 입장에서 당-신라 간의 갈등을 여전히 "국지적" 의미를 가진 "사소한 문제"로 접어둘 수 있다는 신호일 수도 있다. 아직도 타협할 여지가 있으니, 신라가 과거의 관계로 복원하려는 의지와 행동을 보이라고 촉구한 것이다.

마지막으로 왜 당이 무력을 동원하지 않고 굳이 서신을 통해서 신라를 굴복시키려고 하는가라는 문제가 남는다. 이에 대한 해석은 당-신라 문제의 국제정치적 성격과 관련된 것이므로 뒷부분으로 넘긴다.

이제 신라가 답신할 차례이다. 먼저, 신라의 답신은 당에 대한 공손한 태도를 잃지 않으면서도 설인귀의 장황한 훈계조에 비해서 객관적인 사실들을 나열하며 신라의 입장을 옹호한다. 이 서신의 가장 주요한 의미는 삼국통일이 당의 승리로 신라가 공짜로 얻은 것이 아니라는 점을 상세히 기록하고 있다는 점이다. 이 서신이 없었다면, 양국, 특히 고구려 멸망이 모두 당의 공이며 신라의 역할은 거의 망각되었을 것이다. 또 동맹 약소국인 신라가 동맹관계를 운용하고 조율하는 데에 겪는 어려움과 그 과정을 기록하고 있다. 이런 관점에서 동맹관계의 연구에도 좋은 자료가 될 것이다.

둘째, 신라와 당이 삼국 문제를 두고, 당과 전후 처리에 합의가 있었다는 점을 강조한 것이다. 『삼국사기』나 중국의 역사서들은 당의 삼국통일전쟁 개입의 논리를 이타적인 관점에서 기술한다. 백제와 고구려의 신라 공격, 신라가 당에 호소하고, 당이 백제와 고구려를 설득하고, 이에 응하지 않아 백제를 먼저 멸하고 그 다음으로 고구려를 응징했다는 것이다. 국제정치에서 순수하게 이타적인 입장에서 상대를 돕는다는 것은 있을 수 없는 일이다. 이것은 당이나 신라 모두에 적용된다. 그렇다면 신라는 백제와 고구려의 파멸을 위해서 모든 것을 희생하고 당을 도울 때, 무엇을 계산했다는 것인가? 당연히 당과 신라는 모두 양측의 이익이 일치하는 어떤 타협점을 찾았을 것이다.

이것이 문무왕의 서신 첫 머리에 나오는 당 태종과 무열왕 간의 약속이다. 당 태종은 "산천과 땅은 내가 탐하는 바가 아니며……" "평양 이남의 백제 땅은 모두 신라에게 주겠다"고 약속하고, "군사일정도 정해주었다." 이 약속은 648년 당이 백제를 공격하기 12년 전인 648년에 한 것이므로, "군사일정"은 의미가 없다. 그러나 "평양 이남"의 영토 분계선 약속은 공식성을 가진 것으로 신라가 당을 상대로 내놓을 수 있는 가장 확실한 카드이다.

셋째, 백제와 고구려를 상대로 한 전쟁에서 신라가 담당한 군사적 역할이다. 소정방은 물론이고 이적은 "신라에는 아무도 공을 세운 이가 없다"고 폄하하고 있다. 귀국 후 논공행상에서 자신들의 몫을 강조하고, 또 신라의 군사적 역량을 인정하기 싫었기 때문일 것이다. 그러나 신라는 두 전쟁에서 자신이 선봉을 담당했을 뿐만 아니라 결정적인 승리를 견인했다는 점을 강조한다. 백제 원정에서는 당군이 금강 하구에 도착했을 때, 신라군은 이미 계백의 결사대를 수차례 접전 끝에 물리쳤다. 이것은 양면 전선에 봉착한 백제가 주력군을 신라군을 향해 투입한 데서 증명되는 바이며, 나아가서 당군이 백제의 항복을 단독으로 받아냈다는 것을 정면으로 부인하는 것이다.

또 부여복신이 이끄는 백제 부흥군이 사비성을 위협하여 당군이 거의 함몰되었을 때, 신라는 전염병이 창궐하여 병마를 징발할 수 없는 상황임에도 불구하고 문무왕이 직접 군사를 이끌고 당군을 도왔으며, 군량을 운송하여 군량 부족이 심각한 1만 명의 당군을 "호구(虎口)의 위난(危難)"에서 구해주어 "서로 자식을 바꾸어 잡아먹는 참상"을 면하게 해주었다. 이어 부여복신 등 백제 부흥군과의 전쟁을 상술하고, 특히 663년 백강구 전투에서도 신라의 날랜 기병이 당군의 선봉이 되어 연안에 배치된 백제군을 격파하니, 부흥군의 근거지인 주류성이 실망하여 항복했다고 주장한다. 고구려 전역에서 보인 신라군의 활약상은 제10장에서 상술한 바 있다. 이같이 신라는 주요 전투의 고비마다 결정적인 공헌을 했음을 상기시키면서 신라의 기여를 인정하지 않으려는 당의 주장을 부인한다.

넷째, 군량 수송이다. 원래 병참, 군수품 수송은 군사작전에서 중요하지만, 전문성이 있어야 하기 때문에 전투과정에 비해서 화려한 조명을 받지 않는다. 그러나 적의 군량 수송 차단이 승리에 직결된다는 점은 중국의 전쟁사에서 수없이 등장한다. 현대전에서도 이 원리는 변함이 없다. 1944년 6월 노르망디 상륙작전에서 연합군이 가장 중요시했던 부분은 상륙 이후 진격을 계속할 수 있도록 물자 수송을 원활히 하는 것이었다. 승전했을 때는 거론되지 않는 병참 임무가 패전했을 때는 패전의 일차적인 책임으로 꼽히게 마련이다. 신라는 이 작업을 불평 없이 수행했다. 단순히 수행했다는 정도가 아니라 혼신의 힘을 쏟아, 적과 싸우면서 웅진과 평양 양면에 공급함으로써, "인력은 극도로 피로하고 소와 말은 모두 죽었으며, 농사 지을 시기를 놓쳐서 흉년이 들고, 저축했던 창고의 양식은 모두 없어져" 신라의 백성들은 풀뿌리조차 모자랐는데, 웅진의 당군은 식량이 남아돌았다." 그러나 설인귀는 이 점을 애써 외면한 듯 언급하지 않는다. 아니면 신라가 당연한 일을 했다고 믿었을 것이다. 고구려 전역에서 언급한 바 있지만, 소정방은 식량을 받고 바로 귀국하기도 했다. 이에 신라는 "(웅진에 주둔한) 1만의 당나라 군사가 4년 동안 신라 것을 먹고 입었으니, 유인원 이하 병사까지 가죽과 뼈는 비록 중국에서 났을지라도 그 피와 살은 하나같이 신라가 준 것"이라고 일갈한다.

다섯째, 신라–당 분쟁의 핵심인 백제 문제의 처리, 특히 맹약에 대한 신라의 입장이다. 이미 망한 백제를 상대로, 그것도 당의 보호를 받으면서 백제로 돌아온 부여융과 맹약을 맺는 것은 "바라던 일이 아니었다." 신라의 관점에서는 백제 부흥군이 완전히 소멸되고, 신라의 우위가 확정되어 백제의 독립 가능성을 차단한 후 맹약을 맺어야 백제를 고안승의 고구려와 같이 제후국으로 관리하기가 쉬울 것이다. 따라서 신라는 "백제는 간사하며 뒤집기를 종잡을 수 없이 하니……뒤에 가서 후회막급일 것"이라고 당에 맹약의 연기를 주청하지만, 당은 이를 "질책"하고 맹약식을 서두르도록 재촉했다. 그리고 양측이 맹약한 지점을 두 나라의 "경계로 삼아" "봉토로 세워……제각기 생업을 영위하게 했다." 이것은 신라가 백제의 "실질적인" 부흥을 인정한 것이나 다름없다. 신라가 강요된 맹약을 지키지 않으려고 할 것은 자명한 사실이다. 당은 이를 신라의 책임이라고 질책하고 신라는 이를 인정할 수 없다고 변호한 것이다.

여섯째, 이것은 신라가 "웅진" 백제를 상대로 군사행동을 취하지 않을 수 없었다는 주장으로 연결된다. 문제의 발단은 역시 백제 탓이다. 백제는 맹약을 맺었던 지점, 즉 신라-백제의 경계선에서 "봉토를 옮기고 경계표지를 바꾸고 농토를 침탈해가며, 신라의 노비와 백성을 유인해갔다." 백제가 맹약을 어겼다는 것이다. 백제의 입장에서는 당연한 일을 한 것이다. 사비성의 함락 이후 백제 영토는 터무니없이 줄어들었다. 맹약으로 과거의 지위를 조금 회복한 백제는 이제부터 옛 땅을 되찾아야 할 것이다. 경계표지를 옮기고 침탈한 농토는 물론이고 "신라의 노비와 백성"도 모두 옛 백제의 땅이고 백성이었다. 백성들을 백제 땅으로 데려갔으며 신라가 돌려달라고 해도 숨겼을 것이다. 백제는 이제 신라에게 과거의 평등관계를 본격적으로 요구한 것이다.

신라는 670년 고구려 부흥운동이 일어나 당의 관리들이 피살되자 고구려 부흥군 토벌을 위한 연합에 백제도 참여할 것을 제안한다. 신라는 "다 같이 황제의 신하"라는 명목으로 백제군을 동원하여 고구려 부흥군을 치면, 두 부흥군, 특히 백제 부흥군의 전력이 약화될 것을 계산했을 것이다. 중국식 "이이제이" 수법을 신라가 백제와 고구려의 부흥 문제에 적용한 것이다. 백제는 인질교환을 내세운다. 그리고 시일을 끌면서 병마를 모아 야간에 신라군을 기습하자 신라는 사신으로 온 예군을 돌려보내지 않고 백제군을 공격한다.18) (제4절 참조)

일곱째, 이와 같은 상황에서 당의 대응도 신라의 경계심을 불러일으키기에 충분했다. 670년 당에서 돌아온 김흠순은 당이 신라-백제 국경을 그으면서 백제의 옛 땅을 모두 백제에 돌려주려고 한다는 소식을 전한다. 신라로서는 최악의 시나리오라고 하지 않을 수 없다. "양국은 누대에 걸쳐 원수지간이었는데……이제 백제가 한 나라로 자립한다면 100년 뒤에는 신라가 그들에게 먹혀 없어질 것이다." 이에 신라는 이미 "당의 한 지방인지라 두 나라로 나뉠 수 없다"고 호소한다. 또 "당이 선박을 수리하면서 겉으로는 왜국을 정벌한다

---

18) 672년 9월에 보낸 두 번째 표문에서도 "철천지원수 백제가 신라를 핍박해오고, 천조(당)에 무고하여 군사를 끌어다가 우리를 없애 치욕을 씻으려 하매……"라고 당과 신라의 긴장을 백제 탓으로 돌리고 있다. 「신라 본기」 제7, 198-199쪽.

고 핑계를 대지만, 실제로는 신라를 공격할 것"이라는 소문이 무성하여 신라 백성들은 두려워한다. 『삼국유사』는 문무왕이 당의 군사들이 유진(留鎭)하여 신라를 습격하려는 것을 알아차리고 먼저 군사를 동원했다고 한다. 당에 유학갔던 의상대사(義湘大師)가 김인문으로부터 당의 파병 소식을 듣고 문무왕에게 보고하자 왕은 사천왕사를 짓는데, 이것은 당과의 전쟁 가능성을 크게 우려하는 민심을 달래기 위한 것이었다.19)

마지막으로, 신라는 이와 같은 사정을 열거하면서 "전일의 충의가 이제는 역신"이 되었다는 설인귀의 비난을 정면으로 비판하며 신라가 오히려 피해자라는 점을 부각시킨다. 이 과정에서 신라는 "황제의 신하, 은혜, 은총", "한 집안", "당의 한 지방" 등의 표현을 적절히 구사하여 당에 대한 충성과 복종을 반복하면서 동시에 신라의 입장을 굽히지 않는다. 그러나 신라 사신이 풍랑으로 두 번이나 당에 들어가지 못했던 반면, "신라가 반역한다"는 백제의 거짓 참소는 "날마다 황제의 귀를 지나매" 신라가 억울하게 역신으로 몰리게 되었다는 것이다. 이 부분은 신라의 초조감을 드러낸다. 신라는 당의 고위층과 소통이 차단된 반면, 백제는 항복 후 당으로 끌려가 벼슬을 살고 있는 백제인들, 예를 들면 부여융이나 흑치상지 등이 당의 관리들에게 신라를 참소한다는 것이다. 이에 당은 "수만의 군사를 보내", 그리고 "웅진(백제군)까지 대동하여" 신라를 뒤집으려고 하는 이유가 무엇이냐고 되묻는다. 신랄한 반격이다. 어떻게 신라와 연합하여 백제를 멸하고는 이제 백제와 손을 잡고 신라를 공격할 수 있느냐는 것이다. 이어 신라의 처지는 백제와 고구려가 평정되지 않았을 때는 사냥개처럼 부려먹다가 산짐승이 없어지니 삶아먹는다는 소위 토사구팽(兎死狗烹)이라고 호소한다.20)

신라가 이 서신을 통해서 의도했던 것은 무엇일까, 즉 "최대 목표"와 "최소 목표"를 무엇으로 삼았으며, 그리고 당과의 타협 가능한 선을 어디로 예상했을까? 최대 목표는 물론 당 태종과의 약속인 "대동강 이남"의 확보일 것이다.

---

19) 『삼국유사』 권2, 「기이」 제2, "문무왕법민", 85쪽.
20) 고조진이양궁장(高鳥盡而洋弓藏), 교토사이주구팽(狡兎死而走狗烹). 원래 이 말은 월왕 구천을 도와 오를 멸한 후 범려가 은둔하면서 처음 한 말이다. 이후 한신이 여후(呂后)에게 피살당할 때 한 말로 알려져 있다. 『사기』, 「세가」, "월왕구천세가", 272쪽.

고구려에 대한 당의 의도를 충분히 알고 있었던 신라로서는 고구려의 옛 영토를 모두 차지할 생각은 하지 않았을 것이다. 신라가 평양 이북으로 진출하는 것은 당의 입장에서는 고구려보다 더 강한 단일 국가의 출현을 의미하는 것이며 백제와 고구려를 멸망시킨 본래의 목표가 모두 허사로 돌아가는 것이기 때문이다. 고구려는 배후에서 백제와 신라가 적절히 견제하고 있었지만, 신라는 후방이 안전하기 때문이다.

그렇다면 최소 목표는? 아마도 백제 땅을 차지하는 것일 것이다. 신라는 당에 보낸 글에서 여러 차례 백제와의 악연, 그 간악함 등을 거론하면서 백제의 존립을 "100년 후 신라의 멸망"으로 연결시켰다. 국제정치에서 어떤 국가를 "악당과 원수"로 만들어 국민을 단결시키고 대외협상력을 높이는 전술이다. 제2차 세계대전 중 히틀러의 독일과 스탈린의 소련 사이와 같다. 종전 후에도 소련은 공산당 정권의 정통성과 국민적 단결을 유지하는 데에 "부활하는 독일"이라는 "악당"을 수시로 이용했다. 신라도 백제라는 "악당"을 최대한 이용하여 어떤 상황에서도 백제의 부활은 허용할 수 없다는 입장을 단호히 한 것이다.

그러나 신라가 백제 땅만 취하고 고구려 땅은 당에 양보한다는 것은 당에게 황해도의 대부분을 넘겨주어 당과의 국경이 예성강-임진강 선 아래로 내려오는 것을 의미한다. 즉 한강 이북을 모두 잃게 되는 것이다. 이것은 당이 중국 연안과 황해도를 연결하여 이 지역에 군사력을 증강시킬 경우 안보 측면에서 신라에게는 당이 고구려보다 더 위협적인 존재로 다가올 것이다. 오늘날 남북관계에서도 개성-서울 "회랑"을 넘으면 남쪽에 평야지대가 펼쳐져 방어선을 구축하기가 어려워진다. 신라 역시 한강 이북을 당에 넘겨주는 조건은 받아들이기 힘든 것이다. 그러면 중간 타협점은 어디일까? 안보-군사적 측면에서는 최소한 임진강-예성강 선 북쪽으로 올라가야 한다. 아마도 신라는 당 태종이 약속한 "대동강 이남"을 내세우면서 임진강-예성강 선 이북을 원했을 것이다. 이로써 안보위험은 줄어든다. 그 반대급부로 신라는 당에 복종하는 자세를 명확히 하고, 당의 안보를 위협하지 않을 것이라고 맹세할 것이다. 이것이 서신에서 반복적으로 나타난 신라의 충성맹세이며, 양측이 요즘 식으로 윈-윈의 타협을 하자는 것이다.

6. 당의 공세와 신라의 대응

이 서신에 대한 당의 반응은 냉담했다. 신라의 해명을 이해하려는 태도가 아니라, 당에 대한 도전으로 간주한 것이다. 대동강까지 진출하는 신라는 고구려만큼 호락호락한 상대가 아닐 것이라고 판단했을지도 모른다. 이에 단호한 정치적, 군사적 조치를 취한다. 『삼국유사』는 이때 당에 유학갔던 의상대사의 말을 빌려 당 고종이 김인문 등을 불러 신라가 당의 도움으로 고구려를 멸한 후 당군을 해치는 이유를 물으며 꾸짖고 이들을 옥에 가두었다고 전한다. 그리고 군사 50만을 훈련시켜 설방(薛邦)을 장수로 삼아 신라를 징벌하려고 한다.[21] 이로써 신라의 대당전쟁은 다음 단계로 넘어간다. 당과의 직접 대결이다. 671년 7월 26일 설인귀가 서신을 보내고 문무왕이 답신을 보내는데, 9월에 번병, 거란, 말갈 등 당의 지배 아래에 있는 오랑캐 군대 4만이 평양에 진지를 구축하고 대방(황해도)을 침공한다. 문무왕의 답신을 받은 직후이거나 답신에 관계없이 본격적인 군사행동에 돌입한 것이다. 이 사이, 즉 7월 26일과 9월 사이, 신라는 사비성을 함락시켜 소부리주(所夫里州, 충남 부여군 부여읍)를 설치했다. 신라 역시 당과의 군사적 대결을 피할 수 없다고 보고 백제의 옛 땅을 어정쩡한 상태로 남겨두기보다는 그 왕성을 신라의 주(州)로 편입시켜 후방을 정비한 것이다.

놀랍게도 군사적 충돌을 선도한 것은 신라이다. 문무왕 10년(670) 3월 (신라에 귀순한) 고구려의 태대형(太大兄) 고연무와 함께 신라군은 압록강을 건너 말갈군을 공격했으며, 그러나 당군과의 직접적인 대결은 회피했다는 점은 앞서 말한 바 있다. 이 역시 갈등과 충돌을 확대하는 수순 중 주요한 단계이다. 갈등을 하나의 연속선상에 놓고 볼 때 중간단계가 많을수록 대화와 타협의 가능성도 많이 열려 있기 때문이다. 그러나 다음 해 겨울 10월 문무왕과

---

21) 『삼국유사』 권2, 「기이」 제2, "문무왕법민", 85쪽.

설인귀의 서신 교환 후에는 당의 수송선 70여 척을 공격하여 "낭장과 사졸 100여 명을 사로잡았으며 물에 빠져 죽은 당군은 헤아릴 수 없을 정도로 많았다." 그리고 이를 지휘한 장수를 승진시킨다.

672년 초부터 전투가 본격화된다. 이 해 초에 신라는 백제 부흥군을 소탕하여 부흥군과 당군이 연합하는 최악의 사태를 차단하기 위해서 고성성(古省城, 사비성 비정)과 가림성(加林城, 충남 임천)을 공격하지만, 어려움을 겪는다. 7월에는 평양에 주둔하면서 고구려 부흥군 소탕을 담당하던 당군이 남진하는데, 신라는 고구려 부흥군과 함께 싸워 "수천 명의 목을 베었다." 그러나 퇴각하는 당군을 추격하다가 석문(石門, 황해도 서흥 혹은 경기도 화성군 남양면 석문리로 비정) 전투에서 크게 패하며 여러 장수들이 전사한다. 이것은 당의 주력부대가 전선에 투입되면서 전투가 일진일퇴함을 보여주는 것이다.22)

이상이 672-673년의 전쟁 양상이다. 군사적 충돌이 일단 시작되면 타협의 가능성은 없어진다는 점을 신라가 몰랐을 리 없다. 약자의 입장에서 가능하면 군사적 충돌을 피해야 할 신라가 왜 선공을 취했느냐는 점은 여-수전쟁에서 고구려가 선공을 택한 전략과 동일하다. 신라의 전략은 "이제 전쟁은 피할 수 없게 되었다, 당과 전면전을 감행할 수는 없지만, 그렇다고 손을 놓고 앉아서 파멸을 기다릴 수도 없다, 수송선을 저지하여 적의 공격 잠재력을 파괴하고 가능하면 전선을 멀리 떨어진 지역에서 형성하여 장기적 방어진지를 구축, 확보하자"는 것이라고 할 수 있다. 신라의 입장에서 이제 "돌아올 수 없는 선"을 넘었지만 타협의 가능성은 여전히 열어놓자는 것이다. 그러나 신라의 승리는 당에게 결정적인 타격을 주지 못한 반면, 당의 승리는 신라의 방어선을 위축시키고 인적 자원을 고갈시켜 위기의식을 높이는 역할을 하는 것도 여-당전쟁 때의 상황과 유사하다. 강대국은 전투에서 패배해도 영향은 미미하며 짧은 시간 안에 그 상처를 회복한다. 그러나 약속국은 패배의 회복이 불가능하며 종말로 이어진다. 전투가 일진일퇴했다는 것은 신라가 받은 충격이 훨씬 더 크다는 뜻이다. 석문 전투 전후의 사정이 바로 이와 같은

---

22) 「신라 본기」 제7, 197-198쪽.

상황을 말한다.

그렇다면 신라는 석문 전투의 패배를 어느 수준에서 받아들였을까? 한 연구는 문무왕이 왕 12년(672) 9월 당에 올린 표문을 근거로 신라가 완전히 공황상태에 빠졌다고 평가한다. "신라인들에게 공포가 엄습했으며" "신(臣) 아무개는 죽을죄를 짓고"로 시작하여 "저는 머리를 조아리고 죽어 마땅합니다"로 끝나는 표문에서 "앞날의 두려움에 사로잡혀 있는" 문무왕의 모습을 엿볼 수 있다고 지적한다.23) 첫 머리는 "지난날 신이 위급하여 사세가 거꾸로 매단 것 같았을 때……구원해주심에 도륙을 모면했으니……뼈를 갈아도……머리를 부수어 재와 티끌이 되어도 어찌 은혜를 갚을 수 있겠습니까"로 시작하여 중간에 이르면 "종남산의 대나무로도 신의 죄를 쓰는 데 부족할 것이고 모야의 나무로도 신의 차고를 다 만들지 못할 것이되, (신라의) 종묘사직을 못으로 만들고 제 몸을 죽여 찢어버릴지라도 일의 전말을 들으시고 처결해주신다면 죽음을 달게 받겠나이다" 등의 표현에는 절박감이 배어 있다.24)

이것이 대당전쟁 기간 중 신라의 입장을 밝힌 두 번째 표문이다. 첫 번째와의 차이점은 상대가 설인귀와 같은 파견군 장수가 아니라 바로 당의 황제라는 점이다. 그러나 형식적, 수사적 표현을 제거하면 내용에서는 설인귀와 교환한 서신과 큰 차이가 없다. 개로왕이 북위에 보낸 표문처럼 비굴하지만, 차이도 있다. 문무왕은 설인귀에게 보낸 서신에서 "전일의 충의가 이제는 역신"이 되었다는 당의 비난을 정면으로 맞받아친 것과는 달리 "사건의 전말을 아뢰지도 않고 죽음을 당한다면, 살아서는 명령을 거역한 신하가 될 것이요, 죽어서는 은혜를 배신한 귀신이 될 것"이라고 한껏 엎드린 자세를 취하면서도 "나의 말을 끝까지 들어달라"고 요구한다. 동시에 "내가 이렇게까지 비굴하게 죽는 시늉을 하는데 어떻게 할 것이냐"고 묻고 있다. 인간행위의 양면성에서 비굴함은 곧 끈질김이나 생존을 위한 본능이라는 사실을 보여주는 글이다.

내용에서는 여전히 백제라는 "악당"이 중앙에 자리잡고 있다. 근래에 "백제로 인해서 두 번이나 조공을 빠뜨렸으며" 반면에 "백제가 당에 가서 호소하

---

23) 서영교(2006), 138-139쪽.
24) 표문은 「신라 본기」 제7, 198-199쪽.

고 군사를 청해 우리를 침노하려고 들자 형세가 급박한지라 황제에게 아뢰지 못하고 군사를 내어 토벌했다"는 것이 요지이다. "철천지원수 백제가 우리나라를 핍박해오고, 천조에 무고하여 군사를 끌어다가 우리를 없애 치욕을 씻으려고 하매" 신라는 파멸의 지경에 처해 스스로 생존을 구하기 위해서 군사를 동원했다는 것이다. 당에 끌려간 백제인들이 당에게 신라의 점령정책을 좋게 말했을 리는 없다. 그리고 이들의 공격은 말 그대로 패망의 "치욕을 씻으려는" 부흥운동이지만, 신라 역시 "파멸의 지경에 처해 생존을 위해서 군사를 내었다"는 것, 즉 방어전이라는 주장이다. 물론 이것은 사실일 수 없다. 신라는 백제 부흥운동의 절멸이라는 목표를 위해서 공세로 나간 것이다. 바로 이 점이 백제 부흥군을 격려하고 신라를 견제하려는 당의 정책과 충돌한 것이다.

  신라의 대응은 강-온 양면 전략이다. 백제와 고구려의 멸망과정에서 신라는 동맹군으로서 당의 군사적 능력을 가까이에서 목격한 바 있다. 이제 신라가 당의 표적이 되고 있다는 점을 감지한다. 그러나 석문은 황해도 서흥으로 경주에서 멀리 떨어져 있다. 당의 능력에 대한 신라의 인식과 석문이라는 지리적 요건이 주는 약간의 여유를 가지면서 당의 진정한 의도를 탐색하는 단계라고 할 것이다. 이에 문무왕은 표문과 함께 대규모 사절단과 엄청난 조공품, 그리고 그동안 전투에서 사로잡았던 포로 등을 당에 보내면서 용서를 구한다. 포로 중에는 당의 수군 장수, 군사 170명 등과 웅진도독부 예군도 포함시켜 당이 바라는 백제 부흥군과의 타협 가능성도 내비쳤다. 진상품은 은 33,500푼, 구리 33,000푼, 바늘 400매, 금 120푼, 40승 포 6필, 30승 포 60필 등이다. 신라의 경제력 규모에 대해서는 그 의미를 정확히 알 수는 없지만, 이 해에 "곡식이 귀해 사람들이 굶주렸다"고 하면서 진상 품목과 수량을 상세히 기록한 것으로 보아 신라가 최대한의 성의를 보인 것이라는 점을 강조한 것이다.

  동시에 신라는 당의 공격에 철저히 대비한다. 석문 패배 직후인 9월에 혜성이 일곱 번이나 북방에 출현하고, 다음 해 673년 정월 황룡사와 경주 중간에 큰 별이 떨어지고, 6월에 호랑이가 궁에 들어오며, 7월 김유신이 죽는 등의 기사는 신라가 느낀 위기감을 말해준다. 또 석문 전투 후 국내 정세가 어수선해진 틈을 타서 당이 신라의 분열을 조장한 흔적도 보인다. 같은 해 7월 당에 "붙으려는" 이찬 대토(大吐)의 반역을 적발하여 처단한다. 이로써 국내 분위기가 어느 정도 단속되었을 것이다. 군사적으로는 소경 국원성(國原城, 충북 충주)으로부터 삽량주(歃良州, 경남 양산)에 이르기까지 당군의 예상 침공 루트에 7개의 성을 쌓고 병선 100척으로 황해를 지키게 한다. 석문에서 멀리 떨어진 충주에서 경주 사이를 요새화했다는 것은 신라가 최악의 사태까지 염두에 두고 있음을 알 수 있다. 또 백제 멸망 이후 폐지했던 변경 수비대인 수병(戍兵)제도를 부활한다. 이로써 이 해 후반부의 전투도 일진일퇴하는 양상을 보인다. 신라는 당과 말갈, 거란 혼성군을 북부 변경에서 격파하지만(아홉 번 싸워서 아홉 번 이겼다), 당은 고구려 부흥군이 지키던 우잠성(牛岑城, 황해도 금천군 현내리)을, 그리고 말갈-거란군은 대양성(大楊城, 강원 금강군 현리)과 동자성(童子城, 경기 김포군 하성면) 등에서 승리한다.25) 이들 전투 지점은 아직도 한강 이북이라는 점에 주목할 필요가 있다.

 이제 당이 대답할 차례이다. 안시성 전투 다음 해(646년) 연개소문은 당 태종에게 "사죄하는" 표문과 미녀 2명을 바쳤다. 그러나 그는 연개소문이 교만하다고 화해를 거부한 바 있었다. 당의 신라 정책도 문무왕의 애절한 표문이나 엄청난 양의 공물에 의해서 결정되는 것이 아니라, 스스로 인식한 안보 딜레마를 어떻게 해소하려고 하느냐는 것이 관건이다. 중국은 고구려라는 안보의 "골칫거리"를 신라와 연합하여 해결했으나, 안보 불안이 완전히 해소된 것은 아니었다. 이제는 요동을 어떻게 지킬 것인가라는 점이 이 지역 안보의 중심과제로 부상한다. 당의 관점에서는 이 안보불안을 부채질한 또 하나의 세력이 동맹국 신라의 팽창이었다. 신라가 "당에 저항하는 고구려의 반란군을 받아들이고 백제 땅을 차지하여 지키게 하니 당 고종이 크게 노했다"는 구절이 당의 이와 같은 인식을 말해준다. 물론 신라는 백제 땅을 완전히 평정하지 못한 상황에서 당을 상대로 팽창을 도모할 의도는 없었다. 상대방의

---

25) 「신라 본기」 제7, 198-200쪽.

"의도"와 "능력"에 대한 주관적인 인식, 이로 인한 상호간의 불신과 "오산"이 신라와 당의 갈등을 다음 단계로 발전시키게 된다.

당의 응답은 즉각 "응징"으로 나온다. 신라의 "충정"이나 논리는 더 이상 문제 삼을 수 없다는 것이다. 그리고 신라의 의도는 충분히 드러났다. 당은 774년 문무왕의 관작을 삭탈하고 장안에 있던 김인문을 신라 왕으로 삼아 귀국하게 하며 유인궤를 계림도 대총관으로 삼아 신라를 치게 한다. 당은 "신라 문제"를 일거에 해결하려는 듯이 정치적, 군사적 수단을 동시에 동원한 것이다. 계림도 대총관이라는 군사적으로 신라 점령을 예상하고 점령군 사령관을 임명한 것이나 다름없다. 백제와 고구려를 멸망시켰는데, 신라를 굴복시키지 못하겠는가라는 군사적 자신감도 배어 있다. 한국-중국 관계에서 이보다 더 의미 있는 것은 문무왕의 "파면"이다. 조공관계란 "형식상" 중국의 천자로부터 왕의 책봉을 받는 것이다. 주권 개념에 의하면 중국 황제가 천하의 주권자이며 다른 군주들은 "제후", 신하의 신분이다. 천자의 책봉과 왕권에 대한 "승인"은 비록 형식적일지라도 정권의 정통성을 의미한다. 중국은 "승인"을 삼국과의 관계에서 전가의 보도처럼 휘둘렀다. 이제 이 권한을 신라에 적용한 것이다.[26]

문제는 문무왕의 파면이 신라에 어떤 영향을 미쳤느냐는 점이다. 이것은 중국-한국 간의 "전통적 조공관계"가 정착되기 이전인 이 시기에 조공관계의 본질을 이해하는 데에 중요한 실마리를 제공한다. 문무왕의 왕권이 견고하지 않고 도전세력들이 강했다면, 당의 조치는 반란을 꾀하도록 도전세력을 고무시켰을 것이다. 이런 의미에서 승인과 책봉은 국내정치적 측면에서 중요한 기능을 한다. 왕이 신민들에게 "내가 당으로부터 왕위를 인정받았으니, 누구도 도전하지 마라"는 메시지인 것이다. 따라서 이것은 왕권이 위기에 처했을 때, 예를 들면 이성계가 조선을 건국하여 정통성이 확립되지 못했거나

---

[26] 오늘날에도 국제사회에서 "승인(recognition)"은 중요한 개념이다. 1980년대 말까지 동북아시아에서는 미국과 일본의 한국 승인과 소련과 중국의 북한 승인이 맞선 바 있다. 국가 승인을 받지 못하면, 국제사회에서 국가로서 대접받지 못하며 "실질관계(de facto relationship)"만 가능하다.

조-일전쟁 초기에 선조가 백성들의 돌팔매를 받으며 의주로 도망가고 왜군의 선무작전으로 백성들이 점점 왜군에게 협조적으로 변하던 시기에 조선은 중국의 법적, 정통성 승인을 더욱 희구하게 된다.27)

그러나 문무왕은 태자 시절부터 당에 수차례 드나들어 중국 문제에 정통했고, 백제와 고구려 원정을 직접 지휘했으며, 또 김유신과 인척관계로 신라의 군부를 장악하고 있었다. 국내에서 도전세력이 대두할 여지가 없었다. 불만을 가진 자들이 등장하기도 하지만 곧 적발되어 처형되었다는 것은 신라 사회에서 그의 장악력이 확고했다는 반증이다. 당이 김인문을 이용하여 신라의 지배계층을 분열시키려고 한 책동은 따라서 효력을 발휘하지 못한다.「열전」, "김인문" 편에 의하면, 그는 책봉을 간곡히 사양했으나 받아들여지지 않자 드디어 귀국 길에 오른다. 이와 같은 상황에서 문무왕의 사신이 들어와서 사죄하니 황제가 이를 용서하여 왕의 관작을 회복시켰으며, 김인문은 중도에서 중국으로 되돌아갔다. 당이 문무왕 파면조치가 효과적이지 못하다고 평가하고 사태를 더 이상 악화시키지 않는 방향으로 정책전환을 모색하는 과정에서 신라의 사절이 오자, 이에 맞추어 "파면"조치를 철회한 것이다.28)

문무왕과 김인문 형제가 갈등을 일으켰다는 기록은 없다. 그렇다고 유별나게 우애가 있었다는 기록도 없다. 김인문은 당에 일곱 번이나 들어가서 총 22년간 머물렀으며 예순여섯의 나이로 694년에 장안에서 죽었다. 이와 같은 배경을 가진 김인문이 당으로부터 신라 왕이라는 작위를 받았을 때 어떤 반응을 보였는지 궁금하다. 형제애를 내세워 사양한 것은 당연하다. 그러나 왕조사의 수많은 권력투쟁이 보여주는 바와 같이 권력이란 부자지간에도 나누지 않는다. 유교적 충성심, 형제간의 의리 등 인간성의 좋은 측면은 일단 접어두자. 권력이 눈앞에 다가오면 누구나 유혹을 느낀다는 평범한 진리를 받아들이면서 이들 형제간의 관계를 유추해보자.

만약 문무왕의 왕권이 당의 조치로 흔들린다고 판단했다면, 김인문은 어떻게 행동했을까?「열전」에 의하면 김인문은 왕위를 사양하지만, 당 조정이

---

27) "재조지은", 곧 나라를 다시 만들어 일으켜주었다는 말이 이와 같은 상황의 산물이다.
28)「열전」, "김인문" 편, 792쪽.

이를 "받아들이지 않자 드디어 길에 올랐다." "죽어도 형을 몰아내고 왕이 될 수 없다"고 읍소하면서 장안을 떠나지 않으려고 했다는 의지는 보이지 않았다. 귀국한 이후 사태의 추이를 보자는 의도가 없었다고 단언할 수 있을까? 「신라 본기」에 의하면 김인문이 귀국 길에 오른 것이 674년 봄 정월이며, 당 고종이 문무왕의 관작을 회복시킨 것이 다음 해 2월이다. 김인문이 "(귀국) 길에서 되돌아왔다"는데, 그러면 1년이 넘는 기간 동안 신라로 가는 배를 타지 않았다는 것일까, 신라에 도착했으나 경주로 가면 죽을지 혹은 난감한 처지에 놓일지 두려워서 중도에서 머뭇거렸다는 것일까? 왕권에 대한 욕심이 없었다면, 경주로 들어가서 그동안의 경과와 심적 고통을 형에게 말해야 하지 않았을까? 또 김인문을 왕으로 봉한 당의 조치에 대해서 문무왕을 비롯한 신라 조정이 어떤 반응을 보였는가 등도 의문으로 남는다.

674-675년은 신라에게 절체절명의 시기였다. 문무왕과 김인문에 대한 당의 분열책동은 675년 초에 종결되지만, 이것이 곧 양국 관계의 회복을 의미하는 것은 아니었다. 674년 7월 문무왕은 군대를 사열하고 고구려 왕 고안승을 보덕왕으로 봉한다. 전투는 여전히 한강 북쪽을 중심으로 일어났다. 이것은 신라가 한강을 최후의 방어선으로 삼고 당군을 북으로 밀어올리려는 전략임을 알 수 있다. 당군 역시 신라가 장악한 옛 백제 영토로 들어가지 못하고 평양을 거점으로 삼아 남하하면서 신라군과 충돌한다. 675년 2월 당군 유인궤가 칠중성(경기 파주)에서 신라군을 격파한다. 이곳은 임진강 일대가 내려다보이는 전략적인 지점이다. 칠중성은 한반도의 중심부에 있는 서울-개성 회랑의 중요한 길목으로 백제 성왕이 전사한 삼년산성(충북 보은)과 더불어 『삼국사기』에 가장 많이 등장하는 격전지이다.[29] 이곳에서 신라군이 패배했다는 것은 당군의 남하로가 열렸다는 것을 의미한다. 그러나 유인궤는 더 이상 공세를 취하지 않고 귀국하며 신라는 이에 사신을 당에 보내 사죄하니 당 고종은 문무왕의 관작을 회복시켰다. 신라는 당이 타협하려는 자세를 보인 데에 고무된 듯이, 백제 땅을 대부분 차지하고 고구려 남쪽 국경까지 진출

---

29) 6/25전쟁 당시 1951년 4월 22-25일 중국군의 춘계 대공세에 맞서 영국군 글로스터(Gloucester) 연대가 3일 동안 이곳을 방어하여 서울을 지키는 데에 결정적으로 공헌했다.

하여 이 지역에 주와 군을 설치한다. 신라의 행정구역으로 정식 편입시킨 것이다. 그리고 당, 말갈, 거란 군대의 남하에 대비하여 "아홉 군단을 출동시켜 대비한다."30)

675년 가을 9월 설인귀는 다시 공격을 시도한다. 그렇다면 이 해 2월부터 9월까지의 공백을 어떻게 해석할 것인가? 칠중성까지 점령함으로써 이제 신라의 북상은 저지되었으니, 신라를 이 선에서 묶어두는 것으로 만족하고 신라의 사죄 사절이 오자 용서하기로 했단 말인가? 그렇다면 당의 신라 말살 정책은 처음부터 엄포였던가? 그런데 9월 통일전쟁의 영웅이었던 김진주(金眞珠)가 처형되어 국내정세가 혼란스러워지자 당은 다시 공세를 취한 것이다. 물론 당 조정의 정책변화와 그 의도가 정확히 전달되지 않은 상황에서 현지 지휘관이 "국지적 수준"에서 내린 결정일 수도 있다. 그러나 당에 숙위학생으로 가 있던 김진주의 아들을 향도로 삼았다는 사실은 이 작전이 조정과의 협의 아래 이루어진 것일 가능성이 높다. 설인귀는 수륙군을 이끌고 천성(泉城, 백수성과 동일한 지명인 듯, 경기도 파주시 교하면 혹은 황해 재령 동북 재령강으로 비정)으로 쳐들어온다. 한강 이남에 상륙하는 것은 신라의 군세에 비추어 모험이라고 간주했을 것이다. 신라군은 당군 1,400명을 죽이고 병선 40척을 빼앗고 말 1,000필을 노획하는 대승리를 거두며, 당군은 칠중성으로 돌아간다. 당의 군량 수송을 담당한 수군이 타격을 받았으며 이에 백제 지역의 침투는 더욱 어려워진 것이다.31)

그럼에도 불구하고 이근행이 9월 29일 20만 대군을 이끌고 남하하여 매초성(買肖城, 경기도 양주시 주내면 고읍리)에 주둔한다. 물론 당이 한반도 전역에 동원한 병력 규모로 보아 20만이라는 『삼국사기』의 기록은 잘못된 것이다. 이근행은 674년 유인궤를 계림총관으로 임명할 때 이필(李弼)과 더불어 부총관으로 임명되며, 675년에는 안동진무대사(安東鎭撫大使)가 되어 남하한 인물이다. 전술적 대응에서 신중을 기하던 당군 지휘부가 왜 이와 같은 모험을 감행했을까? 천성에서의 패배에 대한 조정의 질책을 모면하기 위해

---

30) 出九軍待之의 "9군"을 이강래 판은 "아홉 군단"으로, 이병도 판은 "9군"으로 번역한다.
31) 「신라 본기」 제7, "문무왕" 하, 15년, 202쪽.

서였을까? 이근행의 무리수는 신라군의 맹공으로 실패하며 신라는 전마 3만 380필과 많은 무기를 노획하는 전과를 올린다(이 수치도 과장된 것이다).

매초성 전투를 고비로 전세는 신라에 유리하게 전개되지만, 신라 역시 결정적인 승전은 얻지 못한다. 신라는 연이은 아달성(阿達城, 아진함성과 동일, 강원도 이천군 안협면), 칠중성(당군 외에 거란군과 말갈군 참전), 적목성(赤木城, 강원도 회양군 난곡면), 석현성(石峴城, 황해도 곡산군 서남으로 비정), 도림성(道臨城, 강원도 통천군 임남면) 전투에서 적군을 물리치기도 하지만, 현령 등의 지휘관이 전사하며 성이 함락되는 패배를 당하기도 한다. 그러나 (임진강 이북 지역에서) "크고 작은 18차례 전투에서 당군 6,047명을 죽이고, 말 200필을 빼앗았다"고 주장한다. 『삼국사기』, 「열전」 중 김유신의 둘째 아들 김원술(金元述)을 비롯하여 소나(素那), 취도(驟徒) 등의 이야기는 이 시기의 영웅담이다. 신라는 다음 해 한강 일대의 전투에서 당군을 몰아낸다.

대당전쟁의 마지막 전투는 676년 11월 소부리주 기벌포(금강 하구)에서 일어난다. 16년 전에 있었던 백강구 전투 지역일 것이다. 당군이 백제 영역으로 침투하려는 것은 전선을 확대하려는 의도이며 신라에게는 큰 위협이다. 신라군은 설인귀의 수군과 접전하여 처음에는 패하지만, "다시 결의를 다져 진군하여" "22차례나 접전을 거듭하여 드디어 이기고" 당군 4,000여 명을 죽이는 대승을 거두었다. "패적(敗積)", 즉 처음에는 신라의 패배가 계속되었다는 말이다. "다시 결의를 다져 진군했다"는 표현도 전투의 어려움을 이야기한다. 전투를 22번이나 하여 "이를 극복했다"는 것도 소규모 접전을 계속하면서 "적의 공세를 이겨냈다"는 말이다. 게릴라 전으로 당군을 기습하여 피로하게 만드는 전술로 당군을 물리쳤다는 의미일 수도 있다. 이것은 당군 본대를 궤멸시킨 대승이 아니며, 신라군 역시 피해가 누적되었지만, 결국 당은 더 전투를 계속하지 못하고 물러난 것이다.[32]

---

32) 충무공 이순신의 23전 23승도 이와 같은 관점에서 평가할 것인가? 조-일전쟁의 전투에는 육군이 주력부대이고 충무공의 수군은 보조적인 역할을 담당했다. 충무공은 수군은 왜군이 서해로 진출하여 북상하는 것을 저지하는 "제한적" 목표를 가지고 있다는 점을

이로써 나-당전쟁은 끝난다. 백제 멸망 이후 16년, 신라의 선공으로 신라와 당이 군사적으로 부딪친 670년을 기점으로 하면 만 7년간이다. 당은 676년 안동도호부를 평양에서 요양으로, 웅진도독부를 건안성(建安城, 만주 개평)으로 옮긴다. 웅진도독부는 원래 백제 땅을 관리하기 위한 것인데, 만주로 옮겼다는 것은 통치기구로서의 의미는 없지만, 명목상 행정기구로 남겨두겠다는 의미일 것이다. 그렇다면 신라가 승리했다는 말인가? 신라가 최대 목표로 삼았던 대동강 이남의 땅을 완전히 확보한 것은 아니지만, 승리한 것이다. 계림도독부를 설치하여 신라마저 지배하려고 한 당의 야욕을 분쇄했던 것이다. 그렇다고 해서 당이 패배한 것도 아니었다. 마치 수와 당과의 전쟁에서처럼 고구려가 중국을 물리쳤지만, 중국이 항복하지 않은 것과 유사하다.

특히 마지막 675-676년의 전투는 양측이 상대방을 압도하지 못하면서 전투가 소모전 형태로 전개되었음을 보여준다. 이와 같은 소모전은 인적, 물적 자원이 충분치 못한 신라에게 유리한 상황이 아니다. 신라는 백척간두(百尺竿頭)의 진일보(進一步)하는 처절한 투쟁을 통해서 "고구려 남쪽 국경"인 임진강 유역을 포함한 영역을 확보한 것이다. 임진강-한강 유역은 앞에서 말한 바와 같이 한반도의 군사지도에서 "가장" 중요한 지역이며, 이로써 신라는 당의 위협을 방어할 수 있는 전략적 요충지를 확보했다고 할 수 있다. 신라로서는 최대 목표는 아닐지라도 최소 목표를 넘어서는 성과를 달성한 것이다. 당으로서도 이 선에서 신라의 북진이 저지된다면, 만주에서 당의 위상은 흔들리지 않을 것이라고 간주했을 것이다. 어느 일방의 완전한 승리가 불가능한 상황에서 이루어진 타협의 산물이다.[33]

그리고 60년이 지나 문무왕의 손자인 성덕왕 35(736)년에 이르러 당이 "패강(浿江, 대동강) 이남"을 준 데에 감사하는 표문을 올린다.[34] 이로써 신라는

정확히 인식하고 있었다. 이에 견내량 등 길목을 막으면서 왜군의 진출을 저지한 것이 곧 23전 23승이다. 선조의 부산포 공격 명령은 수군의 역할을 확대하여 일본군 본대를 공격하라는 것이다.
33) 『구당서』는 신라의 대당전쟁을 언급하지 않고 있다. 『신당서』는 당이 취한 조치들과 당이 승리한 전투는 기록하고 있으나, 패전은 언급하지 않았다. 『조선전』 2, 610-611, 632쪽.
34) 「신라 본기」 제8, 성덕왕 35년, 225, 228쪽.

무열왕 김춘추와 당 태종 간에 합의한 국경선을 확보한다. 신라의 북진은 "한국 문제"에서 또다른 변수인 발해의 등장에 기인한 것이다. 732년 발해 무왕이 당과 대립하면서 등주(登州, 산동성)를 공격하는데, 4년 후 736년 당은 신라의 북상을 허용한 것이다. 당은 과거 신라가 고구려를 견제했듯이 발해 전선에서 당과 협력하기를 기대하고 그 대가를 제공한 것이라고 할 수 있다. 이것은 발해가 중국-신라 관계에서 새로운 변수로 등장했음을 의미한다.

7. 나-당전쟁과 국제정치

마지막으로 나-당전쟁을 국제정치적 측면에서 검토해야 할 것이다. 약자인 신라는 말할 것도 없고 당 역시 신라와의 갈등을 국지적 차원에서 제한적인 방식으로 처리하려는 의도를 지속적으로 보였다. 675년 2월 전투에서 우위에 있던 당나라 군이 왜 전투를 중지하고, 9월이 되어서야 다시 공세로 나섰느냐는 것도 동일한 맥락이다. 이 모든 사안들에 당의 조정이 개입되었다는 흔적이 보인다. 이것은 신라 문제가 단순히 역내 수준에서 현지 사령관이 결정, 집행하는 문제는 아니라는 의미이다. 물론 『삼국사기』는 신라 문제를 당의 대외관계라는 큰 틀에서 언급하지는 않는다. 중국의 사서들을 기초로 한 국내 연구서들도 이 부분에 대해서 명쾌한 서술을 하지는 않았다. 그러나 660년대 후반에서 680년에 이르는 시기, 즉 나-당전쟁 시기에 당이 돌궐과 간헐적으로 전투를 벌인 것은 확실하다.[35] 이와 관련하여 당이 안동도호부를 만주로 옮긴 것에 대해서 여러 연구서들은 다음과 같이 기술하고 있다.

(1) 고구려 유민의 저항과 신라의 압력, 그리고 토번의 압박 등을 이기지 못하여 안동도호부를 요동의 신성(무순)으로 옮겼으며……이후 670년 요동주 동주(東州, 요양 부근), 676년 요동군 고성(故城, 요양), 677년 다시 신성, 705년 이후에는 유주와 평주, 영주, 연도(燕都), 요서군 고성 등 요하

---

35) 이호영(1997), 256-257쪽; 노태돈(2009), 267, 270, 279쪽; 김한규(2005), 196, 407-413쪽.

이서 지역으로 전전했다.―김한규(2005), 196쪽.

(2) 요동 서부에 대한 당의 기미부주 체제가 일찍부터 쉽게 붕괴된 까닭으로 일반적으로 고구려 유민과 신라의 완강한 무력저항이 거론되어왔지만, 실제로는 안동도호부 설치 직후의 동아시아의 국제 상황, 특히 당과 그 서부 토번의 전쟁 관계가 안동도호부의 안정적 존속과 운영을 불가능하게 했다. [이어서 서술한 『구당서』 85 장문관(張文瓘) 조의 내용은 아래 (4)와 동일함.] 이처럼 신라에 대한 당의 대응은 토번 사태로 인해서 항상 견제되었다. ―김한규(2004), 355쪽.

(3) 당과 토번의 싸움은 당과 신라의 싸움과 서로 맞물려 움직이는 면이 있었다. 당 조정은 토번과의 전쟁이 더 심각하고 중요했다. 따라서 토번과의 전쟁에 주력하기 위해서 신라와의 전쟁에서 철수하는 방책을 취했다. 물론 이런 점을 인정하는 것이 곧 신라-당 전쟁에서 신라의 승리가 토번과 당의 전쟁이라는 제3의 변수에 따라 주어진 우연한 산물일 뿐이라거나, 무승부의 종전이었다고 할 수는 없다. 그것은 신라가 세계제국 당의 일방적인 패권 추구에 정면 저항하여 8년 여에 걸친 험난한 전쟁을 펼친 결과로 얻은 값진 승리였다. 비유컨대, 베트남 군이 미국 본토를 한 차례도 공격하지 못했지만, 베트남 전쟁의 승자는 베트남이 분명하다.―노태돈 (2009), 270쪽.

(4) 당시 당내에는 신라 정벌 무용론을 주장하는 사람도 있었을 것이 분명하나 그 실증을 찾지 못하고, 단지 659년부터 당에 반기를 든 거란, 돌궐과 토번 등이 670년 이후 더욱 극성하여 외환을 맞게 됨으로써 당이 크게 우려하지 않을 수 없었다. 따라서 당은 무력에 의한 만주, 한반도 지배가 불가능함을 깨닫고 사죄사의 입당을 구실삼아 신라의 한반도 지배를 묵인하는 선에서 종전했던 것으로 생각했다. 다른 이유 없이 위의 것이 이해된다면 당제(唐帝)의 관대성일 수밖에 없겠지만, 다음 자료가 주목된다. (이어서

『구당서』 85, 「열전」 35, 장문근[張文瑾] 조를 인용하여……)

그 뒤 신라가 외반(外叛)하니 고종이 발병하여 토벌하려고 했다. 그때 장문근이……아뢰되, "근래에 토번이 국경을 침범하여 군대를 주둔시켜 변경을 노략질합니다. 신라는 아직 순종하지 않지만 **신라 군대는 당토 내(唐土內)를 침범하지 않았습니다.** 만약 동-서를 함께 정벌한다면 신은 백성이 그 폐해를 견디지 못할까 두렵습니다. 용병을 멈추고 수리하여 백성을 안도하도록 청합니다. 고종이 이에 따랐다.─이호영, 256쪽, 굵은 글자는 저자.

위의 인용문은 나-당전쟁의 종결에 관련된 국제정치적 요소들을 나열하고 있다. 토번과의 전쟁, 만주 평정, 그리고 신라와의 전쟁이다. 모두 이들 요소들이 서로 연관되어 있는 것을 인정한다. 당의 만주 평정작전과 토번과의 전쟁에 관한 일차 자료를 검토할 수 있다면, 좀더 명확한 결론을 내릴 수 있겠지만, 현재 저자의 능력에서 벗어난다. 위의 자료만으로 논의를 계속하겠다.

우선 베트남 전쟁에서 베트남이 미국에 "승리한" 것과 마찬가지로 신라도 당에 대해서 승리했다는 전제 아래에서 한민족의 정체성이 확보되었다는 "역사적 평가"는 잠시 접어두기로 하자. 무엇보다도 세 전선을 관장하고 지휘하는 당나라 조정의 인식과 판단이 중요할 것이다. 마치 제2차 세계대전에서 소련과의 동부전선, 미-영을 상대로 한 서부선전, 그리고 북아프리카 전선을 베를린의 총통 지하 벙커와 동프로이센 독일군 사령부인 "늑대굴"에서 지휘하는 히틀러, 혹은 일본과의 태평양 전선과 독일-이탈리아를 상대로 하는 유럽 전선을 지휘하는 워싱턴의 합참본부가 각 전선의 중요성을 어떻게 인식하고 인적-물적 자원을 어떻게 배분하느냐 하는 것과 같은 것이다.

히틀러의 관점에서 북아프리카 전선은 장식용이다. 독일은 1943년부터 동부전선에서 후퇴하지만, 오히려 더 많은 부대를 동부에 투입한다. 1944년 6월 연합군의 노르망디 상륙 이후에도 프랑스와 이탈리아에서 미-영군에 대항하기 위해서 90개 사단을 배치한 반면, 같은 시기에 동부전선에는 250개 사단을 배치한다.36) 반대로 미국과 영국은 유럽 전선에서 독일군을 우선적

으로 처리하며 그 이후 일본을 상대하기로 합의하고 미국의 자원을 8 대 2로 유럽에 우선 배분한다.37)

그렇다면 당은 세 전선의 중요성을 어떻게 평가했을까? 당 조정이 세 전선의 중요성을 평가하는 기준은, 전통적인 중국의 안보관에 의하면, 일차적으로 중국 본토, 그중에서도 수도가 있는 "정치 중심지"의 안전을 확보하는 것이다. 당 시대에는 관중의 장안과 동도 낙양이 이에 해당하며 돌궐과 토번 등이 이 지역을 직접 위협하는 세력이다. 그 다음이 국경지역의 안보이다. 이런 관점에서 "국경선 밖"에 있는 신라 전선은 가장 멀리 떨어져 있으며, 따라서 우선순위에서 가장 아래에 속한다.

둘째, 인적, 물적 자원을 동원하는 문제이다. 제2차 세계대전 중 미국은 태평양 전선을 남북으로 나누어 더글러스 맥아더와 체스터 니미츠를 배치하고, 드와이트 아이젠하워와 조지 패턴은 유럽 전선에 배치하여 전쟁이 끝날 때까지 지휘를 맡겼다. 그러나 전쟁이 불리하게 전개되는 독일은 서부전선의 병력을 동부로 이동시키고, 하인츠 구데리안, 에리히 폰 만슈타인, 에르빈 롬멜 등의 유능한 지휘관을 여러 전선에 바꾸어 투입한다. 수송수단이 원활하지 못했던 당 시대에는 전투지역과 가까운 지역에서 인적, 물적 자원을 조달하는 것이 원칙이겠지만, 한 전선의 상황이 급박하게 전개되면 자원을 우선적으로 보내지 않을 수 없게 된다. 신라 전선을 지휘하던 소정방, 유인궤가 토번 전선으로 차출되고, 설인귀가 신라에서 만주, 그리고 토번으로 이동한 것은 전선의 상황이 여의치 않으며 동원 인력도 충분하지 않다는 의미이다. 그렇다면 신라 전선의 순위는 어떨까? 역시 최하위이다. 신라의 평정작전이 어렵다고 해서 만주 주둔군을 보내지 못하고 화북이나 화중에서 모병하여 보낼 수 있는 여유는 제한적이다. 이것이 신라 전선을 어떤 방식으로든 종결하고 싶은 이유이다.

당 조정이 신라 전선을 심각하지 않게 판단했다고 믿을 근거는, 설인귀가

---

36) Gaddis, John Lewis(1972), *The United States and the Origins of the Cold War 1941-1947*(New York: Columbia University Press), p. 79.
37) Memo. by the Joint Chiefs of Staff to SS, 1944.8.3, *FRUS, 1944*, vol. 1, p. 701.

당군을 지휘하기 위해서 전선을 계속 이동했다는 점 외에도 위의 인용문 중 여러 곳에서 발견된다. 이중 가장 중요한 것이 안동도호부의 이동이다. 고구려 멸망 이후 9개의 도독부와 42개의 주 등이 설치되는데, 평양에 둔 안동도호부가 이를 총관하게 한다.[38] 그런데 "요동과 고구려" 지역을 담당한 안동도호부, 즉 군사령부가 어떻게 여러 곳으로, 때로는 매년 한 번씩 옮겨다닐 수 있을까? 바로 만주 사태가 당의 의도대로 풀리지 않았다는 의미이다. 만주지역에서 당군은 고구려 부흥군만이 아니라 거란 등 다른 민족들에게 쫓기는 처지가 된 것이다. 국제정치적인 관점에서 보면 도호부와 도독부 체제는 중국적 질서관이 가진 "이상과 현실"의 문제에서 이상적, 허구적 요소들을 당의 국력이 증대됨에 따라서 현실화하려는 시도였다고 할 수 있다. 주변지역은 원래가 중국의 능력에 비해 직접통치가 불가능한 지역이며 조공제도를 통해서 간접적으로 관리해왔다. 그런데 당은 도호부와 도독부를 설치하여 일단 군사적으로 직접 장악하려고 했으나, 고구려라는 정치권력이 소멸된 후에 나타난 혼란을 수습하지 못하고 결국 좌절하게 된 것이다. 웅진도독부와 계림도독부의 창설과 이동, 소멸도 넓게 보면 이 범주에 속한다. 당이 삼국 전체를 병탄하려는 의도라는 해석은 너무 단순한 것이라 하겠다.

셋째, 신라의 중요도나 우선순위는 위의 인용문 "신라 전선은 당의 영토 밖에 있다"에서 정확히 지적되고 있다. 이것은 잘되면 신라를 당의 영토에 편입시킬 수도 있지만, 여의치 않으면 적당히 처리해도 된다는 말이다. 즉 결단에 따라 신라 문제는 쉽게 타협할 수 있다는 의미이다. 신라를 상대로 전선을 연 근본 의미는 "장기적" 관점에서 당의 위협으로 성장할 수 있는 소지를 "싹이 나기 전에 잘라버리자는 것"이었다. 반면 요동 문제는 고구려 멸망의 연장이다. 요동의 정세는 고구려 부흥운동만이 아니라 거란 등 다른

---

[38] 당은 주변지역을 정복하면서 도호부와 도독부를 설치하고 군정(軍政)을 실시하는데, 점진적으로 민간 행정체제로 전환하면서 "중앙과는 느슨한 관계"만 유지한다. 고구려 멸망 후 안동도호부, 몽고 지역에 선우도호부, 안북도호부, 서역지역에 안서도호부, 몽지도호부 등을 설치한다. 681년경에 이를 정비하여 안남, 안북, 안서, 안동 등 4개 도호부 체제를 완비한다. 도독부가 도호부의 하위기관으로 행정을 담당하는 기관일 수도 있으나, 항상 그런 것만은 아니다. 김한규(2005), 5장; 김한규(1999), 201-208쪽 등 참조. 신성곤, 윤혜영(2004), 『한국인을 위한 중국사』(서울: 서해문집), 162쪽도 참조.

외이들의 발흥으로 안정되지 않았으며, 따라서 당이 원래 고구려에 대해서 가지고 있었던 안보 불안은 고구려만 없어졌을 뿐이지 여전히 존재했다. 이것은 안동도호부가 원래 의도했던 기능을 발휘하지 못하자 보장왕을 요동으로 보내고, 699년에는 도호부를 철폐하고 "고씨(高氏), 즉 고구려 왕을 군장으로 회복시켜 중국을 보위할 것"을 논의한 데에서 잘 나타난다(그러나 실현되지 못한다).39)

토번이나 돌궐 등 서북부와 요동이 불안해지고 이에 따라서 당은 두 전선을 상대해야 하는 상황에서 신라의 사죄 사절을 받아들이는 형식으로 신라와 타협한 것은 당연한 귀결이라고 하겠다. 한 가지 의문은 신라가 이와 같은 정세변화를 읽고 대응한 것인가, 즉 장안에 있는 신라인들을 통해서 당이 당면한 각 전선의 상황을 어느 정도 파악했으며, 강력하게 저항하면서 견디면 결국 목표를 달성할 수 있었으리라고 믿었는가, 아니며 석문 전투에서 패한 후에 한계를 느끼고 사죄 사절단을 파견하여 당 고종의 노여움을 달래고, 이것이 당이 당면한 상황과 맞물려 사태가 종결되는 방향으로 나아갔느냐는 점이다.40)

660년 백제의 "멸망"이 진정한 의미에서의 멸망이 아니라 이후 전개되는 부흥운동의 시발점인 것과 같이 신라의 대당전쟁 역시 위만조선과 한무제의 충돌 이후 800년이 넘는 기간 동안 전개된 "삼국통일"이라는 대드라마의 단순한 종장이 아니다. 이것은 통일 이후 한민족이 정체성을 좀더 구체화하려는 여정의 출발점에서 부딪친 시련이며, 이런 위기에서 미완의 드라마는 앞으로 계속된다고 하겠다.

---

39) 김한규(2004), 354-355쪽.
40) "토번은 요동의 전황(여-당전쟁)에 대해서 잘 알고 있었고, 신라 역시 토번과 당의 길항 상황에 대해서 잘 알고 있었다." 김한규(2004), 356쪽 및 각주 117에 나온 논문 참조. 그러나 이것은 당-고구려, 당-토번의 갈등관계를 인지했다는 것이지, 실질적인 사태의 진전을 파악한 것은 아니다.

결론 : 국제정치학으로 본 삼국시대

　단군 이래 한국사를 통틀어 가장 중요한 최대의 사건을 꼽으라면 신라의 삼국통일일 것이다. 그 이전까지 중국 중심의 역사에서 "동이"에 속하는 "조선"의 여러 국가들 중의 하나로서, 혹은 "인근국"으로서 서로 관계를 가져오던 삼국이 하나의 국가로 통일되었다. 그동안 무의식적, 가변적 상태에 있던 "한민족 국가들"이 이제 하나의 민족, 하나의 국가로 탄생한 것이다. 비록 줄어들었다고 하지만 이를 계기로 "안정된 영토"를 기반으로 "안정된 국가"를 구심점으로 하여 거주민들이 일체감을 가지는 민족적 "정체성"을 확립하고 이를 더욱 공고하게 하여 국가의 "정통성"을 확보하게 되는 것이다. 즉 국가적인 관점에서 보면 통일 후 신라에 의해서 형성되기 시작하는 정치, 사회, 문화, 특히 우리 "말"은 단일 "민족"과 "국가"의 구체적인 표현들이며 이후 고려로 계승되는 것이다.

　문무왕은 668년 11월 고구려를 멸망시킨 후에 포로 7,000여 명을 데리고 귀국하여 "당과 함께 의로운 군사를 일으켜 백제와 고구려의 죄를 문초해 그 괴수를 처단하매 국운이 태평해졌다"고 묘당에 보고한다. 신라에게 통일전쟁은 일차적으로 백제와 고구려의 "죄를 문초하는" "의로운 전쟁"이었다는 의미이다. 국제법상 정의로운 전쟁은 침략에 저항하거나 죄를 처벌하는 "징벌전"을 말한다. 신라는 통일전쟁을 무엇보다도 이와 같은 관점에서 인식한 것이다. 그만큼 과거 이들 양국의 침탈에 시달렸다는 의미일 것이다. 정당한 전쟁은 또 "하늘의 아들로 하늘의 뜻을 대행하는 천자국"과 공동행동을 취함으로써 신라의 행동 역시 하늘의 뜻에 순응하는 정당한 것이라는 의미일 것이다. 다음 해 정월 문무왕은 좀더 긴 교서를 내린다.

> 신라는 두 나라와 사이가 벌어져 북쪽을 치고 서쪽을 침공하느라 잠시도 평안한 해가 없었다. 군사들은 뼈를 드러낸 채 들에 쌓이고 몸뚱이와 머리가 서로 멀리 나뉘어 뒹굴었다.……두 나라를 평정해 길이 싸움을 없이 하고, 여러 대 동안 깊이 맺힌 원한을 씻으며 백성들의 가련한 목숨을 보전하고자 함이다.……이제 "두 적국"은 평정되고 사방이 잠잠하고 태평해졌다.[1]

여기에서 "두 나라를 평정하여 길이 싸움을 없이 하고"는 "전쟁을 끝내기 위한 전쟁"을 통해서 백성들이 고통에서 벗어나고 천하를 통일했다는 측면이 비로소 표출된다. 이것이 아마도 단일국가의 탄생과 한민족의 정체성을 향해 나아가려는 의지가 표출된 첫 언급이 아닌가 한다. 이와 같은 의미에서 기원전 221년 중국을 처음으로 통일한 진시황의 조칙을 연상시킨다.[2]

이제 연구의 결과를 종합하여 연구를 시작하면서 제기했던 질문들을 점검해 보자. 첫째, "한민족"이라는 관점에서 삼국시대는 어떤 의미를 가지는가, 즉 "우리가 같은 민족이라는 관념"이 삼국시대에 이미 형성되는가, 형성되는 과정인가, 아니면 통일 후에 형성되는가? 둘째, 삼국의 흥망성쇠는 어떤 특징들을 보이는가, 대외적 행위도 삼국의 각국에 따라서 구체적인 특성을 보이는가, 또는 한민족의 대외적 행위의 특성이라는 부를 수 있는 공통적인 요소를 발견할 수 있는가? 셋째, 신라의 통일이 목적의식을 가지고 일관성 있게 추구된 것인가, 아니면 주변 환경, 특히 가혹한 국제관계를 극복하는 과정에서 얻어진 것인가? 넷째, 삼국통일은 신라가 당과의 동맹을 통해서 성취한 것인데, 국제정치적으로 나-당동맹을 어떻게 설명할 것인가? 그리고 다섯째, 이 모든 것을 종합하여 한국의 대외관계에서 구체적인 패턴을 유추할 수 있는가 등이다. 결론은 이들 문제점들을 종합적으로 정리할 것이다.

---

1) 「신라 본기」 제6, 176-177쪽.
2) 진시황은 통일 후 "폭란(暴亂)을 토벌하고……6국의 왕들이 모두 처벌당하자 천하가 크게 안정되었다"고 평가한다. 『사기』, 「본기」 1, 158쪽 이후.

한민족은 역사의 무대에 등장하면서 중국과 다르다는 점이 강조된다. "북상투 복장"을 한 한민족 집단이 위만과 함께 패수를 건넜다.『제왕운기』는 "요동에 있는 별천지"가 중국과 구분되는 "조선"이라고 했다. 문화적으로도 한민족 집단은 중국과 교류하고 충돌하면서 중국 문물의 우수성을 인정하고 동경하여 스스로 "소중화"라고 칭하지만, 언어나 풍습 등 고유한 특성을 가지고 있음을 인식한다. 이것이 이후 중국에 대한 정치적 독립과 정체성의 확보라는 의식으로 발전하며 한국-중국 관계를 지배하는 가장 중요한 요소가 된다. 한민족 집단만이 스스로의 정체성을 의식한 것이 아니라 중국도 그들의 역사서에서「동이전」의 "조선"이라는 항목으로 한민족 국가들을 한 단위로 묶어 언어, 풍습 등의 유사성을 지적한다. 7세기 일본도 삼국을 동질성을 가진 "인국(隣國)"으로 묘사하고 있다. 이것은 이들이 한민족 국가들을 단순히 지리적으로 인접하다는 의식에서 나아가 하나의 정치적 단위로서 발전하고 있다는 사실을 인식한 것임을 말해주는 것이다.

한민족 국가들이 언제부터 단일민족이라는 의식을 가지게 되었느냐는 것은 확실치 않다. 같은 지역에 거주한다고 해서 모두 동일한 민족적 감정을 가지는 것은 아니기 때문이다. 또 인간집단은 민족의식이 형성되기 이전의 시기에도 모두 "너"와 "나"를 구분하면서 자신들만의 특성을 보유하고 유지하려고 노력한다. 중국과 같이 강대국의 주변지역에 있던 흉노는 특히 이같은 경향이 강했다. 이것은 모든 집단이나 민족이 그 시대의 주인이며 중심이라고 생각하면서 살아갔다는 의미이다. 이들은 결코 한족이 이루어갔다고 믿는 중국사에서 조연의 역할을 한다고 생각하지 않았다. 모든 집단이나 민족이 역사의 주인공인데, 왜 이들을 중국은 "변방정권"이라는 엉뚱한 이름으로 부른단 말인가.3)

한민족 국가들도 주변의 타자들과 스스로를 구별하면서, 동시에 삼국으로 통일되는 방향으로 나아간다. 부여 왕실에서 분리된 고구려는 부여를 상대로 약자의 지위를 감수하면서도 천마(天馬)와 검은 까마귀 논쟁과 같은 사건들

---

3) 동북공정에 대한 비판은 정운용 외(2009),『중국의 통일국가론으로 본 고구려사』(서울: 동북아역사재단) 참조.

을 겪으면서 부여 왕국의 정통성을 흡수, 계승하여 지역의 패자로 군림한다. 고구려 왕실에서 분리된 백제도 때로는 동명왕의 제사를 지내지만, 고구려와는 다른 길을 걷는다. 초기 백제의 대외관계에서, 비록 지리적으로 분리되어 있다고는 하지만, 말갈, 낙랑, 신라와의 접촉은 잦은 데에 비해 고구려와의 접촉은 거의 없었다. 고구려에 대한 첫 언급은 관구검이 고구려를 공격할 때(246) 백제가 그 틈을 이용하여 낙랑 변경의 주민들을 잡아왔다는 "간접적인" 것이었다.4)

삼국(가야, 마한 등 삼한, 부여, 낙랑, 말갈 등을 포함해서)은 이후 "접촉"과 "갈등"을 겪으면서 동류의식을 형성한다. 그러나 동류의식이 곧 "우리가 한 핏줄, 한 민족인데 왜 나누어 살아야 하는가? 중국과 같이 거대한 세력에 대항하려면 합쳐야 할 것이 아닌가?"라는 절박한 정치의식으로 발전했다는 기록이나 흔적은 없다. 그렇다고 도시국가로 분열되어 살아가지만, 같은 민족이라는 투철한 의식을 가진 고대 그리스와 유사한 것도 아니다. 그리스 도시국가들은 페르시아라는 외세의 공격을 받으면 힘을 합치기도 하지만 분열하기도 한다. 반면 삼국은 왕이 죽고 죽이는 등 격렬한 전쟁들을 치르면서도 상대를 극복해야 할 원수로 간주하기도 한다. 이 과정에서 삼국이 모두 자기들의 정체성을 추구하지만, 지역적 인접성, 언어, 관습상의 유사성 등을 매개로 한국사의 큰 흐름 속에서 애증이 교차되는 가운데 삼국으로 통일되며 이를 기점으로 하나의 민족으로 통합되는 것이다.

고구려는 낙랑을 흡수하여 팽창하지만, 연을 비롯한 화북지방에 근거한 중국 세력들과의 투쟁에서 수도가 함락되는 등 대체로 약자의 위치에 처한다. 최전성기라는 광개토대왕-장수왕 시대에도 이와 같은 상황은 크게 개선되지 않는다. 이것이 곧 고구려가 대동강 유역으로 내려와서 백제와 신라를 상대로 남진정책을 추진하는 배경이 되는 것이다. 그러나 광개토대왕과 장수왕은 분열된 중국의 변화에 적절히 대응하면서 서북국경의 안전을 확보한

---

4) 첫 접촉이라고 할 수 있는 것은 책계왕(責稽王) 원년(286) 고구려가 대방을 치자 대방이 백제에 지원을 요청하고, 백제가 대방에 지원군을 보내자 고구려가 이를 "원망했다"는 것이다. 이와 같이 백제는 초기 300여 년 동안 고구려를 "잊고" 자신의 길을 간 것이다.

후 남방 경략에 나서 백제를 굴복시키고 신라에 들어온 왜 세력을 구축하기도 한다. 광개토대왕의 군사적 운용은 백제 진사왕이 평한 대로 "용병이 뛰어나다"는 전술적 차원이 아니라 고도의 전략적 마인드를 가지고 고구려의 대외관계를 전체적으로 조망하고 적절히 관리했음을 보여준다.

장수왕은 79년간 집권하면서 중국의 여러 왕조들을 상대로 고구려의 국익을 극대화시킨다. 그는 중국의 화북지방에 근거한 북위를 상대로 일면 타협하고, 필요하다면 굴복하기도 하지만, 북위의 중립 "명령"을 거부하고 연왕을 빼돌리는 과감한 군사작전도 전개하고, 또 북위와 남조와의 관계를 고려하여 연왕을 죽이기도 한다. 그는 북위와 송/남제 등 남북 세력 간의 갈등, 유목국인 유연과 북위와의 관계를 최대한 이용하여 고구려의 안보를 확보한다. 그리고 언제라도 위기로 치달을 수 있는 북위와의 살얼음판을 딛는 듯한 관계를 안정시킨 후 시선을 남으로 돌려 백제의 수도 한성을 함락시키고 개로왕을 살해한다. 장수왕의 외교적 성과는 당시 중국 왕조들의 외교무대인 북위 조정의 모임에서 "우리가 강하다"는 점을 과시한 한마디에 압축된다고 할 것이다. 그는 한국사에서 가장 빛나는 "외교군주"라고 칭할 수 있는 인물이다.

고구려는 수와 당이라는 통일중국의 공격으로 결국 패망한다. 이것은 일면 고구려가 변화된 힘의 관계에 정확히 인식하고 적절하게 대응하지 못했기 때문이다. 흔히들 연개소문의 외교를 삼국통일의 기초를 다진 무열왕 김춘추와 비교한다.5) 그러나 연개소문의 대외정책은 (수에 대응한 영양왕 시대의 고구려의 지도층도 포함해서) 장수왕과 비교해야 차이점이 갖는 의미를 이해할 수 있을 것이다. 연개소문은 통일 중국의 국력이 궁극적으로 추구하는 것이 무엇인지, 또 남쪽에서 새로 대두하는 신라라는 "새로운 힘"이 삼국 관계에서 가지는 의미가 무엇인지 등을 평가하는 데에 장수왕과 같은 유연성을 발휘하지 못했다. 여기에는 영류왕을 시해한 연개소문의 원죄의식도 당과의 관계에서 유연성을 발휘하기보다는 양국 관계를 경직시키는 데에 일조했다고 하겠다.

---

5) Palais, James B.(2003), "Korean Foreign Policy", 『미국 동아시아학계 석학 초청 집중강좌』 (서울: 성균관대학교 동아시아학술원).

그러나 더 중요한 것은 수와 당이 "요동 문제", 즉 고구려 문제를 통일제국의 안보와 결부시켰다는 점이다. 중국 국내를 평정한 이들은 대외문제를 새로 탄생한 제국의 안보라는 관점에서 접근한 것이다. 즉 중국은 고구려를 중국의 안보에 대한 위협으로 간주하고 이를 제거해야 항구적인 평화체제가 구축될 것으로 보았다. 수백 년 동안 지속된 혼란기를 종식시킨 새 왕조가 국내외 세력들을 평가하는 기준이며 안보관이다. 이와 같은 관점에서 수나당에게 동북방의 강국 고구려의 존재는 어떤 수사나 명분에도 불구하고 용인되지 않았다. 고구려 역시 수와 당의 정책을 인식한 듯 여러 차례에 걸쳐 조공을 보내고 순종적인 태도를 취했다. 그러나 수 양제나 당 태종은 고구려가 아무리 굴종적인 자세를 보여도 "네가 존재하는 한, 나는 편히 잠을 잘 수 없다. 그러니 너는 죽어주어야겠다"는 태도였다. 타협의 여지가 없었다는 말이다.

당은 645년 전쟁에서 실패한 이후 대규모 원정군을 파견하기보다는 소모전으로 고구려를 고사시키는 전략을 택한다. 고구려는 당을 상대로 일면 완강히 저항하면서 다른 일면 조공 등의 방법으로 타협을 모색하지만, 인적, 물적 자원이 풍부한 당의 장기간에 걸친 소모전을 감당하지 못하고 결국 파멸한다. 국제정치적 관점에서 수와 당을 상대로 한 고구려의 투쟁은 한 무제와 위만조선 간의 첫 충돌에서 나타난 한국적 대외행위의 여러 패턴들이 반복되고 있음을 보여준다. 마틴 와이트가 지적한 국제정치에서 인간행위의 반복성이다.

그러나 여-수/당 전쟁의 의미는 고구려가 중국의 통일제국들의 침략을 물리쳤다는 단순한 사실에 머물지 않는다. 한민족 역사상 가장 위기적인 순간 (critical moment)을 꼽으라면, 여러 견해가 있겠지만, 나-당전쟁이 아닐까? 645년 당군이 고구려를 멸망시켰다면 평양-대동강 선이나, 임진강-한강 선에서 정지하고 그 남쪽은 그대로 남겨 두거나 신라가 차지하게 허용했을까? 당은 부여-공주에서 목포까지, 그리고 경주에서 부산까지 내려갔을 것이며, 고구려의 패망과 당의 군사력을 목격한 신라와 백제는 저항하기 보다는 항복을 택했을 것이다. 고구려는 수와 당을 상대로, 특히 당의 지구전에 맞서 20년 이상 버티는 동안 신라는 힘을 키울 수 있는 여유를 가졌으며, 이런 의미에서 고구려가 없었다면 신라에 삼국통일과 대당전쟁은 어려웠을 것이다. 나-당 전쟁은 한민족의 정체성 확보라는 관점에서 고구려와 수/당 전쟁의 연속인 동시에 완결편인 것이다.

한반도 서남부의 풍요한 지역에 위치한 백제는 고구려나 신라에 비해 대외관계를 유리하게 주도적으로 이끌 수 있는 위치에 있었다. 그러나 백제는 유리한 국제정치적 환경을 한 차원 높은 국가적 목표를 달성하는 데에 적절하게 활용하지 못했다. 백제에 관한 자료가 상대적으로 빈약한 탓도 있겠지만 『삼국사기』의 「백제 본기」 편은 고구려의 광개토대왕-장수왕 시대나 신라의 진흥왕 시대와 같이 국가경영의 대전략을 찾아보기 어렵다. 물론 이 부분에 대해서는 더 깊은 연구가 있어야 할 것이다. 그러나 하나의 결론은 백제의 대외관계는 삼국과 중국, 일본을 포함한 동아시아 국제관계에 대한 깊이 있는 분석이나 성찰을 기초로 한 것이 아니며 이 결과 "단발성"으로 끝나는 인상을 준다는 것이다. 북위에 대한 개로왕의 표문은 고구려의 "핍박"이 그 배경이지만, 북위와의 동맹이 필요하다는 절박감은 느껴지지 않는다. 백제는 중국의 위협에 직면한 고구려의 광개토대왕이나 장수왕이 중국 대륙에서 전개되는 힘의 변화를 정확히 인식하고 대응한 것과 같은 필요성을 느끼지 않았을지도 모른다. 백제는 중국과의 관계를 유리하게 이끌기 위해서는, 후일 신라가 나-당동맹에 성공할 때와 같이, 전체적인 판세를 정확히 분석하고 기회를 포착하기 위해 끈기 있게 기다리며 또 필요하다면 과감히 행동해야 한다는 점을 인식하지 못한 것이다.

북위가 장수왕의 정책에 불만을 가지고 있었으나, 남조와 유연과의 관계를 고려하여 고구려 문제를 (연왕의 망명과 같이 최악의 상황에서도) 군사적으로 해결하기보다는 적절한 선에서 무마하려 한다는 사실도 백제는 간과했다. 이에 개로왕은 북위-고구려 관계의 악화라는 표면적인 사실만 보고 비굴하고 아첨 섞인 표문을 보내 북위의 고구려 침공을 종용한다. 그리고 북위가 백제의 요청을 들어주지 않자 "원망하여 마침내 조공을 끊어버렸다." 여-수 전쟁 전에도 수가 고구려를 침공하면 길잡이가 될 것을 자청하지만, 전쟁이 일어나자 군대를 국경선에 배치하고 전세의 추이를 관망하면서 고구려와도 통하는 "양다리 걸치기" 외교로 대응했다.

백제의 정책은 단기적으로는 백제에 해로운 것이 아니었다. 그러나 강대국-약소국 관계에서 신라가 나-당동맹을 위해서 끈기 있게 노력한 것과 비교하면, 동맹을 위해서 중국을 설득하려고 하기보다는 중국이 요구를 들어주지 않는다고 스스로 관계를 차단해버린 백제의 태도는 결국 동맹의 가능성을 스스로 제거하고 고립을 자초하게 되었다. 그 결과 단기적으로는 고구려의 공격을 유발하여 개로왕의 전사로 끝나지만 장기적으로는 (수와 당과의 관계에서도 유사한 정책이 반복됨으로써) 나-당의 동맹에 의한 백제의 패망으로 이어진다. 백제의 유리한 외교적 환경이 대외관계를 심각하게 추진하려는 동기를 부여하지 못하고 동맹 문제를 가볍게 처리하게 만들었다고 할 것이다. 이것이 후일 "주변에 문제가 없으면 조용히 문을 걸어 잠그고 지내자"는 조선의 대외정책의 정신사적 배경이 되는 것은 아닌가?

고구려의 직접적인 위협에 대항하기 위해서 백제와 신라가 433년 맺은 나-제 동맹은 삼국시대에 가장 효율적인 동맹으로 삼국이 "정립"하여 장기간 안정된 체제로 유지하는 데에 결정적인 기여를 한 국제체제이다. 이 동맹이 효율적으로 운용되는 한 고구려는 광개토대왕의 시대와 같이 양국을 굴복시킬 수 없었다. 그러나 550년 신라가 동맹을 "배반하고" 한강 유역에서 백제와 고구려를 모두 몰아낸 후에 삼국은 생사를 건 투쟁에 돌입한다. 여기에서도 백제는 한강 유역을 수복한 이후 동맹의 운용이라는 문제를 등한시하여 신라로부터 뒤통수를 맞는 실책을 범한다. 그러나 신라가 동맹국 백제를 배반한 행위는 국제정치에서는 흔한 일이라는 점도 지적한 바 있다.

삼국 중 출발이 가장 늦은 신라는 한강 유역에 진출하면서 급속도로 발전한다. 중국의 문물에 대한 신라인들의 지적 갈증은 중국과 직접 교류하면서 봇물 터지듯이 나타난다. 진흥왕 순수비에 기록된 유교적 통치관이나 "신라의 산골짜기에서 벗어나 바다로 나가 중국에서 스승을 찾으려는" 마음가짐에서 이 시대 중국에 경도된 신라인들의 자세를 엿볼 수 있다. 이후 50년 넘는 교류를 통해 중국이야말로 지식과 문명의 유일한 근원으로 받아들인다. 더욱이 백제와 고구려의 협공에 직면하여 신라가 살길은 중국과의 동맹이라고 판단하며 "나라를 맡기는" 심정으로 중국과의 동맹에 올인한다. 그 결과가 삼국통일인 것이다. 한반도 동남 외진 곳에 위치한 신라가 가장 늦게 출발하여 통일을 이룬 것은 중국 전국시대에 중원이 아닌 서북 외진 곳에 위치한 진(秦)이나 독일의 동북 변방지역에 위치한 프로이센이 발흥하여 통일을 이룬 것과 비슷한 국제정치적 구조가 아닌가 한다.

나-당동맹이 맺어지기 이전 당과 삼국과의 관계에서 신라만이 저자세로 당에 접근했기 때문에 당과의 동맹이 가능했던 것은 아니다. 고구려는 안보적 문제를 해소하기 위해서, 백제는 고구려를 견제하고 신라와의 전쟁에서 당이 친백제는 아니더라도 최소한 중립적 자세를 견지하도록 하기 위해서 당에 접근했다. 조공에서도 고구려와 백제가 신라보다 못하지 않았다. 그러나 신라만이 당과의 우호관계를 외교적 동맹으로, 그리고 군사적 동맹으로 발전시켰다. 이것은 신라의 지속적인 접근책과 당의 삼국정책이 서로 이익이 되는 방향으로 전개되었기 때문이다. 626년 당 태종의 즉위 이후 645년 고구려 침공까지 당의 일차적인 목표는 서북지역에서 장안을 위협하는 돌궐 세력을 제거하는 것이었다. 이것은 곧 당이 삼국 문제에는 적극적으로 개입할 수 없었다는 의미이다. 이에 당은 "정직한 중재자(honest broker)"와 같은 자세로 삼국 문제를 중재한 것같이 보인다. 그러나 이 과정에서 당은 삼국 간의 관계만이 아니라 동북아의 안정을 위해서 해결해야 한다고 믿는 "요동 문제"의 처리방향과 이에 도움이 될 수 있는 국가가 누구인가 주의 깊게 관찰하고 평가했을 것이다.

동맹관계는 강대국이 주도하며 약소 동맹국은 이를 편승하거나 이용하는 것이 최상의 선택이다. 약소국은 자국의 이해에 직접 관련된 국지적 차원(local level) 문제에만 관심이 있는 반면에 강대국은 주변의 문제들을 지역차원(regional level)에서 종합적으로 고려하여 자국의 이해에 주요한 문제부터 우선순위를 정해서 접근한다. 북위나 수에게 고구려를 공격해달라는 백제의 요청이 거절된 것은 그들이 당면한 대외관계에서 고구려 문제가 우선순위에서 밀렸기 때문이다. 혹은 원정에 필요한 준비가 되지 않았을 수도 있다. 이것은 백제와 같은 약소국이 강대국의 정책을 변화시킬 수 있는 수단이 거의 없으며, 강대국의 정책에 의해서 발생하는 기회를 최대로 이용하여 적절한 수준에서 참여하여 그 존재감을 각인시키고 이익을 확보해야 한다는 말이다. 이것이 편승외교의 요체이다. 삼국과 당과의 관계라는 관점에서는 어느 국가가 당의 정책을 정확히 이해하고 이를 이용했느냐는 문제로 귀결될 것이다. 이 경쟁에서 신라가 승리자가 된 것이다.

550년 이후 일취월장한 것 같았던 신라의 국력이 642년 대야성 함락 이후 특히 고구려와 백제의 연합 가능성이 거론되면서 안보 위기감으로 변한다. 신라가 당에 접근하기 위한 구실로 이를 이용했을 가능성을 배제할 수는 없겠지만 당과의 연결망 차단과 서부 방어선의 붕괴는 신라의 외교-국방에서 "사활적(vital)" 문제라는 점에서 신라의 위기의식은 타당성을 가진다. 김춘추는 마치 기다리기라도 한 듯이 고구려로 갔다가 곧바로 당으로 발길을 돌린다. 아마도 550년 이후 중국과의 관계에서 쌓은 경험이 신라 조정에서 수와의 군사동맹을 논의하는 분위기를 조성했으며 궁극적으로 당으로 눈길을 돌리게 한 것이 아닐까? "중국만 잡으면 모든 문제를 해결할 수 있다"는 의식이 저변에 깔려 있었다고 해도 과언이 아닐 것이다. 이것이 대야성 사건이 몰고 온 위기감과 맞물려 일련의 사건들을 전개시키는 원동력이 되었던 것이다. 그리고 여-당전쟁에 5만을 동원하여 고구려 남쪽 경계선을 넘어 당을 지원하는 성의를 보였다. 이것은 백제가 고구려의 수/당전쟁에서 보인 태도와는 확연히 구분되는 것으로 "요동 문제" 해결을 목표로 한 당의 정책과 맞물려 나-당동맹으로 발전하며 먼저 백제에 대한 협공으로 나타난다.

나-당동맹으로 백제의 안보에 유리한 여건이었던 바다라는 자연 방벽이 효능을 잃게 되며 백제는 순식간에 무너진다. 백제인들은 "등 뒤에서 단도에 찔린" 것 같은 심리적 공황상태를 극복하며 부흥운동에 돌입하는데, 이것이 백제의 부흥운동이 고구려보다 훨씬 더 치열했던 배경이라고 할 것이다. 이런 의미에서 백제의 부흥운동은 백제사의 단순한 후기(postscript)가 아니라 그 대미를 장식하는 장(chapter)이며 스스로를 불태우는 최후의 희생 제전이라고 할 것이다. 그러나 부흥운동의 지도부는 초기의 단기적 성과에 만족하여 스스로 분열되며 더욱이 "백제왕국"의 부흥이라는 목표를 향한 종합적인 전략을 가지지 못했다는 점에서 아쉬움을 남긴다.

이제 "통일"문제로 넘어가자. 삼국시대라면 중국에도 있다.『삼국지연의 (三國志演義)』로 알려진 위(魏) 오(吳), 촉(蜀) 삼국이다. 220년 후한의 멸망과 위의 건국에서 오가 멸망하는 280년까지 60년, 후한 말 180년경 혼란기부터 (꼽으면) 약 100년간의 이야기이다. 이에 비해서 한국의 삼국시대는 660년 백제의 멸망과 668년 고구려의 멸망까지 약 700년간 지속된다.

명칭이 같다고 해서 중국과 한국의 삼국시대를 비교할 수는 없다. 중국의 삼국시대는 진-한 약 440년간 통일국가를 이룬 경험을 바탕으로 전개되었다. 이것은 곧 민족적 정체성 위에 과거 통일국가의 "정통성"을 이어받아 "천하통일"을 이루어야 한다는 당위성, 그리고 이와 같은 강력한 정치적 이념이『삼국지연의』의 서시(序詩)나 이어 나오는 첫 구절이 설파한 "천하대세는 나뉜 지 오래면 합치고 합친지 오래면 나누어진다."(天下大勢 分久必合 合久必分)라는 주역적 순환관과 맞물려 강력히 표출되었다. 세력이 가장 약했던 촉조차 정통성을 내세우며 "북벌"을 국책으로 삼았으며, 양자강 이남에서 안주하는 것 같은 오의 손권(孫權)도 위로부터 책봉받은 "왕"의 지위에 만족하지 않고 곧바로 황제의 위에 오른다. 한국의 삼국은 백제가 고구려 왕실에서 나왔지만 양국 간에 정통성 경쟁은 없었다. 신라와 고구려가 각기 다른 시조왕 신화를 가졌다는 사실은 오랜 기간 동안 동류의식이 없었다는 말이다. 이것은 통일과 관련된 여러 문제들을 논의하는 데에 중요한 배경이 되는 것이다. 더욱이 분단의 현실과 편협한 이데올로기적인 사관(史觀)으로 인해서 한국의 삼국시대사는 풍성할 수도 있는 영웅담과 안타까운 사연들이 외면당하고 몇 가지 편린만이 남겨진 것이 아닌가 한다.

형식적인 차원에서 통일은 간단하다. 주변국을 군사적으로 정복하여 통합하면 통일이 된다. 고구려가 부여나 낙랑과 합친 것도 "통일" 혹은 "통합"이다. 신라가 가야를 흡수한 것도 이에 속한다. 중국은 수천 년 동안 북중국을 근거로 활약하던 100개가 넘는 민족이 융합되어 오늘날 한족이 되었다. 이들은 춘추시대 무려 148개국에 이른 제후국이 중도에 합병하여 12개국이 되었으며 춘추 5패와 전국 7웅으로 부침을 거듭하다가 결국 진이 통일했다.6) 독일은 1648년 베스트팔렌 조약에 의해서 300여 개의 영방(Land)으로 나뉘었으며 나폴레옹 전쟁으로 38개국으로 줄어들고 1870년 프로이센의 주도 아래 통일되었다. 슬라브, 마잘, 무슬림들이 혼합되어 있던 오스트리아를 제외한 소독일주의 방식의 게르만 민족국가가 탄생된 것이다.

그러나 통일이 "우리"라는 일체감, 동일한 가치체계, 그리고 이들 감정이 승화된 사회, 정치의식을 동반하지 못한다면 진정한 통일이 될 수 없다. 또 허구적인 "천하"와 같은 의식만을 강조함으로써 "천하일가"로 통합되는 것도 아니다. 진덕여왕 시절 신라가 중국의 연호를 쓰기 시작한 것을 두고 『삼국사기』는 "왕자가 천명을 받아 천하에 교화를 베풀면 모두 그것을 받드는 것"을 "대일통(大一統)"이라고 하고 중국적 천하관 아래 신라가 합류한 것이라고 말하기도 한다.7) 그러나 허구적 천하관과 이를 뒷받침 하는 유교적 이념으로 모든 국가들이 하나가 되었다고 주장하는 타당성을 잃은 논리일 뿐이다. 또 20세기 아랍 민족주의라는 이념만을 앞세운 중동의 통일운동들은, 이집트-시리아, 이집트-리비아, 리비아-수단의 통합에서 볼 수 있듯이 곧 와해되어버린다. 통치 엘리트들 간에 권력분배를 두고 합의하지 못했기 때문이다. 반면 이탈리아나 그리스는 메트리니히의 말을 빌리면 1천년 이상 "국가"가 아닌 "지역(region)"으로 존재했으나 19세기 들어 통일운동이 성공적으로 진척되었다. 이것은 그리스의 민족주의와 반터키적 정서 그리고 로마 제국과 르네상스 시대를 거치면서 형성된 이탈리아의 민족의식이 바탕이 되어 국민들을 통합할 수 있었기 때문이다. 독일의 통일 역시 18세기 이래 전개되어왔던 지적, 문화적 공동체 운동이 통일의 토대가 되었다는 점은 앞에서 지적한 바 있다.

중국도 처음부터 "우리"라는 일체감을 바탕으로 통일을 이룬 것이 아니었다. 기원전 770년에서 진의 통일하는 221년까지 약 550년간 지속된 춘추전국

---

6) 『사기』, 「열전」, "이사열전", 406쪽, 각주 15 참조.
7) 「신라 본기」 제5, "진덕왕" 4년, 153쪽, 각주 29 참조. 여기에서 "왕자"는 왕의 자질을 갖춘 인물을 말한다.

시대의 춘추 5패나 전국 7웅들이 패자(覇者)로 군림하는 것을 목표로 삼았으면서도 이를 중국 전체의 통일로 연결시키지는 못한다. 후일 최초로 통일국가라는 과업을 달성하는 진의 역사에서 중흥을 이룬 효공(孝公)이 기원전 359년 상앙(商鞅)을 초빙하여 수도를 함양(후일 장안)으로 옮기고 대개혁을 단행하여 "통일의 기초를 닦는다." 진의 통일은 이로부터 130년이 지나 이루어지는데, 그렇다면 효공이나 상앙이 분열된 중국을 통일시킨다는 목표를 가지고 개혁을 단행했을까? 상앙은 등용되기 전 군주와의 대화에서 다음과 같이 말한다.

> 오제, 삼왕의 도를 실행하면 하, 은, 주 삼대에 비길 만한 태평을 누릴 것이라고 말씀 드렸더니, 군왕은 "너무나 길고 멀어서 나는 기다릴 수 없소. 현명한 군주는 자기가 재위하고 있을 때 천하에 이름을 나타내려고 하는 법이오. 어찌 답답하게 수십 년이나 수백 년을 기다린 후에 제왕의 대업을 성취할 수 있다는 말인가?"라고 하셨습니다. 나라를 강하게 하는 방법을 말씀드렸더니 군왕은 기뻐했습니다.[8]

상앙이 하, 은, 주를 예로 든 것은 장기적인 차원에서 천하통일을 완성하여 이상적 사회를 건설하려는 목표를 제시한 것이라고 해석할 수 있을 것이다. 그러나 군주는 중-단기적 목표에 집착했으며 상앙도 이에 상응한 정책을 제시했다는 말이다. 효공의 개혁이 진의 통일 과업에서 기초가 된 것은 사실이지만, 그에게는 "부국강병"과 "패자"의 목표를 넘어 서는 "중국 통일"과 같은 목표나 관념은 없었던 것이다.

통일국가를 만들어본 경험이 없었던 삼국인들에게 왜 통일이라는 관념이 없었느냐 혹은 왜 통일이라는 목표를 설정하지 않았느냐고 묻는 것은 어리석은 질문일 것이다. 주변국들의 침략을 이겨낼 수 있는 부국강병이 제1의 목표이며, 그 다음 주변국들을 굴복시켜 패자로서 군림하는 것이 최종 목표였다고 해도 과언이 아닐 것이다. 고구려인에게 필요한 것은 부여, 낙랑 등 눈

---

[8] 『사기』, 「열전」, "상군열전", 91쪽. 상앙의 개혁정치에 대해서는, 이성규(1984), 『중국 고대제국 성립사 연구』(서울: 일조각), 72-94쪽.

앞에 보이는 국가들과의 관계이며 광개토대왕이나 장수왕도 백제나 신라를 "부용국", 즉 속국으로 만들어, 그리고 양국에게 "상국(上國)"의 지위를 확인시키는 것으로 만족한 것이지 통일이라는 마지막 조치를 취하지 않았다. 물론 중국과의 관계 등 현실적인 문제들이 있었지만, 더욱 중요한 것은 "민족"이나 "민족통일"은 그들의 아젠다에 없었다는 것이다. 진의 효공이 통일보다는 패권을 목표로 삼은 것과 유사하다고 할 것이다.

그러면 신라의 통일과정은 어떠한가? 신라가 통일을 시도할 때 "우리가 하나의 민족이기 때문에 합쳐야 한다"는 당위성이나 "우리가 중국보다 약하기 때문에 뭉쳐야 살 수 있다"라는 전략적 사고를 한 것 같지는 않다. "김유신 열전"은 백제의 정치가 파탄에 이르렀다는 말을 듣고 "백제 병탄계획을 더욱 서두르게 되었다"고 하지만, 이것은 민족 통일의식과는 거리가 멀다. 물론 그 이전 진흥왕 시대부터 제도정비와 한강 유역 진출 등을 통해서 삼국통일의 기초를 닦았다. 이것은 진 효공의 개혁과 같이 삼국통일의 전사(前史)로서 중요할 것이다. 642년 대야성 상실 후 신라가 느낀 안보위기감과 개인적 복수심으로 동분서주한 김춘추의 노력이 당의 정책과 맞물려 삼국통일을 낳았지만 이 과정에서도 신라의 지도층에 "민족통일"을 의식하지는 않았다.

1,300년 전 삼국은 민족의식의 맹아가 형성되는 초기 단계에 있었으며, 이를 민족주의적 열풍이 휩쓸던 19세기 유럽의 상황과 비교할 수는 없다. 그러나 와이트가 국제정치에서의 반복성을 강조한 바와 같이 통일의 과정이나 국제정치적 환경 등에서 유사성들이 발견된다. 무엇보다도 7세기 중반까지 수백 년에 걸쳐 접촉과 갈등을 통해서 형성된 "우리"라는 막연한 의식은 19세기 유럽과는 비교할 수는 없겠지만 통일에의 길로 나아가는 데 일차적인 배경이 되었다고 할 것이다. 더욱 중요한 것은 백제와 고구려의 협공을 당하는 신라는 『삼국사기』가 묘사한 대로 고구려가 국경을 넘으면 " 북쪽을 치고" 백제가 침공하면 "서쪽을 막느라" 잠시도 편안한 해가 없었다. 오직 생존을 위해서 이들 양국을 물리쳐야 한다는 의지만으로 오른쪽과 왼쪽을 살필 겨를이 없이 앞으로 나아갔다. 그리고 당과의 동맹으로 통일을 이룩한 것이다.

이것은 "통일"이라는 "이상주의적 목표"가 국제정치에서 실현되는 과정을 적나라하게 보여주는 것이다. 19세기 이탈리아와 독일 통일을 주도한 카브르나 비스마르크가 국제정치사에서 "가장" 현실주의적 정치가로 통한다. 그러나 이들은 대외정책에서 통일을 일차적인 목표로 삼고 추구하지 않았다. 이들은 유럽의 국제관계에서 일차적으로 자국의 안보에 위협이 되는 요소를 제거하고 자국의 발언권과 위상을 높이는 것을 주요 목표로 삼았다. 그리고 냉엄한 국제무대에서 이 목표를 향해 기회주의적으로, 그리고 "어두운 밤에 허둥지둥 헤치며(muddling through)" 나아갔다. 그 결과가 통일이었다. 국제정치에서 이상주의적 목표는 현실주의 정치가들의 냉정한 타산에 의해서 얻어지는 것이다. 신라 역시 "동쪽을 치고, 서쪽을 막으면서" 허둥지둥 지나고 보니 백제와 고구려를 멸망시켰으며, 통일을 이룬 후에야 "아, 우리가 큰일을 해냈구나!" 하면서 기지개를 켠 것이다. 통일의 정신적 바탕은 미약하게나마 존재했지만, 민족의 통합으로 승화시키는 과업은 통일 이후에야 시작되는 것이다.

신라인들이 통일이라는 "위업"을 이루어냈다고 자각한 것이 첫 머리에서 인용한 문무왕의 교서라면 이를 자랑스럽게 내세운 것은 문무왕 이후에 나타난다. 신문왕 3년(683) 고구려 패망 이후 신라에 신속(臣屬)하여 고구려 왕 보덕왕으로 봉한 고안승에게 김씨 성을 내리고 2등급 소판(蘇判)으로 삼아 경주에서 살게 했다.9) 명목상의 왕으로 고구려 선조의 제사를 지내는 것도 중단시키면서 이들을 신라 왕실로 통합하여 명실공히 왕계 일통(王系一統)을 단행하여 통합을 이루려고 한 것이다. 그러나 다음 해 고안승의 조카 고대문이 금마저에서 모반하여 처형되는데, 그를 따르던 무리들이 반란을 일으켜 신라군 주둔군 사령관을 살해한다. 이것은 고구려 유민들이 고구려 멸망 16년이 지나도 신라의 완전 흡수에 저항했다는 말이다.

그 다음, 신문왕 12년(692) 당에게 "삼한통일"의 "공업(功業)"을 말한다. 당의 사신이 와서 무열왕 김춘추가 희대의 영걸인 당 태종 이세민과 같은 "태종"이라는 묘호를 쓰느냐고 힐난하면서 고칠 것을 명한다. 이에 신라는 "선왕

---

9) 「신라 본기」, 제8, 신문왕 3년, 210쪽. 문무왕 20년 왕의 누이와 안승을 혼인시킨다(203쪽).

춘추는 어진 덕망이 있고……삼한을 통일했으니, 공업을 이룬 것이 적다고 할 수 없다"면서 이 사실을 사신이 보고해주기를 바란다고 말한다. 완곡하나마 "태종"이라는 묘호를 바꾸지 못하겠다는 의사를 표시한 것이다.10) "삼한의 통일"로 이제 단일민족을 이루었다는 의식이 구체화된 것이다. 신라인의 통일에 대한 자각은 또 비록 완수하지는 못했지만 수도 이전 시도에서도 나타났음을 지적한 바 있다.(제10장 참조)

이제 통일과 민족문제로 넘어가자. 국제정치에서 "민족"의 안티테제는 "외세"이다. 이것은 국제정치적 현실에서 "민족"이나 "통일"과 같은 이상주의적 목표는 "외세"와 양립할 수 없으며, 이를 극복하거나 타협해야 가능하다는 말이다. "외세"가 민족문제에 개입하면 냉엄한 권력정치(power politics)에 휩싸여 민족은 동맹과 반동맹으로 분열된다. 동족의식이 없는 동맹국들이 제3국을 공격하여 분할하면 그것으로 끝난다. 폴란드의 분할이 그 사례이다. 그러나 같은 민족 간의 대결에 제3의 세력인 "외세"가 끼어들면 민족의 일부를 희생하지 않을 수 없게 된다. 이와 같은 현상은 나-당동맹과 백제, 고구려 멸망에 한정된 것이 아니라 국제정치에서는 흔히 일어난다. 고대 그리스에서는 아테네와 스파르타는 전쟁 중 페르시아를 제 편으로 끌어들이기 위해서 경쟁하며 결국 소아시아의 그리스 도시국가들을 포기한다. 로마 시대 갈리아 지방에서도 비슷한 사례들이 발견된다.(제5장 참조)

한국사에서도 "외세와의 짝짓기"는 삼국통일 이전부터 발견된다. 고구려와 부여가 경쟁하는 과정에서 양국은 서로 중국과 손을 잡으려고 했다. 같은 핏줄, 종족이라는 점을 인정하면서도 양국이 생존을 위해서 이민족인 중국과 연합하는 데에 조금도 주저함이 없었다. 백제와 고구려 간에도 백제는 북위나 수-당과 함께 고구려를 공격하겠다고 제의한다. 그리고 신라가 당과의 동맹으로 백제, 고구려 멸망시킨 데서 외세와의 짝짓기는 그 절정에 이른다.

신라가 당과의 동맹을 통해 삼국을 통일한 것과 사르디니아가 프랑스와 동맹을 맺어 이탈리아 통일을 성취한 국제정치적 구조가 유사하다는 점을

---

10) 「신라 본기」 제8, 213-214쪽. 그후 당으로부터 별다른 조칙이 없었다.

지적한 바 있다. 신라나 사르디니아는 원하지는 않았지만 적국을 물리치기 위해 "적과의 동침"이 필요했다. 당연히 동맹국의 지원을 빌린 신라나 사르디니아의 통일은 완벽한 것이 될 수 없었다. 신라의 경우 동맹의 다른 축인 당이 전리품의 일부를 요구하는 것 역시 당연한 것은 아닌가? 동맹국들이 승리한 뒤에 전리품 분배를 두고 일어나는 분쟁이 곧 나-당전쟁이다. 특히 통일된 이탈리아나 신라를 여전히 약한 상태로, 혹은 안보상의 위협이 되지 않도록 만들어두려는 프랑스나 중국의 정책적 의도는 동일한 것이다. 그러나 당은 프랑스와는 달리 전리품을 독식하려고 했다.

나-당전쟁은 전략적인 차원에 양측이 모두 "최소-최대 목표"의 중간에서 타협한 것이라고 할 수 있다. 당은 최대 목표는 삼국을 모두 병탄하는 것이다. 그러나 서북 국경 문제와 고구려 멸망 이후 요동 문제에 당면한 당으로서는 우선순위에서 낮은 신라와의 분쟁은 계속할 여력이 없었다. 특히 안동도호부를 거의 매년 옮겨야 할 정도로 요동 정세가 혼란스러웠다는 것은 고구려의 멸망 후에도 고구려 문제의 본질인 요동의 안정이 여전히 해결되지 않았다는 말이다. 이에 신라가 당의 안보에 위협이 되지 않은 선에서 북상을 멈추는 것으로 타협한 것이다. 신라의 최대 목표는 당 태종과의 약속대로 대동강-평양까지 진출하는 것이었다. 그러나 삼국을 병탄하려는 당의 야망에 맞서 초기에는 일진일퇴하고 마지막 단계에서는 연전연승하지만 당을 평양 이북으로 몰아내기보다는 신라의 국력만 소진되었다. 약소국의 "연전연승"은 진정한 승리가 아니라 "큰 희생이 따른 승리(Pyhrric victory)"이며 결국 독이 되는 것이다. 이에 신라는 당의 위협으로부터 안전선을 확보하는 중간 목표에 만족하지 않을 수 없게 된다. 이것이 곧 백제 땅을 모두 차지하고 한강을 넘어 오늘날 휴전선과 유사한 임진강 방어선까지 밀고 올라간 것으로 타협한다. 이로써 신라는 안보에 필요한 최소한의 방어선을 확보한 것으로 평가할 수 있을 것이다. 대동강까지의 진출은 발해의 등장 이후 당-발해-신라 관계라는 구도에서 성덕왕(736) 때에 이루어진다.

이제 1,300년 전의 삼국시대를 되돌아보면서 신라의 삼국통일의 공과(功過)를 고구려 영토 상실이란 과오를 한쪽 끝에 두고 단일민족 국가의 건설이란 성과를 다른 한쪽에 두는 연속선상에서 어디쯤 존재한다고 평가할 수 있을까? 역사적 평가는 처칠의 경우에서 보았듯이(제10장 참조) 당시의 상황에 대한 정확한 이해를 바탕으로 장기적인 관점에서 이루어져야 한다. 삼국통일 당시의 상황에서 가장 중요한 것은 민족감정의 존재여부일 것이다. 만약 고구려, 백제, 신라 간에 민족적 감정이 존재하지 않았다면 신라와 당이 백제, 고구려 영토를 "분할"한 것으로 간단히 끝날 수 있다. 그러나 민족적 일체감이 존재했다면, 이 분할은 곧 영토의 상실이다. 이 문제에 대한 해답은 신라의 통일 후 단일민족으로 살아온 오늘날 우리들의 관점이 아니라 삼국의 주체들이 어떻게 인식했느냐는 것이 중요할 것이다.

민족적 관점에서는 신라가 고구려의 영토까지 모두 장악하고 고구려를 능가하는 강력한 국가를 건설하여 중국과 맞서면서 고구려가 누렸다고 믿는 "영광"을 재현하는 것이 최선의 과정일 것이다. 이 과정에서 농경적 한반도와 유목적 만주의 요소가 원활하게 조화를 이루었을지 혹은 분열로 이어졌을지는 예측할 수 없다. 한민족이 만주와 한반도를 아우르는 제국을 건설하고 농경적 경제와 거란, 여진, 말갈 등으로 대변되는 유목적 요소와의 갈등을 성공적으로 융합할 수 있었을까? 그리고 이를 통해서 만주를 영원히 보유할 수 있었을까? 이후 역사는 고구려 멸망 후 거란, 여진 등의 유목 민족들이 스스로의 정체성을 확립하면서 요, 금, 청 등의 제국을 수립되는 방향으로 진행된다. 한민족과 유목민의 혼합 국가인 고구려가 그 선도적 역할을 한 것은 아닌가? 그리고 멸망과 함께 한민족적 요소는 신라에 흡수된 것은 아닌가?

중국과의 관계는 어떻게 전개 되었을까? 고구려를 안보 위협으로 간주했던 중국은 고구려보다 더 강력해진 통일신라를 당연히 심각하게 받아들였을 것이다. 고구려에게는 후방에서 고구려를 견제할 수 있는 백제와 신라가 있었지만, 신라는 후방이 안전하다는 점에서 중국에게는 더 위협적이었을 것이다. 그 결과는 무엇일까? 중국제국과 이에 대항하는 한민족제국이 동아시아에서 양극체제를 이루었을까? 아니면 일본, 몽고, 신강, 티베트 등 여러 국가들과 함께 유럽식 다극 세력 균형체제를 형성했을까? 국제정치에서 양극체제는 불안정한 체제이다. 일본은 섬나라이며 영국과는 달리 역사적으로 대륙의 정치적 변화에 간헐적으로 관심을 가졌을 뿐이다. 몽고 등 중국 주변의 국가들이 장기적으로 중국을 상대하기에는 피할 수 없는 태생적 취약성을 가지고 있다. 바로 인구 문제이다. 주변지역들이 스스로의 동력으로 강력한 군사력을 건설하여 중국에 대항하고 때로는 중국을 정복하기도 했지만 장기적으로 중국에 압도당하는 것은 바로 이와 같은 취약성 때문이었다.

그렇다면 만주까지 차지한 신라가 중국과 대립하는 상황은 어떻게 전개되었을까? 요, 금을 건설하여 송을 남쪽으로 밀어낸 거란과 여진같이 되었을까? 혹은 누루하치가 만주의 여러 민족들을 통합하여 "만주족"을 만든 것과 같이 한민족이 주도하여 만주의 여러 민족들을 통합한 새로운 민족을 탄생시켜 중국 본토를 정복하여 270년간 다스린 청제국의 길을 밟았을까? 이로써 "사이팔만(四夷八蠻)이 모두 한 번씩 중원을 정복하고 황제로 칭했거늘, 그러지도 못한 작은 나라에서 나서 살다가 죽는 것을 한탄한" 백호(白湖) 임제(林悌)의 한을 풀었다고 좋아해야 할 것인가? 그러나 이들이 모두 한족에 동화되어 지금은 역사에 흔적조차 남기지 않고 있다는 것은 무엇을 의미하는 것인가?

이 연구에서는 "일본"은 크게 부각되지 않는다. 이것은 일차적으로 한국인의 국제정치적 행위라는 주제에서 일본의 영향이 크지 않았기 때문이다. 중국의 사료를 주로 이용한 김부식은 일본과의 관계를 기록한 사료들을 볼 기회가 많지 않았거나 그의 중화주의적 경향으로 일본과의 관계를 의도적으로 무시했을지도 모른다. 그러나 저자가 중요시한 것은 『일본서기』라는 기본사료에 대한 신뢰이다(물론 중국이나 한국의 사료들에 대해서도 이 연구는 많은 의문점을 제기한 바 있다). 고대 일본사의 전문가는 아니지만 역사상 나타난 제국들이 국제관계, 특히 주변 국가들과의 관계를 운영한 경험과 능력, 그리고 축적된 기법에 비추어 『일본사기』의 기록은 신뢰할 수가 없기 때문이다. 오히려 일본인들의 정신사적인 흐름을 읽을 수 있는 좋은 자료라는 인상을 받았다. 그러나 교토, 나라 지방에 흩어져 있는 한반도 국가들과의 교류가 남긴 유적이나 또 신라 초기 왜와의 접촉 등을 고려하면 완전히 무시할 수는 없는 문제이다. 그러나 초기 한국-일본의 접촉이 한국인의 국제정치적 행위를 형성하는데 남긴 유산이 일본에 대한 불신과 증오심 외에 무엇이 있는지 추적하기 어렵다는 점이다.

　삼국의 국제관계와 신라의 통일과정은 오늘날 통일 문제에 직면한 우리에게 여러 교훈을 준다. 19세기 유럽에서만이 아니라 제2차 세계대전 이후 분단된 국가들의 통일은 이상주의적 대전략에 의해서 평화롭게 이루어지지 않았다. 이슬람 민족주의라는 기치 아래 국가 대 국가로 통합한 이집트나 시리아 등 중동 국가들이나 남-북 예멘의 통일은 일시적으로 성공한 듯이 보이는 경우도 있었으나, 통합 이후 새로운 체제에 포함된 정치적, 경제적, 사회적 "세력/힘"들 간에 새 체제에서 역할이 적절하게 분배되지 못하여 통일은 곧 와해된다. 이것은 현재의 분단 한반도에서 대한민국의 새 정권이 들어설 때마다 발표하는 "3단계 통일안", "민족화합 민주통일" 등등……통일방안이나 북한의 "고려연방제" 등은 모두 이상적 구호에 불과한 것이라는 의미이다. 남북한 제시하는 통일 방안의 첫 단계는 남북교류이다. 남북 간에 교류가 시작되고 북한 주민들이 남쪽으로 내려오는 순간 마치 1860년 이탈리아 통일이나 1990년 독일 통일과 같은 상황이 순식간에 전개될 것이라는 점은 너무나 명백한 사실이 아닌가? 이 경우 어떤 정치권력이 이를 저지할 것인가?

　또 주변의 4대 강국들은 한반도에 대해서 구체적 이해를 가지고 있다. 통일한국은 통일신라보다 더 강력한 세력으로 동아시아 무대에 등장할 것이다. 통일한국이 과거의 향수에 젖어 "잃어버린 영토의 회복(irredentism)"을 내세우면, 중국은 어떻게 반응할 것인가? 물론 외세의 개입 없이 한국민의 자체적인 동력으로 통일이 이루어지는 것을 중국이 막을 수는 없을 것이다. 그러나 앞으로 등장할 통일한국 정부에게 북한-중국 간에 체결된 국경조약을 인정하라는 것이 "최소 요구"라는 점은 쉽게 알 수 있을 것이다. 러시아 역시 역사적으로 한반도를 그들의 "극동 안보체제"에 포함시키고 있다. 이것은 러시아 접경지역의 중립화가 그들의 최소 요구 조건이라는 말이다. 러-일전쟁 후와 일제강점 시기의 일본-러시아 관계가 이를 말해준다. 더구나 강대국들은 "변화"보다는 현상 유지를 선호한다. 변화는 예측하기 어려운 미래이기 때문이다. 통일한국의 대외정책이 어느 방향으로 전개될지, 그리고 어떻게 대처해야 할지 고민하기보다는 분단 상태로 남겨두는 것이 관리하기 편리할 것이다.

북한의 민주화도 문제이다. 이 역시 허황된 구호가 아니다. 통일이 평화적으로 진행될 경우 가장 극복하기 어려운 문제는 양측 엘리트 집단이 자신들의 기득권을 포기하지 않으려는 것이다. 이것은 한국의 민주화 과정 초기에 정권이 바뀌어 질 때마다 전(前) 정권의 실력자들이 비리에 연루되어 감옥으로 간 사실에서 잘 알 수 있을 것이다. 즉 정권교체가 원활하게 이루어지기 위해서는 정치권력의 행사가 투명해야 하며 이것은 곧 사회 전체의 민주화가 필수적이라는 말이다. 북한의 권력자들이 통일 이후 기득권을 잃고, 동독의 비밀경찰 슈타제 문서들이 공개되면서 전 동독관리들이 줄줄이 감옥으로 가는 상황을 견딜 수 있을까?

이 모든 것이 통일 문제야말로 이상적 관념이나 허술한 사회과학적 담론에 의해서가 아니라 역사에 대한 철저한 이해를 바탕으로 현실적인 자세로 접근해야 하는 이유이다.

하나의 민족이 르네상스를 이루기 위해서는 과거에 대한 냉철한 분석과 비판을 통해서 자기부정과 반성의 과정을 거치는 것이 필수적이다. 불행했던 우리의 과거를 남의 탓으로 돌리거나 적당히 덮어두고 미화하는 것으로는 미래에 전개될 유사한 상황에 "창조적으로" 대응하여 극복할 수 없기 때문이다. 이것이 삼국통일 문제를 통해서 이 연구가 궁극적으로 제시하려는 것이다.

후기 : 역사학과 국제정치학

　이 책은 "비역사학자"가 쓴 삼국시대, 특히 삼국통일을 중심으로 한 삼국시대의 역사이다. 또 "삼국시대 비전문가"가 해석한 삼국시대의 국제관계이다. 저자는 역사와 관련된 글들을 써왔지만 한국 학계에서는 "정치외교학" 교수로 분류되기 때문에 기존의 역사학계에서 보면, 사회과학적 마인드를 가진, 그래서 정통 역사학자는 아니다. 이 책에서는 "역사적 자료에 근거하지 않는" 추론과 문제점들이 계속 제시되었다. 이 역시 "역사적 자료"에 크게 의존하는 한국 역사학 연구의 분위기에서는 이단일지 모른다. 그러나 역사학자로서의 엄격한 제약에서 "어느 정도" 벗어나서 자유로운 입장에서 생각해 보고 가설을 제시하고 또 이를 바탕으로 분석, 비판할 수 있다는 점을 다행스럽게 생각한다. 물론 역사적 지식의 빈곤으로 인하여 자료 인용이나 해석에서 적절하지 못한 한계도 있을 것이다.

　이 연구의 주제인 "한국인의 국제정치적 행위의 근원과 패턴(유형), 신라의 통일로 종결지어지는 삼국시대의 국제관계사"는 굳이 학문분야로 구분한다면, 역사학과 국제정치학이 겹치는 외교사, 국제정치사에 속한다. 사회과학이 사회적 존재로서의 인간을 탐구하는 학문이라면, 역사학은 과거의 사회적 인간을 탐구하는 학문이다. 여기에 국제정치학이 들어가면 인간과 사회에 대한 이해를 바탕으로 국제정치적 의미를 가지는 역사적 사실을 규명하는 작업이 될 것이며, 나아가서 정치적, 사회적, 법적 및 제도적, 그리고 관습 등 사회환경과 사회관계, 사회관계를 지배하는 힘과, 인간 혹은 인간집단이 스스로 사회적, 역사적 역할을 규정하고 이것이 표출되는 방식, 그리고 이에 대한 평가 등의 총체적 의미에서 역사성을 이해하고 해석하는 작업이 될 것이다.

이 작업을 위해서는 당연히 사료(史料)라고 통칭되는 과거의 자료가 필요하다. 그러나 사료가 문자로 쓰인 것이든, 그림이나 기호 등 다른 방식으로 남겨진 것이든, 애매모호하거나 수사적 기법으로 묘사된 것이든, 직설적으로 표현된 것이든 간에 역사성에 기초하여 통찰력 있게 분석할 수 있어야 사료로서 진정한 가치를 발휘할 수 있을 것이다. 사료의 가치를 판단하고 혹은 사료에 가치를 부여하는 것은 연구하는 사람의 지적, 학문적 능력이다. 필요하다면 사료에 대해서 의문을 제기할 수 있어야 한다. 이것이 역사연구에서 새로운 지평을 여는 것이다. 연구자가 이와 같은 기본자세를 망각하면, 사료 제일주의에 매몰되어 역사적 사건의 정확한 의미를 파악하지 못하고 엉뚱한 결론에 도달하거나, 무엇을 왜 연구하려고 하는지 모른 채 미로를 헤매게 될 것이다.

저자는 국제정치학과 역사학 간의 간극을 메울 수 없다고 생각하지는 않는다. 역사학 전공자와 공동강의를 해본 적도 있다. 그러나 곤혹스러운 순간들이 있었음을 솔직히 고백한다. 그중 한국사, 특히 근대사를 전공하는 학자들 중에 국제정치학을 "제국주의의 학문"이라고 매도하는 사람들을 간혹 만날 때이다. 모든 해석이 강대국 중심이며, 우리의 관점이나 해석이 존재하느냐, 외세의 개입으로 한국 근현대사가 왜곡되고 분단으로 이어진 것이 아니냐고 비판한다.

"우리의 것"을 찾는 자세는 나무랄 일이 아니다. 그러나 인간과 인간이 만든 사회, 그리고 인간의 사회적 행위에 대한 성찰이라는 문제의식이 선행되어야 한다. 인간사회는 직설적으로 표현하면 강자가 지배한다. 조선시대 유교적 인정론(仁政論)을 내세우기도 하지만, 한국사에서 강자가 약자를 진심으로 배려하면서 조화롭게 살았던 시대가 있었던가? 개항과 개화기, 동학운동, 일본의 병합, 3/1운동, 해방과 독립국가 건설, 5/16, 5/18로 이어진 우리의 근－현대사에서 우리가 믿는 "정의"가 실현된 적이 있었던가? 이 모든 진행과정에 정의롭지 못한 제국주의자, 외세가 개입했기 때문에 우리의 역사는 왜곡되었던가?

　국제사회는 현실주의적 관점에서, 그리고 직설적으로 말하면, 아프리카 초원과 같은 "자연 상태"이다. 여기에서 사자에게 잡힌 얼룩말이 "나는 아직 죽기 싫으니 다른 먹이를 찾아보라"고 한다고 해서 사자가 동의하지 않는다. 제국주의에 대한 이해는 곧 국가행위에 대한 이해이며, 나아가서 탐욕스러운 "사회적 인간"에 대한 이해이다. 이와 같은 사실을 외면하면 한국사의 진정한 이해는 불가능할 것이다. "정의롭지 못한 역사"가 일어나게 만들었다고 믿는 "국제정치적 배경과 구조"를 찾는 작업이 곧 역사적 진실을 규명하는 것이며, 굳이 실용성을 내세운다면, 정의롭지 못한 역사의 반복을 막는 길이 될 것이다.

　국제정치학은 또 "만약"이라는 가정을 남발한다고 한다. 실증적 증거를 바탕으로 논의를 전개시키는 역사가의 입장에서는 타당한 비판일 수 있다. 그러나 여러 가정들을 제시한다는 것은 터무니없는 상상력을 무분별하게 내뱉는 것이 아니라, 진리 탐구의 중요한 메커니즘인 지적 상상력을 발동하는 것이다. 역사적 자료에 의문을 제기하면서, 그리고 "만약"의 경우를 설정하면서 기존의 해석을 뒤집어 검토하는 것은 지적 활동의 일부이다. 더구나 국제정치적 상황에서 가설은 현실적으로 제한되어 있다. 예를 들면, 한국이 외국과 동맹을 맺을 범위를 순수한 가설의 차원에서 설정한다면 한-미, 한-일, 한-중, 한-러, 한국-인도, 한국-나이지리아 동맹, 그리고 중립 등등…… 끝이 없을 것이다. 그러나 "실현 가능성"이라는 관점에서 보면, 한국의 선택의 폭은 극히 제한적이다. 지적 상상력은 이와 같이 제한적 상황에서 작용하는 사회관계, 국제정치의 구조 등 여러 요인들을 검토하는 데에 동원되는 것이다.

　인간의 지적 탐구라는 오랜 역사에 비추어보면, 학문의 세분화는 극히 최근의 산물이다. 인간이 밤하늘의 별들을 보고 주변 환경을 관찰 예측하는 등 지적 능력을 발휘하고, 또 인간들이 만들어가는 사회에서 발생하는 여러 사회현상들을 체험하면서 인간의 지식은 "통합적으로" 발전한다. 여기에는 자연과학과 인문학의 구분이 없다. 그러나 학문이 비약적으로 발전하면서 원소기호, 에너지, 권력, 재화와 같이 자연과 사회현상의 한 측면을 설명하는 기본개념들이 생겨나며, 이로써 학문의 세분화가 촉진된다. 학문의 세분화는 각 분야의 전문성을 높이며, 그 분야의 전문가들만이 대화가 가능한 지식체계를 탄생시킨다. 물리학자들이 칠판에 써놓은 수학 풀이를 이해할 수 있는 인문학자나 사회과학자는 별로 없을 것이다. 반면 전문성이라는 칸막이에 막혀 사회현상과 자연현상을 총체적 시각에서 관찰하는 능력을 잃게 되고 진리탐구라는 본래의 목표를 상실하게 만드는 부작용도 나타난다. 화산에 대한 연구도 화산 지자기, 화산물질, 화산운동 연구 등으로 분리되어 진행되고 "화산이란 무엇인가"에 대한 물음에는 명쾌한 답을 내놓지 못한다고 한다. 인문학과 사회과학 분야의 파편화 현상과 그 부작용은 오랫동안 지적되어온 것이어서 더 이상 말할 필요가 없을 것이다.

총체적, 종합적 관점을 강조한다는 것이 물론 전문적 지식의 중요성을 경시한다는 말은 아니다. 한국인의 "국제정치적 행위"와 "삼국통일"이라는 주제를 연구하는 데에는 총체성과 전문성이 모두 필요하다. 역사와 외교사 연구는 일차적으로 역사적 자료, 사료에 의거한다. 그동안 국사학계와 동양사학계는 『삼국사기』를 비롯하여 중국 "정사(正史)"에 포함된 「조선전」을 번역, 출간했으며, 이들 성과가 이 연구의 출발점이다. 깊이 감사드린다. 그러나 전문성이라는 관점에서 한 가지 문제점을 제기하지 않을 수 없다. 우리가 한국의 경제상황에 익숙하다고 하더라도 경제학이나 경제이론에 관한 지식이 없다면 "한국경제"나 "한국경제사"에 관한 글을 쓰지 못한다. 또 한국의 소설이나 시를 여러 편 읽었다고 해서 문학이론에 무식한 채 "한국문학사"를 쓸 수 있을까? 그러나 국제정치학에 대해서 전문적 지식이 없어도 한국사에 관한 지식이 있으면, 누구나 "한국외교사"를 쓸 수 있다고 생각한다. 그 이유는 무엇일까?

외교사는 고전적 의미에서 역사학의 중심 분야이다. 국가의 성립과 발전은 내적 역동성과 대외관계가 서로 엉켜 전개되기 때문이다. 그러나 역사학의 발전과 함께 역사학의 관심분야도 다변화되면서 외교사는 표류하게 된다. 특히 마르크시즘 등 근대 이후 역사서술론의 영향 아래 외교사는 "외교관들 간의 대화", "강물 표면에 일어나는 물결"에 불과한 것으로 인식되어 주변부로 밀려난다. 더구나 대부분 학문분야들이 전문화되면서 세분화의 길을 걷고 있을 때, 국제정치학은 다른 분야를 흡수하면서 오히려 통합으로 나아갔다. 1971년 미국과 중국 간의 탁구시합조차 국제정치에 끼어들었으니 말이다.

이와 같은 이유들로 외교사는 역사에 대한 지식이 조금만 있으면 누구나 쉽게 쓰고 가르칠 수 있다고 생각한다. 이 결과 경제사, 과학사 등과는 달리 외교사의 전문성은 쉽게 잊힌다. 그러나 국제정치의 단위로서의 국가의 성격, 국제체제와 그 변화의 동인 및 운용, 국가들 간의 협력과 갈등의 현상으로서 전쟁과 동맹, 그리고 그 운용에 관한 이해, 외교정책의 수립에서부터 집행-평가과정, 최근에 중요시되는 국제경제 등 여러 요소에 관한 최소한의 국제정치학 지식 없이 외교사, 국제정치사를 바르게 쓸 수 있을까?

연구과정을 통해서 저자의 관심이 약간 변질되었음을 고백해야 할 것 같다. 물론 한국인의 국제정치적 행위의 근원과 삼국통일이라는 본래의 목표에는 변함이 없다. 여기에 『삼국사기』라는 "고전 읽기"가 추가된 것이다. 한국의 가장 오래된 역사서인 『삼국사기』를 기본 텍스트로 삼았기 때문이다. 고전 읽기는 "해석"의 문제이다. 앞에서 사회현상에 대한 이해와 해석은 총체적이어야 한다는 점을 강조한 바 있다. 고전 읽기가 이에 해당한다. 진실이 밝혀지지 않는 과거를, 처칠의 표현을 빌린다면, "수수께끼 안에 '신비'로 감싸여 있는 수수께끼"와 같은 과거를 껍질을 하나씩 벗겨나가야 하는 것이다.[1] 그 해답은 역시 처칠의 말처럼 텍스트 안에 있다. 『삼국사기』도 마찬가지이다. 그러나 한국인의 국제정치적 행위에서 "인간"으로서의 속성과 이후에 형성된 "한국인"으로서의 속성을 어떻게 이해하고 해석할 것인가라는 문제의식을 계속 유지해야 한다. 오늘날의 필요성에 맞추어 "한국인"을 너무 부각시키면, 역사적 진실을 규명하려는 원래 목적은 왜곡될 것이다. 『삼국사기』, 「고구려 본기」를 읽은 독자라면, 고구려가 "동아시아 최강국"이었다고 민족

---

1) "I cannot forecast to you the action of Russia. It is a **riddle, wrapped in a mystery, inside an enigma**; but perhaps there is a key. That key is Russian national interest." Winston Churchill's quotation, made in a radio broadcast in October 1939.

적 감정에 영합하는 주장이 얼마나 허구적인가를 알 수 있을 것이다.2)

『삼국사기』의 표현은 포괄적이다. 이것은 곧 해석의 여지가 많다는 것이다. 『삼국사기』의 어느 한 페이지를 펴보자. 고구려 장수왕이 죽기 1년 전인 왕 78년(490) 7월과 9월에 위에 사신을 보내 조공했다는 것이 전부이다. 독자는 묻는다. "이 해에 일어난 고구려의 국가적 사건들 중에 조공 외에는 없었나?" 왕 69, 74, 75년 기사도 모두 조공에 관한 한 줄뿐이다. 왕이 죽는 79년에도 2번 조공했다는 기사와 왕의 사망에 관한 기사만을 싣고 있다. 이쯤 되면 독자는 고구려에게 조공이 가지는 의미를 다시 물어보아야 할 필요성을 느낄 것이다. "조공이 뭔데 이것만 기록하고 있나? 그 대상인 북위는 도대체 어떤 나라인가? 고구려 최고의 전성기를 열었다는 천하의 장수왕이 왜 이렇게 열심히 조공을 보냈나? 98세인 왕이 죽기 전에 왕위계승이나 다른 국내적 문제들은 없었나?" 등등이다. 이것은 곧 "고전 읽기는 저자와의 대화"라는 말이다. 고대 사회를 복원하는 첫걸음이며 인문학이 가지는 "발견"의 의미이다.

고전 읽기에는 지적 상상력이 요구된다. 신라는 6세기 초 약 40년간 정부 및 사회제도를 획기적으로 정비한다. 순장 금지, 선박 이용제도 제정, 병부 설치, 불교 도입도 그중의 일부이다. 이 조치들은 무엇을 의미하는가? 순장 금지는 인간의 존엄성에 대한 인식이 높아진 탓인가, 아니면 노동을 제공하는 노예 가격이 높아졌기 때문인가? 새로운 종교의 교리와도 관계가 있는가? 선박 이용제도가 만들어졌다면, 낙동강 등을 통한 수송이 그만큼 빈번해졌다는 말인가, 수송은 물류 이동만을 위한 것인가, 인적 이동도 포함되는가, 낙동강 전선의 어느 부분에 군대를 이동한다면 이것은 일시적인 조치인가, 이에 관한 법령이 만들어졌다면 지속적인 것인가, 지속적이라면 신라의 대외정책과 군사정책에서 그 목표가 무엇인가?……등등 질문이 계속 이어질 것이다. 문헌을 통해서 해답을 찾아야겠지만, 그렇지 못하면 자신의 지식체계에 바탕을 둔 지적 상상력에 의존할 수밖에 없다. 여기에서 역사학과 사회과학 간의 지적 교류의 필요성이 절실히 느껴질 것이다.

---

2) 예를 들면, "쓰레기 널린 고구려 성터……고분 위엔 전깃줄이 지나가고,……중국 요동지역 '초기 고구려 유적지' 가보니", 「조선일보」 인터넷 판(2010.01.27, 11:09) 참조.

국제정치학의 고전 읽기는 또 국가의 정책을 입안하고 추진하는 왕이나 수상, 혹은 전쟁터의 지휘관이 되어 생각해보는 것이다. "고구려의 남하"에 대항하는 백제의 입장을 생각해보자. "우리(백제)는 어떻게 대응해야 하나? 단독으로 싸우기는 벅찬데……신라에 사신을 보내 동맹을 맺어볼까? 그런데 그동안 싸움만 하던 신라가 응할까? 그러면 선물을 보내 설득해볼까?"…… 하는 식이다. 100년 이상 유지되어온 나-제동맹을 통해서 고구려를 한강 유역에서 몰아냈을 때 "내가 신라의 진흥왕이라면 이 기회를 어떻게 활용할까?" "동맹에 살고 동맹에 죽는다는 식으로 백제와의 동맹을 충실히 지킬까?" "그렇다고 과거 원수처럼 지내던 백제가 앞으로도 동맹을 지킬 것이라고 누가 보장할까?" "그러면 우리가 선수를 쳐서 고구려 성들을 빼앗아버린다?" 등이다. 본문만으로 해석이 충분하지 못하다고 판단되면, "저자가 이 부분을 서술하는데 빼 먹은 것이 없을까?" 등으로 사고를 한 단계 더 발전시켜보는 것이다.

저자가 박사학위논문을 쓸 때 지도교수였던 이언 니쉬 교수는 저자에게 영국 외교문서가 보관되어 있는 공문서 보관소(Public Record Office, PRO)에서 작업을 빨리 시작하라고 몇 차례 독촉한 적이 있었다. 공문서 보관소는 1970년대 중반까지만 해도 저자가 공부하던 런던 정경대학에서 길 하나를 건너에 있었다. 니쉬 교수는 친절하게 저자를 데리고 가서 공문서 보관소 이용방법을 가르쳐주었다. 그러나 아직도 읽어야 할 책이 많은데, 그리고 2차 연구서들을 통해서 어느 정도 아이디어를 정리한 다음에 외교문서를 보아야 할 것으로 생각하고 공문서 보관소에 가는 것을 계속 미루었다. 그런데 이 양반이 화를 내는 것이었다. 자신이 일차자료를 읽으면서 스스로 해석하고 정리하는 능력을 키우고 이를 통해서 자신의 지식체계를 갖추어야지, 그리고 "나의 이야기"를 써야지, 왜 남이 공부한 것을 보고 이를 추종하고 정리하여 "남의 이야기"를 쓰려고 하느냐, 그러면 독창적인 글이 나올 수 없다는 것이다. 물론 어떤 시기나 사건에 대해서 기본 지식은 있어야 할 것이다. 그러나 더 중요한 것은 원전 텍스트를 지금까지 쌓아온 나의 지식체계에 비추어 해석하는 훈련을 쌓아야 새로운 지식의 지평이 열린다는 것이었다.

저자는 외교문서를 읽어가면서 그 중요성을 깨달았으며, 이후 공부하는 데에 하나의 지침이 되었다. 외교관들은 100년이 지난 후 "학자들"이 자신의 보고서를 읽으며 연구할 것을 "예견하고" 보고서를 작성하지는 않는다. 본국과 주재국과의 관계에서 파노라마같이 전개되는 사건들을 국가이익이라는 관점에서 평가하고 "시간에 쫓기면서" 보고하고 대책을 건의한다. 그러나 한 사건의 역사적 의미는 글쓴이의 생전에 곧바로 나타나는 것이 아니다. 외교 "문서철"은 잡다한 사건들을 "적당히 사안별로 나누어" 정리해놓은 것에 불과하다. 1,000매를 묶어놓은 한 문서철을 다 보아도 연구에 직접 관련된 것은 하나도 건지지 못하는 경우도 있다. 이같이 뒤죽박죽 섞여 있는 사안들을 추적하면서 퍼즐을 풀듯이 앞뒤를 맞추어보고 그 의미를 되새겨보면 지금까지 알려지지 않은 창이 열린다. 별개의 것으로 보이는 사건들의 조각들을 연결하며 해석하는 것이 바로 연구자의 몫인 것이다. 삼국시대에 관한 기존의 연구서들 중에는 이와 같은 이유에서, 또 저자의 게으름 탓으로 이 원고가 작성된 이후에 접한 책들이 많다. 주요한 부분은 본문에 넣었지만 주로 각주에서 언급했다.

저자는 『삼국사기』를 전문적으로 연구하지 않았다. 이 연구를 위해서 몇 년 동안 읽었을 뿐이다. 그래서 일면 두려움을 느낀다. 그러나 다른 일면 이 작업을 내가 해야겠다는 사명감도 있다. 사회과학자들은 현실참여 문제에 상반된 견해를 가지고 있다. 일부는 사회현상을 충분히 이해하고 정확히 설명하는 것이 필생의 작업인데, 어떻게 함부로 현실 문제에 뛰어들어 처방을 내놓겠다고 나서느냐고 한다. 참여파들은 그래도 우리 전문가들만큼 이 문제를 잘 아는 사람들이 누가 있느냐, 우리가 아니면 누가 현실세계를 개조하는 데에 조금이라도 실수를 적게 하겠느냐, 그래서 현실문제에 직접 나서는 것이 의무라고 주장한다. 저자 역시 지금까지 공부한 것을 바탕으로 이 주제에 도전하는 것이 나의 사회참여라고 생각한다. 버트런드 러셀이 『서양 철학사』 "서문"에서 수많은 철학사에 하나 더 보태기 위해서 이 책을 쓰는 것은 아니라고 한 말을 상기하면서.

글을 쓰면서 부딪친 몇 가지 문제들에 대한 단상을 남기려고 한다. 첫째, 우리 글 쓰기에 관한 것이다. 대학 졸업 후에 신문기자가 되어 본격적으로 글을 쓰기 시작한 지 40년이 넘었다. 그동안 우리 글은 (말이 아니라) 왜 "⋯⋯다"로 끝나야 하는가에 대해서 불만을 가져왔다. "⋯⋯(이)다"가 아니면 "⋯⋯하다"이다. 과거적 서술은 "⋯⋯였다" 혹은 "⋯⋯했다"이다. 영어 문장이 모두 "is" 아니면 "do"로 끝난다고 상상해보라. 과문한 탓인지 지금 사용되는 세계의 언어나 기록문자 중 비슷한 서술체계가 있는지 모르겠다. 소리 내어 읽으면 리듬감도 없고 곧 지루해진다. 그동안 가능하면 이러한 표현에서 탈피해보려고 했다. 역사서술도 과거형이 아닌 현재형으로 써보니 처음에는 어색했지만, "현재성"을 느낄 수 있었다. 이 글을 읽으면서 의아한 분들도 있겠지만, 양해를 바란다.

둘째, 역사적 사건의 명칭에 관한 것이다. 결론부터 말하면 저자는 이 문제를 별로 중요시하지 않는다. 한 사건의 성격을 포괄적으로 표현할 수 있는 명칭이 있으면 다행이지만, 과거의 사건을 새롭게 해석했다고 해서 그 명칭을 바꾸는 데에 크게 찬성하지 않는다. 과거의 명칭 그 자체가 역사성을 가지기 때문이다. "외교사"는 왕조시대 왕실 간의 관계를 기록한 데에서 비롯되었다. 오늘날 그 내용은 엄청나게 확장되었다. "외교사"라는 바구니 안에 오늘날 외교사에서 다루는 문제들을 모두 담을 수 없으며, 그래서 "국제정치사" 등 다른 명칭이 필요하다는 주장이다. 맞는 말이다.

미국의 대외관계를 전담하는 부처는 국무부(Department of State)이다. "국무, 나라 일"을 담당하는 곳이라는 의미이다. 연방체제로 출발한 미국에서 중앙정부가 할 수 있는 일은 거의 없었다. 외교와 국방 외에는 거의 주정부 소관이었다. 국방의 경우 1798년까지 국방부(당시로는 육군부, 전쟁부, War Department)가 없었으며, 국방부가 창설되었을 때에도 연방군대는 700명에 불과했다. 그러니 연방정부가 담당한 "나라 일"이란 외교밖에 없었다고 해도 과언이 아니었다. 하버드나 옥스퍼드 대학교 등 역사가 오래된 대학들은 "정치학과"를 "Department of Government"라고 부른다. 그대로 직역하면 "정부학과, 통치학과"이다. 이들 대학이 생겼던 시절에는 정치란 곧 통치, 지배행위이며, 정부가 정치의 전부였다. 또 프랑스 혁명을 "프랑스 부르주아 혁명", 러시아 혁명을 "러시아 사회주의 혁명"이라고 부르지도 않는다. 포괄적인 의미를 가진 명칭 아래 새로운 해석이 계속 추가되면서 내용이 풍부해지면 되는 것이다.

역사적 명칭이 가지는 역사성만으로 과거의 명칭을 그대로 쓰기 어려운 경우도 있다. 한국의 "동학란", 인도의 세포이 "반란", 중국의 의화단 "난" 등 왕조시대에 일어난 민중의 저항운동은 각 사건의 성격에 따라서 "운동", "혁명", "사건" 등으로 바뀌었다. "아편전쟁"은 영국에서는 전쟁의 직접적인 원인(原因)인 아편 수출의 부도덕성을 감추고 전쟁의 원인(遠因)인 동-서 국제질서관의 충돌이라는 점을 내세우면서 "제1차 영-중 전쟁"이라는 어정쩡한 그러나 중립적인 명칭을 쓴다. 동일한 맥락에서 임진왜란은 왜인들의 반란 아니라 조선과 일본이라는 두 국가 간의 전쟁이라는 의미에서 "조-일 7년전쟁"으로, 병자호란을 "조-청 전쟁", "한일 합방"을 "일본의 강제병합"으로 명칭 변경을 주장하는 분들이 있으며, 일부는 이미 통용되고 있다. 이 책에서는 선별적으로 받아들인다.

셋째, 저자는 어느 국가의 이름을 먼저 쓰느냐는 문제에도 집착하지 않는다. 우리는 항상 한-미, 한-일, 북-미, 그리고 한-중-일, 고(구려)-당전쟁, 조(선)-청 관계 등 순서를 정해놓고 있다. 서양인들은 이 문제에 별 관심이 없다. 미국인이나 영국인 모두 Anglo-American relations나 American-British relations를 저항감 없이 받아들인다. 그러나 동양 3국은 이 문제에 민감하다. 2002년 월드컵 대회 명칭을 "한-일 월드컵"으로 할 것인가, "일-한 월드컵"으로 할 것인가를 두고 협상을 벌이기도 했다. 한국 대통령이 일본 총리를 초청하여 정상회담을 한 뒤 기자회견에서 손님을 제일 뒤에 두고 현장에도 없는 미국을 중간에 놓아 한-미-일이라고 부르는 해괴한 일이 다반사이다. 일본 총리 역시 초청한 주인을 제일 뒤에 두어 일-미-한이라고 부르는 실례를 범한다. 그러면 고구려, 백제, 신라 중 어느 국가를 앞에 둘 것인가? 이 책은 이 문제에 대해서는 고정관념에 얽매이지 않을 것이다.

넷째, 고전의 각주 처리방법에 관한 것이다. 역사학계에서 역사서를 인용하는 방법은 중국의 "25사"의 경우 "『宋書』列傳 夷蠻 東夷 高句驪國 元嘉 16년" 식이다. 서양에서는 "일러두기" 9에서 언급한 바와 같다. 이것은 미간행 문서를 가장 쉽게 찾아볼 수 있는 방법이다. 한국학자들은 간혹 "비밀"을 뜻하는 "confidential", "top secret" 등도 추가하는데, 이것은 문서를 찾는 데에 아무런 도움이 되지 않는다. 그러나 "발간된" 문서들은 소속기관, 문서번호, 문서철 대신에 발간된 책 이름을 쓴다. 이미 발간된 문서를 문서번호와 문서철까지 번거롭게 기록할 필요는 없을 것이다. 각주는 정확성을 기하면서 찾아보기 쉽게 해야 한다. 저자는 "중국 정사(正史) 25사"에 포함된 한국 관계 부분은 1987년 국사편찬위원회에서 주석을 붙여 번역 발간한 『중국 정사 조선전』 5권을 기준으로 하여 『조선전』 1권, 200쪽과 같은 방식으로 표기한다. 중국 연호는 서력으로 본문 중에 병기하여 일반 독자들이 사건의 개요를 이해하는 데에 도움이 되도록 했다.

다섯째, 삼국시대 지명의 현재 위치에 대해서 국사학계에서 합의되지 않은 곳이 많다. 예를 들면, 247년 고구려가 수도를 옮긴 평양은 오늘날의 평양이 아니며, 강계, 북성, 국내성 부근 등 여러 곳이 거론되고 있다. 북한에서는 현재의 평양 부근이라고도 한다. 이를 정확히 규명하는 것은 저자의 능력 밖이다. 이 책의 경우는 정복구(외) 『삼국사기』(역주)에서 정리한 지명을 기준으로 현재의 지명을 표기한다.

마지막으로 이 연구에서 언급한 문제들 중 국사학계에서는 이미 정리된 문제들도 있을 것이다. 저자가 국사학계의 사정에 정통하지 못한 탓이다. 굳이 변명한다면 이들 문제에 대한 사회과학적, 비교사학적 견해를 첨가한 것으로 이해해주면 좋겠다.

참고 문헌

1. 1차 문헌

김부식, 『삼국사기』, 이강래 역, 2권 (서울: 한길사, 1998)
김부식, 『삼국사기』, 정구복 외 역주, 5권 (성남: 한국정신문화연구원, 1996)
김부식, 『삼국사기』, 이병도 편역, 2권 (서울: 을유문화사, 2005)
일연, 『삼국유사』, 김원중 역 (서울: 을유문화사, 2002)
일연, 『삼국유사』, 리상호 역 (서울: 까치, 1999)
정인지 외, 『고려사』, 고전연구실 역 (서울: 신서원, 2001)
이규보, 『동명왕의 노래』, 이규보 작품집 1, 김상훈, 류희정 역 (서울: 보리, 2004)
이승휴, 『제왕운기』, 김경수 역주 (서울:, 역락, 1999)
국역 『통문관지』, 4권 (세종대왕 기념사업회, 1998)
『논어집주』, 성백효 역주 (서울: 전통문화연구회, 1990)
『대학·중용 집주』, 개정증보판, 성백효 역주 (서울: 전통문화연구회, 2005)
『맹자집주』, 개정증보판, 성백효 역주 (서울: 전통문화연구회, 2005)
『서경집전』, 상, 하, 성백효 역주 (서울: 전통문화연구회, 1998)
『시경집전』, 상, 하, 성백효 역주 (서울: 전통문화연구회, 1993)
『손자병법』, 안등량(安藤亮) (서울: 불이출판사, 1970)
『춘추』, 상, 중, 하, 서정기 역주 (서울: 살림터, 1997)
『굴원(屈原)』, 하정옥 편저 (서울: 태종출판사, 1987)
『중국 정사(正史) 조선전』, 5권, 국사편찬위원회 역주 (과천: 국사편찬위원회, 1987)
반고(班固), 『한서열전(漢書列傳)』, 안대회 편역 (서울: 까치, 1997)
사마천(司馬遷), 『사기』, 정범진 외 역 (서울: 까치, 1994)
『청계중일한관계사료(淸季中日韓關係史料)』, 중앙연구원 근대사연구소 편 (서울: 경인문화사, 1984)
『일본서기』, 전용신 역 (서울: 일지사, 1989)
미조구치 유조(溝口雄三) 외, 『중국 사상문화 사전』, 김석근 외 역 (서울: 민족문화문고, 2003)
Caesar, Gaius Julius, *Commentarii de Bello Gallico*, 박광순 역, 『갈리아 전기』 (서울:

범우사, 1991)

Gibbon, Edward, *The Decline and Fall of the Roman Empire*(edited and abridged by Dero A. Saunders), (London: Penguin Books, 1980), 황건 역, 『로마 제국 쇠망사』 (서울: 까치, 1991)

Gibbon, Edward, Bourne, Frank C. (abridged), *The Decline and Fall of the Roman Empire* (New York: Dell, 1963)

Grimal, Pierre, *Dictionnaire de la Mythologie grecque et Romaine*, 최애리 외 역, 『그리스 로마 신화 사전』 (서울: 열린책들, 2003)

Herodotos, *Historiai*, 박광순 역, 『역사』 (서울: 범우사, 1987)

Homeros, *Illias*, 천병희 역, 『일리아스』 (서울: 단국대 출판부, 2001)

Homeros, *Odysseia*, 천병희 역, 『오뒷세이아』 (서울: 단국대 출판부, 2002)

Machiavelli, Nicolò, *Il Principe*, 임명박 역, 『군주론/리바이어던』 (서울: 삼성세계사상, 1990)

Plato, *The Works of Plato*, trans. by B. Jowett (New York: Tudor Publishing Co) 플라톤, 조우현 역, 『국가/소크라테스의 변명』 (서울: 삼성출판사, 1990)

Tacitus, *Germania*, 이광숙 편역, 『타키투스의 게르마니아』 (서울: 서울대 출판부, 1999)

Tacitus, *Annales*, 박광순 역, 『타키투스의 연대기』 (서울: 범우사, 2005)

Thucydides, John H. Finley trans.(1951), *The Peloponnesian War* (New York: Modern Library); 박광순 역, 『펠로폰네소스 전쟁사』, 2권 (서울: 범우사, 1993)

Vergilius, Publius Maro, *Aeneis*, 천병희 역, 『아이네이스』 (서울: 숲, 2004)

2. 외교문서
(1) 간행 문서 및 약자(Published documents and abbreviations)
 FRUS (*Foreign Relations of the United States*), by the U.S. State Department.
 DBFP (*Documents on British Foreign Policy 1919-1939*)
『일본외교문서』, 일본 외무성 발간
강덕상(姜德相), 『現代史 資料』 (東京: みすず 書房, 1965-67), 5권

3. 2차 문헌
(1) 한글 저서 및 논문
고구려연구재단 편, 『한중관계사―연구논저 목록(중세)』 (서울: 고구려연구재단, 2004)
고구려연구재단 편, 『다시 보는 고구려사』 (서울: 고구려연구재단, 2004)
고병익, 『동아교섭사 연구』 (서울: 서울대 출판부, 1980)
구범진, 「청의 조선사행 인선과 '대청제국체제'」, 『인문논총』 59, 2008
구대열, 『제국주의와 언론 : 배설・대한매일신보 및 한・영・일 관계』 (서울: 이화여대 출판부, 1986)

구대열, 『한국 국제관계사 연구 1 일제시기 한반도의 국제관계』(서울: 역사비평사, 1995)
구대열, 『한국 국제관계사 연구 2 해방과 독립』(서울: 역사비평사, 1995)
권용림, 『미국외교의 역사』(서울: 삼인, 2010)
권은주, 「말갈 연구와 유적현황」, 정병준, 권은주, 이효형, 바이건싱, 윤영인, 김위현, 왕위랑, 『중국학계의 북방민족-국가 연구』(서울: 동북아역사재단, 2008)
김경창, 『동양 외교사』(서울: 박문당, 1982)
김상기, 「백제의 요서경략에 대하여」, 현국사연구회 편, 『고대한중관계사의 연구』(서울: 삼지원, 1987)
김상기, 「조공의 경제적 의의」, 현국사연구회 편, 『고대한중관계사의 연구』(서울: 삼지원, 1987)
김송현, 「동명왕 제사를 통하여 본 고구려의 조선적 성격」, 『북방사논총』, 9, 2006.2
김수태, 「백제 성왕대의 대가야 외교와 고구려」, 서강대학교 동양사학연구실 편, 『한중관계 2000년—동행과 공유의 역사』(서울: 소나무, 2008)
김영관, 「백제유민 예식진禰寔進 묘지墓誌 소개」, 『신라사학보』, 10, 2008
김영하, 「新羅中代 文化的 吸收利用 與 儒學敎育」, 進尙勝 주편, 『儒家文明與 中韓 傳統關係』(중국 제남: 산동대학 출판사, 2008)
김용구, 『춤추는 회의—비엔나 회의의 외교』(서울: 나남, 1997)
김정배, 「중국사서에 나타나는 해동삼국」, 『북방사논총』, 창간호 (서울: 고구려연구재단, 2004)
김치욱, 「국제정치의 분석단위로서 중견국가(Middle Power): 그 개념화와 시사점」, 『국제정치논총』, 49-1, 2009
김한규(金翰奎), 『고대 중국적 세계질서 연구』(서울: 일조각, 1982)
김한규, 『한중관계사 I, II』(서울: 아르케, 1999)
김한규, 『요동사』(서울: 문학과 지성사, 2004)
김한규, 『천하국가—전통시대 동아시아 세계질서』(서울: 소나무, 2005)
김한규, 「'중국'개념을 통해서 본 고대 중국인들의 세계관」, 『전해종 박사 회갑논집』(서울: 일조각, 1979)
김현구, 「백강촌 싸움과 동북아 국제관계의 변화」, 동북아역사재단, 『동북아관계사의 성격』(서울: 동북아역사재단, 2009)
김호동, 『몽골제국과 고려』(서울: 서울대 출판부, 2007)
남궁곤, 「동아시아 전통적 국제질서의 구성주의적 이해」, 『국제정치논총』, 43-4, 2003
담기양(譚其驤), 『간명 중국 역사지도집』(북경: 중국지도출판사, 1991)
노태돈, 『고구려사 연구』(서울: 사계절, 1999)
노태돈, 『삼국통일전쟁사』(서울: 서울대 출판부, 2009)
노태돈, 『한국 고대사의 이론과 쟁점』(서울: 집문당, 2009)

니덤, 조셉, 김영식, 김제란, 이면우 역, 『중국의 과학과 문명』, 2권 (서울: 까치, 1998)
동북아역사재단, 『한-중역사 관련 연구편람집』 상, 하 (서울: 동북아역사재단, 2007)
동북아역사재단, 『동북아관계사의 성격』 (서울: 동북아역사재단, 2009)
동북아역사재단 편, 『한중일 학계의 한중관계사 연구와 쟁점』 (서울: 동북아역사재단, 2009)
동북아역사재단, 『동북아역사재단 도서목록』 (서울: 동북아역사재단, 2010)
라츠네프스키, 김호동(金浩東) 역, 『몽고 초원의 영웅 칭기스한』 (서울: 지식산업사, 1992)
로렌츠, 콘라트, 송준만 역, 『공격성에 관하여,』 (서울: 이화여대 출판부, 1986)
류영표 외, 『북방민족과 중원왕조의 민족인식』 (서울: 동북아역사재단, 2009)
리버, 로버트, 구대열 역, 『현대 국제정치 이론』 (서울: 학문과 사상사, 1987)
마루야마 마사오, 박충석, 김석근 공역, 『충성과 반역』 (서울: 나남, 1998)
마루야마 마사오, 김석근 역, 『일본정치 사상사 연구』 (서울: 한국정치 사상사 연구소, 통나무, 1955)
마스페로, 앙리, 김선민 역, 『고대 중국』 (서울: 까치글방, 1995)
마이네케, 프리드리히, 이광주 역, 『독일의 비극』 (서울: 구미신서, 1965)
모로아, 앙드레, 신용석 역, 『프랑스사』 (서울: 홍성신서, 1980)
모로아, 앙드레, 신용석 역, 『영국사』 (서울: 홍성신서, 1981)
몬타넬리, 인드로, 김정하 역, 『로마 제국사』 (서울: 까치, 1998)
미야쟈키 이치사다(宮崎市定), 임중혁, 박선희 역, 『중국중세사』 (서울: 신서원, 1996)
민석홍, 『서양사 개론』 (서울: 삼영사, 1992)
민석홍 역음, 『프랑스 혁명사론』 (서울: 까치, 1988)
바필드, 토마스, 유영인 역, 『위태로운 변경—기원전 221년에서 기원후 1757년까지의 유목제국과 중원』 (서울: 동북아역사재단, 2009)
박경철, 「부여사 연구의 제문제」, 이성규 외, 『동북아시아 선사 및 고대사 연구의 방향』 (서울: 학연문화사, 2004)
박광용, "기자조선에 대한 인식의 변천", 『한국사론』, 6, 1980
박대재, 정운용, 위정, 조윤재, 시노하라 히로카타, 『고대동아시아 세계론과 고구려의 정체성』 (서울: 동북아역사재단, 2007)
박대재, 「고대 "동아시아 세계론"과 고구려사」, 박대재, 정운용, 위정, 조윤재, 시노하라 히로카타, 『고대동아시아 세계론과 고구려의 정체성』 (서울: 동북아역사재단, 2007)
박상섭, 『국가와 폭력—마키아벨리의 정치사상연구』 (서울: 서울대 출판부, 2002)
박성우, 「현실주의 국제정치이론에서 "투키디데스 읽기"의 한계와 대안의 모색」, 『국제정치논총』, 48-3, 2008
박원호, 『명초 조선관계사 연구』 (서울: 일조각, 2002)
박원호, 「근대 이전 한중관계사에 대한 시각과 논점—동아시아 국제질서의 이론을

덧붙여」,『한국사 시민강좌』 40 (서울: 일조각, 2007)

박지향 외,『해방전후사의 재인식』 2권 (서울: 책세상, 2006)

박충석,『한국정치 사상사』 (서울: 삼영사, 1982)

박희택,「신라 진흥왕의 복지정책: 진흥왕 순수비를 통한 고찰」,『한국정치연구』, 17-2, 2008

변인석,『백강구전쟁과 백제-왜 관계』 (서울: 한울, 1994)

샤이러, 윌리엄 L., 안동림 역,『제2제국의 흥망』, 5권 (서울: 양서각, 1961)

서강대학교 동양사학연구실 편,『한중관계 2000년—동행과 공유의 역사』 (서울: 소나무, 2008)

서영교,『나당전쟁사 연구—약자가 선택한 전쟁』 (서울: 아세아 문화사, 2006)

서영교,「나-당 전쟁의 개시와 그 배경—국제정세 변화와 관련하여」,『역사학보』, 173, 2002

서영교,「신라 통일기 기병증설의 기반」,『역사와 현실』, 45, 2002

서울대학교 동양사학 연구실 편,『강좌 중국사』 4권 (서울: 지식산업사, 1990)

시노하라 히로카타(篠原啓方),「고구려 문자자료의 특성」, 박대재 외,『고대동아시아 세계론과 고구려의 정체성』 (서울: 동북아역사재단, 2007)

시라사키 쇼이치로(白崎昭一郎), 권오엽, 권정 역,『광개토왕 비문의 연구』 (서울: 제이앤씨, 2004)

신성곤, 윤혜영,『한국인을 위한 중국사』 (서울: 서해문집, 2004)

신웬어우(辛元毆) 외, 허일, 김성준, 최운봉 편역,『중국의 대항행사 정화의 배와 항해』 (서울: 심산, 2005)

신형식,『고구려사』 (서울: 이화여대 출판부, 2003)

신형식,『백제사』 (서울: 이화여대 출판부, 1992)

신형식,『통일신라사 연구』 (서울: 삼지원, 1990)

신형식, 최근영, 윤명철, 오순제, 서일범 공저,『고구려산성과 해양방어체제 연구』 (서울: 백산자료원, 2000)

심승구(沈勝求),「발해무왕의 정치적 과제와 등주(登州) 공격」,『군사(軍史)』, 31, 국방군사 연구소, 1995

쑨훙(孫泓),「고구려와 동북아시아의 여러 나라와 민족간의 관계」,『북방사 논총』, 창간호, 2004

앤더슨, 페리, 유재건, 한정숙 공역,『고대에서 봉건제로의 이행』 (서울: 창작과 비평, 1990)

앤드류스, 앤토니, 김경현 역,『고대 그리스사』 (서울: 이론과 실천, 1991)

양승태,「단기연호와 통일: 연호제정과 폐지의 남-북한 정치사와 역사의식, 그리고 통일국가의 정체성 문제」,『한국정치학회보』, 41-2, 2007

양승태,「연호와 국가정체성: 단기연호 문제의 해명을 위한 정치철학적 논구」,『한국정치학회보』, 35-4, 2001

양승태, 『앎과 잘남―희랍 지성사와 교육과 정치의 변증법』(서울: 책세상, 2006)
오함, 박원호 역, 『주원장전』(서울: 지식산업사, 2003)
왕건군(王健群), 임동석 역, 『광개토왕비 연구』(서울: 한국학술정보, 2004)
유원재(俞元載), 『중국정사 백제전 연구』, 증보판 (서울: 학연문화사, 1995)
이개석, 이희옥, 박장배, 임상선, 유용태, 『중국의 동북공정과 중화주의』(서울: 동북아역사재단, 2005)
이공범, 『위진남북조사』(서울: 지식산업사, 2003)
이기백, 『한국사 신론』, 신수판 (서울: 일조각, 1990)
이민호, 『새 독일사』(서울: 까치, 2003)
이민호, 『근대 독일사 연구』(서울: 서울대 출판부, 1984)
이민호, 『역사주의―랑케에서 마이네케』(서울: 민음사, 1988)
이상신, 『서양 사학사』(서울: 신서원, 1993)
이성규, 『중국 고대제국성립사 연구』(서울: 일조각, 1984)
이성규, 「전국시대 진(秦)의 외교정책」, 『고대중국의 이해 II』(서울대동양사학연구실 편, 지식산업사, 1995)
이성규, 「한국 고대국가의 형성과 한자수용」, 『한국고대사연구』 32, 2003
이성규, 「중국고문헌에 나타난 동이관」, 이성규 외, 『동북아시아 선사 및 고대사 연구의 방향』(서울: 학연문화사, 2004)
이성규, 「4세기 이후의 낙랑교군과 낙랑유민」, 최소자 교수 정년기념논총 간행위원회, 『동아시아 역사속의 중국과 한국』(서울: 서해문집, 2005)
이성제, 「부여와 고구려의 관계사에서 보이는 몇 가지 쟁점」, 서강대학교 동양사학연구실 편, 『한중관계 2000년―동행과 공유의 역사』(서울: 소나무, 2008)
이영식(李永植), 「"任那 日本府說"에 대한 북한 역사학계의 입장」, 『북한연구』, 15, 1994.봄
이종학(李鍾學) 외, 『종합 세계전사』(서울: 박영사, 1968)
이춘식, 「조공의 기원과 그 의미―선진(先秦) 시대를 중심으로」, 한국중국학회, 『중국학보』, 10, 1969
이춘식, 「중국고대 조공의 실체와 성격―조공의 성격과 그 한국적 의미」, 한국사연구회 편(1986), 『고대 한중 관계사 연구』(서울: 삼지원, 1987)
이호영, 『신라 삼국통합과 여-제 패망원인 연구』(서울: 서경문화사, 1997)
이효형 외, 『동아시아의 발해사 쟁점 비교연구』(서울: 동북아역사재단, 2009)
장기근(張基槿) 편저, 『두보(杜甫)―중국고전한시인선 2』(서울: 태종출판사, 1975)
장페이페이(蔣非非) 외, 김승일 역, 『한중관계사』(서울:. 범우, 2005)
전재성, 「유럽의 국제정치적 근대 출현에 관한 이론적 연구: 중첩, 복합의 거시이행」, 『국제정치논총』, 49-5, 2009
전해종, 『한중 관계사 연구』(서울: 일조각, 1983)
전해종, 「한중조공관계 개관」, 한국사연구회 편, 『고대 한중 관계사 연구』(서울: 삼지

원, 1987)

정광, "한국어의 형성 과정",『국어사연구』(서울: 태학사, 1997)

정병준, 권은주, 이효형, 바이건싱, 윤영인, 김위현, 왕위랑,『중국학계의 북방민족-국가 연구』(서울: 동북아역사재단, 2008)

정선용,「수-당 초기 중국적 세계질서의 변화과정과 삼국의 대응」, 서강대학교 동양사학연구실 편,『한중관계 2000년—동행과 공유의 역사』(서울: 소나무, 2008)

정운용,「역사적 적용에 있어서 "다민족 통일국가론"의 허실」, 정운용 외,『중국의 통일국가론으로 본 고구려사』(서울: 동북아역사재단, 2009)

정운용 외,『중국의 통일국가론으로 본 고구려사』(서울: 동북아역사재단, 2009)

정하현,「『삼국지』「위지동이전」에 내재한 세계관」, 동북아역사재단,『동북아관계사의 성격』(서울: 동북아역사재단, 2009)

젠슨, 로이드(1982), 김기정 역,『외교정책의 이해』(서울: 평민사, 1994)

조동걸, 한영우, 박찬승 편,『한국의 역사가와 역사상』, 상, 하 (서울: 창작과 비평사, 1994)

조승희,「동아시아세계에서 본 고구려—'조공'과 '책봉'의 본질을 중심으로」,『북방사논총』, 9, 2009.2

주보돈,「『文館詞林』에 보이는 한국고대사 관련 외교문서」,『경북사학』, 15집, 1992

천퉁셩, 장성철 역,『사기의 탄생 그 3천년의 역사』(서울: 청계, 2004)

최근묵,「백제의 대중국 관계 소고」,『백제연구』, 2 (충남대, 1971)

최연식,「조공체제의 변동과 조선시대 중화-사대 관념의 굴절: 변화와 지속」,『한국정치학회보』, 41-1, 2007

최영성,『한국유학 사상사』, 5권 (서울: 아세아 문화사, 1995)

케이건, 도널드, 허승일, 박재욱 역,『펠로폰네소스 전쟁사』(서울: 까치, 2006)

쿤, 토머스 S., 조형 역,『과학혁명의 구조』(서울: 이화여대 출판부, 1989)

핀리, M. I., 이용찬, 김쾌상 역,『그리스의 역사가들』(서울: 대원사, 1991)

한명기,「임진왜란과 한중관계」(서울: 역사비평사, 1999)

한일관계사 연구회,『한일관계사 연구 1』(서울: 현음사, 1993)

한일관계사 연구회 편,『한일관계사 논저 목록』(서울: 현암사, 1993)

해링턴, 프레드 H., 이광린 역,『개화기의 한미관계—알렌 박사의 활동을 중심으로』(서울: 일조각, 1983)

홍면기,「장보고의 해상활동과 미래 한국의 국가전략—한반도 미래비전과 지정학적 정체성의 모색」, 연구용역 보고서, 2010

홍승현,「조위(曹魏)시기 낙랑군 회복과 요동 인식의 변화」, 서강대학교 동양사학연구실 편,『한중관계 2000년—동행과 공유의 역사』(서울: 소나무, 2008)

황준헌(黃遵憲), 조일문 역주,『조선책략』(서울: 건국대 출판부, 1977)

(2) 중국 및 일본 저서

進尙勝 주편, 『儒家文明與 中國傳統對外關係』 (중국 제남: 산동대학 출판사, 2008)
進尙勝 주편, 『儒家文明與 中韓傳統關係』 (중국 제남: 산동대학 출판사, 2008)
汪高鑫, 程仁桃, 『東北三國-古代關係史』 (중국 북경: 북경공업대학 출판사, 2006)
岡本隆司(다카시 오카모토), 『屬國そ 自主の いだ―近代淸韓關係そ 東アジアの 運命』 (나고야: 나고야 대학 출판회, 2004)
浜下武志(다케시 하마시타), 『朝貢 システと 近代 アジア』 (도쿄: 이와나미 서점, 1997)
上海古籍 出版社, 『中國文化史 三百題』, 1987

(3) 서양 저서

Albrecht-Carrié, René, *A Diplomatic History of Europe since the Congress of Vienna*, revised ed. (New York: Harper & Row, 1973)
Alexander, Yonah, & Friedlander, Robert A. eds., *Self-determinatiion: National, Regional, and Global Dimensions* (Boulder, Colorado: Westview Press, 1980)
Anderson, Perry, *Lineages of the Absolute State* (London: Verso, 1974)
Atlas of World History, 2 vols (Harmondsworth: Penguin Books, 1985)
Barston, R. P., *Modern Diplomacy* (London: Longman, 1988)
Bendix, Reinhard, *National-Building and Citizenship: Studies of Our Changing Social Order*, enlarged edition (New Brunswick: Transaction Publishers, 2007)
Benedict, Ruth, *The Chrysanthemum and the Sword—Patterns of Japanese Culture* (London: Routledge and Kegan Paul, 1967)
Blanning, T. C. W., *The Origins of the French Revolutionary Wars* (London: Longman, 1986)
Bloom, William, *Personal Identity, National Identity and International Relations* (Cambridge: Cambridge University Press, 1990)
Bukh, Alexander, *Japan's National Identity and Foreign Policy: Russia as Japan's "Other"* (London: Routledge, 2009)
Bull, Hedley, *The Anarchical Society—A Study of Order in World Politics* (New York: Columbia UP, 1977)
Burckhardt, Jacob, *The Civilization of the Renaissance in Italy* (Harmondsworth: Penguin Books, 1990)
Burton, John W., *International Relations—A General Theory* (Cambridge: Cambridge University Press, 1967)
Burton, John W., *World Society* (Cambridge: Cambridge University Press, 1972)
Butterfield, Herbert, and Wight, Martin, *Diplomatic Investigation—Essays in the Theory of International Politics* (London: George Allen & Unwin, 1966)

Carr, Edward Hallett, *What is History?* (London: Pelican Books, 1964)
Churchill, Winston S., *The Second World War*, 5 vols.(Cambridge, Mass.: Houghton Mifflin Co., 1950)
Claude Jr., Inis L., *Swords into Plowshares—The Problems and Progress of International Organization*, 4th ed. (New York: Random House, 1971)
Clausewitz, Carl von, *On War*, ed. by Anatol Rapoport (Harmondsworth: Penguin Books, 1971)
Cutler, A. Claire, "The 'Grotian Tradition' in International Relations", *Review of International Studies*, 17-1, Jan. 1991
D'Entreves, Alexander Passerin, *The Notion of the State—an Introduction to Political Theory* (Oxford: Oxford University Press, 1967)
Der Derian, James, "Introducing Philosophical Traditions in International Relations", *Millennium*, 17-1 (1977)
Dougherty, James E. & Pfaltzgraff, Robert L., *Contending Theories of Interna- tional Relations*, 2nd ed. (New York: Harper & Row, 1981)
Dray, William H., *Philosophy of History* (Engelwood Cliffs: Prentice-Hall, 1964)
International Encyclopedia of the Social Sciences (New York: Macmillan & Free Press, 1980), "Identification, Political", "Identity, Psychological."
Fairbank, John King, *Trade and Diplomacy on the China Coast—The Opening of the Treaty Ports 1842-1854*, 2 vols. (Cambridge: Harvard University Press, 1953)
Fairbank, John King ed., *The Chinese World Order* (Cambridge: Harvard Univer- sity Press, 1968)
Ferguson, Yale H. and Richard W. Mansbach, *The Elusive Quest: Theory and International Politics* (Columbia: University of South Carolina Press, 1988)
Gaddis, John Lewis, *The United States and the Origins of the Cold War 1941-1947* (New York: Columbia University Press, 1972)
Gerth, H. H. & Mills, C. Wright, ed., *From Max Weber* (London: Routledge & Kegan Paul, 1974)
Han, Woo-keun, *The History of Korea* (Seoul: Eulyoo, 1970)
Harrington, Fred H., *God, Mammon and the Japanese—Dr. Horace N. Allen and Korean-American Relations, 1884-1905* (Madison, Wisconsin: University of Wiscon- sin Press, 1944)
Johnson, Chalmers A., *Peasant Nationalism and Communist Power—The Emergence of Revolutionary China 1937-1945* (Stanford: Stanford University Press, 1962)
Kagan, Donald, *The Fall of the Athenial Empire* (Ithaca: Cornell University Press, 1987)
Kaplan, Morton A., *System and Process in International Politics* (New York: John Wiley & Sons, 1957)

Kladstrup, Don and Petie, *Wine and War—The French, the Nazis, and the Battle for France's Greatest Treasure* (Polmont, Stirlingshire: Cornet Books, 2001)

Kohn, Hans, *The Idea of Nationalism* (London: Collier-Macmillan, 1960)

Langer, William L., *The Diplomacy of Imperialism, 1890-1902* (New York: Alfred A. Knopf, 1951)

Lee, Ki-beak, trans. Edward W. Wagner with Edward J. Shultz, *A New History of Korea* (Seoul: Ilchokak, 1984)

Liu, Lydia H., *The Clash of Empires—The Invention of China in Modern World Making* (Cambridge. mass.: Harvard University Press, 2004)

Louis, Wm. Roger, *Imperialism at Bay—the United States and the Decolonization of the British Empire 1941-1945* (New York: Oxford University Press, 1978)

Mackinder, Halford J., *Democratic Ideals and Reality* (New York: Henry Holt and Company, 1942)

Mackinder, Halford J., "Geographical Pivotof History", *The Geographical Journal*, April 1904

Macksey, Kenneth, *Why the Germans Lost at War—the Myth of German Military Superiority* (London: Greenhill Books, 1996)

MacNair, H. F., and Lach, D. F., *Modern Far Eastern International Relations* (New York: D. van Nostrand Co, 1955)

Macridis, Roy C. ed., *Foreign Policy in World Politics*, 5th ed. (Englewood Cliffs: Prentice-Hall, 1976)

Mahan, Alfred T., *The Influence of Seapower upon History 1600-1783* (New York: Hill and Wang, 1968). 초판은 1890년 발간됨.

Malozemoff, Andrew, *Russian Far Eastern Policy 1881-1904—with Special Emphasis on the Causes of the Russo-Japanese War* (Berkeley: University of California Press, 1958)

Mancall, Mark, *China at the Center—300 Years of Foreign Policy* (New York: Free Press, 1984)

Meinecke, Friedrich, *Die Entstehung des Historismus* (Müenchen: R. Oldenbourg Verlag, 1965)

Morgenthau, Hans J., *Politics Among Nations*, 5th ed. (New York: Alfred A. Knopf, 1973)

Morse, Hosea Ballou & MacNair, Harley F., *Far Eastern International Relations*, 2 vols. (New York: Russell & Russell, 1967)

Nelson, M. Frederick, *Korea and the Old Orders in Eastern Asia* (New York: Russell & Russell, 1945)

Nicolson, Harold, *Diplomacy*, 3rd ed. (London: Oxford University Press, 1969)

Okamoto, Shumpei, *The Japanese Oligarchy and the Russo-Japanese War* (New York: Columbia University Press, 1970)

Palais, James B., *Politics and Policy in Traditional Korea* (Cambridge, Mass.: Harvard University Press, 1975)

Palais, James B., "A Search for Korean Uniqueness," *Harvard Journal of Asiatic Studies*, 55-2, Dec. 1995

Palais, James B., "Korean Foreign Policy", 『미국동아시아학계 석학초청집중강좌』 (서울: 성균관대학교 동아시아학술원, 2003)

The Penguin Historical Atlas of Ancient Greece (London: Penguin Books, 1996)

The Penguin Historical Atlas of the Vikings (London: Penguin Books, 1995)

The Penguin Historical Atlas of Ancient Rome (London: Penguin Books, 1995).

Price, Ernest Batson, *The Russo-Japanese Treaties of 1907-1916 Concerning Manchuria and Mongolia* (Baltimore: Johns Hopkins Press, 1933)

Satow, Ernest M., *A Guide to Diplomatic Practice*, 4th ed. (London: Longmans, 1966)

Teng, SSu-yu & John K. Fairbank, eds. *China's Response to the West—a Documentary Survey 1839-1923* (New York: Atheneum, 1971)

Thompson, Kenneth W. ed., *Masters of International Thought* (Baton Rouge: Louisiana State University Press, 1980)

Toynbee, Arnold, *A Study of History*, abridged in 2 Vols. by D.C. Somervell (London: Oxford University Press, 1957)

Wakeman, Frederic Jr., *Strangers at the Gate—Social Disorder in South China 1839-1861* (Berkeley: University of California Press, 1966)

Wight, Martin, *Power Politics*, ed. by Hedley Bull and Carsten Holbraad (New York: Holmes & Meier Publishers, 1978)

Wight, Martin, *International Theory—The Three Traditions*, ed. by Gabriele Wight and Brian Porter (New York: Holmes & Meier, 1992)

Williams, John, *France Summer 1940* (London: Macdonald & Co., 1970)

Yahuda, Michael, *China's Role in World Affairs* (London: Groom Helm, 1978)

Yahuda, Michael, *China's Foreign Policy after Mao—towards the End of Isolationism* (London: Macmillan, 1983)

인명 색인

가리발디 Garibaldi, Giuseppe 376
각가(覺伽) 340
각덕(覺德) 300
갈로(葛盧) 239, 242
강조(康兆) 279
개로왕(蓋鹵王) 23, 175-176, 178, 184, 190, 192-194, 196, 200-201, 206, 233, 250-251, 257, 276, 437
건륭제(乾隆帝) 67
검모잠(劍牟岑) 406, 424
견훤(甄萱) 344, 357
경기(耿夔) 141
계민(啓民) 186-187, 265
계백(階伯) 331, 333, 353, 339-340, 355, 380, 430
계수(灡須) 142, 413
계필하력(契苾何力) 348, 350
고국양왕(故國壤王) 126, 145, 162, 233
고국원왕(故國原王) 108, 144-145, 155, 162, 174-175, 184, 192, 231
고국천왕(故國川王) 141-142, 148
고대문(高大文) 415, 467
고덕무(高德武) 408
고보원(高寶元) 408
고안승(高安勝) 123-124, 157, 370, 406, 415, 418, 424-425, 428, 431, 442, 467
고연무(高延武) 424, 435
고이왕(古爾王) 110, 173-174, 192
(唐)고조(高祖) 115, 272, 307

(唐)고종(高宗) 215, 255, 311, 328, 337-338, 351, 395, 411-412, 415, 423-424, 435, 442, 451
(朝鮮)고종(高宗) 74
고흥(高興) 23
공손강(公孫康) 141-142
공손도(公孫度) 142
공자(孔子) 33, 35
곽자의(郭子儀) 46
관구검(毌丘儉) 142-143, 146, 173-174, 192, 340, 456
광개토대왕(廣開土大王) 70, 126-127, 162-163, 175, 225-231, 233-234, 258-259, 456-457
(漢)광무제(光武帝) 140, 156, 158
광해군(光海君) 71
괴유(怪由) 155
구데리안 Guderian, Heinz 449
구태왕(仇台王) 70
굴원(屈原) 124
궁예(弓裔) 366
그라몽 Duc de Gramont 272
그랜빌 Granville, George Leveson-Gower 17
근초고왕(近肖古王) 23, 174, 192
급리(急利) 71
기림 이사금(其林尼師今) 171, 177
기번 Gibbon, Edward 66
기자(箕子) 56, 112

길선(吉宣) 173, 178
김관창(金官昌) 382
김대문(金大問) 297
김문영(金文穎) 334
김법민(金法敏)→문무왕 176, 214-215, 311, 323, 327, 330, 343-344, 380
김부식(金富軾) 20, 24, 26-27, 35, 130-131, 218, 246, 282, 297, 299, 309, 323, 358, 426
김상현(金象賢) 279
김원술(金元述) 444
김유신(金庾信) 123-124, 215, 248, 299, 308-309, 311-314, 316, 320, 327, 333-335, 353, 386, 404, 423, 441
김인문(金仁問) 44, 179, 248, 311, 318, 328, 352-353, 381, 416-417, 423, 433, 435, 440-442
김인태(金仁泰) 356, 381
김진주(金眞珠) 443
김춘추(金春秋)→무열왕 127, 176, 213-214, 255, 276, 311-314, 316-322, 327, 331, 336, 370, 397, 400, 415, 446
김품석(金品釋) 214, 275, 311-314, 343
김품일(金品日) 382
김흠순(金欽純) 423, 432

나관중(羅貫中) 294
나폴레옹 Napoleon, Bonapart 97, 332
남해 차차웅(南海次次雄) 169
내물 이사금(奈勿尼師今) 170-172, 177-178, 228
내물왕(奈勿王) 149
내해 이사금(奈解泥師今) 174
뇌음신(惱音信) 386
눌지 마립간(訥祗麻立干) 171-172, 178, 200
니미츠 Nimitz, Chester W. 449

다루왕(多婁王) 174
담수(淡水) 149
대무신왕(大武神王) 140, 148, 154-155, 158
대서지(大西知) 172
대세(大世) 149
대소(帶素) 147, 153-154, 178
대조영(大祚榮) 379, 408
도림(道琳) 176, 178, 194, 202
도절(都切) 153
도침(道琛) 387-391
동명왕(東明王) 70, 147
동성왕(東城王) 107, 197-198, 203
동중서(董仲舒) 121, 149
동천왕(東川王) 142-143, 146, 162, 177
두태후(竇太后) 121
드골 de Gaulle, Charles 345

랑케 Ranke, Leopold von 32
레피두스 Lepidus, Marcus Aemilius 365
로렌츠 Lorenz, Konrad 25
루소 Rousseau, Jean Jacques 204, 331
루터 Luthur, Martin 83

마르시아누스 Marcianus 41
마이네케 Meinecke, Friedrich 31, 83, 85
마치니 Mazzini, Giuseppe 376
마키아벨리 Machiavelli, Nicolò 260
마한 Mahan, Alfred 92
만슈타인 Manstein, Erich von 449
맥아더 Macarthur, Douglas 449
맹광(孟光) 239, 242
메라비언 Mehrabian, Albert 177
모겐소 Morgenthau, Hans 295
모본왕(慕本王) 141
모용귀(慕容歸) 163
모용부(慕容部) 234

모용성(慕容盛) 225
모용수(慕容垂) 145
모용외(慕容廆) 143-144, 340
모용운(慕容雲) 70, 225
모용황(慕容皝) 143-144, 146, 340
모용희(慕容熙) 163
모택동(毛澤東) 377, 405
목공(穆公) 54-55
무열왕(武烈王)→김춘추 328, 330, 353, 380, 382, 396, 413, 421, 427
무왕(武王) 72, 177, 206-207, 210-213, 307
(漢)무제(武帝) 60, 137, 420
무측천(武則天) 328
무휼(無恤)→대무신왕 154
묵특선우(冒頓單于) 60
문명왕후(文明王后) 327
문무왕(文武王) 20, 59, 72, 172, 247, 335, 357, 386, 392, 404, 415-417, 419, 421, 423-426, 430, 433, 435-438, 440-442, 453
문자명왕(文咨明王) 107, 155, 262-264
(宋)문제(文帝) 244, 246
(隋)문제(文帝) 184, 186, 207, 286
(漢)문제(文帝) 89, 201
문주왕(文周王) 196, 201
미드 Mead, Margaret 25
미사흔(未斯欣) 171
미천왕(美川王) 144, 157-158
미추 이사금(味鄒尼師今) 174

바이런 Lord Byron 36
박제상(朴堤上) 322
발기(拔奇) 141
발기(發岐) 142, 148
방현령(房玄齡) 273
배구(裵矩) 115

법흥왕(法興王) 109, 127, 130, 297, 322
보장왕(寶藏王) 123, 179, 274-275, 282, 312-313, 346-347, 350, 359, 370, 380, 407, 419, 451
봉상왕(烽上王) 108, 144
부견(符堅) 145
부여궁(夫餘躬) 340
부여복신(夫餘福信) 212, 387-391, 399, 430
부여색상(夫餘塞上) 400
부여융(夫餘隆) 176, 336, 340, 343, 392, 416-420, 423-424, 431, 433
부여전지(夫餘腆支)→전지왕 218
부여충승(扶餘忠勝) 393, 400
부여충지(扶餘忠志) 393
부여태(夫餘泰) 340
부여풍(夫餘豊) 385, 387-391, 393, 399, 416
브란트 Brandt, Willy 82
비담(毗曇) 311, 320
비류(沸流) 70
비스마르크 Bismarck, Otto von 32, 96, 272, 342, 344, 375-376, 466
비유왕(毗有王) 192, 218
비지(比智) 203
빌헬름 1세 Wilhelm I Friedrich 32, 376

사마천(司馬遷) 35, 53, 56, 65-66, 77, 151
산상왕(山上王) 142, 148, 413
상앙(商鞅) 152, 465
샤이러Schirer, William L. 345
서동(薯童)→무왕
서천왕(西川王) 144
선덕여왕(善德女王) 310, 312, 319
선도해(先道解) 176, 312
선조(宣祖) 45, 71, 441

설방(薛邦) 435
설인귀(薛仁貴) 46, 335, 348, 357, 404, 406, 411, 425-429, 431, 433, 435-437, 443-444, 449
성덕왕(聖德王) 367, 445
성왕(聖王) 184, 190, 203-204, 206
(元)세조(世祖) 91, 330
(北魏)세종(世宗) 선무제(宣武帝) 263
셰익스피어 Shakespeare, William 26
소나(素那) 444
소수림왕(小獸林王) 148, 162, 233, 298
소정방(蘇定方) 309, 327-330, 334, 340, 350, 353, 356, 381, 386, 416, 430-431, 449
소지 마립간(炤知麻立干) 107, 171
손권(孫權) 143
손무(孫武) 152
손인사(孫仁師) 392-393
송양(松讓) 147
송황(宋晃) 144
수로왕(首露王) 178
순치제(順治帝) 91
스넬 Snell, Bruno 22, 259
신대왕(新大王) 141
신문왕(神文王) 365-367, 467
신성(信誠) 352, 406
신채호(申采浩) 161
실성 이사금(實聖尼師今) 170

아달라 이사금(阿達羅尼師今) 173, 178
아데나워 Adenauer, Konrad 346
아도화상(阿導和尙) 152
아르미니우스 Arminius 85
아신왕(阿莘王) 175, 192, 218, 226-228
아이젠하워 Eisenhower, Dwight D. 449
안사고(顔師古) 132
안순(安舜) 406

안정복(安鼎福) 197
안토니우스 Antonius, Marcus 365
알천(閼川) 320
앙치제 Huntziger, General Charles 345
애장왕(哀莊王) 20
앤더슨 Anderson, Perry 86
앨런 Allen, Horace N. 18
야마가타 아리토모(山縣有朋) 76
양만춘(楊萬春) 282
양원왕(陽原王) 262
(隋)양제(煬帝) 72, 186-188, 207-208, 265, 268, 272, 281-284, 286-287, 292, 369, 400, 428, 458
에우리피데스 Euripides 377
연개소문(淵蓋蘇文) 27, 72, 176, 273-275, 277-278, 281-282, 285, 288, 306, 346, 350, 358, 390, 395, 397, 439
연남건(淵男建) 351-352, 357, 406
연남산(淵男産) 351-352, 406
연남생(淵男生) 351-352, 356, 406
연정토(淵淨土) 352, 356, 370, 406
영락제(永樂帝) 371
영류왕(榮留王) 72, 126, 272, 274, 281, 285
영양왕(嬰陽王) 23, 206, 262, 264, 268, 282, 286
오자서(伍子胥) 152
온조왕(溫祚王) 70, 110, 157, 172-173, 175, 178
와이트 Wight, Martin 28, 78, 458, 466
왕거인(王居仁) 45
왕검(王儉) 143
왕망(王莽) 139, 158
왕문도(王文度) 387, 413-414
우중문(于仲文) 287
원광법사(圓光法師) 304-305
원세개(袁世凱) 74

월츠 Waltz, Kenneth 270
위덕왕(威德王) 206-207, 247
윌슨 Wilson, Woodrow 221, 377
유례 이사금(儒禮尼師今) 169, 174
유리명왕(瑠璃明王) 139, 147, 153-154, 178
유무(劉茂) 173
유방(劉邦) 60
유여(由余) 54-55
유인궤(劉仁軌) 352, 384, 388-390, 392, 414, 419, 421, 429, 440, 442-443, 449
유인원(劉仁願) 356, 381, 384, 388, 392-393, 414, 417, 419, 431
유정(惟政) 422
윤충(尹忠) 313
을지문덕(乙支文德) 286-288
의상대사(義湘大師) 433, 435
의자왕(義慈王) 157, 206, 213-214, 307, 312, 329, 336-337, 339-341, 343, 380-383, 405
이광필(李光弼) 46
이군구(李君璆) 348-350
이규보(李奎報) 120
이근행(李謹行) 248, 443-444
이방원(李芳遠) 71
이사부(異斯夫) 299
이성계(李成桂) 71, 73, 116, 440
이세민(李世民)→당 태종 60, 203
이승휴(李承休) 87
이여송(李如松) 355
이연(李淵)→당 고조 115, 138
이적(李勣) 352, 355
이차돈(異次頓) 298
이필(李弼) 443
익종(翊宗) 174
인조(仁祖) 342
일연(一然) 120, 132

임경업(林慶業) 292

자비 마립간(慈悲麻立干) 171
자장(慈藏) 314
장손무기(長孫無忌) 328
장수왕(長壽王) 59, 72, 120, 172, 175, 178, 190, 193-194, 197, 201-202, 213, 228-229, 231, 233-234, 238-240, 242-245, 249-260, 269, 276, 280, 292, 366, 456-457
장의(張儀) 152
전지왕(腆支王) 191, 218
정몽주(鄭夢周) 247
정무(正武) 382
제갈량(諸葛亮) 378
제명천황(齊明天皇) 338
조던 Jordan, John 76
조미압(租未押) 335
조분 이사금(助賁尼師今) 169
조지 3세 King George III 66
존슨 Johnson, Lyndon B. 295
주몽(朱蒙) 70
주원장(朱元璋) 116, 293-294, 371, 389
중항열(中行說) 89-90
지마 이사금(祇摩尼師今) 169
지수신(遲受信) 393
지증 마립간(智證麻立干)→지증왕 109, 296
지증왕(智證王) 126-127, 171
진덕여왕(眞德女王) 131, 311, 316, 318-320, 323
진성여왕(眞聖女王) 45
진시황(秦始皇) 53, 77, 87, 301
진우량(陳友諒) 294
진지왕(眞智王) 302
진평왕(眞平王) 123, 149, 206, 211, 301, 304, 307, 319

진흥왕(眞興王)　109, 127, 149, 190, 204, 206, 299-301, 303, 366

창조리(倉助利)　108
채동(蔡彤)　141
책계왕(責稽王)　175
첨해 이사금(沾解尼師今)　174
초고왕(肖古王)　173-174
최리(崔理)　140, 156
충렬왕(忠烈王)　44
취도(驟徒)　444
침류왕(枕流王)　192

카브르 Cavour, Camillo　373-376, 466
카이사르 Caesar, Gaius Julius　159, 329, 414
캐플란 Kaplan, Morton A.　60
케네디 Kennedy, J. G.　17
콘 Kohn, Hans　78
클라우제비츠 Clausewitz, Carl von　222

타키투스 Tacitus　84
탈해 이사금(脫解尼斯今)　149, 173
태조대왕(太祖大王)　141, 157, 161
(唐)태종(太宗)　72, 138, 187, 212-213, 265, 273-274, 277-278, 280-285, 288-292, 308, 311, 314-318, 322, 328, 331, 335, 337, 346-349, 352, 370, 400, 411-413, 427, 430, 433-434, 439, 446, 458
테오도시우스 2세 Theodosius II　41

토인비 Toynbee, Arnold　60, 78, 299
투키디데스 Thucydides　33, 35, 38

파사 이사금(婆娑尼師今)　174, 177-178
팔레 Palais, James　91
패턴 Patton, George S.　449
평원왕(平原王)　266-267
포슈 Foche, Ferdinand　345
풍홍(馮弘)　239, 241-245
프리드리히 대왕 Friedrich II der Große　32

하여장(何如璋)　17, 138
합려(闔閭)　152
해명(解明)　147
허드 Heard, Augustine　74
헤로도토스 Herodotos　26, 32-33, 35
혁거세 거서간(赫居世居西干)　169, 177
(北魏)현조(顯祖)　193
형가(荊軻)　53
호메로스 Homeros　22-23
황준헌(黃遵憲)　67, 219
효덕천황(孝德天皇)　3 18, 338, 398
(北魏)효문제(孝文帝)　255, 262-263
흑치상지(黑齒常之)　387, 389, 393, 412, 433
흘해 이사금(訖解尼師今)　169, 171
히틀러 Hitler, Adolf　32, 82, 269, 332, 384
힐리가한(頡利可汗)　187